Jochen Nentel
Trägerschaft und Intentionen
des deuteronomistischen Geschichtswerks

Beihefte zur Zeitschrift für die alttestamentliche Wissenschaft

Herausgegeben von
Otto Kaiser

Band 297

Walter de Gruyter · Berlin · New York

2000

Jochen Nentel

Trägerschaft und Intentionen des deuteronomistischen Geschichtswerks

Untersuchungen zu den Reflexionsreden
Jos 1; 23; 24; 1 Sam 12 und 1 Kön 8

Walter de Gruyter · Berlin · New York
2000

♾ Gedruckt auf säurefreiem Papier,
das die US-ANSI-Norm über Haltbarkeit erfüllt.

Die Deutsche Bibliothek − *CIP-Einheitsaufnahme*

Nentel, Jochen:
Trägerschaft und Intentionen des deuteronomistischen Geschichts-
werks : Untersuchungen zu den Reflexionsreden Jos 1;23;24, 1 Sam 12
und 1 Kön 8 / Jochen Nentel. − Berlin ; New York : de Gruyter,
2000
  (Beihefte zur Zeitschrift für die alttestamentliche Wissenschaft ;
  Bd. 297)
  Zugl.: Erlangen, Nürnberg, Univ., Diss., 1999
  ISBN 3-11-016864-2

Printed in Germany
Umschlaggestaltung: Christopher Schneider, Berlin
Druck: Werner Hildebrand, Berlin
Buchbinderische Verarbeitung: Lüderitz & Bauer-GmbH, Berlin

Für Annelore

Vorwort

Die vorliegende Untersuchung ist im Sommersemester 1999 von der Friedrich-Alexander-Universität Erlangen-Nürnberg als Dissertation angenommen worden. Für die Publikation wurde sie teilweise überarbeitet und an einigen Stellen gekürzt.

Mein herzlicher Dank gilt meinem verehrten Lehrer, Prof. Dr. Hans-Christoph Schmitt, der mir bei Analyse und Entwicklung der Thesen zur Trägerschaft und Intention des deuteronomistischen Geschichtswerkes hilfreich zur Seite stand, Prof. Dr. Ludwig Schmidt, der wertvolle Anregungen gab und Prof. Dr. Otto Kaiser für die Aufnahme dieser Arbeit in die Reihe der Beihefte zur ZAW.

Besonders verbunden bin ich der Evangelisch-Lutherischen Kirche in Bayern und der Friedrich-Alexander-Universität Erlangen-Nürnberg, deren finanzielle Unterstützung zum Gelingen dieser Untersuchung beigetragen hat.

Nicht zuletzt darf ich dankbar erwähnen, daß die Entstehung dieser Arbeit ohne die Geduld all derjenigen Personen und Freunde, die mich bei meiner Arbeit begleitet und gestärkt haben, nicht möglich gewesen wäre.

Bayreuth im Juli 2000   Jochen Nentel

Inhaltsverzeichnis

Inhaltsverzeichnis XV

1. Kapitel: Einleitung

Ziel dieser Arbeit ist es, die in der Forschung kontrovers diskutierte Frage nach Trägerschaft und Intention(en) des deuteronomistischen Geschichtswerks neu zu stellen. Besondere Bedeutung kommt dabei den sog. Reflexionsreden Jos 1; Jos 23; Jos 24; 1 Sam 12 und 1 Kön 8 zu, wobei auch Texte aus ihren unmittelbaren Kontextbezügen zu berücksichtigen sind. Der folgende Forschungsüberblick soll die Notwendigkeit dieser Aufgabenstellung verdeutlichen.

Seit Noths bahnbrechender Monographie »Überlieferungsgeschichtliche Studien I« von 1943 entstand eine unüberschaubare Fülle an Literatur mit Thesen zum deuteronomistischen Geschichtswerk[1]. In der folgenden Einleitung soll sowohl der gegenwärtige literar- und redaktionskritische Umgang mit dem DtrG als auch eine Auswahl der wichtigsten Thesen zur Trägerschaft und zu den Intention(en) des DtrG dargestellt werden[2].

1.1 Thesen zur Einheitlichkeit und literarischen Schichtung des DtrG

Im Gegensatz zur älteren Exegese führt Noth das DtrG nicht auf deuteronomistische Redaktoren, sondern auf einen Verfasser Dtr zurück, der unter Verarbeitung älteren Materials sein Werk, das von Dtn bis 2 Kön reicht, etwa um 550 v. Chr. in Palästina geschrieben hat[3]. Die in Noths These aufgestellte Behauptung der Einheitlichkeit des DtrG wurde jedoch bald Gegenstand ausführlicher Kritik.

Die Anhänger des vor allem im angelsächsischen Bereich vertretenen »Blockmodells« sind der Ansicht, daß das DtrG in eine vorexilische und eine exilisch/nachexilische Stufe aufzuteilen sei. Die vorexilische Ausgabe sei vor 609 v. Chr. geschrieben worden und ende mit der Schilderung der Jahwe wohlgefälligen Herrschaft Josias, ohne seinen Tod zu berichten. 2 Kön 24-25 schließlich wurde von einem exilisch/nachexilischen Redaktor angefügt, der

---

1 Vgl. den Aufsatz von Weippert »Das deuteronomistische Geschichtswerk«. Einen ausführlichen Forschungsüberblick zum Josuabuch bietet Noort, Das Buch Josua. Zu den Samuelbüchern siehe Dietrich/Naumann, Samuelbücher.

2 Dies hat in äußerster Knappheit zu geschehen und dient vor allem zur Darstellung des Einsatzpunktes dieser Arbeit.

3 Noth, Studien I., S. 54.152f

zusätzlich auch den Grundbestand überarbeitete[4]. Problematisch an dieser
Argumentation ist jedoch, daß die angewandten Kriterien für eine literarische
Scheidung nicht ausreichen: "Weder läßt sich für die genannten Stellen die
nachexilische Situation ausschließen..., noch weicht die Art der dtr Arbeit in
2 Kön 24f. von der in den vorangehenden Partien ab"[5].

Das sog. »Göttinger Schichtenmodell« wurde von Smend, Dietrich und
Veijola entwickelt. Es beruht auf einer Dreiteilung des DtrG in einen deuteronomistischen Historiker DtrH, der analog Noths Dtr die Grundlage des
DtrG schuf, sowie einem prophetischen Deuteronomisten DtrP und einem
nomistischen Deuteronomisten DtrN, die die von DtrH geschaffene Vorlage
redaktionell ergänzten[6]. Während die Annahme eines deuteronomistischen
»Historikers« DtrH und einer »nomistischen« Redaktion in der deutschsprachigen Forschung durchaus eine große Akzeptanz erfuhr[7], erwies sich die Annahme eines DtrP als zu problematisch, da seine Textbasis zu schmal ist[8]. Bereits Smend erkannte, daß die jüngere Schicht DtrN aus mehreren »Händen«[9]
bestehen muß. Aufgrund dieser Beobachtungen konnte von einer deuteronomistischen Schule gesprochen werden[10].

Im Gegensatz zu den Vertretern des »Göttinger Modells«, die noch von einer durchgehenden Grundschicht für das DtrG ausgehen, verwirft Würthwein
diese These: Als ältesten Block im Deuteronomistischen Geschichtswerk versteht er die dtr Grundschrift »DtrG«, die er ganz auf "schematische chronikar-
tig aneinandergereihte Mitteilungen über die einzelnen Könige" reduziert[11].

---

4   Siehe z.B. den Aufsatz von Cross, Themes, S. 274ff oder die Monographie von Nel-
     son, Double Redaction.
5   Smend, Entstehung, S. 113. Siehe auch die Argumentation bei L. Schmidt, Deutero-
     nomistisches Geschichtswerk, S. 131.
6   In Auswahl: Smend, Entstehung, S. 130f (Zsfg); Dietrich, Prophetie und Geschichte;
     Veijola, Königtum; ders., Dynastie; ders., Verheißung.
7   So etwa Fritz, Josua, S. 2ff, wobei Fritz allerdings nicht das Siglum DtrN gebraucht,
     sondern von der deuteronomistischen Redaktion RedD spricht, oder L. Schmidt, Deu-
     teronomistisches Geschichtswerk, S. 130ff. Siehe auch Fußnote 26.
8   Zur These von DtrP siehe vor allem Dietrich, Prophetie und Geschichte,
     Zsfg. S. 134ff; Smend, Entstehung, S. 122f; Veijola, Dynastie, S. 138ff; Hentschel,
     1 Könige, S. 5ff. Zur berechtigten Kritik siehe z.B. L. Schmidt, Deuteronomistisches
     Geschichtswerk, S. 131 oder Beck, Elia, S. 38ff.
9   Smend, Entstehung, S. 123. Siehe auch Smend, Gesetz, S. 125f oder Veijola, Verhei-
     ßung, S. 151f.
10   So etwa Hentschel, 1 Könige, S. 5ff; Smend, Entstehung, S. 124. Vgl. Kaiser, Einlei-
     tung Bd. 1, S. 89 .
11   Würthwein, Erwägungen, S. 3f. Vgl. auch die zusammenfassende Darstellung der
     DtrG-Grundschicht in: Würthwein, Die Bücher der Könige, S. 505ff.

Diese auf die Königsbücher beschränkte Grundschrift wurde von DtrN und DtrP redaktionell ergänzt[12]. Anschließend wurden von späteren Deuteronomisten nacheinander die »Blöcke« Samuel, Ri 2,11-12,6 und Jos 1-11 geschaffen[13]. Die Konsequenz ist die, daß das sog. deuteronomistische Geschichtswerk kein einheitliches Werk darstellt, "das auf einen einzelnen Autor zurückgeführt werden kann"[14]. Die Entstehung des »deuteronomistischen Geschichtswerks« wird somit in die (spät-) nachexilische Zeit verlegt.

Einen ähnlichen Angriff auf die These eines mehr oder weniger in sich einheitlichen deuteronomistischen *Geschichtswerks* führt auch Westermann in seiner rein »formengeschichtlichen Analyse« durch: Sowohl aufgrund der Beobachtungen, daß "kein einziges der Geschichtsbücher ganz ohne Zusammenhang mit der mündlichen Phase der Tradition ist"[15], als auch aufgrund der "Widersprüche zwischen dem Geschichtsverständnis im Richterbuch und den Königsbüchern..., zwischen der Auffassung des Königtums 1 Sam und den Königsbüchern... und weitere" folgert er, daß die Hypothese eines *Geschichtswerks* nicht aufrechterhalten werden kann[16]. Zusätzlich sind die "Besonderheiten jedes einzelnen Buches... so beträchtlich und auch so auffällig, daß alles in ihnen für ein selbständiges Entstehen spricht"[17]. Erst im Zusammenhang der den Texten ursprünglich fremden »Deutung« kam es zu übergreifenden "Gesamtkonzeptionen eines kleineren oder größeren Geschichtsabschnittes aus der Absicht, die einzelnen Ereignisse einem größeren theologischen Zusammenhang einzuordnen"[18]. Problematisch an Westermanns Vorgehen ist das Fehlen jeder literar- und redaktionskritischen Analyse.

Der von Würthwein und Westermann unternommene Versuch einer Bestreitung der Existenz des deuteronomistischen Geschichtswerks konnte sich nur teilweise durchsetzen[19]. Statt dessen verstärkte sich in Anknüpfung an das »Göttinger Schichtenmodell« in der alttestamentlichen Forschung die Tendenz, statt von DtrN (»nomistischer Deuteronomist«) von »späten Deuteronomisten« zu sprechen, die nicht mehr, wie z.B. bei Veijola, exi-

---

12 Würthwein, Erwägungen, S. 5ff
13 A.a.O., S. 6ff
14 A.a.O., S. 9f
15 Westermann, Geschichtsbücher, S. 78
16 Ebenda
17 Ebenda
18 A.a.O., S. 98
19 Auf das Werk Rösels »Von Josua bis Jojachin«, das soeben erschienen ist, konnte leider nicht mehr eingegangen werden.

lisch/spätexilisch zu datieren sind, sondern vor allem nachexilisch[20]. Kaiser schlägt vor, angesichts der "unterschiedlichen Tendenzen der späten Bearbeitungen" besser das Siglum DtrS (spätdeuteronomistische Redaktionen) zu verwenden[21] und Bearbeitungen nur dann mit DtrN zu bezeichnen, wenn "die nomistische Tendenz eindeutig zutage tritt"[22]. Während sich z.b. Görg aufgrund der komplexen Forschungslage einer genauen Klassifizierung zwischen DtrH, DtrP, DtrN oder anderen dtr Redaktionen enthält und nur noch von dtr Redaktionen spricht[23], gelingt es Exegeten wie H.-C. Schmitt, Rose, Aurelius, Knapp, Schorn, Beck u.a. den literarischen Umfang der mit dem Siglum DtrS gekennzeichneten spätdtr Verfassern bzw. Redaktoren und ihre theologischen Aussagen näher zu bestimmen[24].

Obwohl momentan ein großes Interesse an den Redaktionen des DtrG vorherrscht, wird die These der Existenz einer dtr Grundschicht des DtrG (DtrH) nicht aufgegeben. So konnte z.B. O`Brien zeigen, daß trotz der Existenz umfangreicher Redaktionsschichten die Annahme einer einheitlichen Grundschicht des DtrG genügend Plausibilität besitzt, um sie vertreten zu können[25].

---

20 Siehe z.B. Roses exemplarische Analyse zu Dtn 12,1-13,1: 5. Mose. Teilband 1, S. 9ff.
21 Kaiser, Einleitung, Bd. 1, S. 85
22 A.a.O., S. 89
23 Görg, Josua, S. 6. Dieses Vorgehen kann exegetisch jedoch kaum befriedigen.
24 H.-C. Schmitt, Geschichtswerk; ders., Meerwundererzählung; ders., Prophetie; ders., Redaktion; ders., Lehrerzählung; ders., Mantiker; ders., Plagenerzählung; ders. Identität; ders. Josephsgeschichte; Rose, Ausschließlichkeitsanspruch; ders.: 5. Mose. Teilband 1 und 2; Aurelius, Fürbitter; Knapp, Deuteronomium 4; Schorn, Ruben; Beck, Elia (zur literarischen Schichtung der Elia-Überlieferung und dem DtrS-Anteil siehe dort S. 156-158).
25 O`Brien, Hypothesis, S. 288ff (Zsfg.). Problematisch an O`Briens These ist allerdings die modifizierte Aufnahme des sog. »Blockmodells«. So läßt er die Grundschicht des DtrG, DtrH, nur bis zur Darstellung des Reformwerks des noch lebenden Josias reichen. In einer ersten redaktionellen Phase wird von einem dtr Redaktor 2 Kön 23,28-25,21 angehängt, um das Geschichtswerk mit den das Exil herbeiführenden Ereignissen zu ergänzen (S. 272f). In einer zweiten, umfangreichen redaktionellen Phase wird versucht, unter Aufnahme und Modifikation der theologischen Inhalte der Grundschicht ein einheitliches Werk zu schaffen, das, anders als bei DtrH, den bitteren Ausgang des Exils derart im gesamten Werk zu verankern sucht, daß nun eine Darstellung der Geschichte des Ungehorsams des Volkes entsteht (S. 273-280.292). In einer dritten redaktionellen Stufe werden nomistische Ergänzungen vorgenommen (S. 280ff). Schließlich ist mit weiteren Ergänzungen zu rechnen, die O`Brien einer dtr Schule zuweist (S. 283ff). O`Brien ist sich bewußt, daß seine Entstehungshypothese zum DtrG Ähnlichkeiten mit dem Göttinger Schichtenmodell aufweist: Grundschicht und erste Stufe entsprechen in etwa DtrH, zweite redaktionelle Stufe DtrP und dritte Redaktionsstufe DtrN.

So halten trotz Würthweins These und dem momentanen Interesse an den Redaktionen Exegeten wie Smend, Dietrich, Veijola, Van Seters, Becker, L. Schmidt, Hentschel, Rose, Römer, Blum und Fritz an einer von Dtn bis 2 Kön durchgehenden deuteronomistischen Grundschicht Dtr(H) fest[26].

1.2 Thesen zu Trägerschaft des DtrG

Im Zusammenhang seiner These eines einheitlichen deuteronomistischen Geschichtswerks versucht Noth, dessen Verfasser wie folgt näher zu beschreiben: "Sein Werk trägt keinerlei offiziellen Charakter; weder ist es aus der geistigen Sphäre des Priestertums heraus geboren - die Intereselosigkeit am eigentlichen kultischen Wesen erwies sich als ein besonders bemerkenswerter Zug - noch wurzelt es im Gedankenbereich des offiziellen Staatslebens.... Wir haben es also wohl mit der aus eigener Initiative unternommenen Arbeit eines Mannes zu tun, in dem die geschichtlichen Katastrophen, die er miterlebt hatte, die Frage nach dem Sinn dieses Geschehens geweckt hatten und der nun an der Hand der ihm verfügbaren Überlieferungen zur Geschichte seines Volkes in einer umfassenden und geschlossenen Geschichtsdarstellung eine Antwort auf diese Frage zu geben suchte"[27].

Der These Noths hat Weinfeld[28] vehement widersprochen. Er folgert aus der Formenvielfalt der Reden des DtrG und des Dtn[29], daß nur Schreiberkreise Zugang zu Vorlagen von derart komplexem Material haben können[30]. Da das Dtn sich in seiner Form an assyrische und hethitische Staatsverträge anlehnt, meint er, daß seine Autoren eben ein öffentliches Amt innehatten und auf ein großes Reservoir an schriftlichem Material zurückgreifen konnten[31]. Weinfeld datiert die Entstehung des Deuteronomiums auf etwa 650 und die deutero-

---

26   Smend, Entstehung, S. 110ff; Dietrich, Prophetie und Geschichte; Veijola, Verheißung; Van Seters, Joshua 24, S. 143ff; ders., History, S. 354ff (Zsfg.); Becker, Richterzeit;   L. Schmidt, Deuteronomistisches Geschichtswerk; Hentschel, 1 Könige; Rose, Ausschließlichkeitsanspruch; ders.: 5. Mose Teilband 1 und 2; Römer, Väter, S. 271f; Blum, Entflechtungsvorschlag, S. 182-184; Fritz, Josua; ders., Das erste Buch der Könige.

27   Noth, Studien I., S. 151f

28   Weinfeld, Deuteronomy

29   A.a.O., siehe z.B. S. 10ff.

30   A.a.O., S. 158ff

31   A.a.O., S. 59ff. 171ff

nomistische Redaktion für Jos bis Kön auf etwa 650-550 v. Chr.[32].

Während sich die Vertreter des »Göttinger Schichtenmodells« zur Bestimmung der Trägerschaft von DtrH der These Noths anschließen, fehlen für DtrN ausführlichere Untersuchungen zur Trägerschaft.

Im Zusammenhang der Annahme umfangreicher spätdtr Tätigkeiten, die unter dem Siglum DtrS zusammengefaßt werden, wurde jedoch von einigen Exegeten der Versuch unternommen, DtrS mit der Endredaktion des Tetrateuch in Verbindung zu bringen. Vor allem die Frage nach dem Verhältnis von DtrS zu P wurde z.B. von H.-C. Schmitt und Schorn dahingehend zu beantworten versucht, daß DtrS, ohne sein dtr Erbe preiszugeben, priesterliche Vorstellungen, Wendungen und Begriffe aufnehmen und modifiziert verarbeiten konnte[33].

Anders als in den bisher angeführten Lösungsversuchen geschehen, versucht Albertz die Träger des DtrG vor allem traditionsgeschichtlich zu bestimmen, wobei Einzeltexte und deren Analyse eine eher sekundäre Rolle spielen[34]. Seiner Meinung nach zeichnen sich die Verfasser des DtrG dadurch aus, daß sie bewußt die davidische Königstheologie und das Deuteronomium aufeinander beziehen. Die Träger des DtrG sind die Kinder und Enkel der 587 v. Chr. umgekommenen oder arbeitslos gewordenen Priester, Tempelpropheten und Beamten einer national-religiösen Fraktion, die als Geistliche und Älteste weiterhin Leitungsfunktionen im verwüsteten Juda innehatten[35]. Ihre Haupttätigkeit ist zwischen 561 und 515 zu datieren[36]. Die Begnadigung Jojachins läßt sie hoffen, daß sich die Verheißungen auf die davidische Dynastie wieder durchsetzen. Als die Enkel einer national-religiösen Fraktion nehmen sie an einer exilischen Diskussion teil, in der sie sich, wie bereits ihre Großväter, als konservativ, nationalstaatlich und staatskultisch erweisen[37].

Lohfink erkennt das Schlußverfahren von der Analyse von Texten auf eine Verfasserschaft als prinzipiell richtig an[38]. Von einer *deuteronomistischen* Bewegung zu sprechen, lehnt er allerdings ab. Für die Zeit Josias rechnet Lohfink mit einer »Restaurationsbewegung«, für die exilische Zeit mit einer »exilischen

---

32   A.a.O., S. 158ff
33   In Auswahl: H.-C. Schmitt, Geschichtswerk; Schorn, Ruben.
34   Albertz, Intentionen, S.37-53. Dabei lehnt er sowohl Noths These eines Dtr als auch
      das Göttinger Schichtenmodell ab (S. 39f).
35   A.a.O., S. 48f
36   Albertz, Intentionen, S. 47
37   Ebenda
38   Lohfink, deuteronomistische Bewegung, S. 65ff

Umkehrbewegung«. Die Verfasser des DtrG waren selbst jeweils nur ein Teil dieser Bewegungen. Für die persische Zeit geht Lohfink von einem Schulbetrieb mit pluralistischen Zügen in Jerusalem aus, innerhalb dessen die Deuteronomisten wiederum nur eine Gruppe unter vielen darstellten. Weiterhin ist damit zu rechnen, daß sich in der spätnachexilischen Zeit genaue Spuren verlieren, da deuteronomistische Literatur und Sprache bereits allgemeines Bildungsgut geworden ist.

1.3 Thesen zur Intention des DtrG

Nach Noth, der die Entstehung des DtrG auf den einen Verfassers Dtr zurückführen wollte, hatte Dtr die Absicht zu zeigen, wie es zur großen Katastrophe von 587 v. Chr. kam. Eine Zukunftshoffnung besitzt Dtr jedoch nicht: Dtr "hat in dem göttlichen Gericht, das sich in dem von ihm dargestellten äußeren Zusammenbruch des Volkes Israel vollzog, offenbar etwas Endgültiges und Abschließendes gesehen und eine Zukunftshoffnung nicht einmal in der bescheidensten und einfachsten Form einer Erwartung der künftigen Sammlung der zerstreuten Deportierten zum Ausdruck gebracht"[39].

Auch von Rad hält es für das zentrale Anliegen von Dtr, das Zustandekommen der Katastrophe von 587 theologisch zu erklären[40]. Die in der Geschichte wirkungskräftige Nathanweissagung und die Notiz von der Begnadigung Jojachins am Ende des DtrG weise jedoch gegen Noth auf eine Möglichkeit hin, an die Jahwe wieder anknüpfen kann"[41]. Die entscheidende Erwartung Jahwes an Israel sei Umkehr des Volkes[42].

Der These Noths zur Intention des DtrG hat ebenso Weinfeld widersprochen. Die Absicht der von Weinfeld postulierten Schreiberkreise sei die, mit dem Dtn eine Art ideale Nationalverfassung zu schaffen, die die offiziellen Einrichtungen des Staates wie Monarchie, Priestertum, Richter und Propheten repräsentiert[43], wobei die Form des Vertrages nun auch auf die Beziehung zu Jahwe als Ausdruck absoluter religiöser Loyalität angewandt werden soll[44].

---

39 Noth, Studien I., S. 150
40 Von Rad, Theologie des Alten Testaments. Band I, S. 355
41 Ebenda
42 A.a.O., S. 358
43 Weinfeld, Deuteronomy, S. 158ff
44 A.a.O., S. 59ff

Diejenigen Exegeten, die von der Existenz einer dtr Grundschicht DtrH ausgehen, stimmen darin überein, daß DtrH - ähnlich zu dem von Noth postulierten Dtr - die Absicht besitzt, zu erklären, wie es zum Gericht von 587 v. Chr. kam[45]. Die Frage nach einer Zukunftshoffnung von DtrH wird allerdings kontrovers diskutiert[46]. Die Intention von DtrN, der nach Smend geradezu eine "Theologie des Gesetzes und des ihm gemäßen Verhaltens und der Folgen von Gehorsam und Ungehorsam entwickelt", sei es, vor der Vermischung Israels mit den Völkern zu warnen[47]. Zusätzlich kann Veijola für DtrN eine ausgeprägte Zukunftshoffnung plausibel machen, die er aus der in Ps 89 verwendeten Gattung »exilische Volksklagefeier«[48] und der Übertragung und Kollektivierung der Davidverheißung auf das Volk bestimmt[49], wobei diese Hoffnung auf eine neue Zukunft mit Jahwe nicht von der Forderung des Gesetzesgehorsams getrennt werden kann[50]: Der Ausweg aus der Situation des Gerichtes Jahwes ist sich in regelmäßigen Klage- und Bußgottesdiensten bzw. in Umkehr zu finden[51].

Albertz hingegen, der in den Kindern und Enkeln der 587 v. Chr. umgekommenen oder arbeitslos gewordenen Priester, Tempelpropheten und Beamten einer national-religiösen Fraktion die Träger des DtrG sehen will, bestimmt deren Intention dahingehend, daß diese zeigen wollen, daß es neben dem Untergang als Gericht Gottes auch glanzvolle Epochen unter Josua, David und Salomo gegeben hatte. Die "Katastrophen von 598 und 587 waren vielmehr nur die Folge einer schlimmen, aber eng begrenzten Fehlentwicklung"[52]. Es ist der eigentliche Zielpunkt des Werkes, "den Weg der königlichen Kultreformpolitik, wie er unter Josia beschritten worden war, gegen mögliche Zweifel und begründete Einwände aus der voraufgegangenen Geschichte Israels als die allein richtige und zukunftsträchtige Handlungsalternative zu erweisen.

---

45   Siehe z.B. Smend, Entstehung, S. 123.
46   Vgl. etwa die Position Smends und Veijolas, die für DtrH durchaus von einer Zukunftshoffnung sprechen können (Smend, Entstehung, S. 124; Veijola, Verheißung, S. 173f) mit der Bestreitung durch L. Schmidt (Deuteronomistisches Geschichtswerk, S. 139).
47   Smend, Entstehung, S. 123
48   Veijola, Verheißung, S. 150-161.177ff
49   A.a.O., S. 144ff.173f
50   Veijola, Dynastie, S. 141f
51   Veijola, Verheißung, S. 207. Für die Lokalisierung der Deuteronomisten bestimmt Veijola Mizpa und Bethel, in denen in Verbindung mit der von ihm rekonstruierten Gattung "exilische Volksklagefeier" in regelmäßigen Klage- und Bußgottesdiensten Jahwes Zorngericht gedacht wurde (S. 197f Zsfg.).
52   A.a.O., S. 45

Der auf den Jerusalemer Tempel beschränkte und von allen fremdreligiösen Einflüssen gereinigte königliche Staatskult ist die Option, die der Verfasser des DtrG als Lehre aus der Geschichte in die exilische Diskussion um die Bedingungen und Grundlagen eines möglichen Neuanfangs einbringen wollte"[53].

Im Mittelpunkt der Modifikation des »Göttinger Schichtenmodells« durch das Verwenden des Siglums DtrS statt DtrN steht die Erkenntnis, daß nur für einen gewissen Teil später dtr Texte von einem »Nomismus«, dem bei der Beschreibung der Intention von DtrN eine zentrale Stellung zukommt, gesprochen werden kann. So existieren spätdtr Texte, die neben der bereits für DtrN festgestellten Intention, sich anhand den Bestimmungen der Tora von den Völkern und ihrem Götzendienst abzugrenzen, z.B. auch die Absicht besitzen, "die Macht Jahwes zu betonen und dadurch zum "Glauben" an die Verheißung Jahwes zu ermutigen"[54]. Weitere typisch spätdtr Aussagekomplexe finden sich in der "im Alten Testament nur selten vertretenen Vorstellung des stellvertretenden Gehorsams eines vorbildlichen Frommen"[55] oder in der Thematisierung der »Wiederherstellung der Gottesbeziehung durch Fürbitte trotz der Sündhaftigkeit des Volkes«[56]. Die Intention von DtrS ist somit, die Krise von 587 zu bewältigen *und* die religiöse Identität des *nachexilischen* Israels neu zu definieren. Dazu gehört auch der von P übernommene und modifizierte Anspruch auf das Ostjordanland als ein zu Israel gehöriges Gebiet[57]. Der Versuch einer »Gesamtschau« der theologischen Intention von DtrS fehlt jedoch.

Da Lohfink[58] die Verfasser des DtrG als Teil zeitlich verschiedener Bewegungen sieht, ergeben sich für ihn auch verschiedene Intentionen. Als Element der Restaurationsbewegung unter Josia haben die Deuteronomisten Anteil an folgendem Ziel: Eine Nation unter einem König, Besitz des ganzen Landes und Jerusalem als einziges Kultzentrum für Jahwe[59]. Als Teil der exilischen Umkehrbewegung wollen sie den Untergang Judas geistig bewältigen. Als Gruppe in einem Schulbetrieb der persischen Zeit dient ihr Grundkanon deuteronomistischer Schriften als Bildungsgut und Beitrag für den Schulbetrieb.

---

53 Ebenda
54 H.-C. Schmitt, Geschichtswerk, S. 270
55 A.a.O., S. 276
56 Siehe dazu Aurelius, Fürbitter, vor allem S. 91ff.
57 Siehe dazu Schorn, Ruben, S. 282ff (Zsfg.).
58 Lohfink, deuteronomistische Bewegung, S. 107ff
59 Zu Lohfinks These eines DtrL siehe dazu die entsprechenden Ausführungen unter Punkt 2.3.4.1.

1.4 Zusammenfassung

Während die Existenz einer deuteronomistischen Grundschicht (»DtrH«) kontrovers diskutiert wird, kann die Annahme spätdeuteronomistischer Redaktionen grundsätzlich als gesichert gelten. Gründliche Untersuchungen zur Spätdeuteronomistik stehen jedoch aus. Mit der Frage nach einer deuteronomistischen Grundschicht und der Annahme spätdeuteronomistischer Tätigkeit ist eine Vielzahl weiterer Fragen verbunden, die auf die Bestimmung der Trägerschaft und Intention(en) abzielen. So versteht sich diese Arbeit einerseits als Beitrag zur näheren Profilierung der Spätdeuteronomistik. Andererseits geht sie der Frage nach, ob nicht doch, entgegen der These Würthweins, von einer dtr Grundschicht DtrH gesprochen werden kann, die das Deuteronomistische Geschichtswerk von Dtn bis 2 Kön zumindest in Grundzügen geschaffen hat.

Gegen die bei Albertz festgestellte Tendenz, die Analyse von Einzeltexten zu vernachlässigen, ist grundsätzlich an einer detaillierten literar- und redaktionskritischen Analyse festzuhalten. Zur Auswahl der Texte führten folgende Überlegungen: Als Noth seine These eines einheitlichen deuteronomistischen Geschichtswerkes aufstellte, verwies er intensiv auf die dtr Deutungstexte wie Dtn 1-3; Jos 1; Jos 23(24)[60]; 1 Sam 12; 1 Kön 8; 2 Kön 17,7-23 u.a., die an wichtigen Stationen in der Geschichte Israels Vergangenheit und Zukunft auf der Grundlage der Vorgaben des Deuteronomiums deuten und so eine »einheitliche« Geschichtsschau ermöglichen.[61] Unter diesen Deutungstexten sind vor allem die Reflexionsreden Jos 1; Jos 23; Jos 24[62]; 1 Sam 12 und 1 Kön 8 von besonderem Interesse, da diese ausnahmslos an den entscheidenden Epochenübergängen der im DtrG dargestellten Geschichte Israels stehen: Jos 1 leitet die Landnahme unter Josua ein. Jos 23 und 24 beschließen diese und leiten in die Richterzeit über. 1 Sam 12 steht am Ende der Erzählungen von der Entstehung des Königtums (1 Sam (7)8-11) und am Anfang der Königszeit. In 1 Kön 8 wird auf dem Höhepunkt des davidisch-salomonischen Großreiches kurz vor der Reichsteilung die Bedeutung des Jerusalemer Tempels behandelt. Der dtr Charakter dieser Texte wurde - abgesehen von Jos 24 - in der neueren Forschung kaum bestritten. Diese Texte bieten sich demnach an, die Suche nach bzw. die Profilierung einer Dtr(H)-Grundschicht und einer spätdtr Erweiterungsschicht durchzuführen. Dabei verwundert es, daß diese

---

60   Zum Verständnis von Jos 24 bei Noth siehe Punkt 3.5.2.
61   Noth, Studien I., S. 47ff
62   Siehe Fußnote 60.

zentralen Reflexionsreden Jos 1; 23; 24; 1 Sam 12 und 1 Kön 8 in der alttestamentlichen Forschung kaum nebeneinandergestellt und »an einem Stück« untersucht wurden[63]. Bei Bedarf ist auf weitere Texte zurückzugreifen. Nachdem die genannten Texte jeweils literar- und redaktionskritisch untersucht wurden, sind die Intentionen und theologischen Aussagen ihrer Verfasser zu ermitteln. Zur Ermittlung der Intention dient vor allem die Frage nach verwendeten Gattungen bzw. Formelementen, die in der Forschung für die Reflexionsreden auffallend oft vernachlässigt wurde[64]. Aus den verwendeten Formelementen lassen sich sowohl Rückschlüsse auf die jeweilige Aussageabsicht einer Reflexionsrede als auch auf die Verfasser- bzw. Trägerschaft und ihren Umgang mit Texten selbst ziehen. An der Frage nach der Trägerschaft interessiert, ob von einer spätdtr Schule gesprochen werden kann und welche Rolle diese im Prozeß der Entstehung des Alten Testaments eingenommen hat. Dabei ist der Versuch einer »systematischen« Gesamtschau zentraler Inhalte spätdtr Theologie zu leisten.

In der alttestamentlichen Exegese war die Frage nach der Intention des DtrG bzw. seiner literarischen Schichten stets mit der kontrovers diskutierten Frage nach Datierung und Ort verbunden. Während für die von vielen Exegeten angenommene Grundschicht der Datierungsspielraum von »frühvorexilisch« bis »exilisch« reicht, ist er für die Spätdeuteronomistik mit »spätexilisch« bis »spätnachexilisch« breiter angelegt. Die Reflexionsreden sind dabei auf Hinweise nach Entstehungszeit und -ort zu prüfen. Vor der Einzelanalyse der jeweiligen Reflexionsrede soll ein kurzer Überblick zur Forschung gegeben werden. Nachdem die fünf Reflexionsreden Jos 1; 23; 24; 1 Sam 12 und 1 Kön 8 einzeln analysiert wurden, ist in einer abschließenden Synthese eine Zusammenfassung der Ergebnisse zu liefern.

Um dem Leser eine schnelle Orientierung zur Schichtung der Texte zu ermöglichen, wird der eigentlichen Analyse eine Übersetzung mit unterschiedlichen Schrifttypen für die jeweiligen literarischen Schichten vorangestellt:

---

63   Einzig Westermann versucht, die Reden als Untergruppe der Deutungen im bei ihm bestrittenen DtrG nebeneinanderzustellen. Allerdings fehlt bei ihm eine gründliche literar- und redaktionskritische Untersuchung derselben: Westermann, Geschichtsbücher, S. 98ff.

64   In vielen Kommentaren wird z.B. auf die in den Reden verwendeten Gattungen kaum eingegangen. Durchaus vorbildhaft sind hingegen die Arbeiten von Weinfeld, Deuteronomy, und Veijola, Verheißung, die diese Fragestellung berücksichtigen.

Dabei zeigt einfache Schrift die DtrH-Grundschicht, **fettgedruckte Schrift DtrS, unterstrichene, fettgedruckte und in [eckige Klammern] gesetzte Schriftstellen glossenhafte Zusätze unbekannter Herkunft** an[65].

---

65   Auf eine Kennzeichnung der vordtr Schicht in 1 Kön 8,1-13 wurde aufgrund der komplexen literarischen Verhältnisse verzichtet.

2. Kapitel: Josua 1

2.1 Forschungsgeschichtlicher Überblick zu Jos 1

Obwohl die ältere Forschung im Josuabuch grundsätzlich eine Fortsetzung der Quellenschriften J, E, P und D des Pentateuch sah, erkannte sie den deuteronomischen bzw. deuteronomistischen Charakter von Jos 1 an[1]. Unklarheit bestand allerdings darin, ob ganz Jos 1 auf die Quellenschrift D bzw. eine deuteronomistische Redaktion R^D zurückzuführen sei, oder ob sich in dem Kapitel auch noch andere Quellenschriften finden lassen[2]. In neuerer Zeit wurde die These der Fortführung der Pentateuchquellen im Josuabuch von Görg aufgegriffen. So versteht Görg Jos 1,1-2.10-11 als vordtr Bestand, den er einer "nachjahwistischen Stufe (J^E)" zuweist[3]. Dieser vordtr Bestand wurde von mehreren dtr und nachdtr Redaktionen schrittweise überarbeitet[4].

Das Verständnis des Buches Josua ändert sich mit der These Noths zum »deuteronomistischen Geschichtswerk«. Dabei bestreitet Noth grundsätzlich

---

1 Siehe z.B. Dillmann, Josua, S. 443ff.

2 Dillmann führt ganz Jos 1 auf D bzw. R^D zurück (Dillmann, Josua, S. 442ff. Jos 1 stammt von D. R^D hat משה משרת; חמשים und גברי החיל eingefügt, S. 442.). Ähnlich auch Steuernagel, Josua, S. 193ff, der den deuteronomischen Grundbestand D^2 auf Jos 1,1-2.10-18 festlegt (S. 193) und den Umfang der deuteronomisch/deuteronomistischen Redaktion R^D auf V.5-6.9.17b.18b bestimmt (S. 201 und S. 210). V.3-4 und V.7-8 sind jüngerer Zusatz, aber ebenfalls von R^D (S. 201 und 211). Knobel hingegen will in Jos 1,1-2.10-16 einen jehovistischen Anteil finden, der von einer deuteronomisch/deuteronomistischen Redaktion überarbeitet wurde: Knobel, Josua, S. XIIf und 360ff. Der Jehovist greift dabei selbst auf verschiedene Quellen zurück. Siehe dazu die Tabelle bei Knobel, S. 605 sowie S. 532ff. Ähnlich auch Holzinger, der Jos 1,1-2 auf eine jehovistische Überarbeitung von E zurückführt. Für die restlichen Verse nimmt er zwei deuteronomische Quellen an: D^a mit V.5f.10f.12-16*. 17a.18a und D^s mit V.3f*.7f. 14b*.15bβγ.17b.18b, die wiederum durch kleine Zufügungen von R^D überarbeitet wurden (Versangaben nach Holzinger): Holzinger, Josua, S. XVII und S. 1ff.

3 Görg, Josua, S. 6 und 11

4 A.a.O., S. 11ff. Problematisch an Görgs Darstellung ist, daß nicht immer klar ersichtlich wird, wie die dtr Redaktionen untereinander abzugrenzen sind. Er rechnet jedoch mit mindestens drei dtr Redaktionen: V.3f/ 5f und 7-9. Unklar bleibt die Zuordnung der dtr Abschnitte V.12.13-15.16-18 (S. 13f). Ähnlich auch Sellin/Fohrer: Jos 1,1-2.10-11 stammen von E. V.7-8 sind einer ersten, V.3-6.9.12-18 einer zweiten dtr Redaktionsschicht zuzuweisen: Sellin/Fohrer, Einleitung, S. 213-219

eine kontinuierliche Fortführung der Quellenschriften des Pentateuch in Jos (und Ri bis 2 Kön). Der Deuteronomist Dtr ist weniger Redaktor, als vielmehr der Verfasser dieses Werkes, für das er alte Überlieferungen und Material gesammelt und verarbeitet hat[5]. Jos 1 ist von Dtr als Einleitung zum Josuabuch geschaffen worden[6]. Die Verse 7-9 sind jedoch sekundärer Zusatz[7]. Kleine Zusätze können auch in V.17b oder V.18 vorliegen[8]. Die Annahme von durchlaufenden Quellenschichten des Pentateuch im Josuabuch wurde in der alttestamentlichen Forschung mit Noths These des deuteronomistischen Geschichtswerks mehrheitlich aufgegeben[9].

Die gegenwärtigen exegetischen Untersuchungen zu Jos 1 konzentrieren sich nun vor allem auf die Frage, ob Jos 1 ein einheitlicher deuteronomistischer Text, ist oder ob ein dtr Grundtext eine bzw. mehrere Redaktionen erfahren hat. Für die literarische Einheitlichkeit von Jos 1, vor allem aber der Verse 1-9, treten gegen Noth die Exegeten Hamlin[10], Miller/Tucker[11], Boling[12] und Schäfer-Lichtenberger[13] ein, ohne jedoch überzeugende Argumente vorbringen zu können[14].

Smend ist es gelungen, den sekundären Charakter der Verse 7-9, der bereits von Noth und älteren Kommentaren gesehen wurde[15], einer deuteronomistischen Redaktionsschicht mit »nomistischem« Interesse DtrN zuzuordnen, die

---

5   Noth, Studien I., S. 53f
6   A.a.O., S. 83
7   A.a.O., S. 83, Fußnote 4. In seinem Kommentar Noth, Josua, 2. Auflage, S. 20ff bestimmt Noth jedoch nur V.9b als Glosse.
8   Noth, Josua, 2. Auflage, S. 29
9   Ausnahmen siehe z.B. oben Görg.
10 Hamlin, Land, S. XVI und S. 3ff
11 Miller/Tucker, Joshua, S. 7 und 20ff
12 Boling, Joshua, S. 117ff
13 Schäfer-Lichtenberger, Josua, S. 190ff
14 Die Darstellung soll sich hier auf die wichtigen Verse 7-9 konzentrieren: Während Miller/Tucker bewußt auf eine Diskussion verzichten (Joshua, S. 5), behauptet Boling, daß z.B. das Streichen der V.7-9 "is to blunt the rhetorical structure", die darin besteht, daß die Ermutigungsformel aus V.6 in V.9 wiederkehrt und so V.7-8 als "the most emphatic formulation" rahme (Boling, Joshua, S. 123). Ähnlich argumentiert Schäfer-Lichtenberger und versucht V.6-9 als inhaltliche Einheit zu sehen: Die V.7-9 "strukturieren den durch V.6 global bezeichneten sozialen Raum, der bisher nur durch seine Eckpunkte (Josua, Israel, JHWH) bestimmt worden war" (Josua, S. 201). Insgesamt bestätigt ihre inhaltliche Argumentation eher den sekundären Charakter der V.7-9, statt ihn zu widerlegen (Josua, S. 197ff). Hamlin geht auf die Frage nach sekundären Teilen in Jos 1 überhaupt nicht ein (Land, S. 3ff).
15 Siehe oben.

sich auch an anderen Stellen des Josuabuches abheben läßt[16]. V.8 ist nach Smend vermutlich ein noch späterer Zusatz zu V.6 und V.9[17]. V.1-6 stammen von DtrH. Aufgrund der Beweiskraft der Argumente Smends wurde seine These einer deuteronomistischen Redaktion in V.7-9 von Auld[18], Veijola[19], O`Brien[20], Kaiser[21], Görg[22], Fritz[23] und Schorn[24] übernommen. Butler[25], Soggin[26], Hertzberg[27] und Bieberstein[28] modifizierten den Umfang der Redaktion.

Für die Frage nach weiteren Redaktionen in Jos 1,1-9 wurden immer wieder die Verse 3-4 herangezogen. Bereits Steuernagel[29] und Holzinger[30] verstanden V.3-4 als Zusatz zu einer deuteronomistischen »Grundschicht« in Jos 1,1-9. Die These des sekundären Charakters von Jos 1,3-4 wurde vor allem von Perlitt[31] und Görg[32] aufgegriffen. Bieberstein will in Jos 1,1-9* - neben der von DtrN stammenden Redaktion V.7-9aγ - über Perlitt hinaus ganz V.3-5a als sekundär bestimmen[33].

Umstritten ist auch, in welchem Verhältnis V.10-11 und V.12-18 zur deuteronomistischen Grundschicht in Jos 1,1-9* stehen. Noth wies V.10-18 - bis

---

16   Smend, Gesetz, S. 124ff. Weitere Stellen: Jos 13,1bβ -6; Jos 23; Ri 2,17.20f.23; Ri 1,1-2,5.

17   A.a.O., S. 125f. Siehe zur Problematik von V. 8 aber auch Punkt 2.3.3.2.3.

18   Auld, Joshua, S. 8ff. Siehe auch: Auld, Joshua, Mose and the Land, S. 52ff.

19   Veijola, Dynastie, S. 28f, vor allem Fußnoten Nr. 66; 69 und 71.

20   O`Brien, Hypothesis, S. 65-67

21   Kaiser, Einleitung Bd. 1, S. 100f

22   Görg, Josua, S. 12; siehe aber auch oben.

23   Fritz, Josua, S. 25ff

24   Schorn, Ruben, S. 173f

25   Butler will nur V.8 als Zusatz verstehen: Butler, Joshua, S. 2ff.

26   Soggin bestimmt die »Tora« in V.8 und den V.9 als Zusatz: Soggin, Joshua, S.25ff. Allerdings unterbleibt eine Kennzeichnung der Redaktionen in der Übersetzung, und der Bestimmung der Redaktionen fehlt es an Deutlichkeit.

27   Hertzberg versteht כל התורה in V.7 als Glosse und V.8-9 als weiteren, sekundären Zusatz. Allerdings bleibt Hertzberg ähnlich Soggin in seiner Bestimmung der Redaktion undeutlich: Hertzberg, Josua, S. 15.

28   Bieberstein sieht das Ende der mit V.7 beginnenden Redaktion in V.9aγ : Bieberstein, Josua, S. 95ff. Dabei geht er von der Grundschicht DtrA Jos 1,1-2.5b-6.9d-11. 16-17.18ef aus, die zuerst von DtrR(uben) mit V.12-15 und anschließend von DtrN mit V.7-9c - zu DtrN sind eventuell auch die sekundären V.3-5a zu rechnen - ergänzt wurde. V.18a1-a2 sind möglicherweise Zusätze. Siehe zu Bieberstein auch die weitere Darstellung der Forschungsgeschichte.

29   Steuernagel, Josua, S. 201 und 211

30   Holzinger, Josua, S. XVII und S. 1ff

31   Perlitt, Motive, S. 51f

32   Görg, Josua, S. 11f

33   Siehe Bieberstein, Josua, S. 101 (Zsfg.). Verszählung nach Bieberstein.

auf kleine mögliche Zusätze in V.17b oder V.18[34] - Dtr zu, der auch die
Grundschicht von V.1-9* geschaffen hat. Der These Noths folgen grundsätz-
lich Hertzberg, O`Brien und Butler sowie Hamlin, Fretheim, Miller und Tuk-
ker und Schäfer-Lichtenberger[35]. Soggin versteht V.10-11 als Zusatz zu
Jos 1,1-9* und 12-18[36], Boling gegen Soggin V.12-18 als Zusatz zu
Jos 1,1-11[37]. Auld[38] und Bieberstein[39] hingegen wollen den Umfang einer
weiteren Redaktion in Jos 1,10-18 auf V.12-15 einschränken. Fritz bestimmt
V.10-11 und V.12-18 als zwei getrennte Zusätze zu Jos 1,1-9*[40]. Während die
V.10-11 und 12-18 bei Fritz nicht näher zuweisbare Zusätze darstellen, kann
Schorn für V.12-18 spätdeuteronomistische Verfasserschaft plausibel ma-
chen[41].

Der forschungsgeschichtliche Überblick hat ergeben, daß mit V.7 sehr
wahrscheinlich ein redaktioneller Einschub beginnt, der in V.9 endet. Am
deuteronomistischen Charakter von Jos 1 ist sicher nicht zu zweifeln (siehe
auch Punkt 2.3.1). Dennoch ist die literarkritische Untersuchung zu Jos 1 neu
aufzunehmen. Sowohl den Versen 3-4 bzw. 3-5a und 10-18 als auch der Frage
nach dem Umfang der Redaktion, die in V.7 beginnt, muß besondere Aufmerksamkeit gewidmet werden.

---

34   Noth, Josua, 2. Auflage, S. 29
35   Hertzberg, Josua, S. 16ff; O`Brien, Hypothesis, S. 65ff; Butler, Joshua, S. 15ff, wobei
      Butler die Ansicht vertritt, daß Dtr in V.10-11 alte Traditionen verarbeitet hat S. 16;
      Hamlin, Land, S. XVI und S. 3ff; Fretheim, Deuteronomic History, S. 49ff; Mil-
      ler/Tucker, Joshua, S. 7 und 20ff;Schäfer-Lichtenberger, Josua, S. 190ff
36   Soggin, Joshua, S. 31ff
37   Boling, Joshua, S. 117ff
38   Auld, Joshua, S. 12ff
39   Siehe Bieberstein, Josua, S. 101 (Zsfg.). Allerdings hält Bieberstein V.18a1-a2 - die
      Ankündigung der Todesstrafe für jeden Ungehorsamen - für einen möglichen, weite-
      ren Zusatz.
40   Fritz, Josua, S. 30f
41   Schorn, Ruben, S. 166ff, vor allem S. 178.180.205ff

2.2 Textgrundlage zu Jos 1

(1a) Es geschah nach dem Tode Moses ' ',[a], (1bα) da sprach Jahwe zu Josua, dem Sohne Nuns, dem Diener Moses, (1bβ) folgendermaßen: (2a) „Mose mein Knecht ist tot. (2bα) Und jetzt auf, (2bβ) durchziehe diesen Jordan, du und dieses ganze Volk, in das Land, (2bγ) das ich ihnen geben werde ' '[a]. **(3aα) Jeden Ort, (3aβ) auf den eure Fußsohle tritt, (3aα) ihn habe ich euch gegeben, (3b) so wie ich zu Mose geredet habe. (4a) Von der Wüste an und dieser Libanon und bis zum großen Strom, dem Strom Euphrat, - alles Land der Hethiter[b] - und bis zum großen Meer in Richtung Sonnenuntergang (4b) wird euer Gebiet sein.** (5a) Niemand soll vor dir standhalten alle Tage deines Lebens. (5bα) Wie ich mit Mose war, (5bβ) so werde ich mit dir sein. (5bγ) Ich werde dich nicht preisgeben (5bδ) und dich nicht verlassen. (6aα) Sei stark (6aβ) und mutig, (6bα) denn du sollst an dieses Volk das Land als Erbe geben, (6bβ) von dem ich ihren Vätern geschworen habe, (6bγ) es ihnen zu geben. **(7aα) Sei nur sehr stark (7aβ) und mutig, (7aγ) darauf zu achten, (7aδ) zu tun ' , (7aε) wie'[a] dir Mose mein Knecht befohlen hat. (7aζ) Wende dich von ihm nicht ab, weder zur Rechten noch zur Linken, (7bα) damit du Erfolg hast, (7bβ) in allem, wohin du gehst. (8aα) Dieses Buch des Gesetzes soll nicht weichen von deinem Mund, (8aβ) und du sollst über es nachsinnen bei Tag u1nd bei Nacht, (8aγ) damit du darauf achtest, (8aδ) zu tun gemäß allem, (8aγ) was in ihm geschrieben ist. (8bα) Ja, dann wirst du deine Wege gelingen lassen (8bβ) und dann wirst du Erfolg haben. (9aα) Habe ich dir nicht geboten: (9aβ) "Sei stark (9aγ) und mutig!"? (9aδ) Fürchte dich nicht (9aε) und sei nicht mutlos, (9bα) denn mit dir ist Jahwe, dein Gott, in allem, (9bβ) wohin du gehst."**

(10aα) Da befahl Josua den Beamten des Volkes (10aβ) folgendermaßen: (11aα) „Zieht inmitten des Lagers hindurch (11aβ) und befehlt dem Volk (11aγ) folgendermaßen: (11aδ) Macht euch Reisekost zurecht, (11bα) denn in drei Tagen werdet ihr diesen Jordan durchziehen, (11bβ) um zu kommen (11bγ) (und) das Land in Besitz zu nehmen, (11bδ) das Jahwe, euer Gott, euch geben wird ' '[a]."

(12a) Zu den Rubenitern, den Gaditern und der Hälfte des Stammes Manasse aber (12bα) sagte Josua (12bβ) folgendermaßen: (13aα) „Denkt an das Wort, (13aβ) das euch Mose, der Knecht Jahwes, befohlen hat (13aγ) folgendermaßen: (13bα) „Jahwe, euer Gott, brachte euch zur Ruhe (13bβ) und gab euch dieses Land. (14aα) Eure Frauen, eure Kinder und euer Vieh wohnen in dem Land, (14aβ) das euch Mose gegeben hat, auf der gegenüberliegenden Seite des Jordans. (14bα) Ihr sollt nun kampfgerüstet durchziehen vor euren Brüdern, alle tüchtigen Krieger des Heeres, (14bβ) und ihr sollt ihnen helfen. (15aα) Bis Jahwe eure Brüder zur Ruhe bringt wie euch, (15aβ) und auch sie das Land in Besitz nehmen, (15aγ) das Jahwe, euer Gott, ihnen geben wird. (15bα) Dann sollt ihr umkehren in das Land Eures Besitzes ' '[a], (15bβ) das Mose ' '[b] euch gegeben hat, auf der anderen Seite des Jordans, im Osten."

(16aα) Da antworteten sie Josua (16aβ) folgendermaßen: (16bα) „Alles, was du uns befohlen hast, (16bβ) wollen wir tun, (16bγ) und überallhin, wohin du uns sendest, (16bδ) werden wir gehen. (17aα) Wie wir auf Mose gehört haben, (17aβ) so wollen wir auf dich hören. (17bα) Wenn nur Jahwe, dein Gott, mit dir ist, (17bβ) wie er mit Mose war. (18aα) Jeder Mann, (18aβ) der widerspenstig ist gegen deinen Mund (18aγ) und nicht auf deine

Worte hört, (18aδ) hinsichtlich allem, was du ihm befiehlst, (18aα) soll sterben. (18bα) Sei nur stark (18bβ) und mutig."

Textkritische Anmerkungen zu Jos 1:

Die Rolle der Septuaginta für textkritische Entscheidungen im Buch Josua ist in der alttestamentlichen Forschung immer noch heftig umstritten und muß vor der textkritischen Untersuchung zu Jos 1 zumindest soweit geklärt werden, daß ein sinnvoller und nachvollziehbarer textkritischer Umgang mit ihr möglich ist[42]. Für das Buch Josua gilt: "Die große Zahl der Abweichungen und die enormen Unterschiede im Stil zeigen, daß die griechischen Übersetzungen eine eigene Textform repräsentieren, deren Verhältnis zum masoretischen Text allerdings noch zu bestimmen ist"[43]. Nachdem die Septuaginta häufig eine andere Lesart als der masoretische Text bietet, ist hier genauer auf Fragen der Textkritik einzugehen. Für die Textkritik ergeben sich zwei Problemkreise: a) Soll nach den klassischen Regeln der Textkritik der Text Jos 1 isoliert für sich betrachtet werden, oder b) läßt sich bei den Textzeugen durch das ganze Josuabuch hindurch eine bestimmte Tendenz und Wertigkeit erkennen, die ein Abweichen von den Standardregeln nötig macht?

Es existieren Thesen, daß die Septuaginta einen kürzeren und älteren Text als MT repräsentiert. So vertritt z.B. Tov die Ansicht: "An analysis of the minuses of the LXX leads to the conclusion that the edition of MT expanded the shorter one reflected in the LXX"[44], wobei die Edition von MT eine frühere Version ausbaute, die sehr nahe an der Vorlage der LXX war. Dementsprechend kürzt Tov in Jos 1 intensiv mit der LXX[45]. Die Thesen von Tov bleiben nicht unwidersprochen: Fritz vertritt die Ansicht, daß die Septuaginta insgesamt doch keine ältere und bessere Textform als MT für das Josuabuch bietet[46]. Auch Bieberstein hat neuerdings, nachdem Fotografien der Josuarollen aus Qumran veröffentlicht wurden, deren Verwandtschaft zur Septuaginta bestritten. Nach seinen Untersuchungen stimmt 4Q Jos[b] fast vollständig mit MT überein, und 4Q Jos[a] stellt eine MT nahestehende, eigene Textform dar[47]. Aus nicht-biblischen Schriften in Qumran mit Zitaten aus Josua folgert er, daß das Josuabuch in hasmonäisch-herodianischer Zeit in einer masoretischen Textform umlief, die sich von dem späteren MT-Text unterschied und dem vielfach kürzeren Septuagintatext nahesteht[48]. Die Stärke seiner Untersuchung liegt darin, daß er für Josua 1-6 das Gesamtverhalten der Septuaginta im Vergleich zu MT berücksichtigt. Für die Frage nach einer Vorlage der LXX ist er eher zurückhaltend und will im Falle jeder divergierenden Lesart sowohl unter dem Aspekt der äußeren Bezeugung als auch unter dem Aspekt der inneren Wahrscheinlichkeit nach jener Lesart fragen, "die als gemeinsamer Nenner der heute vorhandenen Vielfalt einst zugrunde lag und aus der sich diese entfaltet hat"[49]. Da die Frage nach der Rolle der LXX für die Textkritik weiterhin umstritten bleibt, die neueren Untersuchungen von Fritz und Bieberstein aber einen *grundsätzlichen* Vorrang

---

42   Siehe dazu den forschungsgeschichtlichen Überblick bei Bieberstein, Josua, S. 33ff.
43   Fritz, Josua, S. 1
44   Tov, Josua, S. 337
45   Siehe die Einzelheiten bei Tov, Joshua, S. 330ff.
46   Fritz, Josua, S. 1f
47   Bieberstein, Josua, S. 34
48   A.a.O., S. 74ff
49   A.a.O., S. 72

der LXX - zumindest in Jos 1 - bestreiten, will ich weiterhin von dem textkritischen Primat des masoretischen Textes ausgehen. Für Änderungen mit der LXX müssen Gründe angeführt werden, die sich am Text von Jos 1 selbst bzw. an über Jos 1 hinausgreifenden Beobachtungen plausibel machen lassen.

1[a] und 15[b]: Der griechische Originaltext der LXX läßt עבד יהוה aus. In V.13 behält die LXX jedoch עבד יהוה. Tov sieht in MT einen nachträglichen Einfluß aus dem Deuteronomium, weil er für die LXX prinzipiell von einer besseren Textüberlieferung als MT ausgeht[50]. Von Jos 1,1 aus lassen sich keine Gründe für eine Auslassung oder nachträgliche Einfügung erkennen[51]. Bieberstein hingegen zeigt, daß der Titel עבד יהוה in späten Teilen des AT sich zunehmender Beliebtheit erfreut[52]. In nur vier Fällen hat MT den Überschuß zu LXX. An anderen Stellen führt allein die LXX den Titel fort[53]. Aufgrund der Beliebtheit des Titels ist wohl davon auszugehen, daß LXX עבד יהוה nicht streicht, sondern vielmehr MT diesen nachträgt. Ich entscheide mich dafür, עבד יהוה in beiden Fällen zu streichen[54].

2[a]: Der griechische Originaltext der LXX läßt לבני ישראל aus, der Apparat der BHS hält es für eine Glosse des MT. Deshalb streichen viele Exegeten לבני ישראל. »hinkt« tatsächlich hinterher. Mit der Mehrzahl der Exegeten[55] ist לבני ישראל als nähere Bestimmung zu להם zu verstehen und der LXX als kürzeren Lesart der Vorzug zu geben[56].

4[b]: Der griechische Originaltext der LXX läßt כל ארץ החתים »alles Land der Hethiter« aus. Der Apparat der BHS sieht darin eine Glosse: In dem sehr ähnlichen Text Dtn 11,24 fehlt כל ארץ החתים ebenso. Allerdings erscheint in dem mit Jos 1,4 und Dtn 11,24 verwandten Text Dtn 1,7 die Bezeichnung »Land der Kanaanäer« (siehe dazu die Ausführungen zur Dimension der Landnahme unter Punkt 2.3.4.2). Der Begriff »Land der Hethiter« kommt zwar auch in assyrischen Königsinschriften vor und meint dort Syrien[57], in Jos 1,4 jedoch dient er zur Beschreibung der ganzen Landbrücke vom Nil bis zum Euphrat und nicht nur Syriens. Die Übersetzer der LXX haben diese, die gesamte Landbrücke umfassende Bezeichnung, offenbar als falsch empfunden und gestrichen. Damit stellt MT die lectio difficilior dar und ist zu belassen[58].

---

50   Tov, Joshua, S.336

51   Siehe auch Butler, Joshua, S. 3.

52   Bieberstein, Josua, S. 84f

53   Jona 1,9; 1 Esdras 6,27; Weisheit 2,13; 10,16 und Dan θ' 3,85. Siehe Bieberstein, Josua, S. 84f.

54   So z.B. auch Steuernagel für 15[b]: Steuernagel, Josua, S. 211. Bolings These, daß der Übersetzer der LXX durch ein Homoioteleuton zu einer Haplographie stimuliert wurde (mš[h ʿbd yhw]h), befriedigt angesichts der vielen Schreibfehler, die Boling weiterhin in diesem Zusammenhang annimmt, nicht (Boling, Joshua, S. 114ff): So Dittographie in 8c; 8d-d; 15a-a; Haplographie in 1a-a; 11c; 11d; und einer Abirrung der Augen in V. 15 (Angaben der Stellen nach dem Apparat der BHS). Das ist ein viel zu häufiges Vorkommen von Schreibfehlern, als daß es noch plausibel klingt. Merkwürdig ist auch, daß Boling die Variante 8d-d noch in der Übersetzung beläßt, wenn er diese doch als Dittographie erklärt.

55   Z.B. Soggin, Joshua S. 26; Fritz, Josua, S.26; Hertzberg, Josua, S. 13.

56   Gegen z.B. Woudstra, Joshua, S. 59.

57   Siehe Noth, Josua, 2. Auflage, S.20.

58   So auch Perlitt, Motive, S. 52.

7ª: Die Septuaginta liest καθότι. Der Apparat der BHS weist an, כאשר »wie« zu lesen, statt den Relativsatz ככל ... אשר. Gleichzeitig fällt התורה aus. Tov sieht im Überschuß des masoretischen Textes Einflüsse aus dem Deuteronomium[59]. Es fällt auf, daß zwischen התורה femininum und dem folgenden ממנו Suffix masculinum eine Genusinkongruenz besteht. התורה kann aus V.8 hier eingedrungen sein und ist einschließlich כל eine Glosse zu MT[60]. Ich entferne התורה und ändere in כאשר.

11ª und 15ª: 11ª: Der griechische Originaltext der LXX läßt לרשתה (um es zu besitzen) aus. Ähnlich auch 15ª: Der griechische Originaltext der LXX läßt וירשתם אותה (und nehmt es in Besitz) aus. Der Apparat weist an, es zu entfernen. Der Besitz des Ostjordanlandes wird damit betont. 11ª »hinkt« eigenartig hinterher, während 15ª das Relativpronomen von seinem Bezugswort trennt. Dies spricht wohl dafür, die LXX für die ältere Lesart zu halten. Mit Bieberstein ist m.E. zu Recht denkbar, daß MT im Sinne des sprachlich geprägten Gutes נתן את הארץ לרשת אתה oder נתן את הארץ לרשת ergänzt wurde[62].

---

59   Tov, Joshua, S. 337. Anders Fritz, Josua, S. 1f.

60   Bieberstein hält die Änderung des ככל אשר in כאשר von der LXX her nicht für nötig, da die Wendung לעשות כאשר im AT sonst unbekannt sei. Allerdings gibt er selbst zu, daß die Wendung לעשות ככל אשר nur noch in 2 Chron 7,17 belegt ist, Bieberstein, Josua, S. 89. Die Argumentation Biebersteins reicht deshalb nicht aus, eine Änderung der Lesart nach der LXX abzulehnen.

61   Vgl. auch Noth, Josua, S. 22.

62   Z.B. Gen 15,7; Dtn 3,18 u.a. Siehe Bieberstein, Josua, S. 90f.

2.3 Literar- und redaktionskritische Analyse zu Jos 1

2.3.1 Zum deuteronomistischen Charakter von Jos 1

Der dtr Charakter von Jos 1 wird in der alttestamentlichen Forschung nicht bezweifelt. Den Nachweis haben Dillmann, Steuernagel und Weinfeld erbracht[63].

2.3.2 Gliederung von Josua 1

Die einzelnen Reden in Jos 1, die jeweils durch לאמר in 1bβ.10aβ.11aγ und 16aβ eingeleitet werden, haben deutlich gliedernde Funktion[64]. In der Darstellung der Gliederung sollen vor allem die Verse 1-9 berücksichtigt werden.

Jos 1,1-9 Rede Jahwes
  V.1 Einleitung
  V.2 Auftrag zur Landnahme
  V.3-4 Verheißung der Gabe des Landes durch Jahwe und der Grenzen des Landes
  V.5 Erste Beistandszusage
    V.5a Verheißung der Unbesiegbarkeit Josuas
    V.5bα -β Zusage des Mitseins Jahwes
    V.5bγ -δ Zusage des Nichtverlassens durch Jahwe
  V.6 Erste Aufforderung: Vergabe des Landes als Erbe
    V.6a Erste Ermutigungsformel
    V.6b Ziel der Ermutigung: Vergabe des Landes als Erbe
  V.7-8 Zweite Aufforderung: Halten der Gebote des Mose und der Tora
    V.7aα -β Zweite, verstärkte Ermutigungsformel
    V.7aγ -ϵ Ziel der Ermutigung: Halten der Gebote Moses
    V.7aζ Ermahnung: Kein Abweichen von den Geboten
    V.7b Das Ziel der Ermahnung: Erfolg
    V.8aα -β Ermahnung: Befolgen des Buches des Gesetzes
    V.8aγ -ϵ Das Ziel der Ermahnung: Erfolg
    V.8b Verheißung des Gelingens
  V.9 Zweite Beistandszusage
    V.9aα -γ Dritte Ermutigungsformel als rhetorische Frage
    V.9aδ -ϵ Beruhigungsformel
    V.9b Begründung (zu V.9aδ -ϵ): Mitsein Jahwes

---

63   Dillmann, Josua, S. 443ff; Steuernagel, Josua, S. 209ff; Weinfeld, Deuteronomy, S. 320ff
64   Abgesehen von 13aγ, wo לאמר ein Mosezitat einleitet.

Jos 1,10-11 Rede Josuas an die »Beamten« des Volkes
Jos 1,12-15 Rede Josuas an die zweieinhalb ostjordanischen Stämme
Jos 1,16-18 Antwortrede der Angesprochenen

2.3.3 Literarkritische Entscheidungen

2.3.3.1 Jos 1,3-4 als sekundärer Zusatz

Bereits ältere Kommentare vor der These eines DtrG durch Noth sahen ab V.3 eine neue Quelle oder Redaktionsschicht beginnen[65]. Begründet wurde dies meist sowohl damit, daß in V.1f und 5f Josua angeredet, in V.3 aber das Volk angesprochen wird, als auch durch Verweis auf die Beziehung zu Dtn 11,24[66]. Perlitt und Görg argumentieren mit der unterschiedlichen Vorstellung von der Dimension des Landes in V.2 und V.4:[67] In V.2 wird mit dem Jordan "die Startlinie zur Eroberung des »Landes«", d.h. des Westjordanlandes, markiert[68], in V.4 aber wird das zu erobernde Gebiet bis an den Euphrat ausgedehnt[69]. Diese Argumente sind zu überprüfen:

Der Adressatenwechsel von Josua in V.2 auf das Volk in V.3 und wieder zurück auf Josua V.5 ist literarkritisch tatsächlich sehr auffällig. Noth[70] weist zwar darauf hin, daß der Wechsel durch אתה וכל העם motiviert sei, aber eine Änderung der Sprechrichtung erwartet man deshalb nicht. V.3 bleibt ein Fremdkörper im singularisch formulierten Kontext, der zudem durch seine Gestaltung als invertierter Verbalsatz auffällt. Für V.4 ist - wie Perlitt und Görg richtig gesehen haben - von Bedeutung, daß hier eine andere Vorstellung von der Größe des verheißenen Landes herrscht als in V.2. In V.2 wird das Land durch Überschreiten עבר betreten und eingenommen, d.h. der Jordan ist hier eine Grenzlinie und עבר את הירדן ist deuteronomisch/deuteronomistischer terminus technicus für die Landnahme[71]. Die Gebietsbeschreibung von V.4 übersteigt bei weitem die Vorstellung vom Jordan als Grenzlinie des Landes[72]. Während V.2 außerdem eine Stoßrichtung der Einnahme vom Osten Richtung

---

65   Siehe z.B. Holzinger, Josua, S. XVIIff; Knobel, Josua, S. 359ff und Steuernagel, Josua, S. 192ff.
66   Z.B. Steuernagel, Josua, S. 210.
67   Perlitt, Motive, S. 51f; Görg, Josua S. 11f
68   Görg, Josua, S. 11
69   Perlitt, Motive, S. 51
70   Noth, Josua, 2. Auflage, S. 7
71   Fuhs, H.F.: Art. עבר, Sp. 1027
72   Zur unterschiedlichen Vorstellung der Größe des Landes in V.2.4 siehe Görg, Josua, S. 11f.

Westen beinhaltet, hat die Landvorstellung in V.4 nichts damit zu tun[73]. Während in Jos 1,1-9* die Landnahme des Westjordanlandes beginnt, wird in Jos 21,43-45 über ihren gelungenen Abschluß reflektiert[74]. Die Verse 3-4 zeichnen sich damit sowohl durch den Numeruswechsel in V.3 - verbunden mit der Inversion - und die über das Westjordanland hinausgehende Vorstellung von der Größe des Landes in V.4 als Zusatz zu Jos 1,1-2.5-9* aus[75].

73　Perlitt, Motive, S. 51

74　Wie die folgenden Untersuchungen zeigen, sind beide Texte DtrH zuzuweisen. Zu Jos 21,43-45 siehe Punkt 3.8.1.1. In Jos 1,1a und 2a wird jeweils vom Tod des Mose berichtet. Die zweimalige Erwähnung könnte - zumindest auf den ersten Blick - auf eine literarische Nahtstelle hinweisen. Bei der Wiederholung der Situationsangabe von V.1a in V.2a handelt es sich nicht um ein literarkritisches Kriterium. Vielmehr liegt hier ein oft benutztes Stilmittel vor (vgl. Veijola, Dynastie, S. 28). Siehe z.B. Jos 23,1f u.ö.

75　Siehe dazu die Ausführungen zur Dimension des Landes bei DtrH und DtrS unter Punkt 2.3.4.2.
Bieberstein wollte V.3-5a als redaktionellen Einschub verstanden wissen. Dazu unternimmt er eine »formkritische« Untersuchung der von ihm vertretenen Grundschicht V.1.2bβ-bγ/ 5bα-dδ/ 6aα-γ/ 9aδ-bβ, zu der V.3-5a nicht paßt (Bieberstein, Josua, S. 93ff). Dabei sieht er in der Grundschicht vier Einheiten zu je vier Sätzen, die "untereinander durch Parallelismen und Chiasmen in einer engen Verflechtung und wohlüberlegten Anordnung stehen" (S. 94). Biebersteins »formkritische« Analyse hat zwei Schwachpunkte: Einerseits ist ein »glatter« bzw. harmonischer Textaufbau kein rechtes Kriterium, um Textteile auszugrenzen. Andererseits kommt Bieberstein nur deshalb zu acht kurzen, je zwei Sätze umfassende Einheiten, "die sich paarweise zu vier Einheiten gruppieren lassen, welche jeweils vier Sätze enthalten" (S. 94), weil er die infinitiv-constructus Form in 6bγ nicht als eigenen Teilsatz sieht. Mit den vier Einheiten meint er V.2bβ-bγ/ 5bα-dδ/　6aα-γ/ 9aδ-bβ. Zählt man den infinitivus-constructus in 6bγ als eigenen Teilsatz, ergibt sich für V.2-6.9aδ-bβ folgendes »formkritisch« unauffällige Bild (V.7ff ist sekundär):

2a.2bα. 2bβ. 2bγ　　　　　　　　　　　　　　9aδ. 9aε. 9bα. 9bβ
　　　3aα. 3aβ. 3b. 4a. 4b
5a. 5bα. 5bβ. 5bγ. 5bδ.　　　　　　　6aα. 6aβ. 6bα. 6bβ. 6bγ

»Formkritisch« läßt sich auch hier von einem bewußt und kunstvoll gestalteten Text reden, bei dem die Verse 3 und 4 durch Abweichen von einem vier- bzw. fünfgliedrigen Aufbau bewußt im Mittelpunkt stehen. Vor allem leuchtet bei Bieberstein nicht ein, warum er V.5a entfernen will. V.5a bereitet literarkritisch keine Schwierigkeiten. Im Gegenteil, beläßt man ihn und rechnet 6bγ als eigenen Teilsatz, ergibt sich für V.5 und V.6 jeweils ein fünfteiliger Aufbau. Die »formkritische« Analyse von Bieberstein beweist also nichts.

2.3.3.2　Jos 1,7-9 als redaktioneller Einschub

2.3.3.2.1　Der Beginn der Redaktion in V.7

Der forschungsgeschichtliche Überblick hat ergeben, daß viele Exegeten V.7-9 für einen sekundären, deuteronomistischen Nachtrag halten[76]. Die Begründung für den redaktionellen Charakter der Verse 7-9 hat Smend geliefert: V.6 erfährt in V.7 eine "merkwürdige Fortsetzung. Der doppelte Imperativ, der seinen Anfang bildet, wird, nunmehr eingeleitet durch רק »nur« und verstärkt durch מאד »sehr«, wiederholt und bekommt dann anstelle der Begründung von v.6 eine nähere Bestimmung, die ihrerseits weiter ausgeführt wird", nämlich auf die Befehle des Mose zu achten[77]. V.6 bezieht sich konkret auf die zukünftige Vergabe des Landes als Erbe, "die Begründung ist zugleich die feste Zusage, daß dieses Vorhaben gelingen wird"[78]. Der Erfolg, der in V.6 gar nicht in Frage steht, wird in V.7 an den Gehorsam zu Mose gebunden, in V.8 noch intensiviert durch das ספר התורה[79]. V.8 führt die Anweisung von V.7 durch Betonung des Gehorsams gegenüber dem Gesetzbuch weiter. V.9 lenkt wieder zu V.6 zurück[80]. Bieberstein konnte noch die Beobachtung machen, daß die Wiederholung von חזק ואמץ aus 6aα-aβ in 7aα-aβ, die zusätzlich durch רק und מאד betont wird, analogielos ist[81]. Sowohl stilistische Gründe als auch die starke Betonung des Gesetzesgehorsams sprechen eindeutig für die Existenz einer Redaktion in V.7-9.

2.3.3.2.2　Das Ende der Redaktion

Noth, Smend, Auld, O`Brien, Fritz und Görg gehen davon aus, daß die Redaktion mit einschließlich V.9 endet, der wieder zu V.6 zurücklenkt[82]. Lohfink läßt zwar offen, ob mit V.7ff ein redaktioneller Einschub beginnt, weist aber darauf hin, daß die Verse 7-9αε als "Digression vom Hauptthema" in

---

76　Siehe Punkt 2.1.
77　Smend, Gesetz, S. 124
78　A.a.O., S. 124f
79　Ebenda
80　Ebenda
81　Bieberstein, Josua, S. 96
82　Noth, Studien I., S. 83, Fußnote 4 (In seinem Kommentar Noth, Josua, 2. Auflage, S. 20ff bestimmt Noth jedoch nur V.9b als Glosse); Smend, Gesetz, S. 124ff; Auld, Joshua, S. 8ff. Siehe auch: Auld, Joshua, Mose and the Land, S. 52ff; O`Brien, Hypothesis, S. 65-67; Fritz, Josua, S. 26ff und Görg, Josua, S. 12, wobei bei Görg nicht ganz klar wird, ob er V.9 zu einer weiteren Redaktionsstufe rechnet.

Jos 1,2-9 deutlich sind[83]. Bieberstein hingegen will die Redaktion in 9aγ (einschließlich) enden lassen, die ihren Einschub durch die sich entsprechenden Teile V.7aα-β und V.9aα-γ rahmt und kennzeichnet[84]. Eine kurze Gliederung soll die Struktur verdeutlichen:

6a	Ermutigungsformel	
6b	Ziel der Ermutigung	

7aα-β	Verstärkte Ermutigungsformel	
7aγ-ε	Ziel	
7aζ	Ermahnung	
7bα-β		Ziel der Ermahnung
8aα-β	Ermahnung	
8aγ-ε		Ziel der Ermahnung
8b		Verheißung des Gelingens
9aα-γ	Ermutigungsformel	
9aδ-ε	Beruhigungsformel	
9b	Begründung: Dabeisein Jahwes	

Folgende Gründe sprechen dafür, den Umfang der Redaktion gegen Bieberstein auf 9aδ-ε.b auszudehnen: Noth, gefolgt von Smend, hielt V.9b in der zweiten Auflage seines Josuakommentars deshalb für sekundär, weil hier V.7aζ-9 im Anschluß an V.7aε (was dir mein Knecht Mose befohlen hat) als "Zitat aus einer Mose-Rede gefaßt" wird, wobei Jahwe in V.7-9aγ in erster Person, in V.9aδ-b jedoch in dritter Person spricht[85]. Bieberstein hat zwar darauf hingewiesen, daß es auch andere Texte gibt, bei denen "ein Wechsel zwischen der 1. und 3. Person für Jhwh innerhalb einer Gottesrede" als alleiniges literarkritisches Argument ohne weitere literarkritisch verwertbare Beobachtungen ungenügend ist[86], doch führt er dazu nur Texte aus dem Pentateuch an und nennt keine Gründe, weshalb der Personenwechsel bei diesen Texten nicht literarkritisch gedeutet werden kann. Gegen Bieberstein spricht auch, daß in V.5-6 bereits »alles« gesagt wurde. Vor allem das Mitsein Jahwes in V.5b und der als Ermutigungsformel gestaltete Zuspruch in V.6a werden in V.9aδ-b »unnötig« wiederholt. Insgesamt sprechen diese »harten« literarkritischen Argumente dagegen, V.9aδ -b zu V.6 zu rechnen. Weiterhin machen die Zusprü-

---

83   Lohfink, Darstellung, S. 89(f)
84   Bieberstein, Josua, S. 95f.
85   Noth, Josua, 2. Auflage, S. 29 (Verseinteilung nach meiner Übersetzung); Smend, Gesetz, S. 126, Fußnote 11
86   Siehe Bieberstein, Josua, S. 97f. Bieberstein verweist dabei z.B. auf Gen 9,16; 18,19; Num 11,23 etc.

che in V.6 (Ermutigungsformel) und V.9aδ-b (Ermutigungsformel und Beruhigungsformel) zusammen einen überfüllten und unnötigen Eindruck.

2.3.3.2.3 Die Frage nach der Einheitlichkeit der Redaktion

Bereits Smend hat *vermutet*, daß die von ihm erhobene Redaktion in V.7-9
nicht ganz einheitlich ist und mit V.8 und der expliziten Nennung des
ספר התורה eine weitere Ergänzung vorgenommen wird[87]. Nimmt man die Existenz einer zweiten Redaktion bzw. Hand in V.8 an, dann ist am ehesten - so
Smend - damit zu rechnen, daß V.9 zu V.8 gehört, da das Mißverständnis von
V.7-9a als Moserede kaum bereits für den Verfasser von V.7 angenommen
werden kann[88].

Die Vermutung Smends kann durch die Struktur von V.7-9 im Vergleich zu
V.6 erhärtet werden: V.8 führt V.7 fort, allerdings wird nun statt von den Be-
fehlen Mose von dem Buch des Gesetzes gesprochen. Wieder hängt Erfolg
von Gehorsam ab. Der Zuspruch (Ermutigungsformel), den V.6 und V.7 noch
gemeinsam haben, fehlt in V.8 völlig. V.8 wiederholt also die Struktur von
V.7, aber nur die Teile, die V.7 nicht mit V.6 gemeinsam hat. Es macht fast den
Eindruck, als ob V.6 durch V.7 und V.8 stufenweise ergänzt wird, wobei Ermahnung und Gehorsam immer mehr Bedeutung zukommt und sich dadurch
die unbedingten Elemente von V.6, Ermutigungsformel und Auftrag zur Vergabe des Landes, verlieren. V.8 bietet stilistisch ein Novum im Vergleich zu
V.7: Die explizite Verheißung auf Gelingen in 8b, die allerdings wie in V.7b
dem Gehorsam gegenüber Mose bzw. der Tora untergeordnet bleibt. V.9b erwähnt das Dabeisein Jahwes wie 5bα-β, allerdings in anderer Formulierung.
Aufgrund des parallelen Aufbaus von V.7 und V8 und der zusätzlichen Verheißung des Gelingens legt sich nahe, daß V.8 (und V.9) ein ergänzender
Nachtrag ist, der durch die Thematisierung des Gesetzesgehorsams dem Redaktor von V.7 dermaßen nahesteht, daß hier kaum von einer weiteren Redaktion mit unterschiedlichen theologischen Ansichten gesprochen werden
kann, sondern vielmehr von zwei verschiedenen »Händen« derselben theologischen Redaktionsschicht. Der Verfasser von V.8 (und V.9) will den in V.7 ge-
forderten Gehorsam gegenüber dem, was Mose geboten hat, durch den Ver-

---

87 Smend, Gesetz, S. 125f. Dabei schließt er sich der These Noths an (Punkt 2.3.3.2.2),
    daß der Verfasser von V.9b die V.7-9* als Moserede mißverstanden hat und dieses
    Mißverständnis nur für den Verfasser des V.8, nicht aber für den Verfasser von V.7
    vorliegen kann: Smend, Gesetz, S. 126, Fußnote 11. Siehe auch Smend, Entstehung,
    S. 115.

88 A.a.O., S. 126, Fußnote 11

weis auf das Buch der Tora präzisieren. Beachtenswert ist, daß er nicht direkt in V.7 eingreift, sondern einen parallel gebauten Vers anhängt[89].

V.9 ist vor allem deshalb zu V.8 und nicht zu V.7 zu rechnen, weil die beiden »Zusprüche« in V.9aα-β und V.9aδ-ε - d.h. die Ermutigungsformel und die Beruhigungsformel - ohne V.8 »zu schnell« auf die Ermutigungsformel in V.7aα-β folgen würden. Die Zusprüche in V.9 machen erst Sinn, wenn ein textlicher Abstand - durch V.8 - zu V.7 erreicht ist. Mit V.9aα-β lenkt der Verfasser von V.8 auf V.7aα-β und V.6aα-β zurück, mit V.9aδ -b auf V.5b. Dadurch kennzeichnet er V.8 (und gewissermaßen V.7) als Einschub.

2.3.3.3 Jos 1,10-18

Bis jetzt wurde für Jos 1 eine deuteronomistische Grundschicht in V.1-2. 5-6 ermittelt, die durch V.3-4 und V.7-9 ergänzt wurde. Nun stellt sich die Frage, in welchem Verhältnis die Verse 10-18 zur Grund- bzw. Ergänzungsschicht von Jos 1,1-9 stehen. V.10-18 enthält zwei Anweisungen Josuas (V.10-11 und V.12-15), aber nur eine Antwort (V.16-18). Nach Bieberstein ist so eine Konstellation analogielos[90]. Bereits diese Tatsache spricht dafür, daß V.10-18 kaum einheitlich sein können. Der Überblick über die Forschungsgeschichte hat gezeigt, daß es zu V.10-18 verschiedene Thesen gibt: Noth, Hertzberg, O`Brien, Butler, Hamlin, Fretheim, Miller/Tucker und Schäfer-Lichtenberger[91] wollen V.10-18 zur Grundschicht von Jos 1,1-9* rechnen. Soggin hält V.10-11 für sekundär[92], Auld[93] und Bieberstein[94] V.12-15. Fritz versteht sowohl V.10-11 als auch V.12-18 als getrennte, nicht näher bestimm-

---

89   Weiterhin fällt auf, daß in V.8 sowohl die Ermahnung mit 8aβ als auch das Ziel der Ermahnung mit 8aδ strukturell gesehen verdoppelt wird, im Vergleich zu V.7aζ und 7bα. V.8 führt also nicht nur das Buch der Tora ein, er verstärkt durch all die genannten Maßnahmen die Abhängigkeit des Gelingens vom rechten Umgang mit der Tora.

90   Bieberstein, Josua, S.99

91   Noth, Josua, 2. Auflage, S. 27ff; Hertzberg, Josua, S. 16ff; O'Brien, Hypothesis, S. 65ff; Butler, Joshua, S. 15ff (Jedoch vertritt Butler die Ansicht, daß Dtr in V.10-11 alte Traditionen verarbeitet hat, S. 16); Hamlin, Joshua, S. XVI und S. 3ff; Fretheim, Deuteronomic History, S. 49ff; Miller/Tucker, Joshua, S. 7 und 20ff; Schäfer-Lichtenberger, Joshua, S. 190ff

92   Soggin, Joshua, S. 31ff

93   Auld, Joshua, S. 12ff

94   Siehe Bieberstein, Josua, S. 101 (Zsfg.). Bieberstein hält auch V.18,a1-a2 - die Ankündigung der Todesstrafe bei Ungehorsam - für einen möglichen, weiteren Zusatz.

bare Zusätze[95]. Boling und Schorn verstehen V.12-18 als Zusatz, wobei Schorn für V.12-18 spätdeuteronomistische Verfasserschaft annimmt[96].

2.3.3.3.1 Jos 1,10-11 als Teil der Grundschicht

Fritz hält die Verse 10f für einen sekundären Nachtrag, da die שטרים in V.10 nur noch "in dem sekundären Abschnitt 3,2-4 sowie in 23,1 noch einmal begegnen, aber in der weiteren Überlieferung fehlen"[97]. Die Erwähnung der שטרים könnte hier genauso ursprünglich sein und den von Fritz als sekundär bestimmten Stellen als Vorlage gedient haben. Soggin versteht V.10-11 als Einschub zu Jos 1,1-9* und V.12-18, da die Verse 10-11 die Vorstellung einer friedlichen Landnahme besitzen, die einer kultischen Prozession gleichkommt, während in V.1-9* und 12-18 von einer kriegerischen Landnahme auszugehen sei[98]. Boling hat jedoch zu Recht darauf hingewiesen, daß der Begriff צדה in V.11 auch die notwendige Nahrung für einen Kriegszug meinen kann, und V.10-11 damit nicht in einem Widerspruch zu einer kriegerischen Landnahme stehen[99]. Ein wirklich literarkritisches Argument für das Abtrennen der V.10f von der Grundschicht in V.1-9 gibt es nicht. Es legt sich deshalb nahe, V.10f als zu der Grundschicht Jos 1,1-2.5-6 gehörig zu sehen, mit der Aufgabe, die sofortige Umsetzung des Befehles Jahwes an Josua, die Landnahme einzuleiten, darzustellen[100].

2.3.3.3.2 Jos 1,12-15 als Zusatz zu Jos 1,1-2.5-6.10-11

Bieberstein[101] und Auld[102] halten nur die Verse Jos 1,12-15 für einen Zusatz zu V.10f.16-18. Bieberstein begründet dies damit, daß צוה am Anfang der Antwort in Jos 1,16bα gut zu צוה in V.10aα paßt. Weiterhin steht שלח in V.16bγ zum Inhalt der Verse 12-15 in Spannung, weil שלח stets das Entfernen

---

95   Fritz, Josua, S. 30f

96   Boling, Joshua, S. 117ff; Schorn, Ruben, S. 166ff, vor allem S. 178.180.205ff.

97   Fritz, Josua, S. 26

98   Soggin, Joshua, S. 33

99   Boling, Joshua, S.126. Siehe auch Fritz, Josua, S. 30.

100   Zu dieser Erkenntnis paßt die Beobachtung, daß das Verb עבר in V.2bβ und V.11bα das Durchziehen durch den Jordan meint, in V.11aα allerdings das Ziehen der שטרים durch das Lager. Der Terminus עבר als Durchziehen des Lagers ist eine bewußte Anspielung auf den Befehl Jahwes, den Jordan zu überqueren, und soll die sofortige Umsetzung des Befehles Jahwes durch Josua zeigen.

101   Bieberstein, Josua, S. 98ff

102   Auld, Joshua, S. 13

vom Auftraggeber meint, die zweieinhalb Stämme von Josua aber zum Mit-
kommen aufgefordert werden[103].

Fritz vertritt die These, daß an die von ihm als sekundär bestimmten V.10f
noch zusätzlich V.12-18 angehängt wurden. Der Nachtrag habe die Aufgabe,
"das Mitwirken der ostjordanischen Stämme an der kriegerischen Unterwer-
fung des Westjordanlandes" festzuschreiben[104]. Fritz verweist auch auf
Beziehungen zur vorpriesterlichen Grundschicht[105] von Num 32*, wobei
Jos 1,13-15 traditionsgeschichtlich jünger als Num 32* sein muß, da in
Jos 1,13-15 über Ruben und Gad hinaus auch von Halbmanasse die Rede ist.
Halbmanasse wurde in Num 32* erst sekundär eingetragen. Auf Num 32,7
weist auch der Begriff חמשים aus Jos 1,14 zurück[106]. Die von Fritz beobachteten Beziehungen zwischen Jos 1,12-18 und Num 32* erstrecken sich jedoch
nur auf Jos 1,13-15.

Ähnlich entscheidet sich auch Görg, der in 12.13-15.16-18 sekundäre Ergänzungen sieht, wobei unklar ist, ob alle zu einer Redaktion gehören oder
verschiedenen Redaktionen zuzuordnen sind[107]. Schorn kommt in ihrer Dissertation »Ruben und das System der zwölf Stämme Israels« zu dem Ergebnis,
daß die Erwähnung der zweieinhalb ostjordanischen Stämme Ruben, Gad und
Halbmanasse insgesamt einer spätdeuteronomistischen Redaktion zuzuweisen
sind[108].

Eingangs wurde auf die Analogielosigkeit der Konstellation hingewiesen,
daß auf zwei getrennte Reden (V.10-11 und V.12-15) nur eine Antwort folgt
(V.16-18)[109]. Nachdem nun V.10-11 zur Grundschicht von Jos 1 zu rechnen ist
(Jos 1,1-2.5-6.10-11 DtrH), wird die Möglichkeit redaktioneller Zusätze auf
V.12-18 beschränkt. Aufgrund der Vorgaben aus der Forschungsgeschichte
stellt sich die Frage, ob nur V.12-15 oder ganz V.12-18 Zusatz sind.

2.3.3.3.2.1 Jos 1,12-15 als Zusatz

Für den sekundären Charakter von V.12-15 sprechen vor allem inhaltliche
Gründe: In V.15bβ wechselt der Verfasser den geographischen Standpunkt: Er

---

103 Bieberstein, Josua, S. 99. Er übersieht dabei, daß die Antwort der zweieinhalb Stämme in V.16 mit שלח auch einen übertragenen Sinn haben kann und den Gehorsam gegenüber Josua ausdrücken soll.
104 Fritz, Josua, S. 31
105 A.a.O., S. 30. Den Umfang der Grundschicht bestimmt er mit V.1*.17.20aα.24.34-38.
106 A.a.O., S. 30f
107 Görg Josua, S. 12ff
108 Schorn, Ruben. Siehe z.B. die Zusammenfassung S. 282ff
109 Bieberstein, Josua, S. 99

spricht vom ostjordanischen Gebiet als das Land בעבר הירדן, obwohl die Grundschicht von einer Sprechsituation im Ostjordanland ausgeht. Die Grundschicht hat in V.2 ihren Blick nach Westen gerichtet, auf das Westjordanland. V.12-15 aber blickt nach Osten und thematisiert den Landbesitz im Ostjordangebiet. Bereits diese Beobachtungen sprechen dafür, in V.12-15 einen sekundären Zusatz zu V.10f zu sehen[110].

2.3.3.3.2.2 Die Zusammengehörigkeit von V.16-18 und V.10-11

Es stellt sich die Frage, ob V.16-18 nun zur Grundschicht in Jos 1,1-2. 5-6.10-11 (DtrH) oder zu V.12-15 bzw. einer weiteren Redaktion zu rechnen sind. Dazu folgende Überlegungen: V.12-15 haben sich sekundär erwiesen. Rechnet man V.16-18 zu V.12-15, dann fehlt auf V.10-11 eine Antwort. Dem Verfasser der Grundschicht liegt offensichtlich alles daran, zu zeigen, daß Josua von Jahwe bevollmächtigt und beauftragt wurde, das Land einzunehmen und zu verteilen. Dabei ist es kaum vorstellbar, daß er in V.10-11 eine Rede Josuas gestaltet, in der Josua seinen von Jahwe erhaltenen Auftrag in die Praxis umsetzt und die Befehlsgewalt Josuas demonstriert wird, ohne darauf eine entsprechende Antwort der Befehlsempfänger - der שטרים - folgen zu lassen. V.10-11 ist ohne die Fortsetzung in V.16-18 kaum denkbar[111]. Die oben als analogielos bezeichnete Situation, daß auf zwei Reden eine Antwort folgt, erklärt sich am einfachsten dadurch, daß in einen bereits bestehenden Rede-Antwort-Komplex V.10-11.16-18 eine zweite Rede Josuas, V.12-15, einge-

---

110 Von den Stämmen Ruben, Gad und Halbmanasse bzw. nur Halbmanasse ist laut Konkordanz in Num 32,33; 34,14; Dtn 3,13; 29,7; 33,17; Jos 1,12; 4,12; 18,7; 12,6; 13,7.29; 18,7; 21,5.6.25.27; 22,1.7.9.10.11.12.13.15 die Rede. Den sekundären Charakter von Jos 1,12-15 betont auch Bieberstein: Er geht für die von ihm bestimmte Grundschicht in Jos 1 (V.1.2bβ-bγ/ 5bα-dδ/ 6aα-γ/ 9aδ-bβ) davon aus, daß bei ihr noch die Vorstellung vom Jordan als Grenze des verheißenen Landes vorherrscht, d. h. das verheißene Land liegt westlich des Jordans. Die Einnahme des Ostjordanlandes bzw. der Besitz desselben durch Ruben, Gad und Halb-Manasse weist er dem deuteronomistischen Redaktor DtrR (R für Ruben) zu, von dem Jos 1,12-15 und Dtn 3,18-20 stammt. In beiden Texten werden West- und Ostjordanland gleichberechtigt als Gabe Jahwes bezeichnet, wobei Jahwe und Mose das Ostjordanland geben (Bieberstein, Josua, S. 387ff).

111 Noth vertritt noch die These, daß V.17b oder V.18 sekundär zu V.12-18 sind, weil die "Abschlußformeln in 17b.18... einen überfüllten Eindruck machen" (Noth, Josua, 2. Auflage, S. 29). Noth übersieht dabei allerdings, daß V.17b und V.18 jeweils ein ganz anderes Thema haben (In V.17b geht es um das Dabeisein Jahwes, in V.18 aber um die Todesstrafe bei Ungehorsam und einen weiteren Zuspruch (Ermutigungsformel) nach dem Muster von V.6a; 7aα-β und 9aα-γ) und nicht miteinander konkurrieren.

schoben wird. V.16-18 wird durch den sekundär hergestellten Zusammenhang zu V.12-15 auch zur Antwort der zweieinhalb ostjordanischen Stämme.

2.3.3.4 Zusammenfassung zur literarischen Schichtung von Jos 1

Als Grundschicht wurden die Verse Jos 1,1-2.5-6.10-11.16-18 ermittelt. Auf eine Redaktion sind V.3-4, V.7-9 - wobei V.8-9 einer zweiten Hand zuzuschreiben ist - und V.12-15 zurückzuführen.

2.3.4 Die Zuweisung der Schichten zu einer Verfasserschaft

2.3.4.1 Jos 1,1-2.5-6.10-11.16-18 DtrH

In der Einleitung Kapitel 1 wurde darauf hingewiesen, daß in der alttestamentlichen Forschung vor allem von Würthwein und Westermann die Existenz eines deuteronomistischen Geschichtswerks bestritten wird. Diese Arbeit hat sich neben der Profilierung der Spätdeuteronomistik auch das Ziel gesetzt, zu fragen, ob nicht doch sinnvoll von einer dtr Grundschicht von Dtn bis 2 Kön ausgegangen werden kann. Um überhaupt in diese Diskussion einsteigen zu können, ist als Arbeitshypothese mit einer Vielzahl von alttestamentlichen Exegeten davon auszugehen, daß diese Grundschicht existiert. Ihr Verfasser soll mit Smend, Veijola u.a. mit dem Siglum DtrH bezeichnet werden[112]. In der Synthese wird sich spätestens zeigen, ob sich in den Reflexionsreden Jos 1 bis 1 Kön 8 plausibel von DtrH reden läßt.

DtrH stellt mit Jos 1,1-2.5-6.10-11.16-18 an den Anfang der Landnahme eine Rede Jahwes, in der Jahwe Josua zu Landnahme und Vergabe des Landes als Erbe beauftragt V.1-9*. Josua setzt den Befehl in praktische Anweisungen um V.10-11 und erhält in V.16-18 eine Bestätigung seiner Befehlsgewalt. Das »Komplementärstück« zu Jos 1* DtrH bildet Jos 21,43-45 DtrH[113], in dem von der erfolgreichen Landnahme und der Ruhe Jahwes für Israel gesprochen wird.

Lohfink stellte in seinem Aufsatz »Kerygmata des deuteronomistischen Geschichtswerks« die These auf, daß in der Zeit König Josias ein deuteronomistisches Darstellungsgefüge entstanden sei, das von Dtn 1 bis Jos 22 reiche. Thema dieses dtr Erzählkomplexes sei die Landnahme, weshalb Lohfink als Siglum für den Verfasser DtrL (Landnahme) vor-

---

112 Smend, Gesetz, S. 124ff; Smend, Entstehung, S. 111ff; Veijola, Dynastie, S. 127ff; L. Schmidt, Deuteronomistisches Geschichtswerk, S. 127ff
113 Nachweis siehe Punkt 3.8.1.1.

schlägt[114]. Auf diesen DtrL sei überwiegend die Verwendung von ירש qal[115] mit Israel als Subjekt und dem Land als Objekt im Sinne von »etwas in Besitz nehmen« innerhalb Dtn 1 - Jos 22 zurückzuführen, aber nicht ירש hifil[116]. Die Vernichtung der Völker und die Einnahme des Landes korrespondiere mit dem Schenkungsakt נתן Jahwes. DtrL greife dabei auf königsrechtliche Vorstellungen vom Landbesitz auf, die ihren zeitgeschichtlichen Hintergrund in der josianischen Reichsausdehnung nach Norden haben. Dieser typische DtrL-Gebrauch findet sich nach Lohfink auch in Jos 1,11 DtrL[117]. Die von DtrL geschaffene Vorgabe liege der exilischen Ausgabe des DtrG zugrunde. Während DtrL z.B. ירש qal für Vernichtung der Landesbewohner und Inbesitznahme des Landes verwende, gebrauche die exilische Ausgabe des DtrG eine andere Terminologie, nämlich für die Vernichtung der Landesbewohner כרת und ירש - beide hifil - und ירש qal mit Objekt der Person, um die Rechtsnachfolge Israels gegenüber den bisherigen Bewohnern auszudrücken[118]. Weiterhin finde sich ab der exilischen Zeit die Verwendung von ירש qal mit Objekt des Landes nun nicht im Sinn von »in Besitz nehmen«, sondern durativ im Sinn von »besitzen«, so in Jos 1,15b[119].

Gegen Lohfinks These sind folgende Einwände zu erheben: Beobachtungen in der Verwendung des Verbs ירש , die zur literarkritischen Scheidungen von DtrL und dem späteren DtrG führen, können die von Noth[120] angeführten und von O`Brien[121] zuletzt bestätigten Argumente für die Existenz eines geschlossenen, von Dtn bis 2 Kön* reichenden Deuteronomistischen Geschichtswerkes nicht hinreichend entkräften[122]. Weiterhin weist bereits Jos 1,1-2.5-6.10-11.16-18 DtrH über Jos 21,43-45 DtrH - ein Text, der die in Jos 1 eingeleitete Landnahme beschließt - über den von Lohfink für DtrL angenommenen Textkomplex Dtn 1 - Jos 22 hinaus, da 1 Kön 8,56-57 DtrH sicher von demselben Verfasser wie Jos 21,43-45 stammen muß (siehe Punkt 5.3.2.6). Weitere Berührungspunkte finden sich zwischen Jos 1* DtrH und 1 Kön 2,1-9* DtrH (siehe unter Punkt 2.4.1). Als unabhängig von der Diskussion um die Existenz einer dtr Grundschicht im DtrG erweist sich das Argument, daß sich der für DtrL so typische Gebrauch von ירש qal mit Objekt des Landes auch in deutlich späteren Dtr-Texten wie Jos 23,5 findet und die genannte Verwendung von ירש nicht eindeutig auf DtrL reduziert werden kann[123]. Die These eines DtrL ist somit abzulehnen.

---

114 Lohfink, Kerygmata, S. 132ff
115 Allerdings findet sich ירש qal für die Inbesitznahme des Landes auch in Jos 13,1; 23,5; Ri 2,6 - nach Lohfink DtrN: Lohfink, Kerygmata, S. 139.
116 A.a.O., S. 133, Fußnote 29. Siehe auch Lohfink, Bedeutung, S. 19ff.
117 Lohfink, Bedeutung, S. 21ff
118 Lohfink, Kerygmata, S. 138. Siehe auch Lohfink, Bedeutung, S. 16ff.
119 Lohfink, Bedeutung, S. 24
120 Noth, Studien I
121 O`Brien, Hypothesis
122 So auch z.B. L. Schmidt, Deuteronomistisches Geschichtswerk, S. 132. Siehe dazu auch die Darstellung der Einwände von Westermann und Würthwein im 1. Kapitel.
123 Siehe dazu Fußnote 115.

2.3.4.2 Jos 1,3-4.7-9 und 12-15 DtrS

In der Literarkritik konnten die V.3-4.7-9 und 12-15 als redaktionelle Zusätze plausibel gemacht werden. Zumindest für Jos 1,7-9 hat Smend den
Nachweis einer durchgehenden Redaktion mit Betonung des Gehorsams gegenüber Mose bzw. der Tora geliefert, die er mit dem Siglum DtrN bezeichnet[124]. Zu beachten ist, daß V.8-9 von einer späteren Hand zu V.7 ergänzt
wurden. V.7 und V.8 besitzen deutlich »nomistische« Tendenz. V.9 hingegen,
der zu V.8 gehört, sagt Josua unkonditioniert das Mitsein Jahwes zu. Die Aussage von V.8-9 kann also nicht nur als »nomistisch« bezeichnet werden. Dem
Vorschlag Kaisers folgend, sind die spätdeuteronomistischen Redaktionen besser mit dem Siglum DtrS als dem Siglum DtrN zu bezeichnen, da sie nicht
immer »nomistische« Tendenz haben (siehe auch Punkt 2.5.2)[125]. Der Gebrauch des Siglums DtrS soll auch auf den deutlich »nomistischen« V.7 ausgedehnt werden, da die literarkritischen Untersuchungen ergeben haben, daß
V.8-9 nur einer anderen »Hand«, aber keiner davon grundsätzlich verschiedenen theologischen Redaktionsschicht zuzuweisen sind.
   Die sekundären Verse 3-4 und 12-15 berühren beide die Frage nach dem
Umfang des Israel verheißenen bzw. zu erobernden Landes.

Die Dimension der Landnahme bei DtrH und DtrS:
- Zur Vollständigkeit der Landnahme bei DtrH und DtrS: Smend ist in seinem Aufsatz
»Das uneroberte Land« in engem Zusammenhang mit der These der Existenz von DtrH und
DtrN[126] der Nachweis gelungen, daß die beiden deuteronomistischen Schichten sich auch
durch eine unterschiedliche Vorstellung von der Dimension der Landnahme auszeichnen:
DtrH betont die vollständige Eroberung des Landes Jos 11,16-20.23; 21,43-45 und hat
damit eine idealistische Vorstellung von der Landnahme. Diese erkläre sich - so Smend -
aus der düsteren Zeitsituation des Exils: "Wenn es eine Situation für den maximalen Entwurf, für die Darstellung der Landnahme als eines nationalen, totalen und radikalen Vor-
ganges gibt, dann ist es diese"[127]. DtrN wiederum trägt die Wirklichkeit der Landeinnahme
ein: Jos 13,1bβ.2-5[128]; 15,63; 16,10; 13,13; 23; Ri 1,1-2,5; 2,20-3,6. Die Realität der nachexilischen Zeit sah komplizierter aus als das - so Smend - hoffnungsvolle Bild von DtrH[129].
Die zurückgebliebenen Völker sind Gottes Faustpfand für den Gehorsam Israels

---

124 Smend, Gesetz, S. 124ff
125 Kaiser, Einleitung Bd. 1, S. 129
126 Siehe oben Punkt 2.3.3.2.1.
127 Smend, Land, S. 222
128 Allerdings ist mit Schorn darauf hinzuweisen, daß die Grundschicht von Jos 13,1ff
      nicht von DtrH, sondern von P^S stammt. Siehe dazu die entsprechenden Ausführungen
      unter Punkt 2.3.4.2.
129 Für die Frage nach Zukunftshoffnung bei DtrH siehe Punkt 6.2.3.

Dtn 11,22-25; Jos 23; Ri 3,1aβ.4, Ri 2,23. DtrN will damit zeigen, daß die Schuld für die mißlungene Landnahme und für den Verlust des Landes nicht bei Gott, sondern bei Israel zu finden ist: Aufgrund des Ungehorsams Israels werden die Völker nicht mehr vertrieben Ri 2,20-3,6[130]. Die Analyse Smends wurde zuletzt auch von Blum dahingehend bestätigt, daß (nur) die Grundkomposition des Deuteronomistischen Geschichtswerkes - bei Blum DtrG - von einer vollständigen und vollendeten Landnahme ausgeht, während spätere Redaktoren von übriggebliebenen Völkern bzw. Göttern ausgehen (siehe zu weiteren Details der These Blums jedoch Punkt 3.8.2.1.2)[131].

- Das Ostjordanland im Besitz Rubens, Gads und Halbmanasses als spätdeuteronomistische Konzeption: Anhand einer ausführlichen Analyse der für die Stammesgebiete Rubens relevanten Texte Num 32; Jos 13 und Jos 22 kommt Schorn zu dem Ergebnis, daß sowohl P[S] als auch DtrS ein verstärktes theologisches Interesse am Ostjordanland haben[132]. Für Num 32 erarbeitet sie folgende literarkritische Schichtung: Eine Grundschicht V.1*.2[bis Mose].4[ohne Relativsatz].5.6.16f.20*.24.25f.34-38* - die eventuell in der Zeit König Josias entstanden ist[133] - wird durch eine priesterliche Redaktion P[S] V.1[Reihenfolge Ruben - Gad, Jaser].2*.3.4 [Relativsatz].18f.20 ['vor Jahwe zum Kampf'].21a.22f.27. 28-32.35f [Jaser, Beth-Nimra, Beth-Haran] überarbeitet und durch (eine) spätdeuteronomistische Redaktion(en) mit V.7-15.33.39-42 und V.21b.33.35*.39-42 ergänzt[134]. Die priesterliche P[S]-Redaktion findet sich auch in Jos 13,1 ("mit der Interpretation von v.1b als noch ausstehende Inbesitznahme des Landes"[135]), in V.6b (dem Auftrag Josuas, das Land mit dem Los an die westjordanischen Stämme zu verteilen), V.8 (mit dem Hinweis "auf die bereits von Mose vorgenommene Verteilung des Landes an die beiden ostjordanischen Stämme Ruben und Gad"[136]) und V.15-28*, in denen die Gebiete, die Mose an Ruben und Gad gegeben hat, beschrieben werden. Schorn kann dabei nachweisen, daß die Grundschicht von Jos 13,1 nicht - wie bei Smend[137] - DtrH zuzuweisen ist[138]. Unter Rückgriff auf Smend[139] stellen Jos 13,1-6*.7-8*.9-13 jedoch einen redaktionellen Zusatz von DtrS bzw. Überarbeitungen der P[S]-Schicht durch DtrS dar[140]. DtrS-Bearbeitungen finden sich auch in V.15-28*[141]. Von P[S] stammen weiterhin Jos 22,9-34*[142], von DtrS Jos 22,1-6.20[143]. Im Zusammenhang der Bestimmung spätdeuteronomistischer Anteile von Jos 13 und Jos 22 kommt Schorn auch auf Jos 1,12-18 zu sprechen. So ist für Dtn 3,12f.18-22 und

---

130   Smend, Land, S. 219ff
131   Blum, Entflechtungsvorschlag, S. 183f
132   Schorn, Ruben. Siehe die Zsfg. S. 282ff.
133   A.a.O., S. 159
134   A.a.O. Siehe die Zsfg. S. 155ff.
135   A.a.O., S. 182
136   Ebenda. Wobei die literarische Grundform von V.8 nicht mehr exakt zu bestimmen ist.
137   Smend, Gesetz, S. 127ff
138   Schorn, Ruben, S. 173ff
139   Smend, Gesetz, S. 127ff
140   Schorn, Ruben, S. 176
141   A.a.O., S. 185
142   A.a.O., S. 203ff
143   A.a.O., S. 205ff

Jos 1,12-18; 4,12; 18,7; 22,7.9.10.11.21 ebenfalls spätdeuteronomistische Verfasserschaft anzunehmen[144].

Die Annahme einer P^S-Grundschicht in Jos 13* - statt einer DtrH-Grundschicht[145] - hat weitreichende Konsequenzen für die Beurteilung der ausführlichen Landverteilungsberichte in Jos 13-21. Während Smend diese DtrH zuweisen will[146], zeigt Schorn unter Aufnahme der Analyse von Cortese[147], daß hier ebenfalls mit einer umfangreichen P^S und DtrS Tätigkeit zu rechnen ist[148]. Sowohl P^S als auch DtrS zeichnen sich durch eine positive Haltung zum Ostjordanland aus. Von Bedeutung ist jedoch, daß P^S nur Ruben und Gad sich im Ostjordanland ansiedeln läßt. Die Erwähnung eines zusätzlichen halben Stammes Manasses ist auf DtrS zurückzuführen[149]. "Im Zentrum der Frage nach der Beurteilung des Ostjordanlandes steht bei den spätpriesterlichen Abschnitten damit offensichtlich die Solidarität zwischen Ost- und Westjordanland und die Frage nach der sich in der Kulteinheit zeigenden Zusammengehörigkeit"[150] (Jos 22,9-34*). Das Ostjordanland ist von den Westjordaniern - solange die ostjordanischen Stämme die Gemeinschaft mit Israel und Jahwe einhalten - als Teil des Erbbesitzes Jahwes zu akzeptieren[151]. Die angeführten spätdeuteronomistischen Passagen von Num 32; Jos 13 und 22 "verstärken über P^S hinaus die positive Bewertung des Ostjordanlandes, indem sie die Angaben der priesterlichen Vorlagen für das von Jahwe gegebene Erbland auf die größtmögliche Ausdehnung erweitern (Num 32,33.39ff; Jos 13,2-6*.9-13.29-31; Jos 22,4). Im Rahmen dieser Erweiterungen wird vor allem die vorher in den Texten nicht erwähnte östliche Hälfte des Stammes Manasse in die Landverteilung aufgenommen"[152]. Schorn hat darauf hingewiesen, daß DtrS bereits bei seiner Konzeption zu den ostjordanischen Stämmen Ruben, Gad und Halbmanasse das Bestreben hatte, "das durch die Landverteilung von Israel in Besitz genommene Gebiet um solche Territorien zu erweitern, die einerseits eine größtmögliche Ausdehnung Israels nach allen Seiten ermöglichen und andererseits eine Übernahme des Herrschaftsbereichs der sagenhaften Könige Sihon und Og erlauben"[153]. Dies weist auf eine Entstehungssituation hin, "in der das Ostjordanland für Israel verloren und dem Einfluß seiner heidnischen Umwelt ausgesetzt war. Dies wird aus dem Anspruch auf die Zugehörigkeit dieses Landes zum Erbbesitz Israel ebenso erkennbar, wie an den Vorwürfen, die gegenüber den in diesem Land lebenden 'Israeliten' erhoben werden"[154]. Die Analyse Schorns hat zur Folge, daß der ausführliche Bericht der Landverteilung Jos 13-21 DtrH abgesprochen werden muß. Da in Jos 1,6bα DtrH Josua den Befehl zur Vergabe des Landes als Erbe bekommt, ist an dieser Stelle darauf hinzuweisen, daß sich die Bestätigung der Ausführung dieses Auftrags in Jos 11,23

---

144 A.a.O., S. 178ff und 205ff
145 So z.B. Smend, Gesetz, S. 127ff
146 Smend, Gesetz, S. 127ff
147 Cortese, Josua 13-21, vor allem S. 86ff
148 Schorn, Ruben, S. 166ff
149 A.a.O., S. 222
150 A.a.O., S. 222f
151 A.a.O., S. 223
152 Ebenda
153 A.a.O., S. 195
154 A.a.O., S. 282

DtrH bzw. Jos 12,7ff* DtrH findet und Jos 1,6bα nicht auf den ausführlichen Bericht der Landverteilung in Jos 13-21 angewiesen ist[155].

- Die verheißenen Grenzen des Landes - Jos 1,3-4: Die V.3-4 wurden von der DtrH-Grundschicht aufgrund ihrer den Umfang des Westjordanlandes »sprengender« Gebietsvorstellungen abgetrennt. Fritz weist zu Recht darauf hin, daß Jos 1,3-4 "eine fast wörtliche Wiedergabe von Dt 11,24" darstellt[156]. Die Idee vom Euphrat als Grenzlinie des Gebietes Israels ist im AT nur in Gen 15,18; Dtn 1,7; 11,24 und Jos 1,4 bezeugt[157]. Nach Rose ist bereits Dtn 11,24 DtrS zuzuweisen[158]. Ähnlich verhält es sich mit Dtn 1,7, wo der Euphrat ebenfalls die Ostgrenze des Israel verheißenen Gebietes angibt. Mit Rose ist von einer DtrH-Grundschicht für Dtn 1,6-8* auszugehen, die ursprünglich nur über den Aufbruch zur Einnahme des Westjordanlandes reflektierte. Die Ausdehnung der Grenzen u.a. bis zum Libanon und Euphrat geht auch hier auf eine DtrS-Redaktion zurück[159]. "Diese letzte, extreme Ausweitung signalisiert einen literarischen Bogen, der nicht nur ins Josua-Buch weist (1,4), sondern vor allem zurück in das 1.Mose-Buch (15,18)"[160], wo Gott Abrahams Nachfahren das zukünftige Land Israel verheißt und die Größe des Landes mit den Grenzpunkten Nil und Euphrat beschreibt. Auf den sekundären Charakter der »euphratischen Grenzlinie« in diesen Texten hat auch Perlitt hingewiesen[161]. Wichtig ist, daß das in Dtn 1,7* DtrS, Dtn 11,24 DtrS und Jos 1,3-4 DtrS beschriebene Gebiet als Verheißung Gottes formuliert ist und den Gebietsumfang der tatsächlichen Landnahme sowohl bei DtrH als auch bei DtrS übersteigt (siehe oben). Zwar wird immer wieder darauf hingewiesen, daß die Vorstellung vom Euphrat als Ostgrenze "in der Anschauung von der Ausdehnung des davidischen Reiches" wurzelt[162], doch hat Perlitt zu Recht darauf hingewiesen, daß die Beanspruchung des Gebietes zwischen Nil und Euphrat nicht mit historischen Anlässen erklärt werden darf, "weder mit dem sog. Großreich Davids noch mit dem sog. Aufbruch Josias nach Norden"[163]. So kann Dtn 1,7 vom Land des Kanaanäers, in Jos 1,4 vom Land der Hethiter die Rede sein, wobei diese Begriffe ebenso wie der Begriff »Berg des Amoriters« in Dtn 1,7.19.20 offensichtlich keine geographische oder historische Bedeutung mehr haben. Diese "visionäre Überdehnung der Territorialansprüche"[164] läßt sich nur aus

---

155 Für die Zuweisung von Jos 11,23 und 12,1-24* zu DtrH siehe O`Brien, Hypothesis, S. 67ff, wobei - gegen O`Brien - zumindest die ostjordanischen Gebiete in 12,1-6 DtrS zugewiesen werden müssen. Die Grundschicht in 12,7ff stammt jedoch von DtrH.

156 Fritz, Josua, S. 28. Zur Abhängigkeit von Jos 1,3-4 zu Dtn 11,24 siehe auch: Butler, Joshua, S. 3f; Keil, Josua, S. 15; Dillmann, Josua, S. 443; Knobel, Josua, S. 365; Holzinger, Josua, S. 2; Steuernagel, Josua, S. 201; Schulz, Josua, S. 7; Soggin, Joshua, S. 26; Miller/Tucker, Joshua, S. 21; Hertzberg, Josua, S. 14; Noth, Josua, 2. Auflage, S. 27; Bieberstein, Josua, S. 93ff.

157 Siehe Perlitt, Motive, S. 51. Bei Perlitt fehlt jedoch die Angabe von Gen 15,18.

158 Rose, 5. Mose. Teilband 2, S. 515ff. Siehe auch Smend, Land, S. 224 und Bieberstein, Josua, S. 101.

159 Rose, 5. Mose. Teilband 2, S. 373ff

160 Rose, A.a.O., S. 375

161 Perlitt, Motive, S. 50-53

162 So z.B. Fritz, Josua, S. 28

163 Perlitt, Motive, S. 51

164 A.a.O., S. 53

einem Verlust der staatlichen Autonomie erklären: "je geringer die staatliche Identität, desto größer die territoriale Identität"[165]. Die Intention, die DtrS mit der Ausdehnung des verheißenen Gebietes vom Nil bis zum Euphrat besitzt, hat H.-C. Schmitt beschrieben: "Bei dieser Ausdehnung des Gebietes Israels auf den Umfang des Davidischen Großreiches, die typisch ist für die spätdeuteronomistische Schicht des Deuteronomistischen Geschichtswerkes, geht es ebenfalls darum, die Macht Jahwes zu betonen und dadurch zum "Glauben" an die Verheißung Jahwes zu ermutigen"[166].

Zusammenfassung: Während die DtrH-Darstellung der Landnahme sich ganz auf die vollständige und gelungene Einnahme des Westjordanlandes Jos 1,1-2.5-6.10-11.16-18; 11,16ff; Jos 12,7ff; Jos 21,43-45 DtrH beschränkt, vertritt DtrS ein komplexeres Bild der Landnahme: Israel wird nicht nur das Westjordanland als Besitz verheißen, sondern ein Gebiet, das von der Wüste bis zum Euphrat reicht Jos 1,3-4. Tatsächlich gehört zur Darstellung der Landnahme bei DtrS unter Aufnahme von P^S-Vorstellungen auch die Einnahme und Besiedelung des Ostjordanlandes durch Ruben, Gad und Halbmanasse. Gleichzeitig betont DtrS aber, daß die Einnahme des West- und Ostjordanlandes nicht vollständig gelungen ist, sondern Völker übrigblieben, die zur Gefahr für Israels Gottesbeziehung werden können (siehe dazu die Untersuchungen zu Jos 23).

Die Verse 3-4 und 12-15 können aus genannten Gründen ebenfalls zur spätdtr Redaktion von V.7-9 gerechnet werden. Insgesamt gehen auf DtrS die Verse 3-4, 7-9 und 12-15 zurück, wobei für V.8-9 eine zweite spätdtr Hand angenommen werden kann. Ob die Verse 3-4 oder V.12-15 von den selben spätdeuteronomistischen Händen wie V.7-9 stammen oder einer anderen spätdeuteronomistischen Hand zuzurechnen sind, muß offen bleiben.

---

165 Ebenda
166 H.-C. Schmitt, Geschichtswerk, S. 270

2.4 Die Intention von Jos 1* DtrH

2.4.1 Die von DtrH verwendeten Formelemente

Sowohl Lohfinks These der »Amtseinsetzung« als auch Reventlows These der Herleitung von Jos 1* aus dem »Heilsorakel« können nicht überzeugen[167].

---

167 Lohfink analysierte die dtr Texte Dtn 1,37; 3,21f.28; 31,2-6.7f.14f.23; Jos 1,2-9, die
die Ablösung Moses durch seinen Nachfolger Josua behandeln (Lohfink, Darstellung,
S. 83-97). Die Verse Jos 1,6.9b enthalten folgende Struktur (S. 90): I. V.6a Ermutigungsformel חזק ואמץ. II. V.6b Nennung einer Aufgabe eingeleitet durch כי אתה.
III. V.9b Beistandsformel עמך יהוה. Dasselbe Schema findet sich noch in Dtn 31,7f und
31,23. In Dtn 1,38 und 3,28 wird darauf angespielt. Das Wort חזק hat hier einen
technischen Sinn und das Schema gilt "in der dtr Schicht von Dtn und Jos als festes
Formular einer Art Amtseinsetzung" (S. 91). Die Ermutigungsformeln, verbunden mit
einer Beistandsverheißung, finden sich auch in Aufforderungen zur Führung des Heiligen Krieges Dtn 31,6; Jos 10,25 (S. 91). Lohfink vermutet weiter, daß das dtr Rede-
schema der Amtseinsetzung auf einer tatsächlich gebrauchten Redeform bei Einset-
zungen und Beschlüssen zu Unternehmungen aufruht (S. 91). Es findet sich z.B. noch
in 2 Sam 10,12; Hagg 2,4; 2 Chron 19,11b; 1 Chron 22,11-16 und 28,20. Das Amt,
von dem in Jos 1,6.9b die Rede ist, hat die Aufgabe der Landverteilung. Die Verse 2-5
spielen auf das Feldherrnamt Josuas an, stellen selbst aber keine Amtseinsetzung dar.
Diese findet sich in Dtn 31,23. In Dtn 31,7f wurde Josua von Mose mit den Amt des
Feldherrn und dem Amt der Landverteilung betraut. Der Befehl zur Landverteilung,
analog zu dem der Jordanüberquerung in Jos 1,2, findet sich in Jos 13,1.7. Die Texte
Dtn 1,37f; 3,18-28; 31,2-8; 31,14f.23; Jos 1,2-9.16-18; [3,7; 4,14;] 13,1.7 stellen
somit nach Lohfink eine fortlaufende Erzählung des Übergangs der Führung Israels
von Mose auf Josua dar. "Vermutlich soll das ganze Problem der Kontinuität der Füh-
rung Israels unter dem Bund mit Jahwe exemplarisch vorgeführt werden" und eine
"Theologie des Amtes" enthalten (S. 96). Die These Lohfinks wurde grundsätzlich
von McCarthy übernommen und weitergeführt. Dabei kritisiert McCarthy die von
Lohfink vorgenommene »Einengung« der Gattung der Amtseinsetzung auf genau
festgelegte Formeln (siehe oben das Schema bei Lohfink): McCarthy, Installation,
S. 32ff.
Gegen Lohfinks These einer - im technischen Sinne verstandenen - Gattung der
Amtseinsetzung sind folgende Beobachtungen anzuführen: Die für Lohfink so wichti-
ge Formel חזק ואמץ findet sich nur in Dtn 3,28; 31,6.7.23; Jos 1,6.7.9.18; Jos 10,25;
Ps 27,14; 31,25; 1 Chron 22,13; 28,20 und 2 Chron 32,7. Lohfink führt zwar noch
Hag 2,4 an, allerdings steht dort nur חזק (siehe oben). Mit Butler ist festzuhalten, daß
Jos 10,25; Ps 27,14 und 2 Chron 32,7 - gegen Lohfink (und McCarthy) - sicher die
traditionell als »Heilsorakel« bezeichnete Gattung reflektieren (Butler, Joshua, S. 6).
Sehr wahrscheinlich trifft dies auch auf Dtn 31,6 und Ps 31,25 zu. Als Beleg müssen
auch Jos 1,7.9.18 entfallen, da diese in der oben durchgeführten Analyse DtrS zugewiesen worden sind, der die DtrH-Vorlage hier aufgegriffen hat. Ähnlich reduziert
auch McCarthy die von Lohfink angeführten Belegtexte auf insgesamt fünf:
Dtn 31,23; Am 2,14; Ps 27,14; 31,25; 1 Chron 22,13; 2 Chron 32,7 (McCarthy, Installation, S.31f und Fußnote 5). Schließlich bleiben nur Dtn 3,28; 31,6.7.23; Jos 1,6
und 1 Chron 28,20 als Belegstellen für eine Installationsformel übrig, wobei Butler zu

Recht in diesen Texten aus dem überwiegend deuteronomistischen Bereich weniger echte Zeugen für diese Gattung sieht, sondern literarische Kunstprodukte, die ihren Gattungsbezug längst verloren haben (Butler, Joshua, S. 6). Vor allem aber haben die oben durchgeführten literarkritischen Untersuchungen zu Jos 1 ergeben, daß V.9b DtrS nicht derselben Schicht wie V.6 DtrH zuzuweisen ist. An Lohfinks These ist weiterhin literarkritisch problematisch, daß er die Texte Dtn 1,37; 3,21f.28; 31,2-6.7f.14f.23; Jos 1,2-9 und Jos 13,1.7 zu einer zusammenhängenden, einheitlichen deuteronomistischen Darstellung des Übergangs der Führung Israels von Mose auf Josua verknüpft. Dagegen spricht, daß die Grundschicht von Jos 13,1ff nicht DtrH, sondern P^S zuzuschreiben ist und von DtrS ergänzt wurde (siehe dazu die entsprechenden Ausführungen unter Punkt 2.3.4.2). Nach Rose finden sich auch in Dtn 3,21f.28 und Dtn 31,2-6.7f.14f.23 spätdeuteronomistische Überarbeitungen (Rose, 5. Mose Teilband 2, S. 409ff und 557ff). Das bedeutet aber, daß die »Einsetzung zum Amt des Landverteilers« in Jos 1,6.(9b) keinen entsprechenden Befehl zur Ausführung in Jos 13,1ff erhält. Das von Lohfink für die Texte Dtn 1,37; 3,21f.28; 31,2-6.7f.14f.23; Jos 1,2-9 und Jos 13,1.7 ermittelte einheitliche deuteronomistische Schema zur Darstellung des Übergangs der Führung Israels von Mose auf Josua, das zwei Ämter - Feldherrnamt und Amt des Landverteilers - und jeweils einen Ausführungsbefehl für jedes Amt (Jos 1,2-5 und Jos 13,1.7) beinhaltet, findet somit keine Bestätigung. Die von Lohfink vertretene These der *Gattung* der Amtseinsetzung muß vor allem aus literarkritischen Gründen scheitern.

In seinen Untersuchungen zum »Berufungsformular« bei Jeremia (Jer 1,[2] 4-10) stellt Reventlow die These auf, daß die "Berufung Jeremias und die Berufung eines Propheten überhaupt nach einem genau festgelegten liturgischen Ritual verläuft. Dieses weist die engsten Entsprechungen zum (priesterlichen) Heilsorakel auf und enthält dieselben Gattungselemente" (Reventlow, Liturgie, S. 68). Folgende Formelemente kann Reventlow für das prophetische Berufungsformular bestimmen: Jahweepiphanie / Klage / Einführung des Heilsorakels / Heilsorakel / Sendung / Einwand des Berufenen / Erneuerung der Berufung / Zeichenhandlung / Deutewort (S. 70ff). (Zum priesterlichen Heilsorakel siehe den Aufsatz von Begrich: Das priesterliche Heilsorakel). Er folgert weiterhin, daß sich von der Gattung des Heilsorakels aus nicht nur das prophetische Berufungsformular entwickelt habe, sondern vor allem auch das Berufungsorakel für den charismatischen Kriegsherrn (Num 21,34; Num 27,12ff; Jos 10,8) (S. 68ff). So fanden die für das Heilsorakel zentralen Elemente לֹא תִירָא (bzw. אַל) und "die Zusage bzw. der Hinweis auf die hilfreiche Gegenwart des mächtigen Kriegsherrn Jahwe" (S. 56) in Kriegsansprachen Verwendung (Num 14,9; Jos 10,25; Neh 4,8; 2 Chron 20,15.17; 32,7). Reventlow weist auf Beziehungen zur Institution des »Heiligen Krieges« hin: "Im Bereich des Heiligen Krieges ist es das Amt des charismatischen Anführers, dem ein derartiges Heilsorakel zuteil wird" (S. 58). Dabei sieht Reventlow in Lohfinks These der »Amtseinsetzung«, vor allem in den drei Elementen »Ermutigungsformel« - »Nennung einer Aufgabe« - »Beistandsformel«, eine Bestätigung seiner eigenen Analyse, nicht ohne die bei Lohfink unterbleibende formgeschichtliche Bestimmung der genannten Elemente zu kritisieren (S. 68, Fußnote 206). Reventlows These der Herleitung des prophetischen Berufungsformulars und des Berufungsorakels für den charismatischen Kriegsherrn aus dem Heilsorakel wurde in der alttestamentlichen Forschung kaum rezipiert. Vor allem aber wird in der gegenwärtigen Forschung die traditionell als »priesterliches Heilsorakel« bezeichnete Gattung - vor allem bei Deuterojesaja - kontrovers diskutiert (Siehe dazu den Über-

Jos 1* DtrH stellt vielmehr ein rein literarisches Gebilde dar, bei dessen Entstehung DtrH gezielt einzelne Form - bzw. Strukturelemente einsetzen konnte.

Veijola hat darauf hingewiesen, daß 1 Kön 2,1-9* DtrH dieselbe Struktur wie Jos 1,1-6(*) besitzt, wobei 1 Kön 2,3.4aβ sekundär sind[168]. Ihre gemeinsamen Elemente sind wie folgt:

1. Die äußere Voraussetzung für die Rede und Redeeinleitung: Jos 1,1/ 1 Kön 2,1
2. Die Rede Jos 1,2-6 (*)/ 2 Kön 2,1-9*:
2.1 eingeleitet durch Hinweis auf die oben genannte Voraussetzung
    Jos 1,2a/ 1 Kön 2,2a
2.2 praktische Anweisungen Jos 1,2b-5 (*)/ 1 Kön 2,5-9
2.3 Paränese Jos 1,6/ 1 Kön 2,2b.4aα.b
    - Mahnung Jos 1,6a   Mahnung 1 Kön 2,2b
    - Landverheißung Jos 1,6b   Dynastieverheißung 1 Kön 2,4aαb

Der Unterschied zwischen beiden Texten liegt darin, daß die Paränese und die praktischen Anweisungen in der Reihenfolge vertauscht sind, und daß 1 Kön 2 an der Stelle der Landverheißung eine Dynastieverheißung hat. Veijola bezeichnet 1 Kön 2,1-9* und Jos 1,1-6(*) folgerichtig als "Davids Rede an Salomo bei dessen Amtsantritt" und "Rede Gottes an Josua bei dessen Amtsantritt"[169].

Mit Veijola kann Jos 1* DtrH als literarisches Gebilde am besten als »Rede Gottes an Josua bei dessen Amtsantritt« bezeichnet werden. Die Intention von

---

blick bei H.-C. Schmitt, Erlösung und Gericht, S. 120ff. Ebenso z.B. Preuß, Deuterojesaja, S. 71f oder Merendino, Der Erste und der Letzte, S. 148ff). Nachdem Reventlow sich auf die Analyse Lohfinks zurückbezieht, kann gegen ihn grundsätzlich dasselbe literarkritische Argument wie gegen Lohfink vorgebracht werden: Die »Beistandsformel« in V.9b ist nicht derselben literarischen Schicht wie V.6 zuzurechnen, sondern spätere redaktionelle Ergänzung.

168 Veijola, Dynastie, S. 28f. Siehe dazu auch Punkt 5.3.3.7.
169 A.a.O., S. 28. Weinfeld hingegen vertritt die These der Gattung »military oration«, die häufig in den Rahmentexten des Deuteronomiums Dtn 1,29-33; 2,24-25.31; 3,21f; 7,17-24; 9,1-6; 11,22-25; 31,1-6 zu finden ist. Als Strukturmerkmale bestimmt Weinfeld "short recurring rallying cries such as: אל תירא ואל תחת" (Weinfeld, Deuteronomy, S. 45), die die Furcht des Volkes nehmen und den Kampfgeist stärken sollen (לא יתיצב איש בפניכם Dtn 11,25; Jos 1,5). Diese »rallying cries« kamen ursprünglich in prophetischen Orakeln vor, die die Aufgabe hatten, den jeweiligen militärischen Anführer zu ermutigen. Die nun in Texten vorliegenden »military orations« selbst sind "literary programmatic orations" (S. 51). Aufgabe der Kriegsreden ist es, Israel für die Aufgabe der Eroberung des Landes zu ermutigen (S. 46f). Nach Weinfeld spiegeln sie den Patriotismus und nationalen Eifer Judas während der josianischen Epoche wider (S. 45). Dtr übernimmt die deuteronomischen Kriegsreden aus Dtn 3,31f; 7,17-24; 9,1-6; 21,7f und führt sie in Jos 1,1-9 und 10,25 fort. Im Gegensatz zu Weinfelds Vorschlag, Jos 1,1-9(*) als »military oration« zu bezeichnen, trägt die allgemeinere Terminologie Veijolas der Tatsache Rechnung, daß der strukturell ähnlich gestaltete Text 1 Kön 2,1-9* DtrH den Kontext des Krieges nicht aufweist.

DtrH in Jos 1* muß demnach aus den von ihm verwendeten, einzelnen Strukturelementen ermittelt werden: Folgende Strukturelemente sind für den Aufbau der Jahwerede von Jos 1,1-6* konstitutiv:

V.1 Einleitung der Rede Jahwes an Josua
V.2a Situationsangabe

> V.2b Auftrag zur Überquerung des Jordans
> V.5a Verheißung der Unbesiegbarkeit

> > V.5bα-β Zusage des Mitseins Jahwes
> > V.5bγ-δ Zusage des Nichtverlassens durch Jahwe

> V.6a Ermutigungsformel
> V.6b Ziel der Ermutigung: Vergabe des Landes als Erbe

In V.10-11 gibt Josua den »Beamten« des Volkes den Befehl zur Vorbereitung der Landnahmeoperation, in V.16-18 werden ihm Gehorsam und Treue geleistet. Auf *literarischer Ebene* steht Jos 1* DtrH in einer Gruppe von weiteren DtrH-Texten, die insgesamt eine Einsetzung Josuas zur Landnahme und Vergabe des Landes darstellen: So soll Mose den Josua auf Befehl Jahwes einsetzen Dtn 3,28* DtrH. Mose setzt Josua ein Dtn 31,7f* DtrH[170]. Jahwe bestätigt die Einsetzung Josuas Jos 1,6 DtrH. Jos 1,1-2.5-6.10-11.16-18 DtrH stellt somit das »Startsignal« zur Landnahme des Westjordanlandes dar, die in Jos 2ff* von DtrH ausführlich geschildert wird und durch die erwähnten Texte ihre Vorbereitung im Dtn fand. Die eigentliche Landnahmeoperation wird nun in V.2 durch Jahwes Befehl zur Überquerung des Jordans initiiert. Zentrales handelndes Subjekt der Landnahme ist grundsätzlich Jahwe selbst. Er hat das Land den Vätern zugeschworen Jos 1,6b[171]. Dieser Schwur beinhaltet, daß er der Josuageneration vorgegeben und ihrem Einflußbereich entzogen ist. Inhalt des Schwures ist die Gabe נתן des Landes V.6bγ. In V.2bγ steht נתן im Partizip, d.h. Jahwe beabsichtigt *jetzt*, Israel das Land zu geben. DtrH denkt dabei an das Westjordanland.

Auf die Aufgabe der Jordanüberquerung - dem Startsignal der Eroberung - folgt die Verheißung der Unbesiegbarkeit V.5a und die Verheißung der göttlichen Gegenwart, die in V.5bα-β positiv, in V.5bγ-δ negativ durch Zusicherung, daß Jahwe Josua nicht verlassen wird, formuliert ist. Die Verheißung der

---

170 Zur DtrH-Verfasserschaft von Dtn 3,28* und 31,7f* siehe Rose, 5. Mose Bd. 2, S. 409ff und 557ff.
171 Zu den Vätern siehe dazu die entsprechenden Ausführungen unter Punkt 6.3.2.2.

»Unbesiegbarkeit« findet sich auch in Dtn 7,24* DtrH und 11,25 DtrS in einem eindeutig militärischen Vorstellungshintergrund[172]. Die Zusage des Mitseins Jahwes erfolgt positiv formuliert in V.5bα-β, negativ formuliert als Zusage des Nichtverlassens in V.5bγ-δ. Sie nimmt deutlich die zentrale Stellung zwischen den beiden Aufträgen mit ihren jeweiligen Verheißungen/Ermutigungen V.2.5a und V.6 ein: Während in V.2.5a zuerst der Auftrag V.2 zur Einnahme des Landes steht und dann die entsprechende Verheißung zur Ermutigung folgt, so kommt in V.6 erst die Ermutigung V.6a und anschließend in V.6b der Auftrag zur Vergabe des Landes. Der Grund des Gelingens der Landnahme und der Vergabe des Landes als Erbbesitz an Israel ist in Jahwe und seinem Mitsein selbst zu suchen. Weil Jahwe mit Josua ist, wird ihm niemand standhalten können V.5a. Deshalb soll und kann Josua stark und mutig sein. Zwar findet sich die Zusage des Mitseins Jahwes in der traditionell als »priesterliches Heilsorakel« bezeichneten Gattung, allerdings hat Preuß aufgezeigt, daß dies kaum ihr ursprünglicher Sitz ist[173]. Die Formel vom Mitsein Jahwes hat vielmehr ihre "ursprüngliche Konkretheit als Element nomadischen Denkens und Glaubens"[174], wobei der Zusammenhang von "Jahwekrieg und nomadischer Existenz ... nicht unwahrscheinlich ist"[175]. Im deuteronomisch/deuteronomistischen Textbereich wird das Mitsein Jahwes grundsätzlich als wichtige Voraussetzung für den Sieg über die Feinde Israels gesehen (Dtn 20,1; 31,8) und muß deshalb in Jos 1,5 DtrH nicht als Reflexion einer besonderen Gattung verstanden werden.

Der Zusage des Mitseins Jahwes folgt eine Ermutigung Josuas durch die sog. »Ermutigungsformel« חזק ואמץ in V.6a. Diese findet sich im Singular nur in Dtn 3,28; 31,7.23; Jos 1,6.7.9.18; 1 Chron 22,(12).13; 28,20; Ps 27,14 und im Plural in Dtn 31,6; Jos 10,25; 2 Chron 32,7 und Ps 31,25. Während diese in 1 Chron 22,(12).13; 28,20 zur Ermutigung Salomos durch David für die Aufgaben des Tempelbaus gebraucht wird, ist sie in den restlichen genannten Stellen - außer den vielfältigen Notsituationen von Ps 27,1; 31,25 - in einen unleugbar militärischen Kontext gestellt. Mit Weinfeld kann der Sitz im Leben der Ermutigungsformel als "the occasion of war and confrontation with a difficult task that must be performed"[176] bezeichnet werden[177]. Der inhaltliche

---

172 Zur Verfasserschaft von Dtn 7,24*; 11,25 siehe Rose, 5. Mose Bd. 2, S. 449ff und
      515ff. Den militärischen Sitz der Formel ...לא יתיצב איש sieht auch Weinfeld: Deuteronomy, S. 46.
173 Preuß, »...ich will mit dir sein!«, S. 144f
174 A.a.O., S. 153
175 A.a.O., S. 154
176 Weinfeld, Deuteronomy, S. 45, Fußnote 5

Grund, daß Josua stark und mutig sein kann, ist die Zusage des Mitseins Jahwes V.5.

Wie die bereits oben erwähnte Zusage des Mitseins Jahwes, so läßt auch die Ermutigungsformel, die in 1 Chron 22,(12).13; Dtn 13,6; Jos 10,25; 2 Chron 32,7 mit der Beruhigungsformel לא תירא /אל verbunden ist, durchaus an die traditionell als »priesterliches Heilsorakel« bezeichnete Gattung denken. Doch auch hier gilt, daß daraus noch nicht geschlossen werden kann, daß Jos 1* DtrH auf die Gattung des »Heilsorakels« zurückzuführen ist[178]. Die verwendeten Strukturelemente erklären sich vielmehr aus der Situation und Intention von DtrH auf literarischer Ebene: Nachdem Jahwe den Josua in Dtn 3,28*; 31,8f* für die Operation der Landnahme »eingesetzt« hat, gibt Jahwe nun das Startsignal, wobei er durch seine Ermutigungen, der Zusage seines Mitseins und durch Hinweis auf die Verheißung an die Väter für den Erfolg der Landnahme und Vergabe des Landes »garantiert«. Die auf V.1-2 und V.5-6 folgenden Verse 10-11 haben die Aufgabe, Josua als gehorsamen Führer zu schildern, der die ihm von Jahwe aufgegebene Verantwortung ohne Zögern umsetzt und entsprechende Anweisungen an die »Beamten« des Volkes weitergibt. Die Antwort der »Beamten« des Volkes in V.16-18 greift den wichtigen Topos der V.2.5-6, die Zusage des Mitseins Jahwes, auf. Weil, bzw. wenn Jahwe mit Josua ist, dann ist das Volk in Gestalt seiner Stellvertreter bereit, Josua absoluten Gehorsam zu leisten.

Zur göttlichen »Garantie« des Erfolgs der Landnahmeoperation in Jos 1,1-2.5-6 gehört nach DtrH der Hinweis auf den Gehorsam Josuas gegenüber Jahwe und der Gehorsam der Vertreter des Volkes gegenüber Josua dazu. Nur im Gehorsam kann Israel Jahwe entsprechen. Nachdem Jahwe in Jos 1,1-2.5-6 als eigentlich handelndes Subjekt der Landnahme charakterisiert

---

177 Mit Hesse ist auch denkbar, daß der Sitz im Leben dieser Ermutigungsformel ursprünglich vor allem in "den Ritualien des JHWH-Krieges" zu finden ist: Hesse, חזק, Sp. 854. Allerdings spielt die Frage nach dem ursprünglichen Sitz im Leben der Formel, d.h. ob Jahwekrieg oder eher eine allgemeine herausfordernde Situation, für meine Untersuchungen keine weitere Rolle. Selbst Lohfink weiß bei seiner problematischen These der Gattung der Amtseinsetzung um diesen Sachverhalt: Siehe dazu Fußnote 167.
Mit Merendino und Becker kann die Beruhigungsformel ebenfalls in der Tradition des Jahwekrieges verankert werden (Merendino, Der Erste und der Letzte, S. 152f; Becker, Gottesfurcht, S. 52f). Vgl. auch H.-C. Schmitt, Erlösung und Gericht, S. 125ff.

178 Abgesehen von der kontroversen Diskussion um die Gattung »priesterliches Heilsorakel« lassen sich für die Zusage des Mitseins Jahwes und für die Ermutigungsformel, wie oben gezeigt, auch andere sozio-kulturelle Bezüge plausibel machen als die des »priesterlichen Heilsorakels«.

und in V.10-11.16-18 der angemessene Gehorsam Josuas und der Vertreter
des Volkes dargestellt wurde, besteht am Erfolg der Landnahme, noch bevor
sie begonnen hat, kaum noch Zweifel. Das »Komplementärstück« zu Jos 1*
DtrH stellt Jos 21,43-45 dar. Hier wird ebenfalls wie in Jos 1* Jahwe als Geber des Landes beschrieben. Sein »gutes Wort« der Verheißung der Landgabe
hat sich erfüllt. Jos 1* und 21,43-45 DtrH rahmen somit die Eroberungsbe-
richte in Jos 2-12* DtrH. Israel und das Land haben im Sinne einer Autonomie
von Jahwe keine theologische Qualität. Das Land ist »Heilssetzung« Jahwes
für Israel.

2.4.2 Die Beschreibung der Intention von DtrH

Im Rahmen des von DtrH geschaffenen DtrG tragen Jos 1* DtrH, mit sei-
ner Jahwerede und den beiden folgenden Reden V.10-11 und 16-18, die den
Gehorsam Josuas und der »Beamten des Volkes« schildern, und Jos 21,43-45
DtrH einen erheblichen Teil dazu bei, die Epoche der Landnahme unter Josua
als goldenes Zeitalter der ungetrübten Jahwebeziehung darzustellen. Durch die
Einsetzung Josuas durch Mose auf den Befehl Jahwes hin wird Josua in der
DtrH-Darstellung gleichzeitig zum vorbildhaften Führer Israels. Die drei von
DtrH in Jos 1* gestalteten Reden habe demnach die Aufgabe, zu zeigen, wie
es zum Erfolg der Landnahme und dem »goldenen Zeitalter« der ungetrübten
Jahwebeziehung Israels kam: Durch Jahwes heilvolle Zuwendung und der gehorsamen Reaktion des Führers Israels und des Volkes. Jos 1* DtrH stellt die
in der Form von Reden gestaltete Schilderung des Idealzustandes der ungetrübten Jahwebeziehung dar, die Israel durch das Exil verloren hat. Die
Darstellung eines »goldenen Zeitalters« unter Josua ist in Punkt 6.2 im
Gesamtentwurf von DtrH zu würdigen, allerdings werden bereits die Untersuchungen zu Jos 23 und 24 zeigen, daß das »goldene Zeitalter« der Landnahme
mit seiner ungetrübten Jahwebeziehung von DtrS problematisiert wird und der
DtrH-Entwurf als »Kontrastmittel« für die Zeit des Exils dient. Für die folgenden Texte Jos 23; 24; 1 Sam 12 und 1 Kön 8 ist zu fragen, ob sich auch
hier eine DtrH-Schicht finden läßt, die eine ähnliche Heilssetzung wie das
Land in Jos 1 kennt und wie die Führergestalt Josuas bei Abschluß der Landnahme gezeichnet wird.

2.5 Die Intention von Jos 1* DtrS

2.5.1 Die von DtrS verwendeten Formelemente

Das von DtrH entworfene Bild einer unter Josua gelungenen Einnahme des Landes wird von DtrS bereits in zwei Punkten modifiziert: Das verheißene und eingenommene Gebiet wird über das Westjordanland ausgedehnt V.3-4, der Erfolg der Landnahme wird nun eng an den Gehorsam Josuas gegenüber den *Geboten Mose* gekoppelt V.7-9. Dazu folgende Strukturdarstellung:

V.7aα-β verstärkte Ermutigungsformel
    V.7aγ-ε Ziel der Ermutigung: Halten der Gebote des Mose
V.7aζ Mahnung, sich nicht von den Geboten abzuwenden
    V.7b Ziel der Ermahnung: Erfolg
V.8a Mahnung zum Meditieren und Halten des Buches des Gesetzes
    V.8b Ziel der Ermahnung: Erfolg
V.9aα-γ Ermutigungsformel
V.9aδ-ε Beruhigungsformel
V.9b Zusage des Mitseins Jahwes

Während bei DtrH das Ziel der Ermutigung(sformel) in V.6a die beiden Aufträge in V.2b und V.6b darstellt, fügt eine Hand von DtrS mit V.7aγ-ε eine weitere Aufgabe ein, das Halten der Gebote des Mose. Dies ist ihr derart wichtig, daß sie mit V.7aζ eine Mahnung folgen läßt, die nochmal das Beachten der Gebote thematisiert. Ein Erfolg der Landnahmeoperation ist für diesen Redaktor nur denkbar, wenn die Gebote des Mose ausdrücklich beachtet werden V.7b. "Die spätere Zeit kann nicht anders als den Mutzuspruch mit der Tatsache, daß die Gebote Gottes gehalten werden, zusammenzudenken"[179].

Eine zweite DtrS-Hand, die V.8-9 einfügt, spricht nun explizit von dem »Buch des Gesetzes« und erläutert damit, was mit den Geboten des Mose gemeint ist V.8. Ähnlich zu V.7 ist der Erfolg der Landnahme vom Beobachten des Buches des Gesetzes abhängig, dessen Inhalt die Existenz Josuas vollkommen bestimmen soll (V.8aα-β). Begnügte sich DtrH in Jos 1* damit, den Gehorsam des Josua durch V.10-11 darzustellen, sozusagen als angemessene Reaktion Josuas auf Jahwes Rede, so fügt DtrS nun direkt *in die Jahwerede* die Beobachtung der Gebote des Mose bzw. des Buches des Gesetzes ein. Die Bedingung des Gehorsams Josuas gegenüber den Geboten Mose bzw. der Tora hat aber auch Auswirkungen auf das von DtrH entworfene Bild des

---

179 Hesse, חזק, Sp. 856

rechten Führers Israels: Während die Josua-Jahwebeziehung bei DtrH in
Jos 1,1-2.5-6.10-11.16-18 sehr exklusiv dargestellt und das Volk somit zum
Befehlsempfänger wird, wird die Bedingung des Gehorsams gegenüber Mose
bzw. der Tora auch zu einer Art »Kontrollinstanz« für die Ausführung des
Auftrages, den Josua durch Jahwe erfahren hat. "Die Tora Moses wird zur
Grundlage des Führungshandelns Josuas"[180]. An dieser Stelle ist dem in der
Exegese oftmals in seiner Bedeutung vernachlässigte V.9, der zu dieser zweiten spätdtr Hand gehört, besondere Aufmerksamkeit zuzuwenden: Unter Aufnahme der Ermutigungsformel von V.6a DtrH versucht DtrS wieder einen Anschluß an die Gedanken der DtrH-Vorlage zu schaffen. Zusätzlich zur
Ermutigungsformel gebraucht DtrS die Formel אל תערץ ולא תחת in V.9aδ-ε,
wobei Reventlow zu Recht darauf hinweist, daß zumindest לא תחת parallel zu
לא תירא - der sog. Beruhigungsformel[181] - gebraucht werden kann[182]. Grund
für Ermutigung und Beruhigung Josuas ist - analog zu Jos 1,5-6 DtrH - das
Mitsein Jahwes. Obwohl diese Elemente an die traditionell als »priesterliches
Heilsorakel« bezeichnete Gattung erinnern, bedeutet dies nicht notwendig,
daß gerade diese Gattung hier reflektiert wird[183].

2.5.2 Die Beschreibung der Intention von DtrS

Eine spätdtr Hand verändert mit V.7 die DtrH-Vorlage dahingehend, daß
der Erfolg der Landnahme nun explizit von der Beobachtung der Gebote des
Mose abhängig gemacht wird. Eine zweite DtrS-Hand, die V.8-9 einfügt, verstärkt mit V.8 diese Aussage noch einmal und spricht nun auch von dem
»Buch« des Gesetzes. Gerade an dem ebenfalls von dieser Hand stammenden
V.9 wird deutlich, daß DtrS jedoch eine weitaus komplexere Theologie vertritt
als einen *reinen* »Nomismus«: Zwar wird die Forderung der Beobachtung des

---

180 Schäfer-Lichtenberger, Josua, S. 201
181 Zur Terminologie siehe Becker, Gottesfurcht, S. 52. In 1 Chron 22,(12).13; Dtn 13,6;
     Jos 10,25 und 2 Chron 32,7 stehen Ermutigungsformel und Beruhigungsformel eben-
     falls in nächster Nähe bzw. sind miteinander verbunden.
182 Reventlow, A.a.O., S. 57. ערץ qal tritt in deuteronomistischen Texten auch neben
     Formen der gebräuchlicheren Verben ירא, חתת, חפז und ermahnt Israel bzw. Josua zum
     furchtlosen Kampf gegen die Völker Dtn 1,29; 7,21; 20,3; 31,6; Jos 1,9. Die Beson-
     derheit liegt im seltenen Gebrauch, wodurch es Nachdruck bekommt. ערץ ist etwa mit
     »aufschrecken« oder »zurückschrecken« zu übersetzen und kann ebenfalls als Paralle-
     le zu ירא bzw. חתת gelten (Kedar-Kopfstein, ערץ, Sp. 403). Maass weist darauf hin, daß
     die Mahnung, sich nicht zu fürchten und nicht zu erschrecken, in der dtr Ermutigung
     "ihre stereotype Prägung gefunden" (Maass, חתת, Sp. 299) hat.
183 Siehe Fußnote 177.

Gesetzes und der Gebote des Mose unabdingbar erhoben, gleichzeitig aber in
V.9 erneut das Mitsein Jahwes zugesagt. Vor allem die Verbindung der Ermutigungsformel mit den der Beruhigungsformel verwandten Elementen betonen
das Element der göttlichen Hilfe, die nach V.7 und 8 Josua u.a. auch für die
Beobachtung des Gesetzes zugesagt wird. An Josua wird also mit dem redaktionellen Einschub V.7-9 nicht nur die Forderung der Gesetzesobservanz gestellt, mit dem Ziel, daß die Landnahme Erfolg hat, sondern weiterhin das
Mitsein Jahwes versprochen. Beides, die *Forderung* der Toraobservanz als
auch die *Zusage* des Mitseins Jahwes sind offensichtlich unauflösbar miteinander verbunden. Keines der beiden ist vom anderen zu trennen. Die Tora umfaßt sozusagen göttlichen »Indikativ« und »Imperativ«. Dieser Gedanke wird
in 1 Kön 8,54-61* DtrS fortgeführt[184]. Damit wird die Verwendung des
Siglums DtrS statt DtrN als grundsätzlich angemessen bestätigt, da es sich bei
den theologischen Aussagen von DtrS nicht um einen reinen »Nomismus«
handelt. Allerdings werden erst die spätdtr überarbeiteten Texte Jos 23; 24;
1 Sam 12 und 1 Kön 8 das Verhältnis zwischen göttlicher Zuwendung und
Gesetzesobservanz näher erläutern. DtrS fügt aber auch die Verse 3-4 ein, in
denen anders als bei DtrH das von Jahwe verheißene Land nicht mehr nur das
Westjordanland ist, sondern einen viel größeren Umfang besitzt. Gleichzeitig
ergänzt DtrS mit V.12-15 die Einnahme des Ostjordanlandes durch Ruben,
Gad und Halbmanasse. Wie oben bei den Ausführungen zur Dimension der
Landnahme bei DtrH und DtrS unter Punkt 2.3.4.2 mitgeteilt wurde und vor
allem die Untersuchungen zu Jos 23 noch zeigen werden, gelingt in der
DtrS-Darstellung der Landnahme im Gegensatz zur DtrH-Darstellung die
Einnahme des verheißenen Landes westlich (und östlich) des Jordans nicht
völlig. Es bleiben Völker übrig, die Israel in seiner Beziehung zu Jahwe zur
Gefahr werden können. Nach den gemachten Beobachtungen ist es offensicht-
lich, daß DtrS sich in einer anderen Zeitsituation als DtrH befindet: Während
DtrH an der Darstellung eines »goldenen Zeitalters« unter Josua während der
Landnahmezeit interessiert ist, in der das Verhältnis zu Jahwe ungetrübt war,
verraten die Ergänzungen von DtrS, vor allem aber die über die Situation Josuas und der Landnahme hinausgehende Forderung der Toraobservanz in
Verbindung mit den unerfüllten Verheißungen Jahwes zum Landbesitz, einen
direkten Bezug zur Gegenwart von DtrS. Dieser Bezug zur Gegenwart von
DtrS wird bereits in Jos 23 (Punkt 3.11) deutlicher werden.

---

184   Siehe unter Punkt 5.5.1.

In den folgenden Texten Jos 23; 24; 1 Sam 12 und 1 Kön 8 ist auf die in V.7-9 festgestellte Forderung nach Toraobservanz bzw. die zumindest in V.8-9 damit verbundene Zusage der Zuwendung Jahwes zu Israel genauer einzugehen. Weiterhin ist für Jos 23 und 24 zu fragen, welche Veränderung das von DtrH vorgegebene Bild Josuas als Führer durch DtrS - außer der Bindung an Mose bzw. die Tora in Jos 1,7-9 - dort erfährt.

3. Kapitel: Josua 23 und Josua 24

3.1 Das Verhältnis von Jos 23 und 24 in der Forschung

Während der deuteronomisch/deuteronomistische Charakter von Jos 23 in der Forschung durchweg anerkannt ist, bleibt Jos 24 ein in der Auslegung sehr umstrittener Text[1]. Aufgrund der auffallenden Parallelität der beiden Texte und ihrer Funktion als Abschiedsreden Josuas wurde immer wieder die Frage nach einem möglichen Abhängigkeitsverhältnis zwischen Jos 23 und 24 gestellt. In diesem ersten forschungsgeschichtlichen Überblick muß deshalb kurz auf das gegenseitige Verhältnis von Jos 23 und Jos 24 eingegangen werden.

Viele deutschsprachigen Exegeten halten Jos 23 für den jüngeren Text. Diese Ansicht findet sich schon bei Steuernagel[2]. Die Ansicht, daß Jos 23 jünger als Jos 24 ist, setzt sich von Noth[3] über Smend[4] und Görg[5] bis zu Fritz[6] fort. Einige Exegeten nehmen jedoch das Gegenteil an. Zu dieser Gruppe gehören Gray[7], Van Seters[8], Becker[9] und Blum[10]. Aus Van Seters Bemerkung "The author of Joshua 24,1-27 is none other than the Yahwist of the Pentateuch. However... it was not composed before the DtrH, but comes later as an addition, just as the Tetrateuch was also an addition to Dtn and DtrH"[11] geht hervor, daß er Jos 23 für die ursprüngliche Abschlußrede des Josuabuches und damit für älter als Jos 24 hält.

---

1   Siehe dazu die jeweiligen forschungsgeschichtlichen Darstellungen.

2   Steuernagel, Josua, S. 190ff. Er versteht Jos 23 als einen deuteronomischen Zusatz aus einer unbekannten Quelle zur Quelle D², die neben der Quelle P dem Josuabuch zugrundeliegt. Der priesterliche Redaktor R^P, der die beiden Quellen D² und P kombiniert, fügt aus einer älteren Quelle E² Stücke ein, die D² von dort nicht übernommen hat, unter anderem Jos 24 E². E² hatte wiederum einen älteren Bericht von E¹ übernommen.

3   Noth, Josua, 2. Auflage, S. 139

4   Smend, Gesetz, S. 130ff

5   Görg, Josua, S. 102ff

6   Fritz, Josua, S. 229ff

7   Gray, Joshua, S. 16

8   Van Seters, Joshua 24, S. 139-158

9   Becker, Richterzeit, S. 234

10   Blum, Entflechtungsvorschlag S. 184ff

11   Van Seters, Joshua 24, S. 149

Obwohl Jos 24 von den meisten Exegeten als der ältere Text betrachtet wird, besagt dies noch nicht, daß er auch die ursprüngliche Abschlußrede des Josuabuches darstellte. Noth[12] und Soggin[13] behaupteten, daß Jos 23 die ursprüngliche Abschiedsrede des Josuabuches bilde und Jos 24 nachgetragen worden sei[14]. Dem widerspricht Fritz[15], der zu beweisen sucht, daß Jos 24 (DtrH) den ursprünglichen Abschluß des Buches und damit der Landnahme darstellt[16]. Während Noth[17] noch behauptete, daß der Autor von Jos 23 die ältere Überlieferung von Jos 24 als Vorlage benutzt hatte, meint Fritz[18], daß Jos 23 gegenüber Jos 24 völlig selbständig ist.

Nachdem nun im folgenden Jos 23 und 24 jeweils für sich untersucht werden, ist am Ende dieser Untersuchungen - sozusagen komplementär zu dieser Einleitung - die Frage nach dem Alter der beiden Texte, nach einem möglichen Abhängigkeitsverhältnis und nach dem ursprünglichen Schluß des Josuabuches zu stellen.

---

12 Noth, Josua, 2. Auflage, S.10
13 Soggin, Joshua, S. 217f
14 Siehe dazu auch Van Seters, Joshua 24, S. 139-158.
15 Fritz, Josua, S. 236
16 Eine in den siebziger Jahren vertretene These, daß Jos 23 und 24 jeweils den Abschluß zweier verschiedener Editionen des Josuabuches darstelle (So etwa Eissfeldt, Einleitung, S. 340 oder Miller/Tucker, Joshua, S. 174), findet sich in den neueren Kommentaren und Einleitungen nicht mehr.
17 Noth, Josua, 2. Auflage, S. 16
18 A.a.O., S. 229

3.2 Forschungsgeschichtlicher Überblick zu Jos 23

Bereits die Vertreter der These einer Fortsetzung der Pentateuchquellen im Buch Josua verstanden Jos 23 gerne als das Werk eines *deuteronomistischen Redaktors*[19].

Noths These eines einheitlichen deuteronomistischen Geschichtswerks hatte für den bereits schon früher erkannten deuteronomistischen Charakter von Jos 23 »nur« zur Folge, daß Jos 23 nicht mehr als das Werk eines *deuteronomistischen Redaktors* gesehen wurde, sondern vom deuteronomistischen *Verfasser des Josuabuches* selbst stammt. Dabei stand nach Noth diesem Verfasser Jos 24 Modell, das aber noch *nicht* Teil des Josuabuches war[20].

Als Smend in seinem Aufsatz »Das Gesetz und die Völker«[21] Dtr in DtrH und DtrN aufteilt, verifiziert er seine These unter anderem an Josua 23. Dabei geht er von der literarischen Einheitlichkeit von Jos 23 DtrN aus und sieht Beziehungen zu Jos 1,7-9; 13,1b*β*-6; Ri 1,1-2.9.17.20-21.23 DtrN. DtrN gebrauchte den älteren Text Jos 24 DtrH als Vorbild für Jos 23 DtrN, wobei er Jos 24 aber nicht aus dem Josuabuch entfernte, sondern mit Jos 23 seine eigene Interpretation davorsetzte.[22]

Die Aufteilung von Dtr in DtrH, DtrN (und DtrP) nach dem sogenannten »Göttinger Modell« wurde nicht von allen Exegeten nachvollzogen: Soggin[23] weist im Anschluß an Noth Jos 23 auch weiterhin einem einheitlichen Dtr zu. Dieses Kapitel stellt nach Soggin den deuteronomistischen Abschluß der Landnahme dar, der mit 21,43-45; 22,1-6 auf einer Stufe steht und von Jos 24,28ff fortgesetzt wird. Dennoch besteht Soggin darauf, daß Jos 23 dem älteren Jos 24 folgt[24]. Blum spricht für die Grundschicht des deuteronomistischen Geschichtswerks von der "dtr Grundkomposition"[25] mit Siglum DtrG,

---

19 So etwa Steuernagel (Josua, S. 201), der Jos 23 als deuteronomische Ergänzung der Quelle D² verstand oder Eissfeldt (Einleitung, S. 339), der Jos 23 zu einer zweiten deuteronomistischen Ausgabe des Josuabuches rechnet, die die ältere Abschiedsrede Jos 24 durch sein eigenes Werk in Jos 23 und Ri 2,6-9 ersetzt.

20 Ein späterer dtr Ergänzer habe die »übriggebliebenen Völker« in Jos 23,4.7.12 nachgetragen, um daran "die Verheißung einer künftigen Vertreibung auch dieser Überreste anzuknüpfen (5.13a)": Noth, Josua, 2. Auflage, S. 133.

21 Smend, Gesetz, S. 124 -137

22 A.a.O., S. 132f

23 Soggin, Joshua

24 A.a.O. S. 217ff. In der zweiten Auflage seines Kommentars zu Richter übernimmt Soggin aber auch die Einteilung in DtrH und DtrN: Soggin, Judges.

25 Blum, Entflechtungsvorschlag, S. 183. In früheren Arbeiten spricht Blum von der »D-Komposition«, siehe z.B. ders., Studien, S. 101ff.

deren letzter Text im Josuabuch Jos 21,43-45 ist. Jos 23 stammt von einer "*DtrG-Fortschreibung*" DtrG[2], für deren Bestimmung und Charakterisierung er *an dieser Stelle* Smend folgt[26]. Anders als bei Smend ist Jos 24 noch später als Jos 23 DtrG[2] (siehe auch Punkt 3.5.5 und 3.8.2.1.1)

Fritz vertritt in Anlehnung an Smend die These, daß Jos 23 von RedD stammt, der in etwa dem DtrN von Smend gleicht. Auch er betont die Beziehungen zu Jos 1,7-9, behauptet nun aber, daß Jos 23 nichts mit Jos 24 zu tun hatte und nachträglich zusammen mit dem Abschluß der Vergabe des Landes als Erbe Jos 21,43-45 in das Josuabuch eingefügt wurde. Beide Texte wurden in einem weiteren Stadium von einer nachpriesterlichen Redaktion, die Jos 22,1-34* nachträgt, auseinandergerissen. Der ursprüngliche Abschluß der Landnahme befindet sich in Jos 24 DtrH[27].

Görg behauptet, daß sich Jos 23 als "ein literarisch einheitliches Kompendium dtr Bekenntnisses" zeigt[28]. Die älteste Grundschicht von Jos 24 ist älter als Jos 23. Beide Texte scheinen bei Görg nichts miteinander zu tun zu haben.

Während Noth und Fritz kleine redaktionelle Erweiterungen aus Jos 23 ausscheiden wollen[29], gehen Steuernagel, Smend, Soggin, Butler und Görg von der literarischen Einheitlichkeit des Textes aus[30]. Zusätzlich nehmen viele Exegeten wie Fritz und Butler eine literarische Ausscheidung von וכל הגוים אשר הכרתי in V.4 im Rahmen ihrer *Textkritik* vor[31], während andere wie Steuernagel und Soggin die Reihenfolge der Satzteile in V.4 umstellen[32].

Als opinio communis kann gelten, daß Jos 23 ein deuteronomistischer Text ist. Die Frage nach literarischer Einheitlichkeit, nach Verfasserschaft und redaktionsgeschichtlicher Einordnung ist jedoch neu aufzunehmen.

---

26   A.a.O., S. 185, Fußnote 17. Blum will deshalb nicht von DtrN sprechen, weil "mir die DtrN-Zuweisungen in anderen Teilen des DtrG bislang fraglich erscheinen" (S. 186, Fußnote 17).

27   Jos 23 selbst hat zwei kleine redaktionelle Nachträge, nämlich die Vorstellung von der zukünftigen Vertreibung der Völker in V.5 und V.13a: Fritz, Josua, S. 229.

28   Görg, Josua, S. 102

29   Noth, Josua, 2. Auflage, S. 133f; Fritz, Josua, S. 229ff

30   Steuernagel, Josua, S. 296f; Smend, Gesetz, S. 130ff; Soggin, Joshua, S. 217ff; Butler, Joshua, S. 250ff; Görg, Josua, S. 102ff

31   Fritz, Josua, S. 228; Butler, Joshua, S. 252

32   Steuernagel, Josua, S. 296; Soggin, Joshua, S. 217

3.3 Textgrundlage zu Jos 23

(1aα) Es geschah nach vielen Tagen, (1aβ) nachdem Jahwe Israel Ruhe verschafft hatte von all seinen Feinden ringsum (1bα) - Josua war alt geworden (1bβ), er war in die Tage gekommen - (2a) da rief Josua ganz Israel herbei, seine Ältesten, seine Anführer, seine Richter und seine Beamten (2bα) und sprach zu ihnen:

(2bβ) „Ich bin alt geworden. (2bγ) Ich bin in die Tage gekommen. (3aα) Ihr aber habt alles gesehen, (3aβ) was Jahwe, euer Gott, allen diesen Völkern vor euch her getan hat. (3bα) Denn Jahwe, euer Gott, er ist es, der für euch Krieg führt. (4aα) Seht, (4aβ) ich habe euch diese übriggebliebenen Völker durch das Los zugeteilt als Erbgut nach euren Stämmen, (4b) vom Jordan an ' 'ᵃ 'bis'ᵇ zum großen Meer hin, Richtung Sonnenuntergang. (5aα) Jahwe aber, euer Gott, er wird sie von euch weg vertreiben (5aβ) und sie vor euch weg vernichten, (5bα) und ihr werdet ihr Land in Besitz nehmen, (5bβ) wie Jahwe, euer Gott, zu euch geredet hat. (6aα) Und ihr sollt sehr stark sein, (6aβ) alles zu halten (6aγ) und zu tun, (6aδ) was im Buch des Gesetzes Mose geschrieben ist, (6bα) daß ihr nicht von ihm abweicht, weder rechts noch links. (7aα) Daß ihr euch nicht einlaßt mit diesen Völkern, (7aβ) diese, die bei euch übriggeblieben sind. (7bα) Dem Namen ihrer Götter gedenkt nicht! (7bγ) 'Schwört'ᵇ nicht! (7bδ) Dient ihnen nicht! (7bε) Betet sie nicht an! (8a) Sondern an Jahwe, eurem Gott, sollt ihr hängen, (8b) wie ihr es bis zu diesem heutigen Tag getan habt. (9a) Jahwe vertrieb von euch weg große und mächtige Völker. (9b) Ihr aber - kein Mann blieb bestehen vor euch bis auf den heutigen Tag. (10a) Einer von euch verfolgt tausend, (10bα) denn Jahwe, euer Gott, er ist es, der für euch Krieg führt, (10bγ) wie er zu euch geredet hat. (11) Ihr sollt auf euch selbst sehr achten, Jahwe, euren Gott, zu lieben. (12aα) Denn wenn ihr euch gewiß abkehrt (12aβ) und dem Rest dieser Völker anhängt, (12aγ) diese, die übriggeblieben sind bei euch, (12bα) und wenn ihr euch mit ihnen verschwägert (12bβ) und wenn ihr euch mit ihnen einlaßt (12bγ) und sie mit euch, (13aα) dann wisset gewiß, (13aβ) daß Jahwe, euer Gott, nicht fortfahren wird (13aγ) diese Völker vor euch weg zu vertreiben. (13bα) Sie werden euch zur Falle und zum Wurfholz und zu 'Geißeln'ᵃ in der Seite und zu Dornen in euren Augen, (13bβ) bis ihr untergegangen seid von diesem guten Land weg, (13bγ) das euch Jahwe, euer Gott, gegeben hat.

(14a) Siehe, ich gehe heute den Weg aller Welt. (14bα) Und ihr sollt wissen von eurem ganzen Herzen und von eurer ganzen Seele, (14bβ) daß kein Wort unerfüllt geblieben ist von all den guten Worten, (14bγ) die Jahwe, euer Gott, über euch gesprochen hat. (14bδ) Diese alle sind eingetroffen für euch, (14bε) kein Wort von ihm ist unerfüllt geblieben. (15aα) Es soll geschehen, (15aβ) wie über euch all das gute Wort gekommen ist, (15aγ) das Jahwe euer Gott zu euch geredet hat, (15bα) so wird Jahwe über euch all das böse Wort bringen, (15bβ) bis er euch vernichtet hat, weg von diesem guten Land, (15bγ) das euch Jahwe, euer Gott, gegeben hat. (16aα) Wenn ihr den »Bund« Jahwes, eures Gottes, überschreitet, (16aβ) den er euch befohlen hat, (16aγ) und ihr hingeht (16aδ) und anderen Göttern dient (16aε) und sie anbetet, (16bα) dann wird der Zorn Jahwes über euch entbrennen (16bβ) und ihr werdet schnell zugrunde gehen von dem guten Land weg, (16bγ) das er euch gegeben hat."

Textkritische Anmerkungen zu Jos 23:

4[a]: Der Apparat der BHS hält die Wendung וכל הגוים אשר הכרתי »alle Völker, die ich ausgerottet habe« für einen Zusatz. Butler hat die Problematik von V.4 zutreffend analysiert: "The text of 4b is problematic, changing from reference to the future allottment of remaining nations to a boundary description to a reference to past destruction of nations and back to a boundary description".[33] Steuernagel und Soggin stellen die Reihenfolge der Satzteile um und ändern nach 4b (siehe unten)[34]: וכל הגוים אשר הכרתי מן הירדן ועד הים »und alle Völker, die ich vernichtet habe, vom Jordan bis zum Meer«. Diese Umstellung bleibt die Erklärung schuldig, wie V.4 derart korrumpiert werden konnte. Wahrscheinlicher ist folgende Erklärung Butlers, der ich mich anschließe: Er beobachtet, daß die Wendung וכל הגוים אשר הכרתי ursprünglich von Dtn 12,29; 19,1 her kommt, wo sie in enger Beziehung zu ירש steht. Er schlägt vor: "Perhaps it represents an early gloss to v 5, which has been accidentally copied from the margin into v 4. This may be supported by the textual disturbances which have effected v 5."[35] Ähnlich urteilt auch Fritz[36]. Ich bestimme deshalb וכל הגוים אשר הכרתי als eine späte Glosse zu Jos 23,4, die zum Ausdruck bringen will, daß Josua auch die besiegten Völker verloste. Es handelt sich hier offensichtlich um einen Grenzfall zwischen Text- und Literarkritik.

4[b]: Der Apparat der BHS schlägt vor, statt הים »und das Meer« ein ועד הים »und bis zum Meer« zu lesen. Ich schließe mich der Mehrzahl der Exegeten an und ändere nach dem Vorschlag des Apparats[37]. Die Textverderbnis entstand wohl durch die Glosse in 4[a].

7[b]: Die Peschitta, sowie dem Sinn nach Targum und die Vulgata lesen תשבעו »schwören« im nifal statt im hifil »schwören lassen«. Auch Gesenius schlägt die Änderung in die Aktionsart nifal vor, wobei ihm die meisten Exegeten folgen[38]. Am Konsonantenbestand ändert sich nichts. Die Punktierung in der Aktionsart nifal macht mehr Sinn. Die jetzige Punktation könnte durch das vorangehende hifil von לא תזכרו entstanden sein[39].

13[a]: Der Apparat schlägt vor, ולשטים »und zu Geißeln« von שוט, statt שטט »und zur Geißel«, das nur hier vorkommt, zu lesen. Die meisten Exegeten ändern nach dem Vorschlag des Apparates.[40] Butler vermutet einen Kopierfehler beim Abschreiben von ולשטים[41]. Ich schließe mich Butler an und ändere in ולשטים.

---

33   Butler, Joshua, S. 252

34   Steuernagel, Josua, S. 296; Soggin, Joshua, S. 217

35   A.a.O., S. 252

36   Fritz, Josua, S. 228

37   So z.B. Fritz, Josua, S. 228; Noth, Josua, 2. Auflage, S. 134 und Soggin, Joshua, S. 217

38   Gesenius/Kautzsch, Grammatik, S. 803.

39   Siehe Butler, Joshua, S. 252.

40   So Butler, Joshua, S. 252; Noth, Josua, 2. Auflage, S. 134; Fritz, Josua, S. 228 hält eine Änderung für möglich.

41   A.a.O., S. 252

3.4 Literar- und redaktionskritische Analyse zu Jos 23

3.4.1 Gliederung

Jos 23,1-2bα	Einleitung: Situationsangabe und Versammlung der Zuhörer
Jos 23,2bβ-16	Rede Josuas
V.2b	Verweis auf das Alter Josuas
V.3-5	Jahwes Hilfe gegen die im Land wohnenden Völker
V.3a	Rückblick: Jahwes bisherige Hilfe gegen die im Land wohnenden Völker
V.3b	Jahwe führt für Israel Krieg
V.4-5	Jahwe wird auch die übriggebliebenen Völker noch vertreiben
V.6-8	Zu befolgende Mahnungen für die weitere Hilfe Jahwes
V.6	Israel soll vom Gesetz Jahwes nicht abweichen
V.7	Israel soll sich mit den übriggebliebenen Völkern und ihren Göttern nicht einlassen
V.8	Israel soll an Jahwe hängen
V.9-10	Jahwes Hilfe gegen die im Land wohnenden Völker
V.9	Rückblick: Jahwes bisherige Hilfe gegen die im Land wohnenden Völker
V.10	Jahwe führt für Israel Krieg
V.11	Mahnung für die weitere Hilfe Jahwes: Israel soll Jahwe lieben
V.12-13	Ankündigung des Untergangs bei Mißachten des Willens Jahwes
V.12	Die Mißachtung des Willens Jahwes besteht in Abkehr von Jahwe und Hinwendung zu den Völkern und ihren Göttern
V.13	Der Entzug der Hilfe Jahwes und die übriggebliebenen Völker führen zum Untergang Israels
V.14a	Verweis auf das Alter Josuas
V.14b-16	Warnung vor dem Untergang bei Mißachten des Willens Jahwes
V.14b	Hinweis auf das gute Wort Jahwes, das sich als geschichtsmächtig erwies
V.15	Das böse Wort Jahwes führt zum Untergang Israels
V.16a	Die Mißachtung des Willens Jahwes besteht im Übertreten des Bundes Jahwes und im Götzendienst
V.16b	Der Zorn Jahwes führt zum Untergang

3.4.2 Die Frage nach der Einheitlichkeit von Jos 23

Noth und Fritz gehen von kleinen redaktionellen Zusätzen in Jos 23 aus: Noth meint, daß von der Erwähnung eines »Restes« von Völkern in V.12 aus ein späterer die »übriggebliebenen Völker« (הנשארים האלה) in V.4.7.12 nachgetragen habe, um "daran die Verheißung einer künftigen Vertreibung auch dieser Überreste anzuknüpfen (5.13a); und nachdem durch den genannten Zusatz in 4 sekundär der Sinn entstanden war, daß Josua auch die erst noch zu erobernden Gebiete bereits mit verlost habe, ist der nun notwendig gewordene, aber schon durch seine Stellung als Nachtrag erwiesene Hinweis auf die schon ausgerotteten Völker in 4 eingefügt worden"[42].

Das methodische Problem dabei ist, daß sich dafür keine literarkritischen Argumente finden lassen. Keiner der oben angeführten Ergänzungen steht in Spannung zu Aussagen von Jos 23. Zwar findet sich die הנשארים האלה an den genannten Stellen wiederholt, jedoch ist dies noch kein Argument für einen sekundären Nachtrag. Der von Noth postulierte Grundbestand rechnet in V.12aβ mit einem Rest von Völkern. Das הנשארים האלה in V.12aγ macht insofern einen ursprünglichen, d.h. zum Grundbestand gehörigen Eindruck, als es notwendige Näherbestimmung zu V.12aβ ist. Streicht man die Nachträge, die Noth postuliert, ergibt Jos 23 als die von ihm postulierte und ursprünglich einzige Abschiedsrede am Ende der Landnahme keinen rechten Sinn. Es stellt sich nämlich die Frage, mit welchen Völkern Israel in V.7 sich nicht einlassen soll, da die Erwähnung eines Restes in V.12 viel zu spät kommt, um V.7 noch verständlich sein zu lassen. Zumindest V.7 muß also einen näheren Hinweis auf noch übriggebliebene Völker enthalten haben. Wenn Jos 23 mit übriggebliebenen Völkern in seinem ursprünglichen Textbestand rechnete, dann gehörten V.5 und V.13a - die Verheißung der Vertreibung dieser Völker - von Anfang an dazu. Diese Beobachtungen und die Tatsache, daß die postulierten »Zusätze« in V.4.7.12 und V.5.13a im Text keinerlei »Spannungen« erzeugen, machen es wahrscheinlich, in ihnen keine redaktionellen Nachträge zu sehen, sondern bewußte Aussagen des Verfassers von Jos 23.

Fritz argumentiert anders als Noth: Er will nur die Verse 5.13a streichen, die von einer "weiteren Vertreibung von Völkern (ירש hi) und damit eines weiteren Landgewinns in 23,5 und 13a" sprechen[43]. Ich entscheide mich jedoch dafür, sie als ursprünglich im Text zu belassen, da V.5 und V.13a in Jos 23 keinerlei Spannungen oder andere Schwierigkeiten bereiten. In den Ausführungen zur Dimension der Landnahme bei DtrH und DtrS unter Punkt 2.3.4.2 wurde gezeigt, daß übriggebliebene Völker, die Jahwe noch vertreiben wird, ein wichtiges Proprium von DtrS sind.

Jos 23 hat sich somit als literarisch einheitlich erwiesen[44].

---

42   Noth, Josua, 2. Auflage, S. 133
43   Fritz, Josua, S. 229
44   So auch Görg, Josua, S. 102ff und Soggin, Joshua, S. 217ff.

3.4.3 Der deuteronomistische Charakter von Jos 23

Im forschungsgeschichtlichen Überblick wurde bereits gezeigt, daß Jos 23 sicher ein deuteronomistischer Text ist[45].

3.4.4 Die Bestimmung der spätdtr Verfasserschaft von Jos 23

Unter Punkt 3.2 wurde berichtet, daß Smend und Fritz Jos 23 DtrN bzw. einem spätdtr Verfasser zuweisen[46]. Zur Richtigkeit dieser These folgende Überlegungen: Jos 23,6 bezieht sich deutlich auf Jos 1,7-9 zurück. Beide Texte haben folgende dtr Wendungen gemeinsam:

- שמר לעשות / שמר ועשה :Jos 23,6 - Jos 1,7.8
- שמר / עשה כל דברי התורה / את כל הכתוב בספר התורה הזה :Jos 23,6 - Jos 1,7
- סור......ימין ושמאל :Jos 23,6 - Jos 1,7 (Dtn 5,29; 17,11.20; 28,14; 2 Kön 22,2)

Sowohl Josua als auch das Volk sollen gegenüber Jahwe gehorsam sein und davon weder zur Rechten noch zur Linken abweichen[47]. In Jos 1,7-9 war der Gesetzesgehorsam Bedingung für das Gelingen der Landnahme, in Jos 23,6 ist er Bedingung dafür, daß Jahwe die übriggebliebenen Völkern vertreiben wird. Jos 23,6 bezieht sich sowohl auf Jos 1,7.9 als auch auf das »Buch« aus Jos 1,8. Unter Punkt 2.3.3.2.3 Jos 1 wurde davon ausgegangen, daß Jos 1,7 und Jos 1,8-9 zwei verschiedenen spätdeuteronomistischen Händen zuzuordnen sind. Dem Verfasser von Jos 23 lagen *beide* redaktionellen Zusätze V.7 und V.8-9 zu Jos 1* vor, so daß er entweder mit der Hand von Jos 1,8-9 identisch ist, oder zu einer dritten spätdeuteronomistischen Hand gehört. Da keine Gegenargumente vorgelegt werden können, ist davon auszugehen, daß der Verfasser von Jos 23 mit der (zweiten) spätdtr Hand von Jos 1,8-9 identisch ist.

Bei der Bearbeitung von Jos 1 wurde weiterhin gezeigt, daß die Unvollständigkeit der Landnahme eine typisch spätdtr Aussage ist[48]. Smend hat die Unterscheidung zwischen DtrH und DtrN (DtrS) u.a. an Jos 21,43-45 und Jos 23 vorgenommen. Er konnte zeigen, daß der Verfasser von Jos 23 den Text Jos 21,43-45 vorliegen hatte und für seine eigenen Aussagen uminter-

---

45 Nachweis bei Steuernagel, Josua, S. 296ff oder Burney, Judges, S. xiii - xiv. Siehe auch Weinfeld, Deuteronomy, S. 320ff.

46 So z. B. auch Becker, Richterzeit, S. 72

47 Siehe Smend, Gesetz, S. 130.

48 Siehe die Ausführungen zur Dimension der Landnahme bei DtrH und DtrS unter Punkt 2.3.4.2.

pretieren konnte: Jos 23 hat von Jos 21,43-45 die »Ruhe vor den Feinden«
(Jos 23,1a; 21,44a); das »Nicht-Standhalten-Können« (Jos 23,9b; 21,44b) und
die »Erfüllung der Verheißung« (Jos 23,14b; 21,45) übernommen und verändert, wobei der in Jos 21,43-45 beschriebene Idealzustand zurückgenommen
wird[49]. Jos 23 geht vor allem davon aus, daß das Land nicht vollständig eingenommen wurde Jos 23,4aβ.7aβ.12aβ. Jahwe verheißt, die Völker in Zukunft
zu vertreiben, aber nur wenn die Israeliten dem Buch des Gesetzes Mose V.6
gehorsam sind[50]. V.11 und V.12 wiederholen den Sachverhalt mit anderen
Worten. Hinzu kommt die oben beschriebene Situation, daß der (weitere) Erfolg der Landnahme an den Gehorsam gegenüber der Tora gebunden wird.

3.4.5 Zusammenfassung

Jos 23 ist als das Werk eines spätdeuteronomistischen Verfassers zu bestimmen. Die Zuweisung spätdeuteronomistischer Verfasserschaft wird sich
bei der Untersuchung der Intention von Jos 23 in Punkt 3.11 bestätigen.

---

49   A.a.O., S. 131
50   Seine Bestimmungen werden in V.7 erläutert.

3.5 Forschungsgeschichtlicher Überblick zu Jos 24

3.5.1 Literarkritische Analysen zu Jos 24 unter dem Einfluß der Quellentheorie des Pentateuchs

Die Annahme der Existenz einer oder mehrerer Pentateuchquellen in Jos 24 bzw. im ganzen Josuabuch galt in der älteren Forschung als unumstritten[51]. Diese These fand auch noch Anhänger, nachdem sich Noths These eines einheitlichen DtrG durchgesetzt hatte. Dazu gehören unter anderem Eissfeldt[52] und Mölle[53]. Einige Exegeten wie z.B. G. Schmitt[54] und Görg[55] versuchten

---

51 So kann etwa Steuernagel für Jos 24 folgendes Modell entwerfen: Die Grundschicht Jos 24,1-12*.14-30*.32-33 stammt von E^2 (E= Elohist), wobei dieser in V.1.25-27* einen älteren Bericht von E^1 übernommen hat. Weiterhin erfuhr Jos 24 deuteronomistische Zusätze und wurde schließlich von einem priesterlichen Redaktor R^P in das Josuabuch eingearbeitet: Steuernagel, Josua, S. 297ff.

52 Eissfeldt nimmt für Jos 24 eine elohistische Grundschicht und Spuren einer Laienquelle L an. Vor allem die Fortsetzung Ri 1,1-2,5* gehört zu L. Diese Stücke wurden deuteronomistisch überarbeitet: Eissfeldt, Einleitung, S. 333ff.

53 Mölle unterscheidet vier Schichten in Jos 24: Eine sehr alte Sichemschicht (ca. 1200-1100), eine elohistische Schicht, eine jehowistische Schicht und deuteronomistische Erweiterungen: Mölle, Sichem, S. 280ff.

54 G. Schmitt behauptet für Jos 24, daß in den Versen 1.25-27 eine alte, zu E gehörige Schicht zu finden ist und eine jüngere Schicht in V.2-24. Weitere literarkritische Operationen lehnt er ab. Die alte Schicht habe einen Bundesschluß von Sichem überliefert. G. Schmitt geht davon aus, daß die im Text fehlende Bundessatzung vor V.27 ursprünglich zum Text von Jos 24* gehörte, dann aber zur Sinaiperikope gestellt wurde. Sie seien nun entweder im Bundesbuch oder in Ex 34 zu suchen (G. Schmitt, Sichem, S. 100). Die jüngere Schicht fand diese Lücke bereits vor. Die jetzige Form von Jos 24 ist die einer Rede und zeigt den Geist später theologischer Reflexion (S. 23). Die Analyse der verwendeten Begriffe zeige, so G. Schmitt, daß der Stil zwar nahe verwandt mit deuteronomistischen Predigten ist, aber diesen noch nicht zugeordnet werden kann (S. 21). Zur Datierung kann G. Schmitt nur vage Angaben ohne Jahreszahlen machen: Die spätere Schicht von Jos 24 ist in die Zeit nach Elia und vor der Entstehung des Urdeuteronomiums zu datieren (S. 32).
Ähnlich wehrt sich Sperling (Joshua 24, S. 119-136) gegen eine späte Datierung von Jos 24 (gegen Perlitt, Van Seters, Blum und Becker, siehe Punkt 3.5.5). (Obwohl er selbst keine Zuteilung von Jos 24 zu Quellenschichten vornimmt, soll seine These aufgrund einer gewissen Ähnlichkeit zur These von G. Schmitt hier behandelt werden). Denn einerseits habe eine Verbindung von Jos 24 mit dem Dtn linguistisch keine Basis (S. 133), andererseits passe Jos 24 aufgrund seiner monolatrischen, aber nicht monotheistischen Aussagen, keinesfalls in die Zeitsituation des Exils (S. 134ff). Sperling selbst kommt zu folgendem Schluß: "Joshua 24 is based on an early northern Israelite reinterpretation of that tradition in which Yahwe, the god of the exodus, became the covenant-god at Shechem" (S. 136). Jos 24 sei vor dem Dtn entstanden, in der Zeit Jerobeams II (786-746). Außer der aufgezählten Leiterschaft in V.1 und der

Noths These einer alten Sichemtradition (Siehe den folgenden Punkt) in
Jos 24 mit den Thesen der Pentateuchquellentheorie zu verbinden.

3.5.2 Noth und die These alter Traditionen in Jos 24

Mit der bereits erwähnten These Noths von einem Deuteronomistischen
Geschichtswerk, in dem Dtr nicht nur Bearbeiter, sondern vor allem Verfasser
ist, verändert sich auch das Verständnis von Jos 24. Noth bestreitet die Existenz von Quellenschichten in 24,1-28. Dennoch versucht er einen vordtr-
Bestand zu rekonstruieren, der vor allem aus den Versen 1-18.25-28.29.30.33
besteht[56]. Eine deuteronomistische Redaktion fügt das לרשת אותו in V.4, den
nachhinkenden Satz in 8b, sowie die Bileamgeschichte in 9b-10bα ein. Ebenso
ergänzt sie V.12a.13aγb, das מבית עבדים in V.17 sowie den folgenden אשר-Satz.
Vor allem V.19-24 geht auf Dtr zurück und schließlich noch V.31. Außerdem
rechnet Noth mit außerdeuteronomistischen Glossen[57]. Das Hauptinteresse
Noths liegt aber im Auffinden von alten Traditionen in Jos 24, die er im Bundesschluß von Sichem und in dem erwähnten großen Stein finden will. Er
deutet sie auf eine "sakrale Überlieferung über einen vermutlich regelmäßig
wiederholten kultischen Akt, die man sich an dem betreffenden Heiligtum, in
diesem Falle also Sichem, wird gepflegt denken müssen"[58]. Dahinter steht das
historisches Ereignis der Gründung der Amphiktyonie der zwölf Stämme Israels, die in einer regelmäßigen Bundeserneuerungszeremonie gefeiert wird.
Noth meinte also, mit Jos 24 den Beweis für die Existenz einer Amphiktyonie
Israels gefunden zu haben, wobei er Jos 24 als ein ursprünglich isoliertes

---

Liste der Nationen in V.11 - beides Glossen die Sperling Dtr zuschreibt - sei von der
literarischen Einheitlichkeit von Jos 24 auszugehen.

55   Görg, Josua, S. 105ff. In der Darstellung seiner Literarkritik verzichte ich auf Details.
Görg nimmt für Jos 24 eine nachjahwistische Grundschicht in 24,2a.2b.14.25a.
26b.27a.28.29-30 an. [Diese nachjahwistische Grundschicht J[E] ziehe sich, so Görg,
auch durch Jos 1-12. Görg geht damit von einem Hexateuch aus S. 5ff (Die Angabe
der Verse erfolgt nach der Einteilung von Görg. Da die von ihm vertretenen Schichten
in der Übersetzung nicht graphisch dargestellt werden, kann ich sie nicht auf meine
Einteilung übertragen). Diese wurde von Dtr überarbeitet in V.1.3.4-5.7-8-10-13.
15-18.25b.26a.27b.31. Ein nach-deuteronomistischer/priesterlicher Redaktor fügte eine letzte Bearbeitung in V.6f.32 an. Für die Verse 19-24 ist unklar, ob sie Dtr oder
nach-Dtr zuzuweisen sind.

56   Kleine Ergänzungen werden hier nicht berücksichtigt.

57   So V.1bα aus 23,2a; Terach und Nahor in V.2, die siebengliedrige Volksaufzählung
in V.11; V.12b; »Ägypten« in V.14; V.22b; in V.18 »Alle Völker und« sowie
V.17bα.: Noth, Josua, 2. Auflage, S. 135ff.

58   Noth, Josua, 2. Auflage, S. 139

Stück verstand. In der Folgezeit erwachte ein großes Interesse an Jos 24 als einem Text, der alte Traditionen von einem Sichembund bewahrt hat, während in Jos 23 ein genuin deuteronomistischer Text gesehen wurde, der jünger als der Kern von Jos 24 ist. Dem schlossen sich z.B. Hertzberg[59], Soggin[60], Miller und Tucker[61] an.

3.5.3 Jos 24 als fiktiver (proto)deuteronomischer Text

Perlitt erhob gegen Noths These, daß Jos 24 altes Überlieferungsgut von einem Sichembund bewahrt habe, Einspruch[62]: Nach seiner Ansicht stellt Jos 24,1-28 in seiner Form eine rein "fiktive Verpflichtungsszene"[63] dar und geht aufgrund sprachlicher Hinweise auf einen vordeuteronomistischen Autor zurück. Die Aussagen von einem Bundesschluß in Jos 24 stehen der deuteronomischen Bundestheologie[64] nahe, enthalten aber keine alten Traditionen von einem Bundesschluß in Sichem. Die These einer Amphiktyonie lehnt Perlitt ab. Er versteht Jos 24 als literarisch einheitlichen (bis auf kleine Zusätze in V.25b.26a) Text und wirft den Anhängern der Nothschen These vor, unzulässigerweise von der Existenz eines vordeuteronomistischen Bestandes auszugehen und alles »Deuteronomistische« davon abzuheben[65]. Die einerseits deuteronomischen, andererseits aber vom deuteronomistischen Gebrauch abweichenden Vorstellungen und Sprachgefüge weisen nach der Ansicht Perlitts auf eine Entstehungszeit von Jos 24 hin, die vor der des DtrG liegt. So weise Jos 24 mehr sprachliche Verwandtschaft mit Ri 2,6-1 Sam 12 als mit dem DtrG schlechthin auf[66]. Jos 24 wolle den Schaden, der geschichtlich durch die Fremdgötterverehrung Israels entstanden ist, im Gegensatz zum späteren DtrG nicht konstatieren, sondern noch verhüten.[67] Die Verfasser von Jos 24 benutzen dabei mehrere Begriffe als Chiffren: Die Götter von jenseits des Stromes und der Amoriter versteht Perlitt als Hinweis auf die assyrische Be-

---

59   Hertzberg, Josua, S. 128ff
60   Soggin, Joshua, S. 217ff
61   Miller/Tucker, Joshua, S. 179ff
62   Perlitt, Bundestheologie, S. 239ff
63   A.a.O., S. 269
64   Zum Vergleich: Jos 23 sei jünger als Jos 24,1-28 und vertritt deuteronomistische Bundestheologie: Perlitt, Bundestheologie, S. 19ff.
65   A.a.O., S. 240
66   Er geht nicht darauf ein, wie Jos 24,1-28 in das Josuabuch hineingekommen ist.
67   A.a.O., S. 258

drohung im 7. Jahrhundert[68]. Sichem als Ort der Handlung in Jos 24 sei rein
fiktiv gewählt und spiele auf Samaria, die ehemalige Hauptstadt des Nordreiches, an[69]. Der Text Jos 24 enthält Motive, die "historisch verkleidet" sind,
d.h. sie stellen eine Rückprojektion in die Tage der erfolgreichen Landnahme
dar. Die Intention der Verfasser von Jos 24 ist es, die ehemaligen Bewohner
des Nordreiches zum Durchhalten und zur Treue an Jahwe gegen die von As-
sur eingeführten Götter zu ermutigen. Die deuteronomistische Schule hat
Jos 24 aufgenommen. Schließlich wurde der Text von einem spätdeuteronomistischen Redaktor überarbeitet[70]. Die These Perlitts, vor allem zur vor- bzw.
protodeuteronomistischen Verfasserschaft wurde u.a. von McCarthy[71] und
Noort[72] aufgenommen und modifiziert.

3.5.4 Jos 24 als DtrH-Text

Smend hingegen wies Jos 24 im Rahmen seines »Schichtenmodells« DtrH
zu. Jos 24 DtrH diente Jos 23 DtrN als Vorlage[73]. Fritz nimmt die These von
Smend auf und versteht Jos 24 als den ursprünglichen Abschluß der DtrH
Landnahmeerzählung.[74] Er verweist auf für DtrH typisches Sprachgut und die
Tatsache, daß, wenn Jos 23 jünger ist, der Verfasser von Jos 24 aber kein altes
Material vorliegen hatte, dann Jos 24 nur von DtrH stammen kann[75]. Jos 23
und 24 bilden zwei völlig selbständige Stücke, wobei 24 älter als 23 ist.
Der Grundbestand von Jos 24 besteht aus V.1*.2a*.b.3.4.5.a*b.6aβ.7aεb.

---

68   A.a.O., S. 255f. 277
69   A.a.O., S. 282
70   A.a.O., S. 270ff.
71   McCarthy kann die vor- bzw. protodeuteronomistische Bestimmung Perlitts für
     Jos 24,1-28 aufgreifen, sieht aber in dem Text - ähnlich wie Noth (siehe Punkt 3.5.2) -
     doch alte Traditionen aus Sichem, die der Gesamtform des Textes, der eines "report of
     covenant making", dienstbar gemacht werden. Aufgrund der Sprache von Jos 24, die
     einerseits mit der deuteronomistischen Sprache ähnlich ist, sich andererseits aber mit
     ihr nicht deckt, folgert er ähnlich wie Perlitt, daß Jos 24 eine vordeuteronomistische
     Stufe repräsentiert (McCarthy, Treaty, S. 221ff). Zuletzt greift Ringgren 1994 die Idee
     einer alten Überlieferung in Jos 24 auf: Die Überlieferung vom Landtag in Sichem
     habe ein Echo von dem Zusammenschluß einer aus Ägypten kommenden Nomaden-
     gruppe mit dem in Kanaan entstandenen Israel bewahrt: Ringgren, Sichem, S. 89-91.
72   Noort folgt Perlitt in den Grundzügen seiner These, will jedoch "Jos 24 in einer etwas
     früheren Zeit als in einem exklusiven dtn-dtr Umfeld (Perlitt) ansiedeln": Noort, Der
     Fall Josua 24, S. 104.
73   Smend, Gesetz, S. 132ff
74   Fritz, Josua, S. 235ff
75   A.a.O., S. 236f

8abβ.11a*b.13a.14-18.25.28.29-31. Dieser wurde von RedD durch die Verse 19-24.26.27 ergänzt. Eine weitere Redaktion fügt »Terach, der Vater Abrahams und der Vater Nahors« in V.2, »Da sandte ich Mose und Aaron« in V.5a, die Verse 6aαb.7aα-δ.9.10, die Völkeraufzählung in Vers 11a* und V.12.13b ein. In Jos 24,32.33 ist eine nachpriesterliche Redaktion am Werk. Fritz modifiziert die These Perlitts und versteht den »Landtag zu Sichem« in seiner Grundschicht als eine fiktive, von DtrH gestaltete Szene.

3.5.5 Jos 24 als nachdeuteronomistischer Text

Van Seters, Blum und Becker verstehen Jos 24*, im Gegensatz zu Perlitt, McCarthy, Smend und Fritz, als einen nachdeuteronomistischen Text. Van Seters[76] übernimmt von Perlitt die literar- und formkritischen Ergebnisse, sieht in Jos 24 aber einen nachdeuteronomistischen Text, der dem ursprünglichen Schluß des Josuabuches, Jos 23, angehängt wird. Autor von Josua 24 sei der von Van Seters spät datierte Jahwist, der mit Jos 24 die exilische Diaspora im Blick habe. Bei Van Seters stellt Jos 23 den älteren Text dar.

Blum geht von einer nachdeuteronomistischen "»Jos-24-Bearbeitung«"[77] aus. Diese Bearbeitung umfaßt vor allem die Texte Gen 35,1ff* und Jos 24.[78] Die Absage an die fremden Götter in Gen 35,1-7 stellt eine »prototypische Vorabschattung« von Jos 24 dar[79]. Gen 35 und Jos 24 sind kompositionell durch das Leitmotiv des Josefgrabes bei Sichem in Gen 33,19; Gen 50,25f; Ex 13,19; Jos 24,32 verbunden. Blum zeigt folgende weitere Beziehungen zwischen Gen 35 und Jos 24 auf[80]: Der Zusammenhang zwischen ausschließlicher Jahweverehrung und dem Verhalten Jahwes gegenüber Israel. Die אלה bei Sichem, die als Lokalisationspunkt dient. Das Verhalten Jakobs, das in Sichem Gen 35 als beispielhafte Antizipation von Jos 24 erscheint[81]. In beiden Texten

---

76 Van Seters, Joshua 24, S. 139-158
77 Blum, Entflechtungsvorschlag, S. 194ff sowie ders., Studien, S. 361ff
78 Zur nachdtr Jos-24-Bearbeitung gehören auch: Gen 33,19; Gen 50,25f und Ex 13,19. Siehe dazu auch Punkt 3.8.2.2.2.1.
79 Blum, Entflechtungsvorschlag, S. 201ff; ders., Studien, S. 363
80 Blum, Vätergeschichte, S. 40ff
81 In beiden Texten kommen fremde Götter vor. In Gen 35 bieten sich nur die Teraphim an, die Rahel von ihrem Vater Laban gestohlen hat. "Als Götter Labans aber entsprechen sie genau den Göttern der Väter in Mesopotamien nach Jos 24,2. Jakob bringt sie mit nach Kanaan, legt sie aber im Verlauf seiner *Landnahme* in einer Handlung ab, deren Umstände, wie gezeigt, vielfältig denen von Jos 24 entsprechen" (Blum, Vätergeschichte, S. 41).

wird der Euphrat als הנהר bezeichnet. Die Teraphim in Gen 35 stammen von
»jenseits des Stroms«. Sie sind "die Götter von עבר הנהר (Jos 24,2.3.14.15)"[82].
Er datiert diese »Jos-24-Bearbeitung« nachdeuteronomistisch, weil die »Jos-
24-Bearbeitung« sowohl den Pentateuch als auch das DtrG voraussetzt[83].
Jos 23 ist somit älter als Jos 24 und stellt den Schluß des Josuabuches dar.

Becker wiederum weist Jos 24,1-30.32-33 späten Redaktoren zu, die sich
aber auf altes Material beziehen[84]. Von Jos 24 gehörte nur V.31 - in Verbindung mit Jos 21,43-45 und Ri 2,8-10.11f* - zum ursprünglichen Ende des
DtrH-Josuabuches. Ein spätdeuteronomistischer Redaktor fügt Jos 22,1-6;
Jos 23 sowie Ri 1,21.27ff; 2,1-5.6-7 ein. Erst dann ergänzen spätere Redaktoren Jos 22,7ff; Jos 24,1-30.32-33 und Ri 1,1-18.22-26[85].

3.5.6 Konsequenzen für die Bearbeitung von Jos 24

Bis heute stehen sich die Vertreter einer in Jos 24,1-28 zu findenden, alten
Tradition und die einer »fiktiven Verpflichtungsszene« gegenüber. Gleichzeitig
kommt es, durch alle »Lager« hindurch, zu verschiedenen Bestimmungen
von Verfasserschaft und Datierung. Jos 24 wird als vordeuteronomisch/
deuteronomistischer, als genuin deuteronomistischer (DtrH) und als nachdeuteronomistischer Text verstanden[86]. Ich zitiere an dieser Stelle Fritz: "Die angemessene Deutung ist somit nur in einer literarischen Analyse zu gewinnen,
die Stellung und Form, Sprache und Inhalt des Abschnittes gleichermaßen
bedenkt und berücksichtigt"[87]. Die oben erwähnten Vertreter einer literarkritischen Schichtung scheiden mehrheitlich folgende Stellen als sekundär aus[88]: In
V.1 die Aufzählung der vier Ämter[89]; in V.9-10 die Hinweise auf Bileam[90]; in

---

82   Blum, Vätergeschichte, S. 42
83   A.a.O., S. 44ff sowie Blum, Studien, S. 363ff und ders., Entflechtungsvorschlag,
     S. 195ff. (Ähnliche Überlegungen zu dem späten Charakter von Jos 24 stellt Brekel-
     mans in »Joshua XXIV« an). Siehe dazu jedoch auch Punkt 3.7.3.4.
84   Becker, Richterzeit, S. 68ff
85   Siehe auch meine Ausführungen zu Becker bei Punkt 3.8.2.1.3.
86   Die von Noth vertretene These einer Amphiktyonie der Stämme Israels ist inzwischen
     sehr umstritten. Einen kurzen Bericht über die Forschungslage bietet Herrmann,
     Geschichte Israels, S. 698-740.
87   Fritz, Josua, S. 236
88   Bei einigen Exegeten wie Hertzberg und Görg werden die Redaktionen nicht deutlich
     gekennzeichnet bzw. nur mit Vorbehalt festgestellt. Ich beziehe mich dann auf Stel-
     len, die sicher zu deuten sind.
89   Noth, Josua, 2. Auflage, S. 135; Hertzberg, Josua, S. 132 , Görg, Josua, S. 106
90   Noth, Josua, 2. Auflage, S. 135; Fritz, Josua, S. 238

V.11aγ die siebengliedrige Aufzählung der Völker[91]; V.19-24 der Einwand Josuas und die Antwort des Volkes[92].

Perlitt, Butler und Van Seters gehen im wesentlichen von der literarischen Einheitlichkeit von Jos 24 aus. Somit ist in den folgenden Arbeitsschritten Jos 24 auf seine literarische Einheitlichkeit, seine Verfasserschaft und sein Alter neu zu untersuchen.

---

91   Noth, Josua, 2. Auflage, S. 135; Soggin, Joshua, S. 234 Fritz, Josua, S. 249
92   Noth, Josua, 2. Auflage, S. 136; Hertzberg, Josua, S. 137, und Fritz, Josua, S. 238. Bei Görg gehören V.19-24 zu einer umfangreicheren Redaktion von V.15-24, möglicherweise sind V.19-24 aber von einer weiteren dtr oder nachdtr Hand zugefügt: Görg, Josua, S. 108.

3.6 Textgrundlage zu Jos 24

(1a) Da versammelte Josua alle Stämme Israels in Sichem, **(1bα) und er rief herbei die Ältesten Israels und seine Anführer und seine Richter und seine Beamten.** (1bβ) Und sie stellten sich vor Gott auf.

(2aα) Da sprach Josua zu dem ganzen Volk: (2aβ) „So spricht Jahwe, der Gott Israels: (2aγ) Jenseits des Stroms wohnten eure Väter von alters her, **Terach, der Vater Abrahams und der Vater Nahors, (2b) und sie dienten anderen Göttern.** (3aα) Da nahm ich euren Vater - den Abraham - von jenseits des Stroms (3aβ) und führte ihn im ganzen Land Kanaan herum (3bα) und machte seinen Samen zahlreich (3bβ) und gab ihm den Isaak. (4a) Da gab ich dem Isaak den Jakob und den Esau. (4bα) Ich gab dem Esau das Gebirge Seir, (4bβ) es in Besitz zu nehmen; (4bγ) Jakob aber und seine Söhne zogen hinab nach Ägypten. **(5aα) Darauf sandte ich den Mose und den Aaron[a].** (5aβ) Und ich schlug Ägypten, (5aγ) wie ich es in seiner Mitte getan habe. (5b) Danach führte ich euch heraus. **(6aα) Und ich führte eure Väter aus Ägypten, (6aβ) und ihr kamt ans Meer. (6b) Da jagten die Ägypter hinter euren Vätern her mit Streitwagen und Kriegswagen, ans Schilfmeer. (7aα) Da schrien sie zu Jahwe, (7aβ) und er legte 'Finsternis'[a] zwischen euch und die Ägypter. (7aγ) Er ließ das Meer über sie kommen, (7aδ) und es bedeckte sie.** (7aε) Eure Augen sahen, (7aζ) was ich in Ägypten getan habe. (7b) Darauf wohntet ihr in der Wüste lange Zeit. (8aα) Ich 'brachte'[a] euch ins Land der Amoriter, (8aβ) die jenseits vom Jordan wohnen. (8aγ) Und sie führten Krieg mit euch. (8bα) Ich gab sie in eure Hand, (8bβ) und ihr nahmt ihr Land ein, (8bγ) und ich vernichtete sie vor euch weg. **(9aα) Da stand Balak auf, der Sohn Zippors, der König von Moab, (9aβ) und kämpfte mit Israel. (9bα) Er sandte (9bβ) und rief herbei Bileam, den Sohn Beors, (9bγ) euch zu verfluchen. (10aα) Ich wollte nicht (10aβ) auf Bileam hören, (10bα) und er segnete euch nachdrücklich (10bβ) und ich rettete euch aus seiner Hand.** (11aα) Dann habt ihr den Jordan überschritten (11aβ) und kamt nach Jericho. (11aγ) Die Herren Jerichos kämpften mit euch, **die Amoriter und die Perisiter und die Kanaaniter und die Hethiter und die Girgaschiter, die Hiwiter und die Jebusiter.** (11b) Ich gab sie in eure Hand. **(12aα) Ich sandte vor euch her die Hornissen[93] (12aβ) und sie vertrieben sie vor euch weg [die zwei Könige der Amoriter]** [- (12bα) Nicht mit deinem Schwert (12bβ) und nicht durch deinen Bogen.] (13aα) Ich gab euch ein Land, (13aβ) um das du nicht gearbeitet hast, (13aγ) und Städte, (13aδ) die ihr nicht gebaut habt, (13aε) - und ihr wohnt in ihnen. (13bα) Weinberge und Ölbäume, (13bβ) die ihr nicht gepflanzt habt (13bα) - aber ihr eßt von ihnen. (14aα) Und jetzt fürchtet Jahwe (14aβ) und dient ihm in Beständigkeit und Treue **(14bα) und entfernt die Götter, (14bβ) denen eure Väter jenseits des Stromes und in Ägypten gedient haben, (14bγ) und dient Jahwe. (15aα) Und wenn es in euren Augen böse ist, (15aβ) Jahwe zu dienen, (15aγ) dann trefft heute die Entscheidung für euch, (15aδ) wem ihr dienen wollt, (15aε) ob den Göttern, (15aζ) denen eure Väter gedient haben jenseits des Stromes, (15aη) oder den Göttern der Amoriter, (15aθ) in deren Land ihr nun wohnt. (15b) Ich aber und mein Haus, wir wollen Jahwe dienen."**

---

93   Zur Übersetzung von צרעה mit »Hornissen« siehe Rose, 5.Mose Bd.2, S. 454.

(16aα) Da antwortete das Volk: **(16aβ) „Es sei fern von uns, Jahwe zu verlassen, (16b) um anderen Göttern zu dienen.** (17a) Ja, Jahwe, unser Gott, war es, der uns **und unsere Väter** aus dem Land Ägypten, aus dem Knechtshaus hinaufbrachte, (17bα) und der vor unseren Augen diese großen Wunder getan hat (17bβ) und uns auf dem ganzen Weg behütet hat, (17bγ) auf dem wir gegangen sind und (17bδ) unter all den Völkern, in deren Mitte wir durchgezogen sind. (18aα) Jahwe vertrieb [all die Völker und] die Amoriter, (18aβ) die im Land wohnten, (18a*α*) vor uns weg. (18bα) Auch (wir)[94] wir wollen Jahwe dienen, (18bβ) denn er ist unser Gott."

(19aα) Da sagte Josua zu dem Volk: (19aβ) „Ihr vermögt nicht, (19aγ) Jahwe zu dienen, (19aδ) denn er ist ein heiliger Gott. (19bα) Ein eifersüchtiger Gott ist er. (19bβ) Er vergibt eure Sünden und eure Frevel nicht. (20aα) Wenn ihr Jahwe verlaßt (20aβ) und fremden Göttern dient, (20bα) dann wird er sich (ab)wenden (20bβ) und euch Böses tun (20bγ) und euch vertilgen, (20bδ) nachdem er euch Gutes getan hatte."

(21a) Da antwortete das Volk Josua: (21b) „Nein, sondern Jahwe wollen wir dienen."

(22aα) Darauf sagte Josua zu dem Volk: (22aβ) „Ihr seid Zeugen gegen euch, (22aγ) daß ihr für euch Jahwe gewählt habt, (22aδ) ihm zu dienen."

(22bα) Sie sagten: (22bβ) „Wir sind Zeugen."

(23aα) „Und jetzt entfernt die fremden Götter, (23aβ) die in eurer Mitte sind, (23b) und neigt euer Herz zu Jahwe, dem Gott Israels."

(24a) Da sagte das Volk zu Josua: (24bα) „Jahwe unserem Gott wollen wir dienen (24bβ) und auf seine Stimme hören."

(25a) Da schloß Josua einen »Bund« für das Volk an diesem Tag. [(25b) Und er legte ihm Satzung und Gebot auf in Sichem.] **(26a) Dann schrieb Josua diese Worte in das Buch des Gesetzes Gottes.** (26bα) Anschließend nahm er einen großen Stein (26bβ) und stellte ihn dort auf unter dem Baum, [(26bγ) der im Heiligtum Jahwes ist].

(27aα) Da sprach Josua zum ganzen Volk: (27aβ) „Siehe, dieser Stein wird unter uns zum Zeugen werden, (27aγ) denn er hat alle Worte Jahwes gehört, (27aδ) die er mit uns geredet hat. (27bα) So soll er unter euch zum Zeugen werden, (27bβ) daß ihr nicht euren Gott verleugnet." (28) Darauf sandte Josua das Volk weg, jeden zu seinem Erbteil.

(29aα) Es geschah nach diesen Worten, (29aβ) da starb Josua, der Sohn Nuns, der Knecht Jahwes, (29b) 110 Jahre alt. (30a) Da begruben sie ihn im Gebiet seines Erbbesitzes bei Timnat-Serach, ′ ′ᵃ auf dem Gebirge Ephraim, (30b) nördlich vom Berg Gaasch. (31a) Israel diente Jahwe alle Tage Josuas lang (31bα) und alle Tage der Ältesten lang, (31bβ) die Josua überlebten (31bγ) und die alles Werk Jahwes kannten, (31bδ) das er für Israel getan hatte. **(32aα) Und die Gebeine Josefs, (32aβ) die die Israeliten aus Ägypten heraufgebracht hatten, (32a*α*) begruben sie in Sichem, (32aγ) in dem Teil des Feldes, den Jakob von den Söhnen Hemors, des Vaters von Sichem, erworben hatte um einhundert Kesita. (32b) Und sie wurden den Söhnen Josefs zum Erbgut. (33a) Und Eleasar, der Sohn Aarons, starb. (33bα) Und sie begruben ihn in Gibea des Pinchas, seines Sohnes, (33bβ) das ihm gegeben worden war auf dem Gebirge Ephraim.**

---

94   Siehe dazu Fußnote 169.

Textkritische Anmerkungen zu Jos 24:

5[a]: In der LXX fehlt ואשלח את משה ואת אהרן »Darauf sandte ich den Mose und den Aaron«. Butler meint, daß dieser Satzteil eine Wendung ist, "representing a later phase of the tradition when all authority was derived from Moses and Aaron", und hält ihn nicht für ursprünglich[95]. Soggin korrigiert nach der LXX, weil 5a-a den Rhythmus der Erzählung zerstört[96]. Dies ist allerdings kein textkritisches Argument. Da man die Lesart der Septuaginta sowohl als ursprünglichen Text als auch als Kürzung des MT verstehen kann, bevorzuge ich MT, der bei derartigen Entscheidungen das größere textkritische Gewicht hat[97].

7[a]: Der Apparat der BHS schlägt vor, statt מאפל »Finsternis« (nur in Jos 24,7) ein אפל »Finsternis« zu lesen und Dittographie des ם von וישם anzunehmen. Aufgrund des singulärem Vorkommens von מאפל und der Plausibilität der These einer Dittographie folge ich dem Apparat der BHS[98].

30[a]: In einigen hebräischen Texteditionen, in dem griechische Originaltext der LXX und in Targumeditionen nach dem kritischen Apparat Sperbers fehlt - analog zu Jos 19,50 und Ri 2,9 - das relative אשר. Mit den bezeugten Lesarten, die offensichtlich die lectio brevior bewahrt haben, ist אשר zu entfernen.

---

95   Butler, Joshua, S. 263
96   Soggin, Joshua, S. 224
97   So auch Fritz, Josua, S. 233f. Siehe auch die Anmerkungen zur Textkritik von Jos 1.
98   So auch Noth, Josua, 2. Auflage, S. 136 und Fritz, Josua, S. 234. Gegen Soggin Josua, S. 224, der מאפל als hapax legomenon versteht, von der Wurzel אפל. Ich bevorzuge aber die Annahme einer Dittographie, weil diese die einfachste Erklärung bietet.

3.7 Literar- und redaktionskritische Analyse zu Jos 24

3.7.1 Abgrenzung von Jos 24

Durch den Neueinsatz einer Versammlung in Sichem ist Jos 24 von Jos 23 deutlich abgegrenzt. Da die Verse 29-33 Schlußnotizen zum Josuabuch darstellen und den Duktus eines wie auch immer gearteten "Bundes"-Schlusses von Jos 24,1-28 verlassen, sind sie als eigene Einheit zu behandeln. Ich halte es für sinnvoll, V.29-33 im Zusammenhang der redaktionsgeschichtlichen Frage nach dem ursprünglichen Schluß des Josuabuches zu behandeln (Punkt 3.8).

3.7.2 Gliederung zu Jos 24

Jos 24,1	Rahmen: Versammlung der Stämme Israels in Sichem
Jos 24,2-15	Prophetische Rede Josuas:
V.2aβ	Botenformel
V.2aγ-13	Jahwerede: Geschichtsrückblick von den Vätern in Mesopotamien bis zur Gabe und Einnahme des Landes durch Jahwe
V.14-15	Aufruf Josuas an Israel:
V.14	Aufruf zum Entfernen der Götter und zum Dienst an Jahwe
V.15a	Aufruf zur Entscheidung zwischen Jahwe und den Göttern
V.15b	Bekenntnis Josuas und seines Hauses zum Jahwedienst
Jos 24,16-18	Antwort des Volkes
V.16a	Entschluß des Volkes, Jahwe nicht zu verlassen
V.17-18a	Geschichtsrückblick von Ägypten bis zur Vertreibung der Völker durch Jahwe
V.18b	Entschluß des Volkes zum Jahwedienst
Jos 24,19-24	Dialog zwischen Josua und dem Volk
V.19-20	Einwand Josuas:
V.19	Die Unfähigkeit Israels zum rechten Jahwedienst
V.20	Ankündigung des Untergangs bei Abkehr von Jahwe und bei Götzendienst
V.21	Antwort des Volkes: Bekräftigung des Entschlusses, Jahwe zu dienen
V.22a	Aufruf des Volkes als Zeuge durch Josua
V.22b	Bestätigung des Zeugenamtes durch das Volk
V.23	Aufruf zum Entfernen der fremden Götter
V.24	Bekräftigung des Entschlusses, Jahwe zu dienen
Jos 24,25-28	Rahmen: Bundesschluß, Aufstellen des »Zeugensteins«, Entlassung
Jos 24,29-31	Tod und Begräbnis Josuas - Der Wandel Israels zu Lebzeiten Josuas und der Ältesten
Jos 24,32-33	Begräbnis der Gebeine Josefs. Tod und Begräbnis Eleasars

3.7.3　Die Frage nach der Einheitlichkeit von Jos 24,1-28

Wie schon im forschungsgeschichtlichen Überblick dargestellt, rechnet man für Jos 24 entweder mit (mehr oder weniger) literarischer Einheitlichkeit des Textes oder mit intensiven literarkritischen Operationen. In einem ersten Arbeitsschritt ist die Frage nach redaktionellen Eingriffen in Jos 24 zu stellen. In Punkt 3.7.4 sollen diese Schichten dann einer bestimmten Verfasserschaft zugewiesen werden. Da Noth und Fritz an Jos 24 eine detaillierte Literarkritik vornehmen, sind ihre Thesen als Ausgangsbasis für die folgende literarkritische Diskussion besonders geeignet.

3.7.3.1　Jos 24,1bα und die Aufzählung der Ämter

Noth und Hertzberg halten V.1bα für sekundär. Görg und G. Schmitt[99] verstehen V.1 als Ergänzung. Betrachtet man Jos 24,1-28, so fällt auf, daß V.1 in keinerlei literarischer Spannung zu den restlichen Versen von Jos 24 steht. G. Schmitt hat zu zeigen versucht, daß V.1 mit V.25-27 einer älteren Schicht als V.22-24 angehören, weil mit dem hörenden Stein in V.27 ein bildhaftes Denken verbunden sei, das nicht zur theologischen Reflexion der Rede passe[100]. Dagegen hat Perlitt nachgewiesen, daß der Rahmen von Jos 24 - die Verse 1.25-27 - im ganzen nicht von den Reden zu trennen ist. Er gibt "Zeit, Ort und Personen - nicht für sich selbst, sondern für die gesagten (und gewechselten) Worte"[101]. Ein Gegensatz zwischen dem Rahmen und den Reden besteht nicht. Vielmehr ist der Stein, der Worte hört, ein wichtiges Bindeglied zwischen dem Teil des Rahmens und den Reden, weil bei der Szene mit dem Stein die Betonung auf den Worten liegt, die er hört, und nicht auf der Tatsache eines hörenden Steines. Perlitt ist hier recht zu geben. Gleichzeitig muß in einem späteren Teil der Arbeit auf die Vorstellung von einem hörenden Stein eingegangen werden (siehe dazu unter Punkt 3.9.2 die entsprechenden Ausführungen). Ich halte die Argumente von G. Schmitt nicht für stark genug, um V.1 ganz abzutrennen. Die Aufzählung der vier Leitungsgruppen in V.1bα hingegen scheint tatsächlich ein redaktioneller Nachtrag zu sein. Erstens ist von diesen Leitungsgruppen im folgenden Text nicht mehr die Rede, sondern nur vom Volk, und zweitens kommen diese Leitungsgruppen auch in Jos 23,2

99　G. Schmitt, Sichem, S. 24
100　Das Argument von Görg, daß Sichem in V.1 Haftpunkt der deuteronomistischen Tradition ist und Dtr die ihm bedeutenden Protagonisten vorstellt, ist kein ausreichendes literarkritisches Argument: Görg, Josua, S. 105f.
101　Perlitt, Bundestheologie, S. 241. Vgl. auch Noort, Der Fall Josua 24, S. 102.

vor. Daraus folgt, daß Jos 24,1bα ergänzt wurde, um Jos 24 mit Jos 23 DtrS[102] zu parallelisieren[103]. Jos 24,1bα ist redaktionelle Ergänzung[104].

3.7.3.2 Josuas Rede V.2-15 und die Antwort des Volkes V.16-18

Noth[105] will hier folgende Redaktionen kennzeichnen: Eine außerdeuteronomistische, die Terach und Nahor in V.2 eingefügt hat (aus Gen 11,26). Diese hat auch die siebengliedrige Völkeraufzählung in V.11 (aus Jos 3,10) sowie V.12b eingeschoben, das durch seine singuläre Anrede aus dem Rahmen fällt, und »Ägypten« in V.14, da davon in V.2-13 nicht die Rede war. Eine deuteronomistische Redaktion fügt לרשת אותו in V.4, den nachhinkenden Satz V.8b, den Hinweis auf die Bileamgeschichte in V.9b.10abα und die Verse 12a und 13aγ-b ein. In V.17 streicht Noth »und unsere Väter« sowie מבית עבדים in V.17a und den Teilvers 17bα[106]. Den Wechsel von »euch« und »eure Väter« in V.6-7 hält Noth für literarisch auffällig.

Fritz[107] hält folgende Teile für nicht näher bestimmbare Redaktionen: Die Namen der Väter in V.2 (siehe Noth), die Sendung von Mose und Aaron in V.5, die nicht in den geschichtlichen Abriß gehört und in der LXX fehlt, V.6α als Wiederholung von V.5b und V.6aα.6b.7aα-7aδ,[108] weil sie stilistisch die Gottesrede unterbrechen, indem sie von »euren Vätern« statt von Israel reden. Schließlich noch 8bγ, weil ואשמידם מפניכם typisch deuteronomistisch sei, die Bileamepisode in V.9-10 und die Aufzählung der Völker V.11 verbunden mit V.12 und V.13b mit der Nennung der Weinberge und Olivenbäume in V.13b, die aufgrund von Dtn 6,11 eingefügt wurden.

Görg hingegen sieht V.3-13 als sekundäre Ergänzungen, die hauptsächlich Dtr zuzuschreiben sind (mit kleinen nachdtr Ergänzungen). Sein Hauptargument ist, daß in V.2 der Hinweis auf die anderen Götter erst in V.14 wieder aufgenommen wird[109].

102　Zur Begründung des spätdeuteronomistischen Charakters von Jos 23 siehe 3.4.4.
103　Vgl. die Beobachtung Noorts, daß die "vier genannten Gruppen der Versammlung, Älteste, Häuptlinge, Richter und Beamte... nur hier und in Jos 23,2" vorkommen: Noort, Der Fall Josua 24, S. 96.
104　So auch Noth, Josua, 2. Auflage, S. 135; und Hertzberg, Josua, S. 132. Siehe auch Giblin, Patterns, S. 56.
105　Noth, Josua, 2. Auflage, S. 135
106　Noth, Josua, 2. Auflage, S. 138
107　Fritz, Josua, S. 238ff
108　So auch Hertzberg, Josua, S. 134.
109　Weitere stichhaltige Argumente finden sich bei Görg nicht. Görg, Josua, S. 106f.

3.7.3.2.1 Jos 24,2

Die Erwähnung von Terach und Nahor scheint hier tatsächlich ein Nachtrag
zu sein. Während in V.2aβ * allgemein von den Vätern die Rede ist, die jenseits des Euphrat wohnten, wird dies mit Terach und seinen Söhnen Abraham
und Nahor präzisiert. Einerseits fährt V.3 nur mit Abraham fort, Terach und
Nahor interessieren nicht weiter, andererseits werden die Väter in
V.6aα.14bβ.15aζ ebenfalls nicht näher charakterisiert. Die Erwähnung von
Terach und Nahor in Jos 24,2 kann nur auf Gen 11,26.27.31.32 P anspielen
und setzt die Kenntnis der Stelle voraus.[110] Diese Kenntnis des priesterlichen
Stückes aus dem Toledotbuch Gen 11,10-27.31.32 ist deutlich eine nachträgli-
che Präzisierung der allgemeinen Rede von den Vätern jenseits des Euphrats.
Intention dieser Glosse ist ein Rückverweis auf die Genealogie von Sem bis
Abraham Gen 11* und die Abrahamsgeschichte Gen 12ff. In Jos 24 werden
sich noch weitere redaktionelle Rückbezüge auf den Pentateuch finden lassen.
So wird z.B. in Punkt 3.7.3.2.6 (in Verbindung mit 3.7.4.2) deutlich werden,
daß der Rückverweis auf die Bileamerzählung V.9-10 auf einen spätdtr Redaktor zurückzuführen ist. Deshalb liegt es nahe, den redaktionellen Einschub
»Terach, der Vater Abrahams und der Vater Nahors« in V.2 ebenfalls als
spätdtr Ergänzung zu Jos 24* zu verstehen.[111]

3.7.3.2.2 Jos 24,4

לרשת אותו: Dieser Ausdruck erzeugt keine literarkritische Spannung und
wirft keinen Bruch zu seinem Kontext auf. Noth plädiert dafür, ihn auszuscheiden, weil er aufgrund des Postulats eines vordeuteronomistischen Bestandes in Jos 24 alles, was an Dtr erinnert, ausscheiden »muß«. Inhaltlich
bereitet לרשת אותו keine Probleme und sollte deshalb im Text belassen werden.

3.7.3.2.3 Jos 24,5aα

ואשלח את משה ואת אהרן: Fritz ist recht zu geben, wenn er die Sendung von
Mose und Aaron als störend empfindet, vor allem, da in V.5aβff nur noch Gott
der Handelnde ist und Mose und Aaron nicht mehr erwähnt werden. Ein Späterer hielt es offenbar für notwendig, auf Mose und Aaron an dieser Stelle
hinzuweisen[112]. Hinzu kommt, daß vor allem priesterliche Texte ein Interesse

---

110 Für die Zuweisung zu P siehe z.B. von Rad, Genesis, S. 119.
111 Siehe auch Giblin, Patterns, S. 56f.
112 Ebenda

an Aaron haben, der in diesem Zusammenhang neben Mose tritt[113]. Da Jos 24 ansonsten nicht mit priesterlichen Verfassern in Beziehung zu bringen ist[114], liegt es nahe, für V.5aα eine priesterliche bzw. dem priesterlichen Denken nahestehende Redaktion anzunehmen. Da ich davon ausgehe, daß DtrS nachpriesterschriftlich anzusetzen ist und priesterliches Sprach- und Gedankengut enthalten kann (siehe auch den folgenden Punkt), weise ich V.5aα DtrS zu[115]. Diese Zuweisung wird durch »Da sandte Jahwe den Mose und den Aaron« in 1 Sam 12,8 DtrS bestätigt (Punkt 4.3.1.3)

3.7.3.2.4　Jos 24,6aα.b.7aα-δ

Fritz hält V.6aα.b.7aα-δ für sekundär, da hier die Gottesrede durchbrochen wird, "weil plötzlich von „euren Vätern" die Rede ist"[116]. Schon Noth hat darauf hingewiesen, daß das Nebeneinander von »euch« und »eure Väter« in diesen Versen literarkritisch auffällt[117]. Ein weiterer stilistischer Bruch findet sich in V.7aα, da Jahwe in V.2-13 Subjekt der Rede ist, in V.7aα aber Jahwe in 3. Person zum Objekt wird. Für den sekundären Charakter von V.6aα.b.7aα-δ spricht - abgesehen von dem genannten Stilwechsel - ebenfalls, daß V.6aα Dublette zu V.5b ist[118].

Probleme bereitet in diesem Zusammenhang V.7aβ: Er kann einerseits nicht zur Grundschicht V.5*.6aβ.7* gehören, da Jahwe in diesen Versen in 1. Person spricht, während in V.7aβ von Jahwe mit »und er legte Finsternis zwischen euch...« in dritter Person gesprochen wird[119]. Andererseits ist in V.7aβ, wie in

---

113　Siehe W.H. Schmidt, Einführung, S. 96.

114　Eine Herleitung von Jos 24 aus P wurde in der Forschungsgeschichte nie ernsthaft in Erwägung gezogen.

115　Siehe dazu zusammenfassend Punkt 6.6.2.1. Vgl. auch den Aufsatz von H.-C. Schmitt, Geschichtswerk.

116　Fritz, Josua, S. 238

117　Noth, Josua, 2. Auflage, S. 137. Vgl. auch Römer, Väter, S. 322.

118　Fritz, Josua, S. 249

119　An dieser Stelle ist auf folgendes Problem hinzuweisen: Die Grundschicht von Jos 24 läßt Jahwe in der eigentlichen Jahwerede V2aγ-13* nur in 1. Person sprechen. Dabei ist Josua vor allem Jahwes Bote. Erst mit V.14 wird in der Grundschicht von Jahwe in 3. Person gesprochen, wobei an dieser Stelle deutlich ist, daß Josua als Anführer Israels Konsequenzen aus der Jahwerede zieht. Die spätdtr Redaktionsschicht übernimmt vor allem in V.6aα.b.7aα-δ (und V.5aα.10aα.bβ.12aα) den Stil der Grundschicht, Jahwe in 1. Person sprechen zu lassen. In V.7aα-δ unterbricht sie diesen jedoch und läßt Josua von Jahwe *innerhalb der Jahwerede* in 3. Person sprechen. Damit verfolgt sie offensichtlich die Intention, insofern Josuas Nähe zu Jahwe zu betonen, als es nun unwichtig ist, ob Jahwe in 1. Person spricht oder Josua von Jahwe in 3. Person redet. Josua steht somit *ganz* auf der Seite Jahwes.

der Grundschicht, von »euch« statt von »euren Vätern« die Rede. Die wahrscheinlichste Lösung für die aufgezeigte Problematik besteht m.E. in der Annahme, daß V.7aβ von dem Verfasser der sekundären Verse 6aα.b.7aα-δ
stammt. Dieser versucht, mit V.7aβ eine Verbindung zwischen der Grundschicht, die mit den Vätern bzw. »euren Vätern« in V.2-4* die Erzväter meint,
und seiner eigenen Väterkonzeption, die *zusätzlich* von den Vätern während
des Exodusereignisses spricht, herzustellen. Von ihm stammt auch der Einschub »und unsere Väter« in V.17a (Punkt 3.7.3.2.11). Die Intention, die der
Ergänzer verfolgt, besteht darin, die Kontinuität des Götzendienstes Israels
aufzuweisen (Punkt 3.7.3.4).

Fritz zeigt auf, daß die Aussagen in V.6aα.b.7aα-δ die Darstellung des
Meerwunders von Ex 14 JP zusammenfassen[120]. Gerade aber die Aufnahme
von P-Vorstellungen und Begriffen weist - analog zu V.5aα - auf spätdtr Verfasserschaft hin[121].

3.7.3.2.5 Jos 24,8bγ ואשמידם מפניכם

Einerseits kennzeichnet Fritz den Ausdruck ואשמידם מפניכם als Ergänzung,
andererseits geht er bei der Darstellung der von ihm erhobenen Redaktionen
nicht mehr auf ihn ein, weder bei RedD noch bei den Zusätzen zur Josua bzw.
Jahwerede. Er kennzeichnet diese Ergänzung als typisch deuteronomistisch,
kann aber keinen weiteren Grund für ein Aussondern angeben. Da er seine
Grundschicht sowieso DtrH zuschreibt, macht der Hinweis auf den deuteronomistischen Charakter von 8bγ keinen Sinn. Ich sehe keinen zwingenden
Grund, V.8bγ als einen Zusatz zu kennzeichnen.

3.7.3.2.6 Jos 24,9-10 und die Erwähnung Bileams

Noth hält die Verse 9bα-10bα für sekundär, Fritz V.9-10. Noth begründet
seine Entscheidung damit, daß "der Bileam-Passus inhaltlich sich mit der Aussage von 9a stößt"[122]. Für den sekundären Charakter der Verse spreche auch

---

120 Fritz, Josua, S. 249:
    רדף => Ex 14,4.8.9.12 P
    רכב/פרש => Ex 14,9.17.18.23.26 P
    כסה piel => Ex 14,18 P
    Mit סוף ים wird "das jahwistische Itinerar Ex 10,19 J vorausgesetzt und die jahwisti-
    sche Version Ex 14,1ab.20.21aβ.25b mit אפל zusammengefaßt" (Fritz, Josua, S. 249).
121 Siehe dazu zusammenfassend Punkt 6.6.2.1.
122 A.a.O., S. 135

der deuteronomistische Stil dieser Verse, der mit Dtn 23,5f verwandt sei[123].
Fritz behauptet, daß die Bileamepisode der Verse 9-10 "den Stil durch-
bricht"[124], ohne dies näher auszuführen. Das Problem um Jos 24,9-10 kann
offensichtlich ohne Rückgriff auf Num 22-24 nicht gelöst werden.

Die Exegese von Num 22-24 ist in der alttestamentlichen Forschung durchaus umstritten. L. Schmidt z.B. konnte Num 22-24 "im wesentlichen als Addition zweier Parallelfä-
den" verstehen, die von einem Redaktor später erweitert wurden[125]. Der ältere Erzählfaden
ist J, der jüngere E zuzuweisen[126]. H.-C. Schmitt hat der Analyse L. Schmidts an mehreren
Punkten widersprochen: Einmal bestreitet er die Existenz einer alten J-Schicht. Als Grundschicht der Bileamerzählung ist wohl Num 22,5-21*.36-41*; 23,1-25* anzusehen, die in
etwa dem Umfang von L. Schmidts E entspricht[127]. Num 22,22-35 und 23,27-24,24 sind
dem spätdeuteronomistischen Pentateuchredaktor zuzuweisen, der in diesen Versen den
heidnischen Mantiker Bileam als eschatologischen Jahwepropheten darstellt[128].
Eine Analyse von Num 22-24 würde den Rahmen der vorliegenden Arbeit sprengen.
Allerdings läßt sich aufgrund der Beziehungen von Jos 24,9-10 zu Num 22-24 und
Dtn 23,5b.6 zeigen, daß Jos 24,9-10 nachexilisch sein muß: L.Schmidt hat richtig aufgezeigt, daß Jos 24,8-10 der Reihenfolge von Num 21,21-24,25 entspricht[129]. "Der von Balak
gegen Israel beabsichtigte Krieg und sein Ruf nach Bileam in Jos 24,9 stammen aus Num

---

123   Ebenda. Auf Dtn 23,5f weise vor allem die Verwendung von קלל statt ארר, wie in
      Num 22-24, hin.
124   Fritz, Josua, S. 238
125   L. Schmidt, Bileamüberlieferung, S. 75. Die jüngere Erzählung B ist von Erzählfaden
      A literarisch abhängig.
126   Zur Einzelanalyse siehe L. Schmidt, Bileamüberlieferung, S. 59ff. Die E-Schicht hat
      grob den Umfang Num 22,2.3a.5-7*.36-41*; 31,1-25*, die J-Schicht etwa
      22,22-34.37.39.40a; 23,28; 24,2-9.10a.11.12a.14-119.25.
127   H.-C. Schmitt läßt in *Mantiker* (S. 192f, siehe auch dort Fußnote 75) die Zuweisung
      zu einer Pentateuchquelle vorerst offen. In *Kampf Jakobs* weist er die Grundschicht
      der Bileamerzählung der »elohistischen« Kompositionsschicht des Pentateuch zu, die
      in die Zeit vom ausgehenden 8. bis ins 6. Jahrhundert zu datieren ist (S. 420ff).
128   H.-C. Schmitt, Mantiker, siehe die Zsfg. S. 197f.
129   L. Schmidt, Bileamüberlieferung, S. 82
      Folgende Überlegungen zeigen, daß Jos 24,8 nicht zur spätdtr Redaktionsschicht,
      sondern zur Grundschicht von Jos 24 gerechnet werden muß: Jos 24,8 bezieht sich auf
      die Grundschicht von Num 21,21-35 zurück (V.21-23.24abα.25-30), die mit Noth
      (Numeri, S. 141ff) derjenigen vorpriesterlichen Pentateuchquelle zugerechnet werden
      kann, die üblicherweise mit »E« bezeichnet wird (V.32 ist ein vordtr Zusatz; V.24bβ
      ist vermutlich Zusatz, der mit dem redaktionellen Zusatz von V.32 in Verbindung zu
      bringen ist). Die Verse 33-35 stammen von einem dtr Redaktor und sind aus
      Dtn 3,1-3 übernommen (Noth, Numeri, S. 141ff). Mit Rose kann Dtn 3,1-3 DtrH zu-
      gewiesen werden (Rose, 5. Mose, 2. Teilband, S. 397ff). Nachdem die Grundschicht
      in Num 21 vorexilisch zu datieren ist und Num 21,33-35 mit Dtn 3,1-3 DtrH nahezu
      identisch ist, spricht m.E. alles dafür, Jos 24,8 zur DtrH-Grundschicht (siehe
      Punkt 3.7.4) von Jos 24 zu rechnen.

22,5ff. Die Verstärkung des Verbs *brk* durch inf. abs. findet sich auch in Num 23,11.25; 24,10 und ist von dort übernommen. Zugleich greift der Verfasser auf Dtn 23,5b.6 zurück", ein nachexilisches Stück[130].

Die Verse Jos 24,9-10 sind damit sicher nachexilisch zu datieren. Für die Annahme einer redaktionellen Ergänzung durch die Verse 9-10 spricht ebenfalls, daß in V.8 und V.11 die Landnahme, aber nicht die Wanderung Israels thematisiert wird[131]. Somit handelt es sich bei Jos 24,9-10 um eine spätdeuteronomistische Ergänzung.

3.7.3.2.7 Die siebengliedrige Völkerliste in Jos 24,11aγ

Die Voranstellung des האמרי in dieser Liste ist mit Belegen in Ex 23,23f; 34,11; Jos 24,11 und 1 Kön 9,20 im Alten Testament selten[132]. Die erste Position von האמרי in Jos 24,11 weist auf V.15(aη) hin. G. Schmitt vertritt die Ansicht, daß Jericho zum Kürzel für die gesamte Landnahme wird und deshalb die sieben Völker enthält[133]. Perlitt sieht in den wenigen Belegen der Listen, in denen האמרי vorangestellt ist, den Hauptgrund dafür, daß er die Liste in V.11aγ in dem vordeuteronomistischen Kapitel Jos 24,1-28 beläßt. Die Voranstellung von האמרי in den deuteronomischen Listen zeigt, daß "die Völkerliste noch eine andere Funktion und einen anderen Signalwert hatte als in der dtr Geschichtsüberschau"[134]. Noth[135] und Fritz[136] hingegen halten die Liste in V.11aγ für einen Zusatz außerhalb deuteronomistischer Bearbeitung. Soggin[137] sieht in der Liste in V.11aγ ebenfalls einen unbekannten Glossator am Werk.

H.-C. Schmitt hat jedoch überzeugend dargelegt, daß diese Völkerlisten einer spätdeuteronomistischen Redaktion zuzurechnen sind, die die von der Tora geforderte Haltung Israels zu den Völkern einschärfen will[138]. "Die Hauptfunktion dieser Listen der Urbevölkerung Kanaans dürfte somit darin bestehen, Israel vor diesen Völkern und ihren Kulturen zu warnen"[139]. H.-C. Schmitt geht davon aus, daß dieser spätdeuteronomistische Redaktor auch im

---

130 A.a.O., S. 81 Siehe auch Rose, 5. Mose, 2. Teilband, S. 326.
131 Siehe auch L. Schmidt, Bileamüberlieferung, S. 83, Fußnote 117.
132 Siehe Perlitt, Bundestheologie, S. 254. Perlitt erwähnt aber 1 Kön 9,20 nicht.
133 G. Schmitt, Sichem, S. 11. Siehe auch Butler, Joshua, S. 272.
134 Perlitt, Bundestheologie, S. 254
135 Noth, Josua, 2. Auflage, S. 135
136 Fritz, Josua, S. 249
137 Soggin, Joshua, S. 234
138 H.-C. Schmitt, Geschichtswerk, S. 268ff
139 A.a.O., S. 269

Pentateuch tätig war (Dtn 7,1;20,17f; Ex 23,23; 24,11). Die Liste mit sieben Völkern unter Einschluß der Girgaschiter will "in besonderer Weise die Mächtigkeit dieser Jahwes Macht unterworfenen Völker herausstellen, wie vor allem Dtn vii 1 zeigt"[140]. Für den sekundären Charakter der Liste in V.11aγ spricht auch, daß diese sieben Völker sonst nirgends im AT als die Herren bzw. Bewohner von Jericho bezeichnet werden.

Das Einfügen der Völkerliste wurde dadurch erleichtert, als offensichtlich bereits die Schilderung des Kampfes Israels mit den Bewohnern von Jericho in der Grundschicht zusammenfassend für die *gesamte Einnahme des Westjordanlandes* stand. Für diese Annahme sprechen folgende Gründe: Jos 24,9-10 ist sekundär. Ebenso die Völkerliste in V.11aγ und V.12a (siehe den nächsten Punkt). Somit folgen V.8.11*.12b.13 aufeinander, wobei V.13 die Gabe des Landes an Israel durch Jahwe beinhaltet. V.8 berichtet die Einnahme des Ostjordanlandes und die Vernichtung seiner Einwohner, der »Amoriter«. Für das Westjordanland wird mit V.11* der Kampf gegen die »Herren von Jericho« genannt. In V.13 wird die Gabe des Landes durch Jahwe beschrieben. Aus der inhaltlich parallelen Stellung zwischen V.8 und V.11* legt sich unter Berücksichtigung der Aussage von der Gabe des Landes in V.13 nahe, daß von der Einnahme des ganzen Landes ausgegangen werden kann und der Kampf gegen Jericho dafür quasi als Chiffre dient.

So fiel es dem späteren Redaktor nicht schwer, hier neben Jericho die sieben Völker einzutragen, um dabei die Mächtigkeit Jahwes bei der Einnahme des Landes noch zu betonen. V.11aγ* ist spätdeuteronomistischer Zusatz.

3.7.3.2.8 Jos 24,12

Die Erwähnung der zwei Könige der Amoriter in V.12aβ ist sicher eine Glosse. Dafür spricht bereits die »nachklappende« Position. Offensichtlich hat sich auch die LXX schwer getan, die zwei Könige der Amoriter richtig einzuordnen, da sie stattdessen zwölf Könige liest[141]. Eventuell will die Glosse eine Verbindung zu Sihon und Og in Dtn 2f herstellen (Allerdings wird dort nicht berichtet, daß Jahwe die beiden Könige durch הצרעה vertrieben hat). Sollte eine Verbindung zu Sihon und Og aus Dtn 2f tatsächlich beabsichtigt sein, dann ist die Erwähnung der zwei Könige der Amoriter in Jos 24,12 erst recht

---

140 H.-C. Schmitt, Geschichtswerk, S. 270
141 Siehe dazu z.B. die textkritischen Anmerkungen der BHS. Fritz (Josua, S. 234) versteht sie als nicht bestimmbare Glosse, allerdings streicht er sie bereits in seiner Textkritik.

problematisch, da der Sieg über die »Amoriter« im Ostjordanland (in dem Sihon und Og nach Dtn 2f wohnten) bereits in V.8 der Grundschicht von Jos 24 berichtet wurde und die Verse Jos 24,11-12 nun die Einnahme des Westjordanlandes thematisieren.

Der restliche V.12 kann, wie Noth[142] richtig gesehen hat, ebenfalls nicht ursprünglich sein, denn entfernt man die Völkerliste in V.11aγ, dann fehlt für אתם in V.12aβ der Bezugspunkt. Das אתם kann sich nur auf die Völkerliste in V.11aγ zurückbeziehen, da ein Bezug auf die »Herren Jerichos«, die durch die »Hornissen« vertrieben worden wären, der Darstellung der Einnahme Jerichos Jos 6 grundsätzlich widerspricht. V.12a setzt die sekundär eingesetzte spätdtr Völkerliste in V.11aγ voraus[143]. Aber auch die Nennung von צרעה in V.12aα spricht für spätdtr Verfasserschaft von V.12a, da der Begriff צרעה im AT nur noch in Ex 23,28 und Dtn 7,20 vorkommt. Beide Texte können mit H.-C. Schmitt DtrS zugewiesen werden[144].

V.12b, der durch seine Singularanrede aus dem Rahmen fällt, ist wohl am ehesten als Glosse zu bestimmen[145].

3.7.3.2.9 Jos 24,13aγ-b

Noth behauptet, daß der enge Anschluß an Dtn 6,10.11 für einen deuteronomistischen Zusatz spricht[146]. Fritz will nur V.13aε-b ausscheiden[147], ebenfalls aufgrund der Beziehung zu Dtn 6,11. Gegen Noths Argument spricht, daß es nur zutrifft, wenn man von einem vordeuteronomistischen Grundbestand in Jos 24 ausgeht. Literarkritisch bereiten V.13aγ-b bzw. 13aε-b keine Schwierigkeiten. Auch bei Fritz ist das Argument der Beziehung zu Dtn 6,11 unverständlich, da er seine Grundschicht DtrH zuschreibt, sich also bereits im

---

142 Noth, Josua, 2. Auflage, S. 135
143 Vgl. Noth, Josua, 2. Auflage, S. 135ff und Fritz, Josua, S. 238. Allerdings ist die Dimension der gesamten Landnahme nicht erst mit der sekundären Völkerliste in V.11aγ und V.12a gegeben, sondern bereits mit der Schilderung des Kampfes um Jericho in V.11* (siehe die Ausführungen unter Punkt 3.7.3.2.7).
144 H.-C. Schmitt, Geschichtswerk, S. 269f. Für Ex 23,20-33 hat bereits Noth auf das im allgemeinen deuteronomistische Gepräge hingewiesen (Noth, Exodus, S. 156f). Zur spätdtr Verfasserschaft von Dtn 7,20 siehe auch Rose, 5. Mose, Teilband 2, S. 454.
145 Vgl. Noth, Josua, 2. Auflage, S. 135.
146 Ebenda
147 Hier bestehen bei Fritz Ungenauigkeiten zwischen der Bezeichnung seiner Redaktionen und der graphischen Darstellung in der Übersetzung: 13aε wird graphisch als Redaktion dargestellt, folgt man aber der BHS, dann gehört 13aε eben noch zu V.13a und nicht zu 13b.

deuteronomistischen Bereich bewegt[148]. Aufgrund der Beziehung zu Dtn 6,11 muß in Jos 24,13 nichts ausgeschieden werden, wenn man den ältesten Grundbestand von Jos 24 wie Fritz DtrH zuweist. Rose hat in seinem Kommentar zum Deuteronomium gezeigt, daß Dtn 6,11 der »älteren deuteronomistischen Schicht« zuzuordnen ist, die DtrH entspricht[149].

3.7.3.2.10 ובמצרים in V.14b

Siehe dazu die Ausführungen unter Punkt 3.7.3.4.

3.7.3.2.11 Jos 24,17

Noth streicht in V.17 »und unsere Väter« sowie מבית עבדים in V.17a und den Teilvers 17bα[150]. Er begründet dies damit, daß dies deuteronomistische Formulierungen seien. Fritz hat »und unsere Väter« bereits in der Textkritik als unsachgemäße Glosse gestrichen[151].

Die Aussonderung eines Textstückes wie מבית עבדים oder V.17bα aufgrund deuteronomistischer Sprache überzeugt nur, wenn man von einem vordeuteronomistischen Kernstück in Jos 24 ausgeht. Da dies aber gerade zur Diskussion steht, kann dieses Argument allein nicht überzeugen. Es ist möglich, מבית עבדים als Glosse zu sehen, weil es etwas »nachhängt«. Letzte Sicherheit ist damit allerdings nicht gegeben. Ich entscheide mich dafür, מבית עבדים im Text zu belassen. Ebenso bereitet V.17bα literarkritisch keine Schwierigkeiten.

Sicher redaktionell hingegen ist »und unsere Väter« in V.17a: Während die bisher ermittelte literarische Grundschicht (ohne V.14b-15, siehe dazu Punkt 3.7.3.2.13) ab V.5b die Adressaten der Jahwerede V.2-13* mit »euch« anredet, werden durch die redaktionellen V.6aα.b.7aα-δ die Adressaten mit dem »Vätern« parallelisiert. Diese Parallelisierung bzw. »Identifizierung« der Adressaten mit den »Vätern« findet sich noch in V.17a. Gegen Fritz handelt es

---

148 Gegen Nielsen (Deuteronomium, S. 88ff) ist Dtn 6,10-13 nicht Dt zuzuweisen und 6,14-18 nicht Dtr. Dtn 6,10-13 ist vielmehr DtrH zuzurechnen, da hier noch eine bedingungslose Landnahme als Erfüllung der Väterverheißung thematisiert wird. In V.14-18 hingegen wird die Gesetzesbeobachtung zur Bedingung einer erfolgreichen Landnahme und eines glücklichen Wohnens im Lande gemacht. Dies erinnert stark an DtrN bzw. DtrS. Die Beziehung von Jos 24,13 zu Dtn 6,10-13 DtrH kann als weiterer Hinweis für den deuteronomistischen Charakter von Jos 24* verstanden werden. Siehe auch Punkt 3.7.4.

149 Rose, 5.Mose Bd.2, S.443f. Rose datiert diese ältere dtr Schicht in die Zeit des Exils. Rose, 5. Mose Bd.1, S. 24f.

150 Noth, Josua, 2. Auflage, S. 138

151 Fritz, Josua, S. 234

sich hier m.E. nicht um eine "unsachgemäße Glosse"[152]. Der Einschub stammt vielmehr von demselben Redaktor, der auch V.6aα.b.7aα-δ eingefügt hat. Wie die folgenden Untersuchungen noch zeigen werden, ist die Thematik des Götzendienstes und der Aufruf zur Entscheidung zwischen Jahwe und den Göttern (vor allem V.2b.14b-15.16aβ.b.19-24) auf die Redaktion der Grundschicht von Jos 24* durch DtrS zurückzuführen. Die sekundär hergestellte Parallelisierung bzw. »Identifizierung« der Adressaten der Jahwerede V.2-13* mit den Vätern hat dabei die Funktion, die Kontinuität des Götzendienstes zwischen den Adressaten der Jahwerede in V.2-13* und den »Vätern« zu betonen (siehe auch unter Punkt 3.7.3.4).

3.7.3.2.12 Die Erwähnung der »Völker« in V.18aα

In V.18aα ist die Erwähnung der Völker את כל העמים vor ואת האמרי nicht unproblematisch, da das folgende Partizip ישב im Singular steht und sich nur auf האמרי beziehen kann. את כל העמים ist somit als Glosse zu bestimmen, die die Vertreibung *aller Völker*, die im Land wohnten, betont.

3.7.3.2.13 Die Problematisierung des in V.14a geforderten Jahwedienstes Jos 24,2b.14b*.15.16aβ.b.18a*.bα*

Der »Geschichtsrückblick« von V.2-13 erreicht mit der Aufforderung, Jahwe zu dienen, in V.14a seinen Höhepunkt. Die Verse 14b-15 stehen zu V.2-14a in einer gewissen Spannung, da sie gerade diese Aufforderung unerwartet problematisieren:

- In V.14b wird das Volk ermahnt, die Götter der Väter zu entfernen. Die Götter der Väter wurden nur in V.2b erwähnt, während in dem restlichen Geschichtsrückblick V.3-13 von ihnen geschwiegen wird.
- In V.14bγ folgt auf V.14a erneut die Aufforderung, Jahwe zu dienen.
- V.15 »kreist« erneut um eine von V.14a her kaum zu erwartende Problematisierung des Jahwedienstes: Nun soll sich das Volk zwischen Jahwe und den Göttern der Väter entscheiden. Zusätzlich werden noch, im Vergleich mit dem Geschichtsrückblick V.3-13* völlig unvorbereitet, die Götter der Amoriter eingeführt, die im Land übriggeblieben sind. V.18a* ist redaktioneller Einschub und bereitet die Aussage von den Göttern in dem ebenfalls sekundären V.15 vor[153].

---

152 Fritz, Josua, S. 234
153 Blum ist recht zu geben, daß die Verwendung von גרש in V.18a gegen Fritz, der es DtrH zuweisen will (Fritz, Josua, S. 245), als nach- bzw. spätdtr zu bestimmen ist

- Das vorbildhafte Bekenntnis Josuas zum rechten Jahwedienst V.15b setzt den Aufruf zur Entscheidung V.15a voraus. Die den Geschichtsrückblick abschließende Aufforderung V.14a wird durch V.15b insofern problematisiert, als für den rechten Jahwedienst nun nicht mehr nur ein Rückblick in das geschichtliche Handeln Jahwes ausreicht, sondern das vorbildhafte Handeln des Führers Israels nötig ist.

- Während die Antwort des Volkes, die mit V.17a* beginnt, gut an V.3-13 und an den abschließenden Aufruf zum Jahwedienst in V.14a anschließt, ist in V.16aβ.b, in Verbindung mit dem Inhalt von V.14b.15, plötzlich vom »Verlassen Jahwes« durch Israel die Rede.

- Das גם אנחנו in V.18bα macht den Eindruck einer Ergänzung zu V.18b. Dafür spricht sowohl die betonte Stellung am Anfang des Teilverses als auch der Rückbezug auf das Bekenntnis zum Jahwedienst Josuas und seines Hauses V.15b.

Die angeführten Beobachtungen sprechen dafür, in V.2b.14b.15.16aβ. b.18a*[ohne: all die Völker und].bα[auch wir] sekundäre Einschübe zu vermuten. Eine Bestätigung dieser These werden die in Punkt 3.7.3.4 angestellten Überlegungen ergeben.

3.7.3.3 Einwand Josuas und zweite Antwort des Volkes Jos 24,19-24

Noth, Hertzberg und Fritz halten V.19-24 für sekundär[154]. Noth grenzt zuerst die Verse 19-20 mit folgender Begründung aus: "Nach der Aufforderung 14 ist 19.20 sehr sonderbar und wohl ex eventu im Exil zugesetzt auf Grund der Einsicht, daß ein Abfall nach erfolgter Entscheidung für Jahwe eine grundsätzlich andere Verantwortung bedeutet als das Verharren im Heidentum"[155]. Auch sei die Ausdrucksweise der V.19-24 deuteronomistisch[156]. Fritz begründet dies dadurch, daß das eigentliche Ergebnis mit dem Bekenntnis des Volkes in V.18 erreicht sei und V.19 einen neuen Gedankengang einführe: Der Aufweis einer Aporie und die Notwendigkeit, fremde Götter auszuschalten[157]. Hertzberg argumentiert ähnlich[158]. Jedoch hat obige Untersuchung (Punkt

---

(Blum, Entflechtungsvorschlag, S. 184ff), da die Vertreibung גרש von Völkern so nur noch in den spätdtr Texten Ri 2,3 und Ri 6,9 vorkommt (zu Ri 6,9 siehe die Ausführungen unter Punkt 3.10).

154 Zu Görg siehe Fußnote 92.
155 Noth, Josua, 2. Auflage, S. 136
156 Ebenda
157 Fritz, Josua, S. 238
158 Hertzberg, Josua, S. 137

3.7.3.2.13) gezeigt, daß die Thematik fremder Götter einschließlich einer Problematisierung des Jahwedienstes bereits mit Jos 24,2b.14b.15.16aβ.b. 18a*.bα* eingetragen werden. Die V.19-24 sind demnach am ehesten als Fortsetzung dieser redaktionellen »Linie« zu verstehen.

Die bisherigen Beobachtungen lassen die Vermutung zu, daß die Verse 19-24 zusammen mit V.2b.14b.15.16aβ.b.18a*.bα* redaktionell in Jos 24* eingefügt worden sind.

3.7.3.4 Spätdeuteronomistische Einschübe in Jos 24

Eine Bestätigung für die These des redaktionellen Charakters von Jos 24,2b.14b.15.16aβ.b.18a*.bα*.19-24 findet sich einerseits im Text von Jos 24, andererseits in bestimmten Beobachtungen, die Blum im Zusammenhang seiner These einer nachdeuteronomistischen »Jos 24-Bearbeitung« gemacht hat: Blum weist Jos 24 einer nachdeuteronomistischen Bearbeitung zu, die mit Gen 35,1-7 vor allem durch das Thema der »Götter der Väter« und der אלה in Sichem verbunden ist[159]. Die Götter, die in Jos 24 bereits die Väter angebetet haben und die nun abgelegt werden sollen, sind dieselben Götter, die Jakob in Gen 35,1-7 vergraben hat. Blums Einordnung von Gen 35,1-7 als nachdeuteronomistischer bzw. spätdeuteronomistischer Text ist zutreffend. L. Schmidt konnte - neben geringen Modifikationen - die Ergebnisse Blums bestätigen[160]. Mit Blum ist festzuhalten: "Dem rettenden Handelns *Jhwhs* geht das fromme Verhalten Jakobs und seiner Familie voraus: Sie beseitigen die fremden Götter und rüsten sich zur Verehrung des (einen) Gottes"[161]. Eine derartige Zuordnung von menschlichem Verhalten und göttlichem Verhalten (Beseitigen fremder Götter und Rüsten zur Verehrung des einen Gottes) findet sich noch im weiteren Sinn in den dtr Texten Ri 10,10ff und 1 Sam 7,3 (siehe dazu die entsprechenden Ausführungen unter Punkt 3.10). Die Texte Gen 35,2ff; Ri 10,16ff und 1 Sam 7,3ff besitzen alle dieselben sprachlichen Elemente: Die Voraussetzung für das »Eingreifen Jahwes« besteht in den beiden Punkten »Abwendung von den fremden Göttern« und »Hinwendung zu Jahwe«. Gen 35,1ff verbindet diese konstitutiven Elemente aus Jos 24 und den dtr Rahmenstücken in Ri 10 und 1 Sam 7, deren Textbereiche mit hoher Si-

---

159 Siehe Punkt 3.5.5.
160 L. Schmidt, Landverheißung, S. 146f. Nur V.1 und V.7 in Gen 35,1-7 sollten nach L. Schmidt E nicht abgesprochen werden. Die Zuweisung der beiden Verse zu E hat auf meine Untersuchungen keine weiteren Auswirkungen.
161 Blum, Vätergeschichte, S. 39.

cherheit aus unterschiedlichen Überlieferungsschichten stammen[162]. Gleichzeitig stammen Gen 35,1ff und Jos 24 von derselben nachdeuteronomistischen Bearbeitungsschicht, da Gen 35,1ff auf Jos 24 hin konzipiert wurde und ein "typologisches" Verhältnis zu Jos 24 hat[163] (zur Explikation siehe weiter unten). An der Analyse Blums sind jedoch die beiden folgenden Punkte problematisch:

Jos 24 als *nachdeuteronomistische* Bearbeitung: Während Blum in seinem älteren Werk »Die Komposition der Vätergeschichte« die Jos 24-Bearbeitung noch als Teil der D-Komposition versteht, will er nun jedoch die zur Jos 24-Bearbeitung gehörenden Texte (siehe Punkt 3.5.5) als eigenständige, nachdtr Redaktionsschicht verstehen[164]. Dagegen hat H.-C. Schmitt zu Recht eingewandt, daß "eine solche nur kleine Textbereiche einbeziehende These der Bedeutung der Stellung von Jos 24 nicht gerecht wird"[165] und die Jos 24-Bearbeitung doch im Rahmen der von Blum angenommenen D-Komposition des Pentateuch verstanden werden sollte[166]. Jos 24 bzw. Teile des Textes sind nicht als nachdtr, sondern als spätdtr zu bestimmen.

Ganz Jos 24 als nachdtr Text: Blum versteht Jos 24 als einen einheitlichen Text. Die bisherigen literarkritischen Untersuchungen haben jedoch ergeben, daß die Aussagen von der *Vertreibung* der sieben Völker V.11aγ*.12a* und der Amoriter in V.18a* sekundär sind, während die Grundschicht von der vollständigen Einnahme des Ost- und Westjordanlandes in V.8.11* ausging, wobei, wie V.8bγ zeigt, an die *Vernichtung* der Völker gedacht ist. Hinzu kommt, daß unter Punkt 3.7.3.2.13 und Punkt 3.7.3.3 Spannungen beobachtet wurden, die Blum in beiden Lösungsvorschlägen nicht hinreichend berücksichtigt hat bzw. nicht ausreichend erklären konnte. Somit kann auf eine umfassende literarkritische Differenzierung innerhalb von Jos 24 nicht mehr verzichtet werden.

Kombiniert man die Ergebnisse von Blum sowohl mit den oben gemachten Beobachtungen am Text zu Jos 24 als auch mit der Erkenntnis der alttestamentlichen Forschung, daß die Einordnung der Verse 19-24 nur in einer unbefriedigenden Weise gelang, so lassen sich folgende Schlußfolgerungen ziehen: Offensichtlich gehört die Vorstellung, daß sich Israel in Sichem nach der *Ver-*

---

162 A.a.O., S. 43
163 Ebenda. Siehe auch *Entflechtungsvorschlag*, S. 194ff. Für den sehr späten Charakter von Gen 35,1-7ff spricht auch die kompositorische Linie der Tradition des Josefgrabes von Gen 33,19; 50,25.26b; Ex 13,19 bis Jos 24,32. Siehe dazu Punkt 3.8.2.2.2.1.
164 Blum, Studien, S. 363ff und Entflechtungsvorschlag, S. 194ff
165 H.-C. Schmitt, Josephsgeschichte, S. 392
166 Ebenda

treibung der Völker zwischen Jahwe und übriggebliebenen bzw. mitgebrachten Göttern entscheiden soll, zu einer anderen literarischen Schicht als die
Aussagen, die von einer gelungenen Einnahme des Ost- und Westjordanlandes
in Jos 24 - wobei der Kampf um Jericho zusammenfassend für die
Einnahme des Westjordanlandes steht[167] - ausgehen und von einem völlig
unproblematisierten Entschluß des Volkes, Jahwe zu dienen, wissen. Unter
Punkt 3.7.3.2.13 wurde bereits für die Verse 2b.14b.15.16aβ.b.18a*.bα* ver-
mutet, daß sie Zusätze darstellen, die die Aufforderung zum Jahwedienst aus
V.14a problematisieren wollen. Diese Beobachtung erfährt an dieser Stelle ihre
Bestätigung: Die Thematisierung von Göttern, die nach der Vertreibung der
Landesbewohner übrig geblieben sind oder die aus Ägypten bzw. noch von
den Vätern von »jenseits des Stromes« stammen, ist aufgrund der Beziehung
zu Gen 35,1-7 eine spätdeuteronomistische Ergänzung. Der »Grundtext« von
Jos 24 ging davon aus, daß Israel das ihm zugewiesene Land mit Hilfe Jahwes
vollständig erobert hat und sich nun (neu) auf Jahwe verpflichtet, aber nicht
fremde Götter ablegt[168].

Als spätdeuteronomistischer Zusatz sind in diesem Zusammenhang damit
folgende Verse (über Jos 24,19-24 hinaus) zu bestimmen: V.2b.14b.15.
16aβ.b.17a*[und unsere Väter].18bα *[auch wir][169].19-24.

Zu dieser Redaktion gehören auch die in Punkt 3.7.3.1 und 3.7.3.2
ermittelten, ebenfalls spätdeuteronomistischen Zusätze V.1bα.2αγ*[Terach,
der Vater Abrahams und Nahors].5aα.6aα.b.7aα-δ.9-10.11aγ*[Amoriter ...
Jebusiter].12a*[ohne: die zwei Könige der Amoriter].18a*[ohne: all die Völker und].26a.

Noth vertrat die Meinung, daß »und in Ägypten« in V.14b ein Zusatz sein könnte, da
vom Götzendienst der Väter *in Ägypten* bisher nicht die Rede gewesen sei[170]. V.2b spricht
nur von Götzendienst der Väter jenseits des Stroms.
Die Erwähnung von »und in Ägypten« in V.14b stellt keinen sekundären Zusatz dar,
sondern verbindet folgerichtig den Götzendienst der Väter jenseits des Stromes V.2b mit

---

167 Siehe dazu die Überlegungen unter Punkt 3.7.3.2.7.
168 Innerhalb der Verse Jos 24,19-24 verweist auch die Thematisierung des Volkes als
     Zeuge auf 1 Sam 12,5 DtrS.
169 V.18b* muß ursprünglich zur DtrH-Schicht gehört haben, da er die Antwort auf
     V.14a DtrH enthält. Das betonte גם אנחנו hingegen wurde von DtrS mit Blick auf Jo-
     suas Entschluß zum Jahwedienst V.15b eingefügt. In der Übersetzung wurde »auch«
     als DtrS-Zusatz markiert. Zusätzlich steht das betonte, von DtrS stammende אנחנו ne-
     ben dem in נעבד bereits enthaltenen »wir« zur Verdeutlichung in Klammer.
170 Noth, Josua, 2. Auflage, S. 135

der Väterkonzeption von V.6aα.b.7aα-δ, die von den Vätern auch während des Exodusereignisses sprechen kann.

Die sekundären Ergänzungen von V.2b.6aα.b.7aα-δ.14b haben somit die Absicht, die
Kontinuität des Götzendienstes Israels von den Vätern bis zu den Adressaten der Josuarede
zu betonen.

Nicht näher bestimmbaren Glossen sind V.12aβ*[die zwei Könige der
Amoriter].b.18aα*[all die Völker und].25b und V.26bγ.

Die verbleibenden Verse der Grundschicht Jos 24,1a.bβ.2a*[ohne: Terach,
der Vater Abrahams und Nahors].3-4.5aβγ.b.6aβ.7aεζ.b.8.11a*[ohne: Amoriter... Jebusiter].b.13-14a.16aα.17*[ohne: und unsere Väter]. 18b*[ohne: auch
wir].25a.26baβ.27-28 lassen sich ohne Schwierigkeiten im Zusammenhang
lesen.

Der Grundtext berichtet vom Handeln Jahwes an Israel seit Beginn der
Vätergeschichte bis zur Situation der abgeschlossenen vollständigen Landnahme Jos 24,2-13*. In V.14a fordert Josua das Volk nun auf, Jahwe treu zu
dienen. In V.16-18* legt sich das Volk fest, daß es Jahwe dienen will (siehe
dazu die entsprechenden Ausführungen unter Punkt 3.9 und Punkt 3.10). V.1
und 25-28* bilden den Rahmen. Die spätdeuteronomistischen Zusätze tragen
die Problematik der Fremdgötterverehrung ein. Israel hat nun zwischen Jahwe
und anderen Göttern zu wählen. Die DtrS-Zusätze sind nach Blum mit
Gen 35,1-7 durch folgendes typologisches Verhältnis verbunden: In Sichem
befindet sich unter der אלה der Ort, an dem einst Jakob seine Götter vergrub
und sich nun auch Israel unter Josua dazu entschließt, fremde Götter abzulegen, um Jahwe ganz zu dienen. Sowohl Jakob in Gen 35,1ff als auch Josua in
Jos 24,15 erscheinen als exemplarische Fromme, die die fremden Götter beseitigen und sich zur Verehrung des einen Gottes Jahwe rüsten[171].

Zusätzlich sind die spätdeuteronomistischen Zusätze von Jos 24 über
Gen 35 als Teil einer Aussagenreihe über das Josefgrab zu verstehen (Siehe
dazu Punkt 3.8.2.2.2.1)[172].

3.7.3.5 Der Rahmen Jos 24,25-28

Görg versteht V.25b.26a und 27b als deuteronomistische Erweiterungen zu
einem JE Grundbestand[173]. Seine Argumentation läuft darauf hinaus, daß aufgrund seines Postulats eines alten nachjahwistischen Kerns in 25a.26b.27a.28

---

171 Blum, Vätergeschichte, S. 39
172 A.a.O., S. 44ff
173 Görg, Josua, S. 105ff

alle anderen Satzteile, die auf deuteronomistische Vorstellungen hinweisen, ausgeschieden werden müssen. Dazu gehören V.25b »Satzung und Gebot«, V.26a mit dem »Buch des Gesetzes Gottes« und V.27b mit dem Stein, der beide Partner des Bundes an die Weisung Jahwes erinnert. Ähnlich urteilt auch Hertzberg[174]. Selbst Butler, der sich literarkritisch in Jos 24 sehr zurückhält, versteht Jos 24,26a als deuteronomistische Ergänzung, die V.25b dupliziert[175]. Alle diese literarkritischen Thesen haben das Kriterium deuteronomistischer Sprache, verbunden mit der These eines vordeuteronomistischen Kerns, als Ausgangsbasis.

Mit Perlitt ist V.25b sicher als Glosse zu bestimmen. Obwohl Perlitts These zur literarischen Entstehung von Jos 24 von der oben durchgeführten Analyse an entscheidenden Punkten abweicht, kann seine Argumentation zum sekundären Charakter von V.25b übernommen werden: Der Inhalt des »Bundes« von Jos 24(*) ist es, Jahwe zu dienen, aber nicht die "Ordnung des Volkslebens", die vermutlich Gegenstand von חק ומשפט ist, zu gewährleisten[176]. Aufgabe der Glosse ist es, den unter Josua geschlossenen »Bund« mit der Sinaigesetzgebung unter Mose zu verbinden.

Fritz versteht die Verse 26-27 unter Verweis auf das »Buch des Gesetzes Gottes« als einen Zusatz von RedD[177]. Für den sekundären Charakter von V.27 führt er an, daß das Verb כחש piel sich nur noch in Jos 7,11(b) DtrH finde, ansonsten aber nicht von DtrH gebraucht werde[178].

Für V.26-27 bestimmt Fritz völlig korrekt 26bγ als Zusatz, weil "für den Verlauf der Handlung kein Heiligtum, sondern ein Platz unter freiem Himmel vorausgesetzt ist"[179]. Dieser späteren Glosse lag keine weitere Anschauung über kultische Aktivitäten in Sichem zugrunde. Fritz ist weiterhin recht zu geben, daß zumindest die Erwähnung des ספר תורת אלהים bzw. ganz V.26a sekundär sein muß und eine Ergänzung zur Verpflichtung Israels in V.25 darstellt. Das Buch in V.26bγ ähnelt dem ספר התורה Jos 1,8 DtrS. Mit Fritz ist darauf hinzuweisen, daß mit dem Aufschreiben der Worte durch Josua die vorangehenden Worte in Jos 24 gemeint sind und es sich zumindest um eine

---

174 Hertzberg, Josua, S. 137f
175 Butler, Joshua, S. 277
176 Perlitt, Bundestheologie, S. 268
177 Für V.26a verweist er nur auf ספר תורת יהוה, ohne zu zeigen, warum es ein Nachtrag ist.
178 Fritz, Josua, S. 248. Für Jos 7,11 DtrH siehe S. 79ff seines Kommentars.
179 Ebenda

Ergänzung der Tora, aber nicht um eine weitere Tora handelt[180]. Während V.26bγ eine Glosse darstellt, kann V.26a DtrS zugewiesen werden.

Die Argumentation, daß V.27 aufgrund des von DtrH nur noch in Jos 7,11 gebrauchten Verbs כחש piel DtrH abzusprechen sei, ist insofern problematisch, als כחש piel im DtrG insgesamt nur in Jos 7,11; 24,27 und 1 Kön 13,18 vorkommt. In 1 Kön 13,18 stellt כחש sicher einen erklärenden Zusatz dar[181]. Die Verwendung כחש piel spricht demnach nicht gegen DtrH-Verfasserschaft von Jos 24,27, sondern, aufgrund des Vorkommens in Jos 7,11(b) DtrH[182], eher für DtrH-Verfasserschaft von V.27. M.E. läßt sich kein zwingender Grund finden, Jos 24,26b*.27 der Grundschicht von Jos 24* abzusprechen.

3.7.3.6 Zusammenfassung

Jos 24 hat eine umfangreichere, spätdtr Bearbeitung durch Hinzufügen der Verse V.1bα.2aγ*[Terach, der Vater Abrahams und Nahors].b.5aα.6aα.b. 7aα-δ.9-10.11aγ*[Amoriter...Jebusiter].12a*[ohne: die zwei Könige der Amoriter].14b.15.16aβ.b.17a*[und unsere Väter].18a*[ohne: all die Völker und].bα*[auch wir].19-24.26a erfahren. Auf diese spätdeuteronomistische Redaktion gehen zumindest noch Gen 35,1-7; Ri 10,10ff und 1 Sam 7,3 zurück[183].

Nicht näher bestimmbare Glossen liegen mit V.12aβ*[die zwei Könige der Amoriter].b.18aα*[all die Völker und].25b und 26bγ vor.

Der Grundtext von Jos 24 hat den Umfang Jos 24,1a.bβ.2a*[ohne: Terach, der Vater Abrahams und Nahors].3-4.5aβγ.b.6aβ.7aεζ.b.8.11a* [ohne: Amoriter ... Jebusiter].b.13-14a.16aα.17a*[ohne: und unsere Väter].b. 18b* [ohne: auch wir].25a.26baβ.27-28.

3.7.4 Die Bestimmung der Verfasserschaft von Jos 24

Unter Punkt 3.5 wurden die verschiedenen Forschungspositionen zur Verfasserschaft von Jos 24 dargestellt. Es ergaben sich drei wesentliche For-

---

180 A.a.O., S. 247
181 Siehe dazu Würthwein, Das erste Buch der Könige, 2. Auflage, S. 167.
182 Zur Analyse von Jos 7 und zur DtrH-Verfasserschaft von Jos 7,11b siehe auch Fechter, Familie, S. 74f
183 Siehe dazu Punkt 3.7.3.4.

schungspositionen, die Jos 24 entweder als einen vordeuteronomistischen[184], deuteronomistischen[185] oder nachdeuteronomistischen[186] Text bestimmen.

Ich gehe mit Fritz davon aus, daß die Grundschicht von Jos 24 dem deuteronomistischen Historiker DtrH zuzuschreiben ist[187]. In einem ersten Arbeitsschritt soll gezeigt werden, daß Jos 24,1-28* wie Jos 1,1-2.5-6.10-11. 16-18 von demselben Verfasser DtrH stammen. Jos 1* DtrH und Jos 24,1-28* DtrH bilden beide eine Art Rahmen für das deuteronomistische Josuabuch, wobei Jos 24,1-28* den Abschluß des DtrH-Josuabuches darstellt. In einem zweiten Arbeitsschritt ist darzulegen, daß ein spätdeuteronomistischer Redaktor den Text Jos 24,1*.2-13*.14a.16-17*.18b*.25a.26bαβ.27-28.29-31 DtrH aufgreift und in einer bestimmten Aussageabsicht durch Jos 24,1bα.2*. 5-7a*.9-10.11aγ*.12a*.14b.15.16aβ.b.17a*.18a*.bα*.19-24.26a DtrS korrigiert und pointiert. Ein dritter Arbeitsschritt behandelt die Frage nach den Beziehungen von Jos 24,1-28* DtrH, Jos 24* DtrS und Jos 23 DtrS zueinander. In einem letzten Arbeitsschritt ist kurz auf den sprachlichen Befund einzugehen, ob sich für DtrH typische Wendungen und Begriffe finden lassen und wie eventuelle Abweichungen vom deuteronomistischen Sprachgebrauch zu erklären sind.

3.7.4.1 Jos 24* DtrH in seiner Beziehung zu Jos 1* DtrH

Jos 24* DtrH und Jos 1,1-2.5-6.10-11.16-18 DtrH haben mehrere strukturelle und inhaltliche Gemeinsamkeiten, durch die sie verbunden sind.

3.7.4.1.1 Strukturelle Gemeinsamkeiten

Jos 24,1*.2-13*.14a.16-17*.18b*.25a.26bαβ.27-28 DtrH und Jos 1,1-2. 5-6.10-11.16-18 DtrH haben, wie der Stukturvergleich zeigt, zentrale Strukturelemente gemeinsam:

- Einleitung: Jos 1,1 // Jos 24,1a.bβ.2aα
- Rede: 1,2.5-6 // Jos 24,2-13*.14a.16-17*.18b*
  - Hinweis auf das Ende einer heilsgeschichtlichen Periode/Epoche:
    Jos 1,2 (Exposition: Tod Moses und das Ende der Wüstenwanderung)

---

184 Hierzu rechne ich die These von Perlitt, siehe Punkt 3.5.3, aber auch die Thesen alten Materials in Jos 24 wie sie z.B. Noth vertreten hat (Punkt 3.5.2). Ich fasse den Begriff »Verfasserschaft« hier etwas weiter und verstehe ihn im Sinne der Urheberschaft.

185 Z.B. Fritz, siehe Punkt 3.5.4.

186 Z.B. van Seters, Punkt 3.5.5 oder Blum, Punkt 3.7.3.4.

187 Fritz, Josua, S. 234ff

Jos 24,2aγ -13* (Geschichtsrückblick: Das Ende des Herumwanderns des Volkes und der erfolgreiche Verlauf der Landnahme[188])
- die gegenwärtige Situation:
  Jos 1,5-6 (Aufruf und Ermutigung zur Landnahme)
  Jos 24,14a.16aα.17*.18b*(Aufruf und Entscheidung für Jahwe als Folge der abgeschlossenen Landnahme)
- Ein Befehl bzw. eine Tat Josuas, die den Inhalt der Rede(n) konkret umsetzt:
  Jos 1,10-11 (Josua bereitet die Landnahme vor
  Jos 24,25a.26baβ.27-28 (Josua schließt für Israel einen »Bund« und entläßt das Volk)
- Eine Antwort der Angesprochen:
  Jos 1,16-18
  Jos 24,16aα.17*.18b*

3.7.4.1.2 Die inhaltlichen Aussagen in Jos 1* DtrH und in Jos 24* DtrH

In Jos 1* DtrH und in Jos 24* beginnt die Landnahme mit dem Überschreiten עבר des Jordans. In Jos 23 fehlt dieser terminus technicus, es wird nur die Macht Jahwes bei der Vertreibung von Völkern erwähnt[189]: In Jos 1,2.6.10-11; 24,13 hat Jahwe das *ganze* Land gegeben[190]. In Jos 23 hat zwar Gott auch das Land Israel gegeben, allerdings ist es nur ein Teilstück, da sich in den restlichen Gebieten noch die Völker aufhalten Jos 23,12.13. Während Jahwe in Jos 1,5 DtrH Josua *verheißt*, mit ihm (und dadurch auch mit dem von Josua geführtem Volk) zu sein, wird in Jos 24,11-13* die geschichtliche Umsetzung des Dabeiseins Jahwes *erzählt*.

---

188 Der Geschichtsrückblick in Jos 24,2-13* DtrH läßt sich wie folgt gliedern:
- Die Herkunft der Väter aus dem mesopotamischen Kulturland Jos 24,2aγ
- Abrahams Berufung durch Jahwe Jos 24,3aα
- Abrahams Wanderung durch Kanaan Jos 24,3aβ
- Isaak als von Jahwe gegebener Nachkomme Abrahams Jos 24,3b
- Jakob und Esau als von Jahwe gegebene Nachkommen Isaaks Jos 24,4a
- Seir als Wohnsitz Esaus Jos 24,4bα
- Der Zug Jakobs und seiner Söhne nach Ägypten Jos 24,4bγ
- Jahwe schlägt Ägypten Jos 24,5aβγ
- Jahwe führt Israel heraus Jos 24,5b
- Die Ankunft am Meer Jos 24,6aβ
- Jahwes Eingreifen in Ägypten Jos 24,7aεζ
- Das Wohnen Israels in der Wüste Jos 24,7b
- Die Vernichtung der Amoriter und die Gabe des Ostjordanlandes durch Jahwe Jos 24,8
- Die Überschreitung des Jordans Jos 24,11aα
- Der Kampf gegen Jericho und die Einnahme des Westjordanlandes Jos 24,11*

189 Das zeigt, daß sich bei Jos 23 alles um diese übriggebliebenen Völker dreht.

190 Zur Einnahme des ganzen Landes in der Grundschicht von Josua 24* siehe Punkt 3.7.3.2.7.

3.7.4.1.3 Folgerungen

Diese Zusammenhänge machen es wahrscheinlich, daß Jos 1,1-2.5-6. 10-11.16-18 DtrH und Jos 24,1*.2-13*.14a.16-17*.18b*.25a.26bαβ.27-28 DtrH aufeinander hin konzipiert wurden. Sie rahmen das Josuabuch und sind durch thematische »Linien« miteinander verbunden: Beide Texte stehen an bedeutenden heilsgeschichtlichen Abschnitten. Während Jos 1 das Ende der Wüstenwanderung und den Beginn der Landnahme behandelt, befindet sich die Situation von Jos 24 schon an der Schwelle zu einer neuen Zeit, dem dauerhaften Wohnen im eroberten Land. Die angekündigte Landnahme in Jos 1 gelang, Jahwe hat seinen Schwur an die Väter damit erfüllt. Unter dem militärischen Führer Josua (Jos 1,1-2.5-6.10-11) wurde die Landnahme und Vergabe des Landes als Erbe erfolgreich abgeschlossen. Der »Bundesschluß« Jos 24,25a ist somit »krönender« Abschluß des von DtrH geschaffenen Landnahmeberichtes und vervollständigt das Bild der Josuageneration und der Epoche der Landnahme als goldenes Zeitalter. Zu der Autorität des militärischen Führers und des Landverteilers bei Josua kommt nun noch die Autorität hinzu, »Bundesmittler« zwischen Jahwe und Volk zu sein. Wie Punkt 3.8.1.1 noch zeigen wird, ist Jos 21,43-45, auf den Jos 24* DtrH folgt, ebenfalls DtrH zuzuweisen. Jos 24* DtrH expliziert dabei die in Jos 21,43-45 getroffene Feststellung, daß die Landnahme erfolgreich abgeschlossen wurde. Sowohl in Jos 1* DtrH als auch Jos 21,43-45 wird Jahwe als eigentlich handelndes Subjekt beschrieben, wodurch die verschiedenen Eroberungsgeschichten in Jos 2-11* DtrH ihre theologische Deutung erfahren. Diese Betonung des Handelns Jahwes liegt auch der Darstellung der Geschichte Israels mit Jahwe in Jos 24,2-13* zugrunde. Dieser strukturelle und inhaltliche Bogen von Jos 1* DtrH und Jos 21,43-45 zu Jos 24* DtrH legt es nahe, die Grundschicht in Jos 24 von demselben Verfasser wie Jos 1,1-2.5-6.10-11.16-18 und Jos 21,43-45 herzuleiten, nämlich DtrH.

3.7.4.2 Die spätdeuteronomistischen Zusätze in Jos 24* DtrH

Wie obige Untersuchung gezeigt hat, gehören unter anderem die Verse V.2b.14b.15.16aβ.b.18b*.19-24 in Jos 24 zu einer spätdeuteronomistischen Bearbeitung, die auch Gen 35,1-7 tätig war[191]. In Punkt 3.7.3.3 bzw. 3.7.3.4 wurde der spätdeuteronomistische Charakter der betreffenden Verse bereits

---

191 Die anderen spätdtr Zusätze spielen für die folgende Argumentation keine wesentliche Rolle.

dargelegt. Nun hat Blum darauf hingewiesen, daß zu der »Jos-24-Bearbeitung« auch noch Stellen gehören, die die Tradition vom Grab Josefs enthalten. Blum rechnet dazu vor allem noch die Stelle Jos 24,32[192], die der Abschluß einer kompositorischen Linie ist, die mit Gen 33,19; Gen 50,25f und Ex 13,19 durch eben diese Tradition vom Josefsgrab Pentateuch und DtrG verbindet (Punkt 3.8.2.2.2.1). Dazu gehört auch Gen 35,1-7 durch sein besonderes Interesse an Sichem[193]. Die oben durchgeführte redaktionskritische Scheidung zwischen Jos 24,1*.2-13*.14a.16-17*.18b*.25a.26bαβ.27-28 DtrH und Josua 24,1bα.2*.5-7a*.9-10.11aγ*.12a*.14b.15.16aβ.b.17a*.18a*.bα*. 19-24.26a DtrS ändert nichts an der Erkenntnis Blums der oben dargestellten kompositorischen Linie. Auf den Verfasser von Jos 24* DtrS gehen zumindest auch die Verse Jos 24,32-33 zurück[194]. Somit ist der späte Charakter vor allem von V.2b.14b.16aβ.b.15.18b*.19-24 in Jos 24 über die Beziehung zu Gen 35,1-7 und Gen 33,19; Gen 50,25f und Ex 13,19 bestätigt.

3.7.4.3 Jos 23 DtrS und sein Verhältnis zu Jos 24* DtrH und Jos 24* DtrS

Im folgenden ist nun nach den Verhältnissen von Jos 24* DtrH, Jos 24* DtrS und Jos 23 DtrS zueinander zu fragen. Hier interessiert vor allem, wie sie den DtrH-Text Jos 24,1*.2-13*.14a.16-17*.18b*.25a.26bαβ.27-28 aufgreifen und ergänzen.

Der spätdeuteronomistische Redaktor von Jos 24 verändert Jos 24* DtrH an zwei entscheidenden Punkten: Die Völker sind zwar vertrieben worden Jos 24,18, aber ihre Götter sind noch übrig. Deshalb muß sich Israel nun zwischen Jahwe einerseits und den Göttern des Landes und den von den Vätern mitgebrachten Göttern andererseits entscheiden. Jos 24* DtrS läßt somit eine Situation entstehen, die zu der in Punkt 3.7.3.2.13 und 3.7.3.3 dargestellten literarkritischen Spannung führte. Dabei weiß Jos 24* DtrS von der Zukunft Israels, wie sie im Rahmen des Richterbuches und vor allem in den Königsbüchern dargestellt wird, daß das Volk den fremden Göttern nachfolgen wird. Jos 24,19f DtrS deutet diese Zukunft an: Es ist für Israel ohne Hilfe unmöglich, Jahwe zu dienen (siehe dazu die entsprechenden Ausführungen unter Punkt 3.10).

---

192 Blum versteht Jos 24 im wesentlichen als einheitlichen Text, abgesehen von Jos 24,29-31.
193 Blum, Vätergeschichte, S. 44ff.
194 Siehe dazu auch die Ausführungen zu Jos 24,29-33 unter Punkt 3.8.2.2.2.

Auch Jos 23 DtrS verändert die Aussage von Jos 21,43-45 und Jos 24,1-28*DtrH in eine bestimmte Richtung: Das Israel verheißene Land wurde nicht vollständig erobert. Somit bleiben bestimmte Völker und ihre Götter übrig. Diese bilden für die Zukunft Israels eine Gefahr, so daß Israel zum Gehorsam gegenüber Jahwe aufgefordert wird. Jos 23 DtrS gibt wie Jos 24* DtrS bereits einen Ausblick auf die zukünftige Geschichte Israels: Die Gefahr des Abfalls ist vorhanden, ab Ri 1ff wird sie Realität.

Jos 24* DtrS und Jos 23 DtrS wissen um die Gefahr, die von den fremden Göttern der Völker im Gebiet Israels und um Israel herum ausgeht. Beide thematisieren den »zukünftigen« Abfall Israels, jedoch auf unterschiedliche Weise[195]. Sowohl Jos 23 DtrS als auch Jos 24* DtrS beziehen sich explizit durch die Wendung עבד אלהים אחרים Jos 23,16; 24,2.16* aufeinander. Denkbar ist, daß Jos 24,1bα auf Jos 23 DtrS zurückzuführen ist: Jos 23 DtrS fügt dies aus Jos 23,2a ein, um das Geschehen in Jos 24* mit Jos 23 zu parallelisieren.

3.7.4.4 Von Dtr abweichende Vorstellungen und undtr Sprache in Jos 24

Die bisherigen Untersuchungen haben ergeben, daß Jos 24,1*.2-13*. 14a.16-17*.18b*.25a.26bαβ.27-28 dem »deuteronomistischen Historiker« DtrH zuzuweisen ist. Perlitt, McCarthy, G. Schmitt, Sperling und Noort wiesen in ihren Untersuchungen sowohl auf sprachliche Begriffe und Wendungen als auch auf Vorstellungen hin, die von einem typisch deuteronomistischen Gebrauch abweichen[196]. Die genannten Exegeten haben das Problem dadurch gelöst, daß sie die Entstehung von Jos 24 in vordeuteronomistische Zeit verlegt haben.

G. Schmitt sieht neben mannigfaltigen, genuinen dtr Wendungen und Begriffen auch vordeuteronomistischen Sprachgebrauch in Jos 24, vor allem aufgrund von sprachlichen Gemeinsamkeiten mit Ps 81 und Ex 23,20-23, gegeben[197]. Gegen G. Schmitts Verweise sind jedoch zwei Einwände zu erheben: Einerseits ist Ex 23,20-23 nicht ein vorexilischer, sondern, wie Blum gezeigt hat, ein nachexilischer Text, der in den Zusammenhang einer Mal`ak Bearbei-

---

195 Zu Blums These des Verhältnisses zwischen Jos 23 und 24 mit ihren redaktionsgeschichtlichen Implikationen siehe Punkt 3.8.2.1.2.

196 Perlitt, Bundestheologie, S. 239ff; McCarthy, Treaty, S. 221ff; G. Schmitt, Sichem,
S. 21ff; Sperling, Joshua 24, S. 119 und Noort, Der Fall Josua, S. 96ff

197 So נכר אל / אלהי Ps 81,10 und Jos 24,20.23; Jahwe, der Israel aus Ägypten
»heraufbringt« mit Part. hifil עלה (Ps 81,11; Jos 24,17) kommt noch in Dtn 20,1;
2 Kön 17,17 und Jer 2,6 vor; die Wendung חק und משפט findet sich noch parallel in
Ps 81,5. Zu den Beziehungen zwischen Ex 23,20-23 und Jos 24 siehe G. Schmitt,
Sichem, S. 26ff. Siehe auch unten Fußnote 207.

tungsschicht gehört[198]. So treffen die von G. Schmitt aufgewiesenen Beziehungen von Jos 24 zu Ex 23,20-23 überwiegend Stellen, die in obiger Literarkritik DtrS zugewiesen wurden. Andererseits tragen die von G. Schmitt aufgezeigten Beziehungen zu Ps 81 ebenfalls nicht, da ein Teil der Verweise sich auf spätdtr Verse in Jos 24 bezieht, ein anderer Teil sicher auch in dtr Texten vorkommt.

Perlitt konnte plausibel darlegen, daß die sprachlichen Abweichungen keine Hinweise auf altes Material von einem *Bundesschluß in Sichem* darstellen. Vielmehr stellt Jos 24* eine literarische Einheit dar, die ihre Motive historisch verkleidet[199]. Der erzählende Rahmen V.1.25f*.28 sowie die Reden gehören zusammen und sind nicht zu trennen, da sie keinen Gegensatz bilden[200]. Die Wohltaten Jahwes gehören in ein Credo (Vgl. Dtn 26,5), aber nicht in eine Gottesrede Jos 24,2ff. Daraus folgt: "Die Form der Gottesrede ist das äußerste Mittel einer bedrängenden Predigt, die mit v.14 denn auch folgerichtig von den Gaben zu den Aufgaben übergeht - nun freilich unverhüllt in Menschenmund"[201]. Die Tatsache, daß Josua sowohl für als auch über Jahwe spricht, paßt keinesfalls zu einer Liturgie, die mit einem alten Bundesschluß in Verbindung zu bringen ist. Die Korrespondenz von Credo-Elementen des Volkes V.17f mit denen Jahwes V.5ff zeigt, wie sehr die Gottesrede mit der Verpflichtungsszene verknüpft ist. "Sowohl das Stilmittel des Dialogs als auch diese inhaltliche Offenheit für eine Entscheidung sogar gegen Jahwe schließen den Kult als Sitz im Leben aus"[202]. Den drängenden paränetischen Ton teilt Jos 24 mit der dtn Predigt. Das fiktive Gespräch zeigt, daß auch die Handlung fiktiv ist. Hinter Jos 24 steht eine bewußte literarische Komposition. Die Gottesrede ist eine Erinnerung an frühere glückliche Gemeinsamkeit. Jos 24 in Verkleidung der historischen Begebenheit stellt somit eine Entscheidungsproklamation für gegenwärtige Hörer dar.

Trotz der Existenz deuteronomisch/deuteronomistischer Sprache in Jos 24 will Perlitt an einer protodeuteronomischen Entstehung von Jos 24 im 7. Jahr-

---

198 Diese Texte haben gemeinsam: Die Rolle des מלאך vom Exodus bis zur Landnahme (außer Ex 34,11ff). Das Bündnisverbot mit den Landbewohnern Ex 23,32f.; 34,12.15; [Dtn7,5]; Ri 2,2. Die Ankündigung der Vertreibung der Landesbewohner mit גרש Ex 23,28-31; 33,3; 34,11f; Ri 2,3. Das Gebot, kanaanäische Kultgegenstände zu zerstören Ex 23,24; 34,13; [Dtn 7,5] Ri 2,2. Die Warnung, daß ein Mißachten des Bündnisverbotes für die Israeliten zum מוקש werde Ex 23,33; 34,12; [Dtn 7,16; Jos 23,12] Ri 2,3. Blum, Studien, S. 365ff.

199 Perlitt, Bundestheologie, S. 247ff

200 A.a.O., S. 241

201 A.a.O., S. 242

202 A.a.O., S. 244

hundert festhalten[203]. Gründe dafür sind: Die singuläre Kennzeichnung der
Väter בעבר הנהר durch ויעבדו אלהים אחרים, die auf die Bedrohung und Einfluß-
nahme durch die Assyrer hinweisen[204]. In diesem Sinn deutet er ebenfalls die
Erwähnung der Amoriter in Jos 24, deren Götter für Israel eine Gefahr darstellen[205]. Der Terminus אלהי הנכר Jos 24,23 und der neben Ri 10,14a einzigartige
Gebrauch von בחר für die Wahl der Götter bzw. des Gottes Israels weisen
nach Perlitt ebenfalls auf eine Zeitsituation im 7. Jahrhundert hin, in der Israel
bzw. Juda unter starkem religiösen Einfluß Assurs standen[206]. Schließlich finden sich in Jos 24 "stärkere Spuren sprachlicher Verwandtschaft" mit Stücken
aus Ri 2,6 - 1 Sam 12 als mit dem DtrG schlechthin, woraus Perlitt die Existenz einer Schicht schließt, die dem Dtn näher steht als der dtr Redaktion der
Königsbücher[207]. Gegen Perlitt sind an dieser Stelle folgende Argumente anzuführen: Das Argument einer dtn/dtr Schicht in Jos 24; Ri 2,6-1 Sam 12, die
sich von einer postulierten Redaktion der Königsbücher unterscheidet, trifft
nur dann zu, wenn man einen einheitlichen Entwurf des DtrG durch Dtr(H)
ablehnt. Redaktionen zum DtrG sind nach DtrH anzusetzen, aber nicht vorher.
Die Existenz eines DtrG hat jedoch zuletzt O`Brien nachgewiesen[208] und wird
in dieser Untersuchung ihre Bestätigung finden[209], womit diese Argumentation
hinfällig ist. Ein Blick in die oben durchgeführte literarkritische Analyse zeigt,
daß die von Perlitt angeführten Hinweise auf eine Zeitsituation des 7. Jahr-
hunderts einer spätdeuteronomistischen Redaktion von Jos 24 zuzuordnen
waren. Auf ihn trifft also ähnliche Kritik wie bei G. Schmitt zu. Auch für die
nachexilische Zeit ist die Thematisierung von Götzendienst ein drängendes
Problem, wie Jos 23 und 1 Sam 12 zeigen.

McCarthy verweist auf sprachliche Berührungen zu Pentateuchtraditionen
vor allem von E und J sowie zu Traditionen des Amosbuches[210]. Gleichzeitig

---

203 A.a.O., S. 239ff
204 A.a.O., S. 251
205 A.a.O., S. 253ff
206 A.a.O., S. 258f und 271ff
207 A.a.O., S. 255. Die Verweise auf Ri 2,6-1 und Sam 12 stammen von G. Schmitt,
     Sichem, S. 16f.
208 O`Brien, Hypothesis. Siehe dazu auch am Ende von Punkt 1.1.
209 Siehe dazu Punkt 6.2.
210 McCarthy, Treaty, S. 221ff. Im folgenden eine Zusammenfassung der von McCarthy
     dargestellten Berührungen zwischen Jos 24 und alten Traditionen, vor allem denen
     des Pentateuchs (Versangaben nach McCarthy): Der Gebrauch der Gesetzestermini im
     Singular in Jos 24,25b verweise auf Ex 15,25b J (Gegen die Zuweisung von Ex 15,25b
     zu J siehe Noth, Exodus, S. 101). Die Abfolge der Väter in V.2aB passe zu J. Die
     "connection with Esau (4) and the separation of the promise of the Land from that of

betont er das Vorkommen deuteronomistischer bzw. fast deuteronomistischer Wendungen und Begriffe. Undeuteronomistische Elemente sieht er vor allem in der Wahl der Götter V.14-15 und der Aussage der Unmöglichkeit des rechten Jahwedienstes Jos 24,19[211]. Schließlich will er ähnlich wie Perlitt den Befund so deuten, daß mit Jos 24 ein protodeuteronomischer Text vorliegt[212]. Gegen McCarthy ist einzuwenden, daß sich V.14b.15 und V.19 - neben weiteren »Berührungen« mit den Pentateuchquellen J und E und ihren Traditionen - als spätdeuteronomistischer Zusatz erwiesen haben.

Auch Noort sieht in Jos 24 neben deutlich dtr Sprachmerkmalen Bezüge zu J und E im Pentateuch: Gewisse Abweichungen zu dtr Sprache, vor allem aber diejenigen Elemente, die in der oben durchgeführten Analyse DtrS zugewiesen wurden, wie z.B. die Wahl zwischen Jahwe und den Göttern, führen ihn zu der Schlußfolgerung, daß Jos 24 - bei Noort ein offensichtlich einheitlicher Text - vordeuteronomistisch sein müsse[213].

---

the descendants" (S. 225) finde sich schon in Gen 26,4 J und Gen 22,7, das nach McCarthy E zuzuweisen sei. "The struggle to get out of Egypt and the means used against Egypt, plagues and the wonders at the sea (5-7) are already in J, E and old poetry (Ex 15,1-18.21" (S. 225). Die Abfolge von Exodus, Wüstenwanderung und Vernichtung der Amoriter Jos 24,2-6 sei bereits Amos bekannt Am 2,9-10. "The scheme used to describe the actual fighting (8-11) parallels Num 21,21-24: E" (S. 226) (vgl. jedoch die Ausführungen in Punkt 3.7.3.2.6). In Jos 24,14-15 verweise sowohl die Identifizierung von Palästina mit den Amoritern als auch das Ablegen der fremden Götter in Gen 35,2.4 auf E (siehe dazu jedoch Punkt 3.7.3.4). Das Behüten Israels durch Jahwe Jos 24,17bB komme so in Gen 28,20 E vor. Der nach McCarthy undtr Gebrauch von גרש geschehe im Sinne von E. Der Schlußsatz von Jos 24,19 stehe parallel zu Gen 50,17 E. Die Unmöglichkeit des Jahwedienstes in 24,19 passe zu Am 3,1-2. Der Begriff אלהי נכר Jos 24,20b finde sich so in Gen 35,2 E. Jos 24,23a verweise auf Gen 25,2, das nach McCarthy E zuzuweisen sei.

211 A.a.O., S. 221ff
212 A.a.O., S. 233
213 Noort, Der Fall Josua 24, S. 96ff. Diese Abweichungen von dtr Sprache, auf die Noort verweist, sind durchaus problematisch. Z.B. stellt er die These auf, daß Jos 24,4 älter als Dtn 2,4-5 sein müsse, da beide eine Landgabe Esaus kennen, zugleich aber Dtn 2,5 über Jos 24,4 hinaus Esaus Söhne als »Brüder« Israels bezeichnen kann: Der Fall Josua 24, S. 99. Noorts Beobachtung ist insofern zutreffend, als Jos 24,4 älter als Dtn 2,4-5 sein muß. Allerdings hat Rose plausibel gemacht, daß die Erwähnung von Esaus Söhnen als »Brüder« Israels und die Landgabe an Esau auf DtrS zurückzuführen ist: 5. Mose, Teilband 2, S. 382f. Demnach spricht die Beobachtung Noorts für eine Zuweisung von Jos 24,4 und der Landgabe an Esau zu DtrH. Die Jericho-Episode in Jos 24,11, die von Jos 6 insofern abweicht, als nun die Einwohner von Jericho kämpfen, "*damit* Jahwe sie... in die Hand Israels geben kann" (Noort, Der Fall Josua 24, S. 101), muß einer Zuweisung zu DtrH - entgegen Noort - ebenfalls nicht im Wege stehen. Vielmehr stellt Jos 24* DtrH eine Rede Josuas dar, in der das Handeln Jahwes betont wird. Es ist m.E. durchaus vorstellbar, daß DtrH die schriftstellerische

Der Gesamtbefund kann demnach nur als Bestätigung der bisherigen literarkritischen Ergebnisse gedeutet werden: Die Grundschicht von Jos 24 ist ein von DtrH geschaffenes, fiktives Textstück[214]. Die vorwiegend als »un- bzw. vordeuteronomistisch« gekennzeichneten Verse wie z.B. V.14-15 haben sich in der Literarkritik als spätdtr redaktionelle Zusätze zu DtrH erwiesen.

Freiheit hatte, die Jericho-Episode diesem Gesamtduktus mit Blick auf seine Aussageintention (Punkt 3.9) unterzuordnen.

214 Daß DtrH grundsätzlich auf den vorpriesterlichen Pentateuch zurückgreifen kann, zeigt Dtn 1,19ff DtrH (siehe L. Schmidt, Priesterschrift, S. 96, Fußnote 180. Anders jedoch Rose, der Dtn 1,20ff seiner Schicht IV, die in etwa DtrS entspricht, zuweisen will: Rose, 5. Mose, Teilband 2, S. 476ff). Zur Verwendung von Väterbelegen bei DtrH, die auf die Patriarchen zu beziehen sind, siehe Punkt 6.3.2.2.

3.8 Jos 23-24 und ihr redaktionsgeschichtlicher Kontext

Die bisherigen Untersuchungen haben ergeben, daß die Grundschicht von Jos 24 dem dtr Historiker zuzuweisen ist. Jos 23 und die redaktionellen Ergänzungen zu Jos 24 stammen von DtrS, wobei Jos 24* DtrS zu einer jüngeren und Jos 23 DtrS zu einer älteren Hand zu rechnen ist. Nun ist die Frage nach ihrem redaktionsgeschichtlichen Kontext zu stellen.

3.8.1 Der redaktionsgeschichtliche Kontext im Josuabuch

3.8.1.1 Jos 21,43-45

Jos 21,43-45 beinhaltet eine Art Abschlußbericht zur erfolgreichen Landnahme. Jahwe gab Israel das Land V.43. Israel nahm es erfolgreich in Besitz V.43. Israel hat nun Ruhe vor allen seinen Feinden V.44. Jede Zusage Jahwes an Israel ist in Erfüllung gegangen.

Fritz will - entgegen der bisherigen Forschung - in Jos 21,43-45 einen späteren Redaktor tätig sehen, auf den nach seiner Meinung bereits Jos 1,10.11 sowie 1,12-18 zurückzuführen sind[215]. Das Ende der DtrH-Schicht im Josuabuch sieht Fritz in Jos 19,49a[216]. Sein Hauptargument liegt darin, daß der deuteronomistische Topos von der Ruhe vor den Feinden sich nur noch in den redaktionellen Nachträgen bzw. späten Stücken Jos 1,13.15; 22,4; 23,1 findet[217]. Viele Exegeten sehen in Jos 21,43-45 jedoch einen bzw. den deuteronomistischen *Verfasser* der dtr Grundschicht am Werk. Becker[218] und Smend[219] weisen die Verse DtrH zu, Görg[220] einfach Dtr. Während Smend seine Entscheidung nicht näher begründet, verstehen Becker und O`Brien Jos 21,43-45 als End- und Gipfelpunkt der DtrH Landnahme unter Josua, die sich durch Vollständigkeit und Eintreffen aller Zusagen Jahwes auszeichnet[221]. Rösel behauptet, daß dem Abschnitt Jos 21,43-45 "eine Schlüsselfunktion" für das Verständnis von Jos 23/24 und den damit verbundenen Überleitungen ins Richterbuch zu-

---

215 "Der formelhafte Sprachgebrauch weist auf einen Redaktor, der das Stück als zusätzliche Rahmung geschaffen hat, um die literarischen Anhänge zur Landvergabe, Asylstädte und Levitenstädte Jos 20.21 besser einzugliedern und anzubinden. Die Häufung deuteronomistischer Wendungen läßt sich kaum RedD zuschreiben; der Abschnitt stammt wohl wie bereits die Nachträge 1,10.11 und 12-18 von einem späteren Redaktor, der nach der Zufügung von Jos 21 durch RedP gearbeitet hat": Fritz, Josua, S. 217.

216 Fritz, Josua, S. 200

217 A.a.O., S. 217

218 Becker, Richterzeit, S. 68ff

219 Smend, Gesetz, S. 130

220 Görg, Josua, S. 96f. Sein Dtr entspricht hier wohl etwa dem gängigen DtrH-Modell.

221 Becker, Richterzeit, S. 68; O`Brien, Hypothesis, S. 74ff

kommt[222]. Dem Bild der vollständigen Einnahme des Landes aus Jos 21,43-45 entspricht Jos 24, vor allem V.13 und 28[223].

Die Analyse von Fritz zu Jos 21,43-45 geht nicht nur gegen den Konsens der Forschung, sondern steht auch im Widerspruch zu anderen Aussagen in seinem Josuakommentar: Er weist Jos 21,43-45 redaktionellen Nachträgen zu, die zeitlich nach RedD anzusetzen sind[224]. Dennoch bringt Fritz Jos 21,43-45 mit Stellen von RedD *(Jos 23,1*, siehe oben) in Verbindung. Bei der Behandlung von Jos 23 RedD behauptet Fritz, RedD hätte mit Jos 23 auch Jos 21,43-45 in das Josuabuch eingefügt, obwohl Jos 21,43-45 - nach Fritz - eine redaktionelle Erweiterung darstellt, die erst nach der Zufügung von Jos 21 durch den spät zu datierenden RedP eingefügt wurde[225]. In seinem Kommentar zum ersten Buch der Könige hingegen weist er das »Komplementärstück« von Jos 21,43-45, 1 Kön 8,56f, zu Recht DtrH zu[226]. Alle diese Beobachtungen sprechen dafür, daß der Versuch von Fritz, Jos 21,43-45 der dtr Grundschicht des Josuabuches abzusprechen und einem späteren Redaktor zuzuweisen, als nicht überzeugend angesehen werden kann. Mit O'Brien ist Jos 21,43-45 dem Verfasser des DtrG zuzusprechen[227].

3.8.1.2 Jos 22

In der modernen Exegese herrscht Konsens darüber, daß in Jos 22 einerseits ein starker Anteil an priesterlicher Sprache und priesterlich geprägten Vorstellungen vorhanden ist[228], und andererseits die ersten Verse in Jos 22 einem späten oder spätdeuteronomistischen Redaktor zuzuordnen sind[229]. Meinungsverschiedenheiten bestehen sowohl über die Länge des deuteronomistischen Anteils als auch über die Klassifizierung des deuteronomistischen Charakters. So versteht Smend Jos 22,1-6 als einen von DtrH gestalteten Text, der neben Dtn 3,12f.18-22 und Jos 1,12-15 davon weiß, daß die Stämme Ruben, Gad und Halbmanasse mit dem Ostjordanland "abgefunden sind"[230]. Jos 21,43-45 und 22,1-6 gehören nach Smend beide zu DtrH[231]. Fritz und Becker hingegen sehen in den Versen 22,1-6 bzw.

---

222 Rösel, Überlieferung, S. 345
223 Rösel nimmt für Jos 24* einen alten vordeuteronomistischen Überlieferungskern an (Rösel, Überlieferung, S. 344. Siehe auch Rösel, Erwägungen, S. 41ff). Wer für die Endgestalt von Jos 24 und 21,43-45 verantwortlich ist, wird bei Rösel nicht deutlich.
224 Fritz, Josua, S. 216ff
225 A.a.O., S. 229. Fritz rechnet damit, daß RedP jünger als RedD ist: Josua, S. 3f.
226 Fritz, Das erste Buch der Könige, S.96f. Zu dem dtr Theologoumenon der Ruhe (נוח bzw. מנוחה), das sowohl von DtrH als auch DtrS verwendet werden kann, siehe die entsprechenden Ausführungen unter Punkt 6.2.1.3.
227 O'Brien, Hypothesis, S. 74ff
228 Siehe z.B. Becker, Richterzeit, S. 72 oder Fritz, Josua, S. 218ff.
229 Die Unterscheidung zwischen spät und spätdeuteronomistisch deshalb, weil z.B. Fritz in seinem Josua-Kommentar immer wieder von redaktionellen Nachträgen ausgeht, die dtr-Sprache und Topoi aufgreifen können, die Fritz aber nicht zu einer deuteronomistischen Redaktion rechnet.
230 Smend, Gesetz, S. 128
231 Zu den restlichen Versen in Kap. 22 äußert sich Smend nicht, da dies nicht Thema seines Aufsatzes gewesen ist. Eine ähnliche These vertritt Görg, der Jos 22,1-9 der deuteronomistischen Grundschicht Dtr (entspricht in etwa DtrH) des Josuabuches zu-

22,1-8 einen späten bzw. spätdeuteronomistischen Redaktor am Werk: Becker bestimmt die Verse Jos 22,1-6 - eventuell auch noch V.7f - als spät-deuteronomistisch oder auch DtrN zugehörig, im Unterschied zu den von DtrH stammenden Versen Jos 21,43-45. Jos 22,9-34 stammt von noch späteren Redaktoren. Fritz verbindet die Verse 1-6 mit den von ihm bestimmten Nachträgen in Jos 1,12-18 und der damit verbundenen Rolle der zweieinhalb Stämme im Ostjordanland. Jos 22,1-6 stellt, neben weiteren redaktionellen Erweiterungen in V.7-8.11.20.27aβγb.28.29, nach Fritz einen Nachtrag dar, der der deuteronomistischen Redaktion im Josuabuch von einem späteren Redaktor zugefügt wurde. Die Grundschicht in Jos 22* stammt von dem nachpriesterlichen Redaktor RedP[232]. Die Analyse von Fritz fand in den Untersuchungen Schorns zum Vorkommen von Ruben, Gad und Halbmanasse grundsätzlich eine Bestätigung, wobei sie die literarische Grundschicht von Jos 22,9-34 mit dem Siglum P[S] bezeichnet[233]. Anders als Fritz versteht sie die Verse Jos 22,7-8 als Glosse, die nach der redaktionellen Zusammenfügung von V.1-6 und 9-34* eingeschoben wurde[234].

Mit Becker, Fritz und Schorn bestimme ich die Verse Jos 22,1-8 als spätdeuteronomistischen Zusatz, der nicht mit DtrH in Verbindung steht (V.7-8 können mit Schorn eine noch spätere Glosse sein). Dafür sprechen die mannigfaltigen Bezüge von Jos 22,1-8 zu den sekundären Versen in Jos 1: Jos 22,1-6 DtrS ist mit Jos 1,12-15 DtrS vor allem durch Thematisierung der zweieinhalb ostjordanischen Stämme Ruben, Gad und Halbmanasse verbunden[235]. Jos 22,2f bezieht sich auf die Mahnung Josuas an die zweieinhalb Stämme zurück, bei der Landnahme des Westjordanlandes mitzuhelfen (Jos 1,12ff). Der Gehorsam gegenüber dem Gebot und Gesetz Moses in V.5 erinnert an Jos 1,7f. In Jos 22,7f wird Mose als Geber des Ostjordanlandes - parallel zu Josua als Geber des Westjordanlandes - dargestellt. So wurde Mose bereits in Jos 1,14-15 DtrS bezeichnet. Die Verse Jos 22,9-34 weise ich mit Fritz und Schorn einer priesterlichen Schicht zu, die von DtrS überarbeitet wurde. Daraus folgt, daß Jos 24,1*.2-13*.14a.16-17*.18b*.25a.26baβ.27-28 DtrH ursprünglich an Jos 21,43-45 DtrH anschloß. Jos 24 DtrH bietet dann als »krönenden« Abschluß von Landnahme und Landverteilung die Verpflichtung der Stämme auf Jahwe.

3.8.2 Die Überleitung in das Richterbuch

3.8.2.1 Positionen der Forschung

Allgemein läßt sich sagen, daß Jos 23; 24 und Ri 1,1-2,9 in der gegenwärtigen Forschung vor allem auf DtrH und DtrN/DtrS bzw. nachexilischen Redaktoren aufgeteilt werden. Im wesentlichen lassen sich bei der Verteilung der Texte drei Forschungspositionen zusammenfassen. Davon stelle ich zuerst zwei Thesen dar, die das Problem der Überleitung

---

weist, von der nach seiner Meinung auch Jos 21,43-45 stammt. Lediglich in V.9 habe eine priesterliche Redaktion Schilo und Gilead eingetragen (Görg, Josua, S. 96).

232 Fritz, Josua, S. 220
233 Schorn, Ruben, 203ff
234 Zu V.7-8 als Glosse siehe Schorn, Ruben, S. 208.
235 Siehe auch Schorn, Ruben, S. 222f.

vom Josua- ins Richterbuch durch die Verteilung der entsprechenden Texte auf größere
»Blöcke« vornehmen. Eine dritte These geht weniger von zusammenhängenden Blöcken als
vielmehr von einzelnen Versen aus, die jeweils für sich verschiedenen Redaktionen zuzuordnen sind.[236]

3.8.2.1.1 Die Verknüpfung von Jos 23 mit Ri 1,1-2,5.6-9 und Jos 24* mit Ri 2,10ff*

Smend spricht die Texte Jos 13,1bβ-6; Jos 23; Ri 1,1-2,5.6-9 und Ri 2,20f.23 DtrN zu[237].
Jos 24,1-31 DtrH findet seine Fortsetzung in Ri 2,10ff* und weist auf Jos 21,43-45 zurück
(Jos 24,32f läßt Smend außer acht). Er begründet diese Entscheidungen zum Teil damit,
daß bei DtrN, im Gegensatz zu DtrH, das Motiv des uneroberten Landes eine wichtige Rolle
spielt. Dieses Motiv findet sich in Jos 23, Ri 1,1-2,5 und Ri 2,17.20f.23[238] wieder. Die Ab-
götterei durch anwesende Völker, die in Jos 23,12.13a eine Möglichkeit darstellt, ist in
Ri 2,17.20f.23 eingetreten. Weiterhin zeigt er noch sprachliche Beziehungen von Jos 23 zu
Ri 2,17.20f.23 auf[239]. Die Fortsetzung von Jos 24,1-31 findet sich erst in Ri 2,10ff*.[240] Im
Gegensatz zu DtrN rechnet DtrH nicht mit im Lande übriggebliebenen Völkern Jos 21,44;
Ri 2,10ff*. Die Stellen von DtrN sind dadurch untereinander verbunden, daß sie alle davon
ausgehen, daß die Nichtvertreibung der Völker eine göttliche Strafe ist[241]. Ri 2,6-9 DtrN
wiederholt nach Smend Jos 24,28-31 DtrH deshalb, weil der DtrN-Einschub Ri 1,1-2,5 den
Zusammenhang von Jos 24,31 und Ri 2,10ff* unterbricht[242].

3.8.2.1.2 Jos 24 und Ri 1,1-2,5 als spätere Einfügungen zu Jos 23 und Ri 2,6ff

Blum geht von einem komplexen Entstehungsmodell des Übergangs vom Josua- zum
Richterbuch aus. Die verschiedenen Stufen werden in chronologischer Reihenfolge dargestellt: Von DtrG bzw. DtrH stammen die Texte Jos 21,43-45; Ri 2,8ff* und Ri 2,12ff*, die
sich durch eine uneingeschränkte Realisierung der Landnahme auszeichnen[243]. Auf eine
deuteronomistische Redaktion DtrG^2 sind Jos 23 und Ri 2,6-10* zurückzuführen, die um
das Hauptsiedlungsgebiet der Stämme Israels eine Peripherie mit übriggebliebenen Völkern
ohne weitere Wertung - etwa als Schuld oder Versagen Israels - konstatiert[244]. Nächste
redaktionelle Stufe stellt die »Mal`ak Fortschreibung« mit Ri 2,1-5 dar, die auch noch in

---

236 Einen ausführlichen Überblick zur Forschung bietet Jericke, Josuas Tod, S. 347ff.
237 Smend, Gesetz, S. 127ff sowie Smend, Land, S. 217ff. Für Ri 1,1-2,5 ist noch zu er-
     gänzen, daß Smend es für möglich hält, daß DtrN Ri 2,1b-3 eventuell schon vorliegen
     hatte und es nicht aus seiner Feder floß S. 135ff.
238 Smend, Land, S. 217ff sowie Smend, Gesetz, S. 130ff
239 Zum Beispiel עבר ברית Jos 23,16; Ri 2,29 und הוריש bzw. הוסיף הוריש Jos 23,5.13;
     Ri 2,21: Smend, Gesetz, S. 133ff.
240 Smend, Gesetz S. 134
241 Siehe zur Einzelargumentation Smend, Gesetz, S. 136.
242 A.a.O., S. 135
243 Blum, Entflechtungsvorschlag, S. 182f
244 A.a.O., S. 183ff

Ex 14,19a; 23,20ff; (32,34aβ) 33,2.3b*.4; 34,11-27 tätig war[245]. Die Mal`ak Bearbeitung muß, so Blum, zeitlich vor der Jos-24-Bearbeitung tätig gewesen sein, da sie mit dem Ort Gilgal über Silo, das der P-Schicht zugeordnet werden muß, und Sichem, das von der Jos-24-Bearbeitung stammt, hinweggreift[246]. Die Mal`ak Bearbeitung hatte nach Blum die Orte Silo und Sichem noch nicht vorliegen. Dabei wehrt sich Blum dagegen, Jos 23 mit Ri 2,1-5 derselben Redaktionsschicht zuzuordnen, da sich die Beurteilung der noch ausstehenden Landnahme in Ri 2,1-5 und Jos 23 unterscheidet: In Jos 23,5ff wird Israel durch Josua die zukünftige Vertreibung der Völker verheißen, während in Ri 2,3 Israel das Gericht ange-kündigt wird und Jahwe sich Israel versagt[247]. Weiterhin wird die in Jos 23 vorgenommene, unbewertete Differenzierung zwischen eingenommenem Kernland und übriggebliebenen Bewohnern in der Peripherie dahingehend aufgehoben, daß die ursprünglichen Bewohner des Landes nun auch mitten unter Israel wohnen. Die unabgeschlossene Landnahme wird als Strafe Jahwes gedeutet[248].

Auf die Mal`ak Fortschreibung folgt die nachdeuteronomistische "»*Jos-24-Bearbei-tung*«"[249], von der auch Gen 35,1-7 stammt[250]. Jos 24 und Gen 35,1-7 sind vor allem durch die Erwähnung des הנהר/ Euphrat, dem Thema der mesopotamischen Götter (Teraphim in Gen 35) und des Baumes im Heiligtum von Sichem verbunden[251]. In Gen 35 wird idealty-pisch durch Jakob und seine Söhne ein Ereignis der späteren Heilsgeschichte vorwegge-nommen - die abrenuntiatio mesopotamischer Götter. Diese Jos-24-Bearbeitung gestaltet einen Bogen von den Vätern über den Exodus bis zum Ende der Landnahme in Jos 24. Die Wiederaufnahme von Jos 24,29f in Ri 2,8f dient "einer kompositorischen Abrundung der jeweiligen »Bücher«"[252]. Blum grenzt Jos 24 von Jos 23 und Ri 1,1-2,5 vor allem aufgrund der unterschiedlichen Vorstellung von der Landnahme ab: In »Die Komposition der Väter-geschichte« begründet er dies mit der unterschiedlichen Vorstellung vom Erfolgsgrad der Landnahme: Jos 24 erwecke - so Blum - den Eindruck, daß im Gegensatz zu Jos 23; Ri 1,1-2,5 u.a. noch nicht einmal ein Kerngebiet von Israels Stämmen eingenommen wur-

---

245 Diese Texte haben gemeinsam: Die Rolle des מלאך vom Exodus bis zur Landnahme (außer Ex 34,11ff). Das Bündnisverbot mit den Landbewohnern Ex 23,32f.; 34,12.15; [Dtn7,5]; Ri 2,2. Die Ankündigung der Vertreibung der Landesbewohner mit גרש Ex 23,28-31; 33,3; 34,11f; Ri 2,3. Das Gebot, kanaanäische Kultgegenstände zu zer-stören Ex 23,24; 34,13; [Dtn 7,5] Ri 2,2. Die Warnung, daß ein Mißachten des Bündnisverbotes für die Israeliten zum מוקש werde Ex 23,33; 34,12; [Dtn 7,16; Jos 23,12] Ri 2,3: Blum, Studien, S. 365ff; ders., Entflechtungsvorschlag, S. 189ff.

246 Blum, Studien, S. 369

247 A.a.O., S. 368, Fußnote 30

248 Blum, Entflechtungsvorschlag, S. 188ff. Die von Blum festgestellten Beziehungen von Ri 2,1-5 zu Ex 23,20ff und Ex 34,11-26 werden von ihm so gedeutet, daß das Thema der Beziehungen zu den Völkern des Landes ihren Ort am Gottesberg findet und der Engel in Ri 2,1-5 das Volk an dem dort erlassenen Bündnisverbot mißt (S. 190).

249 Blum, Studien, S. 361ff; ders., Entflechtungsvorschlag, S. 194ff. Siehe auch Punkt 3.5.5 und Punkt 3.7.3.4.

250 Blum, Vätergeschichte, S. 35ff

251 A.a.O., S. 40ff

252 Blum, Studien, S. 363

de[253]. Er verweist dazu auf V.14f und die verbleibenden Götter der Landesbewohner[254]. In
seinem neuesten Aufsatz »Der kompositionelle Knoten am Übergang von Josua zu Richter -
Ein Entflechtungsvorschlag« korrigiert Blum diese durchaus problematische Aussage dahingehend, daß Jos 24 die DtrH-Konzeption einer gelungenen, vollständigen Landnahme
modifizierend übernimmt: "Die Israeliten wohnen im »Land der Amoriter«, deren Götter
offenbar eine potentielle Versuchung darstellen... doch die früheren Bewohner sind vollständig vertrieben"[255]. Die von Blum ermittelte Intention von Jos 24 beinhaltet, daß (vor
allem) an die nachexilische Bevölkerung in Samaria der Appell gerichtet wird, "sich
exklusiv an *Jhwh* zu binden"[256]. Die von dem älteren Text Jos 23, der einer dtr Redaktion
zum DtrG zuzurechnen ist, eingeführte Problematik der übriggebliebenen Völker bleibt
- nach Blum - in dem späteren Text Jos 24 ausgeblendet, weil sich "im Thema der
»übriggebliebenen Landesbewohner« eine reale Problematik der nachexilischen Zeit spiegelt", die "für eine inklusive Position leicht kontraproduktiv werden" kann[257]: Der Verfasser
von Jos 24 plädiere dafür, daß zu »Israel« nicht nur judäische Bevölkerung, sondern auch
die Bevölkerung Samarias gehöre. Die Thematisierung der übriggebliebenen Völker - als
"reale Problematik der nachexilischen Zeit" - könne dabei leicht kontraproduktiv werden
und werde deshalb unterlassen[258].

Vorletzte Redaktionsstufe liegt mit dem Text Ri 1 vor, der aufgrund seiner Beziehungen
zu Ri 17f auf eine "*editorische Verselbständigung* unseres »Richterbuches«" schließen
läßt"[259]. Im Gegensatz zu Jos 24 nimmt Ri 1 nach Blum das Thema der unvollständigen
Landnahme wieder auf und behandelt ähnlich wie Ri 2,1-5 die Frage nach den im Kernland
verbliebenen Völkern. Die Unterschiede von Ri 1 zu Ri 2,1-5 bestehen darin, daß "Ri 1
bekanntlich eine nach Josuas Tod in vielen Einzelaktionen der Stämme (unbefriedigend)
verlaufene Landnahme in allen Teilen des zentralen Gebirges darstellt", während Ri 2,1-5
das "als geschlossenes Lager von Gilgal aus agierende Gottesvolk voraussetzt"[260]. Die letzte
Redaktionsstufe findet sich nach Blum in Ri 2,17.22; 3,4. Die übriggebliebenen Völker
werden hier als Erprobung Israels durch den "göttlichen Pädagogen" gedeutet[261]. Allerdings
ist diese Redaktionsstufe für meine Betrachtungen nicht mehr von unmittelbarem Interesse
und soll deshalb außer acht gelassen werden.

Rösel stellt - ähnlich Blum - Jos 23 und Ri 2,6ff zusammen und versteht Jos 24 mit
Ri 1,1-2,5 als Ergänzungen. Anders als das komplexe Redaktionsmodell Blums versucht
Rösel jedoch, die Redaktionsstufen am Übergang von Josua zu Richter möglichst gering zu
halten. Nach seiner These bilden Jos 23 und Ri 2,6ff die klassische deuteronomistische
Überleitung vom Josua- ins Richterbuch[262]. Die ältere Überleitung jedoch bieten Jos 24 und

---

253 Blum, Vätergeschichte, S. 47
254 Ebenda
255 Blum, Entflechtungsvorschlag, S. 201
256 A.a.O., S. 198
257 A.a.O., S. 201
258 Ebenda
259 A.a.O., S. 207
260 Beide Zitate a.a.O., S. 187
261 A.a.O., S. 209
262 Rösel, Überlieferung, S. 346f

Ri 1,1-2,5[263]. Zu Ri 1 und 2 stellt er ohne Begründung fest: "Es ist allgemein anerkannt, daß Ri. ii 11ff. die dtr. Einleitung zum Richterbuch enthält und damit jünger als Ri. i ist"[264]. Ri 2,6-10 ist nach seiner Meinung jünger als Jos 24,28-31, weil Ri 2,6-10 in V.6 einen Zusatz hat und in V.7 die Aussage durch ראה und גדול verstärkt. Die Stellung von Jos 24,31 ist innerhalb Jos 24,28-31 ursprünglicher als die Stellung von Ri 2,7 innerhalb Ri 2,6-10, weil die Abfolge von Jos 24,18-31 mit Blick auf V.31 den Geschehnissen mehr entspricht als V.7 in Ri 2,6-10[265]. Schlüsselfunktion für die ältere Überleitung Jos 24; Ri 2,11ff kommt Jos 21,43-45 zu, da in diesen Texten von der vollständigen Einnahme des Landes ausgegangen wird. Diese ältere Überleitung schafft nach Rösel noch keinen Ausgleich zwischen der Aussage von der vollständigen Vernichtung der Feinde im Josuabuch und der Auffassung von der periodischen Bedrohung durch die Feinde im Richterbuch. Erst Jos 23 und Ri 2,6-10 mildern diese Spannung ab, indem der Gedanke eingeführt wird, daß Gott in Zukunft die Völker nicht mehr vertreiben wird, wenn sich Israel von ihnen verführen läßt.[266] Jos 23 und Ri 2,6-10 bieten somit nach Rösel die elegantere Überleitung.

Blum und Rösel gehen zwar davon aus, daß Jos 24 und Ri 1,1-2,5 Ergänzungen zu Jos 23; Ri 2,6ff darstellen, unterscheiden sich aber grundsätzlich in der Rekonstruktion der Redaktionsgeschichte und im Verständnis von Jos 24. Während nach Blum der *nachdtr* Verfasser von Jos 24 nur aus »taktischen« Gründen zu den übriggebliebenen Völkern geschwiegen habe[267], geht Rösel für Jos 24 grundsätzlich von der Vollständigkeit der Landnahme aus. An Blums These ist, neben dem Verständnis von Jos 24, sowohl die Annahme von mehreren *selbständigen* Redaktionsstufen zu kritisieren als auch der Erklärungsversuch Blums, das Schweigen des Verfassers von Jos 24 zu den übriggebliebenen Völkern mit dessen »inklusiven Position« zu erklären (siehe oben)[268]. Als problematisch erweist sich in diesem Zuammenhang jedoch, daß die anderen Redaktionsstufen vor und nach Jos 24 deutlich das Verhältnis Israels zu übriggebliebenen Völkern zum Thema haben. An der These Rösels ist Kritik zu üben, daß er Jos 21,43-45; Jos 24 und Ri 1,1-2,5 *einer* literarischen Schicht zuweist, obwohl hier unterschiedliche Aussagen zum Erfolg der Landnahme und Vertreibung bzw. Vernichtung der Völker gemacht werden und er in letzter Konsequenz von einer bewußt erzeugten Spannung des Verfassers dieser Texte ausgehen muß.

3.8.2.1.3 Von Einzelversen ausgehende Lösungsvorschläge

Nach Becker stammen Jos 21,43-45; 24,31 und Ri 2,8-10.11ff* von DtrH, Jos 22,1-6; 23; Ri 1.21.27ff; 2,1-5.6-7 von DtrS bzw. DtrN und Jos 22,(7f.)9-34; 24,(1-27).28-30. 32-33; Ri 1,1-18.22-26 von späteren Redaktoren.[269] Gegen Rösel, der in Jos 24,28-31 die natürlichere Versfolge gewahrt sah, versteht Becker die Reihenfolge der Verse in Ri 2,6-9

---

263 In Rösel, Erwägungen, S. 41ff geht Rösel von einem vordeuteronomistischen Kern in Jos 24 aus.

264 Rösel, Überlieferung, S. 345

265 Siehe zur einzelnen Argumentation a.a.O., S. 344ff.

266 A.a.O., S. 347.

267 Blum, Entflechtungsvorschlag, S. 201

268 Ebenda

269 Becker, Richterzeit, S. 72. Ausgangspunkt für seine These ist eine *versweise* Prüfung des literarkritischen Verhältnisses von Jos 24,28-31 zu Ri 2,6-9.

im Vergleich zu Jos 24,28-31 als lectio difficilior und damit als älter[270]. Zu der jetzigen
Überleitung ins Richterbuch führte - nach Becker - folgende Entwicklung: Von DtrH stam-
men Jos 21,43-45; 24,31; Ri 2,8-10. Ein später Deuteronomist (DtrN) trennt Jos 24,31 von
Jos 21,43-45 ab, indem er Jos 22,1-6 und Jos 23 einfügt. Vor Ri 2,8-10 stellt er
Ri 1,21.27ff; 2,1-5.6-7[271]. Kennzeichen dieser späten dtr-Redaktion ist die Unvollständig-
keit der Landnahme. Eine noch spätere Redaktion fügt Jos 22,(7f.)9-34; 24,1-30.32-33 und
Ri 1,1-18.22-26 ein. Hinter Jos 24,1-28 vermutet Becker altes Material. Jos 24,28-30 gehe
auf Ri 2,6.8f zurück[272].

Jericke hat Becker m.E. zu Recht kritisiert, daß bei dessen Lösung kaum mehr ein zu-
sammenhängender Text übrigbleibt[273]. Er vergleicht ebenso wie Becker Jos 24,28-31 und
Ri 2,6-9 miteinander und findet vier gemeinsame, wiederkehrende Bausteine: die Auflö-
sung des Landtags zu Sichem - der Tod Josuas - das Begräbnis Josuas - der Gehorsam des
Volkes während der Zeit Josuas. Beide Texte ordnen diese Bausteine unterschiedlich an, so
daß bei Jos 24,28-31 der Gehorsam gegenüber Jahwe eine betonte Endstellung bekomme,
während Ri 2,6-9 eher eine logische, historisch nachvollziehbare Reihenfolge biete[274]: "ידע
unterstreicht also das Stichwort »Gehorsam gegen Jahwe« als Hauptthema in Jos 24,28-31,
währenddem ראה die historische Grundlinie in Jdc 2,6-9 hervorhebt. Im letztgenannten
Sinn ist auch die Näherbestimmung der Taten Jahwes durch גדול zu verstehen. Es verstärkt
die Tendenz, die Heilstaten Jahwes als geschichtlich erfahrene Heilstaten zu kennzeichnen"[275]. Deshalb ordnet er Jos 24,28-31 DtrN und Ri 2,6-9 DtrH zu. Jos 24,1-27 versteht
Jericke als von DtrH aufgenommenes und umgeformtes altes Material[276]. Neben
Jos 24,28-31 führt DtrN auch Ri 1,1-2,5 ein. DtrN wollte damit zeigen, daß die in Ri 1
geschilderten Ereignisse nur nach dem Tod Josuas in Jos 24,28-31 geschehen konnten[277].

Mit Blum ist anzufragen, ob die von Jericke beobachteten Abweichungen im Sprachgebrauch ausreichen, um derartige literarkritischen Operationen zu rechtfertigen[278].

---

270 A.a.O., S. 65
271 A.a.O., S. 70ff
272 A.a.O., S. 68ff
273 Jericke, Josuas Tod, S. 352
274 A.a.O., S. 353f.
275 Jericke, Josuas Tod, S. 355f
276 A.a.O., S. 358
277 Görg (Richter, S. 5ff) geht im Gegensatz zu Becker oder Jericke davon aus, daß das
     literarische Verhältnis von Jos 24,28-31 zu Ri 2,6-9 nicht mehr eindeutig bestimmt
     werden kann. Genauso zurückhaltend nimmt Görg die Verteilung von Versen zu ver-
     schiedenen Redaktionsschichten vor. Jos 24* Dtr leitet mit V.31 auf Ri 2,6-9 Dtr über.
     Ri 2,10ff* stammt ebenfalls von Dtr. Ri 1,1-36 bestimmt er als nachdeuteronomi-
     stisch, wobei das negative Besitzverzeichnis zu der Grundlage von Dtr gehört, aller-
     dings erst von dem nachdtr Redaktor hier integriert wurde. Ri 2,1-5 weist er Dtr zu
     (S. 11ff).
278 Blum, Entflechtungsvorschlag, S. 184, Fußnote 10

3.8.2.1.4 Konsequenzen

Die Argumentationen der eben dargestellten Forschungspositionen zeigen, daß im Zusammenhang einer redaktionskritischen Scheidung des *Kontextes* von Jos 23-24 für die Landnahmekonzeption von DtrH gegen Rösel davon ausgegangen werden kann, daß die Einnahme des Landes vollständig gelingt. In der von DtrS geschaffenen Darstellung bleiben Völker, oder aber zumindest deren Götter, übrig.

Eine weitere wichtige Rolle spielt die Bestimmung des Verhältnisses von Jos 24,(28)29-31(32-33) zu Ri 2,6-9. Daraus ergeben sich Folgerungen für die Fortsetzung der DtrH-Schicht im Richterbuch. Spätestens mit der Einfügung von Ri 1,1 wird die biblische Bücher-Einteilung des »heutigen« Josua- und Richterbuches vorgenommen.

3.8.2.2 Entscheidungen

An dieser Stelle ist zu ermitteln, welche Entscheidungen aus den dargestellten Forschungspositionen, unter Berücksichtigung der Ergebnisse der unter Punkt 3.7 durchgeführten literarkritischen Analyse, für die Frage nach dem redaktionsgeschichtlichen Kontext von Jos 23-24 zu treffen sind.

3.8.2.2.1 Das Kriterium vollständige - unvollständige Landnahme

Die DtrH-Grundschicht geht davon aus, daß Israel das Ostjordan- und das Westjordanland vollständig eingenommen hat, wobei der Kampf um Jericho zusammenfassend für die Einnahme des Westjordanlandes steht[279]. Jos 24* entspricht demnach dem DtrH-Konzept der vollständig gelungenen Landnahme, das z.B. auch von Blum für DtrH vorbehaltlos anerkannt wird[280].

Eines der Hauptthemen von Jos 23 ist das Verhältnis Israels zu den im Land übriggebliebenen Völkern: In V.4-5 wird berichtet, daß Jahwe das Gebiet dieser Völker Israel bereits durch das Los zugeteilt und verheißen hat, sie zu vertreiben. Israel soll sich mit ihnen nicht einlassen, denn sonst wird Jahwe diese Völker nicht vertreiben und sie werden zu Israels Untergang V.6-16. Das Gefährliche an den übriggebliebenen Völkern sind ihre Götter V.7! Diese Götter sind der Hauptgrund, warum Israel sich nicht mit den Völkern einlassen soll, wobei hier an eine Verbindung durch Heirat gedacht ist[281]. "Da das Recht immer an Gottheiten als den Bewahrern von Recht und Gerechtigkeit gebunden ist, bedingt die Übernahme rechtlicher Verpflichtungen durch Heirat gleichzeitig die Anerkennung fremder Götter"[282]. Jos 23 trägt im Vergleich zu Jos 24* DtrH »einfach« die historisch

---

279 Siehe dazu die Überlegungen unter Punkt 3.7.3.2.7.

280 Blum, Entflechtungsvorschlag, S. 182ff.

281 Mit חתן hitpael ist die Heirat zwischen Israeliten und Angehörigen der anderen Völker gemeint, die ein neues Rechtsverhältnis begründet. "Die Abkehr von Jahwe besteht somit in der Bindung an rechtlich verpflichtende verwandtschaftliche Beziehungen außerhalb von der durch den Bezug auf Jahwe bestimmten Rechtsnorm Israels": Fritz, Josua, S. 231.

282 Fritz, Josua, S. 231

angemessenere Situation der unvollständigen Landnahme ein, weiß aber auch um die Gefahr der fremden Völker und Götter.

Jos 24* DtrS geht auf übriggebliebene Völker nicht ein. Mit Jos 23 DtrS hat die DtrS-Schicht jedoch die Problematik der Fremdgötterverehrung gemein. Anders als in Jos 24* DtrH gelingt die Landnahme insofern nicht vollständig, als die Völker zwar vertrieben wurden, ihre Götter aber übrigblieben.

In Ri 1,1-2,5 wird die in Jos 23 beschriebene Situation, daß in dem Israel zugedachten Gebiet noch Völker übriggeblieben sind, durch das »negative Besitzverzeichnis« Ri 1 näher erläutert. Ebenso wird das Gebot Jahwes, sich nicht mit den Bewohnern des Landes einzulassen, in Ri 2,1-5 erneut angeführt und die in Jos 23 zugesagte Vertreibung der Völker bei entsprechendem Gehorsam Israels gegenüber Jahwe zurückgenommen. Jos 24,1*.2-13*.14a.16-17*.18b*.25a.26bαβ.27-28 DtrH mit Ri 1 auf dieselbe redaktionskritische Stufe zu stellen, ist demnach nicht möglich, da Ri 1 von einer unvollständigen Landnahme ausgeht. Diese Schlußfolgerung trifft auch zu, wenn man mit Blum für Jos 23; Ri 1 und Ri 2,1-5 von verschiedenen Vorstellungen der unvollkommenen Landnahme ausgeht.

Nach der oben durchgeführten literarkritischen Analyse ist Ri 2,1-5 deutlich später als Jos 24* DtrH zu datieren. Dafür sprechen sowohl die Beziehungen von Ri 2,1-5 zu Jos 23 als auch die Korrektur der DtrH-Haupterzählung in Jos 1-12* durch Ri 2,1-5, deren Abschlußpunkt Jos 24* darstellt.

An dieser Stelle ist auf die Problematik des Ortswechsels von Sichem (Jos 24) und Silo (Jos 18-22*) zu Gilgal (Ri 2,1-5) einzugehen: Die Beobachtung von Blum, daß Ri 2,1-5 mit Gilgal über die Orte Sichem und Silo hinweggreift, reicht nicht aus, um zu behaupten, daß Jos 24 - bei Blum ein einheitlicher, nachdtr Text - und Jos 22 der Mal`ak-Bearbeitung noch nicht vorlagen und daß Ri 2,1-5 vor Jos 24 zu datieren sei: Die »Erzählung« vom »Landtag zu Sichem« bildet eine inhaltlich abgeschlossene Einheit, die nicht darauf angelegt ist, daß der Ort Sichem wieder aufgegriffen werden müßte. Bereits bei DtrH stellt die Wahl des Ortes Sichem gegenüber Gilgal als Hauptstandquartier Josuas eine Besonderheit dar[283]. Der spätdtr Redaktor wollte den besonderen Charakter des in Jos 24 bei DtrH geschilderten und von DtrS redaktionell bearbeiteten Ereignisses des »Sichembundes« offensichtlich nicht zerstören und knüpft wieder an Gilgal an. Die Lokalisierung der in Jos 18-22* geschilderten Ereignisse in Silo statt in Gilgal (Jos 18,1.8.9.10; 19,51; 21,2; 22,9.12) ist auf P^S zurückzuführen[284]. Während Gilgal in Jos 1-12* DtrH Hauptstandquartier Josuas für die *Einnahme* des Landes ist, findet ein Teil der *Landverteilung* nach P^S in Silo statt. Indem der spätdtr Verfasser/Redaktor von Ri 2,1-5 an Silo vorbei an Gilgal anknüpft, zeigt er, daß die Schuld Israels die Vertreibung der übriggebliebenen Völker, und damit die *Einnahme*

---

283 Mit Fritz ist festzuhalten, daß DtrH zur Darstellung des Abschlusses der Landnahme in Jos 24* mehr oder weniger nur Sichem zur Auswahl hatte, da "Samaria aufgrund des von DtrH verurteilten Fremdgötterkultes (vgl. 2 R 17) als Ort für eine entscheidende Handlung der Frühgeschichte ausschied" (Fritz, Josua, S. 237).

284 Vgl. dazu die Ausführungen unter Punkt 2.3.4.2. Siehe auch Fritz, Josua, S. 177ff. Bei der Erwähnung von Silo in Jos 18,8.9.10 *könnte* es sich um nicht näher bestimmbare Zusätze handeln.

des restlichen Landes, grundsätzlich gefährdet. Diese Beobachtungen sprechen nicht gegen eine Spätdatierung von Ri 2,1-5 DtrS gegenüber Jos 18-22* P[S] und Jos 24* DtrH.

3.8.2.2.2 Das Verhältnis von Jos 24,(28) 29-33 zu Ri 2,6-9

Bevor nach den verschiedenen Redaktionsstufen der Übergangs vom Josua- zum Richterbuch für Jos 23; Jos 24; Ri 1 und Ri 2,1-5 gefragt wird, muß zuerst den literarkritischen Ergebnissen der oben durchgeführten Analyse, d.h. der Existenz einer DtrH- und DtrS-Schicht in Jos 24, Rechnung getragen und das Verhältnis von Jos 24,(28)29-33 zu Ri 2,6-9 geklärt werden.

3.8.2.2.2.1 Literarkritische Analyse von Jos 24,29-33

Aufgrund der Ergebnisse der literarkritischen Untersuchungen rechne ich Jos 24,28 zu Jos 24,1-27* DtrH. Mit den Versen 29-33 beginnt eine neue literarische Einheit[285]. Fritz vertritt die These, daß die Verse 32f ein literarischer Nachtrag zu V.29-31 DtrH sind. Er weist die Verse 32f einer nachpriesterschriftlichen Redaktion RedP zu[286]. Das Grab Josefs soll - analog zu der von P gebildeten Grabtradition der Höhle von Machpela (Gen 23) für Abraham und Isaak - die dauerhafte Verbundenheit dieses Stammvaters mit dem Land ausdrücken. Ein weiterer Hinweis auf eine nachpriesterschriftliche Tradition ist in V.33 mit dem Grab des *Priesters* Eleasar vorhanden. Der Priester Eleasar ist - so Fritz - auch in Jos 14,1; 19,51; 21,2 auf einen Verfasser/Redaktor im priesterlichen Stil zurückzuführen[287]. Das deuteronomistische Interesse der V.29-31 zeigt sich in dem »Dienen Jahwes der Josuageneration« und bezieht sich sowohl auf Jos 21,43-45; 24,1-28* (V.14.15.18.19.21.22.24.) als auch auf Jos 23 (V.7.16.).

Abgesehen von der deutlich dtr Sprache in V.29-31 und den priesterlichen Vorstellungen in V.32-33 finden sich keine weiteren literarischen Spannungen in Jos 24,29-33. Die Frage nach einer literarkritischen Scheidung der Verse 29-31 und 32-33 kann somit nur durch den Vergleich mit Ri 2,(6)7-9 entschieden werden. Sicher ist jedoch, daß V.32-33 nicht DtrH zugewiesen werden können. Folgende Beobachtungen machen DtrS-Verfasserschaft für V.32-33 wahrscheinlich:

Blum konnte zeigen, daß in Gen 33,19; 35,1-7; 50,25.26a; Ex 13,19 und Jos 24,32 die kompositorische Linie eines nach- bzw. spätdeuteronomistischen Redaktors vorliegt, der mit der Tradition des Josefgrabes den Pentateuch und das Deuteronomistische Geschichtswerk verbindet[288]. Gen 35,5 nimmt Gen 34 auf und führt es inhaltlich weiter. Dieses Interesse an Sichem findet sich auch in Gen 33,19, wo die beiden sichemitischen "Hauptakteure"[289] benannt werden. "Vermittelt sind beide Verse durch Gen 50,25, wo Joseph seine Brüder darauf verpflichtet, ihn in Kanaan zu bestatten, und Ex 13,19, wo (mit

---

285   Siehe Punkt 3.7.1.
286   Fritz, Josua, S. 251f
287   A.a.O., S. 252, wobei Fritz für Jos 13-21 von einer DtrH-Grundschicht ausgeht. Anders als Fritz rechne ich den Grundbestand von Jos 13-21 nicht zu DtrH. Dennoch ist der priesterliche Charakter der Erwähnung Eleasars evident.
288   Blum, Vätergeschichte, S. 44ff
289   A.a.O., S. 44

explizitem Verweis auf Gen 50,25) konstatiert wird, daß Mose die Gebeine Josephs aus Ägypten mit sich nahm. In Jos 24,32 schließlich werden die >Linien< von Jakobs Landkauf und Josephs Heraufführung in der Grabnotiz zusammengeführt"[290].

Mit H.-C. Schmitt ist weiterhin darauf hinzuweisen, daß auch in den spätdtr Abschnitten Ri 1,1-2,5 priesterliche Vorstellungen und Begriffen aufgenommen und verarbeitet wurden, so daß das Vorhandensein priesterlicher Elemente in Jos 24,32-33 nicht weiter zu verwundern braucht[291].

Jos 24,32-33 kann demnach dem spätdeuteronomistischen Redaktor DtrS zugewiesen werden. Da sie durch die oben genannte kompositorische Linie mit Gen 35,1-7 zusammenhängen, sind sie derselben Hand zuzuordnen, die auch Jos 24,1bα.2*.5-7a*.9-10.11aγ*. 12a*.14b.15.16aβb.17a*.18a*.ba*.19-24.26a DtrS eingefügt hat.[292] Diese These wird sich im folgenden bewähren. Die Frage, woher die Grabtraditionen in Jos 24,29-33 stammen und welches Alter sie haben, spielt für meine Betrachtungen keine entscheidende Rolle[293].

3.8.2.2.2.2 Jos 24,28 und Ri 2,6

Jos 24,28 wird in Ri 2,6 wiederholt. In der literarkritischen Analyse wurde Jos 24,28 - gegen Beckers Bestimmung als späten nachdeuteronomistischen Zusatz - zu Jos 24,1-27* DtrH gerechnet. Dieses Ergebnis wird durch folgende Beobachtung bestätigt: Vergleicht man die beiden Verse miteinander, so fällt auf, daß Ri 2,6 gegenüber Jos 24,28 mit den Termini לרשת את הארץ und וילכו בני ישראל einen längeren Text bietet. Gerade das לרשת in Ri 2,6 ist ein Hinweis darauf, daß nach diesem Verständnis das Land noch nicht ganz eingenommen war. Ri 2,6 ist deshalb gegen Jericke[294] DtrN bzw. DtrS zuzuweisen[295] und Jos 24,28 gegen Becker[296] DtrH.

3.8.2.2.2.3 Jos 24,29-31 und Ri 2,7-9

Für die Frage nach dem Verhältnis zwischen Jos 24,29-31 und Ri 2,7-9 kommt m.E. den Versen Jos 24,31 und Ri 2,7 zentrale Bedeutung zu, da sich hier die meisten Abweichungen finden. Folgende Überlegungen sprechen dafür, Jos 24,29-31 DtrH und Ri 2,7-9 DtrS zuzuweisen:
- An der jeweiligen literarischen Einheitlichkeit von Jos 24,(28).29-31 und Ri 2,6-9 besteht mit Smend[297] und Blum[298] trotz der entgegengesetzten Thesen Beckers[299] und Jerickes[300] m.E. kein Zweifel.

---

290 Ebenda
291 H.-C. Schmitt, Geschichtswerk, S. 276ff
292 Siehe auch Punkt 3.7.4.2.
293 Siehe Fritz, Josua, S. 250ff.
294 Jericke, Josuas Tod, S. 353ff
295 So auch Becker, Richterzeit, S. 65f. Siehe zu Ri 2,6 auch Blum, Entflechtungsvorschlag, S. 184.
296 Becker, Richterzeit, S. 72
297 Smend, Gesetz, S. 127ff; ders., Land, S. 217ff
298 Blum, Entflechtungsvorschlag, S. 184
299 Becker, Richterzeit, S. 65ff

- Jos 24,29-31 besitzt, wie folgende Darstellung der Struktur verdeutlichen soll, gegenüber Ri 2,7-9 den »organischeren« und damit ursprünglicheren Aufbau:

Jos 24,29aα: Überleitung

	Ri 2,7: Der rechte Jahwedienst der Josuage-neration auch über den Tod Josuas hinaus
Jos 24,2929aβ.b: Der Tod Josuas	Ri 2,8: Der Tod Josuas
Jos 24,30: Das Begräbnis Josuas	Ri 2,9: Das Begräbnis Josuas
Jos 24,31: Der rechte Jahwedienst der Josua-generation auch über den Tod Josuas hinaus	

- An der Struktur von Ri 2,7-9 ist vor allem störend, daß Ri 2,7 den in Ri 2,8 berichteten Tod Josuas vorwegnimmt.
- Jos 24,29-31 ist durch die Überleitung in Jos 24,29aα »nahtlos« mit Jos 24,28DtrH verbunden.
- Das »Tun Jahwes« wird in Ri 2,7 - im Gegensatz zu Jos 24,31 - um גדול erweitert. Weiterhin hat Jos 24,31 ידע statt Ri 2,7 ראה. Becker bestimmt zu Recht das ראה als sekundä-re Präzisierung von ידע. Weiterhin verweist das ידע in Jos 24,31 auf Ri 2,10ff* DtrH[301]. Aufgrund dieser Beobachtungen ist Jos 24,31 die Priorität zu geben.
- Die Formulierung in Ri 2,7 (ראה statt ידע in Jos 24,31) spricht - gegen Jericke[302] - nicht für eine Zuweisung zu DtrH, sondern stellt "einen - inhaltlich signifikanten - Rück-verweis auf Jos 23,3" dar, einen Text, der DtrS zugewiesen wurde[303].

Die angeführten Beobachtungen lassen somit den Schluß zu, daß Jos 24,28-31 DtrH und Ri 2,6-9 (sowie Jos 24,32-33) DtrN/DtrS zuzuweisen sind[304]. Ri 2,6-9 wurde redaktionell eingefügt, um nach dem sekundären Einschub Ri 1,1-2,1-5 den »Erzählfaden« von Jos 24,31 wieder aufzugreifen. Ri 2,7-9 DtrS verändert die mit Jos 24,29-31 vorgegebene Reihenfolge der berichteten Ereignisse insofern, als »Tod und Begräbnis Josuas« nun die Endstellung bekommen. Dadurch kann der spätdtr Verfasser von Ri 2,7-9 direkt an den Bericht des Todes der Ältesten in Ri 2,10 DtrH anschließen und betonen, daß mit der Epo-che der Richter ein neuer Geschichtsabschnitt beginnt[305].

3.8.2.2.2.4 Zusammenfassung

Für die Frage nach dem literarischen Verhältnis zwischen Jos 24,(28)29-33 und Ri 2,6-9 ergab sich folgende Lösung: Der »alte« DtrH-Zusammenhang findet sich in Jos 24,28-31 und Ri 2,10ff*[306]. Von DtrS stammen Jos 24,32-33 und Ri 2,6-9.

---

300 Jericke, Josuas Tod, S. 352ff
301 Becker, Richterzeit, S. 72. Siehe auch O`Brien, Hypothesis, S. 82ff.
302 Jericke, Josuas Tod, S. 355f
303 Blum, Entflechtungsvorschlag, S. 184, Fußnote 10
304 So auch Smend, Gesetz, S. 134ff
305 Gegen Becker, der in Ri 2,6-9 die ältere *Reihenfolge* und damit die »lectio difficilior« erkennen will: Becker, Richterzeit, S 72. Zur Fortsetzung der DtrH-Schicht in Ri 2,10ff* siehe Smend, Gesetz, S. 134.
306 Gegen Blum, Entflechtungsvorschlag, S. 184.

3.8.2.2.3   Das redaktionsgeschichtliche Verhältnis zwischen Jos 23; Jos 24 und Ri 1,1-2,5

3.8.2.2.3.1   Die übriggebliebenen Völker: Das Verhältnis von Jos 23 zu Ri 1 und Ri 2,1-5

Nachdem das Verhältnis zwischen Jos 24,28-31 und Ri 2,6-9 geklärt wurde, ist auf die redaktionsgeschichtlichen Beziehungen zwischen Jos 23; Ri 1 und Ri 2,1-5 einzugehen.

Blum geht davon aus, daß in Jos 23; Ri 2,1-5 und Ri 1 verschiedene Redaktionsstufen vorliegen, in denen unterschiedliche Aussagen zur unvollständigen Landnahme getroffen werden (siehe oben). Smend will alle drei Texte DtrN zuweisen, rechnet jedoch mit verschiedenen Händen[307]. Die von Blum angeführten Differenzen zwischen Ri 1 und Ri 2,1-5, daß Ri 1 eine nach Josuas Tod "in vielen Einzelaktionen der Stämme (unbefriedigend) verlaufene Landnahme in allen Teilen des zentralen Gebirges darstellt", während Ri 2,1-5 das Gottesvolk als geschlossenes Lager beschreibt, das von Gilgal aus agiert, können kaum geleugnet werden[308]. Während Ri 1 das Übrigbleiben von Ureinwohnern mit der militärischen Schwäche Israels begründet, geht Ri 2,1-5 von einem Bündnis Israels mit diesen aus[309]. Weiterhin argumentiert Blum, daß Jos 23, im Gegensatz zu Ri 1 und Ri 2,1-5, von einem eroberten Kernland ausgehe, und nur die Peripherie von übriggebliebenen Völkern besetzt ist[310].

Obwohl für Jos 13,1ff* DtrS deutlich von einer Peripherie übriggebliebener Völker gesprochen werden kann, ist dies für Jos 23 DtrS differenziert zu betrachten. Bei näherer Untersuchung fällt auf, daß Jos 23 zwei Vorstellungen der Wohngebiete der übriggebliebenen Völker in sich vereint: In Jos 23,1 ist, unter Aufnahme der Ruhevorstellung von Jos 21,44 DtrH, von den »Feinden ringsum« die Rede. Hier scheint tatsächlich eine Peripherievorstellung vorzuliegen, die durchaus mit der Verheißung der Gebietsgrenzen Jos 1,3-4 DtrS und Jos 13,1-6* DtrS in Verbindung gebracht werden kann. Weitere Angaben zu den übriggebliebenen Völkern finden sich in der Wendung הַגּוֹיִם הָאֵלֶּה הַנִּשְׁאָרִים אִתְּכֶם in V.7.12 und in der Gebietsbeschreibung in V.4. Die Verwendung der Präposition את in V.7.12 läßt sowohl die Deutung von »unter euch« als auch exklusivisch »neben euch« zu[311]. Anders verhält es sich mit der Gebietsbeschreibung in V.4b. Während Blum für Jos 13,2ff* (DtrS), das eine deutlich periphere Vorstellung aufweist, zu Recht anführt, daß hier wohl das Philistergebiet im Süden, das Gebiet bis zur Grenze Ägyptens, "im Norden das phönizische Gebiet, der Libanon (von Akko) bis Byblos, und der Antilibanon von Baal Gad unter-

---

307   Smend, Gesetz, S. 127ff sowie Smend, Land, S. 217ff. Für Ri 1,1-2,5 ist noch zu ergänzen, daß Smend es für möglich hält, daß DtrN Ri 2,1b-3 eventuell schon vorliegen hatte und es nicht aus seiner Feder floß: Gesetz, S. 135ff.

308   Blum, Entflechtungsvorschlag, S. 187

309   A.a.O., S. 187 sowie ders., Studien, S. 367

310   A.a.O., S. 184f. Chronologisch betrachtet folgt nach Blum auf Ri 2,1-5 der Text Jos 24, bevor Ri 1 eingefügt wird.

311   Siehe Gesenius/Buhl, Handwörterbuch, Art. II. את und die Übersetzung mit »unter euch« bei Fritz, Josua, S. 228.

halb des Hermon bis Lebo Hammath" gemeint sind[312], wird das Gebiet in Jos 23,4 deutlich kleiner dargestellt, nämlich vom Jordan bis zum Mittelmeer. In diesem Gebiet, das bei *DtrH* vollständig erobert wurde, halten sich nach Jos 23,4 die übriggebliebenen Völker auf. M.E. spricht dies dafür, für Jos 23 nicht nur von einer Peripherievorstellung auszugehen. Vielmehr halten sich die übriggebliebenen Völker analog zu Ri 1 und Ri 2,1-5 auch im Kernland auf[313]. In Jos 23 findet sich demnach sowohl die Vorstellung von übriggebliebenen Völkern in der Peripherie als auch im Kernland.

Problematisch an der These Blums sind auch die Konsequenzen, die er für Intention und Datierung von Jos 23 zieht: Jos 23 ist ein spätexilischer Text, dem es "immer noch um eine Erklärung für das Versagen Israels, um die Ätiologie der Katastrophe von Juda/Israel" geht[314]. Gegen Blum wird jedoch die Ermittlung der Intention von Jos 23 unter Punkt 3.11 zeigen, daß es in Jos 23 nicht nur um eine Ätiologie der Katastrophe geht, sondern darum, zu einer neuen Hinwendung an die Tora Jahwes zu ermahnen und neu an die Verheißungen Jahwes, bei rechtem Verhalten Israels die bedrohlichen fremden Völker zu vertreiben, zu glauben.

Insgesamt ist schwierig, für Jos 23; Ri 2,1-5 und Ri 1 klar profilierte, *eigenständige* Redaktionsschichten vertreten zu wollen. Schließlich sieht auch Blum, daß die von ihm ermittelten Redaktionsstufen eng aufeinander bezogen sind und Elemente der jeweils vorliegenden Stufe aufgreifen[315]. "Im Anschluß an Josuas Paränese (Jos 23,1-16) führt der Engel das versammelte Volk von Gilgal nach Bochim, hält seine Gerichtsrede, worauf das Volk mit Tränen und Opfer antwortet (Ri 2,1-5)"[316]. Ri 2,1b-3 nimmt "pointiert die unmittelbar davor von Josua gestellte Alternative (Jos 23,12f.) auf, *wendet* sie aber wie oben schon festgestellt, auch gegen die *Josua*-Generation selbst"[317]. Richter 1 wiederum bereitet inhaltlich Ri 17-21 vor, wobei die Bezüge auch Ri 2,(1-)4f umfassen, insofern das Weinen der Israeliten in Bochim in den Klageriten zu Bethel (20,[23].26; 21,2ff.) ein Echo findet"[318].

So gewinnt m.e. die These Smends, daß Jos 23; Ri 1 und Ri 2,1-5 insgesamt DtrN bzw. DtrS zuzuweisen sind, wieder größere Plausibilität. Vor allem zeigt die Untersuchung von Jos 23, daß bereits in diesem sicher einheitlichen, spätdtr Text *zwei verschiedene Vorstellungen* der Gebiete der übriggebliebenen Völker vereint sind. Das von Blum aufgestellte redaktionskritische Kriterium von verschiedenen Gebietsvorstellungen übriggebliebener Völker trägt demnach nicht. Da Blum aber auch andere Unterschiede, vor allem zwischen Ri 1 und Ri 2,1-5, nennt, ist es wohl die beste Lösung, verschiedene spätdtr *Hände* für Jos 23; Ri 1 und Ri 2,1-5 anzunehmen. Ich schließe mich der These Blums an, daß Ri 2,1-5 etwas später zu datieren ist als Jos 23 DtrS[319]. Zusammen mit Jos 24* DtrS gibt Ri 2,1-5

---

312 Blum, Entflechtungsvorschlag, S. 185
313 Da Jos 1,3-4 DtrS Grenzen des Landes verheißt, die bis an den Euphrat reichen, kann Jos 23,1 und die Aussage der Ruhe vor den Feinden ringsum darauf gedeutet werden, daß neben Völkern im Kernland Jos 23,4 eben noch andere Völker um Israel herum wohnen, deren Gebiet ebenfalls Israel von Jahwe verheißen wurde.
314 Blum, Entflechtungsvorschlag, S. 186f
315 A.a.O., S. 187ff
316 A.a.O., S. 188
317 A.a.O., S. 191
318 A.a.O., S. 207
319 Blum, Studien, S. 368, Fußnote 30

DtrS die in Jos 23 noch vorhandene Hoffnung auf, daß Jahwe Israel von den Völkern, unter denen es (zumindest vorerst) leben muß, befreien wird.

3.8.2.2.3.2 Die vertriebenen Völker: Das Verhältnis von Jos 24* DtrS zu Jos 23 und Ri 1,1-2,5.6-9

Für die Bestimmung des zeitlichen Verhältnisses der spätdtr Texte Jos 23; Ri 1,1-2,5 DtrS und Jos 24* DtrS kann auf die Beobachtungen Blums zu den »übriggebliebenen Völkern« zurückgegriffen werden:

Jos 23 DtrS spricht in V.4ff explizit von übriggebliebenen Völkern, wobei Jahwe verheißt, diese zu vertreiben, wenn Israel Jahwe gehorcht. Jos 24* DtrS ergänzt die DtrH-Grundschicht, die von einer gelungenen Landnahme, d.h. von einer Vernichtung der Völker ausging (Jos 24,8.11*) dahingehend, daß die in V.11aγ aufgelisteten Völker und die Amoriter, die in Jos 24,18* als Sammelbegriff für die Einwohner Kanaans gebraucht werden, *vertrieben* wurden. Von einer zukünftigen Vertreibung der Völker wird, anders als in Jos 23 DtrS, geschwiegen. Der Verfasser von Jos 24* DtrS hat die Hoffnung auf eine Vertreibung der Völker, wie sie noch mit Jos 23 DtrS gegeben war, offensichtlich aufgegeben und trägt damit der tatsächlichen nachexilischen Situation Rechnung, daß Israel sich damit abfinden muß, unter den Völkern zu leben.

In Jos 24* DtrS, wo von übriggebliebenen Völkern geschwiegen wird, besteht für Israel die Gefahr nicht mehr *so sehr* darin, daß *übriggebliebene Völker* Israel zum Götzendienst verleiten könnten. Jos 24*DtrS betont vielmehr, daß Israel *von sich aus* gar nicht in der Lage ist, Jahwe recht zu dienen, da nach der Vertreibung der Einwohner des Landes schon das bloße Vorhandensein *übriggebliebener Götter* (der Amoriter) genügt, Israel zum Abfall zu bewegen Jos 24,19f. Die Intention von Jos 23 DtrS, zu zeigen, daß die Verheißungen Jahwes bei entsprechendem Gehorsam Israels »heute« noch Gültigkeit haben[320], wird durch Jos 24* DtrS an dieser Stelle durch ein »vertieftes Sündenbewußtsein« relativiert (siehe dazu die entsprechenden Ausführungen unter Punkt 3.10). Dieses in Jos 24* DtrS angesprochene Bewußtsein der Sündhaftigkeit Israels wird in 1 Sam 12 und 1 Kön 8 aufgenommen und weiter entfaltet werden.

Ri 2,1-5 stellt insofern eine Art Übergang zwischen den Aussagen von Jos 23 DtrS und Jos 24* DtrS zu den Völkern dar, als der Bote das Gericht Jahwes ankündigt, daß Jahwe die übriggebliebenen Völker in Zukunft nicht mehr vertreiben wird. Wie Blum (siehe oben) gezeigt hat, ist Ri 2,1-5 DtrS etwas jünger als der Text Jos 23 DtrS, aber intensiv mit ihm verbunden. Ri 1 DtrS wiederum bezieht sich auf Ri 17-21 und Ri 2,1-5. Daraus folgt, daß Ri 1 den Text Ri 2,1-5 voraussetzt und nicht umgekehrt.

Ri 2,6-9 muß, zusammen mit Jos 24,28-31 DtrH, zumindest Ri 2,1-5 DtrS gerahmt haben und kann nicht älter als Ri 2,1-5 sein.

Jos 24* DtrS ist demnach jünger als Jos 23 und Ri 2,1-5 DtrS. Ob die Redaktion von Ri 1 vor oder nach der DtrS-Redaktion zu Jos 24 tätig war, kann an dieser Stelle nicht entschieden werden.

---

320 Siehe Punkt 3.11.

Ri 2,6-9 DtrS stammt vermutlich von demselben Verfasser wie Jos 24* DtrS, da in beiden Texten (Ri 2,7; Jos 24,15) Josua eine für das Jahweverhältnis Israels positive Funktion einnimmt.

Jos 24,1*.2-13*.14a.16-17*.18b*.25a.26bαβ.27-28.29-31 DtrH folgte auf Jos 21,43-45 DtrH und bildet den Höhepunkt der DtrH-Darstellung der vollständigen Landnahme und Vergabe des Landes als Erbe. Gleichzeitig rahmt Jos 24* DtrH mit Jos 1* DtrH diese. Die ursprüngliche DtrH-Überleitung in das Richterbuch bestand aus Jos 24,29-31 und Ri 2,10ff*. Von P^S stammen Jos 22,9-34*. Jos 23 als spätdeuteronomistischer Text greift Jos 24* DtrH im Bereich der Fremdgötterverehrung und rechter Jahweverehrung auf und führt Jos 24* DtrH hier weiter. Die Landnahme ist unvollständig, das zukünftige Wohnen im Land hängt vom Gehorsam zum Gesetz Jahwes ab. Eine weitere DtrS-Hand fügt in Jos 24 DtrH mit den Versen Jos 24,1bα.2*. 5-7a*.9-10.11aγ*.12a*.14b.15.16aβ.b.17a*.18a*.bα*.19-24.26a.32-33   DtrS vor allem die Problematik der Fremdgötterverehrung und die Tradition des Josefgrabes ein und stellt damit eine kompositorische Linie über Gen 33,19; 35,1-7; 50,25.26a; Ex 13,19; Ri 10,16ff und 1 Sam 7,3ff her, die das DtrG mit dem Pentateuch verbindet. Von DtrS stammen auch Jos 22,1-8; 23; und Ri 1,1-2,5.6-9. Der DtrS-Redaktorenkreis verlagert mit seinen Einschüben in das DtrH »Josua- und Richterbuch«die Problematik des Ungehorsams Israels gegenüber Jahwe und die Verehrung fremder Götter in eine Zeit vor, die bei DtrH unter der Führung Josuas noch aufgrund des Erfolgs der Landnahmeoperation und des Gehorsams der Josuageneration als »goldenes Zeitalter« gelten kann. Die Landnahme gelingt nicht vollständig. Die Tatsache übriggebliebener Völker und Götter wird zunehmend als Schuld Israels bis hin zur Aussage der Unfähigkeit Israels zum rechten Jahwedienst verstanden.

3.9 Die Intention von Jos 24* DtrH

3.9.1 Die von DtrH gewählten Formelemente

Zu Jos 24 liegt eine Vielzahl an unterschiedlichen Gattungsbestimmungen vor. Bis zur These Perlitts wurde versucht, für Jos 24 entweder einen kultischen Hintergrund[321] oder einen vertragsrechtlichen Hintergrund[322] zu bestimmen bzw. Jos 24 als »Bericht eines Bundesschlusses«[323] zu verstehen.

---

321 Nach von Rad gehört Jos 24,2b-13 zur Gattung des Credos. Jos 24,14-27 stellt eine Sichembundfeier dar. Beide Gattungen haben einen kultischen Sitz im Leben (Einzelheiten siehe von Rad, Hexateuch, S. 15f.45ff). Noth modifiziert die These von Rads: Der geschichtliche Rückblick in den Versen 2-13 "beruht auf einer eigenständigen, kultisch verwurzelten Tradition des Verkündens der heilsgeschichtlich wichtigen Ereignisse" (Noth, Josua, 2. Auflage, S. 138). Für die restlichen Verse des »Landtages« zu Sichem« denkt Noth an eine sakrale Überlieferung über einen vermutlich regelmäßig wiederholten kultischen Akt, der am Heiligtum zu Sichem gepflegt wurde. Ihr liegt das geschichtliche Ereignis der Gründung und Pflege der Amphiktyonie der Stämme Israels zugrunde (Noth, Geschichte Israels, S. 89. Siehe auch Noth, Josua, 2. Auflage, S. 139). Keller schließt sich für die Bestimmung von Jos 24,1-25 - mit einigen Modifikationen - ausdrücklich Noth an. Neu an Kellers Untersuchung ist, daß er in den Versen 26-27 den Rest eines hieros logos zu entdecken meint, der vom Ursprung einer Massebe erzählt (Keller, Heiligtumslegenden, S. 146f). Weiser wehrt sich grundsätzlich gegen die These von Rads: Jos 24 stellt eine »Bundeserneuerung« dar (Weiser, Einleitung, S. 79ff). Die in Jos 24 berichteten »Ereignisse« werden damit nicht mehr auf zwei verschiedene kultische Sitze im Leben verteilt, sondern als literarische Reflexion *eines* kultischen Festes - konkret einer Bundeserneuerung - in Sichem verstanden. Dieser Sicht schließen sich unter anderem Scharbert, Heilsmittler, S. 112f; Boling, Joshua, S. 52ff und Miller/Tucker, Joshua, S. 179ff an.

322 Baltzer hält es gegen Weiser für unwahrscheinlich, daß es vor dem Exil ein regelmäßiges Bundeserneuerungsfest gegeben hat. So will er Struktur und Form von Jos 24 nicht aus dem Kult, sondern aus dem sogenannten »Vertragsformular« herleiten, das aus der Umwelt - besonders von hethitischen Verträgen - übernommen wurde (Bundesformular, S, 19ff.29ff). Diese Entwicklung begann im AT mit Jos 24 und dem *Bundesschluß* in Sichem, so daß Baltzer nun von dem alttestamentlichen »*Bundesformular*« sprechen kann. Es unterscheidet sich vom altorientalischen »Vertragsformular« dadurch, daß im »Bundesformular« die Heilstaten Jahwes eine entscheidende Bedeutung haben und das Handeln Gottes in der Geschichte bezeugen. Da sich die Form des »Bundesformulars« im AT über längere Zeit gehalten hat, geht Baltzer davon aus, daß dessen Sitz im Leben - abgesehen von dem ursprünglichen Sitz im Leben im vertragsrechtlichen Bereich - der Gottesdienst geworden ist (S. 97ff.180).
Weinfeld argumentiert ähnlich wie Baltzer, sieht allerdings deutlicher als jener, daß in Jos 24 mehrere Elemente des altorientalischen Vertragsformulars fehlen (Weinfeld, Deuteronomy, S. 59). Jos 24 stellt in seiner Endform eine Abschiedsrede dar, in der Elemente der altorientalischen Vertragsform verarbeitet sind (S. 11 und 51ff).

323 McCarthy erkennt zwar an, daß Jos 24 einzelne Elemente der altorientalischen Vertragstradition reflektiert. Allerdings stellt der Text in seiner jetzigen Gestalt etwas an-

Perlitt widerspricht allen bisherigen Lösungsansätzen und stellt die These auf, daß die in Jos 24 dargestellte Szene rein fiktiv ist[324]: "Sowohl das Stilmittel des Dialogs als auch diese inhaltliche Offenheit für eine Entscheidung sogar gegen Jahwe schließen den Kult als Sitz im Leben aus"[325]. Jos 24 weist vielmehr einen drängenden paränetischen Ton auf, den der Text mit der deuteronomischen Predigt teilt. Zur Jahwerede in V.2-13 bemerkt Perlitt, daß eine Auflistung der Wohltaten Jahwes in ein Credo wie Dtn 26,5ff gehört, aber nicht in eine Gottesrede, in der Jahwe selbst spricht. In diesem Sachverhalt sieht er eine gewisse Künstlichkeit dieser Rede: "Die Form der Gottesrede ist das äußerste Mittel einer bedrängenden Predigt, die mit v.14 denn auch folgerichtig von den Gaben zu den Aufgaben übergeht - nun freilich unverhüllt in Menschenmund"[326]. Gegen eine liturgische Herkunft spricht, daß Josua als Sprecher Jahwes über Jahwe spricht. V.19a macht nach Perlitt ein Verständnis von Jos 24 aus dem Vertragswesen ebenfalls absurd, da die Betonung der Unfähigkeit, diesen "Vertrag zu halten", dazu nicht paßt: V.19a "ist als Vorbereitung eines Vertragsabschlusses so geeignet wie Öl zum Feuerlöschen"[327]. Den »Bund« in Jos 24 will Perlitt als Treueid verstanden wissen. Der Übergang vom Monolog in der Gottesrede V.2-13 in einen Dialog V.14ff in der Verpflichtungsszene ähnelt 1 Sam 12. "Die Verschiedenheit des Gesprächsablaufs hier und dort beweist die Verfügbarkeit der Stilmittel und damit ebensowohl das Irreale solcher Szenen als auch das konstruktive Vermögen der Kreise, die sie schufen"[328]. Hinsichtlich des Gelübdes, das Israel leistet, bringen der zweite Gesprächsgang V.19-21 und der dritte Gesprächsgang V.22-24 nichts Neues. Wiederholung ist nach Perlitt ein Kennzeichen der deuteronomischen Predigt. Aufgrund der literarischen Fiktion von Jos 24 schlägt Perlitt die Gat-

---

deres als einen Bundesschluß oder Vertrag dar (McCarthy, Treaty, S. 237f). Aus der Beobachtung, daß Jos 24 viele Strukturelemente enthält, die nicht zu einem Bundesschluß gehören, kommt McCarthy zu dem Schluß, daß es nicht das Ziel des Textes ist, eine Erneuerung der Beziehung zu Jahwe zu zeichnen, sondern eine innere Zustimmung zu den zentralen Inhalten des Jahwe-Glaubens zu erlangen (S. 238). Vor allem die Aussage von V.19, daß es unmöglich ist, Jahwe zu dienen, kann im Bereich des Bundesschlusses nicht vorkommen, sondern ist Element der prophetischen Botschaft (S. 239f). McCarthy schlägt als Bezeichnung für diese literarische Erscheinung "report of covenant making" - also »Bericht von einem Bundesschluß« - vor (S. 241ff).

324 Vgl. Punkt 3.7.4.4.
325 Perlitt, Bundestheologie, S. 244
326 A.a.O., S. 242
327 A.a.O., S. 244
328 A.a.O., S. 243.

tungsbezeichnung "fiktive Verpflichtungsszene" vor[329]. Fritz schließt sich der Beschreibung von Jos 24 durch Perlitt als "fiktive Verpflichtungsszene" grundsätzlich an[330]. Nachdem Perlitts These in modifizierter Form bereits in den literarkritischen Untersuchungen im Gegensatz zu anderen Modellen grundsätzlich eine Bestätigung fand, ist auch bei der Beschreibung der jeweiligen theologischen Intention in Jos 24 von seinen Beobachtungen auszugehen. Zu berücksichtigen ist, daß die These Perlitts in der obigen literarkritischen Untersuchungen dahingehend modifiziert wurde, daß die Grundschicht von Jos 24 nicht - so Perlitt - (proto)deuteronomisch, sondern DtrH zuzuweisen ist, wobei der von DtrH geschaffene Text umfangreiche Erweiterungen von DtrS erfahren hat[331]. Fritz zieht ebenfalls andere Konsequenzen als Perlitt: Er ordnet Jos 24* nicht früh- bzw. protodeuteronomischen Verfasserkreisen zu, sondern dem zeitlich später anzusetzenden DtrH.[332] Grundsätzlich ändert dies jedoch nichts an dem literarisch-fiktiven Charakter von Jos 24* DtrH und DtrS[333].

---

329 A.a.O., S. 269
330 Fritz, Josua, S. 236
331 Die Unmöglichkeit eines kultischen Hintergrundes von Jos 24 gilt nach Perlitt auch, wenn die V.19-24 als sekundär zu bestimmen sind. Immerhin zeigt sich daran, daß die Redaktoren Jos 24* weder vom Vertrag noch vom Kult verstanden haben: Perlitt, Bundestheologie, S. 244.
332 Diese Analyse von Fritz wurde in der obigen literarkritischen Untersuchung grundsätzlich bestätigt. Zur Wahl des Ortes Sichem durch DtrH siehe Fußnote 283.
333 Levin hat für bestimmte Teile von Jos 24 die Gattung des Königsvertrages aus 1 Sam 10,17-25/26f. vorgeschlagen. Er stimmt Perlitt zu, daß Jos 24 im ganzen eine literarische Fiktion ist. Er wendet sich der zweiten Hälfte von Jos 24 (ab V.14) zu und rekonstruiert dafür die Grundschicht Jos 24,14a.15a(bis תעבדון).b-16.18b.22. Die restlichen Versteile sind sekundäre Einschübe, die von Levin nicht näher bestimmt werden (Levin, Verheißung, S. 114). Dazu gehört auch der berichtete Bundesschluß in V.25. Die Tatsache, daß Israel in diesem Abschnitt von Jos 24 die Wahl zwischen mehreren Göttern und Jahwe hat, hält er für "religionsgeschichtlich ohne Frage unsinnig. Die angedeutete Freiheit kann Israel historisch nie gehabt haben, und theologisch sollte es sie nicht haben" (S. 115). Israel wählt בחר im eigentlichen Sinn des Wortes nicht, sondern verpflichtet sich, Jahwe *nicht* zu verlassen. "Die Treueverpflichtung auf Jahwe dürfte als Gotteswahl dargestellt sein, weil dabei ein anderer Wahlakt vor Augen gestanden hat. Im Kontext des Alten Testaments gibt es dafür nur eine einzige Möglichkeit: Die Gotteswahl wird nach dem Vorbild der *Königswahl* vollzogen. Jos 24 berichtet den Ursprung der Theokratie" (S. 115f). Das Muster der Königswahl findet er (nur) in dem Text 1 Sam 10,17-27, den er mit Veijola (Veijola, Königtum, S. 39ff) DtrH zuschreibt. Levin behauptet nun, daß die Verfasser von Jos 24 die Gattung, die 1 Sam 10,17-27 reflektiert, aufgenommen und verarbeitet hätten. Die Verfasser dieser Schicht sind nach DtrH zu datieren. Sie stellen mit Jos 24 die Begründung der Theokratie vor die Begründung der Monarchie im AT. Jos 24 gehört nach Levin zu einer Bearbeitungsschicht im AT, die neben Ri 8,22f; Ri 9,8-15a;

3.9.2 Die Beschreibung der Einzelelemente von Jos 24* DtrH

Grundsätzlich gilt, daß es im Alten Testament keinen weiteren Text gibt, der die in Jos 24* DtrH gefundenen Strukturelemente alle aufweist. Eine wichtige Besonderheit, die Jos 24* von anderen Volksversammlungen im AT unterscheidet, ist die durch die Botenformel eingeleitete Rede Jos 24,2*der sich ein Geschichtsrückblick anschließt[334]. Neben der Botenformel finden sich noch folgende Elemente prophetischer Gattungen: Ein Geschichtsrückblick in V.3-13*[335] und ein Mahnwort in V.14a.

Der Geschichtsrückblick in V.3-13* dient dabei nicht zum Schuldaufweis innerhalb der prophetischen Botschaft, sondern als positive Begründung für das Mahnwort V.14a[336]. Anders als bei Jos 24* DtrS mündet bei DtrH das

---

9,7.15b-16a.19bα.20a.23.25.42-43; 1 Sam 8,6a.7b.9b-22aα und 1 Sam 8,11b.13-14.16 eine königskritische Tendenz einträgt. Den historischen Hintergrund dazu bestimmt Levin folgendermaßen: "Die Bundesgemeinde des zweiten Tempels überwand den Verlust der Hoffnung auf das Königtum mit der Vorstellung, daß Jahwe selbst der König über Israel sei. ... Fortan mußte die Einrichtung des menschlichen Königtums als Sünde gegen das Hauptgebot erscheinen" (Levin, Verheißung, S. 118f). Sichem als Ort des Geschehens von Jos 24 ist einerseits eine Anspielung auf Ri 8,22-23, "mit dem das Königtum Abimelechs in Sichem als Abfall von der Theokratie gedeutet wird" (S. 118). Andererseits folgert Levin aus Ri 9 und 1 Kön 12, daß in Sichem der Ort sei, wo in Israel Könige gemacht wurden. Dem Einwand, daß die Gattung »Königsvertrag« im AT nur selten belegt ist, begegnet Levin damit, daß die Erhebung zum König im AT eben nur summarisch berichtet werde, sich faktisch aber nach dem Muster des Königsvertrages vollzog.
An Levins These sind folgende Punkte problematisch: Die Rekonstruktion einer literarischen Grundschicht (Jos 24,14a.15a (bis תעבדון).b-16.18b.22.), die Levin vorschlägt (S. 114f), weicht erheblich von der oben ausgearbeiteten Grundschicht (Jos 24,1*.2-13*.14a.16-17*.18b*.25a.26bαβ.27-28.29-31 DtrH) ab. Gerade das Stichwort בחר in Jos 24,22, verbunden mit der von Levin postulierten historisch und theologisch unmöglichen Wahlfreiheit Israels zwischen Göttern und Jahwe, läßt ihn vermuten, daß hier die Begründung der Theokratie als Gegenstück zur Königswahl Israels aufgestellt wird (S. 115f). Dagegen spricht, daß die für die »Götter- bzw. Königswahl entscheidenden Verse dem spätdeuteronomistischen Redaktor DtrS zuzuweisen sind. Die Klassifizierung von Jos 24* und 1 Sam 10,17-27* als Königswahl bzw. Königsvertrag kann deshalb nicht zutreffend sein. Hinzu kommt, daß Levin selbst zugeben muß, daß der »Königsvertrag« im Alten Testament nur noch in 2 Kön 11 belegt ist (S. 125).

334 In 1 Sam 10,18-19 findet sich zwar eine ähnliche Struktur, d.h. die Einleitung einer Jahwerede durch die Botenformel, der sich ein knapper Geschichtsrückblick anschließt, jedoch sind V.18.19a mit Veijola als sekundärer Eintrag von DtrN in 1 Sam 10,17-25* DtrH zu bestimmen: Veijola, Königtum, S. 39ff.

335 So z.B. Am 2,9; 9,7; Jes 28,21; Hos 9,10ff. Siehe W.H. Schmidt, Einführung, S. 192.

336 Siehe W.H. Schmidt, Einführung, S. 192.

Erlebnis der machtvollen Taten Jahwes in der Epoche der Landnahme direkt in den rechten Dienst Jahwes. Eine Alternative zum Dienst Jahwes wie bei DtrS ist für DtrH, zumindest zur Zeit der Landnahme, nicht denkbar. Das Volk reagiert idealerweise positiv auf das Mahnwort, Jahwe zu dienen V.17-18*, und entspricht damit der prophetischen Botschaft, vor allem von V.14a. Die Verse 25a.26bαβ.27-28 bringen inhaltlich kaum einen Fortschritt, sondern runden das Gesagte eher ab. So stellt der Bund in V.25 die eidliche Verpflichtung des Volkes durch Josua auf die in V.17-18* getroffene Entscheidung dar[337]. Nach Jos 24,1bβ stellt sich das Volk vor Gott auf, woraus folgt, daß das in Jos 24 DtrH berichtete Geschehen in Gegenwart Gottes stattfindet. Auch wenn die Gegenwart Jahwes[338] in den folgenden Versen nicht mehr berichtet wird, so ist sie für die Verpflichtung in V.25a vorausgesetzt. In Jos 24,2-14a* vertritt Josua Jahwe als Prophet[339]. In V.25 verpflichtet[340] er das Volk - analog zu Josia in 2 Kön 23,1-3*DtrH[341] - als Führer Israels auf die in V.16-18* gesprochenen Worte.

Der in Jos 24,25 geschlossene »Bund« ist eine Verpflichtung des Volkes auf seinen Entschluß V.16-18*, Jahwe zu dienen. Während Josua in V.2-13* als Prophet dargestellt wird, handelt er in V.25a - analog zu Josia in 2 Kön 13,1-3* DtrH - als Stellvertreter des Volkes vor Jahwe und Führer Israels.

Mit Perlitt kann Jos 24* als »fiktive Verpflichtungsszene« bezeichnet werden.

Das Aufstellen eines Steines nach dem »Bundesschluß« in V.27 ist für viele Exegeten der Hinweis auf eine alte Tradition von einem Stein im Heiligtum zu Sichem bzw. das Indiz dafür, daß in Jos 24 eine alte Tradition von einem Bundesschluß in Sichem verarbeitet wurde[342]. Der »hörende« Stein könne so nicht von Dtr stammen, da es gegen dtn/dtr Theologie gehe, Mazzeben aufzustellen (Dtn 12,3; 16,22), weil dahinter animistische Vorstel-

---

337 Siehe Perlitt, Bundestheologie, S. 260f.
338 Siehe dazu Sperling, Joshua 24, S. 131ff.
339 Die Einleitung einer Rede Josuas mit einer Botenformel findet sich noch in Jos 7,13 DtrH (Zur DtrH-Verfasserschaft siehe Fechter, Familie, S. 74; Vgl. auch Noort, Der Fall Josua 24, S. 96 und die entsprechenden Ausführungen unter Punkt 6.3.2.1.). Möglicherweise handelt es sich hier um Dtr(H) vorgegebenes, älteres Material (Noth, Josua, 2. Auflage, S. 9-13.43-46; O'Brien, Hypothesis, S. 68ff).
340 Siehe dazu auch Kutsch, Verheißung, S. 171; Perlitt, Bundestheologie, S. 260ff und Fritz, Josua, S. 245.
341 Zur Schichtung von 2 Kön 23,1-3 und Zuweisung der Grundschicht zu DtrH siehe O'Brien, Hypothesis, S. 249ff.
342 Z.B. Soggin, Joshua, S. 241

lungen stehen[343]. Perlitt hat jedoch gezeigt, daß der hörende Stein in V.27 eine Brücke schlägt zwischen dem eigentlichen Redeteil in Jos 24 und dem erzählenden Rahmen. Dies ist die eigentliche Funktion des Steines, Reden und Rahmen zu verbinden[344]. Damit steht er nicht im Widerspruch zu dtn/dtr Gedankengut. Diese Analyse Perlitts wird durch meine Beobachtungen zum Text bestätigt: Der Stein wird von seiner Zeugenfunktion, die das Hören des Steines umschließt, für den »Bundesschluß zwischen Josua (Jahwe) und Volk dahingehend entlastet, daß Jahwe selbst anwesend ist V.1bβ. Er hat vor allem literarische Funktion, nämlich eine Verbindung zwischen Rahmen und Reden herzustellen. Denkbar ist jedoch, daß sich hinter dem Stein im Heiligtum von Sichem eine alte Tradition verbirgt, die Dtr aufgreift und - unter »historischer Verkleidung der Motive«[345] - als hörenden Stein für seine Zwecke einsetzt. Blum hat dargelegt, daß die Deuteronomisten - bei ihm die D-Komposition - offensichtlich bei der Aufnahme alter Traditionen diese in ihrem Sinne »entschärfen«. Er verdeutlicht dies anhand der Ätiologie vom Altar in Bethel Gen 35,6f und Gen 33,18.20. Dabei weist Gen 35,1ff einerseits deutliche Merkmale einer Ätiologie zu Altarbau und Namensgebung des Ortes Bethel auf, wobei jedoch der Name Bethel den handelnden Personen vorher schon bekannt ist. "Wir haben demnach im *jetzigen* Textzusammenhang keine eigentliche Namensätiologie, sondern so etwas wie eine »Quasi-Ätiologie«, in der nicht nur das αἴτιον, sondern auch der zu erklärende Name (des Ortes) dem Adressaten vom Erzähler geliefert wird"[346]. Die Probleme im Rahmen der Ätiologie entstehen erst durch den Bezug auf den Ort Bethel. Ursprünglich wurde El Beth El auf den Altar bezogen. "Offensichtlich wurde eine spezifisch lokale Kulttradition über den Altar im Heiligtum Bethels >entschärft<, indem der Altarname zu einem fiktiven Beinamen des Ortes >umgebogen< wurde - wie es ja zweifellos einem Anliegen der D-Bearbeitungsschicht [ist für die von mir behandelten Stellen mit Dtr gleichzusetzen], Nentel] in 35,1ff entsprechen mußte"[347]. Blum betont, daß den Adressaten die Fiktionalität des Berichteten deutlich war.

Ähnliches ist durchaus auch für den hörenden Stein in Sichem vorzustellen. Da Jahwe anwesend ist, wäre der Stein als Zeuge für den »Bundesschluß« nicht unbedingt nötig. Denkbar ist, daß DtrH eine alte Kulttradition von einem Stein im Heiligtum Sichems vorliegen hatte. Er entschärft diese, indem er dem Stein eine neue ätiologische Begründung gibt: Einmal ist er Zeuge der Worte, die gesprochen wurden, d.h. auch der Verpflichtung des Volkes auf Jahwe, andererseits stellt er die literarische Verbindung von Redeteil und Rahmen her. So wie die Ätiologie des Beth El Namens in Gen 35 für den Adressaten als fiktiv erkennbar war, so ist auch hier zu erwarten, daß den Adressaten von Jos 24 DtrH die »Künstlichkeit« des hörenden Steines bewußt wurde.

---

343 Z.B. McCarthy, Treaty, S. 221ff
344 Perlitt, Bundestheologie, S. 241ff
345 Siehe dazu Punkt 3.7.4.4.
346 Blum, Vätergeschichte, S. 64
347 A.a.O., S. 65

3.9.3 Die Beschreibung der Intention von Jos 24* DtrH

Bereits bei den Untersuchungen zu Jos 1 wurde deutlich, daß DtrH die
Epoche der Landnahmezeit unter Josua als »goldenes Zeitalter« verstanden
hat[348]. Jos 21,43-45 stellt, in Analogie zu der Einleitung der Landnahme in
Jos 1* DtrH, den gelungenen Abschluß der Landnahmeoperation unter Josua
fest. Auf Jos 21,43-45 folgte Jos 24,1*.2-13*.14a.16-17*.18b*.25a.26bαβ.27-
28.29-31 DtrH. Dieser Text wurde von DtrH als »fiktive Verpflichtungsszene«
gestaltet. Er verdeutlicht durch seine Inhalte die ungebrochene Jahwebeziehung der Josuageneration. Josua wird als Prophet und idealer Führer dargestellt, der im Auftrag Jahwes nach einem Geschichtsrückblick das Volk mahnt,
Jahwe recht zu dienen. Das Volk entspricht dieser Mahnung. Daraufhin verpflichtet Josua als »prophetischer Bundesmittler« das Volk auf den Entschluß,
Jahwe zu dienen. Eine Zeichenhandlung, in der ein Stein als Zeuge für die
gewechselten Worte aufgestellt wird, beschließt die Szene und betont damit
noch einmal den Entschluß und die Verpflichtung des Volkes, Jahwe zu dienen. Auf Jos 24* DtrH folgt der Text Ri 2,10ff*, in dem der Abfall Israels in
der Richterzeit beschrieben wird. Indem DtrH diese »fiktive Verpflichtungsszene« schafft, in der das Volk positiv auf die Mahnung eines Jahwepropheten
reagiert und sich von demselben auf den rechten Jahwedienst verpflichten läßt,
kontrastiert er die Josuazeit als »goldenes Zeitalter« mit dem stetigen Abfall in
Ri - 2 Kön und dem selbst Erlebten, daß die prophetische Botschaft an Israel
eben nicht gehört und zum rechten Verhalten vor Jahwe geführt hat.

Der vorbildhafte Charakter der Josuazeit wird auch durch die Charakterisierung des Anführers Josua nahegelegt. In Jos 1* DtrH und Jos 21,43-45
DtrH erweist er sich als idealer Anführer, der von Jahwe zur Eroberung und
Verteilung des Landes berufen ist und Jahwe selbst auf seiner Seite hat. Nachdem diese Aufgaben abgeschlossen sind, wird Josua als »prophetischer Bundesmittler« geschildert, der dem Volk den Willen Jahwes kundtut und es auf
den Dienst an Jahwe verpflichtet. Land und Landgabe erscheinen damit als
heilvolle Setzung Jahwes.

Jos 1* DtrH und Jos 24* DtrH stellen beide literarische Kunstprodukte dar,
zu deren Entstehung DtrH auf unterschiedliche Gattungselemente zurückgegriffen hat. In beiden Texten trat die Intention von DtrH zutage, daß die Darstellung der Landnahme und der Epoche unter Josua als goldenes Zeitalter der
ungebrochenen Jahwebeziehung bei Volk und Führer Israels zu verstehen ist.

---

348 Siehe Punkt 2.4.

3.10 Die Intention von Jos 24* DtrS

DtrS hat bereits in Jos 1* DtrH durch V.7-8(9) sowohl die Bedingung des Gehorsams gegenüber Mose und der Tora als auch die Zusage des Mitseins Jahwes ergänzt. Nun ist zu ermitteln, wie DtrS mit der DtrH-Vorlage von Jos 24 umgeht. Jos 24* DtrS nimmt am Text mehrere strukturelle Eingriffe vor. Die grobe Struktur der »fiktiven Verpflichtungsszene« in Jos 24* DtrH sah wie folgt aus:

Rahmen 1: Einberufung einer Volksversammlung V.1a.bβ.2aα
Prophetische Rede Josuas bzw. Jahwerede: geschichtlicher Rückblick und Aufruf V.2aβ.3-13*.14a
Antwort des Volkes: Es will Jahwe dienen V.16aα.17.18b*
Rahmen 2: Verpflichtung des Volkes durch Josua V.25a.26b*
Deutende Rede Josuas, die ein Symbol/Zeichen des 2. Rahmens erklärt V.27
Rahmen 3: Entlassung V.28

DtrS greift intensiv im Bereich der Rede des Anführers V.2ff* und der Antwort des Volkes V.16ff*, also zwischen erstem und zweitem Rahmenteil, ein, indem er grundsätzlich die Fremdgötterproblematik hinzufügt, die für das Leben Israels unter den Völkern in der exilisch/nachexilischen Zeit zentral ist. Er verlängert die prophetische Rede Josuas ebenso wie die Antwort des Volkes. Zusätzlich führt Jos 24* DtrS weitere Reden Josuas und Antworten des Volkes ein, so daß sich grob folgende Struktur ergibt:

Rahmen 1: Einberufung einer Volksversammlung V.1-2aα
Rede 1 des Anführers: geschichtlicher Rückblick und Aufruf V.2aβ-11.12*.13-15
Antwort 1 des Volkes: Es will Jahwe dienen V.16-17.18*
Rede 2 des Anführers: Die Unmöglichkeit, Jahwe zu dienen V.19-20
Antwort 2 des Volkes: Es besteht darauf, Jahwe zu dienen V.21
Rede 3 des Anführers: Das Volk ist Zeuge für seinen Entschluß V.22a
Antwort 3 des Volkes: Das Volk bestätigt seine eigene Zeugenschaft V.22b
Rede 4 des Anführers: Aufforderung, die fremden Götter zu entfernen V.23
Antwort 4 des Volkes: Es will Jahwe dienen V.24
Rahmen 2: Konsequenzen des Aufrufes V.25a.26a.b*: »Bundesschluß«
Rede 5 des Anführers, die ein Symbol/Zeichen des 2. Rahmens erklärt V.27
Rahmen 3: Entlassung V.28

Durch die eben dargestellten Zusätze zerstört DtrS die geradlinige und zielgerichtete Struktur der »fiktiven Verpflichtungsszene«. Jos 24 stellt nun nicht mehr eine prophetische Rede mit entsprechender positiver Antwort des Volkes dar, sondern einen Dialog, der nun um ein völlig neues Thema kreist: Die Unmöglichkeit, Jahwe zu dienen, und die Gefahr des Fremdgötterdienstes. Durch den neu hinzugekommenen Dialog, der aus drei Reden und Antworten besteht, wird die bei DtrH zentrale Aufforderung, Jahwe zu dienen, überlagert. Dies ergibt sich dadurch, daß auf die erste Rede Josuas und der ersten Antwort des Volkes, die bei DtrH noch beinhaltete, daß das Volk sich nach der Aufforderung durch Josua für Treue zu Jahwe entscheidet, nun sofort die Unmöglichkeit, Jahwe zu dienen, in einem zweiten Redegang angehängt wird. Jahwe und die anderen Götter im Verhältnis zu Israel werden in den Mittelpunkt gerückt. Das Volk hat sich zu entscheiden, wem es dienen will, Jahwe oder den Göttern. Für die Rede Josuas in V.2-14a* hat DtrH auf Elemente der prophetischen Verkündigung zurückgegriffen. McCarthy weist zu Recht darauf hin, daß die von DtrS mit V.19 eingefügte Botschaft, daß Israel Jahwe aufgrund seiner Sündhaftigkeit nicht recht dienen kann, ebenfalls Element der prophetischen Botschaft ist[349]. Während DtrH in V.2-13* einen Geschichtsrückblick der heilvollen Machttaten Jahwes für Israel bietet, der in der ungebrochenen Gottesbeziehung Israels unter Josua gipfelt, verändert DtrS diesen, indem die heilvollen Machttaten mit der »Erzsünde Israels«, d.h. dem Dienst fremder Götter, kontrastiert wird (vor allem V.2b.14b-15). Das Volk soll wählen zwischen Jahwe und den anderen Göttern und entscheidet sich, trotz der Warnung Josuas, daß es Jahwe gar nicht dienen kann (V.19), für Jahwe. Es wird zum Zeugendienst für die eigene Entscheidung - ein Element des Rechtslebens - aufgerufen. Die »Wahl Jahwes« und die Entscheidung, ihm zu dienen, spielt in den weiteren spätdtr Texten des DtrG eine zentrale Rolle:

Bereits Blum hat darauf hingewiesen, daß Jos 24(*DtrS) sowohl Beziehungen zu Gen 35,1-7(*) als auch zu Ri 10,16 und 1 Sam 7,3f hat[350]. So besteht nach Blum die Voraussetzung für Jahwes Eingreifen in Gen 35,2ff; Ri 10,16 und 1 Sam 7,3ff in dem doppelten Aspekt der Abwendung von fremden Göttern und der Hinwendung zu Jahwe. In allen drei Texten wird eine äußere Bedrohung durch die neue Hinwendung zu Jahwe abgewendet[351].

Blum rechnet in *Vätergeschichte* Ri 10,6ff; 1 Sam 7,3f und Ri 2,11ff zu der von ihm postulierten Landnahmekonzeption von Jos 23 DtrG², die besagt, daß fremde Völker in der *Peripherie* übrigbleiben, zumindest aber das Kernland ganz eingenommen wurde. Jos 24 -

---

349 McCarthy, Treaty, S. 239f
350 Blum, Vätergeschichte, S. 39f. Vgl. auch ders., Entflechtungsvorschlag, S. 195f.
351 Blum, Vätergeschichte, S. 39f.

bei Blum ein einheitlicher, nachdtr Text - impliziere hingegen, daß Israel nicht einmal ein Kernland vollständig eingenommen habe[352]. Gleichzeitig weist Blum auf wichtige sprachliche Übereinstimmungen zwischen Jos 24(*DtrS); Ri 10,6ff und 1 Sam 7,3f hin, die vor allem durch die Wendungen und Begriffe הסירו את אלהי הנכר Jos 24,23; Ri 10,16; 1 Sam 7,3 sowie בחר Jos 24,15.22; Ri 10,14 und עזב.....עבד Jos 24,16; Ri 10,(6).13 bestehen[353].

In »Entflechtungsvorschlag« modifiziert Blum, wie unter Punkt 3.8.2.1.2 dargestellt, seine Auffassung von der Landnahmekonzeption in Jos 24. Auf Ri 10,6ff und 1 Sam 7,3f geht er in »Entflechtungsvorschlag« jedoch nicht ein.

Neben den genannten Texten verweist Blum sowohl in »Vätergeschichte« als auch in »Entflechtungsvorschlag« auf Gemeinsamkeiten zwischen Jos 24(*DtrS) und Ri 6,7-10[354]: So sieht Blum folgende Beziehungen: Die Götter der Amoriter Jos 24,15a; Ri 6,10a. Das Hören auf die Stimme Jahwes Jos 24,24b; Ri 6,10b. Das Vertreiben der Völker Jos 24,18a; Ri 6,9b und das Herausbringen aus Ägypten Jos 24,17a; Ri 6,8b

Da einerseits die oben durchgeführten Untersuchungen zum Kontext von Jos 23-24 ergeben haben, daß die von Blum vorgeschlagene Differenzierung der unvollständigen Landnahme in eine Konzeption der übriggebliebenen Völker in der Peripherie Jos 23 DtrG² und eine Konzeption der übriggebliebenen Völkern im Kernland Ri 1; Ri 2,1-5 (nach Blum teilweise auch Jos 24) in diesem strengen Sinn nicht aufrechterhalten werden kann[355], sich die literarischen Probleme in Jos 24 nur durch Annahme einer DtrH- und DtrS-Schicht befriedigend lösen lassen, sind die Beziehungen von Jos 24* DtrS zu Ri 6,7-10; 10,6ff und 1 Sam 7,3f neu zu überprüfen:

- 1 Sam 7,3-4: Mit Veijola sind die Verse 1 Sam 7,3-4 einschließlich der Zeitangabe »es waren zwanzig Jahre« in V.2 vor allem aufgrund seines deutlichen Charakters als Einschub und seiner Beziehungen zu anderen späten Texten als DtrN/DtrS-Zusatz zur DtrH-Grundschicht von 1 Sam 7,2-17 zu bestimmen[356].

- Ri 10,6-16: Nach Görg ist der Abschnitt Ri 10,6-16 ein "gewachsenes Produkt dtr Autorschaft, dessen theologisches Konzept insbesondere auf das Problem der Bereitschaft Jahwes zum Entgegenkommen trotz wiederholten Versagens Israels gerichtet ist"[357]. Auf spätdtr Elemente in Ri 10,6-16 deuten bereits die sprachlichen Beziehungen zu Jos 24* DtrS und 1 Sam 7,2*3-4 DtrS hin. Daß Ri 10,6-16 in seiner Endgestalt kaum von DtrH stammen kann, zeigen auch folgende Überlegungen: Der »typische« Rahmen der von DtrH gestalteten Richtererzählungen[358] findet sich in Ri 3,7-11 mit folgenden Elementen: Abfalls Israels (שכח und עבד) V.7 / Zorn und Strafe Jahwes V.8 / Schreien des Volkes zu Jahwe V.9aα /

---

352 A.a.O., S. 45ff. Siehe aber auch die Modifikation zu Jos 24 in Entflechtungsvorschlag, S. 194ff. Vgl. auch Punkt 3.8.2.1.2.
353 Vgl. auch Veijola, Königtum, S. 30f.
354 Blum, Vätergeschichte, S. 52ff; ders., Entflechtungsvorschlag, S. 195ff
355 Siehe Punkt 3.8.2.2.3.1.
356 Einzelheiten siehe Veijola, Königtum, S.30ff. Zusammenfassung S. 38. Siehe auch die entsprechenden Ausführungen unter Punkt 6.3.2.1.
357 Görg, Richter, S. 60
358 Siehe Smend, Entstehung, S. 116.

Jahwe läßt einen Retter erstehen V.9aβ-10 / Ruhe des Landes V.11[359]. Ri 10,6-16 weicht in erheblichen Punkten von dem DtrH-Rahmengerüst ab (z.T. siehe auch oben): So in V.6a eine Aufzählung weiterer Götter neben den Baalim und Astarten, die insgesamt eine Siebenzahl intendiert (siehe unten zur Siebenzahl der Völker). Die Termini עבד und עזב Ri 10,6b.10.13; Jos 24,16 DtrS 1 Sam 12,10 DtrS. Das zweimalige(!) Sündenbekenntnis Ri 10,10b (inkl. לאמר aus 10a).15 (vgl. 1 Sam 12,19). Das Ablegen fremder Götter הסירו את אלהי הנכר Ri 10,16; Jos 24,23 DtrS; 1 Sam 7,3 DtrS. Das Erwählen fremder Götter בחר Ri 10,14; Jos 24,15.22 DtrS. Die siebengliedrige Liste mit Fremdvölkern Ri 10,11f; vgl. Jos 24,11aγ* DtrS[360].

Smend hat ebenfalls darauf hingewiesen, daß für Ri 10,6-16 mit einer intensiven Überarbeitung durch DtrN zu rechnen ist. Vor allem spricht das Ablegen der fremden Götter und das Hinwenden zu Jahwe in V.10-16 für DtrN[361]. Den von DtrH geschaffenen Rahmen der Jeftah-Erzählung sieht er in 10,6f.10a; 11,33b[362]. Veijola rekonstruiert für Ri 10,6-16 die Verse V.6aα.7b*V.8a*.b* als DtrH-Grundschicht. Von DtrN stammen folgende Zusätze: Die Zeitangabe »18 Jahre« in V.8, die mit der allgemeinen Angabe »zu jener Zeit« konkurriert und aus Ri 3,14 stammt. Die Ausdehnung des Ortes der Handlung der Jeftahgeschichte von Gilead auf ganz Israel in V.8aβ. Die Erwähnung der Philister in V.7 bezieht sich auf die sekundäre Götterliste in V.6b zurück. V.7a, da der Satz »und der Zorn Jahwes entbrannte wider Israel« überwiegend in spätdtr Zusammenhängen als Reaktion Jahwes auf den Dienst fremder Götter vorkommt. Zuletzt ganz V.9-16, da in diesen Versen analog zu den Zusätzen in V.6-8* die bedrohliche Krise auf ganz Israel ausgedehnt wird, sich die Verwendung direkter Jahwe-Rede V.11-14 bei DtrH im Richterbuch - außer in dem sicher spätdtr Stück Ri 2,20-22 - sonst nicht findet und analog zu 1 Sam 7,3-4 "die Entfernung der fremden Götter zur Vorbedingung für das göttliche Eingreifen gemacht wird"[363].

Vergleicht man die abweichenden Elemente mit dem gängigen DtrH-Schema der Richtererzählungen und den Beobachtungen Smends und Veijolas, so läßt sich folgender literarkritischer Schluß ziehen: DtrH-Grundschicht (inkl. alter Elemente) in Ri 10,6-16 ist V.6a*[bis inkl. העשתרות].7b[ohne: »in die Hand der Philister und«].8a[ohne: »die Israeliten]. 8b[ohne: »18 Jahre«].10a[ohne: לאמר][364]. Die restlichen Verse Ri 10,6a[»und den Göttern von Aram...].b.7a.10b.12-16[365] einschließlich der kleinen von DtrH abgetrennten Zusätze wurden von DtrS an dieser Stelle eingefügt[366]. Vergleicht man V.6a und 10a mit

---

359 In Ri 3,12ff; 4,1ff und 6,1ff kann es *geringfügige* Abweichungen von dem Schema geben.

360 Siehe Punkt 3.7.3.2.7.

361 Smend, Entstehung, S. 116.

362 Ebenda

363 Veijola, Königtum, S. 45ff; Zitat S. 47.

364 Ähnlich auch Görg, der die literarische Grundschicht der Verse 6-16 ebenfalls nur in V.6-10 vermutet: Görg, Richter, S. 60.

365 V.16b stammt wohl kaum von DtrH, denn das Verb קצר in Verbindung mit der נפש Jahwes ist im AT einmalig. Innerhalb des DtrG wird dies in Ri 16,16 noch für die נפש Simsons ausgesagt.

366 Auf das Verhältnis zur Jeftaherzählung soll nicht weiter eingegangen werden, da dies den Rahmen dieser Arbeit übersteigt.

dem DtrH-Schema von Ri 3,7-11, dann leuchtet gegen Veijola nicht ein, weshalb in V.6a ויעבדו את הבעלים ואת העשתרות und V.10a* DtrH abgesprochen werden sollten.

- Ri 6,7-10: Blum verweist auf inhaltliche und sprachliche Berührungen zwischen Ri 6,7-10 und Jos 24 (siehe oben)[367]. Sowohl Blum als auch Veijola sehen Ri 6,7-10 als Zusatz zur dtr Grundschicht des Richterbuches (DtrH)[368]. Für den sekundären Charakter von Ri 6,7-10 werden von Blum berechtigterweise folgende Argumente angeführt: Der anonyme »Prophet« erinnert an den Mal`ak der von Blum als spät festgestellten Mal`ak Textreihe[369]. Ri 6,7-10 ist mit "einer Wiederaufnahme an v. 6b angeschlossen und soll wohl vorwegnehmend Gideons Frage in 6,13 beantworten"[370]. Die Nennung der »Götter der Amoriter« verweist auf Jos 24,15 (DtrS)[371]. Ebenso wird der Entschluß des Volkes in Jos 24,24; Ri 2,2 DtrS, auf Jahwes Stimme zu hören, in Ri 6,10 negativ aufgegriffen[372]. Sekundär muß ebenfalls V.7 sein, da dieser V.6b wiederholt. Die Verse 8-9 können von den Versen 7.10, die sich als redaktionell erwiesen haben, nicht abgelöst werden. V.9 steht aufgrund der Aussage von der »Vertreibung der Bedränger Israels« mit Jos 24,18a* DtrS in enger Beziehung. Bei Ri 6,7-10 handelt es sich ebenfalls um einen spätdtr Text.

Jos 24* DtrS; Ri 6,7-10; 10,6-16* und 1 Sam 7,2*.3-4 sind damit als spät-deuteronomistische Texte zu bestimmen. Alle Texte haben gemeinsam, daß das Volk in seiner gesamten Geschichte als unfähig dargestellt wird, Jahwe *auf Dauer* recht zu dienen. Es unterliegt der Versuchung, Jahwe zu verlassen und die Götzen anzubeten. Diese Schuld wiegt nach Jos 24* DtrS um so schwerer, da sich das Volk - trotz der Warnung Josuas - auf den Jahwedienst verpflichtet hat. Die Sündhaftigkeit des Volkes wird sowohl für die Epoche der Landnahme (Jos 24; Ri 2,1-5), der Richterzeit (Ri 6,7-10; 10,6-16*), der Samuelzeit (1 Sam 7,2*.3-4; 1 Sam 12) und der Zeit des Königtums bzw. in grundsätzlichem Sinn (1 Kön 8*) festgestellt bzw. die »Bescheinigung der Unfähigkeit zum rechten Jahwedienst« Jos 24,19f DtrS in den folgenden Texten expliziert. Die Sündhaftigkeit des Volkes kann nur durch Umkehr, Sündenbekenntnis, Erbarmen Jahwes (Ri 10,16; 1 Sam 12 DtrS (Punkt 4.4) und 1 Kön 8* DtrS (Punkt 5.5) und durch vermittelnde, exemplarische jahwetreue Anführer und Fürbitter wie Mose (siehe Punkt 6.3.2.1), Josua Jos 24,19.31, Samuel 1 Sam 12 und Salomo 1 Kön 8,30ff »aufgewogen« werden.

---

367 Einzig das Herausbringen aus Ägypten Ri 6,8b verweist mit Jos 24,17a auf einen DtrH-Abschnitt in Jos 24. Die restlichen, von Blum aufgeführten Bezüge zwischen Jos 24* und Ri 6,7-10 betreffen in Jos 24 nur DtrS-Stellen.
368 Blum, Entflechtungsvorschlag, S. 195f; Veijola, Königtum, S. 44f
369 Blum, Entflechtungsvorschlag, S. 196, Fußnote 65. Siehe Punkt 3.8.2.1.2.
370 A.a.O., S. 196, Fußnote 63. Siehe auch Veijola, Königtum, S. 44.
371 Blum, Entflechtungsvorschlag, S. 196, Fußnote 64. Die »Götter der Amoriter« sind neben Ri 6,10 im AT nur noch in Jos 24,15 DtrS belegt.
372 Siehe auch Görg, Richter, S. 37.

An dieser Stelle ist kurz auf die Gestalt Josuas in Jos 24 einzugehen. Die in V.19 ausgesprochene Unfähigkeit Israels zum rechten Jahwedienst steht scheinbar im Widerspruch
zum Entschluß Josuas, daß er und sein Haus Jahwe dienen wollen.

Im Gegensatz zum vorbildlichen Gehorsam des Volkes bzw. seinen Vertretern bei DtrH
(Jos 1,10-11.16-18; Jos 24,18b), den DtrS destruiert (Jos 24,19), bestätigt DtrS die bereits
bei DtrH als vorbildhaft beschriebene Funktion Josuas (Jos 24,31 DtrH). Der Entschluß
Josuas, daß er und sein Haus Jahwe dienen wollen Jos 24,15, wird von DtrS weder kritisiert
noch eingeschränkt, sondern offensichtlich bewußt an diese Stelle gesetzt. Dies zeigt sich
auch daran, daß DtrS die Aussage von Jos 24,29-31 DtrH, daß Israel Jahwe diente, solange
Josua und alle Ältesten lebten, in Ri 2,7-9 selbst wiederholen kann[373].

Die gemachten Beobachtungen lassen für die Darstellung der Gestalt Josuas bei DtrS
m.E. folgende Schlußfolgerungen zu: DtrS will zeigen, daß die Unfähigkeit des Volkes zum
rechten Jahwedienst durch den rechten Jahwedienst Josuas und seines Hauses
»aufgewogen« wird. So lebt Israel, solange Josua und die Ältesten lebten (Jos 24,29-31
DtrH; Ri 2,7-9 DtrS), tatsächlich recht vor Jahwe bzw. wirkte sich das Strafwort des Engel
in Bochim Ri 2,1-5 erst in der folgenden Generation aus[374]. Es besteht somit nach
spätdtr Theologie *die Möglichkeit*, die Unfähigkeit des Volkes, Jahwe recht zu dienen,
stellvertretend durch Einzelne bzw. eine Gruppe von Jahwetreuen vor Gott teilweise
»aufzufangen«[375]. Das »Dilemma« Israels besteht darin, Jahwe dienen zu wollen, obwohl
Israel dazu ohne Hilfe auf Dauer nicht fähig ist. Im Gedanken der Stellvertretung durch
jahwefromme Kreise bzw. in Fürbitte und Erbarmen Jahwes und daraus *folgender* Umkehr
ist ein Ausweg aus dieser Situation zu finden.

Der vorbildhafte Charakter Josuas, den bereits DtrH beschrieben hat, wird
von DtrS übernommen und modifiziert. Josua (sowie sein Haus und die Ältesten) wird zum exemplarischen Jahwefrommen, der helfen kann, Jahwe zu
dienen. Durch diesen Zug ist Jos 24* DtrS intensiv mit 1 Sam 12 DtrS und
den spätdeuteronomistischen Partien von 1 Kön 8 verbunden.

Schließlich ist der redaktionsgeschichtliche Zusammenhang vor allem zwischen Jos 24* DtrH; Jos 23 DtrS und Jos 24* DtrS nicht zu vergessen. Der
Übersichtlichkeit halber wurden die spätdtr Ergänzungen zu Jos 24 im Anschluß an Jos 24* DtrH behandelt. Es muß jedoch beachtet werden, daß
Jos 23 DtrS vor Jos 24* DtrS dem Text Jos 24* DtrH vorgeschaltet wurde.

---

373 Zum chronolgischen Verhältnis zwischen Jos 24* DtrS und Ri 2,6-9 DtrS siehe
     Punkt 3.8.2.2.3.2.
374 Zur Klärung des zeitlichen Verhältnisses zwischen Ri 1 DtrS; Ri 2,1-5 DtrS und
     Ri 2,6-9 DtrS siehe unter Punkt 3.8.2.2.3. Zumindest Ri 2,1-5 kann nicht jünger als
     Ri 2,6-9 sein.
375 Dies bedeutet nicht, daß damit das Volk jeder Verantwortung vor Gott enthoben ist
     und tun und lassen kann, was es will. In Jos 24,19-24 DtrS ist der Wille des Volkes,
     Jahwe zu dienen, vorausgesetzt. Wie die folgenden Untersuchungen zu 1 Sam 12 DtrS
     und 1 Kön 8* DtrS noch zeigen werden, liegt die Verantwortung des Volkes in der
     Umkehr zu Jahwe.

Im folgenden greife ich den Untersuchungen zu Jos 23 DtrS voraus. Jos 23 DtrS destruiert das Bild von der vollständig gelungenen Landnahme unter Josua, indem noch uneroberte Gebiete und nicht vertriebene Völker übrigbleiben. Die Botschaft in die Zeit des spätdtr Verfassers von Jos 23 ist die, daß für Israel, das unter den Völkern leben muß, die Verheißung Jahwes auf den Landbesitz noch besteht, wobei ihre Erfüllung eine neue Hinwendung Israels an die Tora voraussetzt und Fremdgötterdienst ausschließt. Der Blick in die Redaktionsgeschichte von Jos 23 und 24 hat ergeben, daß Jos 24* DtrS von einer anderen DtrS-Hand als Jos 23 DtrS stammt. Jos 24* DtrS hat mit Jos 23 DtrS die Warnung vor den Fremdgöttern gemein. Anders als in Jos 23 DtrS stellen nicht die übriggebliebenen Völker die eigentliche Gefahr für Israels Jahwebeziehung dar, sondern Israel ist von sich aus, über Jos 23 DtrS hinaus, ohne Hilfe durch exemplarische Fromme gar nicht in der Lage, Jahwe recht zu dienen, so daß bereits die Gegenwart der Götter der Völker genügt, Israel zum Götzendienst zu verleiten. Sowohl Jos 23 DtrS als auch Jos 24* DtrS haben gemeinsam, daß Israel in der Situation des Lebens unter den Völkern *ganz und ausschließlich* an Jahwe festhalten soll. Indem in Jos 24* DtrS von übriggebliebenen Völkern anders als in Jos 23 DtrS jedoch nicht mehr gesprochen wird, trägt der Verfasser von Jos 24* DtrS der Tatsache Rechnung, daß eine Änderung der Lebenssituation Israels unter den Völkern kaum zu erwarten ist. Gleichzeitig findet ein theologischer »Perspektivenwechsel« statt, der die Ursache für möglichen Abfall von Jahwe weniger in äußeren Gegebenheiten wie den übriggebliebenen Völkern, sondern in Israel und seiner Unfähigkeit zum Jahwedienst selbst finden will. Mit dem nun in Jos 24* DtrS begonnenen Aussagekomplex über die Sündhaftigkeit Israels, der Gnade Jahwes und den exemplarischen Frommen entsteht ein thematischer Bogen zu 1 Sam 12 und 1 Kön 8.

Anders als bei DtrH, der die Josuaepoche als »goldenes Zeitalter« schildert, um im Exil u.a. zeigen zu können, was Israel an Heilssetzungen verloren hat, trägt DtrS - wie in Jos 1 - die direkte gegenwärtige Situation in die Texte ein. Der rechte Dienst Jahwes, Warnung vor den Fremdgöttern und neue Inbesitznahme des Landes sind zentrale Themen der nachexilischen Zeit (siehe Punkt 6.3).

3.11 Die Intention von Jos 23 DtrS

3.11.1 Die von DtrS verwendeten Formelemente

3.11.1.1 Jos 23 als »Abschiedsrede«

Die alttestamentliche Forschung neigt überwiegend dazu, Jos 23 als »Abschiedsrede« zu bezeichnen[376]. Die einzige *gründliche* Untersuchung zu

---

376 Noth, Josua, 2. Auflage, S. 133; Hertzberg, Josua, S. 127; Görg, Josua, S. 102; Weinfeld, Deuteronomy, S. 10ff; Fritz, Josua, S. 277ff u.a.
Baltzers These der Herleitung aus dem Bundesformular ruft zu große Schwierigkeiten hervor, um noch plausibel zu sein: Er will den Aufbau des Textes aus dem »Bundesformular« herleiten. Dieses Formular ist "ganz in eine Predigt Josuas hineingearbeitet. Diese Predigt gewinnt aber mit der ausgesprochenen Beziehung auf seinen Tod den Charakter einer Abschiedsrede, eines Vermächtnisses Josuas" (Baltzer, Bundesformular, S. 73). Diese Verbindung zwischen dem »Bundesformular« und dem bevorstehenden Tod einer Führungsperson Israels sei nicht eine spätere literarische Rekonstruktion, sondern ist aus dem Sitz im Leben des »Bundesformulars« zu begründen. Baltzer beruft sich dabei auf hethitische Vasallenvertragsformulare, die bei der Einsetzung eines Vasallen durch einen Großkönig eine doppelte Vereidigung kennen: "einmal die des Vasallen auf den Großkönig, zum anderen die des "Landes" auf den Vasallen" (S. 86f). Diese doppelte Vereidigung meint er in 2 Kön 11,17 wiederzufinden: Sowohl zwischen Jahwe einerseits und König und Volk andererseits als auch zwischen Volk und König. Nun vermutet Baltzer, daß in Israel der regierende Amtsinhaber seinen Nachfolger noch zu seinen Lebzeiten in sein Amt eingesetzt habe und es dabei eben zu der gerade berichteten doppelten Vereidigung zwischen Jahwe, Volk und König gekommen sei. Daraus erklärt sich dann nach Baltzer auch die Verbindung von Tod des Anführers (Abschied Josuas) und Bund in Jos 23. Dieser Herleitung der Abschiedsrede in Jos 23 aus dem »Bundesformular« schloß sich unter anderem Soggin an (Soggin, Joshua, S. 218). Baltzers These blieb jedoch nicht unwidersprochen: Mit Butler ist darauf hinzuweisen, daß Josua in Jos 23 keinen Nachfolger bestellt (Butler, Joshua, S. 253) und eine Erneuerung des Bundes nicht thematisiert wird. Abgesehen von den Problemen, die aus der These der Zusammengehörigkeit von Bundesformular und Bestimmung eines Nachfolgers resultieren, hat Baltzer erhebliche Schwierigkeiten, in Jos 23 überhaupt die zentralen Elemente der Gattung »Bundesformular« in genügender Anzahl zu finden. Da Baltzer nicht alle wichtigen Elemente des »Bundesformulars« in Jos 23 bestimmen kann - es fehlen z.B. der Segen und die Anrufung Jahwes - versucht er die fehlenden Elemente aus verschiedenen Teilen des Textes zu erklären: Für V.9f nimmt er an, daß sich dahinter eine ursprüngliche Segensformel verbirgt. In V.10 sieht er eine Anrufung Jahwes, die zum Bekenntnis wird. Die Einzelgebote des Vertragsformulars meint er in den (nur) vier mit לא eingeleiteten Verboten zu erkennen. Das Fehlen weiterer Einzelgebote erklärt er damit, daß in V.6 alles zum Verständnis Nötige zusammengefaßt ist (Baltzer, Bundesformular, S. 71ff). Die These der Gattung des »Bundesformulars« für Jos 23 kann - im Gegensatz zur Gattung »Abschiedsrede« bzw. »Testament« - zu viele Abweichungen des Textes nicht recht erklären und ist damit nicht mehr plausibel. Von Nordheim hat Baltzer widersprochen, daß sich die Gattung des von ihm ermittelten

dem in Jos 23 reflektierten Strukturphänomen wurde durch von Nordheim geliefert, der jedoch statt der Bezeichnung »Abschiedsrede« die Terminologie »Testament« gebraucht und von einer literarisch fiktiven Gattung ausgeht, deren Sitz im Leben die Weisheit ist: Neben gattungsverwandten Texten im mesopotamischen und ägyptischen Kulturkreis hat das »Testament« vor allem in 1 Kön 2; Gen 49-50[377]; Dtn 31-34 und Jos 23 sowie in der apokryphen Literatur des AT[378] und in den Testamenten der zwölf Patriarchen seinen Niederschlag gefunden. Im »Testament« zieht der alt gewordene Mensch Beobachtungen aus seinem Leben und vertraut sie den Jüngeren als Mahnungen, Ratschläge und Erfahrungen an. "Als Mittel zur Durchsetzung seiner Mahnreden steht ihm nichts anderes zur Verfügung, als zu erklären und immer wieder nachzuweisen, daß laut aller einschlägigen Erfahrung der unter dem Wohlwollen Gottes lebt, der diese Worte beherzigt, daß der aber, der ihnen zuwiderhandelt, ins Verderben gerät"[379]. Die Einzelelemente des »Testaments« bestimmt von Nordheim folgendermaßen[380]:

Anfangsrahmen:
Hinweis auf den bevorstehenden Tod / Situation / Adressat / Altersangabe / Hinweis auf den bevorstehenden Tod / Redeeinleitungsformel
Mittelteil:
Rückblick auf die Vergangenheit / Verhaltensanweisung / Zukunftsansage
Schlußrahmen:
Redeabschlußformel / Bestattungsanweisungen */Tod[381] / Bestattung /* Trauer

---

»Testaments« aus der Gattung des Bundesformulars ableiten läßt. Beide unterscheiden sich vor allem im Verständnis der Funktion der Geschichte und des geschichtlichen Rückblicks. Im »Testament« hat die Geschichte, anders als im Bundesformular, keine prägende Kraft. "Sie ist nur Material für die eigene Erkenntnis, leuchtendes oder auch abschreckendes Vorbild" (von Nordheim, Die Lehre der Alten II, S. 90f). Beide Gattungen sind vielmehr voneinander unabhängig. Trifft diese Beurteilung von Nordheims allgemein zu, ist sie jedoch für Jos 23 überaus problematisch, da das Element der Geschichte in diesem spätdtr Text einen anderen Stellenwert hat, als ihn von Nordheim für die Gattung Weisheit sehen will. Die These Baltzers läßt sich jedoch auch ohne von Nordheims Beobachtungen aufgrund der genannten Argumente widerlegen.

377 Der Jakobssegen weist allerdings am wenigsten die Form des »Testaments« auf: Von Nordheim, Die Lehre der Alten. II, S. 144.
378 1 Makk 2,49-70; Tob 4; 14,3-11
379 A.a.O., S. 90
380 Kursiv und fett gedruckte Elemente sind in Jos 23; 24,29f enthalten. Von Nordheim, Die Lehre der Alten. II, S. 149.
381 Der Bericht des Todes findet sich nicht in Jos 23 DtrS, sondern lag dem spätdtr Verfasser von Jos 23 mit Jos 24,29-31 DtrH vor.

Folgende von ihm angeführte Gründe verdeutlichen, daß die Gattung des »Testaments« als eine rein literarische Gattung zu verstehen ist: Alle untersuchten Testamente waren von Anfang an schriftlich und pseudonym abgefaßt. "Die Autorität des Redenden war nur „geliehen", um dem Inhalt der Schrift mehr Nachdruck zu verleihen. Die Anweisungen und Ratschläge waren in der Regel nicht auf eine besondere, einmalige Situation bezogen oder an die Person des Redenden gebunden, sondern betrafen immer wiederkehrende Problemfälle des Lebens oder der Amtsführung. ... Diese Testamente und Lehren waren Literatur"[382]. Denkbar ist, daß Einzelinhalte mündlich überliefert wurden. Die Stilisierung als Testament ist jedoch bewußter Entwurf ihrer Verfasser. Das »Testament« erweist sich damit als reine Literaturgattung[383].

Da sich in der exegetischen Forschung auch einige Vorschläge zur Definition der Gattung »Abschiedsrede« finden, ist auf diese für einen Vergleich mit der von Nordheim bestimmten Gattung des »Testaments« kurz einzugehen:

Schäfer-Lichtenberger bestimmt aus dem Vergleich von Dtn 1-3; 31; Jos 23; 1 Sam 12 und 1 Kön 2,2-9 folgende Punkte als charakteristisch für eine »Abschiedsrede«: Einleitender Hinweis auf das Redemotiv (das nahende Ende des Redners) / die Skizzierung der guten Erfahrungen Israels mit JHWH / die Verheißung des über den Tod des Redners hinausgehenden Beistandes JHWHs / die Mahnung, die Tora zu halten[384]. Roloff hat im Rahmen seiner Auslegung zur Abschiedsrede des Paulus in Milet Apg 20,17-38 das Deuteronomium sowie Gen 47,29-49,33; Jos 23,1-24,30; 1 Sam 12,1-25; Tob 14,3-11; 1 Makk 2,49-70; Jub 20,1-10; 21,1-25; 22,7-30; 4 Esr 13 und syrBar 31-34 verglichen und folgende Motive der Gattung »Abschiedsrede« feststellen können[385]: Konstatierung der Todesnähe / Versammlung der Zuhörer / Paränese / Prophetischer Ausblick auf die Zukunft / Selbstentlastung des Sterbenden / Tod bzw. Entrückung.

Nachdem Roloff und Schäfer-Lichtenberger jeweils verschiedene Strukturelemente für eine Gattung »Abschiedsrede« bestimmen, müssen die einzelnen Gattungselemente auf ihr Vorkommen in den von Roloff und Schäfer-Lichtenberger herangezogenen alttestamentlichen Texten untersucht werden (Im folgenden beziehe ich mich nur auf die alttestamentlichen Texte, nicht auf die von Roloff herangezogenen Texte außerhalb des Kanons). Die von Schäfer-Lichtenberger vorgeschlagenen Punkte »die Verheißung des über den Tod des Redners hinausgehenden Beistandes JHWHs« und »die Mahnung, die Tora zu halten« fasse ich unter den von Roloff vorgeschlagenen Motiven »Paränese« und »prophetischer Ausblick« zusammen. Die Punkte »Versammlung der Zuhörer« und »Konstatierung der Todesnähe« sind als fester Bestandteil der »Abschiedsrede« anzusehen (Gen 47,29; Dtn 31,1ff; Jos 23,1f; 1 Sam 12,1ff - wobei die Versammlung der Zuhörer in 1 Sam 11,15 vorausgesetzt ist - 1 Kön 2,1f). Weiterhin enthalten die Abschiedsreden einen paränetischen Teil:

---

382 A.a.O., S. 146
383 Von Nordheim, Die Lehre der Alten II, S. 92f
384 Schäfer-Lichtenberger, Josua, S. 216
385 Roloff, Apostelgeschichte, S. 302

Gen 47,29f; Dtn 31,5(f); Jos 23,6-8.11-13; 1 Sam 12,14f.20f.24; 1 Kön 2,3-9. Der von Roloff vorgeschlagene Punkt der »Selbstentlastung« kommt im Alten Testament nur in 1 Sam 12,3ff (und 1 Chron 29,2-5) vor und wird erst in späteren Texten wie Jub 21,2f etc. wichtig. Der Bericht des Todes bzw. der Entrückung erscheint als »Anhang« zur eigentlichen Rede: Gen 49,33; Dtn 34,4f.; Jos 24,30 DtrS; 1 Kön 2,10. Der prophetische Ausblick auf die Zukunft kommt in Gen 48f; Dtn 31,3-4.6-8; Jos 23,5.10.12-13.15f; 1 Sam 12,15.22.25 und 1 Kön 2,4 vor, fehlt aber in Gen 47. Die Skizzierung der guten Erfahrungen Israels mit JHWH steht in Dtn 1-3; Jos 23,3f.14b; und 1 Sam 12,8-12. Sie fehlt in Gen 47 und 1 Kön 2, wobei beide Texte die Abschiedsrede innerhalb einer Familie darstellen. Das Motiv der »Skizzierung der guten Erfahrung Israels mit Jahwe« ist damit nur für Abschiedsreden vor dem versammelten *Volk* charakteristisch. Dieses Motiv will ich - wie bisher in meiner Arbeit - »geschichtlicher Rückblick« nennen.

Jos 23 erweist sich damit in allen Elementen als Abschiedsrede:

- Versammlung der Zuhörer V.2a
- Konstatierung der Todesnähe V.1b.2b.14a
- geschichtlicher Rückblick V.3.4.9.14bβ-15a
- Paränese V.6-8.11.14bα
- prophetischer Ausblick auf die Zukunft V.(4).5.10.12-13.15-16
- [Bericht des Todes Jos 24,29-31DtrH]

Vergleicht man die soeben bestimmten Elemente der Gattung »Abschiedsrede« mit denen des »Testaments«, so fällt auf, daß die durch von Nordheim bestimmten Elemente die Form von Jos 23 nur etwas ausführlicher beschreiben als die der »Abschiedsrede«, ansonsten aber »Abschiedsrede« und »Testament« dieselbe Form im Blick haben, zumal die von Roloff untersuchten Texte fast alle in den Untersuchungen von Nordheims vorkommen.

Als problematisch erweist sich jedoch von Nordheims These, daß der Sitz im Leben der Literaturgattung »Testament« die Weisheit ist[386]. An dieser Stelle sind zumindest für Jos 23 abweichende Beobachtungen zu machen: Die im »Testament« gegebenen Verhaltensanweisungen werden nach von Nordheim aus Beobachtungen der Natur und der Erfahrung der älteren Generation begründet[387]. In Jos 23 hingegen werden die Mahnungen Josuas zwar auch

---

386 Von Nordheim, Die Lehre der Alten II, S. 92f. Zur Definition von Weisheit bei von Nordheim siehe die folgende Fußnote.

387 A.a.O., S. 90. Von Nordheim führt die Form des »Testaments« deshalb auf die Weisheit zurück, weil die Art und Weise der Mahnungen rational begründet ist. "Sie wendet sich an Leute, die Verstand besitzen und willens sind, ihn auch zu gebrauchen... Man könnte die Weisheit geradezu egozentrisch nennen; denn jeder, der weisheitlich

aus dessen Erfahrungen abgeleitet, allerdings bilden der Erfahrungsinhalt die *geschichtlichen* Machterweise Jahwes und sein *geschichtsmächtiges* Wort Jos 23,14 (siehe auch Punkt 3.11.1.2.2). Das in Geschichte Heil und Unheil wirkende Wort Jahwes ist der eigentliche Grund für die Mahnungen Josuas. Mag sich die literarische Gattung »Testament« auf weisheitliche Kreise zurückführen lassen, der spätdeuteronomistische Verfasser von Jos 23 ist ihnen in der Betonung des die Geschichte bestimmenden Wortes Jahwes kaum zuzuordnen. Hinter Jos 23 verbirgt sich offensichtlich spätdeuteronomistische Schriftgelehrsamkeit, die auch die Kenntnis von literarischen Gattungsformen der Weisheit voraussetzt und diese adaptieren kann.

Die von Roloff vorgeschlagene Bestimmung des Sitzes im Leben für die »Abschiedsrede«, wobei die Bezeichnung »Abschiedsrede« dasselbe Gattungsphänomen wie von Nordheims »Testament« meint, ist nicht auf die israelitische Weisheit beschränkt, sondern versucht den soziokulturellen Hintergrund grundsätzlicher zu fassen. Damit ist sie für die Beschreibung der Intention von Jos 23 besser geeignet als der durch von Nordheim bestimmte Sitz im Leben: "Der Sitz im Leben der Abschiedsrede ist die geschichtliche Ortsbestimmung der Institution bzw. Gruppe durch die Besinnung auf das ihr anvertraute Erbe... Die nachgeborene Generation gelangt zum Verständnis ihres eigenen Standorts, indem sie sich darüber Rechenschaft leistet, wie weit sie durch das Erbe der Vergangenheit bestimmt ist und was sie von diesem Erbe in der Zukunft zu bewahren vermag"[388]. Mit Roloff will ich an der Terminologie »Abschiedsrede« festhalten.

3.11.1.2 Die Funktion der Elemente der »Abschiedsrede« in Jos 23

3.11.1.2.1 Die rahmenden Motive

Die Elemente »Versammlung der Zuhörer« V.2, »Konstatierung der Todesnähe« V.1b.2b.14a und »Bericht des Todes« Jos 24,29-31 (DtrH) haben rahmende Funktion, indem sie die äußeren Umstände dieser Abschiedsrede angeben und kennzeichnen. Dadurch wird Jos 23 DtrS zur »hermeneutischen Brille« von Jos 24* DtrH und gibt der »fiktiven Verpflichtungsszene« in Jos 24

---

denkt, bezieht zunächst einmal alles, was in seinem Volk, in der Natur, im gesamten Kosmos geschehen ist und noch geschieht, auf sich selbst. Stark überspitzt könnte man sagen: Der Weise und seine Erkenntnisfähigkeit sind der Mittelpunkt der Welt.... Doch liegt es ganz allein an ihm, diese Weltordnung zu durchschauen und sie auf sein Leben zu beziehen" (S. 90).

388 Roloff, Apostelgeschichte, S. 302

nun selbst den Charakter einer »Abschiedsrede«, den diese vorher noch nicht hatte.

3.11.1.2.2 »Geschichtlicher Rückblick« und prophetischer Ausblick«

Die »geschichtlichen Rückblicke« in V.3.4.9.14bβ-15a haben in Jos 23 stets dienende Funktion: Sie stehen vor dem verheißenden »prophetischen Aus- blick« in V.5.10 bzw. vor dem drohenden »prophetischen Ausblick« in V.15b[389]. Der »geschichtliche Rückblick« steht in Jos 23 nie direkt vor »Paränesen« sondern immer nur in Verbindung mit dem »prophetischen Aus- blick«. Diese Verbindung des Motivs »geschichtlicher Rückblick« mit dem Motiv »prophetischer Ausblick« hat in Jos 23 demzufolge die Funktion, die Kontinuität des geschichtlichen Handelns Jahwes, das in der Vergangenheit Israels begann, auch für die Zukunft zu bezeugen. Die Erfahrung seines Le- bens, die Josua an Israel weiterzugeben hat, beruht auf der geschichtlichen Kontinuität des Wirkens Jahwes und legt damit Israel zwei Alternativen vor: Israel hat die Möglichkeit, die gute Geschichte mit Jahwe unter seiner Verhei- ßung fortzusetzen V.3-5, oder aber es erfährt unter Jahwe eine böse Zukunft mit derselben Konsequenz, wie es eine gute Vergangenheit erlebt hat. »Geschichtlicher Rückblick« und »prophetischer Ausblick« korrespondieren durch das geschichtsmächtige Wort Jahwes miteinander und sind Grundlage der Mahnungen Josuas an Israel.

3.11.1.2.3 Die »Paränesen«

Von Nordheim hattte den Sitz im Leben des »Testaments« bzw. der »Abschiedsrede« in der Weisheit verankert, da der geschichtliche Rückblick den Mahnungen bzw. den Paränesen untergeordnet ist, in denen die "Begründung seiner Verhaltensanweisungen in der Beobachtung der Ordnung der Natur und in der Erfahrung der älteren Generationen" gesucht werden[390]. In Jos 23 hingegen sind Lebenserfahrung Josuas und Inhalt des geschichtli- chen Rückblicks quasi deckungsgleich, da sie beide Jahwe bzw. sein Wort als Herrn der Geschichte Israels bekennen. Die Erfahrung, die Josua weitergibt, hat ihren Grund somit in der Geschichte, die von Jahwe bestimmt und gesteu- ert wird. Dies spricht dagegen, hinter den spätdeuteronomistischen Verfassern weisheitliche Kreise zu vermuten, die ihre Paränesen aus Einsicht in Vorgänge

---

389 Allerdings dient der geschichtliche Rückblick - falls man dies bei der Knappheit von V.15a überhaupt so nennen kann - als Teil eines Vergleichs.

390 Siehe von Nordheim, Die Lehre der Alten. II, S. 89.

der Natur o.ä. ableiten[391]. Die »Paränese« in V.6-8 ist Folge von Gottes Handeln in der Geschichte und seiner Verheißung für die Zukunft Israels V.3-5. Ebenso folgt die »Paränese« in V.11-13 auf den »geschichtlichen Rückblick« und die Verheißung in V.9-10. Gottes Forderungen an sein Volk Israel werden somit aus der Erfahrung mit seinem vergangenen und zukünftigen Handeln in der Geschichte Israels begründet. In V.14bβ hingegen folgt ein »geschichtlicher Rückblick« einer »Paränese«. Der »geschichtliche Rückblick« wird zum Gegenstand der Paränese. Diese beobachtete zentrale Position der Paränesen in Jos 23 wird für die Frage nach der zentralen Aussage des Textes wichtig sein.

3.11.1.2.4 Die »Paränese« als zentrales Motiv von Jos 23

Von Nordheim hat dargelegt, daß ein »Testament« bzw. eine »Abschiedsrede« die Absicht hat, die nachfolgende Generation zu ermahnen und von einem bestimmten Lebensweg zu überzeugen[392]. Zu ähnlichen Aussagen kommt Roloff. Im folgenden ist nun für Jos 23 zu fragen, welches der drei Motive »geschichtlicher Rückblick«, »prophetischer Ausblick« und »Paränese« die beherrschende Stellung innehat. Dazu fällt folgendes auf: Jos 23 läßt sich - abgesehen von den rahmenden Versen - in zwei Abschnitte aufteilen: Abschnitt I: V.2b-13 und Abschnitt II: V.14-16. Diese Aufteilung ist dadurch gerechtfertigt, daß Josua in V.14 mit dem Hinweis auf sein bevorstehendes Ende in seiner Rede neu ansetzt. Dieser »Einschnitt« in der Rede Josuas wird auch dadurch markiert, daß die bisherige Struktur »geschichtlicher Rückblick« - »prophetischer Ausblick« - »Paränese« verlassen wird und V.14 nun wiederum mit einer Paränese einsetzt. In Abschnitt I haben die Paränesen deutlich die zentrale Stellung inne, da sie jeweils als Folgen des geschichtlichen Handelns Jahwes dargestellt werden. In Abschnitt II ergibt sich nur scheinbar ein anderes Bild: Durch die Paränese in V.14bα wird das Wissen des Wirkens Jahwes in der Geschichte V.14bβ -14bε selbst zum Gegenstand der Paränese. V.14 bildet mit V.15f eine Sinneinheit. Die Paränese in V.14bα und der geschichtliche Rückblick in V.14b und 15aβ-γ haben dienende Funktion für den drohenden prophetischen Ausblick in 15bα -16. Nun ist allerdings darauf hinzuweisen, daß der prophetische Ausblick konditioniert ist. Die Drohungen werden nur eintreten, wenn Israel den Mahnungen Josuas nicht gehorcht. Wenngleich in diesem zweiten Abschnitt der drohende prophetische Ausblick

---

391 Siehe oben, Punkt 3.11.1.1.
392 A.a.O., S. 90

in den Vordergrund tritt, so wird er dennoch von den Paränesen Josuas regiert. Sowohl in Abschnitt I als auch in Abschnitt II von Jos 23 haben die Paränesen die zentrale Stellung inne. Zu ihrer Begründung verweist Josua auf
seine Erfahrungen mit Jahwe, die sich mit den Erfahrungen der angesprochenen Generation Israels decken: Gott hat an Israel in der Vergangenheit ge-
schichtsmächtig gehandelt und Israel Lebensraum verschafft. Gott wird sich
auf jeden Fall weiterhin als Herr der Geschichte an Israel als mächtig erweisen.
An Israels Verhalten zu den Mahnungen Gottes wird sich entscheiden, ob Gott
gut oder böse an Israel handeln wird. Israel werden damit zwei Alternativen
vorgelegt[393], die wie »geschichtlicher Rückblick« und »prophetischer Ausblick« von der Einsicht in das geschichtsmächtige Handeln Jahwes bestimmt
sind.

3.11.1.2.5 Zusammenfassung zur Funktion der Einzelelemente

Die Untersuchung hat ergeben, daß »geschichtlicher Rückblick« und
»prophetischer Ausblick« stets eine Einheit bilden, um die Kontinuität des
Handelns Jahwes sowohl in der Vergangenheit als auch der Zukunft Israels zu
bezeugen. Josua und Israel haben die Erfahrung gemacht, daß Jahwe seine
Verheißungen treu erfüllt hat, solange sie gehorsam gewesen sind. Diese Erfahrung der Treue Jahwes ist zugleich Grundlage für die Hoffnung, daß Jahwe
auch in Zukunft treu sein wird - wenn Israel gehorsam bleibt. Letzter Grund
für die Erfahrung der Treue Jahwes und Hoffnung auf die Zukunft ist jedoch
das geschichtsmächtige Wort Jahwes V.14. Israel hat es nötig, zur Treue ermahnt zu werden. Sowohl in den Versen Jos 23,2-13 als auch in Jos 23,14-16
haben die Paränesen eine beherrschende Stellung inne. Josua mahnt Israel zum
Gehorsam, damit Israel eine gute Zukunft unter Jahwe haben wird, so wie es
eine gute Vergangenheit hatte. Josua und Israel haben die Treue Jahwes erfahren, als sie ihm gegenüber gehorsam waren. Der drohende prophetische Ausblick in V.15bα -16 hat zwar den unheilvollen Gang der folgenden Geschichte
Israels nach dem Tod Josuas im Blick, der mit der Vernichtung Israels und
Verlust des von Gott gegebenen Landes endet. Der Schwerpunkt von Jos 23
liegt aber nicht so sehr in einer »Ätiologie« der unheilvollen Geschichte Israels, wie sie etwa in Texten von DtrH vorliegt, sondern in den Paränesen, die
Israel eine gute Zukunft ermöglichen sollen.

---

393 Dies erinnert an die Gattung Alternativpredigt. Siehe für 1 Sam 12 Punkt 4.4.1.7.

3.11.2 Die Beschreibung der Intention von Jos 23 DtrS

Die unter Punkt 3.11.1.1 gemachte Beobachtung, daß der spätdtr Verfasser aufgrund der intensiven Betonung des geschichtsmächtigen Wortes Jahwes für Vergangenheit und Zukunft Israels nicht weisheitlichen Kreisen zugeordnet werden kann, wurde in der Beschreibung der Strukturelemente weiter bestätigt. Die allgemeine Bestimmung des Sitzes im Leben der »Abschiedsrede« bei Roloff, die nicht notwendig eine exklusive Beziehung zur israelitischen Weisheit nahelegt und dem Element der Geschichte, wie in Jos 23 gegeben, eine größere Bedeutung zukommen läßt, ist zur Ermittlung der Intention von Jos 23 somit besser geeignet. Die Rechenschaft der Hörer soll nach Roloff in doppelter Weise erfolgen: Einmal ist das Geschehen der Vergangenheit aus dem mitgegebenen Erbe zu bewerten. Zweitens ist zu fragen, wie mit diesem Erbe die Zukunft gestaltet werden soll. Die Aussage von Jos 23 ist also jeweils auf die gegenwärtige Situation der Adressaten zu beziehen. Aus von Nordheims Beobachtungen zur Gattung des »Testaments« bzw. der »Abschiedsrede« ist hier zu ergänzen, daß die Frage nach dem Geschehen der Vergangenheit nicht gleichwertig neben der Frage nach der Gestaltung der Zukunft steht, sondern nur eine untergeordnete Rolle spielt. Die Gestaltung der Zukunft hat in Jos 23 die Priorität. DtrS will mit Jos 23 seine Hörer und Leser dazu bewegen, über ihre gegenwärtige Situation nach den Vorgaben von Jos 23 Rechenschaft zu geben. Darüber hinaus hat DtrS aber nicht nur seine Zeitgenossen im Blick, sondern Israel als Volk Jahwes überhaupt, durch alle Zeiten hindurch. Das ergibt sich aus dem »Zeugnis« von DtrS, daß diese Rede von Josua nach Abschluß der Landnahme gehalten wurde und seit jeher ein Maßstab für Israel ist. Die Aussage von Jos 23 hat eine gewisse zeitlose Gültigkeit, wobei DtrS natürlich die Adressaten seiner Zeit besonders im Blick hat. Der *»Rechenschaftsbericht« über die Vergangenheit*, zu dem DtrS seinen Zeitgenossen verhelfen will, hängt mit dem Element des drohenden »prophetischen Ausblicks« V.14-16 zusammen. Da das Auftreten von DtrS nachexilisch zu datieren ist, wird die Katastrophe des Exils wie folgt noch einmal in den Blick genommen: »So wie Jahwe vormals bei der Eroberung des Landes zu seinen guten Verheißungen gestanden ist und sie erfüllt hat, so hat er auch seine Drohungen über Israel erfüllt, weil Israel seinen Mahnungen nicht gehorcht und den Bund gebrochen hat, indem es andere Götter verehrte«. Die Adressaten von Jos 23 sollen erkennen, daß Jahwe vor diesem Verlauf der Geschichte von Anbeginn des Lebens Israels im Lande gewarnt hat. Die Zerstörung Israels und der Verlust des Landes ist Strafe Jahwes für den Ungehorsam seines Volkes. Israel lebt nun unter den Völkern. Ändert Israel seine Gesinnung nicht, dann wird sich das von Jahwe gewirkte Unheil für Israel fortsetzen. Erst wenn diese Ereignisse der unmittelbaren Vergangenheit verarbeitet sind, ist die Gestaltung der Zukunft möglich. Anders als bei DtrH hat die Erklärung der Vergangenheit bei DtrS nur untergeordnete Funktion. Aufgrund der zentralen Position der Paränesen steht das erfolgreiche *Gestalten der Zukunft* in Jos 23 im Mittelpunkt. Dieses kann demnach nur darin bestehen, umzukehren und die in Jos 23 formulierten Mahnungen Gottes zu befolgen (dies wird vor allem durch V.14 verdeutlicht »Israel soll aus der Geschichte mit Jahwe lernen«): Das Halten und Tun der Gebote des Gesetzes Moses V.6aδ/ sich nicht mit fremden Völkern einlassen V.7a, unter denen Israel leben muß, und ihre Götter nicht verehren V.7b / sondern an Jahwe anhängen V.8a / Jahwe lieben V.11 / den Bund nicht brechen V.16 / erkennen, daß Jahwe sowohl sein gutes als auch sein böses Wort erfüllt (Lernen aus der Geschichte) V.14bα.

Nun werden in Jos 23 die Mahnungen zur Treue an Jahwe nicht aus Naturbeobachtungen abgeleitet, sondern als Folgerungen der Erfahrungen Josuas und Israels mit dem Handeln Jahwes in der Geschichte und dem geschichtsmächtigen Wort Jahwes dargestellt[394]. Dieses geschichtsmächtige Wort Jahwes enthält auch unerfüllte Verheißungen, die an die Paränesen gekoppelt sind: Jahwes Versprechen, die restlichen Völker zu vertreiben V.5a / Israel wird das Land dieser Völker in Besitz nehmen V.5b / Jahwes Dabeisein und Israels Unbesiegbarkeit V.10. Nachdem die Zeitgenossen von DtrS das Exil als Strafe Jahwes über ihren Ungehorsam und den ihrer Vorfahren erkannt haben, können sie sich nun daran machen, aus den Versäumnissen der Vergangenheit zu lernen und neu nach Jahwes Geboten zu leben. Dann kann »Israel« zur Zeit von DtrS die Hoffnung haben, daß es Befreiung von den fremden Völkern erfahren wird, unter denen es leben muß, und neu das (alte) Land einnehmen kann, solange es nur die Gebote und Mahnungen Jahwes erfüllt. Diese Hoffnung gründet sich auf der Erfahrung, die Josua und seine Generation mit Jahwe gemacht haben, und den noch unerfüllt gebliebenen Verheißungen des geschichtsmächtigen Gottes. Ziel des spätdtr Verfassers von Jos 23 DtrS ist somit, den Glauben an Jahwe und sein mächtiges Wort zu stärken. Diese Betonung des Glaubens an Jahwe und seine Verheißungen konnte H.-C. Schmitt als ein zentrales Anliegen spätdeuteronomistischer Kreise plausibel machen[395].

---

394 Dies ist ein weiterer Grund, die Terminologie »Abschiedsrede« statt »Testament« für Jos 23 beizubehalten.

395 Siehe z.B. H.-C. Schmitt, Redaktion, S. 170ff; ders. Meerwundererzählung, S. 149ff.

3.11.3 Die Intention von Jos 23 DtrS im Verhältnis zu Jos 24

Jos 23 DtrS ist redaktionsgeschichtlich jünger als Jos 24* DtrH, aber älter als die spätdtr Zusätze Jos 24* DtrS. Im folgenden ist nun zu fragen, wie sich die Aussagen des Komplexes Jos 23-24 auf der jeweiligen redaktionsgeschichtlichen Stufe verändern. DtrH formte mit Jos 24* einen Text, dessen Höhepunkt die Verpflichtung des Volkes auf Jahwe ist V.18b.25. Damit wird das einmalige ungetrübte Verhältnis zwischen Jahwe, Josua und Israel während der für DtrH bereits vergangenen Zeit der Landnahme dargestellt. Während für Jos 24* DtrH die Josua-Epoche Vergangenheit ist und von DtrH vor allem als »Kontrastmittel« zur Zeit des Abfalls und der Exilssituation dargestellt wird, trägt DtrS mit Jos 23 und der Wahl der Gattung »Abschiedsrede« einen direkten, nicht nur auf Kontrast beruhenden Gegenwartsbezug für seine Hörer her: Das Erbe Israels aus der Landnahmezeit ist die Erkenntnis des geschichtsmächtigen Wortes Jahwes, dessen strafende oder heilvolle Wirkung direkt mit dem entsprechenden Verhalten Israels korrespondiert. Aber nicht nur die Wahl der Gattung »Abschiedsrede« stellt die Bedeutung für die gegenwärtige Hörerschaft von Jos 23 DtrS heraus, sondern auch die Ablehnung der von DtrH gezeichneten »Idealsituation« der vollständig gelungenen Landnahme durch Jos 23 DtrS. Wie damals Josua, so steht auch »Israel« zur Zeit von DtrS vor der Situation, daß ihm das von Jahwe verheißene Land nicht (vollständig) gehört. Das neue Element des Toragehorsams schlägt, wie Jos 23 gezeigt hat, damit eine Brücke zu den Hörern der spätdtr Verfasser und wird zum grundsätzlichen Kriterium für Hoffnungen auf ein neue bzw. weitere Landnahme nach dem Exil. Als Abschiedsrede Josuas eröffnet Jos 23 den Weg Israels in die (nachexilische) Zukunft: Vertrauen auf die Verheißungen Jahwes und Hinwendung zur Tora, die vor allem durch Abkehr von fremden Göttern realisiert wird. Jos 23 DtrS und die spätdtr Ergänzungen zu Jos 1* DtrH, vor allem V.7-8(9), überwinden durch die Verbindung von Toragehorsam und Erfüllung der Verheißungen Jahwes die von DtrH geschaffene Darstellung, daß die Zeit der erfolgreich verlaufenen Landnahme und der ungetrübten Jahwebeziehung Vergangenheit sei. Vertrauen auf die Verheißung Jahwes und neue Hinwendung zur Tora sind Grund für die Hoffnung auf ein neues, heilvolles Eingreifen Jahwes, das darin besteht, daß Jahwe die Völker, unter denen Israel leben muß und die Israel ständig zum Götzendienst verleiten, vertreiben wird.

Eine weitere spätdtr Hand, die jünger als die von Jos 23 DtrS ist, nimmt Ergänzungen an Jos 24* DtrH vor. Die Absicht des spätdtr Verfassers von Jos 23, mit diesem Text die gegenwärtige Situation durch Voranstellen vor

Jos 24* DtrH in die Landnahmezeit einzutragen, wird von dem spätdtr Redaktor von Jos 24* konsequent zu Ende geführt, indem er sowohl das bereits von Jos 23 DtrS problematisierte DtrH-Geschichtsbild eines »goldenen Zeitalters« in Jos 24* durch Betonung der Sündhaftigkeit Israels und der Notwendigkeit exemplarisch/stellvertretender Jahwegläubiger weiter zerstört, als auch die in Jos 23 so wichtigen Paränesen an die gegenwärtigen Hörer weiter durch seine theologischen Aussagen modifiziert: Die Perspektive ist »nach innen« gerichtet: Israel wird nun vor allem mit dem Problem seiner Sündhaftigkeit konfrontiert. Die Frage nach der Zukunftsgestaltung Israels trotz seiner bleibenden Sündhaftigkeit fand in Jos 24 eine erste Antwort durch den Verweis auf den bzw. die exemplarischen, stellvertretenden Frommen wie Josua oder die Ältesten (Jos 24,15; Ri 2,7 DtrS, in Verbindung mit Jos 24,31 DtrH) und wird in 1 Sam 12 und den spätdtr Passagen von 1 Kön 8 weiter expliziert werden.

4. Kapitel: 1 Samuel 12

4.1 Forschungsgeschichtlicher Überblick zu 1 Sam 12

4.1.1 Vorbemerkung

1 Sam 12 gehört zu dem Textkomplex 1 Sam (7)8-12, der über die Entstehung des Königtums in Israel berichtet. Seit Wellhausens[1] Stellungnahme zu 1 Sam 8-12 haben sich in der Forschung drei unterschiedliche Hypothesen zur Analyse von 1 Sam 8-12 durch die Exegeten Weiser (Punkt 4.1.2), Noth (Punkt 4.1.3), und Veijola (Punkt 4.1.4) herausgebildet. Diese Untersuchung hat sich vor allem auf 1 Sam 12 zu konzentrieren. Deshalb werden in der folgenden Forschungsgeschichte diese drei exegetischen Richtungen in Bezug auf 1 Sam 12 dargestellt[2]. Die Verbindung von 1 Sam 12 zu seinem Kontext in 1 Sam (7)8-11 wird in den Fußnoten behandelt[3]. Am Kontext interessiert vor allem der exegetische Umgang mit 1 Sam 8-12, d.h. das Aufteilen in bestimmte Schichten und Überlieferungen sowie ihre Zuweisung an Verfasser und Tradenten[4].

---

1   Wellhausen stellte fest, daß in 1 Sam 8-12 zwei Versionen über die Entstehung des Königtums Sauls existieren: Die eine Version in 1 Sam 7; 8; 10,17-27 und *12* ist königskritisch (Wellhausen, Composition, S. 240f). Deren Verfasser versteht die Bitte der Ältesten um einen König als "Vorwand für ihr Gelüste, die göttliche Herrschaft abzuschütteln und zu werden, wie die Heiden" (S. 241) und ist mit dem dtr Redaktor zu identifizieren (S. 243). Die andere, dem Königtum gegenüber positiv eingestellte Version, ist in 1 Sam 9,1-10,16 und 11 zu finden. Das Königtum Sauls wird in ihr als von Jahwe geschenkte Rettung aus der Bedrohung der Philistergefahr verstanden (S. 242).

2   Die ältere »Heptateuch-Hypothese«, die besagt, daß die Quellenschichten des Pentateuchs bis in die Samuelbücher ihre Fortsetzung fanden, konnte sich nicht durchsetzen. Deshalb kann man sie für die Darstellung der Forschungsgeschichte und für die folgende Analyse von 1 Sam 12 außer acht lassen. Siehe dazu: Eissfeldt, Einleitung, S. 357ff und Eissfeldt, Komposition, S. 6ff.

3   Dabei kann es vorkommen, daß einzelne Exegeten, die sich in der Beurteilung von 1 Sam 12 Noth anschließen, in der Frage des Kontexts von der Nothschen These abweichen.

4   Der Versuch einer historischen Rekonstruktion der Entstehung des Königtums in Israel spielt für das Thema meiner Untersuchung keine Rolle und soll deshalb ebenfalls unberücksichtigt bleiben.

4.1.2 Vordtr Überlieferungen als Kernbestand

Weiser wehrt sich gegen die von Wellhausen behauptete und in der Exegese weiter verfolgten These, daß *nur* die literarkritisch eruierten Teile 1 Sam 9,1-10,16; 11,1-15 als Quelle für die Gewinnung eines historischen Bildes von der Entstehung des Königtums herangezogen werden und andere, von z.B. Noth oder Boecker als »deuteronomistisch« bestimmte Stücke (Punkt 4.1.3), unbeachtet bleiben. Diese literarkritische Aufteilung verwehrt nach Weiser den Blick dafür, daß in dem Textkomplex 1 Sam 8-12 verschiedene Einzelüberlieferungen bewahrt wurden[5]. So zeigen Rahmen, Form und Inhalt von 1 Sam 12 als Bericht von einer Kultversammlung, daß der Text an kultische Traditionsformen gebunden ist[6]. Weiser will 1 Sam 12 nicht als freie Schöpfung von Dtr gelten lassen. Vielmehr ist der Text auf dem Hintergrund der »Bundestradition« entstanden, deren Sitz die amphiktyonische Kulttradition war[7]. Als Entstehungsort für diese Tradition bestimmt Weiser das Jahweheiligtum von Gilgal[8]. Weiterhin finden sich noch andere aufgenommene Überlieferungen und Traditionen in 1 Sam 12: So etwa in der zu 1 Sam 12 parallelen Überlieferung 1 Sam 10,25, da "beide auf das kaum bezweifelbare

---

5   Weiser, Samuel, S. 29. Zu den wichtigsten einzelnen Traditionen im Kontext von 1 Sam 12: Der Kontext 1 Sam 8-11 ist nach Weiser aus verschiedenen Einzeltraditionen entstanden, wobei die wichtigsten in Rama, Bethel, Mizpa und Gilgal tradiert wurden. So führt Weiser 1 Sam 8 auf Kreise "gleichgesinnter Vertrauter des Samuel in *Rama* [Hervorhebung von Nentel]..., wo sich im ganzen zuverlässige Erinnerungen an die äußeren und inneren Schwierigkeiten, die der Einführung des Königtums in Israel voraufgingen, erhalten haben" (S. 57) zurück. Gesondert ist die Erzählung in 10,2-13, die in V.7.9 unter dem Stichwort »Zeichen« zusammengefaßt ist, zu betrachten. Die Begegnung Sauls mit den Betelpilgern 10,3f "könnte auf spätere Beziehungen des Königtums zum Heiligtum von *Betel* [Hervorhebung von Nentel] zurückgehen, die ihrerseits wieder aus der früheren Verbindung Samuels mit den Lokalheiligtümern sich herleiten würde" (S. 59). Als selbständige Tradition wertet Weiser die Loswahlgeschichte in *1 Sam 10,17-26*, die wohl am Jahweheiligtum von *Mizpa* entstanden ist (S. 67f). Der Komplex 1 Sam 10,27-11,15 enthält wiederum mehrere Traditionen: 11,1-11 - ein sehr zuverlässiger historischer Bericht - ist mit der ebenfalls wohl historisch wertvollen Tradition von den Gegnern Sauls im Zusammenhang des Ammoniterkrieges 10,27 und 11,12-15 verbunden (S. 69f). Diese Traditionen wurden wohl am Heiligtum von *Gilgal* tradiert und hatten ihren Sitz im dortigen Kult des Jahweheiligtums. Für die Salbungsgeschichte in 1 Sam 9,1-10,16 nimmt Weiser an, daß sich in ihr sowohl volkstümliche Vorstellungen als auch sakrale Elemente erhalten haben (S. 57).

6   A.a.O., S. 82

7   A.a.O., S. 83ff

8   A.a.O., S. 88

Faktum einer Neuordnung bei der Einrichtung des Königtums zurückgehen"[9], wobei 1 Sam 10,25 zu der an Mizpa entstandenen Überlieferung gehört. In 1 Sam 12,16-22 ist die Tradition der Theophanie aufgenommen[10]. In 1 Sam 12,12 ist eine singuläre Tradition aufbewahrt, die von einem Zusammenhang "der Königsfrage mit der Ammoniterbedrohung weiß"[11]. Aus 1 Sam 12 folgert Weiser, daß durch Samuels Mitwirken bei der "Erhebung Sauls zum König als auch bei der Einrichtung und Ordnung des Königtums... das Königtum samt dem Volk in den Rahmen der Tradition des Jahwebundes eingeordnet und gegen die Gefahr des Abgleitens in fremde Bahnen gesichert" wird[12]. Weiser stimmt mit Boecker (siehe Punkt 4.1.3) überein, daß 1 Sam 12 in seiner Stellung zum Königtum nicht einfach als »königsfeindlich« zu bezeichnen ist.

Problematisch an Weisers Darstellung ist, daß er zwar mutmaßliche Traditionen in 1 Sam 12 beschreibt und sie auf ihre historische Zuverlässigkeit hinterfragt, auf die Tätigkeit des Sammlers aber, von dem die Endgestalt des Textes stammt, nicht näher eingeht. So fehlen jegliche literar- und redaktionskritischen Analysen zu 1 Sam 12. Außerdem macht es sich Weiser zu leicht, wenn er auf den Einwand, daß der Stil in 1 Sam 12 deuteronomistisch ist, begegnet: "Auf die Frage nach dem sog. deuteronomistischen Stil in 1. Sam 12... näher einzugehen, versage ich mir"[13]. Weisers These wurde vor allem von Seebaß, Crüsemann, McCarter und McCarthy übernommen und modifiziert:

Seebaß sieht in 1 Sam 12, im Gegensatz zu Weiser, nur zwei Traditionen in V.1-15 und V.16-25 verarbeitet. 1 Sam 12,16-25 wurde von einem abschließenden Erzähler, der die Absicht hatte, zu zeigen, daß Jahwe die Bitte um einen König einerseits duldet, andererseits sich das Volk damit versündigt, an das Ende der Traditionen von 1 Sam 8-11 gestellt.[14] 1 Sam 12,16ff ist mit der

---

9   A.a.O., S. 81f
10   A.a.O., S. 87
11   A.a.O., S. 75
12   A.a.O., S. 93. Obwohl 1 Sam 12 auf die Auswertung der alten Traditionen durch einen »Sammler« - den Weiser nicht näher charakterisiert - zurückgeht, meint Weiser doch noch einige historische Züge über die Entstehung des Königtums erkennen zu können, z.B. daß "Samuels öffentliche Tätigkeit mit der Einführung des Königtums nicht erloschen ist" (S. 89) oder daß Samuel "für sich den entscheidenden Anteil an der Lösung der Königsfrage beansprucht"(S. 90). Da die Tätigkeit des »Sammlers« im Zusammenhang von 1 Sam 12 nicht näher erläutert wird, läßt sich nur vermuten, daß Weiser in der Integration des Königtums in die Tradition des Jahwebundes auch die Gesamtaussage der jetzigen Gestalt von 1 Sam 12 sieht.
13   A.a.O., S. 85, Fußnote 80
14   Seebaß, Traditionsgeschichte, S. 289

sehr alten Tradition 1 Sam 8,11-18, die ebenfalls von dem abschließenden Erzähler eingefügt wurde, durch den Gedanken der Überführung der Schuld Israels verbunden[15]. Dabei hat der Erzähler mit 1 Sam 12,16ff die alte Erzählung von 1 Sam 7,5-12 nachgebildet[16]. Für 1 Sam 12,1-15 rekonstruiert Seebaß eine nicht mehr vollständige alte Tradition in V.1-6a.7a.6bα, die ursprünglich ein Königsrecht enthielt, worauf noch 10,25 anspielt[17]. Sie erzählte, daß "bei der Bitte Israels um einen König vor allem die sakralrechtlichen Grundlagen geklärt werden mußten"[18], und ist nicht an einer Bewertung des Königtums interessiert. Dabei "mußte offiziell ein Königsrecht notiert werden, auf das das Volk sich vor Jahwe verpflichtete"[19], und der "König mußte von Jahwe selbst ausersehen sein"[20]. Der oben erwähnte Erzähler/Bearbeiter entfernt das Königsrecht aus 1 Sam 12,1-15*, arbeitet diesen Abschnitt um und fügt V.16ff an. Ganz alte Traditionen sieht Seebaß nur in der Ätiologie von Eben-ha-Eser 1 Sam 7,7.10-12 und in der Beschreibung des Königtums 1 Sam 8,11-18 vorliegen[21].

Unklar an der Darstellung von Seebaß bleibt sowohl die Charakterisierung des abschließenden Erzählers bzw. des Bearbeiters als auch die Frage, ob dessen Tätigkeit noch vorliterarischer oder bereits literarischer Art ist. Problematisch ist ebenso der unvollständige Charakter der für V.1-15* angenommenen Tradition. Seebaß muß von zu vielen Hypothesen und Eingriffen in den Text ausgehen, als daß seine These noch plausibel sein könnte.

Crüsemann verbindet die Analyse Weisers mit der These Noths und Boekkers (Punkt 4.1.3): Dtr hat bei der Gestaltung von 1 Sam 12 alte Überlieferungen in 1 Sam 12,3-5 und in 12,12 aufgenommen[22]. Literarkritische Scheidungen nimmt Crüsemann nicht vor. Die Verse 1 Sam 12,3-5 sind weder in dtr Sprache formuliert, noch paßt das dtr Samuelbild zu der in diesen Versen verhandelten Thematik: Die der Überlieferung übernommenen Verse 3-5[23] haben

---

15 Ebenda
16 A.a.O., S. 294f
17 A.a.O., S. 289f. Zu dieser Tradition rechnet Seebaß auch noch 1 Sam 8,4-7.10. 19-22aα.9.22b; 10,17.19b-24 und 10,25b-27.
18 A.a.O., S. 292. Innerhalb dieser Tradition stellen 1 Sam 7,7.10-12 und 8,11-18 noch ältere Traditionen dar (S. 295).
19 A.a.O., S. 292
20 Ebenda
21 A.a.O., S. 295
22 Crüsemann, Widerstand, S. 62ff
23 Der »Gesalbte«, den Exegeten wie Veijola (Punkt 4.1.4) und McCarter (Punkt 4.1.2) als redaktionellen Zusatz bestimmen, ist nach Crüsemanns Meinung eine vor Dtr ein-

mit den nach Crüsemann ebenfalls vordtr Überlieferungen in 1 Sam 8,1-3 und
8,11-17 gemeinsam, daß sie das Verhältnis von Führergestalten zum Volk
thematisieren[24]. Sie zeugen von einer vordeuteronomistischen Polemik gegen
das Königtum, weil sie die alte vorstaatliche Ordnung, trotz ihrer Möglichkeit
zur Rechtsbeugung, der neuen Ordnung des Königtums vorziehen[25]. Die nach
Crüsemann in 1 Sam 12,12 überlieferte Tradition beinhaltet die Vorstellung
vom Königtum Jahwes und findet sich noch in der ebenfalls vordtr Tradition
1 Sam 8,7[26]. Die Idee vom Königtum Jahwes führt Crüsemann auf bestimmte
Kreise in der Königszeit zurück, deren Anliegen "deutlich im Gegensatz zur
Jerusalemer Konzeption steht und Jahwe allein Funktionen zuschreibt, die
sonst in dieser Zeit über den irdischen König vermittelt sind"[27]. Crüsemann
sieht vor allem deshalb in 1 Sam 12,12 eine Tradition vorliegen, weil die dargestellte Alternative zwischen dem Königtum Jahwes *und* dem irdischen König über Israel von Dtr nur teilweise übernommen wird (gegen Boecker
Punkt 4.1.3 und Veijola Punkt 4.1.4). Jahwe akzeptiert zwar den irdischen
König, die Idee des *Königtums Jahwes* führt Dtr aus der in V.12 enthaltenen
Tradition jedoch nicht fort[28].

Das Problem an dieser Argumentation Crüsemanns ist, daß sie einem Zirkelschluß gleichkommt: Weil 1 Sam 12,12 alte Tradition enthält, führt Dtr die
Idee des Königtums Jahwes nicht fort. Beläßt man aber 1 Sam 12,12 in seinem
deuteronomistischen Kontext, dann wird in 1 Sam 12,12 sehr wohl das Königtum Jahwes zum Ausdruck gebracht.

McCarter führt den Ansatz von Weinfeld fort, der für 1 Sam 12 annahm,
daß ein vordeuteronomistischer Grundbestand von einer deuteronomistischen
Redaktion überarbeitet wurde[29], unternimmt jedoch eine genaue literarkriti-

gefügte Erweiterung der vordeuteronomistischen Entlassungsszene und gehört in die
Traditionsgeschichte dieses Stückes: A.a.O., S. 63.

24   A.a.O., S. 64. Für den restlichen Kontext 1 Sam 9-11 stößt Crüsemann auf alte,
     vordeuteronomistische Zusammenhänge zwischen 1 Sam 9,1-10,16; 10,21bβ -27 und
     11 (S. 58). Hier sind drei selbständige Überlieferungen von den Anfängen des König-
     tums Saul redaktionell miteinander verbunden worden (S. 58). Der Zweck dieser
     Sammlung besteht nach Crüsemann darin, die Legitimität des Königtums Sauls zu
     begründen (S. 59).

25   A.a.O., S. 65f

26   Siehe dazu auch Punkt 4.1.2.

27   A.a.O., S. 83

28   A.a.O., S. 74. Crüsemann richtet sich hier gegen Boeckers These, daß Jahwe trotz des
     irdischen Königtums weiterhin *König* über Israel bleiben will (Boecker, Beurteilung,
     S. 81).

29   Weinfeld, Deuteronomy, S. 12, Fußnote 2. Nähere Ausführungen fehlen bei ihm.

sche Analyse von 1 Sam 12. Als dtr Zusätze aus der Josiazeit bestimmt er die Verse 6-15.19b(?).20b-22.24-25, wobei V.25 von einem nachexilischen Dtr stammt[30]. V.21 stellt aufgrund seiner über Dtr hinausführenden Götzenpolemik einen nachdeuteronomistischen Zusatz dar[31]. Die Erwähnung des »Gesalbten« in V.3 und 5 wird von McCarter als redaktioneller Zusatz eines unbekannten Kommentators bestimmt[32]. Aufgrund der deuteronomistischen Redaktionstätigkeit stellt 1 Sam 12 nun den Übergang von der Richterzeit in die Zeit des Königtums her. McCarter weist darauf hin, daß sowohl 1 Sam 12* Dtr als auch Jos 24 Dtr formale Charakteristika einer »Bundeserneuerung« gemeinsam haben[33]. Das Königtum nach dem Verständnis der deuteronomistischen Redaktion der Josiazeit ist in 1 Sam 12 als "another gracious provision for Israel's deliverance from deserved danger in the series of such provisions that extends through the record of the age of the judges" zu sehen[34]. Der Grundbestand 1 Sam 12,1-5*.16-20a.23 gehört nach McCarter zu einer vordeuteronomistischen Geschichtsdarstellung[35], die prophetisch beeinflußten Kreisen aus dem Nordreich Israel zugerechnet werden muß[36]. Für seine literarkritische Scheidung führt McCarter folgende Argumente an: Während die Verse 6-15 eine reflektierende Rede darstellen, wie sie für die Deuteronomistik typisch ist, die eine positive Stellung zum Königtum einnimmt, wird die "negative confession" Samuels mit ihrer königskritischen

---

30 McCarter, 1 Samuel, S. 16

31 A.a.O., S. 217. Siehe dazu auch Boecker und Mommer, beide Punkt 4.1.3.

32 A.a.O., S. 213. Siehe auch Veijola Punkt 4.1.4.

33 A.a.O., S. 220. Meine Untersuchungen zu Jos 24 haben jedoch gezeigt, daß Jos 24 mit einer Gattung des »Bericht von einem Bundesschluß/Bundeserneuerung« nicht identifiziert werden kann (Punkt 3.9.1).

34 A.a.O., S. 215

35 Ähnlich Soggin, Introduction, S. 186ff, wenngleich Soggin keine genauen literarischen Schichtungen angibt.

36 McCarter, 1 Samuel, S. 21f. Den Textumfang dieser vordtr Ausgabe beschreibt McCarter wie folgt: 1 Sam 7,2-17; 8*; 9,1-10,16; 10,17-27a; 10,27b-11,15 und 1 Sam 12* (S. 20f). Diese prophetisch beeinflußten Kreise konnten wiederum auf ältere Überlieferungen über Saul (1 Sam 9,3-10,16 und 1 Sam 10,27b-11,15) zurückgreifen. Die Erzählungen und Traditionen wurden nach McCarter im Nordreich tradiert. Sie haben in diesem Stadium keine antimonarchische Einstellung (S. 26ff). Die Entstehung des Königtums wird hier in einem negativen Sinn als Zugeständnis zum Willen des Volkes dargestellt. Das eingeführte Königtum soll bestehen bleiben, wobei der König aber sowohl der prophetischen Mahnung und Anweisung untergeordnet als auch durch einen Propheten als Sprecher Jahwes erst gewählt bzw. verworfen wird (S. 21 und 116). Über Kritik an dem Königtum hinaus wird also auch der Prophet in seine neue Rolle in der Ära des Königtums eingeführt (V.23): Er ist Fürsprecher für das Volk bei Jahwe und zugleich "moral conscience of the kingdom" (S. 218f).

Position in V.1-5 erst in 16ff* weitergeführt[37]. Dtr hat bei seinem Einschub mit V.7 den vorhandenen V.16 nachgebildet. Weiterhin findet McCarter nur in den genannten deuteronomistischen Versen, vor allem V.6-15, dtr Wendungen und Ausdrücke.

Gegen McCarters Vorgehen sprechen folgende Überlegungen: Die inhaltlichen Argumente von königsfreundlicher und königskritischer Position in 1 Sam 12 werden durch die Gestalt des Textes nicht als literarkritische Schichten ausgewiesen und sind mehr oder weniger willkürlich eingetragen. In diesem Zusammenhang bereitet auch die Annahme einer dtr Redaktion in der Josiazeit große Schwierigkeiten[38]. Außerdem enthält der Abschnitt V.16-20a mit V.16.18 deutlich dtr Sprache und kann nicht einer vordtr Schicht zugewiesen werden[39].

Im Gegensatz zu den bisher genannten Exegeten geht McCarthy davon aus, daß Dtr den Text 1 Sam 12 *im ganzen* als einen vordeuteronomistischen bzw. vordeuteronomischen[40] Text übernommen hat[41]. Zusätzlich wurden in ihm ältere Überlieferungen verarbeitet[42]. Die Form des Textes erinnere stark an einen »treaty covenant«. Diese Beobachtung dient seiner These, daß in Israel sakrale Bundeserneuerungszeremonien zwischen König, Volk und Jahwe in Krisensituationen oder bei Krönungen eines Nachfolgers abgehalten wurden, um die Stabilität der Gesellschaft zu sichern[43]. Die Elemente dieser Bundeserneuerungszeremonie seien im Kern in 1 Sam 12 noch zu erkennen[44]. Die These McCarthys hat sich jedoch nicht durchsetzen können[45].

---

37   A.a.O., S. 213
38   Siehe das 1. Kapitel.
39   Siehe Blum, Studien, S. 30ff.
40   Unter »vordeuteronomistisch« versteht McCarthy eine Art deuteronomistische Vorstufe: McCarthy, Compact, S. 89. In "The Inauguration of Monarchy in Israel" ist McCarthy noch zurückhaltender und geht nur von vordeuteronomistischen Teilen aus (S. 217).
41   Damit widerspricht McCarthy seiner 1978 in "Treaty and Covenant" veröffentlichten These, daß nur ein Teil von 1 Sam 12 vordeuteronomistisches Material darstelle (S. 206ff). Literarkritische Scheidungen nimmt er keine vor.
42   McCarthy, Compact, S. 88ff
43   A.a.O., S. 89f
44   A.a.O., S. 91. Siehe auch Gordon, Samuel, S. 49 und McCarter (Punkt 4.1.2). McCarthy verbindet diese Erkenntnis über die Form von 1 Sam 12 mit seiner Theorie von der gegenseitigen Beeinflussung von Königtum und Bundestheologie im alten Israel (Compact, S. 91). Der Text von 1 Sam 12 soll, wie der ganze Abschnitt 1 Sam 8-12, ausdrücken, daß das Königtum in die israelitische Gesellschaft integriert wurde und daß König und Volk ihre rechte Stellung vor Jahwe einnehmen: "The kingship has been integrated into the fundamental relationship between Yahwe and the people and that relationship reaffirmed. A crisis has been described and resolved

Problematisch an den hier dargestellten Thesen ist, daß kaum Konsens über Umfang und Art der für 1 Sam 12 vorgeschlagenen vordtr Traditionen und der Entstehungsgeschichte des Textes besteht.

4.1.3 Dtr als Autor von 1 Sam 12

Martin Noth schließt sich der These Wellhausens an, daß 1 Sam 12, außer den Zusätzen »Da sandte Jahwe den Mose und den Aaron« in V. 8, der aus Jos 24,5 eingeflossen ist, und dem Relativsatz »der Mose und Aaron eingesetzt hat« in V.6bβ, von Dtr als Verfasser des DtrG stammt[46]. Noth lehnt grundsätzlich die Annahme alter Traditionen in 1 Sam 12 ab. Der Text markiert den Übergang von der Richterzeit zur Königszeit und stellt damit den Abschluß der Entstehungsgeschichte des Königtums dar. 1 Sam 12 hat die Aufgabe, zu zeigen, daß Jahwe dem sündigen Verlangen des Volkes nach ei-

---

in narrative terms and in theological, and a new era can begin"(Inauguration, S. 224). Auf Dtr geht auch die Endfassung von 1 Sam 8-12 zurück. In ihm wird die richtige Einstellung zum Königtum bestimmt (Inauguration, S. 225). Als zentrale Aussage meint McCarthy festhalten zu können: In 11,1-13 handelt Saul als Mann Jahwes. "This is the true climax of the narrative, and it opens the way to a final resolution in chapter 12 where, with sin acknowledged and repented, kingship can be accepted into ongoing salvation history" (Inauguration, S. 216). Das Verhältnis zwischen Dtr, der die Endfassung von 1 Sam 8-12 geschaffen hat, und dem vordeuteronomistischen Text 1 Sam 12 bedarf weiterer Erläuterungen, auf die McCarthy nicht näher eingeht. Zwar vermutet McCarthy ähnlich wie McCarter (siehe oben Punkt 4.1.2) ursprüngliche Einzelüberlieferungen, die in bestimmten Stadien weitertradiert wurden. Allerdings wird die Stellung der einzelnen Überlieferungsstadien zum Königtum bzw. zu Saul von McCarthy nicht exakt bestimmt. Diese in McCarthys Konzept auftretenden Unklarheiten werden dadurch noch verstärkt, daß McCarthy in seinem Aufsatz »Compact and Kingship« von einer dem Königtum gegenüber kritisch eingestellten Stimme in dem vordeuteronomistischen Text 1 Sam 12 nicht spricht, während er in »The Inauguration of Monarchy in Israel« auf die in 1 Sam 12 enthaltene Königskritik hinweist (Inauguration, S. 215).

45   Siehe dazu die Anmerkung von Blum, Studien, S. 31, Fußnote 110.
46   Noth, Studien I., S. 96 und S. 101, Fußnote 3. Die von Wellhausen als königskritisch bestimmten Stücke 1 Sam 7; 8; 10,17-27a weist Noth ebenfalls Dtr zu. Mit 1 Sam 12 (und 7,2-8,22 sowie 10,17-27a) versucht Dtr "die der Errichtung des Königtums freundlich gegenüberstehende alte Überlieferung [1 Sam 9,1-10,16; 10,27b-11,15, Nentel] durch längere Zutaten im Sinne seines negativen Urteils über diese Einrichtung zu ergänzen" (S. 102). Die dem Komplex 1 Sam 7-12 innewohnende Spannung zwischen überlieferter königsfreundlicher und vom Dtr eingetragener königskritischer Sicht ist insofern die Folge einer inneren Ambivalenz der Theologie von Dtr, als Dtr die königsfreundliche Überlieferung nicht verschweigt, sondern sie durch seine königskritische Sicht »übertönt«.

nem König stattgegeben, "den König als „seinen Gesalbten" anerkannt
(1. Sam 12,3.5) und dem Königtum die Chance gegeben hat, sich in der weiteren Geschichte des Volkes zu dessen Heil zu bewähren (1. Sam 12,20ff)"[47].
"In Kap. 12 läßt Dtr den Samuel dem Volke vor allem sagen, daß trotz des
gottlosen Verlangens nach einem König ihm noch immer die beiden Wege des
Gehorsams oder Ungehorsams offenstehen, daß also trotz der Aufrichtung des
Königtums die Situation auch künftig dieselbe bleiben solle"[48]. Die folgende
Gesamtkönigszeit beurteilt Dtr dann letztlich negativ[49]. Die These Noths
(einschließlich der literarkritischen Analyse) wurde vor allem von Boecker und
Mommer übernommen und modifiziert.

Boecker versteht über Noth hinaus noch V.21 und 13aγ als redaktionellen
Zusatz[50]. Während die Verse 1-12 die deuteronomistische Sicht der
»geschichtlichen« Entstehung des Königtums als Ergebnis einer Initiative des
Volkes enthalten, so zeigen die Verse 13f, daß Jahwe - trotz des Ungehorsams
Israels - König über Israel bleiben wird[51]. Dazu wird Israel von neuem "vor
die Gehorsamsforderung gestellt, es bekommt noch einmal die Chance eines
Anfangs"[52]. Nach Boeckers Meinung ist deshalb die Stellungnahme des dtr
Autors zum Königtum nicht mit dem Prädikat »antimonarchisch« zu bezeich-
nen[53]. Vielmehr sehen die Deuteronomisten[54] nach Boecker das Königtum in

---

47   A.a.O., S. 144
48   A.a.O., S. 101
49   Obwohl das Königtum "die Chance gehabt hätte, sich als positiver Faktor in der Ge-
     schichte Israels zu erweisen", ist es aber "tatsächlich nur ein Ferment des Untergangs
     gewesen": A.a.O., S. 115f.
50   Boecker, Beurteilung, S. 63f.86.77, Fußnote 2. Siehe dazu auch Veijola Punkt 4.1.4.
     Für den Kontext von 1 Sam 12, d.h. 1 Sam 8-11, kommt Boecker zu dem Ergebnis,
     daß das Kriterium »antimonarchische Tendenz« für die deuteronomistischen Partien
     1 Sam 8; 10,17-27; 12 ebenfalls nicht zutreffend ist (Beurteilung, S. 99). Auch in ih-
     nen bekennt sich Jahwe zum Königtum Israels. Kritik üben die Deuteronomisten
     vielmehr an bestimmten Aspekten des Königtums: "Der König wird von den Deutero-
     nomisten abgelehnt, insofern er vom Volk als Kriegshelfer erbeten wird und damit
     Jahwe an die Seite drängt, ja ihn verdrängt" (S. 91f) (vor allem 1 Sam 10,17-27 und
     12,6ff), und insofern die Könige sich nicht "dem Gottesrecht gemäß verhalten und ...
     den Schwachen und Wehrlosen vergewaltigt haben" (S. 69) (vor allem 1 Sam 8 und
     12,1-5). Der These Boeckers hat sich unter anderem W. H. Schmidt angeschlossen:
     Vielfalt Bd.1., S. 172, Fußnote 5.
51   Boecker, Beurteilung, S. 81
52   A.a.O., S. 82
53   A.a.O., S. 77
54   Boecker denkt dabei nicht an das »Drei-Schichten-Modell« Smends, sondern ist be-
     reit, über Noth hinaus von mehreren deuteronomistischen Verfassern zu sprechen:
     A.a.O., S. 6.

einer gewissen Dialektik (V.14.)[55]: Einerseits steht es von seinem Ursprung her gegen Jahwe, "aber ebenso gewiß ist ihnen, daß Jahwe, indem er den gegen ihn gerichteten Wunsch nach dem König akzeptiert, dem Königtum damit eine neue Grundlage gibt. Das von Jahwe erfüllte Verlangen nach dem König macht das Königtum zu einer neuen Geschichtssetzung Jahwes"[56]. Hentschel, Stolz und (mit Einschränkungen) Hertzberg schließen sich in der Beurteilung von 1 Sam 12 Noth und Boecker an[57].

Mommer betont das Bild Samuels als »großen Richter« in 1 Sam 12[58]. Dtr sieht in der Bitte des Volkes um einen König *nicht* das Königtum Jahwes be-

---

55 Eine ähnliche Sicht vertritt Childs, Introduction, S. 76.

56 Boecker, Beurteilung, S. 77

57 Hentschel, 1 Samuel, S. 86. Er verbindet für die Analyse des Kontextes 1 Sam 8-11 Weisers These von vordeuteronomistischen Einzeltraditionen in 1 Sam 8-12 mit Veijolas Thesen verschiedener deuteronomistischer Redaktoren, wobei er den Anteil der deuteronomistischen Redaktion sehr stark reduziert (S. 70ff). So werden einzelne ältere vordeuteronomistische Traditionen (1 Sam 7,2.5.6.7-11.12.17b; 1 Sam 7,15-17a; 1 Sam 8,11-17; 1 Sam 9,3.4.5-8.10.11-14a.18.19.20a.22-24.25.26 und 1 Sam 10,17. 18aα.19b.20.21a.bα. 23b.24.25) in verschiedenen Stufen gesammelt, von einem dtr Redaktor (1 Sam 7,3.4.6b.13.14) verarbeitet und von einem spätdeuteronomistischen Redaktor (1 Sam 10, 18aα.b(?).17.19a.20.22.25 und die Szene von 1 Sam 8) ergänzt. Für die restlichen Verse, die bei dieser Aufzählung fehlen, nimmt Hentschel verschiedene Erzähler an, die die Überlieferungen beim Prozeß der Tradierung veränderten. Diese bleiben jedoch unbestimmt.
Stolz, Samuel, S. 79: Er bestimmt die Absicht von Dtr mit 1 Sam 12 ähnlich wie Boecker (S. 80), weist aber zusätzlich auf die Zeitsituation von Dtr hin: 1 Sam 12 ist weniger eine Stellungnahme zum Königtum, sondern stellt die Frage seinen Hörer, "ob er jetzt [nachdem Israel die Chance, vor Jahwe mit dem König zu leben verspielt hat, Nentel] endlich ja sagen will zu Jahwe und seinen Geboten" (S. 80). Für die Bestimmung der von Dtr übernommenen Überlieferungen schließt er sich vorwiegend Noth an. Über Noth hinaus versucht er, ihre Entstehung historisch zu rekonstruieren: Älteste Überlieferung ist 1 Sam 9,1-10,16. In prophetischen Kreisen entstanden erste Erzählzusammenhänge mit 1 Sam 10,17-24* und 11,1-11, die diese Erzählungen redaktionell verbunden haben (S. 19). Die abschließende Tätigkeit von Dtr sieht er in Kontinuität zu diesen prophetischen Kreisen (S. 20).
Hertzberg, Josua, S. 73ff: Er schließt, im Gegensatz zu Noth, die Möglichkeit der Existenz einer alten Überlieferung in 1 Sam 12,12 nicht aus. Weiterhin geht er davon aus, daß 1 Sam 12 Werk des Deuteronomisten ist, wobei dieser sich durchaus an älteres Material anlehnen kann. Allerdings will sich Hertzberg hier nicht festlegen. Somit kommt seine Ansicht der These Noths am nächsten.

58 Mommer, Samuel, S. 131f. Er folgt der literarkritischen Analyse Noths, wobei er wie Boecker noch V.21 als Zusatz verstehen will (S. 126). Mommer wendet sich für die Analyse des Kontexts z.T. sowohl gegen die Thesen von Noth und Boecker als auch gegen Veijolas These (Punkt 4.1.4). Für 1 Sam 8-12 stellt er fest, daß hier verschiedene Einzelüberlieferungen aus unterschiedlichen Zeiten mit unterschiedlichen Tradentenkreisen vorliegen (S. 193). Dahinter sind teilweise noch mündliche Vorstufen auszumachen. Er geht von einer vordeuteronomistischen Redaktion für 1 Sam 8-12 aus

rührt (gegen Veijola Punkt 4.1.4). Der Wunsch des Volkes nach einem König ist zwar Mangel an Vertrauen gegenüber Jahwe, daraus kann man aber keinen Gegensatz zwischen irdischem und himmlischem König folgern. Vielmehr stellt Dtr anhand des Samuelbildes einen Gegensatz zwischen Richter und König auf. Das Königtum wurde als Alternative zu den Richtern, hinter denen Jahwe selbst stand, erbeten. In V.16ff wird klar, daß Volk und König von nun an "in einer »Schicksalsgemeinschaft«" vor Gott stehen[59]. Die Einsetzung des Königtums hatte für Dtr zur Folge, daß das umfassende Richteramt der Vorzeit in zwei verschiedene Ämter der Königszeit geteilt wird: "Die politische Seite des Richteramtes nimmt in Zukunft der König wahr, die prophetische Seite wird durch eigens dafür bestimmte Männer, die Propheten, wahrgenommen"[60].

Für die Zugehörigkeit von 1 Sam 12 zu einer deuteronomisch/ deuteronomistischen Schicht hat sich auch Perlitt im Zusammenhang seiner Analyse von Jos 24 als literarische Fiktion ausgesprochen[61]. Die Rekonstruktion alter Überlieferungen in 1 Sam 12 lehnt er ab. Jos 24 und 1 Sam 12 haben das Ziel,

---

und rekonstruiert folgende Entstehungsgeschichte: In die vordeuteronomistische Erzählung 1 Sam 8,1-6.22; 10,17.18aα.19b*.20.21abα.24aαb.25 (S. 194) wird sehr früh eine zweite, ältere Erzählung eingearbeitet, deren Bruchstücke in 1 Sam 10,19b*. 21bβ.22.23.24aβ noch erhalten sind (S. 195). Bei ihrer Verbindung lagen beide schriftlich vor. 1 Sam 9,1-10,13* stellt eine dritte schriftliche Erzählung dar, die zur Zeit Salomos entstanden ist und bald darauf bearbeitet wurde. 1 Sam 11,1-11.15 steht den historischen Vorgängen sehr nah und wurde in Gilgal tradiert (S. 195). Für alle vier Überlieferungen geht Mommer davon aus, daß sie am nordisraelitischen Königshof gesammelt und tradiert wurden (S. 195). Sie sollen das Königtum Sauls legitimieren. Durch eine vordtr Redaktion werden sie verbunden 1 Sam 9,2b; 10,14-16; 10,26.27a; 10,27b; 11,7(Samuel).12-14, die in ihrer Einstellung zum Königtum ebenfalls als positiv zu bezeichnen ist (S. 196) und am nordisraelitischen Königshof vor 722 v. Chr. zu verorten ist. Erst Dtr verbindet diesen Komplex mit anderen in den Samuelbüchern und läßt so ein Großwerk entstehen. Auf ihn geht der königskritische Eindruck der Endgestalt zurück. Dabei wird das Königtum nicht einfach abgelehnt. Vielmehr konzentrieren sich in der Person des Königs die "Gefahren, die auch schon vorher für das Volksganze bestanden und denen Israel am Ende - so die Position Dtrs nach 587 v.Chr. - erlegen ist" (S. 200).

59   A.a.O., S. 131
60   A.a.O., S. 133
61   Siehe dazu Punkt 3.9.1. Ein weiteres Kennzeichen der literarischen Fiktion von Jos 24 und 1 Sam 12 ist nach Perlitt der "Übergang von der Erinnerung an die Heilstat zur Forderung, vom Monolog zum Dialog", der in beiden Texten zu finden ist (Perlitt, Bundestheologie, S. 243). "Die Verschiedenheit des Gesprächsablaufs hier und dort [gemeint sind Jos 24 und 1 Sam 12, Nentel] beweist die Verfügbarkeit der Stilmittel und damit ebensowohl das Irreale solcher Szenen als auch das konstruktive Vermögen der Kreise, die sie schufen" (S. 243).

ihre Hörer zu ermahnen und sie zu einer bestimmten Antwort zu bewegen[62]. Insofern kann Perlitt beide Texte als deuteronomische Predigt bezeichnen[63]. Die methodischen Folgerungen, die Perlitt aus den Beobachtungen für Jos 24 zieht, gelten auch für 1 Sam 12: Das Postulieren alter Überlieferungen in 1 Sam 12 und das daraus resultierende Ausscheiden eines vordeuteronomischen bzw. vordeuteronomistischen Grundbestandes ist methodisch falsch und wird dem Text in seiner literarischen Fiktion nicht gerecht[64].

Noth, Boecker, Mommer und Perlitt geben aufgrund der damit verbundenen Probleme konsequenterweise den Versuch der unter Punkt 4.1.2 dargestellten Exegeten auf, in 1 Sam 12 alte Traditionen zu finden, und führen den Text auf den Verfasser des DtrG zurück[65]. Nachdem die These eines mehr oder weniger einheitlichen Dtr jedoch kaum aufrechterhalten werden kann, sondern, wie die bisherigen Untersuchungen gezeigt haben, mit DtrH und DtrN bzw. DtrS zu rechnen ist, stellt sich die Frage, auf wen 1 Sam 12 zurückzuführen ist und ob die These der ambivalenten Haltung der »Deuteronomisten« weiterhin vertreten werden kann.

4.1.4 DtrN als Autor von 1 Sam 12

Veijola schlägt einen redaktions- und literarkritischen Zugang zu 1 Sam 8-12 vor, wobei er die unter Punkt 4.1.3 behauptete Ambivalenz der Stellung von »Dtr« zum Königtum durch die Annahme eines königsfreunlichen DtrH und königskritischen DtrN für 1 Sam (8)9-12 lösen will. Die verschiedenen Stellungnahmen zum Königtum in 1 Sam 8-12 sind vor allem auf den königsfreundlichen DtrH und den antimonarchischen DtrN zu verteilen[66]. Dabei vertritt Veijola die These, daß 1 Sam 12 eine Schöpfung des späteren DtrN ist[67]. Ältere Überlieferungen liegen in 1 Sam 12 nicht vor. Redaktionelle

---

62   Perlitt, Bundestheologie, S. 245
63   A.a.O., S. 244; allerdings meint er das nicht im Sinn einer exakten Gattungsbestimmung. Er äußert sich nicht genau dazu, ob 1 Sam 12 nun Dtr oder dem vordeuteronomistischen Dt zuzuweisen ist.
64   A.a.O., S. 240ff
65   Siehe jedoch Fußnote 63, in der die Unklarheit der Zuweisung zu Dtr bei Perlitt beschrieben wird.
66   Siehe dazu Veijola, Königtum, S. 115ff. So auch Smend, Entstehung, S. 118ff.
67   Veijola, Königtum, S. 84ff. Zur einzelnen Argumentation siehe Punkt 4.3.2.2.

Zusätze sieht er in V.6b; V.13aγ und V.21 (Zusatz im deuterojesajanischen Geist) sowie in der Nennung des »Gesalbten« in V.3 und V.5[68].

1 Sam 12 bietet die Zusammenfassung der Haltung von DtrN zum Königtum[69]: In diesem Text stellt DtrN "die Unschuld Jahwes und seines Wortführers Samuel und andererseits die Schuld des Volkes [an der Entstehung des Königtums in Israel, Nentel] in juristischen Kategorien definitiv" fest[70]. Die Polemik des DtrN gegen das Königtum, wie sie Veijola meint feststellen zu können, "wurzelt in der Einsicht, dass Jahwe der eigentliche König Israels ist und keinen Konkurrenten von menschlicher Seite neben sich duldet (Ri 8,23; 1 Sam 8,7; 12,12)"[71]. 1 Sam 12 enthält aber auch ein Element der Hoffnung: Nachdem die Drohung von 1 Sam 12,25 Wirklichkeit geworden ist, sieht nach Veijola DtrN "eine Hoffnung darin, daß Jahwe trotzdem "sein Volk um seines erhabenen Namens willen nicht verstossen wird" (V. 22)"[72]. Der Analyse Veijolas folgt grundsätzlich Smend[73]. L. Schmidt übernimmt die These der DtrN-Verfasserschaft von 1 Sam 12, schließt sich aber in der Frage der Stellungnahme zum Königtum insofern Boecker an, als DtrH *und* DtrN beide eine ambivalente Haltung gegenüber dem Königtum einnehmen[74].

---

68   V.6b: Veijola, Königtum, S. 85, Fußnote 10; V.13aγ: S. 98, Fußnote 90; V.21: S. 90, Fußnote 46 (Siehe auch Boecker und Mommer Punkt 4.1.3 sowie McCarter Punkt 4.1.2). V. 3 und 5: S. 94.

69   Während DtrH mit 1 Sam 9,1-10,16* und 1 Sam 10,27bLXX-11,15* (sowie mit 1 Sam 13,2-14,46) eine vordeuteronomistische, das Königtum bejahende Komposition aufgreift und ihren "königsfreundlichen Tenor" (Veijola, Königtum, S. 116) mit 1 Sam 8,1-5.22b; 10,16b; 10,17-18aα.19b-27a; 11,12-14 fortführt (S. 116), sowie nur schlechte Könige verurteilt (S. 118), erweist sich DtrN als Gegner des Königtums an sich (S. 119, eine Ausnahme von dieser negativen Bewertung stellt allerdings David dar). Der zeitlich später anzusetzende DtrN macht "den königsfreundlichen Ton in der Erzählung des DtrG [entspricht DtrH, Nentel] über die Anfänge des Königtums (1 Sam*8-11) durch eine tiefgreifende Revision fast unkenntlich" (S. 119). Bei DtrN ist das Königtum "Verkörperung der eigenwilligen Wahl des Volkes (1 Sam 8,18; 12,13), also ein Fremdkörper in der Verfassung des Gottesvolkes" (S.119). DtrN fügt deshalb in den ihm vorliegenden, und von DtrH bearbeiteten, Textkomplex die Texte 1 Sam 8,6-22a; 10,18aβγb-19a und 1 Sam 12 ein (S. 119f).

70   A.a.O., S. 119

71   A.a.O., S. 121

72   A.a.O., S. 99

73   Smend, Entstehung, S. 118ff

74   L. Schmidt, Deuteronomistisches Geschichtswerk, S. 133ff. Siehe vor allem unter Punkt 4.4.2.

4.1.5 Ergebnisse und Konsequenzen

Aus der Forschungsgeschichte zu 1 Sam 12 ergeben sich folgende literar- und redaktionskritische Schwerpunkte: Von vielen Exegeten wird die Einheitlichkeit des Textes vertreten. Wenn in 1 Sam 12 jedoch literarkritische Operationen vorgenommen werden, dann konzentrieren sie sich vor allem auf die V.6bβ, 8 (Mose und Aaron) und 21 als nachdeuteronomistische Zusätze. Zur Diskussion steht ferner die Erwähnung des »Gesalbten« in V.3 und 5 als auch V.13aγ als redaktioneller Zusatz. Diese Stellen sind literarkritisch neu zu untersuchen (Punkt 4.3). Zu prüfen ist, ob dieser DtrH oder DtrS zugeordnet werden kann (Punkt 4.3.2). Anschließend stellt sich bei der Bestimmung der Intention u.a. die Frage, welche Haltung DtrH und DtrS dem Königtum gegenüber vertreten (unter Punkt 4.4.2).

4.2 Textgrundlage zu 1 Sam 12

(1aα) Da sprach Samuel zu ganz Israel: (1aβ) „Siehe, ich habe auf eure Stimme gehört, in allem, (1aγ) das ihr zu mir gesagt habt, (1b) und ich habe über euch einen
König eingesetzt. (2aα) Und jetzt siehe, der König geht vor euch her, (2aβ) ich aber bin
alt geworden (2aγ) und habe graue Haare bekommen, (2aδ) und meine Söhne, siehe,
sie sind bei euch. (2b) Ich aber bin vor euch hergegangen von meiner Jugend an bis zu
diesem Tag. (3aα) Siehe, ich bin hier. Legt mir Zeugnis ab vor Jahwe [und seinem
Gesalbten]: (3aβ) Wessen Rind habe ich genommen? (3aγ) Wessen Esel habe ich genommen? (3aδ) Wem habe ich Unrecht getan? (3aε) Wen habe ich mißhandelt? (3aζ)
Aus wessen Hand habe ich Bestechung angenommen (3aη) und meine Augen damit
verhüllt? (3b) Ich will es euch zurückgeben."

(4aα) Da sagten sie: (4aβ) „Du hast uns nicht Unrecht getan (4aγ) und uns nicht
mißhandelt. (4b) Auch hast du nichts aus der Hand eines Mannes genommen."

(5aα) Da sagte er zu ihnen: (5aβ) „Jahwe ist Zeuge bei euch (5aγ) [und Zeuge ist
sein Gesalbter] heute, (5aδ) daß ihr nichts gefunden habt in meiner Hand."

(5bα) Da sprachen sie[a]: (5bβ) „Zeuge."

(6a) Darauf sprach Samuel zu dem Volk: (6bα) „Jahwe ist es, (6bβ) der Mose und
Aaron eingesetzt (6bγ) und der eure Väter aus dem Land Ägypten heraufgebracht hat.
(7aα) Und jetzt stellt euch auf, (7aβ) daß ich mit euch einen Rechtsstreit führe vor
Jahwe (7b) wegen all der Wohltaten Jahwes, die er an euch und euren Vätern getan
hat. (8a) Nachdem Jakob nach Ägypten gekommen war, (8bα) da schrien eure Väter
zu Jahwe. (8bβ) Da sandte Jahwe Mose und Aaron, (8bγ) und 'er brachte'[a] eure Väter
heraus aus Ägypten (8bδ) und 'ließ'[b] sie wohnen an diesem Ort. (9a) Da vergaßen sie
Jahwe, ihren Gott. (9bα) So verkaufte er sie in die Hand Siseras, des Heerführers von
Hazor, und in die Hand der Philister und in die Hand des Königs von Moab, (9bβ) und
sie führten Krieg mit ihnen. (10aα) Da schrien sie zu Jahwe (10aβ) und sagten: (10aγ)
"Wir haben gesündigt, (10aδ) denn wir haben Jahwe verlassen (10aε) und wir haben
den Baalen und den Astarten gedient. (10bα) Und jetzt, rette uns aus der Hand unse-
rer Feinde, (10bβ) dann wollen wir dir dienen". (11a) Da sandte Jahwe den Jerubbaal
und Bedan und Jephta und Samuel. (11bα) Und er rettete euch aus der Hand eurer
Feinde ringsum, (11bβ) und ihr wohntet in Sicherheit. (12aα) Als ihr saht, (12aβ) daß
Nahasch, der König der Ammoniter, gegen euch zog, (12aγ) da sagtet ihr zu mir:
(12aδ) "Nein, sondern ein König soll über uns König sein"! (12b) Jahwe aber, euer
Gott, ist euer König. (13aα) Und jetzt, siehe, da ist der König, (13aβ) den ihr gewählt
habt, [(13aγ) den ihr erbeten habt]. (13b) Siehe, Jahwe hat über euch einen König
eingesetzt. (14aα) Wenn ihr Jahwe fürchtet (14aβ) und ihm dient (14aγ) und auf seine
Stimme hört (14aδ) und nicht widerspenstig seid gegen Jahwes Mund, (14bα) dann
werdet sowohl ihr als auch der König, (14bβ) der über euch König ist, (14bα) Jahwe,
euren Gott, als König anerkennen[a]. (15aα) Wenn ihr aber nicht auf die Stimme
Jahwes hört (15aβ) und widerspenstig seid gegen den Mund Jahwes, (15b) dann wird
die Hand Jahwes gegen euch sein wie gegen eure Väter[a]. (16aα) So stellt euch jetzt hin,
(16aβ) und seht diese große Sache, (16b) die Jahwe vor euren Augen tun wird. (17aα)
Ist heute nicht Weizenernte? (17aβ) Ich will Jahwe anrufen, (17aγ) daß er Donnern

und Regen gibt. (17bα) Dann erkennt (17bβ) und seht, (17bγ) daß eure Bosheit groß ist, (17bδ) die ihr in den Augen Jahwes getan habt, (17bε) für euch einen König zu erbitten."

(18aα) Da rief Samuel zu Jahwe, (18aβ) und Jahwe gab Donnern und Regen an jenem Tag. (18bα) Das ganze Volk aber fürchtete Jahwe und Samuel sehr.

(19aα) Da sagte das ganze Volk zu Samuel: (19aβ) „Leiste Fürbitte für deine Knechte zu Jahwe, deinem Gott, (19aγ) daß wir nicht sterben müssen. (19bα) Denn wir fügten zu all unseren Sünden Böses hinzu, (19bβ) indem wir für uns um einen König baten."

(20aα) Da sagte Samuel zu dem Volk: (20aβ) „Fürchtet euch nicht! (20aγ) Ihr habt zwar all dies Böse getan, (20bα) doch weicht nicht ab von hinter Jahwe weg (20bβ) und dient Jahwe mit all eurem Herzen. [(21a) Und weicht nicht ab, (21bα) nämlich hinter den nichtigen Götzen her, (21bβ) die nicht helfen und retten (können), (21bγ) denn nichtige Götzen sind sie.] (22a) Denn Jahwe gibt sein Volk um seines großen Namens willen nicht auf. (22bα) Denn Jahwe hat sich entschlossen, (22bβ) euch für sich zum Volk zu machen. (23aα) Auch mir sei es ferne, gegen Jahwe zu sündigen, (23aβ) indem ich unterlasse, (23aγ) für euch Fürbitte zu leisten; (23b) ich werde euch auf dem Weg des Guten und Geraden unterwiesen. (24aα) Fürchtet nur Jahwe (24aβ) und dient ihm in Treue mit all eurem Herzen. (24bα) Jedoch seht, (24bβ) was er Großes an euch getan hat! (25a) Wenn ihr aber gewiß Böses tut, (25b) dann werdet sowohl ihr als auch euer König dahingerafft werden."

Textkritische Anmerkungen zu 1 Sam 12:

5ᵃ: In V.5b ändern viele Exegeten das von MT bezeugte »Da sprach er: "Zeuge"« in »Da sprachen sie (das Volk): "Zeuge"« um[75]. Die geänderte Lesart wird entsprechend der Septuaginta (ohne der Rezension des Lukian), der Peschitta, handschriftlichen Targumcodices und der Vulgata von vielen hebräischen Handschriften bezeugt. Auch finden sich hebräische Randbemerkungen (Sebirin), die eine entsprechende Korrektur vorschlagen. V.5bα kann sich nur auf das Volk beziehen, da eine Rede Jahwes ohne Einleitung durch eine Gottesbezeichnung unwahrscheinlich ist und der »Gesalbte« in V.3aα und V.5aγ sicher eine Glosse darstellt (siehe auch Punkt 4.3.1.2). Die Textverderbnis kann durch die Annahme defectiver Schreibweise von »sie sprachen«, also ויאמר statt ויאמרו, erklärt werden.

8ᵃ und 8ᵇ: Von mehreren Alttestamentlern[76] wird, vorwiegend unter Verweis auf die Septuaginta[77], statt »Da sandte Jahwe den Mose und den Aaron, und sie brachten eure Vä-

---

75 So z.B. Ackroyd, Samuel, S. 94; Weiser, Samuel, S. 81, Fußnote 72; Stolz, Samuel, S. 78; Hertzberg, Samuelbücher, S. 71; Veijola, Königtum, S. 94, Fußnote 67; McCarter zieht die textkritische Stelle 5a und 6a zusammen zu »"Yahwe is witness against you today - and his anointed is witness - that you have found nothing in my hand!". "Yahwe is witness," he said, "who appointed..."« McCarter, 1 Samuel, S. 208.

76 So z.B. Noth, Studien I., S. 101; Weiser, Samuel, S. 84 (Weiser will allerdings nur das וישבום im Singular lesen und auf Jahwe beziehen); McCarter, 1 Samuel, S. 210; Ackroyd, Samuel, S. 94.

77 So lesen viele hebräische Handschriften וישבום in der 3. Person Singular. ויציאו wird von den Kodizes der griechischen Septuagintaversion, dem Peschittacodex des Am-

ter heraus aus Ägypten und ließen sie wohnen an diesem Ort« ein »Da sandte Jahwe den Mose und den Aaron und er brachte eure Väter heraus aus Ägypten und ließ sie wohnen an diesem Ort« gelesen. Aus folgendem Grund ändere ich den masoretischen Text: Mit McCarter ist festzuhalten, daß die Ansiedlung des Volkes in Kanaan Jahwe zukommt, aber nicht Mose *und* Aaron[78]. Die Annahme einer Ansiedlung der Israeliten durch Mose *und* Aaron ist im AT einmalig. In V.6, wo Mose und Aaron ebenfalls erwähnt werden, bezieht sich עלה zur Beschreibung des Exodusereignisses ebenfalls auf Jahwe. Deshalb sind auch die Verben יצא und ישב in V.8 auf Jahwe zu beziehen. Die Lesart von יצא und ישב im Plural könnte durch die ebenfalls im Plural stehenden Verben זעק (V.8) und שכח (V.9) beeinflußt worden sein.

14ᵃ und die These der Aposiopesis: Das richtige Verständnis von V.14 ist in der alttestamentlichen Forschung seit langem umstritten. Viele Exegeten nehmen an, daß der im masoretischen Text bezeugte Vers 14 aufgrund seiner Einleitung mit אם als protasis zu verstehen ist. Das sehr seltene Stilmittel der Aposiopesis erlaubt, daß die auf die protasis folgende apodosis ausfällt[79].

Boecker hingegen hat gezeigt, daß V.14 auch ohne Annahme dieser Stilfigur verständlich ist. Er verweist auf die Parallelität von V.14 und 15: "In beiden Fällen ist der Nachsatz genannt. Er umfaßt jeweils den massoretischen Vers b und beginnt in V.14 ebenso wie in V.15 mit dem Perf. cons. des Verbums היה"[80]. V.14b muß also (wörtlich) lauten: "sowohl ihr als auch der König, der über euch regiert, werdet hinter Jahwe, eurem Gott, sein"[81]. Boekker zeigt weiterhin, daß der Ausdruck היה אחר bzw. היה אחרי im DtrG noch in 2 Sam 2,10; 15,13; 1 Kön 12,20; 16,21 sowie - der Sache nach, allerdings ohne היה - in 2 Sam 17,9 vorkommt und dort die Anerkennung eines menschlichen Königs durch das Volk ausdrückt. Für 1 Sam 12,14b bedeutet dies, daß der Vers als Anerkennung des Königtums Jahwes durch das Volk und durch den irdischen König zu verstehen ist[82]. Er muß demzufolge lauten: »dann werdet sowohl ihr als auch der König, der über euch herrscht, Jahwe, euren Gott, als König anerkennen«. Die These Boeckers, der ich mich anschließe, hat den Vorteil, daß sie einerseits der Parallelität von V.14 zu V.15 gerecht wird und andererseits ohne die Annahme einer doch recht seltenen Aposiopesis auskommt.

15ᵃ: Die Erwähnung von »euren Vätern« ובאבתיכם in V.15 ist schwierig zu übersetzen. Vom Sinn her kann die Erwähnung der Väter nur zum Vergleich dienen, also etwa »dann wird die Hand Jahwes gegen euch *wie* gegen eure Vätern sein«. Für einen Vergleich wird jedoch die Präposition כ und nicht ב verwendet. Deshalb haben mehrere Kommentatoren und Exegeten den masoretischen Text nach der Septuaginta in »dann wird die Hand Jahwes

---

brosius, dem Peschittacodex des Britischen Museums in London und der Vulgata gelesen.

78   McCarter, 1 Samuel, S. 210. Zur Bestreitung einer redaktionskritischen Lösung des Problems siehe Punkt 4.3.1.3.

79   So z.B. Hertzberg, Samuelbücher, S. 72. Er ergänzt als apodosis "so werdet ihr es gut haben". Hentschel, 1 Samuel, S. 88, ergänzt als apodosis "so geht es euch gut". Ackroyd, Samuel, S. 95, fügt als apodosis "well and good" ein.

80   Boecker, Beurteilung , S. 79

81   A.a.O., S. 80

82   A.a.O., S. 80. So auch McCarthy, Inauguration, S. 89.

gegen euch samt euren *König* sein« geändert[83]. Die Abweichungen der Septuaginta werden dabei aber nicht erklärt[84]. Für das באבתיכם gibt es zwei Erklärungsmöglichkeiten: Entweder hat ein Abschreiber ב mit כ verwechselt[85], oder aber es ist mit Keil anzunehmen, daß באבתיכם "den Sinn eines Satzes: wie sie auf euren Vätern war, in sich schließt"[86]. Daß V.15 in seiner masoretischen Lesart Sinn macht, hat Römer nachgewiesen: Die Erwähnung der Väter "erlaubt eine antithetische Wiederaufnahme von v.7. Standen dort Väter und Adressaten als Einheit bzgl. der „Gerechtigkeitserweise" Yhwhs, so gilt hier das gleiche für die Ankündigung von Yhwhs strafender Hand"[87]. Ich belasse den masoretischen Text.

83 So z.B. Boecker, Beurteilung, S. 79, Fußnote 1, oder McCarter, 1 Samuel, S. 215f.
84 Hertzberg nimmt - unter teilweisen Bezug auf die Septuaginta - einen Abschreibefehler an und liest: "so wird die Hand des Herrn wider euch sein und wider euren König, euch zu vernichten, wie eure Väter" (Samuelbücher, S. 72). Ein Abschreiber ist demnach mit den Augen abgeirrt בכם וב]מלככם להאבידכם כא[בתיכם. Gegen die These Hertzbergs und gegen Änderungen nach der Septuaginta spricht jedoch, daß durch die Aufnahme des Königs der Vers 15 nachträglich an V.14 angeglichen wird. V.15 bietet ohne den Hinweis auf den König die lectio brevior und difficilior.
85 Würthwein, Einführung, S. 119
86 Keil, Bücher Samuels, S. 98
87 Römer, Israels Väter, S. 335

4.3 Literar- und redaktionskritische Analyse zu 1 Sam 12

4.3.1 Literarkritische Entscheidungen

4.3.1.1 Gliederung von 1 Sam 12

1 Sam 12,1 Einleitung
1 Sam 12,2-5 Bestätigung des ordnungsgemäßen Wandels Samuels
   V.2 Situationsangabe und Hinweis auf das Alter Samuels
   V.3-5 Entlastung Samuels
1 Sam 12,6 Zusammenfassende Überleitung zu V.7-15
1 Sam 12,7-15 Israel und das neue Königtum in der Beziehung zu Jahwe
   V.7-12 Rückblick in die Geschichte des Volkes Israel
      V.7 Aufforderung zu einem Rechtsprozeß
      V.8-13 Geschichtsrückblick
   V.14-15 Paränese
1 Sam 12,16-19 Übernatürliches Zeichen und Sündenbekenntnis des Volkes
1 Sam 12,20-25 Paränese, Zuspruch und prophetischer Ausblick

4.3.1.2 Der »Gesalbte« in V.3 und 5

Veijola[88] und McCarter[89] sehen in der Nennung des Gesalbten in V.3aα und in dem Teilvers 5aγ[ohne: »heute«] zu Recht eine Glosse. Sie begründen dies damit, daß V.5aγ[ohne: »heute«] eine nachklappende Position hat. Veijolas Argumentation stützt sich zusätzlich auf die Rekonstruktion der Gattung »Rechtsverhandlung« aus Rt 4,9 und Jos 24,22, die die Elemente »Feststellen der Verfahrenszeugen« (Rt 4,4; 1 Sam 12,3), »Aufruf der Zeugen und Benennen der Rechtsmaterie« (Rt 4,9; Jos 24,22; 1 Sam 12,5) sowie »Bereitschaftserklärung der Zeugen« (Rt 4,9; Jos 24,22; 1 Sam 12,5) besitzt. Die Erwähnung des Gesalbten muß nach Veijola sekundär sein, weil in V.5b עד nur im Singular steht, als Zeugen aber Jahwe *und* der Gesalbte genannt werden. Ein Redaktor hat den Gesalbten in den ihm vorliegenden Abschnitt eingefügt, wobei er "das dritte Glied des Schemas außer acht gelassen" hat[90] und sich dadurch kenntlich machte. Veijola nimmt an, daß in V.5b nicht Jahwe spricht, sondern das Volk Jahwes Zeugenamt bestätigt[91].

---

88   Veijola, Königtum, S. 93f
89   McCarter, 1 Samuel, S. 213
90   Veijola, Königtum, S. 94
91   A.a.O., S. 94, Fußnote 67

Ergänzend zu Veijolas überzeugenden Argumenten läßt sich noch anführen, daß in den restlichen Versen von 1 Sam 12 nur der Terminus »König« gebraucht wird und dieser teilweise in einem durchaus negativen Zusammenhang Verwendung findet: In V.12.17.19 wird die *Bitte* nach einem König als Sünde verstanden, während in V.25 dem König und dem Volk bei Ungehorsam gegenüber Jahwe der Untergang angesagt wird. Der Begriff des »Gesalbten«, der eine äußerst "favorable attitude toward the monarchy"[92] ausdrückt, steht zu dem Gesagten (zumindest teilweise) in Spannung.

4.3.1.3 Vers 6b*β* *und* V.8 »Mose und Aaron«

Noth streicht die Erwähnung des Mose und des Aaron an dieser Stelle und liest (m.E. zu Recht) mit der LXX für יצא und ישב die 3. Person Singular. Mose und Aaron sind, so Noth, aus Jos 24,5 hier eingedrungen. Literarkritische Argumente macht er keine geltend[93]. Ähnlich unbegründet geht Boecker vor: Die Erwähnung von Mose und Aaron im engeren und weiteren Kontext sei auffallend. V.6 und V.8 würden "wesentlich glatter"[94], wenn die Zusätze gestrichen und nach der LXX geändert wird.

Mommer, der ebenso der These Noths von einem einheitlichen deuteronomistischen Verfasser folgt, lehnt für V.8 den Rückgriff auf textkritische Änderungen ab und will eine rein redaktionsgeschichtliche Lösung vertreten[95]: Er argumentiert für V.8 hauptsächlich damit, daß von einer Herausführung Israels יצא durch Mose nur in Ex 3,10f; Dtn 9,12 und von einer Heraufführung עלה durch Mose nur in Ex 32,1.7(dtr); 33,1.12; Num 16,13; 20,5 die Rede ist. Das Erwähnen von Mose *und* Aaron kommt nur in P-Schichten oder »nachdeuteronomistischen« Schichten wie Jos 21,4.10.13.19; 24,5 vor[96]. Die Aussage des masoretischen Textes in V.8b*δ*, dem Mommer hier folgt, nämlich daß Mose *und* Aaron die Israeliten im Land angesiedelt hätten, ist einmalig. Für V.6b*β* argumentiert er, daß der Teilvers einerseits nur schwer verständlich sei, und andererseits sich bei seiner Streichung dann "die normale Form der >Heraufführungsformel<" ergäbe[97]. Sowohl die Einmaligkeit einer Stelle als auch der Hinweis auf formkritische Verbesserungen sind jedoch kein ausreichendes literarkritisches Argument.

---

92   McCarter, 1 Samuel, S. 213
93   Noth, Studien I., S. 101, Fußnote 3
94   Boecker, Beurteilung, S. 71
95   Mommer, Samuel, S. 127, Fußnote 380
96   A.a.O., S. 126
97   A.a.O., S. 127

Die Erklärung, daß Mose und Aaron ansonsten P oder einem nachdeuteronomistischen Verfasser zuzurechnen sind und deshalb in dem deuteronomistischen Text 1 Sam 12* sekundär sein müssen, trifft nur zu, wenn man dem
Nothschen Modell vorbehaltlos folgt. V.6bβ und die Erwähnung von Mose
und Aaron in V.8 bereiten weder irgendwelche literarischen Spannungen noch
Widersprüche. Dies gilt auch, wenn man, wie in den textkritischen Anmerkungen geschehen, die masoretische Lesart von V.8 korrigiert und die Verben יצא
und ישב auf Jahwe bezieht. Folgende Beobachtung erlaubt es, *völlig unabhängig von textkritischen Entscheidungen* »Mose und Aaron« als ursprünglich
im Text von 1 Sam 12 zu belassen: Römer hat darauf hingewiesen, daß V.6
eine Art Überschrift für die folgenden Verse des Geschichtsrückblicks darstellt. "Dieser Satz nimmt voraus, worauf es im folgenden Summarium ankommt: Die Gliederung der Epochen durch führende Männer und das Urda-
tum dieser Geschichte: „Der Auszug aus Ägypten, die entscheidende Tat der
Frühgeschichte, wird ausdrücklich zweimal erwähnt".", d.h. in V.6 und V.8[98].
In V.11 werden für die Epoche der Richter ebenfalls einzelne Richtergestalten
genannt und mit Namen angeführt. Parallel dazu sind für die Epoche des Exo-
dusgeschehens und der Landnahme die Erwähnung von Mose und Aaron zu
verstehen. Mose und Aaron sind nicht aus V.6 und V.8 auszuscheiden. Die vor
allem von Mommer angeführten Beobachtungen zur Einmaligkeit der Aussagen der masoretischen Lesart von V.8 sprechen also nicht für eine literar- bzw.
redaktionskritische, sondern, wie oben geschehen, für eine textkritische Lösung des Problems.

4.3.1.4 Vers 13aγ »den ihr erbeten habt«

Veijola hält V.13aγ für einen Zusatz, "der noch eine wörtliche Anspielung
auf "Saul" herzustellen sucht"[99].

Für V.13aγ fällt auf, daß er völlig parallel zu V.13aβ formuliert ist. V.13aγ
bringt keine weitere inhaltliche Information. Somit wiederholt er V.13aβ,
wobei V.13a durch die beiden Relativsätze 13aβ, 13aγ überfüllt und
»schwerfällig« wirkt. Nachdem בחר in 1 Sam 12 außer in V.13aβ nicht mehr
verwendet wird, das Verb שאל aber auch in V.17bε und 19bβ gegeben ist,
spricht mit Veijola alles dafür, daß ein Glossator V.13aγ nachträgt. Wahrscheinlicher als Veijolas Vorschlag, daß die Glosse namentlich auf Saul anspie-
le, scheint mir jedoch die Annahme zu sein, daß der Glossator auf die Bitte um

---

98   Römer, Israels Väter, S. 331
99   Veijola, Königtum, S. 98, Fußnote 90

einen König in 1 Sam 8,5 hinweist. Ich scheide V.13aγ als Glosse literarkritisch aus.

4.3.1.5 Vers 21

Boecker, Mommer, McCarter, Veijola und L. Schmidt halten V.21 zu Recht für einen redaktionellen Zusatz[100], wobei gerne auf dessen "deuterojesajanischen Geist" hingewiesen wird[101]. Während Veijola seine Entscheidung unbegründet läßt, weist Mommer darauf hin, daß sich V.21 mit תהו eines sonst im DtrG nicht vorkommenden Begriffes bedient, "der aus der Fremdgötterpolemik des Dtjes bekannt ist"[102]. "In der für eine Glosse typischen Art wird aus dem vorhergehenden V.20 ein Wort (סור) aufgegriffen und in bestimmter Weise interpretiert"[103]. V.22 schließt mit dem begründenden כי direkt an V.20 an. Die aufgeführten Argumente sprechen deutlich dafür, V.21 als Glosse zu entfernen[104].

---

100 Boecker, Beurteilung, S. 86f; Mommer, Samuel, S. 126; McCarter, Samuel, S. 217; Veijola, Königtum, S. 90, Fußnote 46; L. Schmidt, Deuteronomistisches Geschichtswerk, S. 137

101 Veijola, Königtum, S. 90, Fußnote 46. L. Schmidt hingegen sieht auch in V.21 einen DtrN-Redaktor am Werk: L. Schmidt, Deuteronomistisches Geschichtswerk, S. 137.

102 Mommer, Samuel, S. 126

103 Boecker, Beurteilung, S. 86

104 Vergleicht man 1 Sam 12,21 mit den entsprechenden Versen Jos 23,7.16 DtrS und Jos 24,2b.14b.15-16.20.23 DtrS zur Fremdgötterproblematik, dann fällt auf, daß nur hier in 1 Sam 12,21 Polemik gegen Götter betrieben wird. Während DtrS in Jos 23 und Jos 24 vor allem die Verehrung der Götter im Blick hat, wird in 1 Sam 12,21 parallel zu Jes 41,29; 44,9 ihre Existenz geleugnet. Preuß verdeutlicht dies anhand Jes 41,21-29: "Es liegt hier vielmehr ein Stilmittel vor, das den in der Götzenpolemik des Alten Testaments häufigen Rechtsstreit Jahwes mit diesen Götzen aufnimmt... Jahwe steht letztlich nur den Bildern gegenüber, die daher auch stets schweigen und niemals Götter sind.... folglich auch als Nichtgötter erkannt werden. Somit enthalten auch schon diese notwendig und wesenhaft ungleichen Gerichtsszenen ein spottendes Element: Jahwes Gegenpartei ist letztlich gar nicht vorhanden. Der Prozeß hat nur die Aufgabe, dies offenkundig zu machen" (Preuß, Verspottung, S. 206). Ob die Polemik gegen Götzen von Deuterojesaja selbst stammt oder auf eine Redaktion zum Dt-Jesajabuch zurückzuführen ist, bleibt für 1 Sam 12,21 ohne Bedeutung (Siehe Westermann, Jesaja 40-66, S. 119, der Jes 44,9-20 zusammen mit Jes 40,19-20; 41,6-7 und 45,16-17 für sekundär hält). In beiden Fällen ist 1 Sam 12,21 zeitlich nach Deuterojesaja zu datieren. Jes 41,21-29 ist unbestritten als »Gerichtsrede« zu bestimmen (Siehe Elliger, Deuterojesaja Bd. 1, S. 177 oder Westermann, Jesaja 40-66, S. 69). Der Urteilsspruch dieser Gerichtsrede ist V.9, in dem die Götzen als תהו bezeichnet werden (Preuß, Verspottung, S. 204). Der Glossator will mit V.21 demnach zeigen, daß das Abweichen von Jahwe und die Verehrung von Götzen auch *aufgrund ihrer Nichtigkeit*, die in einem (fiktiven) Gerichtsprozeß nachgewiesen wurde, ein Irrweg ist.

4.3.1.6 Ergebnis zur literarkritischen Untersuchung

1 Sam 12 hat sich als literarisch einheitlicher Text erwiesen, der nur mit der Erwähnung des Gesalbten in V.3aα und 5aγ[ohne: heute] sowie mit V.13aγ und V.21 kleinere Zusätze erfahren hat.

4.3.2 Die Bestimmung der Verfasserschaft von 1 Sam 12

4.3.2.1 Der Text 1 Sam 12* als deuteronomistischer Text

Die Mehrheit der alttestamentlichen Forschung geht davon aus, daß die Abfassung von 1 Sam 12(*) in seiner jetzigen Gestalt auf die Deuteronomistik zurückzuführen ist. Dies gilt auch für Exegeten, die in 1 Sam 12(*) von Dtr verarbeitete Überlieferungen und Traditionen annehmen[105]. Die Annahme eines vordeuteronomistischen Grundbestandes hat sich als nicht plausibel erwiesen. So muß für den folgenden Nachweis deuteronomistischer Sprache und Gedanken nicht auf verschiedene literarische Schichten eingegangen werden. Eine Darstellung des deuteronomistischen Sprachgebrauchs für zentrale Teile von 1 Sam 12* haben Weinfeld[106] und Mommer erbracht[107]. Zusätzlich findet sich wichtiges deuteronomistisches Gedankengut in 1 Sam 12*: Hertzberg weist darauf hin, daß 1 Sam 12,13-15 eine Schau auf die beginnende Königszeit gibt und dabei - für die Deuteronomistik typisch - das erste Gebot im Mittelpunkt steht[108]. Boecker stellt richtig fest, daß die Verse 14-15 der theologischen Struktur von »Fluch und Segen« des Deuteronomiums folgen und V.16-25 darauf inhaltlich Bezug nehmen[109]. Bereits Noth hat darauf hingewiesen, daß 1 Sam 12* wie vor allem Jos 23 eine Rede einer führenden Person

---

Weil die Götzen bereits als Nichtigkeit erwiesen sind und Jahwe seinem Volk so gnädig begegnet (1 Sam 12,22), soll es ihm gehorsam sein und ihm nachfolgen 1 Sam 12,20.25.
Gegen Boecker ist die »Fremdgötterproblematik« dem restlichen Kapitel jedoch nicht völlig unbekannt (Boecker, Beurteilung, S. 86). Denn das Abweichen von Jahwe impliziert m.E. die Hinwendung zu anderen Göttern.

105 Siehe z.B. Crüsemann oder McCarter Punkt 4.1.2. Weiser macht es sich zu leicht, wenn er feststellt: "Auf die Frage nach dem sog. deuteronomistischen Stil in 1.Sam 12 ... näher einzugehen, versage ich mir": Weiser, Samuel, S. 85, Fußnote 80. Die Frage nach Überlieferungen und Traditionen in 1 Sam 12 ist an dieser Stelle noch auszublenden.

106 Weinfeld, Deuteronomy, S. 320ff. Siehe auch Steuernagel, Josua, S. 296ff.
107 Mommer, Samuel, S. 124f
108 Hertzberg, Josua, S. 75
109 Boecker, Beurteilung, S. 81ff

Israels darstellt, die über die vergangene bzw. bevorstehende Zukunft Israels reflektiert[110]. Wie Jos 23 die Epoche der Landnahme beschließt, so 1 Sam 12* die Epoche der Richter[111]. Somit sind gegen den deuteronomistischen Charakter von 1 Sam 12* keine Einwände mehr zu erheben.

4.3.2.2 Der Text 1 Sam 12* als spätdeuteronomistischer Text

Obwohl in 1 Sam 12* die explizite Erwähnung der תורה bzw. anderer deutlich nomistischer Ausdrücke fehlt, konnte Veijola nachweisen, daß 1 Sam 12* nicht DtrH, sondern einem späteren Deuteronomisten zuzurechnen ist[112]. Die Zugehörigkeit von 1 Sam 12* zu DtrN (als Schöpfung von DtrN) sieht er durch mehrere Beobachtungen bestätigt. Die wichtigsten Merkmale, die nach Veijola auf DtrN hinweisen, können wie folgt zusammengefaßt werden[113]: Die äußere Form der Rede: DtrN läßt Samuel auch in den Reden 1 Sam 8,10ff, 10,18aβγb-19a zum Königtum Stellung[114] beziehen - im Gegensatz zu DtrH, bei dem Bericht und Dialog vorherrschen[115]. 1 Sam 12* hat mit dem von DtrN stammenden Text Jos 23 eine große Ähnlichkeit[116]. In 1 Sam 12,6a.7-15 sieht Veijola die Gattung "*Rechtsstreit Jahwes*"[117] vertreten. Sie verweist auf DtrN als Autor von 1 Sam 12* deshalb, weil im Text eine Spätform der Gattung

---

110 Noth, Josua, 2. Auflage, S.47ff

111 Dieser Argumentation haben sich z.B. Smend, Entstehung, S. 118 und Boecker, Beurteilung, S. 63 angeschlossen. Nach McCarter wird 1 Sam 12 durch die deuteronomistische Redaktionstätigkeit zu einem typisch deuteronomistischen Reflexionstext: 1 Samuel, S. 219f.

112 Veijola, Königtum, S. 84ff

113 Die von Veijola für DtrN behauptete königskritische bzw. antimonarchische Einstellung, die laut Veijolas Analyse 1 Sam 12 mit anderen DtrN-Stücken im Kontext 1 Sam 7-11 verbindet, soll hier außer acht gelassen werden, da die Aussageintention und Einstellung des Autors von 1 Sam 12 zum Königtum erst noch nachgeprüft werden muß. Der folgende Nachweis für den spätdeuteronomistischen Charakter von 1 Sam 12 hat deshalb davon abzusehen.

114 Vgl. unter Punkt 4.4.2, wo Veijolas literarkritische Schichtung zu 1 Sam 8-11 leicht zu modifizieren ist.

115 Veijola, Königtum, S. 84. Dieser Nachweis Veijolas ist unabhängig von der Stellungnahme des Textes zum Königtum. Nach Veijola finden sich auch in 1 Sam 12 - analog zu den anderen DtrN-Texten in 1 Sam 8-11 - königskritische Tendenzen (S. 119ff). Der von der Haltung zum Königtum unabhängige Nachweis spätdtr Verfasserschaft ist insofern von Bedeutung, da die Analyse der Intention und Stellung zum Königtum in dieser Untersuchung zu Aussagen kommt, die die These Veijolas modifizieren.

116 Ebenda. Auf die Beziehungen zwischen Jos 23 und 1 Sam 12 wird noch in Punkt 4.4.2 einzugehen sein.

117 A.a.O., S. 85

vertreten ist[118]. Für DtrN sprechen auch bestimmte Wendungen wie z.B.
שמע בקול יהוה in V.14f, die sich nur in deuteronomistischen Umfeld nachweisen
lassen und für die Spätphase des Deuteronomismus, vor allem durch ihre
"nomistische Provenienz"[119] (z.B. Jahwe dienen V.14.24), tonangebend sind.
Gleiches gilt für sprachliche Merkmale, wie z.B. die summarische Verbindung
der Herausführung aus Ägypten mit der Hineinführung in das Land[120]. Veijola
zieht für seine Sprachanalyse die Schlußfolgerung, daß "die Physiognomie
dieses Kapitels durch Wörter und Wendungen geprägt ist, die anderswo typisch für das Gesetz und die jüngsten Stufen des Deuteronomismus sind"[121].

Der Einwand Blums gegen Veijolas Zuweisung von 1 Sam 12* zu DtrN, daß in
1 Sam 12* der "in Jos 1,7f; 23,6 und Ri 2,17 fast formelhaft wiederkehrende Hinweis auf
die תורה usw. fehlt... vor allem in der angeblich ganz von »DtrN« formulierten Rede in
1 Sam 12"[122], wird durch die Annahme einer mehrere Hände umfassenden spätdeuteronomistischen Schule DtrS entkräftigt, "deren Tendenz nur zum Teil als nomistisch bezeichnet
werden kann"[123]. Zu ähnlichen Ergebnissen kamen vor allem die Untersuchungen zu
Jos 24*DtrS (Punkt 3.10), aber bereits die spätdtr Zusätze in Jos 1 erschöpfen sich nicht in
einem reinen Nomismus (Punkt 2.5)

Die Analyse Veijolas kann durch eigene Beobachtungen im Zusammenhang
von Jos 23 und 24 noch gestützt werden: Die Erwähnung von Mose *und* Aaron findet sich neben V.6 und 8 noch in dem ebenfalls spätdeuteronomistischen Zusatz Jos 24,5aα. Das *Thema* des Abweichens von Jahwe 1 Sam 12,20
findet sich - inhaltlich gefüllt - in Jos 24,2b.14b-15.16aβb.19-24 und
Jos 23,7.16aδ-ε wieder. Zwar wird in 1 Sam 12* die תורה nicht ausdrücklich
erwähnt, doch bedeutet dies nicht, daß diese in 1 Sam 12* keine Rolle spielt.
Vielmehr wird das Kernstück der Tora - das erste Gebot - nun zum Gegenstand der deuteronomistischen Betrachtung: Die Struktur der Verse
1 Sam 12,14-15 ist mit den Versen Jos 23,12.15-16 DtrS insofern identisch,
als Israel Unheil angesagt wird, wenn es gegen das erste Gebot verstößt[124].
Nimmt man alle diese Beobachtungen zusammen, dann kann die These der

---

118 A.a.O., S. 85
119 A.a.O., S. 89. Weitere sprachliche Nachweise für DtrN als Autor siehe dort die Seiten
     89ff.
120 A.a.O., S. 86
121 A.a.O., S. 91
122 Blum, Vätergeschichte, S. 50f, Fußnote 30
123 H.-C. Schmitt, Geschichtswerk, S. 265. Siehe auch Kaiser, Einleitung Bd. 1, S. 89.
124 Siehe dazu auch bei Veijola die weiteren sprachlichen Wendungen die einen inne-
     wohnenden nomistischen Charakter haben: ders., Königtum, S. 89f.

spätdeuteronomistischen Verfasserschaft für 1 Sam 12* kaum noch bestritten werden. Ich schließe mich damit den Analysen von Veijola[125], Smend[126] und L. Schmidt[127] an.

4.3.2.3 Ergebnis zur Verfasserschaft

In einem ersten Arbeitsschritt konnte der deuteronomistische Charakter von 1 Sam 12* nachgewiesen werden. Ein zweiter Schritt machte deutlich, daß der Text auf die Spätdeuteronomistik und damit DtrS zurückgeführt werden kann. Dieses Ergebnis wird sich bei der Frage nach Kontextbezügen und dem spätdtr Verfasser vorliegendem Material bewähren.

---

125 Siehe oben.
126 Smend, Entstehung, S. 118ff
127 L. Schmidt, Deuteronomistisches Geschichtswerk, S. 136f

4.4 Die Intention von 1 Sam 12* DtrS

4.4.1 Die von DtrS verwendeten Formelemente in 1 Sam 12*

1 Sam 12* hat mit der Gattung der »Abschiedsrede, die bereits für Jos 23 plausibel gemacht werden konnte, entscheidende Formelemente gemeinsam:

- [Die Versammlung der Zuhörer ist in 1 Sam 11,15 vorausgesetzt]
- Die Konstatierung der Todesnähe 1 Sam 12,2 (Jos 23,1b.2b.14a)
- Paränesen 1 Sam 12,14-15.20-21.24 (Jos 23,6-8.11.14bα)
- Prophetischer Ausblick 1 Sam 12,15.22.25 (Jos 23,4.5.10.12-13.15-16)
- Geschichtlicher Rückblick 1 Sam 12,8-13

Der »Bericht des Todes« fehlt in 1 Sam 12*.

In 1 Sam 12* finden sich aber auch bestimmte Formelemente, die den von Roloff, Schäfer-Lichtenberger und von Nordheim erarbeiteten Punkten einer »Abschiedsrede« fremd sind: So die »Entlastung Samuels« 1 Sam 12,3-5[128], die Aufforderung zu einem Rechtsstreit V.7, der Bericht von einem übernatürlichen Zeichen in V.16-18 oder das Sündenbekenntnis des Volkes V.19.

Trotz dieser Abweichungen ist es m.E. sinnvoll, an der Bestimmung des *Gesamttextes* von 1 Sam 12* als »Abschiedsrede« festzuhalten, zumal andere Gattungsbestimmungen nicht überzeugen konnten[129]. Im folgenden sind die

---

128 Das Element der »Entlastung« wird erst in späten Texten wie Jub 21,2f wichtig (siehe die Ausführungen zu Punkt 3.11.1).

129 Muilenburg, Weiser und Baltzer unternahmen den Versuch, 1 Sam 12 vom »Bundesformular« her zu deuten: Nach Muilenburg (Form and Structure, S. 347ff) sind neben 1 Sam 12 auch Ex 19,3b-6 und Jos 24 von dieser Gattung geprägt, die ihren Sitz im Leben im (amphiktyonischen) Kult Israels hat und vom altorientalischen Vertragsformular herzuleiten ist. Die Gemeinsamkeiten von Ex 19,3b-6; Jos 24 und 1 Sam 12 erstrecken sich vor allem auf folgende Elemente: Proklamation von Jahwes rettenden bzw. mächtigen Taten Ex 19,4; Jos 24,2-13; 1 Sam 12,7-12 / Paränese bzw. Bundesbedingung Ex 19,5-6; Jos 24,14-24; 1 Sam 12,13-15 / die Rolle der jeweiligen Hauptfigur Mose, Josua und Samuel als Vertreter des Bundes, Bundesmittler und Bundesfürbitter. Muilenburg unterläßt es allerdings, aus den genannten drei Texten die exakten Merkmale der Gattung »Bund« zu rekonstruieren bzw. auf Abweichungen der Texte von diesem Muster einzugehen. Problematisch ist ebenfalls die Terminologie »covenant *Gattung*«, die Muilenburg für diese Gattung verwendet, da »Bund« oder »Bundes-Gattung« keine Gattungsbezeichnung sein kann. Im Verständnis von 1 Sam 12 schließt sich Weiser - neben einigen Modifikationen - grundsätzlich Muilenburg an (Weiser, Samuel, S. 81ff). Über Muilenburg hinaus meint Weiser, daß in den Versen 16-19 noch die Tradition der Theophanie nachklingt, die ihren Sitz im

Leben in der "sakralen Feier als kultdramatische Aktualisierung der göttlichen Gegenwart" hat (S. 87).

Baltzer will 1 Sam 12 analog zu Jos 23 und 24 konsequent als »Bundesformular« verstehen: 1 Sam 12 enthält folgende Elemente: V.8-13 Vorgeschichte / V.14-15 Ankündigung des Fluches / V.16-19 Wunderzeichen und Sündenbekenntnis / V.20-21 grundsätzliche Gebote zur Loyalität / V.22 Ankündigung, daß Jahwe seinen Bund aufrechterhält / V.25 Androhung des Fluches (Baltzer, Bundesformular, S. 74ff). Die Verse 14-15 als »Ankündigung des Fluches« gehören zu »Fluch und Segen«. Ein Redaktor habe den zum Bundesformular gehörigen »Segen« weggelassen (S. 74). Während Weiser für die Gattung des »Bundes« noch einen kultischen Sitz im Leben angenommen hat (siehe oben), ist es bei Baltzer eher ein vertragsrechtlicher Sitz im Leben (allerdings nimmt Baltzer an, daß dieser dann einen Sitz im Gottesdienst erlangte (Bundesformular, S. 180 und 97ff)).

Zu kritisieren ist jedoch, daß in 1 Sam 12 sowohl wichtige Elemente des »Bundesformulars« fehlen, als auch wichtige Abschnitte des Textes im »Bundesformular« nicht aufgehen: Baltzer selbst weist darauf hin, daß in 1 Sam 12 das für das »Bundesformular« wichtige Element »Bestätigung durch das Volk« fehlt (Baltzer, Bundesformular, S. 75). Weiterhin fällt bei Baltzers Analyse auf, daß die von ihm als »Wunderzeichen« und »Sündenbekenntnis« verstandenen Verse 16-19 neben den Versen 23-24 in seiner Beschreibung des Bundescharakters von 1 Sam 12 kaum Beachtung finden. Die Verse 1-5 versteht Baltzer - im Gegensatz zu Weiser - wieder als »Amtsübergabe«. Bei der Verbindung der »Amtsübergabe« mit der »Bundeserneuerung« könne der dtr Verfasser auf eine festliegende Ordnung zurückgreifen (Dtn 31 und Jos 1) (S. 79). Baltzer wertet diesen Befund so, daß die enge Verbindung von Bund und Wechsel in der Führung Israels einen gemeinsamen Sitz im Leben habe: Der in Israel regierende Amtsinhaber hat seinen Nachfolger noch zu seinen Lebzeiten in sein Amt eingesetzt (S. 88). Dabei kam es zu einer erneuten Bestätigung des Bundes Jahwes, da dieser die Lebensgrundlage Israels ist. So wurde die Kontinuität der Beziehung zu Jahwe auch während eines Herrscherwechsels gesichert. Hier stellt sich berechtigterweise die Frage, inwieweit diese Elemente konstitutiv für die Gattung »Bundesformular« sein können.

McCarthy vertieft in »Treaty and Covenant« Baltzers Analyse, doch ergeben sich bei ihm letztlich ähnliche Probleme wie bei Baltzers These: Auch er kann 1 Sam 12 nicht vollständig aus dem »Bundesformular« erklären. Außerdem muß er bestimmte Teilen von 1 Sam 12 mehr oder weniger »gewaltsam« umdeuten, um sie noch innerhalb des Erklärungsschemas des »Bundesformulars« verstehen zu können (McCarthy, Treaty, S. 213ff). Leider vermißt man bei McCarthy eine *übersichtliche* Zuordnung und Aufgliederung der einzelnen Verse zu den Elementen des Bundesformulars. Während dies für die Verse 6-15 noch nachvollziehbar ist, muß McCarthy in V.16-25 die wunderbare Erscheinung Jahwes im Donner als Paränese des Bundesformulars verstehen. Hierbei handelt es sich deutlich um eine Überinterpretation. Die Gesamtstruktur von 1 Sam 12 beschreibt McCarthy wie folgt: "1) Penance Liturgy (1-5); 2) *Mise en scène* (6-7); 3) Historical Prologue (8-12); 4) Presentation-Proposition (13); 5) Blessing and Curse (14-15); 6) Call to Repentance (16-18); 7) Repentance and Renewed Covenant (19-25);" (S. 217). McCarthy geht hier offensichtlich für die Verse 1-5 von einer Bußliturgie aus, ohne dies näher zu begründen. Auf Seite 213 in »Treaty and Covenant« spricht er von einer Amtsniederlegung Samuels und bestimmt die Verse 3-4 als Absolutionsformel. Wie die Amtsniederlegung mit einer Bußliturgie oder Absoluti-

einzelnen, in 1 Sam 12* verwendeten Formelemente in ihrer Funktion zu ermitteln, um anschließend die Intention von DtrS in 1 Sam 12* beschreiben zu
können.

4.4.1.1 Konstatierung der Todesnähe bzw. Altersangabe V.2

V.2aα nennt die Ausgangsposition des gesamten Textes 1 Sam 12*: Israel
hat nun einen König. Der Hinweis auf das Alter Samuels in V.2aβ-b ist typisches Element einer Abschiedsrede (vgl. Jos 23,2). Er steht nicht für sich allein, sondern wird in V.2aα in Beziehung zum König gebracht. Gerade die
Kontrastierung zwischen dem neu »gewählten« König und dem alten Samuel
legt die Vermutung nahe, daß die Altersangabe Samuels eine bestimmte Funktion hat: Bereits in 1 Sam 8,1 diente der Hinweis auf das Alter Samuels dazu,
eine neue Situation im Herrschaftsverhältnis Israels anzugeben, wobei nun
seine Söhne zu Richtern über Israel gesetzt sind. In 1 Sam 12,2 wird der Hinweis auf das Alter Samuels folglich dazu gebraucht, ein neues Herrschaftsverhältnis für Israel zu konstatieren: *Nun* herrscht ein König über Israel[130].
1 Sam 12,2 bringt somit zu Ende, was in 1 Sam 8,1f begann. Das Fehlen einer
Anspielung auf den schlechten Lebenswandel der Söhne Samuels wie in
1 Sam 8,1ff erklärt sich daraus, daß 1 Sam 12,2 das erfolgte Inkrafttreten des
neuen Königtums betonen will: Die Söhne, die in 1 Sam 8,1-5 (DtrH[131]) als
Richter eingesetzt wurden, werden nun zum Volk gezählt.

4.4.1.2 Entlastung Samuels V.3-5

Für die Verse 3-5 haben vor allem Boecker[132] und Veijola[133] die Herleitung
aus der Gattung des »Rechtsprozesses« nachgewiesen. Boecker gelingt es, im

---

onsformel in Verbindung steht, führt McCarthy nicht aus. In »Compact and Kingship« spricht McCarthy die These aus, daß in Israel sakrale Bundeserneuerungszeremonien zwischen König, Volk und Jahwe in Krisensituationen oder bei Krönungen
eines Nachfolgers abgehalten wurden, um die Stabilität der Gesellschaft zu sichern
(S. 89f). Unklar bleibt hier, ob für das Bundesformular deshalb nun eher ein sakraler
bzw. zeremonieller Sitz im Leben oder ein vertragsrechtlicher Sitz im Leben anzunehmen ist. Nachdenklich stimmt in diesem Zusammenhang der Herleitung von
1 Sam 12 aus dem Bundesformular auch, daß in 1 Sam 12 nicht einmal das Wort ברית
auftaucht.

130 Vgl. Stolz, der die Söhne als Anzeichen des Generationswandels deutet: Samuel,
    S. 79.
131 Zur DtrH-Verfasserschaft von 1 Sam 8,1-5 siehe L. Schmidt, Deuteronomistisches
    Geschichtswerk, S. 133f.
132 Boecker, Redeformen, S. 161f

Vergleich mit Rut 4,1-12 zu zeigen, daß 1 Sam 12,3-5 eine festgeprägte Redeform des Rechtsvorgangs ist, "die wohl ursprünglich zum Bereich des Familien- bzw. Sachenrechts gehörte, dann aber auch in weitere Rechtsbereiche Eingang gefunden hat"[134]. Der Prozeß hat in V.3-5 eindeutig notarielle Funktion, d.h. es geht Samuel um die Bestätigung seiner ordnungsgemäßen Amtsführung[135]. Das Volk und Jahwe bestätigen dies.

Boecker und Mommer haben darauf hingewiesen, daß in V.3-5 durch das zentrale Stichwort לקח, das hier »widerrechtliche Aneignung« bedeutet, eine bewußte Bezugnahme auf das Königsrecht in 1 Sam 8,11ff genommen wird[136]. Boecker hat diesen Befund so gedeutet, daß die Rechtselemente in V.3-5 als zentrale Bestandteile des alttestamentlichen Gottesrechtes zu verstehen sind, mit dem das Königtum konfrontiert wird und an dem es sich messen lassen soll. Die einzelnen Punkte, von denen Samuel entlastet werden will, sind dabei "keineswegs typisch ... für eine besondere richterliche Standesmoral"[137], sondern gelten für jeden Israeliten. Gleichzeitig folgert er daraus, daß der Text 1 Sam 12* im Grunde an der Person Samuels selbst gar nicht interessiert sei, sondern an dem neuen Geschichtsabschnitt, der mit dem Königtum beginnt[138].

Mit Boecker ist festzuhalten, daß die Bezugnahme von 1 Sam 12,3-5 auf 1 Sam 8,11ff DtrH[139] von Bedeutung für die Bestimmung der Aussageintention der »Entlastung Samuels« ist. Der Verweis auf 1 Sam 8,11ff DtrH hat m.E. aber nicht nur die Funktion, die Frage zu stellen, ob das Königtum dem Gottesrecht in V.3-5 in der folgenden Geschichtsdarstellung entsprechen wird.

Die Anspielung der Verse 1 Sam 12,3-5 auf das Königsrecht in 1 Sam 8,11ff macht vielmehr deutlich, daß das Königtum - anders als die bisherige Herrschaft Jahwes durch Samuel - aufgrund der Zustimmung des Vol-

---

133 Veijola, Königtum, S. 93. Er weist bei der Betrachtung von 1 Sam 12,5 auf Übereinstimmungen mit Jos 24,22 hin, in dem sich ebenfalls das Schema eines rechtlichen Prozesses finden läßt.

134 Boecker, Redeformen, S. 162. Vgl. auch Num 16,15.

135 A.a.O., S. 161. Siehe auch Veijola, Königtum, S. 93. Als Strukturmerkmale bestimmt Veijola: Prozeßeingang: Feststellen der Verfahrenszeugen / Verfahrensverlauf: Der Prozeßbeteiligte ruft Zeugen auf und nennt die Rechtsmaterie (Rut 4,9; 1 Sam 12,5; Jos 24,22) / Antwort des bzw. der Zeugen mit einer Bereitschaftserklärung. Dieses Muster hat Klein übernommen: 1 Samuel, S. 115. Siehe dazu auch Mommer, Samuel, S. 160f.

136 Boecker, Beurteilung, S. 69f. Mommer, Samuel, S. 123

137 Boecker, Beurteilung, S. 67. Siehe auch Weiser, Samuel, S. 83.

138 Boecker, Beurteilung, S. 69

139 Zur DtrH-Verfasserschaft von 1 Sam 8,11ff siehe L. Schmidt, Deuteronomistisches Geschichtswerk, S. 133ff.

kes zum Königsrecht in 1 Sam 8,11ff nun die *rechtmäßige* Möglichkeit zur sozialen »Unterdrückung« besitzt. Jahwe trifft keine Schuld, wenn das Volk unter seinem jeweiligen König unter Bedrückung und sozialer Ungerechtigkeit leidet.

Weiterhin sprechen m.E. folgende Beobachtungen dafür, daß der Verfasser von 1 Sam 12* durchaus an der Person bzw. an einer bestimmten Darstellung der Gestalt Samuels interessiert ist, und dieser nicht nur - so Boecker - im Text erscheint, weil er im Schnittpunkt zweier Epochen steht[140].

In V.3-5 wird das Königtum mit der Gestalt Samuels konfrontiert, die von jeglichem Vorwurf eines Machtmißbrauchs im sozialen Bereich freigesprochen wird. V.7-12 zeichnen Samuel als Mann, der Jahwe vor dem Volk verteidigt und für Jahwe einen Rechtsprozeß führt. Er ist quasi »Anwalt Jahwes«. In V.11a erscheint Samuel in für das Alte Testament einzigartiger Weise in einer Aufzählung von Richtern[141]. Wie Punkt 4.4.1.5 noch zeigen wird, dient der Abschnitt V.9-11 zur Verdeutlichung dafür, daß bis zur Entstehung des Königtums Jahwes rettende Alleinwirksamkeit über Israel unangetastet blieb. Die Verse 16-18 stellen Samuel als Mann dar, der ein Wunder Jahwes ankündigt. Wie Mose in Ex 14,31 wird ihm und Jahwe Ehrfurcht entgegengebracht (siehe dazu die Ausführungen unter Punkt 4.4.1.8). In V.23 liegt es an Samuel, für das Volk Fürbitte zu leisten, damit es nicht sterben muß[142]. Gleichzeitig ist Samuel Lehrer des Volkes und mit dessen Unterweisung beauftragt.

Nimmt man allein die Befunde dieses kurzen Überblicks in den Blick, dann wird deutlich, daß die Gestalt Samuels für den Verfasser von 1 Sam 12* eine zentrale Bedeutung innehat: Samuel wird zur Idealfigur des jahwefrommen Anführers[143]. Für die Verse 3-5 bedeutet dies u.a., daß DtrS das Königtum mit seiner Darstellung der Gestalt Samuels als *idealer, jahwetreuer Anführer* konfrontieren will[144].

Die soeben dargestellten »Aussagelinien, d.h. die Bezugnahme der Verse 3-5 auf das Königsgesetz in 1 Sam 8,11ff und die Konfrontation des Königtums mit der Idealgestalt Samuels und den zentralen Elementen alttestamentlichen Gottesrechts in V.3-5, lassen für die Bestimmung der Aussageintention der »Entlastung Samuels« folgenden Schluß zu: Der spätdtr Verfasser will die Tiefendimension der Schuld Israels, sich einen König zu erbitten,

---

140 A.a.O., S. 68
141 Viele Exegeten ändern diese Stelle textkritisch, weshalb ihnen die Bedeutung dieses Befundes entgeht, z.B. McCarter, 1 Samuel, S. 211.
142 Zur spätdtr Fürbittvorstellung siehe Punkt 6.3.2.1.
143 Vgl. Josua in Jos 24*DtrS unter Punkt 3.10.
144 Zur Gestalt Samuels in der Überlieferung der Samuelbücher siehe auch Rendtorff, Kontinuität, S. 172ff.

besonders betonen: Israel verwirft nicht nur Jahwe mit der Bitte um einen König (1 Sam 10,19 DtrS[145]), sondern es hält an seinem Wunsch fest, obwohl es weiß, daß die Ordnung des Königtums eine soziale Belastung für Israel bedeuten kann (1 Sam 8,11ff DtrH). Erschwerend kommt hinzu, daß das Volk auch noch zugibt, daß die bisherige, vorkönigliche Herrschaft des idealen jahwetreuen Anführers Samuels keine Verstöße gegen zentrale Elemente alttestamentlichen Gottesrechtes beinhaltete.

4.4.1.3 Hymnischer Glaubenssatz V.6

Boecker will V.6 wie eine "überschriftartige Grundsatzerklärung" und Einleitung zu V.7ff verstanden wissen[146], Weiser als eine bekenntnisartige Prädikation Jahwes und Einleitung zu V.7ff[147].

Der Rückblick in die Geschichte Israels beginnt erst mit V.8. Sowohl in V.6 als auch in V.8 wird Bezug auf das Exodusereignis genommen, in dem Jahwe als Retter Israels dargestellt ist. Damit hat V.6 sicherlich eine über- und einleitende Funktion für den folgenden Abschnitt. Am ehesten läßt sich mit Weiser V.6 als »hymnischer Glaubenssatz« verstehen[148]. Dabei liegt es nahe, V.6 als Einführung Jahwes für die folgenden Verse zu verstehen.

Nun stellt V.6 mit seiner Formulierung »Jahwe ist es, der Mose und Aaron eingesetzt hat« im AT eine Besonderheit dar, die den Exegeten viele Probleme bereitet hat und eine Klärung verlangt[149]. Das Retten Israels durch Jahwe im Exodusereignis als Inbegriff aller Rettung durch Jahwe wird hier mit der Aussage verbunden, daß Jahwe sich dazu Mose und Aaron als Anführer berufen und *eingesetzt* hat. Sie haben sich, wie Samuel in V.2-5, als Anführer Israels bewährt. Durch V.6 wird der zu einer Idealfigur gewordene Samuel einerseits in Nähe zu Mose und Aaron gerückt[150], andererseits das Königtum nun mit diesen Idealgrößen konfrontiert. יהוה אשר עשה את משה ואת אהרן hat demnach Signalwirkung.

---

145 Siehe dazu die Analyse von Veijola, Königtum, S. 39ff.
146 Boecker, Beurteilung, S. 71f
147 Weiser, Samuel, S. 84
148 Ebenda. Ähnlich vermutet Baltzer in V.6 den Rest einer Doxologie: Bundesformular, S. 74.
149 Siehe die literarkritischen Untersuchungen unter Punkt 4.3.1.3.
150 So wird Samuel in den Samuelbüchern deutlich als Nachfolger Moses gezeichnet und in Parallelität zu ihm gerückt. Siehe Rendtorff, Kontinuität, S. 173.

4.4.1.4 Aufruf zu einem Rechtsprozeß V.7

V.7 stellt unzweifelhaft die Einleitung zu einem Rechtsprozeß dar. Den Nachweis dazu haben Boecker und Veijola geliefert[151].

4.4.1.5 Geschichtsrückblick V.8-13

Der Geschichtsrückblick wurde bereits durch V.6 unter das Vorzeichen der rettenden Alleinwirksamkeit Jahwes gestellt. Das helfende Eingreifen Jahwes zeigt sich auch für die Verse 7-11 als zentral[152]. Römer hat auf den Aufbau des Rückblicks V.8-12 hingewiesen[153]: Die Geschichte ist in drei Etappen gegliedert. V.8: Bedrückung in Ägypten - Schreien - Rettung durch Mose und Aaron. V.9-11: Bedrückung im Land - Schreien - Richter. V.12: Gefahr der Ammoniter im Land - kein Schreien - Forderung eines Königs. Aufbau und Inhalt der Geschichtsreflexion machen deutlich, daß das in V.12 berichtete Geschehen ein Abweichen Israels vom bisherigen Verhältnis zu Jahwe bedeutet. Jahwe, der alleinwirksame Retter und Helfer Israels, wird nicht mehr angerufen, sein Eingreifen nicht mehr gefordert[154]. Die Epoche des Königtums unterscheidet sich somit von Anfang an von der Epoche des Exodus und der Epoche des Richtertums, die mit der Erwähnung Samuels in V.11a als abgeschlossen erscheint.

Viele Exegeten wurden nicht müde, darauf hinzuweisen, daß 1 Sam 12,12 und die Forderung des Volkes nach einem König aufgrund der Bedrohung durch den Ammoniterkönig Nahasch von der bisherigen Darstellung in 1 Sam 8-11 abweicht: Nach "Kap. 8 ist es gar nicht die äußere Bedrohung, die den Königswunsch hervorruft, und in Kap. 11 ist keine Rede davon, daß die Ammoniterbedrohung es war, die das Volk nach einem König verlangen ließ"[155]. Mehrere Alttestamentler wie Weiser oder Crüsemann haben dies durch Aufnahme einer alten Tradition in V.12 zu erklären versucht[156]. Boecker will dieses Abweichen

---

151 Boecker, Beurteilung, S. 72f; Veijola, Königtum, S. 95f
152 Siehe Boecker, Beurteilung, S. 75.
153 Römer, Israels Väter, S. 331
154 So z.B. auch Boecker, Beurteilung, S. 75
155 Boecker, Beurteilung, S. 75
156 Weiser, Samuel, S. 75. Crüsemann sieht vor allem deshalb in 1 Sam 12,12 eine Tradition vorliegen, weil die dargestellte Alternative zwischen dem Königtum Jahwes *und* dem irdischen König über Israel von Dtr nur teilweise übernommen wird (gegen Boecker Punkt 4.1.3 und Veijola Punkt 4.1.4). Jahwe akzeptiert zwar den irdischen König, die Idee des *Königtums Jahwes* führt Dtr - entgegen der These Boeckers - aus der in V.12 enthaltenen Tradition jedoch nicht fort (Crüsemann, Widerstand, S. 74). Crüsemann richtet sich hier gegen Boeckers Behauptung, daß Jahwe trotz des irdischen Königtums weiterhin *König* über Israel bleiben will (Siehe Boecker, Beurtei-

damit erklären, daß hier Dtr selbst eine Zusammenfassung bietet, ihn allerdings die dadurch entstehende Spannung "offenbar weniger belastet als den modernen Leser"[157]. Veijola versucht die Spannung redaktionskritisch zu lösen, da DtrN - im Gegensatz zu DtrH - grundsätzlich dazu neigt, die "aussenpolitische, kriegerische Seite des Königtums" zu betonen[158]. Veijola ist sich allerdings bewußt, daß man den Widerspruch zu den vorangegangenen Bericht "wenigstens verstehen" kann, eine echte Lösung bietet es kaum[159].

Betrachtet man den gesamten Geschichtsrückblick von V.7-12 genauer, dann fällt auf, daß für die Epoche des Exodus V.8 und die Epoche der Richter V.9-11 das »zu-Jahwe-Schreien« Israels jeweils von der Bedrohung durch eine feindliche Macht ausgelöst wurde. Die Darstellung des Wunsches des Volkes nach einem König wird diesem Schema angepaßt. So hat DtrS aus dem Kontext eben die Berichte von 1 Sam 8 und 1 Sam 11 miteinander verbunden und seiner Intention dienstbar gemacht. Gleichzeitig wird daraus deutlich, worauf es DtrS ankommt: Der Schrei des Volkes nach einem starken König bedeutet ein Abweichen des Volkes vom Vertrauen auf Jahwe, den alleinigen Retter Israels, der sich bisher in der Geschichte Israels stets als Helfer erwiesen und Israel für jede Not treue Anführer gesandt hat[160]. Das Königtum ist aus einem »innerlichen« Abfall des Volkes entstanden. Noch ist aber über das Königtum an sich keine Wertung vollzogen. Einiges spricht dafür, daß die Vorstellung vom Königtum Jahwes in V.12b nicht dahingehend überstrapaziert werden sollte, zu fragen, ob die Alternative zwischen irdischem Königtum und Jahwes Königtum genuin deuteronomistischem Denken entspricht[161]. Schließlich werden von DtrS sowohl Jahwe als auch der irdische König in dem Geschichtsrückblick vor allem durch ihr rettendes Eingreifen bei Bedrängnissen des Volkes definiert. Genauer gesagt erhofft sich das Volk vom König Rettung aus Bedrängnissen. Auf diesem Hintergrund wird bzw. kann das irdische Königtum zum Konkurrenten Jahwes werden. Ein Blick in V.14 zeigt jedoch, das DtrS den Gedanken des Königtums Jahwes sehr wohl fortführt und das Königtum Jahwes über das irdische Königtum setzt[162]. Das Vergessen Jahwes als Kriegshelfer und Retter Israels, verbunden mit einem Rufen nach menschlicher Hilfe, erinnert an die prophetische Botschaft in Jes 7,9; 30,1ff; 31,1ff; Hos 7,11. Damit wird, ähnlich wie in V.3-5, die Dimension der Schuld Israels verdeutlicht.

Israel selbst hat mit seiner sündhaften Forderung nach einem König eine neue Epoche eingeleitet. Ein neuer Geschichtsabschnitt beginnt auf einer von Schuld gezeichneten Grundlage. Wie sich noch zeigen wird, ist hier ein Vergleichspunkt zur Zeitsituation von DtrS gegeben. Im Gegensatz zur Epoche der Landnahme kommt die Initiative dazu nicht von Jahwe.

---

lung, S. 81). Das Problem an dieser Argumentation Crüsemanns ist, daß sie einem Zirkelschluß gleichkommt.

157 Boecker, Beurteilung, S. 76
158 Veijola, Königtum, S. 97
159 Ebenda
160 Vgl. L. Schmidt, Deuteronomistisches Geschichtswerk, S. 136.
161 Siehe dazu Crüsemann, Widerstand, S. 73ff.
162 Gegen: Crüsemann, Widerstand, S. 74. Siehe dazu auch die Forschungsgeschichte Punkt 4.1.2.

V.13 konstatiert die Erfüllung der Forderung des Volkes aus V.12: Jahwe hat dem Willen des Volkes entsprochen und einen König eingesetzt. Gleichzeitig dient dieser Vers als Überleitung aus dem Geschichtsrückblick in die Gegenwart der Hörer Samuels und damit in die Situationsebene des berichteten Gesamtgeschehens von 1 Sam 12*. Dabei faßt V.13 das Geschehen von 1 Sam 8-11 zusammen: Das Volk hat einen König erbeten - Jahwe hat einen König eingesetzt.

4.4.1.6 Paränese V.14-15

V.14 und 15 entsprechen von ihrer Struktur her den paränetischen Konditionalsätzen aus der Abschiedsrede Jos 23,12f.16 (DtrS). Dem Volk werden zwei Möglichkeiten vorgelegt: Gehorsam sein, und somit Jahwe als König anerkennen, oder ungehorsam sein, und sich den Zorn Jahwes zuziehen. Boecker hat richtig erkannt, daß hier die Lebensbedingungen der neuen Epoche in der Geschichte Israels beschrieben werden, hinter denen sich die Struktur von Fluch und Segen verbirgt (vgl. dazu auch 1 Kön 8 Punkt 5.5.1)[163]. Nun sind »Segen und Fluch« auch Bestandteil der Gattung des Vertragsformulars bzw. eines »Bundesschlusses«[164], sie kommen jedoch auch in der »Abschiedsrede« Jos 23,12f.16 vor. Von daher kann nicht zwingend auf eine »Bundesgattung«[165] geschlossen werden.

Beachtenswert ist, daß die Alternative von Segen und Fluch in 1 Sam 12,14-15 nur dem Volk vorgelegt wird. Nicht am Verhältnis des Königs zu Jahwe entscheidet sich primär die Zukunft Israels, sondern am Volk. Wenn das Volk gehorsam ist, dann wird sowohl Israel als auch der König Jahwe recht ehren. DtrS verläßt an dieser Stelle deutlich die Geschehensebene des Kontexts, da in der weiteren Geschichte gerade der Abfall der Könige von Jahwe fatale Auswirkungen auf die Beziehung ganz Israels zu Jahwe hat. Dadurch kann der spätdtr Verfasser - ähnlich wie in den Versen 3-5 - die Verantwortung und Schuld *des Volkes* am Niedergang besonders betonen. Gleichzeitig »schimmert« m.E. die Anredesituation der Zeitgenossen von DtrS durch.

4.4.1.7 Zwischenbilanz zu V.7.8-13.14-15

Während V.7 die Einleitung zu einem Rechtsprozeß darstellt, enthalten die V.8-13 einen Geschichtsrückblick und die V.14-15 Paränesen, wobei die bei-

---

163 Boecker, Beurteilung, S. 81
164 Siehe z.B. Baltzer unter Fußnote 129.
165 Zur Problematik der Terminologie siehe Fußnote 129.

den letztgenannten Elemente für eine »Abschiedsrede« durchaus typisch sind
(vgl. Jos 23,3.4.9.14bβ-15a und Jos 23,6-8.11.14bα).

In der Forschung existieren Versuche, die V.7-15 mit der Gattung der
»Alternativpredigt« bzw. des »Rechtsstreites« in Beziehung zu setzen.

Mommer[166] schließt sich Thiels These der Gattung »Alternativpredigt« an, die jener für
Jer 7,1-15; 22,1-5; 17,19-27 vorgeschlagen hat, und wendet sie auf 1 Sam 12,7-15 an[167].
Thiel selbst hat neben durchgehender Ihr-Anrede folgende Strukturmerkmale für eine
»Alternativpredigt« in besagten Jeremiatexten herausgearbeitet[168] (mit 1 Sam 12,7-15 ge-
meinsame Strukturelemente sind kursiv gesetzt):
Einleitungsformel / Prophetenbefehl (- zum Gehen; - zum Sprechen) / Hörbefehl / Bo-
tenformel / Einleitender Imperativ / *Alternative I (zum Guten)* / *Heilszusage* / *Alternative II*
(zum Bösen) / *Gerichtsankündigung*.
Nach Thiel ist die »Alternativpredigt« ein Predigttyp der Exilszeit[169]. 1 Sam 12,7-15 hat
folgende Struktur: Aufforderung zu einem Rechtsprozeß V.7 / Geschichtsrückblick V.8-12 /
Überleitung in die Gegenwart V.13 / *Alternative I V.14a* / *Heilszusage V.14b* / *Alternative*
II V.15a / *Gerichtsankündigung V.15b*.
Vergleicht man die von Thiel bestimmte »Alternativpredigt« mit 1 Sam 12,7-15, so fällt
auf, daß diese nur die Elemente der beiden Alternativen und der jeweiligen Heilszusage und
Gerichtsankündigung gemeinsam haben. Nach Thiel kommt diese verkürzte Form in
Jer 42,10-17 und 1 Kön 9,1-7 vor, wo aufgrund ihrer engen Einbindung in den Kontext auf
die restlichen Elemente verzichtet wurde[170]. Insofern ist Mommers Bestimmung von
1 Sam 12,7-15 als »Alternativpredigt« durchaus möglich, allerdings unterläßt er es, auf die
abweichenden Elemente wie V.7 oder V.8-12 einzugehen und sie zu erklären. Die Intention
von 1 Sam 12,7-15 besteht nicht nur darin, daß dem Volk eine Alternative vorgelegt wird.
Veijola hat in Anschluß an Boecker[171] 1 Sam 12,7-15 als Rechtsstreit analysiert, genauer als *Verteidigungsrede* Jahwes, die von Jahwes Anwalt, Samuel, gehalten wird. Charakteristikum für einen Rechtsstreit ist die typische Einleitung in 1 Sam 12,7, Rechtsmaterie
sind die צדקות יהוה[172]. Veijola gelingt es, im Vergleich mit Jes 1,19-20 zu zeigen, daß die
Alternativmahnung von V.14-15 traditionell zur Gattung des Rechtsstreits gehört[173]. Das
Ziel sieht Veijola in V.12: "Der angeklagte Jahwe hat sich als unschuldig erwiesen, während das angeklagte Volk seiner Sünde überführt wurde"[174]. Mommer hat Veijola vorgewor-
fen, daß 1 Sam 12* nicht als Rechtsstreit Jahwes bestimmt werden kann, weil einerseits in
1 Sam 12,7-15 nicht Jahwe selbst redet, andererseits kein echter Dialog mit den Hörern

---

166   Mommer, Samuel, S. 129f. Allerdings bleiben seine Ausführungen dazu unkonkret.
167   Thiel, Redaktion, S. 290-295.
168   A.a.O., S. 290
169   A.a.O., S. 293. Die Frage nach dem Sitz im Leben der »Alternativpredigt« läßt er
       unbeantwortet.
170   A.a.O., S. 292f
171   Boecker, Beurteilung, S. 72. Allerdings bezieht sich Boecker nur auf V.7-12.
172   Veijola, Königtum, S. 95f.
173   A.a.O., S. 98
174   A.a.O., S. 97

eingegangen wird[175]. Dagegen ist zu sagen, daß Jahwe in Jes 1,18-20 mit dem Volk auch keinen echten Dialog eingeht. Einerseits sind sowohl in Jes 1,18-20 als auch in 1 Sam 12,14-15 die Positionen der »Kontrahenten« bereits angeeutet und enthalten, andererseits ist die Rechtmäßigkeit der Anklage (Jahwes bzw. Samuels) derart offensichtlich, daß auf einen Dialog verzichtet werden kann. Weiterhin darf V.7 nicht einfach - wie bei Mommer - außer acht gelassen werden.

Für 1 Sam 12* fällt auf, daß Jahwe selbst schweigt. Hinzu kommt, daß Samuel, der auf der Seite Jahwes steht, kein einziges Wort an das Volk mit der Botenformel beginnt. Das Schweigen Jahwes kann in 1 Sam 12* nur die Funktion haben, die Bedeutung Samuels hervorzuheben: Jahwes Diener Samuel vertritt Jahwe und sein Anliegen rechtsgültig vor dem Volk. Samuel legt die Geschichte Jahwes mit Israel aus und zeigt dem Volk sowohl Fehlverhalten als auch den rechten Weg vor Jahwe auf.

Die Ergebnisse von Veijola und Mommer sollten m.E. nicht gegeneinander ausgespielt, sondern vielmehr miteinander kombiniert werden. Unleugbar greift DtrS mit V.7 auf Elemente des Rechtsprozesses zurück: Samuel führt für Jahwe einen Rechtsstreit mit dem Volk als Vertreter oder Verteidiger Jahwes. Gleichzeitig hat Mommer insofern recht, als das Volk in diesem Rechtsstreit gar nicht zu Wort kommt (zumindest in V.7-15 nicht), sondern dem Volk für die neue Situation des Königtums von Samuel zwei Wege vorgelegt werden, die es einschlagen kann. Zusammenfassend läßt sich sagen, daß DtrS hier offensichtlich Elemente des »Rechtsprozesses« und der »Alternativpredigt« miteinander kombinierte. Gleichzeitig aber sind die genannten Formelemente in den Gesamttext von 1 Sam 12* eingebettet, der insgesamt als »Abschiedsrede« Samuels zu verstehen ist.

Jahwe hat seine Aufgabe, Retter Israels zu sein, stets treu erfüllt. Das Volk hat ihm gegenüber das Vertrauen gebrochen. Das von Mommer beobachtete Schweigen des Volkes in V.7-15 gibt einen weiteren Hinweis auf die Intention von DtrS: Betrachtet man die folgenden Verse 16ff, dann wird deutlich, daß das Volk seine Sünde in V.7-15 noch nicht *persönlich* erkannt hat[176]. Es bedarf eines übernatürlichen Ereignisses und eines Bußrufes.

Um so mehr wundert es doch, dem Volk noch vor einem Sündenbekenntnis V.16ff eine Alternative zwischen Gehorsam und Ungehorsam, Heil und Unheil vorgelegt wird. Dem Volk ist die Sünde zwar aufgezeigt, noch hat es sie aber nicht selbst erkannt. Bereits an diesem Punkt, obwohl das Volk gesündigt hat, ist Jahwe bereit, eine neue Lebensmöglichkeit für dessen Zukunft zu eröffnen. Jahwe hat sich in der Vergangenheit als Retter erwiesen 1 Sam 12,7-11 und nun, nachdem das Volk gesündigt hat, erweist er sich wieder als der, der die Möglichkeit einer heilvollen Zukunft prinzipiell eröffnet.

Anders als bisher im Geschichtsrückblick V.7-11 steht das Volk nun vor der ausgesprochenen Alternative, sich wieder an Jahwe zu halten, während dies in

---

175 Mommer, Samuel, S. 130, Fußnote 396
176 Gegen Veijola, der hier von einer Überführung des Volkes ausgeht: Königtum, S. 97.

den beiden vergangenen Epochen als »Selbstverständlichkeit« hingestellt wurde. Das Schweigen des Volkes in V.7-15 und das »nachklappende« Sündenbekenntnis in V.16-19 bekommt nun eine theologische Dimension: Das Aussageziel von V.7-15 ist demnach, zu zeigen, daß Jahwe trotz des Vertrauensbruches des Volkes, das damit eine neue Geschichtsepoche eingeleitet hat, sich selbst als Retter Israels treu bleibt. Gleichzeitig wird das Volk in Verantwortung genommen: Bei ihm liegt es, sich zu entscheiden. Offensichtlich kann auch hier wieder ein Bezug auf die Zeitsituation von DtrS gesehen werden.

4.4.1.8 Übernatürliches Zeichen und Sündenbekenntnis V.16-19

Während Weiser versucht, in den Versen 16-19 eine Theophanietradition zu finden, die ihren Sitz im Leben in der "sakralen Feier als kultdramatische Aktualisierung der göttlichen Gegenwart" hat[177], spricht sich Boecker unter Berufung auf die Untersuchungen von J. Jeremias[178], zu Recht gegen die These Weisers aus: In 1 Sam 12,16f wird weder der Donner mit der Stimme Jahwes verbunden, noch fehlen die üblichen verheerenden Anzeichen in der Natur[179]. Boecker folgert, daß es in V.16f nicht um eine Theophanie Jahwes geht, in der das Volk von seiner Schuld gereinigt wird, sondern allein um ein Zeichen der Macht Jahwes[180].

Mommer hat zu Recht die These vertreten, daß an dieser Stelle deutlich wird, daß Volk und König in einer Schicksalsgemeinschaft stehen: "Volk und König sind von nun an aneinander gebunden. Sie werden *beide* leben oder *beide* untergehen"[181]. Er schlägt für V.16-19 die Bezeichnung »Bußpredigt« vor.[182] Schließlich fordert Samuel das Volk in V.17b zur Einsicht seiner Bosheit auf. Allerdings ist das Verständnis der Verse 16-19 als »Bußpredigt« nur teilweise zutreffend, da die »Predigt« von V.17 auch das übernatürliche Zeichen V.18a deutet und *beide* die Buße des Volkes in V.19 auslösen.

Veijola hat die Szene als Zeugenaussage Jahwes interpretiert, "denn bisher hat der einzige Zeuge, der beim Eingang des Prozesses feierlich angerufen wurde, seine Meinung überhaupt nicht geäußert"[183]. Diese Deutung Veijolas ist grundsätzlich zwar möglich, allerdings paßt das Verständnis von V.16-18

177 Weiser, Samuel, S. 87
178 Jeremias, Theophanie
179 Boecker, Beurteilung, S. 84
180 Ebenda
181 Mommer, Samuel, S. 131
182 A.a.O., S. 130
183 Veijola, Königtum, S. 98

als »Zeugenaussage Jahwes« nicht ganz zu V.7-15. Denn hier ist Jahwe nicht
Zeuge, sondern Hauptkläger, der von Samuel vertreten wird. Durch das Wunderzeichen wird Samuel jedoch wie ein Prophet von Jahwe als »Vertreter«
Jahwes legitimiert, womit die Entlastung Samuels aus V.3-5 von Jahwe her
ihre Rechtfertigung erfährt. Jahwe *bestätigt* damit aber auch die Aussage Samuels in V.17, daß der Wunsch Israels nach einem König als böse zu verurtei-
len ist. So verstanden kann Veijola zugestimmt werden. Jahwe ist jedoch noch
mehr als nur *Zeuge*: Er überführt das Volk von seiner Schuld. Jahwe hat hier -
obwohl ein Richterspruch fehlt - richterliche Funktion.

Ähnlich V.7-15 sind offensichtlich auch V.16-19 aus verschiedenen Formelementen aufgebaut, wobei sich vor allem Beziehungen zur »Bußpredigt« und
»Zeugenaussage« wahrscheinlich machen lassen, ohne daß eine Entscheidung
für eine der beiden getroffen werden könnte.

Das übernatürliche Ereignis[184] selbst nimmt innerhalb von V.16-18 nur einen geringen Raum ein: V.17aβ-γ.18a. Darauf kann also nicht die Betonung
des Berichteten liegen. Es erinnert an die Hagelplage in Ex 9,13ff. V.17 nennt
bereits die Intention der kleinen Episode: Das Volk soll erkennen, daß der
Wunsch nach einem König Sünde ist. Dies stimmt mit der Beobachtung zu
V.7-15 überein, daß dem Volk nur seine Schuld vor Augen geführt wurde, der
Bericht einer Sündenerkenntnis aber dort fehlt. Erst durch das Naturwunder
erkennt und verinnerlicht das Volk sein Vergehen. Eine Besinnung auf die Geschichte Israels, wie sie in V.8-12 erfolgte, reicht zu einer Überführung von
Schuld nach Ansicht von DtrS offenbar nicht mehr aus. V.18 berichtet aber
auch von einer zweiten Konsequenz aus dem Geschehen: Das Volk fürchtet
Jahwe und Samuel. Jahwe hört auf Samuels Stimme und steht auf dessen Seite. Dies steht im Einklang zu der Vermutung, daß die Gestalt Samuels in
1 Sam 12* gewisse idealtypische Züge trägt.

1 Sam 12,18 erinnert sehr an den letzten Vers der Meerwundererzählung Ex 14,31.
Beide Texte haben gemeinsam, daß nach dem Naturwunder das Volk Jahwe und seinem
Führer Mose bzw. Samuel neue Ehrfurcht und Vertrauen entgegenbringt. Diese Beziehung
zwischen 1 Sam 12,18 und Ex 14,31 ist nicht zufällig. H.-C. Schmitt hat nachgewiesen, daß
Ex 14,31 der Endredaktion des Pentateuch und damit, wie 1 Sam 12*, der Spätdeuteronomistik zuzurechnen ist.[185] Auf P sind Ex 13,20; 14,1-4.8.9aα.b.10*.15-18.21aα1.b.22.
23.26.27aα1.28.29 zurückzuführen[186]. Besonderes Kennzeichen der spätdtr Redaktion der

---

184 Donner und Regen sind deshalb übernatürliche Zeichen, weil sie zur Zeit der Weize-
    nernte im Sommer nicht zu erwarten sind. Siehe z.B. Stolz, Samuel, S. 80.
185 H.-C. Schmitt, Meerwundererzählung
186 A.a.O., S. 145. Siehe z.B. auch Noth, Exodus, S. 82ff.

P-Schicht ist die Betonung des Glaubens V.31: "Der Glaube ... muß aber gleichzeitig im Kontext der gesamten Erzählung als rückhaltloses passives Vertrauen auf die Verheißung Jahwes (vgl. 14,13f.)... verstanden werden, das durch die Rettungserfahrung von 14,30f. seine Bestätigung findet"[187]. Obwohl in 1 Sam 12,18 die Thematisierung des Glaubens fehlt, ist deutlich, daß Samuel hier mit Mose auf eine Stufe gestellt werden soll: Beide sind in einem gewissen Sinn »Werkzeug« Jahwes, der ja das eigentliche Subjekt sowohl in Ex 13,17-14,31 als auch in 1 Sam 12* ist, um das Volk in das rechte Verhältnis zu ihm durch Glaube und Sündenerkenntnis zu führen. Der in Ex 14,31 erwähnte Glaube »muß« in 1 Sam 12,18 sogar fehlen, da V.16-19 nicht so sehr den Glauben an die Verheißung Jahwes zum Ziel haben, sondern die Einsicht der Schuld.

Die Verse 16-18 beschreiben, daß das Volk von seiner Sünde überführt wird, weil *Gott seine übernatürliche, bedrohliche Macht* auf ein *Gebet Samuels* hin offenbart. Samuel, der auf der Seite Gottes steht und wie ein Prophet übernatürliche Zeichen wirken kann, wird neue Ehrfurcht entgegengebracht[188]. Die Funktion der V.14-15 war, zu zeigen, daß Jahwe nicht strafen, sondern dem Volk die Möglichkeit neuen Lebens eröffnen will. Die Verantwortung, diesen Weg des Lebens zu wählen, trägt das Volk. Die Absicht der Verse 16-19 ist demnach zu zeigen, daß ein Bekenntnis der Schuld nicht fehlen darf. Die Eigenart von 1 Sam 12,7-19, die in der Reihenfolge der Verse begründet ist, liegt darin, daß dem Volk noch vor dem Sündenbekenntnis die Möglichkeit eines neuen Weges zum Leben mit Jahwe vorgelegt wird und damit Jahwe wieder als rettender und helfender Gott Israels, trotz des Verschuldens des Volkes, beschrieben wird. Gleichzeitig wird betont, daß die Verantwortung für die Zukunft beim Volk selbst liegt und ein Bekenntnis der Schuld dazu notwendig ist. Die Betonung der Gnade Jahwes bei gleichzeitiger Verantwortung des Menschen findet in V.20-25* eine Konkretisierung und Vertiefung.

4.4.1.9 Paränese und prophetischer Ausblick V.20.22-25

Die Verse 20-25* besitzen einen stark paränetischen Teil in V.20.24 (vgl. Jos 23,6-8.11.14bα) und einem prophetischen Ausblick in V.25 (vgl. Jos 23,(4).5.10.12-13.15-16), wobei beide Teile geradezu typisch für eine »Abschiedsrede« sind. Daneben finden sich in V.20aβ und V.22 Zusprüche und in V.23 eine Zusicherung der Fürbitte durch Samuel.

---

187 H.-C. Schmitt, Meerwundererzählung, S. 152
188 So auch Eslinger, Kingship, S. 413

Der Zuspruch »Fürchtet euch nicht« in V.20aβ erinnert an die traditionell als »Heilsorakel« bezeichnete, vor allem bei Deuterojesaja (Jes 41,8-13.14-16; 43,1-7; 44,1-5 u.a.) vorkommende Gattung. Gleiches gilt zumindest für V.22b, der der perfektisch formulierten göttlichen Heilszusage des »Heilsorakels« ähnelt, und V.22a, der die Folge für den Angeredeten enthält. Dabei verweist die Zusage, daß Jahwe sein Volk nicht aufgibt נטש, auf 1 Kön 8,57 DtrS (siehe Punkt 5.3.2.6). Zwar spricht in 1 Sam 12,20-25* Samuel und nicht Jahwe, doch wurde Samuel in V.16-18 wie ein Prophet von Jahwe legitimiert. Weiterhin fehlt die für das Heilsorakel typische namentliche Anrede. Zu beachten ist auch, daß die Zusprüche in 1 Sam 12* intensiv mit Mahnungen verbunden sind.

McCarthy hat die These vertreten, daß gerade V.22 im Rahmen der von ihm postulierten »Bundesgattung« eine Bundeserneuerung darstelle[189]. Ähnlich versucht Baltzer[190] V.20-25* bzw. V.22 zu verstehen[191]. Gerade der Vergleich mit der Gattung »Heilsorakel« zeigt aber, daß es in V.22 nicht um die Erneuerung eines Bundes geht, sondern darum, daß Gott sein Volk nicht aufgibt. Daß die Beziehung zwischen Jahwe und Israel auch für DtrS in den Kategorien des Bundes gedacht werden kann, steht außer Frage (Vgl. Jos 23,16 DtrS). Gegen eine Bundeserneuerung spricht aber der Inhalt von 1 Sam 12,22: Jahwe erneuert an dieser Stelle nichts, vielmehr spricht er dem Volk sein Wohlgefallen zu. Die Annahme einer Bundeserneuerung ist hier verfehlt, da die Radikalität des Heilswillens Jahwes, wie er im »Heilsorakel« zum Ausdruck kommt, dadurch verkannt wird.

Von Bedeutung ist, daß die Mahnungen auf einen Zuspruch folgen, nicht umgekehrt. Trotz der Sünde des Volkes, einen König zu fordern, ist Jahwe bereit, Israel weiterhin als sein Volk zu behandeln (V.22). Aufgrund der Basis der gnädigen Zuwendung Jahwes liegt es nun in der Hand Israels, die Zukunft zu gestalten, sich also für oder gegen Jahwe zu entscheiden. Dabei ist Israel nicht allein auf sich gestellt: Samuel ist der Fürbitter, der für das Volk vor Jahwe steht und dazu regelrecht verpflichtet ist. Wieder fällt auf, daß, wie in den Versen 7-19, nur das Volk, nicht aber das Königtum angesprochen wird.

Mommer vertritt für 1 Sam 12* m.E. zu Recht die These, daß hier das umfassende Richteramt der Vorzeit in zwei verschiedene Ämter der Königszeit geteilt wird: "Die politische Seite des Richteramtes nimmt in Zukunft der König wahr, die prophetische Seite wird durch eigens dafür bestimmte Männer, die Propheten, wahrgenommen"[192]. In 1 Sam 12,3-5

---

189 Siehe unter Fußnote 129.
190 Siehe unter Fußnote 129.
191 Beide Exegeten sind bei der ausführlichen Beschreibung der Verse 20-25 etwas ungenau.
192 Mommer, Samuel, S. 133

tritt Samuel "den herrschaftlichen Teil seines Amtes" an den König ab, das prophetische Amt V.6ff und das Fürbittamt V.23 bleibt Samuel jedoch[193].

Die These Mommers steht nicht in Widerspruch zu den in dieser Analyse gemachten Beobachtungen, daß Samuel *in 1 Sam 12** nicht »nur« Richter, sondern idealer jahwetreuer Anführer ist, denn in den folgenden Kapiteln des Samuelbuches tritt Samuel als politischer Führer nicht mehr auf.

Der Vers 24b fällt in der Grundstruktur von V.20-25*, die von Zuspruch und Mahnung geprägt ist, etwas aus dem Rahmen. Er steht sowohl hinter den Mahnungen, Jahwe zu fürchten und ihm treu zu sein (V.24a), als auch vor der Warnung, daß Volk und König umkommen werden, wenn sie Böses tun. Der Inhalt von V.24b kann nun aus dem Kontext erschlossen werden: Jahwe hat als Retter Israels (V.8-11) und in seiner vergebenden, Leben eröffnenden Gnade - trotz der Forderung des Volkes - Großes an Israel getan. Obwohl der Geschichtsrückblick in V.8-12 Israel nicht zur Einsicht seiner Schuld geführt hat, sondern dazu erst ein übernatürliches Zeichen Jahwes nötig war (V.16-18), soll Israel für die Zukunft jedoch aus diesen Taten Jahwes lernen bzw. sich belehren lassen und nicht noch einmal aus Zweifel an der rettenden Macht Jahwes von ihm abfallen.

4.4.2 Die Beschreibung der Intention von 1 Sam 12* DtrS

1 Sam 12* ist insgesamt als Abschiedsrede Samuels anläßlich der Einsetzung des Königtums zu verstehen. Für die Beschreibung der Intention von 1 Sam 12* DtrS sind jedoch auch die weiteren, in Punkt 4.4.1 angeführten, Formelemente zu berücksichtigen, die Aufbau und Inhalt einer einfachen Abschiedsrede übersteigen[194]. Diese Formelemente haben alle gemeinsam, daß sie in 1 Sam 12* entweder dazu dienen, die Sündhaftigkeit Israels und die Gnade Jahwes zu betonen, oder Samuel als idealen Führer Israels zu beschreiben.

Jahwes zuvorkommender Heilswille eröffnet Israel aus seinem Abfall von Jahwe heraus Zukunft, deren Gestaltung im Verantwortungsbereich Israels liegt (V.7-15). Aufgrund der großen Bosheit und Schuld Israels, sich einen König zu wünschen, und der furchterregenden Macht Jahwes ist ein Sündenbekenntnis notwendig (V.16-19). Nun, nachdem Jahwe seinem Volk eine neue Zukunft eröffnet hat, liegt es an Israel, dieses Angebot Jahwes zu ergreifen

---

193 Ebenda
194 Diese Beobachtungen bestätigen grundsätzlich den literarisch fiktiven Charakter des Textes.

und sich neu zu ihm zu stellen. Jahwe ist - sozusagen rechtlich erwiesen - der Retter Israels. Zusätzlich wird Israel in der Person Samuels die Gestalt eines idealen, jahwetreuen Anführers Israels vor Augen gemalt, der einen ordnungs-gemäßen Lebenswandel vorweisen kann, der als Vertreter Jahwes die Ge-schichte Jahwes mit seinem Volk kennt und diese zum Maßstab erhebt, auf den Jahwe hört und der für das Volk Fürbitte leistet.

Auf der Situationsebene des biblischen Kontextes bedeutet dies, daß Jahwe seinem Volk *unter dem Königtum* eine Zukunft des Lebens mit ihm ermöglicht hat. Er hat dem Volk vergeben, die Situation der Bitte nach einem König bejaht und sucht nun dem Volk durch Weisungen eine heilvolle Zukunft zu ermöglichen. Nimmt das Volk diese Warnung nicht ernst, so wird es und das Königtum untergehen (V.25). Allein aus dieser Betrachtung her-aus kann 1 Sam 12* nicht als ein königskritischer Text bezeichnet werden. Die *Forderung* nach einem Königtum, das Jahwe als Helfer *ersetzen* sollte, versteht auch DtrS als Sünde, nicht die Institution an sich.

Als Ausgangsbasis für die Fragen nach der Stellung von DtrH und DtrS zum Königtum in 1 Samuel 8-12 bieten sich die Untersuchungen Veijolas an: Nach Veijola greift DtrH mit 1 Sam 9,1-10,16* und 1 Sam 10,27bLXX-11,15* (sowie mit 1 Sam 13,2-14,46) eine vordeuteronomistische, das Königtum bejahende Komposition auf und führt ihren "königsfreundlichen Tenor" mit 1 Sam 8,1-5.22b; 10,16b; 10,17-18aα.19b-27a; 11,12-14 fort[195]. DtrH verurteilt nur schlechte Könige[196]. DtrN hingegen erweist sich nach Veijola als Gegner des Königtums an sich, indem er "den königsfreundlichen Ton in der Erzählung des DtrG [entspricht DtrH, Nentel] über die Anfänge des Königtums (1 Sam*8-11) durch eine tiefgreifende Revision fast unkenntlich" macht[197]. Bei DtrN sei das Königtum "Verkörperung der eigenwilligen Wahl des Volkes (1 Sam 8,18; 12,13), also ein Fremdkör-per in der Verfassung des Gottesvolkes"[198]. DtrN fügt deshalb in den ihm vorliegenden von DtrH bearbeiteten Textkomplex die Texte 1 Sam 8,6-22a; 10,18aβγb-19a und 1 Sam 12* ein[199].

Gegen die Analyse von Veijola hat u.a. L. Schmidt Einspruch erhoben: Ältere Überliefe-rungen wurden von DtrH mit 1 Sam 9,1-10,16 und 10,27b-11,11.15 aufgegriffen. Von DtrH stammen 1 Sam 8,1-7.9-16.19-22; 10,17.20-25; 10,26.27a und 11,12-14[200]. Mit Veijola kann L. Schmidt festhalten, daß DtrH nicht königsfeindlich ist. Anders als Veijola betont er jedoch, daß DtrH Kritik an der Entstehung des Königtums übt: Der Wunsch der Ältesten in 1 Sam 8,4f "ist der Situation Israels nicht angemessen, da sie von der Fürsorge Jahwes bestimmt ist (8,7)"[201]. Gleichzeitig jedoch betont DtrH, daß Jahwe dem Wunsch des Volkes

---

195 Veijola, Königtum, S. 116
196 A.a.O., S. 118
197 A.a.O., S. 119
198 A.a.O., S. 119
199 A.a.O., S. 119f
200 L. Schmidt, Deuteronomistisches Geschichtswerk, S. 133ff
201 A.a.O., S. 136

zugestimmt und Saul zum König gemacht hat[202]. Die Stellung von DtrH zum Königtum ist also eher als ambivalent zu bezeichnen. DtrN fügt nach L. Schmidt 1 Sam 8,8.17-18; 10,18-19 und 1 Sam 12* ein[203]. Wichtig ist, daß DtrN die von DtrH geschaffene Ambivalenz in der Stellung zum Königtum noch vertieft: "In ihnen wird der Gegensatz zwischen der von Jahwe bisher erwiesenen Hilfe und dem Königswunsch verschärft. Aber auch hier stimmt Jahwe der Einsetzung eines Königs zu"[204].

Die Beobachtungen von L. Schmidt fanden in meinen Untersuchungen zu 1 Sam 12* grundsätzlich eine Bestätigung: So legt DtrS "Wert darauf, daß das Volk das Königsbegehren als Schuld erkennt und bekennt (12,19)"[205]. Gleichzeitig eröffnet Jahwe - so die Aussage von DtrS in 1 Sam 12* - für Israel mit dem Königtum die Möglichkeit einer heilvollen Zukunft. Für die Frage nach der Verantwortung für das zukünftige Geschick des Volkes spielt nur noch das Volk eine Rolle 1 Sam 12,14-15.24-25.

Bereits DtrH vertrat die Auffassung, daß das Begehren des Volkes nach einem König Schuld ist. Mit der Zerstörung Jerusalems und dem in 2 Kön 25,27-30 angedeuteten Tod Jojachins hat das Königtum, vor allem aber das davidische Königtum als Heilssetzung Jahwes, ein Ende gefunden. Die Darstellung der Entstehung des Königtums nach DtrH ist wesentlicher Bestandteil seines Werkes und dient seiner Intention, die Ursache der Katastrophe von 587 darzustellen[206]. DtrS vertieft den Gedanken der Schuld Israels in 1 Sam 12*, ist aber, anders als DtrH, nicht nur an einer Erklärung, wie es zum Untergang von 587 v. Chr. kam, interessiert, sondern will Impulse für die Gestaltung der Zukunft geben[207].

Die von Veijola vorgeschlagene Aufteilung in eine königsfreundliche DtrH-Schicht und eine königsnegative DtrS-Schicht muß in 1 Sam 12* DtrS scheitern. Bereits aus den Beobachtungen zu 1 Sam 12* hat die These L. Schmidts eine große Plausibilität.

Jahwe zeigt Möglichkeiten einer heilvollen Zukunft auf. Dieses Verständnis wird durch die Stellung von 1 Sam 12* in seinem größeren Kontext bestätigt.

Jos 23 ist mit 1 Sam 12* durch folgende zentrale Themen und Inhalte verbunden: In beiden Texten werden die Anführer Israels als vollmächtige Personen dargestellt, die dem Volk die Geschichte mit Jahwe vorlegen, mahnen und »prophetische Ausblicke« in die Zukunft geben können. Jos 23 und 1 Sam 12* haben beide gemeinsam, daß das zentrale Element der Warnung der Abfall von Jahwe ist (Jos 23,7b.16; 1 Sam 12,21). Die Intention von DtrS, die sich aus den rückweisenden Beziehungen zu Jos 23 ermitteln läßt, kann wie folgt beschrieben werden: Kontextuell setzt DtrS durch die Ähnlichkeit mit Jos 23 (beide sind »Abschiedsreden«) ein deutliches Signal, daß 1 Sam 12* wie Jos 23 ein Text ist, der eine neue Epoche in der Geschichte Israels einleitet. 1 Sam 12* wird mit Jos 23 auf eine Stufe gestellt. Inhaltlich begleitet das Thema des Abfalls von Jahwe, das konkret

---

202 A.a.O., S. 136
203 A.a.O., S. 133ff
204 A.a.O., S. 137
205 A.a.O., S. 136
206 Siehe dazu ausführlich Punkt 6.2.
207 Siehe dazu ausführlich Punkt 6.3.

Fremdgötterverehrung bedeutet, Israel durch die Geschichte hindurch in eine neue Epoche. Die Gefahr des Abfalls von Jahwe ist eine für Israel ständig präsent. Indem DtrS den Text 1 Sam 12* als Abschiedsrede gestaltet, wird der Rede Samuels in V.7ff als »Vermächtnis« mehr Vollmacht verliehen.

1 Sam 12* und Jos 24*DtrS besitzen folgende Gemeinsamkeiten: 1 Sam 12* DtrS; Jos 24*DtrS (und Jos 23 DtrS) sind durch das Thema Abfall bzw. Abweichen von Jahwe bzw. durch die Problematisierung des Jahwedienstes miteinander verbunden. Sowohl in Jos 24,22 DtrS (ebenso in Jos 24,27 DtrH) als auch 1 Sam 12,2-6.7-15 DtrS kamen Elemente des Rechtslebens zum Tragen (zu Jos 24,22 siehe Punkt 3.10). Auffällig ist hier vor allem die Tatsache, daß in beiden Texten das Volk rechtlich als Zeuge vor Jahwe auftritt (1 Sam 12,5, Jos 24,22), mit der Absicht, Jahwe bzw. den von ihm bestimmten Anführer von jedem Vorwurf reinzuhalten. Jos 24,2-13 (von DtrS überarbeitet) und 1 Sam 12,8-12 stellen beide einen Geschichtsrückblick dar. 1 Sam 12* und Jos 24* DtrS enthalten Warnungen davor, Jahwe zu verlassen (und fremde Götter zu verehren). Gleichzeitig finden sich in diesen Warnungen Anweisungen für die Gestaltung der Zukunft. DtrS will durch die Rückverweise auf Jos 24* DtrS, ähnlich wie bei Jos 23, den Text 1 Sam 12* auf eine Stufe mit Jos 24 stellen. Die Gefahr des Abfalls von Jahwe ist nicht einfach nur Israels ständiger Begleiter im Gang durch die Geschichte. Vielmehr hat sich das Volk rechtlich verpflichtet, bei Jahwe zu bleiben. Wie Israel sich am Ende der Landnahme rechtlich verpflichtet hat, Jahwe zu dienen und keine anderen Götter zu verehren, so wird in 1 Sam 12* rechtsgültig die Integrität Jahwes und seines Dieners Samuels festgelegt und die Schuld Israels, sich einen König zu wünschen, aufgezeigt. An Jahwe liegt es nicht, wenn die nun folgende Königszeit vom (fast) ständigen Abfall von Jahwe geprägt ist, ebenso wenig, daß es Israel an vorbildhaften Anführern gemangelt hätte (Samuel). In Jos 24 wird das Volk rechtsgültig für die Sünde der Fremdgötterverehrung haftbar gemacht, in 1 Sam 12* Jahwe und sein Getreuer Samuel rechtsgültig von jedem Vorwurf der Vernachlässigung Israels entlastet. Dieser Kontext ist für 1 Sam 12* unbedingt zu beachten.

Ein Vergleich der Beziehungen zu Jos 23 und 24 mit 1 Sam 12* zeigt, daß alle diese Texte in ihrer spätdeuteronomistischen Ausprägung nicht nur an einer Erklärung des Untergangs Israels, sondern auch an einer rechten Gestaltung der Zukunft *mit* Jahwe interessiert sind. In Jos 23 und 24 ist es im biblischen Kontext die Umbruchssituation von der Landnahme zur Seßhaftwerdung, in 1 Sam 12* von der Richterzeit zum Königtum. Die Aufforderung, Jahwe recht zu dienen (und keine fremden Götter zu verehren), begleitet Israel durch die Geschichte[208]. Wenn DtrS in nachexilischer Zeit anzusiedeln ist, dann stellt sich sofort die Frage, welche Bedeutung das Königtum noch für ihn haben kann, wenn es längst Geschichte ist?

---

208 Die Beziehungen zu Jos 23 und 24 erklären, weshalb 1 Sam 12 in der Forschung oftmals mit Jos 23 und 24 verglichen, bzw. mit denselben Gattungen wie Jos 23 bzw. 24 identifiziert wurde.

DtrS hat selbst den »Interpretationsschlüssel« für seinen Zeitbezug gegeben: Immer wieder konnte beobachtet werden, daß die Zukunft Israels nicht an der Stellung des Königs zu Jahwe hängt, sondern vielmehr umgekehrt das Verhältnis des Volkes zu Jahwe entscheidend sein soll (1 Sam 12,14f.20-25*). Hier spiegelt sich seine Zeitsituation wieder. Das Königtum interessiert ihn nicht mehr sonderlich, es ist für seine Zeit keine konstitutive Kraft mehr. Die Unheilsdrohung von V.25 ist eingetroffen. In der in 1 Sam 12* berichteten Situation des Volkes findet er seine eigene Zeit wieder - allerdings ohne das Königtum: Obwohl Israel gesündigt und Jahwe verworfen hat, ist Jahwe ihm in Gnade begegnet und hat ihm neues Leben eröffnet. Er ist und bleibt der Retter Israels. Er hat sein Wesen nicht verändert. Israel soll nun seine Zukunft im Gehorsam zu Jahwe gestalten. Nach DtrS ist die Situation der nachexilischen Gemeinde also in einem gewissen Sinne dieselbe wie die des Volkes Israel bei der Entstehung des Königtums: Das Volk hat vor Jahwe gesündigt. Doch Jahwe hat Gnade vor Recht ergehen lassen und legt dem Volk einen neuen Anfang vor, wobei es aufgefordert ist, neu Jahwe zu gehorchen. So kann aus der Ausgangssituation des Gerichts eine heilvolle Zukunft werden.

Die Situation des Beginns des Königtums bietet sich für DtrS somit an, einen Vergleich zur gegenwärtigen nachexilischen Situation zu ziehen. Die Entstehung des Königtums erklärt sich aus einer sündhaften Wurzel. Jahwe aber hat dem Volk, und aus dem Gehorsam des Volkes heraus auch dem Königtum, die Möglichkeit einer neuen Zukunft des Lebens eröffnet. Im biblischen Kontext hat Israel, vor allem aber das Königtum, sich gegen Jahwe aufgelehnt. DtrS weiß dies und trägt der Geschichte Rechnung. Indem er gerade aber dem Volk die Verantwortung für die Zukunft auferlegt, macht er deutlich, daß es ihm in 1 Sam 12* nicht mehr um das Königtum geht. Der Text 1 Sam 12* ist weder negativ noch positiv dem Königtum gegenüber eingestellt. Das Königtum ist für DtrS Vergangenheit 1 Sam 12,25. Es hat in seiner Zeit (nachexilisch) keine Bedeutung mehr. Deshalb kann sich seine Aussageabsicht mit 1 Sam 12* auf das Verhältnis von Volk und Jahwe konzentrieren.

Diese Analyse der Zeitsituation von DtrS und seiner Intention wird durch einen Vergleich mit den spätdeuteronomistischen Teilen Jos 23 und 24 bestätigt: In diesen Texten geht es ebenfalls darum, Zukunft *allein* nach dem Willen Jahwes zu gestalten und Leben zu ermöglichen. Dies schließt Götzendienst aus. Bei dieser Thematik handelt es sich um eines der »roten Bänder«, die die spätdeuteronomistischen Teile von Jos 1; Jos 23; Jos 24 und 1 Sam 12 (und 1 Kön 8) verbinden. Die Analyse von 1 Sam 12* erfährt somit eine Bestätigung. Gleichzeitig bekommt die Aussage von DtrS in seine Zeit hinein von

dem biblischen »Geschichtskontext« her insofern Verstärkung, als DtrS eben
darauf verweisen kann, daß die Forderung, Jahwe zu dienen (und keine anderen Götter zu verehren) seit jeher in der Geschichte Israels mit Jahwe eine
zentrale Forderung war, an der sich das rechte Verhältnis zu Jahwe und Israels
Zukunft entschieden hat. Deshalb soll das Volk auch jetzt, in der nachexilischen Zeit, nur Jahwe verehren und nur von ihm Hilfe suchen (bzw. keine
anderen Götter anbeten).

Für die soeben dargestellten Zusammenhänge spielt die Gestalt Samuels eine zentrale Rolle. Bei der Betrachtung von 1 Sam 12* fiel mehrmals auf, daß
DtrS ein großes Interesse daran hat, mit der Gestalt Samuels einen jahwetreu-
en Anführer darzustellen, der zwischen Jahwe und Israel vermittelt und für das
sündige Volk »in die Bresche springt«. So hat der rechte und jahwetreue Anführer nach 1 Sam 12* folgende Eigenschaften aufzuweisen: Er führt sein Amt
ordnungsgemäß, ohne Machtmißbrauch. Er kennt die Geschichte Jahwes mit
Israel und besitzt die Fähigkeit, die jeweilige Lebenssituation Israels im Verhältnis zu Jahwe deuten zu können. Er steht Jahwe nahe und leistet Fürbitte
für Israel. Er hat prophetische Gaben und wird wie ein Prophet durch ein
übernatürliches Zeichen von Jahwe legitimiert. Samuel als Führer Israels steht
- analog zu Josua (in Jos 24* DtrS) und Salomo, wie die Untersuchungen zu
1 Kön 8 noch zeigen werden (zu Mose, siehe unter Punkt 6.3.2.1) - zwischen
Jahwe und dem sündigen Volk. Als »stellvertretender Frommer« wirkt er -
ähnlich Josua (siehe Jos 24* DtrS unter Punkt 3.10) - positiv auf die Jahwebeziehung des Volkes ein und leistet Fürbitte für das sündige Israel[209]. Das
Thema des sündigen Israels, der Gnade Jahwes und der Fürbitte verbindet
1 Sam 12* mit DtrS-Partien von 1 Kön 8 und soll abschließend in der Synthese Punkt 6.3 behandelt werden.

---

209   Zur spätdtr Fürbittvorstellung siehe Punkt 6.3.2.1.

5. Kapitel: 1 Könige 8

5.1 Vorbemerkung

1 Kön 8 besteht aus den beiden berichtenden Rahmenabschnitten V.1-13 und V.62-66 sowie den Versen 14-61, die Rede, Gebet und Segen Salomos enthalten. Ein Überblick zur Forschung ist aus zweckmäßigen Gründen in die literar- und redaktionskritische Analyse Punkt 5.3 integriert.

Als Vorgehensweise erscheint es mir sinnvoll zu sein, zuerst nach der DtrH-Schicht in 1 Kön 8 zu fragen. Dazu soll mit den Versen 1-13 begonnen und in ihnen vordtr Material, eine DtrH-Schicht und weitere Zusätze getrennt werden, um dann für V.14-66 nach einer Fortsetzung der DtrH-Schicht zu fragen. Nach der Profilierung von vordeuteronomistischem Material und einer DtrH-Schicht ist in einem zweiten Schritt zu untersuchen, ob die restlichen Teile des Tempelweihgebetes 1 Kön 8 vollständig der Spätdeuteronomistik zugewiesen werden können und ob man mit der Annahme eines DtrS-Verfassers in 1 Kön 8 (analog zu 1 Sam 12 und Jos 23) auskommt.

5.2 Textgrundlage zu 1 Kön 8

(1a) Damals versammelte Salomo die Ältesten Israels, **alle Oberhäupter der Stämme, die Fürsten der Familien der Israeliten, zu dem König Salomo**[a] nach Jerusalem, (1bα) um die Bundeslade Jahwes heraufzubringen von der Stadt Davids, (1bβ) das ist der Zion. (2a) Alle Männer Israels versammelten sich zum König Salomo im Monat Etanim am Fest, **[(2b) das ist der siebte Monat]**. (3a) Da kamen alle Ältesten Israels **(3b) und die Priester trugen die Lade.** (4aα) Sie brachten herauf die Lade Jahwes **und das Zelt der Begegnung und alle Geräte des Heiligtums, (4aβ) die im Zelt waren. (4b) Die Priester und Leviten brachten sie herauf.** (5aα) Der König Salomo aber und alle **(die ganze) Gemeinde Israels, (5aβ)** die zu ihm zusammengekommen waren, (5aα) mit ihm **[vor der Lade.]** (5bα) opferten sie Kleinvieh und Rinder, (5bβ) die nicht gezählt werden konnten, (5bγ) die nicht berechnet werden konnten an Menge. (6a) Da brachten die Priester die Bundeslade Jahwes zu ihrem Platz in den Hinterraum des Hauses, **in das Allerheiligste,** (6b) unter die Flügel der Cherubim. (7a) Denn die Cherubim breiteten ihre Flügel über den Platz der Lade, (7b) und die Cherubim bedeckten schirmend die Lade und ihre Tragestangen von oben. (8aα) Da die Stangen lang waren, (8aβ) konnten die Enden der Stangen vom Heiligtum aus, von vor dem Hinterraum aus, gesehen werden. (8b) Sie befinden sich dort bis auf den heutigen Tag. (9aα) Es befand sich nichts in der Lade außer den zwei steinernen Tafeln, (9aβ) die Mose am Horeb dorthin gelegt hatte, (9bα) wo Jahwe mit den Israeliten [einen Bund] geschlossen hatte, (9bβ) als sie aus dem Land Ägypten herauskamen. **(10aα) Da geschah es, (10aβ) als die Priester aus dem Heiligtum herauskamen** - (10b) Gewölk erfüllte das Haus Jahwes. (11aα) Die Priester vermochten nicht (11aβ) sich hinzustellen, (11aγ) um vor dem Gewölk zu dienen. (11b) Denn die Herrlichkeit Jahwes erfüllte das Haus Jahwes.

(12a) Damals sagte Salomo: (12bα) „Jahwe 'hat die Sonne an den Himmel gesetzt'[a], (12bβ) er sagte zu wohnen im dunklen Gewölk. (13a) So habe ich für dich gewiß ein Herrschafts-Haus[1] **gebaut, (13bα) eine Stätte, damit du da auf ewig wohnst." (13bβ) 'Steht dies nicht geschrieben im Buch der Lieder?'[a]**

(14aα) Da wandte der König sein Angesicht (14aβ) und segnete die ganze Festversammlung Israels. (14b) Die ganze Festversammlung hatte Aufstellung genommen. (15aα) Er sprach: (15aβ) „Gepriesen sei Jahwe, der Gott Israels, (15aγ) der mit seinem Mund mit David, meinem Vater, redete (15bα) und mit seiner Hand (die Verheißung) erfüllte, (15bβ) indem er sagte: (16aα) "Von dem Tag an, (16aβ) an dem ich mein Volk Israel aus Ägypten geführt habe, (16aα) habe ich keine Stadt erwählt aus allen Stämmen Israels, (16aγ) ein Haus zu bauen, (16aδ) damit mein Name dort ist. (16bα) Ich erwählte [jedoch] David, (16bβ) daß er über meinem Volk Israel sei." (17a) Da war es im Herzen Davids, meines Vaters, (17b) ein Haus für den Namen Jahwes, des Gottes Israels, zu bauen. (18aα) Da sprach Jahwe zu David, meinem Vater: (18aβ) "Hinsichtlich der Angelegenheit, die in deinem Herzen ist, (18aγ) für meinen Namen ein Haus zu bauen, (18bα) du hast gut gehandelt, (18bβ) daß es in deinem Herzen war. (19a) Nur du sollst nicht das Haus bauen, (19bα) sondern dein Sohn, (19bβ) der aus deinen Lenden hervorkommen wird. (19bγ) Er wird das Haus für meinen Namen bauen." (20aα) Da richtete Jahwe sein Wort auf, (20aβ) das er ge-

---

1   Zur Bedeutung von זבל siehe Noth, 1 Könige 1-16, S. 172.

redet hatte. (20bα) Und ich trat an die Stelle Davids, meines Vaters, (20bβ) und ich setzte mich auf den Thron Israels, (20bγ) wie Jahwe geredet hatte, (20bδ) und ich baute das Haus für den Namen Jahwes, des Gottes Israels. (21aα) Da setzte ich dort den Ort für die Lade fest, (21aβ) in der der Bund Jahwes ist, (21bα) den er geschlossen hat mit unseren Vätern, (21bβ) als er sie aus dem Land Ägypten herausbrachte." (22a) Da stellte sich Salomo vor den Altar Jahwes, im Beisein der ganzen Gemeinde Israels, (22b) und er breitete seine Hände zum Himmel hin aus. (23aα) Dabei sprach er: (23aβ) „Jahwe, Gott Israels, es ist kein Gott wie du oben im Himmel und unten auf der Erde, (23bα) der du den Bund und die Gnade bewahrst deinen Knechten, (23bβ) die mit ihrem ganzen Herzen vor dir wandeln. (24aα) Der du bewahrst hast deinem Knecht David, meinem Vater, (24aβ) was du zu ihm geredet hast. (24bα) Du hast geredet mit deinem Mund (24bβ) und mit deiner Hand hast du es erfüllt wie es heute ist. (25aα) Und jetzt, Jahwe, Gott Israels, (25aβ) halte deinem Knecht David, meinem Vater, (25aγ) was du zu ihm geredet hast (25aδ) folgendermaßen: (25aε) "Nicht soll von dir [deinem Geschlecht] einer vor mir ausgerottet werden, (25aζ) der auf dem Thron Israels sitzt. **(25bα) Jedoch nur, wenn deine Söhne ihren Lebenswandel bewahren, (25bβ) um vor mir zu wandeln, (25bγ) wie du vor mir gewandelt bist."** (26a) Und jetzt, Gott Israels, (26bα) es sollen doch deine Worte für wahr befunden werden, (26bβ) die du zu deinem Knecht David, meinem Vater, geredet hast. **[(27a) Ja gewiß, sollte Gott auf der Erde wohnen? (27bα) Siehe, der Himmel und der Himmel Himmel können dich nicht fassen, (27bβ) wie viel weniger dieses Haus, (27bγ) das ich gebaut habe.]** (28a) Und wende dich zum Gebet deines Knechts und zu seinem Flehen, Jahwe, mein Gott, (28bα) um zu hören auf sein lautes Flehen und sein Gebet, (28bβ) das dein Knecht vor dir heute betet. (29aα) Daß deine Augen geöffnet sind über diesem Haus bei Nacht und bei Tag, (29aβ) über diesem Ort, (29aγ) von dem du gesagt hast: (29aδ) "Mein Name soll dort sein", (29bα) um zu hören auf das Gebet, (29bβ) das dein Knecht betet an diesem Ort.

(30aα) Höre auf das laute Flehen deines Knechtes und deines Volkes Israel, (30aβ) die an diesem Ort beten. (30bα) Und du, höre an dem Ort deines Wohnens, im Himmel, (30bβ) höre (30bγ) und vergib:

(31aα) [Den Fall], wenn ein Mann an seinem Nächsten sündigt (31aβ) und er 'legt'[a] ihm einen Fluch auf, (31aγ) um ihn zu verfluchen, (31b) und er kommt [b](und) schwört[b] vor deinen Altar in diesem Haus. (32aα) Dann mögest du im Himmel hören, (32aβ) und tue (32aγ) und richte deine Knechte, (32aδ) um einen Frevler für schuldig zu erklären, (32aε) um seinen Wandel auf sein Haupt zu geben. (32bα) Und um einen Gerechten gerecht zu sprechen, (32β) um ihm nach seiner Gerechtigkeit zu geben.

(33aα) Wenn dein Volk Israel, (33aβ) das an dir gesündigt hat, (33aα) vor einem Feind geschlagen worden ist (33bα) und sie dann umkehren zu dir (33bβ) und deinen Namen (reuig) bekennen (33bγ) und beten (33bδ) und zu dir in diesem Hause um Erbarmen flehen. (34aα) Dann mögest du im Himmel hören (34aβ) und vergeben die Sünde deines Volkes Israel (34bα) und sie in das Land zurückbringen, (34bβ) das du ihren Vätern gegeben hast.

(35aα) Wenn der Himmel verschlossen ist, (35aβ) und es keinen Regen gibt, (35aγ) weil sie an dir gesündigt haben, (35bα) sie dann aber an diesem Ort beten (35bβ) und deinen Namen (reuig) bekennen (35bγ) und von ihrer Sünde umkehren, (35bδ) ja,

dann sollst du sie erhören. (36aα) Dann mögest du hören im Himmel (36aβ) und vergeben die Schuld deiner Knechte und deines Volkes Israels - (36aγ) denn du lehrst sie den guten Weg, (36aδ) auf dem sie gehen können - (36bα) und mögest Regen auf dein Land geben, (36bβ) das du deinem Volk zum Erbbesitz gegeben hast.

(37aα) Wenn Hunger im Land ist, (37aβ) Pest, (37aγ) Getreidebrand und Hinwelken der Gewächse, (37aδ) Heuschreckenplage sein wird, (37aε) wenn sein Feind ihn (Israel) im Lande seiner Tore belagert, (37bα) (wenn) irgendein Schaden ist, (37bβ) irgendeine Krankheit ist. (38aα) (Wenn dann) irgendein Gebet, irgendein Flehen ist (gesprochen wird), (38aβ) das von all denen, von deinem ganzen Volk Israel, stammt (38bα) - wobei jeder die Plage seines Herzens kennt - (38bβ) und seine Hände an diesem Haus ausbreitet. (39aα) Dann mögest du hören im Himmel, an der Stätte deines Wohnens, (39aβ) und vergeben (39aγ) und tun (39aδ) und jedem nach seinem ganzen Wandel geben, (39aε) der du sein Herz kennst. (39b) Denn du kennst, du alleine, das Herz aller Menschen. (40aα) Damit sie dich fürchten alle Tage, (40aβ) an denen sie in dem Land leben, (40b) das du unseren Vätern gegeben hast.

(41aα) Auch (höre) auf den Fremden, (41aβ) der nicht von deinem Volk Israel ist, (41b) aber von einem fernen Land um deines Namens willen kommt [(42a) - denn sie werden hören deinen großen Namen und von deiner starken Hand und deinem ausgestreckten Arm] - (42bα) und kommt (42bβ) und in diesem Haus betet. (43aα) Du aber mögest hören im Himmel, an der Stätte deines Wohnens, (43aβ) und entsprechend allem tun, (43aγ) wofür dich der Fremde anruft. (43bα) Damit alle Völker der Erde deinen Namen erkennen, (43bβ) um dich zu fürchten wie dein Volk Israel (43bγ) und um zu erkennen, (43bδ) daß dein Name ausgerufen ist über diesem Haus, (43bε) das ich gebaut habe.

(44aα) Wenn dein Volk zum Krieg auszieht gegen seinen Feind auf den Weg, (44aβ) auf den du sie sendest, (44bα) und wenn sie dann beten zu Jahwe in Richtung der Stadt, (44bβ) die du erwählt hast, (44bγ) und [in Richtung] des Hauses, (44bδ) das ich deinem Namen gebaut habe. (45a) Dann höre im Himmel ihr Gebet und ihr Flehen (45b) und hilf ihnen zu ihrem Recht.

(46aα) Wenn sie an dir sündigen, (46aβ) denn es gibt niemand, (46aγ) der nicht sündigt, (46aδ) und wenn du dann ihnen zürnst (46aε) und sie dem Feinde preisgibst (46b) und ihre Bezwinger sie in Gefangenschaft führen in das Land des Feindes, fern oder nah. (47aα) Wenn sie es sich dann zu Herzen nehmen in dem Land, (47aβ) in das sie gefangen weggeführt wurden, (47bα) und dann umkehren (47bβ) und zu dir flehen im Land ihrer Bezwinger (47bγ) folgendermaßen: (47bδ) "Wir haben gesündigt (47bε) und gefehlt (47bζ) und gefrevelt". (48aα) Und sie dann umkehren zu dir von ihrem ganzem Herzen und all ihrer Seele im Land ihrer Feinde, (48aβ) in das diese sie gefangen geführt haben, (48bα) und sie zu dir beten in Richtung ihres Landes, (48bβ) das du ihren Vätern gegeben hast, (48bγ) in Richtung der Stadt, (48bδ) die du erwählt hast, (48bε) und in Richtung des Hauses, das 'ich'ᵃ deinem Namen gebaut habe. (49a) Dann höre im Himmel, an der Stätte deines Wohnens, ihr Gebet und ihr Flehen (49b) und hilf ihnen zu ihrem Recht. (50aα) Dann vergib deinem Volk (die Verfehlungen), (50aβ) die sie an dir gesündigt haben, (50aα) und alle ihre Frevel, (50aγ) die sie an dir gefrevelt haben, (50bα) und verschaffe ihnen Erbarmen vor denen, die sie gefangen weggeführt haben, (50bβ) daß sie sich ihrer erbarmen. (51a) Denn dein Volk und dein Erbbesitz sind sie, (51b) die du aus Ägypten herausgeführt hast, mitten aus dem eisernen Schmelzofen. (52a) Damit deine Augen geöffnet sind für das Flehen deines Knechtes und für das Flehen deines Volkes Israel, (52bα) um zu hören auf sie in allem, (52bβ) das sie zu dir rufen. (53a) Denn du hast sie für dich abgesondert zum Erbbesitz aus allen Völkern der Erde, (53bα) wie du geredet hast durch Moses, deinen Knecht, (53bβ) als du unsere Väter aus Ägypten herausgeführt hast, Herr Jahwe.“

(54aα) Da geschah es, (54aβ) als Salomo geendet hatte, (54aγ) zu Jahwe zu beten das ganze Gebet und dieses Flehen, [(54bα) da stand er auf von vor dem Altar Jahwes, (54bβ) vom sich Niederbeugen auf seine Knie, (54bγ) wobei seine Hände ausgebreitet waren zum Himmel.] (55aα) Da stellte er sich hin (55aβ) und segnete die ganze Gemeinde Israels (55b) mit großer Stimme folgendermaßen: (56aα) „Gepriesen sei Jahwe, (56aβ) der seinem Volk Israel Ruhe gegeben hat gemäß allem, (56aγ) das er geredet hatte. (56bα) Nicht ist hingefallen ein Wort von all seinem guten Wort, (56bβ) das er durch seinen Knecht Mose geredet hat. (57aα) Jahwe unser Gott sei mit uns, (57aβ) wie er mit unseren Vätern war. (57bα) Er verlasse uns nicht (57bβ) und gebe uns nicht auf. (58a) Um unser Herz zu ihm zu neigen, (58bα) zu gehen auf allen seinen Wegen, (58bβ) und um seine Gebote, Satzungen und seine Rechtsordnungen zu bewahren, (58bγ) die er unseren Vätern befohlen hat. (59aα) Und meine Worte, diese, (59aβ) die ich vor Jahwe gefleht habe, (59aα) sollen nahe bei Jahwe sein, unserem Gott, bei Tag und bei Nacht, (59b) um Recht zu schaffen seinem Knecht und Recht seinem Volk Israel, die Angelegenheit eines Tages (jeweils) an ihrem Tag. (60aα) Damit alle Völker der Erde erkennen, (60aβ) daß Jahwe Gott ist (60b) und sonst keiner. (61a) Euer Herz soll ungeteilt sein bei Jahwe, unserem Gott, (61bα) um zu wandeln in seinen Satzungen (61bβ) und seine Gebote zu bewahren wie an diesem Tag.“

(62a) Sowohl der König als auch ganz Israel mit ihm, (62b) sie opferten Schlachtopfer vor Jahwe. (63aα) Salomo opferte das (Schlachtopfer als) Heilsopfer, (63aβ) wobei er für Jahwe 22.000 Rinder und 120.000 Schafe opferte. (63b) Der König und ganz Israel weihten (so) das Haus Jahwes ein. (64aα) An jenem Tag heiligte der König die Mitte des Vorhofs, (64aβ) der vor dem Haus Jahwes ist, (64aγ) denn er verrichtete dort das Brandopfer und das Speiseopfer und das Fett des Heilsopfers. (64bα) Denn der eherne Altar, (64bβ) der vor Jahwe stand, (64bα) war zu klein, (64bγ) um das Brandopfer und das Speiseopfer und das Fett des Heilsopfers noch zu fassen. (65a) Salomo machte zu jener Zeit ein Fest und ganz Israel mit ihm, eine große Gemeinde, von Lebo-Hamat bis zum Bach Ägyptens, vor Jahwe, unserem Gott, sieben Tage lang [und weitere sieben Tage, (65b) insgesamt vierzehn Tage.] (66aα) Am achten Tag sandte er das Volk nach Hause, (66aβ) und sie segneten den König. (66bα) Sie gingen zu ihren Zelten, (66bβ) sich freuend (66bγ) und frohen Herzens, wegen all dem Guten, (66bδ) das Jahwe dem David getan hat, seinem Knecht, und Israel, seinem Volk.

Hinweise zur Übersetzung:

In 1 Kön 8 erscheint mehrmals die Verbindung der Präposition אל mit dem Tempel als Haus Jahwes im Zusammenhang von Gebet bzw. Gebetserhörung[2]. Dabei stellt sich die Frage, wie dieses אל zu übersetzen ist. Soll es eine Richtung ausdrücken, also Gebet *zum* Tempel hin, oder soll es den Ort bezeichnen, *an dem* gebetet und erhört wird? Nach Genesius kann die Präposition אל in prägnanter Weise dort verwendet werden, wo eine Präposition der Ruhe erwartet wird[3]. Dieses Verständnis von אל als Präposition des Ortes legt sich durch den Sinn der Verse 30bα und 42bβ selbst nahe. Die Verbindung von אל und dem Tempel ist somit von der Konstruktion von דרך mit dem Tempel (im Sinne einer Gebetsrichtung) deutlich unterschieden.

Auf eine Kennzeichnung der vordtr Schicht in 1 Kön 8,1-13 wurde aufgrund der komplexen literarischen Verhältnisse verzichtet.

Textkritische Anmerkungen zu 1 Kön 8:

1[a]: Im griechischen Originaltext der LXX fehlt der Passus » alle Oberhäupter der Stämme, die Fürsten der Familien der Israeliten, zu dem König Salomo«. Noth und Fritz schlagen vor, der Lesart der LXX den Vorzug zu geben[4]. Sie gehen allerdings nicht darauf ein, daß der griechische Originaltext der LXX z.B. auch in V.2 und V.3a einen kürzeren Text bietet[5]. Wenn die Lesart der LXX in V.1 bevorzugt wird, dann ist nicht einsichtig, warum in V.2-3 hingegen MT gefolgt werden soll. Mit Würthwein ist für die Verse 1-3 an der Lesart von MT festzuhalten[6].

12[a]: Der griechische Originaltext der LXX stellt Ἥλιον ἐγνώρισεν ἐν οὐρανῷ voran, das vermutlich in שמש הכין בשמים »die Sonne setzte er an den Himmel« zurückzuübersetzen ist. Die meisten Exegeten geben der Lesart der Septuaginta hier den Vorzug[7]. Das Fehlen dieses Satzes im masoretischen Text erklärt sich dadurch, daß er aus dogmatischen Gründen gestrichen wurde. Van den Born vermutet, "dass der Abschreiber die Nebeneinanderstellung von "Jahwe" und "Sonne" nicht rechtgläubig oder wenigstens nicht ehrerbietig genug fand und dass darum der Grund des Auseinanderfallens ein theologischer Skrupel war"[8]. Ich schließe mich der Forschungsmehrheit an und ändere nach der LXX.

13[a]: Der Apparat der BHS weist an, vielleicht הלא היא כתובה בספר השיר »Steht dies nicht geschrieben im Buch der Lieder?« an das Ende von V.13 anzuhängen, wobei er statt den Begriff בספר השיר »im Buch der Lieder« ein בספר הישר »im Buch des Aufrechten« vorschlägt. Die meisten Exegeten ergänzen hier überwiegend mit der Septuaginta und ändern

---

2   Siehe z.B. die Verse 29bβ, 30aβ, 30bα etc.

3   Genesius/Buhl, Handwörterbuch, Punkt 9 zu Präposition אל, S. 38

4   Noth, 1 Könige 1-16, S. 171; Fritz, Das erste Buch der Könige, S. 85, Fußnote 59

5   In V.2 liest die LXX nur בירח האתנים, in V.3a fehlt ויבאו כל זקני ישראל.

6   Würthwein, Das erste Buch der Könige, 2. Auflage, S. 84f

7   So z.B.: Würthwein, Das erste Buch der Könige, 2. Auflage, S. 85; Gray, Kings, S. 195ff; Burney, Kings, S. 110f; Fritz, Das erste Buch der Könige, S. 87f; Hentschel, 1 Könige, S. 56; Fichtner, Das erste Buch von den Königen, S. 129; Kittel, Könige, S. 73

8   Van den Born, Tempelweihspruch, S. 244

in »Steht dies nicht geschrieben im Buch der Lieder?«[9]. Ich schließe mich der exegetischen Mehrheitsmeinung an.

31[a]: Einige hebräische Handschriften und Editionen des hebräischen Textes nach Kennicott, de Rossi und Ginsburg lesen »und er legt ihm einen Fluch auf« von נשא statt »und ihm darleiht« von נשא I. Das Problem bei der Lesart von נשא I ist, daß sie in Verbindung mit אלה להאלתו unverständlich bleibt. Zu dieser Textverderbnis kam es vermutlich dadurch, daß ein Abschreiber שׁ mit שׂ verwechselt hat. Ich ändere deshalb in נשׂא[10].

31[b-b]: Die Septuaginta, die Peschitta und handgeschriebene Targum-Kodizes nach dem kritischen Apparat Sperbers stellen eine Kopula vor אלה »und er kommt *und* schwört«. Der Apparat der BHS schlägt eine Änderung in באלה »und kommt mit einem Schwur« vor. Mit Keil[11] fasse ich אלה als Asyndeton, und damit als schwierigere Lesart, auf. Alle anderen Varianten sind eine Glättung des Textes. Der masoretische Text ist beizubehalten.

48[a]: Mit vielen hebräischen Handschriften und sehr viele Versionen ist Qere »(in Richtung) des Hauses, das ich deinem Namen gebaut habe«, statt des Ketibs »das du deinem Namen gebaut hast« zu lesen.

---

9   Z.B. Würthwein, Das erste Buch der Könige, 2. Auflage, S. 85; Kittel, Könige, S. 73f; Šanda, Das erste Buch der Könige, S. 207; Fichtner, Das erste Buch von den Königen, S. 130

10 So auch: Noth, 1 Könige 1-16, S. 173 und Hentschel, 1 Könige, S. 60. Die Verse 31-32 behandeln damit einen Rechtsstreit. Siehe Fußnote 268.

11 Keil, Die Bücher der Könige, S. 102

5.3 Literar- und redaktionskritische Analyse zu 1 Kön 8

5.3.1 Gliederung zu 1 Kön 8,1-66

1 Kön 8,1-11: Die Überführung der Lade in den Tempel
1 Kön 8,12-13: Tempelweihspruch Salomos
1 Kön 8,14-21: Segen und Rede Salomos: David, Salomo und der Bau des Tempels
1 Kön 8,22-53: Gebet Salomos für Dynastie und Volk:
    V.22-29: Gebet für Salomos Nachfolger und den Bestand der Dynastie
        V.23-24: Lob Jahwes
        V.25-26: Bitte um Bestand der Dynastie
        V.27: Die Unverfügbarkeit und Unbegrenzbarkeit Jahwes
        V.28-29: Bitte um Aufmerksamkeit Jahwes für das Gebet Salomos
    V.30: Bitte um Erhörung der Gebete Salomos *und* des Volkes
    V.31-53: Gebete für das Volk:
        V.31-43: Gebete im Tempelbezirk um:
            V.31f: Ein durch Selbstverfluchung gewirktes Gottesurteil
            V.33f: Erhörung der Fürbitte am Tempel für die Rückkehr
            der Golah
            V.35f: Regen auf das Land des bußwilligen Volkes
            V.37-40: Erleichterung/Befreiung bei allen Arten von Lei-
            den
            V.41-43: Erhören des Gebetes des frommen Ausländers
        V.44-53: Gebet aus der Ferne in Richtung des Tempels um:
            V.44-45: Unterstützung Israels im Krieg
            V.46-53: Erhörung der Fürbitte aus der Golah um Erbarmen
            im fremden Land und um Gottes Aufmerksamkeit für die Gebete
            seines Volkes
1 Kön 8,54-61: Segen Salomos
    V.54-55: Einleitung
    V.56: Lob Gottes für die Ruhe Israels und die Erfüllung seines Wortes
    V.57: Bitte um Mitsein Jahwes
    V.58: Bitte um Hingabe und Gesetzestreue Israels zu Jahwe
    V.59-60: Bitte um Jahwes Aufmerksamkeit mit dem Ziel weltweiter
    Gotteserkenntnis und weltweitem monotheistischen Bekenntnis
    V.61: Bitte um Hingabe und Gesetzestreue Israels zu Jahwe
1 Kön 8,62-66: Abschließender Bericht von den Feierlichkeiten

5.3.2 Die Bestimmung der DtrH-Schicht in 1 Kön 8

5.3.2.1 Literar- und redaktionskritische Analyse von V.1-13

5.3.2.1.1 Forschungsgeschichtlicher Überblick

Die alttestamentliche Forschung tendiert mehrheitlich zu der Ansicht, daß die Verse 1-13 vordeuteronomistisches Material über den Tempelbau enthalten, das von einem deuteronomistischen Verfasser verarbeitet wurde. Anschließend fanden Ergänzungen im priesterlichen Stil statt[12]. Eine fundierte Analyse dazu hat Noth geleistet. Aus diesem Grund soll an dieser Stelle mit der Darstellung der These Noths begonnen werden. Da viele Analysen oft nur in bestimmten Details von Noths Modell abweichen, kann auf einen umfassenden Bericht zur Forschungslage verzichtet werden. Neben Noth sind jedoch noch die Analysen von Würthwein und Hentschel anzuführen. Weitere Informationen finden sich - soweit die Verse 1-13 behandelt wurden - in den Fußnoten der Forschungsgeschichte zu 1 Kön 8,14-61. Breite Zustimmung der alttestamentlichen Forschung besteht ebenfalls in der Annahme eines hohen Alters des Tempelweihspruchs in V.12-13, der unter Punkt 5.3.3.1.2 betrachtet wird[13].

5.3.2.1.1.1 Noths Analyse von 1 Kön 8,1-13

Noth meint, in V.1-3a drei Varianten (V.1; V.2; V.3a) "vom Zusammenkommen Israels bzw. seiner Repräsentanten in Jerusalem" erkennen zu können. Unter der Voraussetzung, daß die schlichteste Formulierung die älteste sein muß, bestimmt Noth V.3a »Da kamen alle Ältesten Israels« als älteste Variante. Zu dieser werden außerdem der Terminus באחו in V.2 gehört haben[14]. Wegen des alten Wortes ירח und des alten Monatsnamens Etanim ist der Begriff ירח האתנים in V.2 ebenfalls der ältesten Variante zuzurechnen. Dazu gehören nach Noth wahrscheinlich auch דביר הבית V.6, ארון יהוה V.4a und der terminus technicus הדביר V.8a[15]. Der Vers 5* erweist durch die Aussage, daß die den König umgebenden Leute opferten, gleichfalls vordeuteronomistisches

---

12   Siehe z.B. Burney, Kings, S. 104ff; Gray, Kings, S. 191ff; DeVries, 1 Kings, S. 121ff; Rehm, Das erste Buch der Könige, S. 90ff; Noth, 1 Könige 1-16, S. 174ff; Würthwein, Das erste Buch der Könige, 2. Auflage, S. 86ff; Hentschel, 1 Könige, S. 54ff.

13   Siehe z.B. Noth, 1 Könige 1-16, S. 181 oder Würthwein, Das erste Buch der Könige, 2. Auflage, S. 88.

14   Noth, 1 Könige 1-16, S. 176f

15   A.a.O., S. 174

Alter. Die Verse 7b und 8 sind vermutlich ein Nachtrag, allerdings müssen sie aufgrund der in V.7b und 8 mitgeteilten Einzelheiten auf "reale Anschauung" zurückgeführt werden[16], d.h. wenn sie sekundär hinzugefügt wurden, dann bereits in vordeuteronomistischer Zeit.

Dem Deuteronomisten weist Noth folgende Vers- und Satzteile zu[17]: V.1 (wegen ארון ברית יהוה), wobei dieser Vers eine alte Zeitangabe der vordeuteronomistischen Vorlage verdrängt hat, vermutlich V.3b (er erscheint vor V.4aα zu früh), der Terminus ארון ברית יהוה in V.6 (er hat, so Noth, ein ursprüngliches הארון ersetzt) und V.9 (der Verbleib der Bundestafeln in der Lade ist eine typisch deuteronomistische Auffassung).

Der Teil »Alle Männer Israels versammelten sich zum König Salomo« in V.2 wird von Noth als nachdeuteronomistisch bestimmt[18]. Erklärende Glosse ist V.2b[19]. Die Angabe »vor der Lade« in V.5 ist aufgrund seiner Stellung wahrscheinlich Zusatz[20].

"Formulierungen im Stil von P" sind[21]: Die Erwähnung der Stiftshütte und der Geräte des Heiligtums in V.4a, Vers 4b, der unter Berücksichtigung von Num 4,15 die Anordnung umsetzt, daß Leviten das Heiligtum und die dazugehörigen heiligen Geräte zu tragen haben, die Begriffe קדש הקדשים bzw. הקדש in V.6a.8a, כל עדת ישראל in V.5, sowie V.10 und 11, weil diese beiden Verse inhaltlich und zum Teil wörtlich identisch mit Ex 40,34.35 sind[22].

Ein Redaktor, der זקני ישראל "mit üblichen P-Formulierungen interpretiert", fügt den in der LXX fehlenden Passus את כל ראשי המטות ונשיאי האבות לבני ישראל in V.1 ein, wobei die Zusammenstellung von ראשי המטות und ונשיאי האבות ungewöhnlich ist[23]. Noch später kommt אל המלך שלמה hinzu. Noth schlägt vor, diese Zufügungen bereits in der Textkritik zu entfernen[24].

Für die Verse 12-13 nimmt Noth in Konsens mit der alttestamentlichen Forschung ein hohes Alter an. Bei diesem Spruch handelt es sich um "ein sin-

---

16   A.a.O., S. 179
17   A.a.O., 176ff
18   A.a.O., S. 177. Noth weicht hier von seiner Analyse in »Überlieferungsgeschichtliche Studien« ab, wo er nur von vordeuteronomistischem und deuteronomistischem Material für die Verse 1-3a, also nur von 2 Varianten, ausgeht: Noth, Studien I., S. 112.
19   A.a.O., S. 176
20   A.a.O., S. 178
21   A.a.O., S. 174
22   A.a.O., S. 174.180
23   A.a.O., S. 176
24   Siehe dazu jedoch die textkritischen Anmerkungen zu 1ª.

guläres Zeugnis für eine Jerusalemer "Tempel- Theologie""[25]. Allerdings läßt sich seine Herkunft und historische Beziehung zu Salomo nicht mehr ermitteln.

5.3.2.1.1.2 Die Analyse der Verse 1-13 bei Würthwein und Hentschel

Würthwein folgt für die Verse 1-3a grundsätzlich der These Noths von drei verschiedenen Varianten[26]. Als ältesten Text liest er: "1 Im Jahre x...., 2 im Monat Etanim, am Fest..., 3 kamen alle Ältesten Israels herein... 4 und trugen die Lade Jahwes hinauf"[27]. Zum alten Bericht zählt Würthwein ebenso Vers 6, der V.4aα fortsetzt und den Bericht abschließt.

Nach Würthwein sind folgende Vorstellungen von P beeinflußt: Der Terminus את כל ראשי המטות נשיאי האבות in V.1; V.3b ist eine Zufügung, "die den Priestern das Privileg des Dienstes an der Lade wahren will"[28]; V.7 und 8 wollen das Verhältnis zwischen Keruben und Lade genauer erklären und sind nach Würthwein - im Gegensatz zu Noths These - ebenfalls einem Kommentator im priesterlichen Stil zuzuordnen. Gegen dieses Verständnis spricht aber, daß - wie Würthwein selbst zugibt - bisher noch niemand plausibel machen konnte, "weshalb ein so nebensächlicher Gegenstand wie die Tragstangen so ausführlich behandelt wird"[29]. Dieser Sachverhalt weist m.E. eher auf die Aufnahme alten Materials durch DtrH als auf die nachträgliche Einfügung durch einen Kommentator im priesterlichen Stil hin. Vor allem fehlt hier bei den Keruben die für P so typische Vorstellung von der כפרת[30]. Offensichtlich haben sie für die Lade hier nur eine schützende Funktion. V.10-11 stehen "dem priesterschriftlichen Bericht von Ex. 40,34f bis in den Wortlaut hinein so nahe, daß ihre Unabhängigkeit von jener Stelle nicht wahrscheinlich ist"[31]. Die beiden Verse sollen betonen, daß der Tempel wie das Wüstenheiligtum der Mosezeit durch die Erscheinung der Gegenwart Jahwes ausgezeichnet ist. V.11a stammt von einem nicht näher bezeichneten Glossator in P-Tradition, der eine Parallele zu Ex 40,35a schaffen will, wo Mose aufgrund des ענן nicht in den Tempel hineinkonnte.

---

25   A.a.O., S. 181
26   Siehe oben Punkt 5.3.2.1.1.1.
27   Würthwein, Das erste Buch der Könige, 2. Auflage, S. 86
28   A.a.O., S. 85, Fußnote 3
29   A.a.O., S. 87
30   Siehe dazu Freedman/O`Connor, כרוב, Sp. 329.
31   Würthwein, Das erste Buch der Könige, 2. Auflage, S. 88

Würthwein rechnet zu Dtr vor allem V. 1* und ארון ברית יהוה in V.6. Deuteronomistische Vorstellungen (die Lade bewahrt die Tafeln des Gesetzes) enthält weiterhin V.9[32].

Als erklärende Glossen werden von Würthwein in Anlehnung an Noth V.2b und »vor der Lade« in V.5aα bestimmt. Die Wendung »in das Allerheiligste« V.6a ist nach Würthwein ebenfalls eine glossenhafte Zufügung, weil sie den Begriff דביר mit dem später gebräuchlichen קדש הקדשים identifiziert[33]. M.E. kann aber der Terminus קדש הקדשים aufgrund seines priesterlichen Hintergrundes durchaus mit Noth als redaktionelle Zufügung im priesterlichen Stil verstanden werden. Hentschel folgt grundsätzlich der Analyse Würthweins[34].

5.3.2.1.1.3 Bewertende Zusammenfassung

Das Nothsche Modell ist in seiner literarkritischen Vorgehensweise grundsätzlich als plausibel zu bewerten. Einzig der Umgang mit den Formulierungen im priesterlichen Stil wirft folgende Fragen auf: Wie ist das Verhältnis zwischen diesen Formulierungen im priesterlichen Stil der Verse 1-11 und den folgenden Versen 14ff zu bestimmen, wenn jene der deuteronomistischen Schultätigkeit (Würthwein und Hentschel) zugewiesen werden? Versteht man die Ergänzungen im priesterlichen Stil als Teil der letzten, nachdeuteronomistische Redaktionsschicht zu 1 Kön 8, dann stellt sich die Frage, warum sie auf die Verse 1-11 beschränkt sind. Geht man hingegen davon aus, daß sie vor DtrS (V.14ff) eingefügt wurden, dann bleibt ungelöst, wie ein bzw. mehrere - priesterlich denkende - Redaktoren eine deuteronomistische Grundschicht überarbeiten und anschließend spätere Deuteronomisten diesen Text fortführen konnten.

Gleichzeitig kann die Existenz von Formulierungen im priesterlichen Stil aber nicht geleugnet werden. Sowohl Noth als auch Hentschel haben darauf hingewiesen, daß diese durchaus »ungewöhnliche« Züge enthalten: So kann Noth feststellen, daß die Wendung את כל ראשי המטות ונשיאי האבות in V.1 in ihrer Kombination auffällig ist[35]. Hentschel bemerkt, daß die Vorstellungen vom Verhältnis der Wolke und der Herrlichkeit Jahwes in V.10-11 im Vergleich zu Ex 40,34f P abweichen und folgert daraus, daß die Vorstellung in 1 Kön 8,10-11 älter sein muß als die in Ex 40,34f P[36]. Als Argument führt er

---

32   A.a.O., S. 88.
33   A.a.O., S. 85
34   Hentschel, 1 Könige, S. 55
35   Noth, 1 Könige 1-16, S. 176f
36   Hentschel, 1 Könige, S. 55

an, daß in 1 Kön 8,10-11, anders als in Ex 40,34f, "noch nicht zwischen der Wolke, die das Heiligtum bedeckt, und der Herrlichkeit des Herrn, die die Wohnstätte erfüllt, unterschieden" wird[37]. Dagegen ist einzuwenden, daß es sich in 1 Kön 8,10-11 ebenso um eine sehr späte Vorstellung handeln kann, die die P-Vorstellungen kennt, aber nicht mehr differenziert.

All die genannten Probleme und Beobachtungen zu den Formulierungen im priesterlichen Stil rechtfertigen m.E. den Versuch, diese DtrS zuzuweisen. Eine wichtige Rolle dabei wird die Frage nach dem Verhältnis der Verse 10-11 zu Ex 40,34f spielen. Bevor der Nachweis dafür geführt wird, ist zuerst die Frage nach dem Umfang einer DtrH-Schicht in 1 Kön 8 zu stellen.

5.3.2.1.2 Literar- und redaktionskritische Analyse zu V.1-11

Für die literarkritische Analyse von 1 Kön 8,1-11 schließe ich mich Noth an. Folgende Verse und Satzteile sind sicher als sekundär auszuscheiden, weil sie aufgrund ihrer priesterlichen Sprache und Vorstellungswelt in einem deuteronomistischen Kontext stören: את כל ראשי המטות ונשיאי האבות in V.1; die Erwähnung der Stiftshütte und der Geräte des Heiligtums in V.4a; Vers 4b; כל עדת ישראל in V.5; קדש הקדשים bzw. הקדש in V.6a.8a und die Verse 10-11 aufgrund ihrer Beziehung zu Ex 40,34f P[38]. Anders als Noth, der V.3b eher DtrH zuschreiben wollte, verstehe ich mit Würthwein auch V.3b als »priesterlich« redaktionell, weil er "den Priestern das Privileg des Dienstes an der Lade wahren will"[39].

Deuteronomistische Begrifflichkeit findet sich in V.1* (ארון ברית יהוה), V.6 (ארון ברית יהוה) und V.9 (der Verbleib der Bundestafeln in der Lade ist eine typisch deuteronomistische Auffassung).

Nachdem der Bericht von der Überführung der Lade in V.1-3 in dreifacher Ausführung vorliegt (V.1; 2; 3), V.1* aber deuteronomistische Sprache enthält, muß V.3a aufgrund seiner schlichten Formulierung mit den »Ältesten« Israels die älteste, vordeuteronomistische Variante darstellen, da V.2a* mit »Alle Männer Israels versammelten sich zum König Salomo« wieder auf ganz Israel ausweitet (siehe oben Noth, Punkt 5.3.2.1.1.1). Gegen Noth spricht m.E. jedoch nichts dagegen, V.2a* und die Ausweitung der beteiligten Personen auf ganz Israel Dtr bzw. DtrH zuzuweisen, vor allem wenn man berücksichtigt, daß in V.14, der sowohl nach Noth als auch nach der folgenden li-

---

37   Ebenda
38   Noth, 1 Könige 1-16, S. 174.180
39   Würthwein, Das erste Buch der Könige, 2. Auflage, S. 85, Fußnote 3

terarkritischen Analyse (Punkt 5.3.2.3) von Dtr stammt, von der »ganzen Festversammlung Israels« gesprochen wird[40]. Diese Beobachtungen erlauben es, V.2a - unter Aufnahme alten Materials - DtrH zuzuweisen.

Nicht näher bestimmbare Glossen liegen mit der nachhinkenden Bemerkung »vor der Lade« V.5aα und der ergänzenden Bemerkung »das ist der siebte Monat« V.2b vor.

Die Verse 1 Kön 8,1a*.b.2a.3a.4aα*.5*.6*.7-9 weise ich Dtr, genauer DtrH, zu, der unter Aufnahme alten Materials einen Bericht von der Überführung der Lade in den Tempel geschaffen hat. Auf eine genaue Profilierung des vordeuteronomistischen Materials soll verzichtet werden, da dieses von DtrH nur noch sehr schwierig geschieden werden kann und es für die Fragestellung dieser Arbeit kaum nötig ist, detailliert hinter DtrH zurückzufragen. Abgesehen davon, daß in dieser deuteronomistischen Schicht typisch spätdeuteronomistische Vorstellungen (wie etwa die Betonung des Gesetzesgehorsams) fehlen, ist es kaum vorstellbar, daß DtrH über die Einweihung des Tempels als wichtiges Ereignis in der Geschichte Israel, das an Bedeutung mit der Abschiedsrede Josuas in Jos 24* DtrH vergleichbar ist, nichts berichtet haben soll. Diese Argument erhält durch einen Blick in den Kontext von 1 Kön 8 insofern Beweiskraft, als auch die "Beschreibungen des Tempels (6^{1-37}), seiner Geräte (7^{13-47}) und der Gebäude des Palastes (7^{1-12})" auf die Verarbeitung von altem Material durch DtrH zurückzuführen sind[41].

5.3.2.1.3 Der Tempelweihspruch in V.12-13

Der Tempelweihspruch wird unter Punkt 5.3.3.1.2 behandelt.

5.3.2.1.4 Zusammenfassung der Ergebnisse

Für 1 Kön 8,1-13 konnte im Konsens mit der bisherigen neueren Forschung die Existenz einer DtrH-Schicht, in der altes Material verarbeitet wurde, plausibel gemacht werden. DtrH berichtet in 1 Kön 8,1a*.b.2a.3a.4aα*.5*.6*.7-9 von der Überführung der Bundeslade in den Tempel. Weiterhin wurden redaktionelle Ergänzungen im priesterlichen Stil ausgeschieden, auf die noch gesondert einzugehen ist. Bevor diese redaktionellen Ergänzungen jedoch betrachtet werden, ist nun zu fragen, ob sich die DtrH-Schicht auch in den Verse 14-61

---

40   Noth, 1 Könige 1-16, S. 168ff
41   Hentschel, 1 Könige, S. 10

und 62-66 verfolgen läßt oder ob diese Abschnitte spätdeuteronomistischen Redaktoren zuzuweisen sind.

5.3.2.2 Kön 8,14-61(62-66) als deuteronomistischer Text

Im Zusammenhang der Forschungsgeschichte wurde bereits dargestellt, daß die gegenwärtige Forschung 1 Kön 8,14-61(62-66) auf die Deuteronomistik zurückführt. Den sprachlichen Nachweis haben vor allem Burney[42] und Weinfeld[43] geliefert.

5.3.2.3 DtrH in V.14-21?

5.3.2.3.1 Zur Problemlage

Während Hentschel und Würthwein in 1 Kön 8,14-61 nur noch spätdeuteronomistische Redaktoren am Werk sehen wollen, weist Veijola die Verse[44] 14.15abα.17-21.(62-63.65*.66abα) DtrH zu, der damit auf die Themen Tempelbau, Fest und Opfer eingeht[45]. Die Basis für seine Untersuchungen liefert seine Analyse zu 2 Sam 7. O'Brien und Fritz führen 1 Kön 8,14-21 ebenfalls auf DtrH zurück[46]. 1 Kön 8,14-21 spielt deutlich auf 2 Sam 7,1-17 an. Somit ist das rechte Verständnis von V.14-21 eng mit 2 Sam 7,1-17(18-29) verknüpft.

Die Analyse und das rechte Verständnis von 2 Sam 7 stellt seit jeher eine Herausforderung für die alttestamentliche Exegese dar. Die Menge der Literatur zu diesem Text ist uferlos geworden[47]. Aus der Fülle der Beiträge[48] greife ich die von Veijola heraus, der nach meiner Ansicht eine fundierte Analyse des Textes geliefert hat[49]. Der Vorteil seines exegetischen Vorgehens liegt darin, daß es ihm gelingt, 2 Sam 7 auf vordeuteronomistisches Material, DtrH und DtrN zu verteilen *und gleichzeitig* für die jeweiligen Schichten eine be-

---

42 Burney, Kings, S. xiiiff und 104ff
43 Weinfeld, Deuteronomy, S. 320ff
44 Die Angabe der Versteile erfolgt nach Veijolas System. Da bei ihm eine Übersetzung fehlt, konnte Veijolas Vers- und Satzeinteilung nicht auf meine Übersetzung übertragen werden.
45 Veijola, Verheißung, S. 152f
46 O'Brien, Hypothesis, S. 153ff; Fritz, Das erste Buch der Könige, S. 89ff
47 Siehe dazu das Zitat bei Hentschel, Beobachtungen, S. 1. Einen Überblick zur Forschung bieten z.B. Dietrich/Naumann, Samuelbücher, S. 143ff.
48 Siehe z.B. den knappen Überblick bei L. Schmidt, Jahwes Initiative, S. 146 und Veijola, Dynastie, S. 68ff bzw. den Fragenkatalog bei Hentschel, Beobachtungen, S. 1ff.
49 Veijola, Dynastie, S. 68ff

stimmte, auch in anderen Texten wiederkehrende Theologie plausibel machen zu können[50].
Veijola hat für die Analyse von 2 Sam 7 zwei »Anläufe« unternommen: Die ältere Untersuchung findet sich in »Die ewige Dynastie« 1979, die aktuelle in »Verheißung in der Krise«
1982. In der neueren Version erweitert Veijola den DtrN-Anteil und reduziert das vordeuteronomistische und DtrH-Material. Ich biete im folgenden eine Zusammenfassung seiner
Ergebnisse (Verszählung nach Veijola).

Als vordeuteronomistische Schicht arbeitet Veijola die Verse V.1a.2-4.5*.8*.9a.12.
14-15.17 heraus.

Von DtrH stammen V.11b.13.16.18-21.27a$\beta\gamma$b-29: In V.11b "fällt der plötzliche Übergang aus der *1.* in die *3. pers.* auf"[51]. V.13b bildet eine Doppelung zu V.12b, wobei in
V.13b der Terminus בנה בית - im Gegensatz zu V.5 - mit לשמי verbunden wird und 13b auch
stilistisch von 12b abweicht[52]. V.16 wechselt in die 2. pers. sing. und steht mit V.11b durch
das בית für David und mit V.13 durch עד עולם auf einer Stufe[53]. Die Verse 18-21 und
27aβ-29 gehören durch die Verwendung von בית für »Dynastie« und עד עולם zur Ebene von
DtrH in V.11b.13.16[54]. Mit seinen redaktionellen Ergänzungen verfolgt DtrH das Ziel, die
"Vorgänge um die Thronbesteigung Salomos im Lichte einer göttlichen Zusage über die
Dynastie Davids" zu interpretieren[55]. Während sich das vordeuteronomistische Material in
V.1a.2-5 gegen den Bau des Tempels richtet, stellt DtrH das Verbot nur als provisorisch hin
und modifiziert durch die Namentheologie die Vorstellung vom Tempel: Der "Tempel wird
nicht direkt als Jahwes Wohnung, sondern lediglich für seinen Namen gebaut (V.13a)"[56].
Die restlichen von DtrH eingefügten Verse haben das Ziel, zu zeigen, daß die Dynastie Davids mit Salomo als Nachfolger durch ein Gotteswort begründet ist.

Auf DtrN gehen die Verse 1b.5a[אל עבדי].6.7.8a[לעבדי].9b-11a.22-27aα zurück. Die
wichtigsten Gründe hierfür sind[57]: V.9b-10 spricht futurisch von der Zukunft des Volkes
Israel, wobei sie wie V.22-24 DtrN "das Volk Israel in den Bereich der Davidverheissung
einbeziehen" wollen[58], und unterbricht damit den glatten Zusammenhang zwischen V.9a
und 12 vordtr. "Der Zusatz spiegelt die Hoffnung der Exilsgeneration wider, das Land zum

---

50   Siehe dazu Veijola, Dynastie. Im Vergleich dazu rechnet z.B. Hentschel
      (Beobachtungen, S. 48ff) mit dreizehn(!) verschiedenen literarischen Schichten in
      2 Sam 7. Bei der Herausarbeitung dieser Schichten stellt sich die Frage, ob Hentschel
      den Text nicht literarkritisch überbewertet. Neben einigen methodischen Anfragen an
      Hentschels Vorgehen ist es m.E. nicht möglich, für diese dreizehn Schichten eine
      auch in anderen Texten belegbare, jeweils spezifische theologische Aussage wahr-
      scheinlich zu machen.

51   Veijola, Dynastie, S. 73

52   A.a.O., S. 72

53   A.a.O., S. 73

54   A.a.O., S. 74. Ursprünglich bestimmte Veijola den Umfang von DtrH auf V.25-29,
      reduzierte ihn jedoch in »Verheißung« auf 27a$\beta\gamma$b-29.

55   Veijola, Dynastie, S. 78

56   A.a.O., S. 78

57   An dieser Stelle sollen nur die nach meiner Meinung schlagkräftigsten Argumente
      Veijolas aufgeführt werden. Für weiteres Material siehe Veijola, Verheißung, S. 62ff.

58   Veijola, Verheißung, S. 63

zweiten Mal in Besitz nehmen zu dürfen"[59]. V.11a "fügt sich nur mit Mühe in den Kontext"[60] und ist durch die sogenannte Ruheformel והניחתי לך מכל איביך auch mit V.1b verbunden[61]. Für V.22-24 gilt, daß sich in ihnen ein "unvermittelter Übergang in die *1. pers. pl.* findet, während V.21 und V.25 in der 3. pers. sing. sprechen[62]. "In den solchermassen aus dem Kontext fallenden Versen 22-24 gilt das Interesse nicht der Dynastie, wie sonst in dem Gebet, sondern Israel als dem Volk Jahwes"[63]. Das Anliegen von DtrN mit seinen Zusätzen besteht darin, das Volk in den Bereich der Verheißungen an David und seine Dynastie mit einzubeziehen[64]. Die in »Dynastie« ursprünglich nur V.22-24 umfassende DtrN-Schicht in 2 Sam 7,18ff wird von Veijola nun in »Verheißung« um V.25-27aα erweitert, da einerseits der "abrupt endende V. 21, hinter dem man den Inhalt der göttlichen Mitteilung erwartet, ... seine logische Fortsetzung in V. 27aβγ (....לאמר)" findet[65], andererseits V.22-27aα seinem älteren Kontext durch eine Ringkomposition (V.21b להודיע את עבדך und V.27aα גליתה את אזן עבדך) eingegliedert wurde[66]. Ohne V.22-27aα bleibt von Davids Gebet ein von DtrH stammender Kern übrig, in dem alle "Aufmerksamkeit sich auf die Dynastiezusage und ihre Verwirklichung in der Zukunft konzentriert, wohingegen der Zusatz V.22-27aα ein ganz neues Interesse hat: Jahwes Einzigartigkeit als Gott und Israels Sonderstellung als Jahwes Volk aufzuzeigen"[67]. Als Referenztexte verweist Veijola auf 2 Kön 19,15-19, 1 Kön 8,23ff, Dtn 4,32-39 etc.[68]. Selbst wenn man 1 Kön 8,22-30 aus der Argumentation Veijolas herausnimmt, da für diesen Abschnitt der spätdeuteronomistische Charakter erst noch nachzuweisen ist, bleiben genügend beweiskräftige Argumente und Referenztexte übrig, um 2 Sam 7,22-27aα DtrN/DtrS zuzuordnen.

Problematisch ist die Zuweisung von V.6-7 zu DtrN: Bereits in »Dynastie« wollte Veijola V.6 aus dem vordtr Material herausnehmen, ohne dafür eine rechte Begründung zu geben. Nun, in »Verheißung«, weist Veijola V.7 vor allem deshalb DtrN zu, weil er auch V.6 bereits DtrN zugesprochen hat und er in V.6 und 7 einen einheitlichen Zusatz versteht. Nachdem bereits die Zuweisung von V.6 zu DtrN unbegründet war, ist die Argumentation auch für den sekundären Charakter von V.7 hinfällig[69]. *V.6 und 7 sind gegen Veijola weiterhin als altes Material zu verstehen*[70]. DtrN nimmt somit in 2 Sam 7 zum Tempelbau nicht Stellung[71].

---

59   Ebenda

60   Veijola, Dynastie, S. 72

61   Ebenda

62   A.a.O., S. 74

63   Ebenda

64   A.a.O., S. 79

65   Veijola, Verheißung, S. 64

66   A.a.O., S. 64f

67   A.a.O., S. 65

68   Ebenda; siehe dort auch Fußnote 34.

69   Während Veijola im literarkritisch-analytischen Teil V.6 nicht explizit DtrN zuordnet, erscheint dieser Vers bei der Synthese im Zusammenhang mit den theologischen Aussagen von DtrN (Veijola, Dynastie, 79). Eine Begründung für die Zugehörigkeit zu DtrN fehlt.

70   Dietrich schloß sich grundsätzlich Veijolas These an, allerdings will er V.5b-8aαβ (nach der Verszählung von Dietrich) statt DtrH unberechtigterweise DtrN zuweisen.

Über seine frühere Analyse in »Dynastie« hinaus schlägt Veijola nun auch vor, den עבד-
Titel in V.5a.8a und die נגיד-Aussage statt DtrH dem DtrN zuzusprechen. Allerdings führt
Veijola dafür in diesem Zusammenhang keine am Text selbst einleuchtenden Gründe an.
Im weiteren Kontext seiner Arbeit wird jedoch deutlich, daß er den Begriff »mein Knecht«
bzw. »dein Knecht« innerhalb des DtrG bis auf 2 Sam 3,18 DtrH grundsätzlich DtrN zuweist[72]. Ähnlich verhält es sich mit dem נגיד-Titel: Bei seiner Behandlung von Deuterojesaja
(Jes 55,3f) weist Veijola darauf hin, daß der Begriff נגיד für die Darstellung des Übergangs
"der "Gnaden Davids" auf das Volk" deshalb so geeignet war, weil er frei von königsideo-
logischem Verdacht ist und er eine positive Würdigung des Königtums Davids, vor allem

---

Den Grund sieht er darin, daß die Doppelung zwischen den Anfängen von V.5 und
V.8 ein "klassischer Fall von Wiederaufnahme" sei (Dietrich, David, S. 135). Dietrich
folgert aus der Zuweisung zu DtrN, daß dessen theologische Aussage in V.5b-8aαβ
eine "scharfe" Tempelkritik sei, die besage, daß Jahwe überhaupt nicht in ein Haus
wolle (S. 135). Allerdings ist die Botenformel derartiges Allgemeingut im Zusammenhang prophetischer Texte, daß ihr zweimaliges Erscheinen in V.5a und 8a kaum
als klassische Wiederaufnahme bezeichnet werden kann, vor allem wenn eine *organi-
sche* Entwicklung des Gedankenganges angezeigt ist. Dietrichs Ansicht ist nicht unmöglich, aber m.E. eher unwahrscheinlich. Von einer tempelkritischen Einstellung
von DtrN ist in 2 Sam7 nichts zu erkennen.

71   Veijolas Analyse wurde von Bickert (ders., Geschichte, S. 16ff) kritisiert. Auf Bickerts
     Analyse beruft sich Würthwein, um 1 Kön 8,14-21 DtrN zuzuweisen (Würthwein, Das
     erste Buch der Könige, 2. Auflage, S. 95). Deshalb soll kurz auf die These Bickerts
     zu 2 Sam 7 eingegangen werden (S. 16ff): V.1a.2-3 sind vordeuteronomistisch,
     V.4.5aα*β.8aβγb.9.12. 14.15.17 stammen von DtrP. Die Verse 5b-7.10.11aα.13 sind
     DtrN, V.11b.16.18-21.25-29 spätDtr zuzuweisen. Bickert wehrt sich damit gegen die
     Analyse von Veijola, die von einem großen Anteil an vordeuteronomistischem Mate-
     rial, das von DtrH verarbeitet wurde, ausging. Bickerts Analyse weist bei genauerem
     Hinsehen mehrere Probleme auf: Die These der Existenz von DtrP ist in der gegen-
     wärtigen Forschung durchaus noch umstritten (Siehe dazu die Anfragen von
     L. Schmidt in: Deuteronomistisches Geschichtswerk, S. 130f). Weiterhin fehlt die
     Beweisführung zu der Aussage Bickerts, daß V.11b.16.18-21.25-29 nicht DtrH, son-
     dern spätdtr sein müssen. Als literarkritisches Kriterium für V.4-17 stellt er die Un-
     terscheidung der Themen »Tempelbau« und »David« vor, ohne dieses Kriterium am
     Text einsichtig zu machen. Die Begründung des DtrN-Charakters von V.13 erfolgt
     durch Verweis auf die - nach Bickert ebenfalls von DtrN stammenden - Anspielungen
     in 1 Kön 5,19; 8,16-20.25 und 1 Kön 9,5. Sowohl für 1 Kön 8,16-20 als auch
     1 Kön 9,1-5 ist dies mehr als fraglich (zu 1 Kön 9,1-5 siehe die Ausführungen unter
     Punkt 5.3.3.7). Auch für 1 Kön 5,19 ist die Annahme von DtrN-Verfasserschaft pro-
     blematisch: Nach Hentschel enthält 1 Kön 5,15-26 altes Material, das von DtrH ver-
     arbeitet wurde (Hentschel, 1 Könige, S. 10). Bickerts These zu 2 Sam 7,1-29 kann
     insgesamt nicht überzeugen, so daß an der Analyse Veijolas festzuhalten ist. Damit ist
     aber auch die Zuweisung von 1 Kön 8,14-21 an DtrN, wie es Würthwein unternimmt,
     nicht haltbar. Gleiches gilt für Hentschels Vorgehen, der 1 Kön 8,14-21 ebenfalls
     DtrN zuweisen will. Unklar bleibt, wie sich die Zuweisung von 1 Kön 8,14-21 zu
     DtrN zu den 13(!) Schichten der Analyse Hentschels von 2 Sam 7 verhält (Hentschel,
     1 Könige, S. 57 und Hentschel, Beobachtungen, S. 48ff).

72   Veijola, Verheißung, S. 137f, Fußnote 18

aber der Davidverheißung, zuläßt[73]. Hier sieht Veijola eine Analogie zu DtrN. Problematisch ist m.E., daß Veijola auf 2 Sam 7,19.20.21.27*.28.29 DtrH nicht eingeht, wo David sich selbst mit »dein Knecht« als Knecht Jahwes bezeichnet. Nachdem Veijola am Text von 2 Sam 7 keine überzeugenden Gründe für den sekundären DtrN-Charakter von עבד und נגיד anführen kann, folge ich ihm an dieser Stelle seiner Analyse nicht.

2 Sam 7 ist zusammenfassend folgendermaßen literarkritisch zu schichten:
  Vordtr-Material: V.1a.2-9a.12.14-15.17
  DtrH: V.11b.13.16-21.27aβγb-29
  DtrN/DtrS: V.1b.9b-11a.22-27aα
Mit der Analyse von 2 Sam 7,10-29 und der Profilierung von DtrH- und DtrN-Schichten ist nun auch die Grundlage für die Analyse von 1 Kön 8,14-21 gegeben.

5.3.2.3.2 Zur Einheitlichkeit von V.14-21

Veijola will in 1 Kön 8,14-21 den Vers 15bβ.16 DtrN zuweisen, weil dieser die nachfolgende Zusage "störend" vorwegnimmt[74]. Bei genauer Betrachtung kann von einer »Störung« keine Rede sein. Vielmehr gehört die Erwählung Davids durch Jahwe sachlich vor V.17, da sie erklärt, warum David überhaupt den Plan fassen kann, Jahwe ein Haus zu bauen. Gleichzeitig liefert V.16a die Voraussetzung dafür, daß zumindest der Sohn Davids beauftragt wird, Jahwes Namen ein Haus zu bauen V.18-19. Offensichtlich will Veijola V.15bβ.16 entfernen, weil hier auf 2 Sam 7,6 angespielt wird - einen Vers, den Veijola ebenfalls ohne Begründung aus der dortigen vordeuteronomistischen Schicht entfernen wollte. Allerdings war dies bereits für 2 Sam 7,6 nicht einsichtig (siehe oben). Aus diesen Gründen belasse ich V.15bβ und V.16 in V.14-21.

5.3.2.3.3 Nachweis der DtrH-Verfasserschaft von V.14-21

Zuerst fällt auf, daß die in 2 Sam 7,1b.9-11a.22-27aα DtrN bzw. DtrS zugewiesenen Versteile in 1 Kön 8,14-21 keine Aufnahme finden. 1 Kön 8,14-21 thematisiert vielmehr die Erfüllung der in 2 Sam 7,1-17* DtrH gegebenen Verheißungen: Das »Nicht-Wohnen« Jahwes in einem festen Haus 2 Sam 7,6-7; 1 Kön 8,16a / die Erwählung Davids Sam 7,8; 1 Kön 8,16b / den Wunsch Davids, einen Tempel zu bauen 2 Sam 7,2.5; 1 Kön 8,17 / den

---

73   A.a.O., S. 170f
74   A.a.O., S. 152

Bau des Tempels für den Namen Jahwes 2 Sam 7,11b; 1 Kön 8,19 und das Einsetzen eines Nachfolgers (Salomo) 2 Sam 7,12; 1 Kön 8,20b.

Daß 1 Kön 8,14-21 ein deutlicher Rückbezug auf 2 Sam 7,1-17 ist, wird durch die Rahmung in 1 Kön 8,15 und 20bδ deutlich, die die Erfüllung der zentralen Verheißungen von 2 Sam 7,1-17, Dynastie und Tempelbau, thematisiert. 1 Kön 8,21 lenkt auf das von DtrH beschriebene Geschehen in 1-13* zurück. Theoretisch besteht natürlich die Möglichkeit, daß ein späterer - DtrS - 2 Sam 7,1-17 vorliegen hatte und daraufhin 1 Kön 8,14-21 konzipierte. Dagegen spricht aber das Fehlen spätdeuteronomistischer Vorstellungen aus 2 Sam 7,1-17, d.h. die Einbeziehung des Volkes in die Verheißungen an David (vgl. 2 Sam 7,22-27aα).

Im Vergleich zu 2 Sam 7,1a.2-9a.11b.12-17 DtrH fällt in 1 Kön 8,14-21 noch folgendes auf: Während in dem von DtrH übernommenen Material 2 Sam 7,7 die rhetorische Frage gestellt wird, ob Jahwe einem der Stämme befohlen hat, *ihm* ein Haus zu bauen, spricht die äquivalente, von DtrH frei geschaffene Stelle in 1 Kön 8,16a davon, daß Jahwe sich keine Stadt für ein Haus für seinen *Namen* erwählt hat. Dies zeigt, daß DtrH selbst eine Namen-Jahwe-Theologie vertritt, in der »nur« der Name Jahwes im Tempel anwesend gedacht ist (siehe dazu die Ausführungen unter Punkt 5.3.3.1.1.4)[75].

Vergleicht man nun 1 Kön 8,1-13.14-21* DtrH mit Jos 1* DtrH und Jos 24* DtrH, dann macht das Ergebnis insofern Sinn, als DtrH auch dort an einschneidenden Epochenübergängen in der Geschichte Israels Reden benutzt hat: Einmal im Mund Jahwes Jos 1* DtrH und im Mund Josuas Jos 24* DtrH. Bereits von diesem Befund her war eine weitere Rede des DtrH für die Einweihung des Tempels zu erwarten.

5.3.2.4 DtrH in V.22-30?

5.3.2.4.1 Zur Problemlage

An diesem Punkt ist zu untersuchen, ob die in V.1-11* und V.14-21 festgestellte DtrH-Schicht in V.22-61 eine Fortsetzung erfährt. Während z.B. Würthwein, Hentschel und Veijola V.22-61 nur noch spätdeuteronomistischen

---

75　Gewisse Unterschiede zwischen 2 Sam 7,1-17* DtrH und 1 Kön 8,14-21 DtrH erklären sich dadurch, daß DtrH in 2 Sam 7 altes Material übernommen hat, also in gewisser Weise eingeschränkt war, in 1 Kön 8,14-21 jedoch frei tätig sein konnte.

Verfassern/Redaktoren zuweisen wollen[76], sehen O`Brien[77] und Fritz[78] in V.22-30* und 54-61* eine Fortsetzung von DtrH[79].

O`Brien will V.22.23aα (nur Einleitungsanrufung).24(ohne אשר).25-26. 28-29a DtrH zuweisen. V.27 ist Glosse[80], V.23aβb einschließlich אשר in V.24a Zusatz, wobei O`Brien für diese literarkritische Beurteilung eine Begründung schuldig bleibt. Für eine Abtrennung von V.23aβb fehlen nicht nur »harte« literarkritische Argumente, sondern V.24 ist notwendige Konkretion von V.23b. Mit V.29b beginnt das Werk eines Späteren, der sich von DtrH dadurch unterscheidet, daß das Gebet nicht mehr am Tempel, sondern - so O`Brien - zum Tempel hin gesprochen wird[81]. Fritz geht ähnlich wie O`Brien vor, führt jedoch V.22-28.29 vollständig auf DtrH zurück.

Veijola[82], Würthwein[83] und Hentschel[84] weisen V.22-30 DtrN bzw. DtrS zu, wobei sie ebenfalls V.27 als Glosse verstehen und Würthwein[85] und Veijola[86] in den sekundären Versen 29-30 und 52-53 eine spätdeuteronomistische Rahmung zu V.31-51 sehen wollen[87].

5.3.2.4.2 Die Frage nach der Einheitlichkeit von V.22-30

5.3.2.4.2.1 Vers 25b als spätdtr Einschub

Folgende Überlegungen sprechen dafür, V.25b als spätdtr Zusatz zu entfernen: V.25b »klappt«, mit רק eingeleitet, deutlich nach. Die Bedingung des rechten Lebenswandels wird damit an die Dynastieverheißung V.25a sekundär

---

76 Würthwein, Das erste Buch der Könige, 2. Auflage, S. 95ff; Hentschel, 1 Könige, S. 57ff; Veijola, Verheißung, S. 151. Hentschel und Würthwein wollen dabei V.30-43 als sekundär zu den bereits redaktionellen Versen (14-21).22-29* verstehen, weil V.(14-21.22-29*) »Tempelbau und Dynastie« thematisieren, während mit V.30-43 »Anliegen des Volkes« ergänzt werden: Hentschel, 1 Könige, S. 56ff; Würthwein, Das erste Buch der Könige, 2. Auflage, S. 95.
77 O`Brien, Hypothesis, S. 153ff
78 Fritz, Das erste Buch der Könige, S. 89ff
79 Beide Positionen stimmen jedoch darin überein, daß die Verse 31-53 auf einen späteren Verfasser als DtrH zurückgeführt werden müssen: Fritz, Das erste Buch der Könige, S. 95f; O`Brien, Hypothesis, S. 156ff.
80 O`Brien, Hypothesis, S. 154
81 A.a.O., S. 156
82 Veijola, Verheißung, S. 151ff
83 Würthwein, Das erste Buch der Könige, 2. Auflage, S. 95
84 Hentschel, 1 Könige, S. 59ff
85 Würthwein, Das erste Buch der Könige, 2. Auflage, S. 95
86 Veijola, Verheißung, S. 151
87 Würthwein, Das erste Buch der Könige, 2. Auflage, S. 96

angehängt. V.25b kann DtrS zugewiesen werden, der, ähnlich Jos 1,7-9 DtrS, die Zusage Jahwes vom richtigen Verhalten Salomos bzw. der Söhne Davids abhängig machen will[88].

O`Brien[89] will 1 Kön 8,25 als wesentliches Element der DtrH- Theologie verstehen, da dieser mit der bedingten Formulierung der Dynastieverheißung in V.25b die »Reichsteilung« aufgrund des Ungehorsams Salomos theologisch begründen wolle. Abgesehen von der literarkritischen Schwierigkeit, V.25 als einheitlich zu bestimmen, kann die bedingte Formulierung der Dynastieverheißung in V.25 aus folgendem Grund nicht von DtrH stammen: Salomo *zitiert* in diesem Vers Jahwe. Jahwe hatte aber in 2 Sam 7,11bff* DtrH die Verheißung der Dynastie unbedingt gegeben. Das Zitat von V.25(b) kann sich demnach nicht auf die DtrH-Schicht von 2 Sam 7* zurückbeziehen. Eine *bedingte* Formulierung der Dynastieverheißung bei DtrH findet sich hingegen in 1 Kön 9,1-5. Dort ist es *Jahwe selbst*, der die Verheißung einer Dynastie vom rechten Wandel Salomos abhängig macht[90].

5.3.2.4.2.2 Vers 27 als Glosse

Viele Exegeten wie Burney, Gray, Veijola, Würthwein und Fritz verstehen V.27, weil er die Unmöglichkeit betont, daß der Tempel Jahwe überhaupt fassen könnte, als Glosse[91]. Daß mit V.27 tatsächlich eine Glosse vorliegt, zeigt bereits seine äußere Form der rhetorischen Frage und des Lobes Jahwes, die die Bitten Salomos in V.26.28-30 unterbricht[92]. Die Aussage von V.27 weist offensichtlich ein Denken zurück, das Gott im Tempel lokalisieren will.

5.3.2.4.2.3 Vers 30 als (spätdtr) Überleitung zu V.31-53

Folgende Beobachtungen sprechen dafür, V.30 als sekundäre, spätdtr Überleitung zu den (ebenfalls spätdtr) Gebetsfällen in V.31-53 zu verstehen[93]:

---

88   Zum nomistischen Charakter der Bedingung in V.25b siehe Veijola, Verheißung, S. 152, wobei dieser übersieht, daß V.25b sekundär ist.
89   O`Brien, Hypothesis, S. 155f
90   Zur Frage nach der Form der Dynastieverheißung bei DtrH und DtrS siehe unter Punkt 5.3.3.7.
91   Burney, Kings, S. 114f; Gray, Kings, S. 205 (allerdings unter Vorbehalt); Veijola, Verheißung, S. 151; Würthwein, Das erste Buch der Könige, 2. Auflage, S. 97 (Er meint, daß V.27 später hinzugefügt wurde und ursprünglich eine Randbemerkung war); Fritz, Das erste Buch der Könige, S. 94
92   Šanda bringt den Vers in Verbindung mit der Redaktion von V.29.44-51.59.60 (Šanda, Das erste Buch der Könige, S. 235.246), Hölscher mit den Versen 30-43. 52-61. Allerdings haben sich diese Redaktionsmodelle m.E. nicht als plausibel erwiesen.
93   Nachweis der DtrS-Verfasserschaft siehe Punkt 5.3.3.5.

V.30 wird mit einem ושמעת im Perfekt consecutivum eingeleitet. Damit steht V.30 mit V.28a auf einer Stufe, während V.29 sich aufgrund der Infinitiv constructus Verbindung + ל eindeutig mit dem Finalsatz V.28b auf einer Stufe befindet. V.30 stellt damit im Vergleich zu V.28-29 *eine neue Bitte dar.* In V.28-29 bittet Salomo dafür, daß Jahwe jetzt auf den König hören und ihm auch weiterhin Aufmerksamkeit schenken möge V.29b. In V.30 hingegen ist das *Volk Israel* im Mittelpunkt und Thema der Gebete.

Die These O`Briens, die Überleitung zu den literarisch erst später hinzugekommenen Gebetsfällen des Volkes V.31ff bereits mit V.29b beginnen zu lassen, weil dort das Gebet nicht mehr am Tempel, sondern zum Tempel hin אל gesprochen werde[94], ist insofern problematisch, als die Präposition אל nach Gesenius in prägnanter Weise dort verwendet werden kann, wo eine Präposition der Ruhe erwartet wird[95]. Hinzu kommt, daß in 1 Kön 8,1-29a eine andere Formulierung, etwa mit ב, fehlt, die eine sichere Kontrastierung erlauben würde.

5.3.2.4.2.4 Zusammenfassung

Sowohl V.25b als auch V.30 haben sich als spätdtr Zusätze zu V.22-29* erwiesen. V.27 ist Glosse eines unbekannten Redaktors. V.22-24.25a.26.28-29 sind literarische Grundschicht.

5.3.2.4.3 Nachweis der DtrH-Verfasserschaft von V.22-24.25a.26.28-29

1 Kön 8,14-21 DtrH stellt eine *Rede* Salomos dar, die über die davidische Dynastieverheißung und den Bau des Tempels reflektiert. V.22-29* schließen direkt an diese Rede an, wobei Salomo nun ein Gebet an Jahwe richtet, in dem die *unbedingte* Verheißung der Dynastie aus 2 Sam 7,11bff* DtrH - analog zu 1 Kön 8,14-21 DtrH - thematisiert wird: Salomo bittet Jahwe, daß dieser für die *Erfüllung* der Verheißung sorgen möge. 1 Kön 8,22-29* stellt damit die ursprüngliche Fortsetzung von 1 Kön 8,14-21 DtrH dar[96].

---

94   O`Brien, Hypothesis, S. 156
95   Gesenius/Buhl, Handwörterbuch, Punkt 9 zu Präposition אל, S. 38
96   1 Kön 8,29 DtrH ist mit 1 Kön 9,3b durch die Thematisierung der »Augen« Jahwes verbunden. 1 Kön 9,3b kann jedoch nicht von demselben Verfasser wie 1 Kön 8,29 DtrH stammen, da in 1 Kön 9,3b (DtrS) über 1 Kön 8,29 DtrH hinaus die »Augen« mit dem »Herzen« Jahwes parallelisiert werden und zusätzlich die Aussage gemacht wird, daß »Augen und Herz« Jahwes im Tempel - im Gegensatz zu 1 Kön 8,29 DtrH, wo die Augen über den Tempel *geöffnet* sind - als *anwesend* gedacht werden. Siehe dazu auch unter Punkt 5.3.3.7.

Veijola weist darauf hin, daß die in 1 Kön 8,22-26.28 eingehaltene Reihenfolge *Lobspruch der Einzigartigkeit Jahwes V.23a / Treue zu all seinen Knechten V.23b / Treue zu seinem Knecht David V-24-26* sich so auch in der folgenden Reihenfolge von 2 Sam 7,22-27aα DtrN/DtrS finde: "Jahwes Einzigartigkeit (V. 22), Israels Sonderstellung als sein Volk (V. 23-24) und Jahwes Treue zu David (V. 25-27aα)"[97]. In der Ähnlichkeit der Reihenfolgen der beiden Texte sieht er ein Argument für die Zuweisung von 1 Kön 8,22-30* zu DtrN/DtrS. Für seine These entscheidend ist dabei die Deutung der »Knechte« in 1 Kön 8,23 auf Israel.

Dieses Verständnis von עבד bzw. עבדים ist in 1 Kön 8,22-29 jedoch nicht zwingend, da einerseits eine Parallelisierung von עבדים und Israel wie in 1 Kön 8,36 (DtrS) fehlt, andererseits auch DtrH die Bezeichnung »mein/dein Knecht« im Sinne von »Knecht Jahwes« z.B. für Mose (Jos 1,2 DtrH), Josua (Jos 24,29 DtrH) und David (2 Sam 7,16-21.29aβγb-29) kennt[98]. Vor allem aber ist V.24, in dem David als »dein Knecht«, d.h. Knecht Jahwes, bezeichnet wird, durch den Anschluß an V.23 mit אשר deutlich als *inhaltliche Konkretion* der עבדים in V.23 zu verstehen. Die עבדים in V.23 können nicht das Volk meinen[99].

Vergleicht man weiterhin 1 Kön 8,22-29* mit 2 Sam 7,22-27aα DtrN/DtrS, dann fällt auf, daß in 2 Sam 7,22-27aα Israel und seiner Beziehung zu Jahwe tatsächlich zentrale Bedeutung zukommt, wohingegen in 1 Kön 8,22-29* - außer dem strittigen V.23 - die Dynastieverheißung an David in ihrer Bedeutung für *Salomo* im Mittelpunkt steht. Ein Vergleich der Reihenfolge der beiden Textstücke ohne Rücksichtnahme auf die inhaltliche Gewichtung trägt m.E. nichts aus.

Erst mit V.30 als Überleitung wird in den folgenden Versen das Volk - in für DtrS typischer Art - zum zentralen Gebetsanliegen[100].

5.3.2.5 DtrH in 1 Kön 8,31-53?

Wie die Untersuchungen ab Punkt 5.3.3.2 zeigen werden, sind die Verse 31-53 DtrS zuzuweisen.

---

97   Veijola, Verheißung, S. 155

98   In 2 Sam 7,16-21.29aβγb-29 DtrH bezeichnet sich David vor Jahwe selbst als »dein Knecht«. Veijola geht auf diese Verse bei der Frage nach dem Vorkommen von »mein Knecht/dein Knecht« im Sinne von »Knecht Jahwes« nicht ein und will diesen Titel als Bezeichnung für David nur in 2 Sam 3,18 für DtrH gelten lassen. Siehe dazu auch die Ausführungen zu 2 Sam 7 unter Punkt 5.3.2.3.1.

99   Zur Deutung von עבד in V.30 auf Salomo siehe Fußnote 193.

100 Vgl. dazu die Analyse Veijolas zu 2 Sam 7 und den Wechsel des Interesses von der Dynastie auf das Volk in 2 Sam 7,22ff unter Punkt 5.3.2.3.1.

5.3.2.6 DtrH in 1 Kön 8,54-61?

O`Brien weist m.E. zu Recht V.55.56 DtrH zu und trennt sie von
V.57-58.61 DtrN ab. Er hält auch V.59-60 für sekundär, ohne jedoch anzugeben, wem er sie zuweisen will[101]. Seine wichtigsten Argumente für DtrH in
V.55-56 sind: V.55 kann nahtlos auf V.29 folgen, wobei obige Analyse ergeben hat, daß über O`Briens These hinaus die DtrH-Schicht nicht mit V.29a,
sondern mit V.29b endet. Salomos Segen bildet eine Inklusion zu seinem Segen in V.14 DtrH. V.56 beinhaltet, daß die Verheißungen des Mose in
Dtn 12,10-11 DtrH[102] erfüllt wurden. Die Erfüllung des guten Wortes Mose
findet sich so noch in Jos 21,43-45 DtrH[103].

V.57 kann nicht mehr zur DtrH-Schicht gehören, sondern muß DtrS zugerechnet werden, da die Bitte, daß Jahwe Israel nicht aufgeben möge (נטש), sich
direkt auf 1 Sam 12,22 DtrS zurückbezieht, wo dies Israel von Samuel zugesagt wird[104].

O`Brien verweist für die Aussage der »Ruhe Israels« noch auf andere Texte wie
Jos 1,13.15; 22,4; 2 Sam 7,1b.11; 1 Kön 5,18, die nach seiner Meinung ebenfalls von DtrH
stammen[105]. Obwohl Jos 1,13.15; 22,4; 2 Sam 7,1b.11 gegen O`Brien DtrH abgesprochen
werden müssen, sind O`Briens Argumente einer DtrH-Schicht in 1 Kön 8,55-56 nach wie
vor überzeugend. Die Thematisierung der Ruhe Israels findet sich bei DtrH neben
1 Kön 8,56 noch in Dtn 12,9-10; 25,29 und Jos 21,44[106].

Somit haben sich die Verse 55-56 als Fortsetzung der DtrH-Schicht von
V.14-21 erwiesen (Zur literarkritischen Untersuchung der Verse 54.57-61 siehe Punkt 5.3.3.2.4).

---

101 O`Brien, Hypothesis, S. 158f. Zu V.59-60 siehe Punkt 5.3.3.2.2.
102 Dtn 12,10f als DtrH Text siehe Rose, 5. Mose, Teilband 1, S. 11ff.
103 O`Brien, Hypothesis, S. 75
104 Das Verbum נטש kommt außer in 1 Sam 12,22 und 1 Kön 8,57 im DtrG noch in
     Dtn 32,15; Ri 15,19; 1 Sam 4,2; 10,2; 17,20.22.28; 30,16; 2 Sam 5,18.22 und 2 Kön
     21,14 vor. Nur in 1 Sam 12,22; 1 Kön 8,57 und 2 Kön 21,14 wird es verwendet, um
     das Verlassenwerden des Volkes von Jahwe zu thematisieren. Wie 1 Sam 12,22
     stammt auch 2 Kön 21,14 von DtrN bzw. DtrS: Würthwein, Die Bücher der Könige,
     S. 438ff.
105 O`Brien, Hypothesis, S. 158, Fußnote 101
106 Siehe dazu unter Punkt 6.2.1.3.

5.3.2.7 DtrH in 1 Kön 8,62-66?

An dieser Stelle ist zu fragen, ob der von DtrH stammende Tempelweihbe-
richt V.1-11*, die Rede bzw. das Gebet Salomos V.14-21.22-29* und der Segen in V.55-56 durch einen von DtrH geschaffenen Abschlußbericht in
V.62-66 beendet wurden.

5.3.2.7.1 Forschungsüberblick

Bei den Versen 62-66 ist sowohl die Frage nach der Verfasserschaft als
auch nach der literarischen Einheitlichkeit umstritten.

Als sicher redaktionelle Ergänzungen gelten folgende Satzteile in V.65
»und weitere sieben Tage, insgesamt vierzehn Tage«[107]. Der Grund für ihre
Einfügung liegt wohl darin, daß V.65f den Eindruck erweckten, Salomo habe
nochmals Israel versammelt, um das siebentägige Laubhüttenfest zu feiern,
obwohl nach 1 Kön 8,2 der Tempel *anläßlich* dieses Festes eingeweiht wurde.
So macht ein unbekannter Glossator aus 7 Tagen 14 Tage. Gegen umfangreiche literarkritische Operationen in V.62-66 wehren sich Jepsen, Hölscher und
Kittel[108]. Würthwein, Veijola und Hentschel hingegen wollen V.64 als Zusatz
eines späteren Ergänzers verstehen, der damit erklären will, wie die hohe Anzahl an Opfer aus V.63 überhaupt möglich war[109]. Noth hält V.64 ebenfalls für
sekundär, weil in V.64 über das זבח השלמים von V.63 hinaus auch noch von עלה
und מנחה die Rede ist[110]. Zu diesen Beobachtungen kommt nach Noth noch der
auffällige Befund der lockeren Anbindung von V.64 mit ביום ההוא an V.63[111].
Würthwein vertritt die These, daß (nach seiner Verszählung) V.65aα.66 ein
weiterer Zusatz sei. Er begründet dies damit, daß der Terminus בעת ההיא
V.65aα.66 als Nachtrag kennzeichne[112].

Veijola versucht, ähnlich wie in V.14-61, auch in V.62-66 eine Schichtung
zwischen DtrH und DtrN durchzuführen: Er ordnet V.62-63.65*.66abα DtrH

---

107 Siehe z.B. Thenius, Könige, S. 141; Noth, 1 Könige 1-16, S. 192; Hentschel, 1 Köni-
     ge, S. 64 u.a.
108 Jepsen, Quellen, S. 102ff; Hölscher, Könige, S. 170; Kittel, Könige, S. 70 und VIIf
109 Würthwein, Das erste Buch der Könige, 2. Auflage, S. 102; Veijola, Verheißung,
     S. 151; Hentschel, 1 Könige, S. 64
110 Noth, 1 Könige 1-16, S. 191
111 Noth, 1 Könige 1-16, S. 191. Ähnlich argumentiert O'Brien: "1 Kgs 8,64 looks to be
     an appendage concerned with consecration rather than dedication, as is the case in
     v 63b": O'Brien, Hypothesis, S. 153.
112 Würthwein, Das erste Buch der Könige, 2. Auflage, S. 102. Vgl. O'Brien, Hypothesis,
     S. 153.

und V.66b$\beta\gamma\delta$ DtrN zu (V.64 siehe Punkt 5.3.2.7.3)[113]. Veijola argumentiert vor allem damit, daß V.62-63.65*.66abα deshalb DtrH zuzuweisen sind, weil "ohne diesen Abschluss ... die Tempelweihe in den Augen des DtrH ... kaum vollständig gewesen" wäre[114]. V.66b$\beta\gamma\delta$ stammt von DtrN, weil in ihm die „Reichweite der Dynastieverheissung auf das Volk *Israel* übertragen wird"[115].

Im Gegensatz zu Veijola will O`Brien nur V.62.63b DtrH bzw. vordeutero-nomistischem Material, das DtrH aufgenommen hat, zuweisen, weil diese Ver-se einen geeigneten Schluß für den Tempelweihbericht bilden, während V.63a mit den exakten Zahlenangaben in Spannung zu den allgemeinen Formulierun-gen von V.5 DtrH steht[116]. V.65-66 sind durch »zu jener Zeit« nur lose mit dem Vorhergehenden verbunden und stammen von einem Redaktor, der das alte Ende von V.63b nicht für ausreichend hielt und die Tempelweihe mit dem Laubhüttenfest verbinden wollte[117].

Burney, Šanda, Gray, O`Brien und Hentschel gehen davon aus, daß in V.62-66 älteres, vordeuteronomistisches Material vorliegt[118]. Das Hauptargu-ment für diese These besteht darin, daß in den Versen kaum Merkmale deu-teronomistischer Sprache enthalten sind[119]. Weitere Argumente fehlen. Im Ge-gensatz dazu sieht Jepsen in den Versen 62-66 die letzte Redaktion an 1 Kön 8 am Werk[120]. Ebenso versteht Hölscher V.62-66 als "junge, midrashartige Auslegung"[121], gefolgt von Würthwein, der die Verse ebenfalls als jüngsten Anhang bezeichnet[122]. Kittel, Noth und Veijola weisen die Verse 62-66* der jeweiligen deuteronomistischen Grundschicht ihres exegetischen Modells zu (Rd bzw. Dtr bzw. DtrH)[123].

Zusammenfassend kann festgehalten werden: Konsens über den literarkriti-schen Umgang mit den Versen 62-66 besteht vor allem in der Ausscheidung der Versteile »und [weitere] sieben Tage, [insgesamt] vierzehn Tage« in V.65.

---

113 Veijola, Verheißung, S. 154
114 A.a.O., S. 152
115 A.a.O., S. 153
116 O`Brien, Hypothesis, S. 153. Zu V.64 siehe oben Fußnote 111.
117 Ebenda
118 Burney, Kings, S. 112; Šanda, Das erste Buch der Könige, S. 246; Gray, Kings, S. 189ff; O`Brien, Hypothesis, S. 152f; Hentschel, 1 Könige, S. 64
119 Z.B. Hentschel, 1 Könige, S. 64
120 Jepsen, Quellen, S. 102ff
121 Hölscher, Könige, S. 170
122 Würthwein, Das erste Buch der Könige, 2. Auflage, S. 96
123 Kittel, Könige, S. 77ff und VIIf; Noth, 1 Könige 1-16, S. 173ff; Veijola, Verheißung, S. 154 (Zusammenfassung)

Diese literarkritische Operation kann unbedenklich übernommen werden. Der Zusatz in V.65 stammt von einem Glossator. Weiterhin ist auf V.64 einzugehen und seine Stellung innerhalb von V.62-66 zu untersuchen. Zu prüfen ist auch, ob V.62-66* im Rahmen meiner Analyse eher DtrH oder DtrS zuzuweisen sind. Große Uneinigkeit herrscht in der Forschung bei der Frage nach der Zugehörigkeit zu den anderen Schichten bzw. bei der Bestimmung des Alters.

5.3.2.7.2 Die Fortsetzung von DtrH in V.62-66

Da DtrH in V.1-13* einen Bericht zur Überführung der Lade in den Tempel verfaßt hat, ist damit zu rechnen, daß nach Segen und Rede Salomos in V.14-21 und dem Gebet in V.22-29* ein abschließendes Wort von DtrH stand. Zumindest spricht nichts dagegen, V.62.63b als Fortsetzung zu 1 Kön 8,1-13*.14-21.22-29*.55-56 zu verstehen. Die angezeigten Verse lassen sich fortlaufend lesen und berichten in einfacher, knapper Sprache von den anschließenden Feierlichkeiten. Somit schließe ich mich O`Brien an, der ebenfalls V.62.63b DtrH zuweist[124].

5.3.2.7.3 Vers 63-64.65-66* als spätdtr Zusatz

Wie oben dargestellt, wird V.64 gerne als Zusatz zu V.63 verstanden. Allerdings kann auch V.63a nicht in der DtrH-Grundschicht gestanden haben, da in V.63a (übertriebene) Zahlenangaben gemacht werden, während DtrH in V.5b durch Aufnahme alten Materials die Aussage trifft, daß die Opfer bei der Einweihung gerade nicht gezählt werden konnten[125]. Die phantastisch hohen Opferzahlen zeigen, daß V.63a.64 kaum altes Material enthalten. Folgende Argumente sprechen für spätdtr Verfasserschaft: Die Aufzählung der verschiedenen Opferarten und das Interesse an einer genauen Erklärung, warum das Opfer im Tempelhof stattfand und weshalb der »eherne Altar« nicht herangezogen werden konnte, verrät ein deutlich priesterliches Interesse. Da aber bereits für 1 Kön 8,1-11 das Vorhandensein von Vorstellungen und Wendungen mit priesterlichem Interesse sich durch die Annahme einer spätdtr Redaktion erklären läßt (Punkt 5.3.3), liegt es auch hier nahe, V.63a.64 DtrS zuzuweisen. DtrS will die Bedeutung des Geschehens der Tempelweihe durch den Hinweis auf die enormen Opfermengen noch steigern.

---

124 O`Brien, Hypothesis, S. 152f
125 Vergleiche O`Brien, Hypothesis, S. 153.

Würthwein und O`Brien verstehen V.65-66* als Nachtrag unbekannter Herkunft. M.E. können jedoch auch für V.65-66* Argumente angeführt werden, die für DtrS-Verfasserschaft sprechen. Zwar ist die Tempelweihe mit V.62.63b deutlich abgeschlossen und V.65-66 durch בעת ההיא nur schwach mit V.62.63b verbunden[126]. Allerdings ist mit Veijola darauf hinzuweisen, daß in V.66b "die Reichweite der Dynastieverheissung auf das Volk *Israel* übertragen wird"[127]. Weiterhin fällt auf, daß in V.66a das Volk den König segnet und damit dem Königtum gegenüber eine ähnlich aktive bzw. vorgeordnete Rolle übernimmt wie in 1 Sam 12,25 DtrS (siehe Punkt 4.4.2). Das Interesse der spätdtr Redaktion liegt auf einer Verbindung der Tempelweihe mit dem Laubhüttenfest[128]. Die Zuweisung von V.63a.64.65*.66 zu DtrS wird in den folgenden Punkten insofern plausibler werden, als auch für 1 Kön 8,1-13* und 22-61* eine intensive spätdtr Tätigkeit nachgewiesen werden kann.

5.3.2.7.4 Altes Material in V.62-66?

Die Verse 62.63b gehören zur DtrH-Schicht in 1 Kön 8. Zwar fehlt ihnen spezifisch deuteronomistisches Gut, doch ist das Fehlen desselben kein sicheres Indiz für altes Material, da der Umfang der Verse 62.63b nur gering und die Textbasis damit ungenügend ist. Ob DtrH hier altes Material aufgenommen hat, kann wohl nicht mehr mit letzter Sicherheit beantwortet werden. Gleiches gilt für die spätdtr Ergänzungen V.63a.64.65*.66, wobei die Aufnahme alten Materials hier eher unwahrscheinlich ist.

5.3.2.8 Zusammenfassung

Für 1 Kön 8,1-66 konnte eine von DtrH - unter Aufnahme alten Materials - geschaffene Grundschicht ermittelt werden, die folgenden Umfang hat: 1 Kön 8,1a*.b.2a.3a.4aα*.5*.6*.7-9.14-21.22-25a.26.28-29.55-56.62.63b. In dem Abschnitt V.61-66 sind die Verse 63a.64.65*.66 DtrS zuzuweisen.

---

126 Würthwein, Das erste Buch der Könige, 2. Auflage, S. 102; O`Brien, Hypothesis, S. 152f
127 Veijola, Verheißung, S. 153
128 Würthwein, Das erste Buch der Könige, 2. Auflage, S. 102

5.3.3 Die Bestimmung der DtrS-Schicht in 1 Kön 8

5.3.3.1 Argumente für die spätdeuteronomistische Verfasserschaft der zu DtrH sekundären Stücke in V.1-13

Unter Punkt 5.3.2.1 wurden redaktionelle Zusätze innerhalb der DtrH-Grundschicht ausgeschieden, die in priesterlichem Stil gehalten sind. Anhand der V.10-11 will ich zeigen, daß diese redaktionellen Zusätze DtrS zugewiesen werden können, der über die Bedeutung des Tempels für die nachexilische Gemeinde reflektiert[129].

5.3.3.1.1 Vers 10-11 und das Verhältnis zu Ex 40,34f

Die Erfüllung des Tempels mit dem כבוד und dem ענן bei der Einweihung durch Salomo in V.10-11 steht in intensiver Beziehung zu Ex 40,34-35, einem priesterlichen Text[130]. Bevor nun die Eigenart der in 1 Kön 8,10-11 vorhandenen Vorstellung zu untersuchen ist, muß kurz der Frage nach der literarischen Einheitlichkeit von V.10-11 nachgegangen werden. Nach Würthwein stammt V.11a von einem nicht näher bezeichneten Glossator in P-Tradition, der eine

---

129 Es lassen sich z.B. auch für die redaktionellen Ergänzungen zu den anwesenden Personengruppen in V.1 Argumente für DtrS-Verfasserschaft anführen: Noth führt den in der LXX fehlenden Passus את כל ראשי המטות נשיאי האבות לבני ישראל in V.1 auf einen Redaktor zurück, der זקני ישראל "mit üblichen P-Formulierungen interpretiert", wobei die Zusammenstellung von נשיאי האבות und ראשי המטות ungewöhnlich ist (Noth, 1 Könige 1-16, S. 176).
Während der Terminus נשיאי האבות die Oberhäupter von Großfamilien meint (Niehr, נשיא, Sp. 653), sind unter ראשי המטות Stammeshäuptlinge zu verstehen (Beuken, ראש, Sp. 277). Beide Begriffe dienen dazu, die Ältesten von V.1 näher zu charakterisieren. Für den Begriff נשיא gilt, daß er vor allem in priesterlichen bzw. von priesterlichen Vorstellungen beeinflußten Texten vorkommt (Niehr, נשיא, Sp. 651ff). Von dem eher allgemeinen ראש für »Oberhaupt« oder »Führer« kann dies nicht gesagt werden (Beuken, ראש, Sp. 277ff). Der ursprüngliche DtrH-Text spricht in V.1 von den Ältesten, die für die Überführung der Lade die maßgebende Gruppe sind. In V.2a nimmt DtrH dann ganz Israel in den Blick.
Die spätdtr Redaktion legt offensichtlich Wert darauf, die Anwesenheit von ganz Israel *und* von verschiedenen führende Gruppen zu betonen: Ein Blick in Jos 23,2 zeigt, daß DtrS mit כל ישראל eine Reihe von führenden Gruppen, darunter auch die Ältesten (זקן) und Oberhäupter (ראש) der Stämme, verbinden kann. In Jos 24,1a DtrH war nur von den Stämmen Israels die Rede. DtrS fügte jedoch auch dort mit Jos 24,1bα - analog zu 1 Kön 8,1a* - weitere Gruppen ein, darunter ebenfalls die Oberhäupter bzw. Anführer (ראש).

130 So z.B. Würthwein, Das erste Buch der Könige, 2. Auflage, S. 88 und Hentschel, 1 Könige, S. 55. Zum priesterlichen Charakter von Ex 40,34f siehe z.B. Scharbert, Exodus, S. 143ff oder Noth, Exodus, S. 227ff.

Parallele zu Ex 40,35a schaffen will, wo Mose aufgrund des ענן nicht in den Tempel hineinkonnte: Der Ergänzer bemerkt mit seiner Glosse - in der er die Priester in den Tempel hineingehen lassen will - nicht, daß im Kontext V.11b die Priester den Tempel bereits verlassen haben "und nicht wie Mose in das Heiligtum hineinwollten"[131]. Würthwein übersieht bei dieser Argumentation jedoch, daß in Ex 40,35a ausdrücklich von einem *Hineingehen* בוא אל die Rede ist, wohingegen in 1 Kön 8,11 die Priester *beim Herausgehen* nicht vermochten sich hinzustellen לעמד, um vor der Wolke zu dienen. V.11a wirkt also nicht störend zu dem in V.10 berichteten Geschehen.

Denkbar ist auch, V.11b aufgrund seiner Einleitung mit כי als eine sekundäre, nachgetragene Begründung zu verstehen. Dagegen sprechen aber folgende Überlegungen: V.10b berichtet davon, daß die Wolke den Tempel erfüllte. V.11a erwähnt, daß die Priester sich nicht hinstellen konnten, um vor der Wolke zu dienen. Dabei wird die Wolke nicht als begründendes Element für die Unmöglichkeit der Priester, zum Tempeldienst sich aufzustellen, beschrieben. Es ist also eine weitere Begründung nötig, die zeigt, warum sich die Priester nicht vor der Wolke aufstellen konnten. Diese wird mit dem כבוד in V.11b gegeben.

V.10-11 sind als literarisch einheitlich zu bewerten. Höhepunkt ihrer Aussage sind, daß ענן und כבוד den Tempel erfüllen, wobei sie letztlich miteinander identifiziert, zumindest aber parallelisiert werden.

5.3.3.1.1.1 Die von P abweichende Vorstellung in 1 Kön 8,10-11

Die Erfüllung des Tempels mit dem כבוד und dem ענן bei der Einweihung durch Salomo in V.10-11 steht zwar in intensiver Beziehung zu Ex 40,34-35, einem priesterlichen Text[132]. Ein Vergleich mit Ex 40,34f und dem priesterlichen Gebrauch von כבוד und ענן ergibt jedoch folgende Argumente, die dafür sprechen, V.10-11 auf DtrS zurückzuführen: Während in Ex 40,34f P die Wolke die Stiftshütte *bedeckte* und die Herrlichkeit Jahwes die Stiftshütte *erfüllte*, erfüllen in 1 Kön 8,10-11 *beide* den Tempel. כבוד und ענן werden miteinander identifiziert. Im folgenden ist nach der Verwendung der Begriffe כבוד und ענן bei P und DtrS zu fragen:

---

131 Würthwein, Das erste Buch der Könige, 2. Auflage, S. 88
132 So z.B. Würthwein, Das erste Buch der Könige, 2. Auflage, S. 88 und Hentschel, 1 Könige, S. 55. Zum priesterlichen Charakter von Ex 40,34f siehe z.B. Scharbert, Exodus, S. 143ff oder Noth, Exodus, S. 227ff.

5.3.3.1.1.2 כבוד und ענן bei P

In der Priesterschrift - wobei zwischen P^G und P^S nicht unterschieden werden soll - ist der terminus כבוד bzw. כבוד יהוה in Ex 16,10; 24,16f; 29,43; 40,34f; Lev 9,6.23 und Num 16,19; 17,7; 20,6 belegt, wobei nur in Ex 40,34f davon gesprochen wird, daß der כבוד einen (Kult-)Raum erfüllt. Der כבוד gehört bei P zum Wesen Jahwes. Dieses Verständnis des כבוד legt sich auch aus Stellen wie Lev 9,6 nahe, in denen der כבוד mit Jahwe parallelisiert wird.

Anders die Verwendung des Begriffes ענן bei P: Belegstellen sind Ex 24,15f; 40,34ff; Num 9,15-22; 10,11f; 17,7 und Ex 16,10[133]. Die Wolke tritt bei P als Begleiterscheinung der Präsenz Jahwes auf[134]. Weiterhin kommt dem ענן die Aufgabe der Führung Israels beim Zug durch die Wüste zu (Ex 40,38; Num 9,15ff; 10,11.12;). Die Wolke steht bei P jedoch nicht auf einer Stufe mit dem כבוד Jahwes: So ist das Erscheinen des כבוד weder an die Wolke gebunden, da Jahwe und seine Herrlichkeit auch ohne die Wolke in Lev 9,6.25 erscheinen können, noch dringt die Wolke im Gegensatz zum כבוד in Ex 40,34f in das Innere des Heiligtums vor, sondern bleibt über dem אהל מעד stehen. Struppe stellt für die Beziehung von כבוד und ענן fest: "Weder das Feuer noch die Wolke führen zum 'Wesen' des k̲ā̲bôd"[135]. So läßt sich zusammenfassend sagen: Die Erscheinung Jahwes bedeutet bei P Erscheinung seines כבוד, der gewissermaßen zum Wesen Jahwes gehört. Eine mögliche Begleiterscheinung der Präsenz Jahwes kann der ענן sein. Dieser gehört aber - im Gegensatz zum כבוד - nicht zum Wesen Jahwes, auf seine Erscheinung kann verzichtet werden. Bei P ist weder eine Identifizierung des כבוד mit der Wolke noch die Erfüllung des Heiligtums mit der Wolke - beides in 1 Kön 8,10-11 - möglich.

Nur in Lev 16,2 findet sich die Aussage, daß die Wolke innerhalb des Heiligtums, d.h. über der kapporät, schwebt und in ihr Jahwe gegenwärtig ist. Nun hat Elliger nachgewiesen, daß Lev 16,2 der Endredaktion von Lev 16 zuzurechnen ist und nicht P^g[136]. Ansonsten dringt bei P der ענן nicht in das Innere des Heiligtums vor. Die Identifizierung des ענן mit dem כבוד *und* das Erfüllen des Heiligtums mit der Wolke in 1 Kön 8,10-11 hat sich somit als Abweichung von genuinen priesterlichen Vorstellungen erwiesen. Diese Identifizierung kann nur auf eine besondere Intention des spätdeuteronomistischen

---

133 Für die Herleitung von P siehe Noth, Überlieferungsgeschichte, S. 17ff.
134 Weinfeld, כבוד, Sp. 32 oder Freedman/Willoughby, ענן, Sp. 272
135 Struppe, Herrlichkeit Jahwes, S. 231
136 Elliger, Leviticus, S. 202ff

Redaktors mit seiner Ergänzung zurückzuführen sein, die es nun zu ermitteln gilt.

5.3.3.1.1.3 כבוד und ענן bei DtrS

Es spricht nichts dagegen, die von Elliger ermittelte Endredaktion von Lev 16,2 mit DtrS zu identifizieren. Zumindest handelt es sich um eine nachpriesterliche Redaktion. Jahwe will in Lev 16,2 in einer Wolke über der kapporät im Innersten des Heiligtums erscheinen. Während die Wolke bei P vor dem Heiligtum stehenbleibt und nur der כבוד den Innenraum ausfüllt, läßt im Gegensatz dazu DtrS den ענן in das Innerste des Heiligtums einziehen. Dem ענן kommt bei DtrS demnach über P hinaus die Aufgabe zu, *im* Heiligtum die Gegenwart Jahwes zu repräsentieren.

Der Begriff ענן für Wolke findet sich im DtrG noch in Dtn 1,33; 4,11; 5,22 und 31,15. Diese Stellen haben gemeinsam, daß ענן die Präsenz Jahwes in Israel während des Exodusereignisses und der Gesetzgebung am Horeb anzeigen soll. Dtn 4,11 und 5,22 sprechen von der Wolke im Zusammenhang der Theophanie Jahwes am Horeb. Dtn 1,33 spricht nur von dem ענן, Dtn 31,15 verwendet עמוד הענן, die beide Israel in der Wüste vorangingen. Besonders auffällig ist die Vorstellung von Dtn 31,15, wo - m.E. völlig singulär im Pentateuch und DtrG - sich plötzlich die Wolkensäule עמוד הענן im Zelt befindet und Jahwe in ihr, wobei gleichzeitig ausgesagt wird, daß sich die Wolkensäule (auch) am Eingang des Zeltes aufhält. Bei Dtn 31,15 handelt es sich nach Rose um einen DtrS-Text[137]. Die Vorstellung von der Wolkensäule wurde von DtrS aus dem nicht-priesterlichen Gut des Pentateuchs entnommen (Ex 13,21f; 14,19f.24; 33,9.10; Num 12,5).

In diesem Zusammenhang der Aufnahme der Vorstellung von der Wolkensäule bei DtrS ist Num 14,14 von Bedeutung: Nach L. Schmidt handelt es sich bei Num 14,11b-22*.27a.30.32.33 um die Textpassage einer nachpriesterlichen Redaktion, die das Verhalten der Israeliten in der Kundschaftergeschichte mit der Anfertigung des goldenen Kalbes in Ex 32 auf eine Stufe stellt[138]. Für diese Redaktion plädiert H.-C. Schmitt - m.E. zu Recht - für die Zugehörigkeit zu DtrS[139]. In Num 14,14 gebraucht DtrS sowohl den Begriff der Wolke als auch der Wolkensäule im Zusammenhang massiver Präsenzaussagen Jahwes bei seinem Volk Israel. Wolke und Wolkensäule stehen für die Präsenz

---

137 Rose, 5. Mose. Teilband 2, S. 559ff
138 L. Schmidt, Priesterschrift, S. 104ff
139 H.-C. Schmitt, Redaktion, S. 179ff; ders., Geschichtswerk, S. 270ff

Jahwes, wobei nur in Num 14,14 von »deiner (Jahwes) Wolke« gesprochen wird und die Wolke damit - im Gegensatz zu P - intensiver mit dem Wesen Jahwe verbunden wird.

Sowohl die bei P vorkommende עד-Vorstellung als auch die aus nicht-priesterlichem Gut stammende Vorstellung der Wolkensäule werden von DtrS übernommen und dahingegend modifiziert, daß die Wolke bzw. Wolkensäule nun in das Innerste des Heiligtums vordringen darf und dort Jahwes Präsenz anzeigt. Die Beobachtung Roses, daß DtrS mit עד die unmittelbare Gegenwärtigkeit Gottes anzeigen will, bestätigt sich hier[140].

Der Begriff des כבוד kommt im DtrG als »sichtbare Seite der Gottheit« - neben 1 Kön 8,11 - nur noch in Dtn 5,24 und 1 Sam 4,22 vor. Zumindest bei Dtn 5,24*, wo Jahwe dem Volk Israel seinen כבוד am Horeb sehen ließ, handelt es sich um eine spättdtr Passage[141]. Daß DtrS den priesterlichen Begriff des כבוד verwenden kann, zeigt weiterhin der Vers Num 14,21, der zu der von L. Schmidt herausgearbeiteten und schon im Zusammenhang des עד bei DtrS behandelten nachpriesterlichen Redaktion gehört. Vom כבוד wird in dieser Stelle ausgesagt, daß er die ganze Erde erfüllen wird. Die Vorstellung vom Einzug des כבוד in das Heiligtum findet sich bei DtrS nur in 1 Kön 8,11. Diese Beobachtung bestätigt die These, daß bei DtrS, im Gegensatz zu P, nicht mehr nur der כבוד, sondern vor allem die Wolke bzw. Wolkensäule die Funktion zugeschrieben bekommt, *im* Heiligtum die sichtbare Seite der Präsenz Jahwes auszusagen.

5.3.3.1.1.4 Die Beschreibung der Intention von DtrS in V.1-13

Die Untersuchungen zu כבוד und עד bei DtrS haben ergeben, daß DtrS den Begriff עד gebraucht, um die Gegenwart Jahwes *im* Heiligtum *während der Tempelweihe* auszusagen. Die zusätzliche Erwähnung des כבוד und die Identifizierung bzw. Parallelisierung mit dem עד in 1 Kön 8,10-11 zeigen, daß DtrS in 1 Kön 8,10-11 die Absicht verfolgt, eindrücklich auf Ex 40,34f zurückzuverweisen. So wie Jahwe in der Zeit des Exodus und der Wüstenwanderung im אהל מעד in Israel gegenwärtig war, so ist er es jetzt im Jerusalemer Tempel. Der Tempel löst dabei die heilsgeschichtliche Setzung der Stiftshütte ab, er darf in seiner heilvollen Bedeutung nicht weniger sein als der אהל מעד. Rehm weist zu Recht darauf hin, daß die Aufbewahrung des אהל מעד im Tempel fak-

---

140 Rose, 5. Mose. Teilband 2, S. 561
141 Zum spätdeuteronomistischen Charakter von כבוד in Dtn 5,24* siehe Owczarek, Wohnen Gottes, S. 181 sowie Rose, 5. Mose. Teilband 2, S. 436f.

tisch aufgrund dessen Größe nicht möglich war: "Im vorliegenden Fall sollte durch die Erwähnung des Zeltes ausgedrückt werden, daß nun der Tempel als Aufbewahrungsraum der Lade die Aufgabe des Zeltes übernahm und der mit ihnen verbundene Kult fortan im Tempel vollzogen wurde"[142]. Die Zeit der Wanderung Israels und der Stiftshütte ist durch das Jerusalemer Heiligtum nun sichtbar zu Ende. In einem gewissen Sinn erinnert diese Aussage an die dtr מנוחה - Theologie (unter Punkt 6.2.1.3). Israel kommt mit der Einweihung des Tempels zur Ruhe, doch nicht nur Israel, auch Jahwe legt sich auf den Jerusalemer Tempel »fest«. Symbolisch wird dies durch die Überführung der Stiftshütte in den Tempel angedeutet V.4.

Die Zusätze in V.1a.5aα haben die Funktion, der Tempelweihe den offiziellen Charakter einer Volksversammlung analog Jos 23 DtrS, Jos 24* DtrS und 1 Sam 12* DtrS (im Kontext vorausgesetzt) zu geben bzw. den gottesdienstlichen Charakter dieser Versammlung (עדה) zu betonen.

Das Anliegen des Redaktors, auf die Präsenz Jahwes bei der Einweihung des Tempels hinzuweisen, wird verständlich, wenn man bedenkt, daß die DtrH-Vorlage auf die Frage nach der Gegenwart Jahwes im Tempel in den berichtenden Versen 1-13 offensichtlich überhaupt nicht eingeht. Erst in den Versen 14-21, die in obiger Analyse DtrH zugewiesen wurden, ist vom Namen Jahwes, der sich im Tempel befindet, die Rede[143].

Die Frage nach einer spezifischen deuteronomisch/deuteronomistischen Namentheologie, die eine Art theologische Korrektur zu einer massiven Präsenzvorstellung Jahwes im Heiligtum darstellen soll, wird in der Forschung unterschiedlich beantwortet. Wichtiger Ausgangspunkt für die Diskussion bildet die These von Rads, daß die deuteronomisch/deuteronomistische שם יהוה - Theologie hart die Vorstellung einer Hypostase streift: "Das dt. Theologumenon vom Namen Jahwes enthält deutlich ein polemisches Element, oder besser gesagt: ein theologisches Korrektiv. Nicht Jahwe selbst ist am Kultort gegenwärtig, sondern der Name als Garant seines Heilswillens; an ihn allein als die zureichende Offenbarungsform Jahwes hat sich Israel zu halten. Das Dt. ersetzt die alte massive Vorstellung von Jahwes Gegenwart und Wohnen am Kultort durch eine theologisch sublimierte"[144].

Gegen die These von Rads wurde von verschiedener Seite aus Einspruch erhoben: So lehnt z.B. Van der Woude[145] eine spezifische deuteronomisch/deuteronomistische Namentheologie ab. Der שם יהוה bedeute - nach Van der Woude - die persönliche, sich im Bereich des Kultus manifestierende Gegenwart Jahwes. Der שם sei ein Wechselbegriff für

---

142 Rehm, Das erste Buch der Könige, S. 93
143 Zum Tempelweihspruch siehe weiter unten Punkt 5.3.3.1.2.
144 Von Rad, Deuteronomium-Studien, S. 26
145 Van der Woude, שם, Sp. 935-963

Jahwe selbst, weil im kultischen Bereich des Deuteronomiums Handlungen vor dem Angesicht Jahwes und nicht vor dem Angesicht des שם stattfinden (Dtn 12,7.12.18). Bei den
deuteronomischen Wendungen "den Ort, den Jahwe erwählen wird, um dort seinen Namen
wohnen zu lassen" Dtn 12,11; 14,23; 16,2.6.11 u.ö. sei "nicht zuerst an den Ort einer ge-
genständlichen Manifestation Jahwes zu denken, der seinen Namen als Objekt anrufbar
macht, sondern an die Stelle, an der aufgrund einer Manifestation Jahwes vollmächtig das
$^{a}ni\ Jhwh$ (»Ich bin Jahwe«) ausgesprochen und von ihm her Gnadentat und Recht prokla-
miert wird"[146].

Die exegetische Untersuchung Roses zum Deuteronomium (Dtn 12) hat jedoch in Anlehnung an die These von Rads nachweisen können, daß zumindest in den beiden Langfor-
men שם שמו לשכן / לשום (אלהיך בו) המקום אשר יבחר יהוה, die in den beiden deuteronomistischen
Schichten des Deuteronomiums vorkommen, eine Reflexion über das Wesen Jahwes deutlich wird. Rose stellt dabei die These auf, daß die Funktion der שם יהוה - Theologie in beiden
dtr Schichten die ist, sich gegen die Vorstellung von einem Gebunden-Sein Jahwes am Heiligtum im Sinne einer massiven Präsenzvorstellung im *Zusammenhang der Volksfrömmigkeit* zu wehren[147]. Die Differenzierung zwischen Jahwe einerseits und seinem Namen andererseits soll den theologischen Anspruch des Heiligtums nicht bezweifeln und gleichzeitig
die Freiheit Jahwes betonen können. Ähnlich wie Rose argumentierte auch Keller[148]. Für

---

146 A.a.O., Sp. 955
147 Rose, Ausschließlichkeitsanspruch, S. 85
148 Allerdings beruht seine Argumentation stark auf 1 Kön 8,14-61 und den verschiedenen
     Präsenzaussagen Jahwes (der Name Jahwes wohnt im Tempel, Jahwe selbst ist jedoch
     im Himmel ...), wobei er nicht zwischen einer DtrH-Schicht und einer DtrS-Schicht
     scheidet. Da in meiner Untersuchung gerade eine Unterscheidung zwischen beiden
     Schichten relevant ist, soll - um Zirkelschlüsse zu vermeiden - auf seine Argumentati-
     on verzichtet werden. Keller spricht sich gegen die These Van der Woudes aus, da
     Jahwe somit in der deuteronomischen Namensformel an sich selbst handeln würde: "Er
     würde sich dann gewissermassen selbst am erwählten māqôm wohnen machen,
     resp. hineinlegen" (Keller, Untersuchungen, S. 143). Er weist anhand der deuterono-
     misch/deuteronomistischen Namensformeln nach, daß der שם יהוה quasi als Hypostase
     Jahwes zu verstehen ist. Hypostase soll hier nicht im Sinne der christlichen Trinitäts-
     lehre verstanden werden, sondern als "eine Grösse, die teilhat am Wesen einer Gott-
     heit, die durch sie handelnd in die Welt eingreift, ohne dass sich ihr Wesen im Wirken
     dieser Hypostase erschöpft" (S. 139). Um das Phänomen des שם יהוה ausdrücken zu
     können, bietet sich nach Keller der Begriff der Aspektive an: "Aspekte, zumal in der
     Mehrzahl gebraucht, sind nur einzelne Augenblicke, in denen sich die Sache jeweils
     von einem bestimmten Gesichtspunkt aus... darstellt... Im Aspekt ist enthalten,
     dass er einer unter anderen... ist. Es liegt in ihm ein Moment der Ergänzungsbedürf-
     tigkeit" (S. 149). "Damit werden zwei Aspekte artikuliert, die additiv erfasst einmal
     über den irdischen Ort der *schem*-Präsenz Jahwes, zum andern über den souveränen,
     nicht an ein irdisches Heiligtum gebundenen Jahwe reflektieren" (S. 149). Die Präsenz
     Jahwes am Tempel wird durch den שם יהוה verbürgt. Diese Theologie ist gerichtet ge-
     gen populäre Anschauungen von der Präsenz Jahwes an der Jerusalemer Kultstätte.
     Die Zions- und Tempeltheologie wurde durch den Untergang von 587 v.Chr. massiv
     erschüttert. Durch die שם יהוה - Theologie konnte Jahwe durch die Zerstörung des
     Tempels nicht depotenziert werden (S. 162). "Mag auch der Tempel in Trümmern lie-

die ältere dtr Schicht im Dtn, die in etwa DtrH entspricht, sind Roses Ergebnisse durchweg plausibel. Für die jüngere dtr Schicht, die mit DtrS gleichgesetzt werden kann, gilt ebenfalls, daß sie eine Namen-Jahwe-Theologie enthält. Allerdings sind Roses Ergebnisse in meinen weiteren Untersuchungen in gewisser Weise dahingehend zu modifizieren, daß DtrS nicht nur eine Namen-Jahwe-Theologie gebraucht, sondern auch andere Aussagen von der Präsenz Jahwes treffen kann, wobei gleichzeitig die Souveränität Jahwes gegenüber dem Heiligtum - analog den Beobachtungen Roses - festgehalten wird (siehe zusammenfassend Punkt 5.5.2 bzw. die folgenden Bemerkungen).

Als Ergebnis ist festzuhalten, daß sich die jüngere und ältere *deuteronomistische* Schicht (DtrH und DtrS) im Buch Deuteronomium durch eine theologisch durchreflektierte שם יהוה - Theologie auszeichnen:

Zumindest DtrH will damit sicher eine massive Präsenzvorstellung Jahwes aus dem Zusammenhang der Volksfrömmigkeit korrigieren und gleichzeitig an der Bedeutung des Heiligtums festhalten. Dieses Schweigen über eine Präsenz Jahwes im *Bericht* von der Überführung der Lade V.1-11* und der Vorstellung vom Namen Jahwes im Tempel in V.14-21 läßt sich aus seiner Zeitsituation des Exils und dem Anliegen, Jahwe nicht an den inzwischen zerstörten Tempel zu binden und dabei eine gewisse Transzendenz Jahwes zu wahren, erklären, wobei DtrH gleichzeitig an der Relevanz des Heiligtums für davidisches Königtum und Israel festhalten will. Hinweise, daß die שם יהוה - Theologie mit einer gewissen transzendenten Vorstellung von Jahwe verbunden ist, finden sich auch in der von DtrH bearbeiteten Schicht in 2 Sam 7,10-17*, vor allem V.13 DtrH, wo ebenfalls »nur« vom Wohnen des Namens Jahwes im Tempel die Rede ist, während ein direktes Wohnen Jahwes im Tempelhaus abgelehnt wird (V.6-7).

---

gen, der *schem* als Extensionsgestalt Jahwes ist dennoch an der zerstörten Stätte gegenwärtig und damit Jahwe, dessen Existenz und Wirksamkeit unangetastet bleibt, da er im Himmel thront, dort weiterhin legitim anrufbar" (S. 163). Für die traditionsgeschichtliche Wurzel der deuteronomisch/deuteronomistischen Namensformel ergibt sich nach Keller: Vermutlich entsprach der Proklamation des שם durch Jahwe selbst in Ex 34,5f ein zur Kulttheophanie gehörender Brauch der Ausrufung des Jahwenamens קרא בשם יהוה Gen 4,26; 12,8; 1 Kön 18,24 etc. (S. 179ff). Der Haftpunkt der Vorstellung vom Wohnen Jahwes auf dem Zion liegt im Jerusalemer Tempelkult, der Haftpunkt der Vorstellung vom Jahwenamen im Bereich der Jahwetheophanie. Die deuteronomisch/deuteronomistische Theologie ersetzt die Vorstellung vom auf dem Zion wohnenden Jahwe durch die Vorstellung von der שם -Präsenz im Tempel. Eine Abwehr veräußerlichter Vorstellungen vom Wohnen Jahwes am Tempel kommt in Jes 66,1 vor. M.E. hat sich Kellers terminologischer Vorschlag des Aspekts nicht durchsetzen können.

Nun hat sich aus obiger Untersuchung zur Namen-Jahwe-Theologie im Deuteronomium ergeben, daß auch die jüngere deuteronomistische Schicht (DtrS) diese Linie von DtrH fortsetzt und ebenfalls vom Namen Jahwes in Abwehr einer massiven Präsenzvorstellung bei gleichzeitiger Wahrung der Bedeutung des Heiligtums sprechen kann. Auf den ersten Blick scheint diese Beobachtung im Gegensatz zu der soeben geleisteten Analyse der redaktionellen Teile von 1 Kön 8,1-11 zu stehen, wo gerade eine DtrS-Schicht ermittelt wurde, die von der Präsenz Jahwes am Heiligtum ausgeht: Jahwe ist im Tempel bei der *Einweihung* mit seinem כבוד und dem ענן präsent. Bereits diese, im Gegensatz zu DtrH wieder vorgenommene Betonung der Präsenz Jahwes bei der *Einweihung* des Tempels läßt für DtrS an die Zeitsituation des zweiten Tempels denken. Daß DtrS seine Beiträge zu 1 Kön 8 historisch in die Einweihung des ersten Tempels kleidet, konkret aber den zweiten Tempel und seine Funktion vor Augen hat, soll an den Überlegungen zu V.30-61* verdeutlicht werden. Ein Blick darauf wird zeigen, daß DtrS anscheinend mehrere unterschiedliche Vorstellungen von der Präsenz Jahwes und seinem Verhältnis zum Tempel miteinander kombinieren und dabei die von DtrH vorgegebene Linie, d.h. Wahrung der Freiheit Gottes bei gleichzeitiger Betonung der Wichtigkeit des Heiligtums für Israel, fortführen kann.

5.3.3.1.2 Der Tempelweihspruch in V.12-13

Die Verse 12-13 werden in der Forschung durchweg als sehr alt bzw. als ältester Teil des Tempelweihgebetes von 1 Kön 8 verstanden[149]. Einige Exegeten gehen sogar davon aus, daß sie bis in die Zeit Salomos und des Tempelbaus zu datieren sind[150]. Durch das eröffnende אז ist der Tempelweihspruch nur lose mit den Versen 1-11 verbunden. Daß es sich bei dem Spruch in V.12-13 um eine ursprünglich selbständige Überlieferung gehandelt haben muß, zeigt auch die Tatsache, daß die Verse 12-13 in der LXX (im griechischen Originaltext) hinter V.53 stehen.

So stellt sich - unabhängig von dem hohen Alter des Spruches - die Frage, wer V.12-13 an die Verse 1-11 angefügt hat. Während Würthwein[151] sich nicht näher festlegen will, gehen andere Exegeten davon aus, daß er von Dtr(H)

---

149 Siehe die jeweiligen Anmerkungen in den Fußnoten zu den Positionen der Forschungsgeschichte.
150 So z.B. Gray, Kings, S. 195
151 Würthwein, Das erste Buch der Könige, 2. Auflage, S. 86ff

hierhergestellt wurde[152]. Wenn die Verse 12-13 tatsächlich von DtrH hierher-
gestellt wurden, dann bedeutet dies, daß er mit V.13 die Vorstellung vom
Tempel als Wohnort Jahwes übernimmt, ohne sie weiter direkt zu kommentie-
ren. Mit der Feststellung der Präsenz Jahwes aber würde dann der DtrH-
Bericht von der Tempelweihe enden. Erst in dem anschließenden Abschnitt
V.14-21.22-29*.55-56 spricht DtrH (in typischer Weise) vom Namen Jahwes,
der im Tempel wohnt. Da mit V.14 aber ein neuer Handlungseinsatz mit dem
Segen Salomos beginnt, werden V.14ff von V.12-13 inhaltlich getrennt, wodurch der יהוה שם - Theologie in V.14ff kaum die Aufgabe einer Korrektur der
massiven Präsenzaussage von V.12-13 zukommen kann. Andererseits ist es
kaum vorstellbar, daß DtrH, der auch in 2 Sam 7 DtrH vom Namen Jahwes im
Tempel spricht, eine Präsenzaussage wie V.12-13 unkommentiert stehen läßt.
Angesichts der Zeitsituation von DtrH mit der vorausgegangenen Zerstörung
des Tempels ist eine derartig unkritische Reflexion über die Gegenwart Jahwes
im Tempel kaum möglich.

Die Verse 12-13 lassen sich besser auf DtrS zurückführen, von dem bereits
V.10-11 stammen. DtrS gebraucht diesen *alten* Spruch, um die Gegenwart
Jahwes im Tempel noch einmal zu betonen und zu »legitimieren«. Hier deutet
sich bereits an, daß der DtrS-Verfasser ein Vielzahl von Vorstellungen der Präsenz Jahwes kennt und verarbeitet.

5.3.3.2 Literar- und redaktionskritische Analyse zu 1 Kön 8,31-61

Nachdem für V.14-21.22-29*.55-56.62.63b DtrH-Verfasserschaft nachgewiesen wurde, ist nun der Analyse der Verse 31-61* nachzugehen. In der Forschungsgeschichte wurden hierzu zwei parallele »Entwicklungstendenzen«
vorgestellt: Einerseits der überzeugende Versuch, V.30-55.58-61 insgesamt
spätdeuteronomistischer Tätigkeit zuzuweisen, andererseits (zumindest) gegen
die literarische Trennung der Verse 44-51 Einspruch zu erheben. Die Einheitlichkeit von V.31-61* ist auch an anderen Stellen heftig umstritten.

In einem ersten Schritt sind somit die literarkritischen Problemstellen
V.44-51 (Punkt 5.3.3.2.1), V.52f.59f (Punkt 5.3.3.2.2), V.42a.43b (Punkt
5.3.3.2.3) und V.54.57-61 (Punkt 5.3.3.2.4) zu behandeln. Anschließend ist zu
diskutieren, ob die Abschnitte 31-53 und 54.58-61 auf einen Verfasser zurückgeführt werden können (Punkt 5.3.3.3). In einem dritten Schritt ist zu

---

152 Šanda, Das erste Buch der Könige, S. 211; Noth, Studien I., S. 109.112. In »1 Könige
1-16« geht Noth jedoch davon aus, daß V.12-13 vordtr angefügt werden (S. 181f).

zeigen, daß der Verfasser von V.31-61* mit DtrS identifiziert werden kann (Punkt 5.3.3.5 und 5.3.3.6). Zuletzt ist DtrS zu datieren (Punkt 5.3.3.8).

5.3.3.2.1 Vers 44-51

5.3.3.2.1.1 Vers 44-51 als sekundärer Zusatz?

Die These, V.44-51 von ihrem engeren Kontext (V.30ff) abzutrennen, geht auf Thenius[153], Šanda[154] und Jepsen[155] zurück und fand in der Forschung eine breite Anhängerschaft[156]. Als Argumente für eine Trennung werden angeführt: Das Stören der rhetorischen Klimax der vorhergehenden Rede, die Wiederholung des Themas Krieg und Gefangenschaft aus V.33f, die Vermeidung des Namens Israel und das Abweichen des Stils von der Ausdrucksweise in V.31-43 (ושמעת V.45.49 statt ואתה תשמע, die Einführung mit כי V.44.46 und das Gebet in Richtung Land, Stadt und Tempel in V.44.48 statt am Tempel)[157]. Weiterhin wird נחלה in V.51.53 auf das Volk als Gottes Erbteil, in V.36 auf das Land als des Volkes Erbteil bezogen[158]. Dagegen wurde, zurückgehend auf Burney, in jüngerer Zeit verstärkt Einspruch erhoben[159].

5.3.3.2.1.1.1 Die berichtete Situation in V.33-34; 44-45 und 46-51

Die drei Gebetsanlässe sind alle durch das Thema Krieg, Feind und Gebet zu Jahwe untereinander verbunden[160]. Eine tabellenartige Übersicht soll die thematischen Gemeinsamkeiten und Unterschiede hervorheben:

---

153 Thenius, Könige, S. 140
154 Šanda, Das erste Buch der Könige, S. 233f
155 Jepsen, Quellen, S. 15f
156 Siehe dazu die forschungsgeschichtlichen Beiträge unter Punkt 5.3.
157 Šanda, Das erste Buch der Könige, S. 233f. Siehe auch Jepsen, Quellen, S. 15f.
158 Jepsen, Quellen, S. 16
159 Siehe dazu die forschungsgeschichtlichen Beobachtungen unter Punkt 5.3.
160 *Beobachtungen zu V.44-51:* Beide Gebete in V.44f (Krieg für Jahwe) und V.46ff (Rückkehr aus dem Exil) sind verbunden durch ושמעת השמים (V.45 und V.49), sowie durch die (in 1 Kön 8) erstmalige Wendung הבית אשר־בניתי לשמך (V.44 und 48), und dadurch, daß nur noch in Richtung דרך des Tempels gebetet wird (V.44 und V.48). Einzig in diesen beiden Gebeten heißt es, daß Jahwe die Stadt erwählt hat בחר (V.44 und V.48). Beide gehören aufgrund dieser literarischen Beobachtung zusammen. Sie erwähnen nur das Gebet in Richtung des Tempels (Thenius, Könige, S. 140). Bereits diese Beobachtungen zu den parallelen Elementen in V.44-45 und 46-51 sprechen dafür, daß hier *zwei unterschiedliche, aber parallel konstruierte (V.44-45 und V.46-51) Kriegssituationen* im Leben Israels angesprochen werden, und nicht, wie Schäfer-Lichtenberger meint, daß V.46-49 einen Unterfall zu V.44-45 darstellen und den dortigen Kriegszug fortsetzen (Schäfer-Lichtenberger, Josua, S. 314ff). Vor allem

V.33-34	V.44-45	V.46-51
	Kriegszug auf Weisung Gottes	
Sünde des Volkes		Sünde des Volkes
Strafe durch den Feind		Strafe und Deportation
Umkehr der im Land Gebliebenen		Umkehr der Deportierten
Gebet am Tempel	Gebet in Richtung Stadt und Tempel	Gebet in Richtung Land, Stadt und Tempel
	Recht schaffen	Recht schaffen
Vergebung		Vergebung
Rückführung in das Land		Erbarmen im Land der Deportation
Das Land als Erbbesitz Israels		Israel als Erbbesitz Jahwes

Folgende Unterschiede fallen auf: Die Verse 44-45 sind nur mit V.46-51 durch die Elemente Gebetsrichtung und die Bitte an Jahwe, Recht zu schaffen, verbunden.

V.46-51 hingegen ist durch das Thema der Schuld des Volkes, durch Bestrafung durch eine feindliche Macht, durch Umkehr, Gebet, Vergebung und Thematisierung des Erbbesitzes mit V.33-34 verbunden, unterscheidet sich von letzterem aber durch den Ort bzw. die Richtung des Gebetes, durch die Betenden (Deportierte - im Land Gebliebene), durch das Gebetsanliegen (Erbarmen vor Siegermacht - Heimkehr) und durch die Vorstellung von Israel als Erbbesitz Jahwes statt dem Land als Erbbesitz Israels.

Macht man sich die Gemeinsamkeiten und Unterschiede bewußt, dann wird ersichtlich, daß in V.33-34; 44-45 und 46-51 unterschiedliche Situationen bzw. unterschiedliche Perspektiven des umfassenden Themas »Krieg« angesprochen werden: V.44-45 behandelt den Fall, daß Israel im Einklang mit dem Willen Gottes Krieg führt. V.33-34 und 46-51 gehen davon aus, daß Israel aufgrund seiner Schuld vor Jahwe einer militärischen Fremdmacht unterliegt, allerdings aus verschiedenen Perspektiven: V.33-34 aus Sicht der im Land Gebliebenen (Gebet am Tempel) und V.46-51 aus Sicht der Deportierten (Gebet Richtung Tempel), wobei beide Gruppen verschiedene Perspektiven und Anliegen haben. Der positive Fall V.44-45 scheint damit in diesem Zusammenhang die

---

ist bei der Annahme *eines* Kriegszuges kaum zu erklären, wie die Bitte, daß Jahwe seinem Volk Recht schaffen soll (V.45), zur plötzlichen Aussage über die Sünde des Volkes in V.46 paßt.

Funktion zu haben, den Idealfall als Kontrast zu den von Jahwe als Strafe ge-
dachten Kriegssituationen in V.33-34 und 46-51 darzustellen[161].

5.3.3.2.1.1.2 Argumente gegen eine Scheidung

Zur getrennten Stellung von V.33-34 und 44-51 behauptet Šanda, daß der-
selbe Schriftsteller nicht wieder auf dieses Thema zurückkommen würde[162].
Dieses Argument geht einerseits von einer stringenten Logik und idealen
Sachlichkeit biblischer Verfasser und ihrer Texte aus, die in dieser idealisierten
Weise nur schwer zu finden ist. Andererseits rechnet er nicht damit, daß die
Verse 44-51 absichtlich innerhalb der verschiedenen Gebetsfälle V.30-51 die
Endstellung bekommen, weil sie besonders betont werden sollen. Gerade die
erschöpfende Behandlung des Themas Krieg spricht für die Zusammengehö-
rigkeit von V.33-34 und 44-51. Offensichtlich finden sich hier, in der Thematisierung von Krieg, Strafe Gottes, Sünde, Umkehr, Tempel und Deportierten
bzw. im Land Gebliebenen wichtige Aussageinhalte von DtrS. Mit Rehm ist
noch darauf hinzuweisen, daß in der Aneinanderreihung der Bitten auch ohne
V.44-51 eine klare Ordnung fehlt, so daß "die abermalige Erwähnung des
Krieges ... keine sicheren Schlüsse" gestattet[163]. Eine ähnliche Argumentation
kann gegen die von Šanda und Jepsen vorgebrachten Punkte des abweichenden Stils angeführt werden, da auch die Verse 30-43 keinen einheitlichen Stil
besitzen: "Dem Wechsel in der Einleitung des Nachsatzes in v.45 und v.49
(Perf. consec. statt des Pronomens mit folgendem Imperf.) stehen drei ver-
schiedene Einleitungsformen des Vordersatzes in den vv. 31-43 gegenüber
(Partikel "wenn" in v.31 und v.37, Präposition mit Infinitiv in v.33 und v.35,
Voranstellung des Objekts in v.41)"[164].

---

161 Die Exegeten sind sich uneins, welche Art von Krieg in V.44-45 gemeint ist. Rehm
    zum Beispiel vertritt die These, daß hier ein »Heiliger Krieg« gemeint sei, weil Jahwe
    sein Volk zum Krieg aussendet (Rehm, Das erste Buch der Könige, S. 97). Würthwein
    dagegen behauptet, daß das Einholen von Orakeln für den Weg des Kriegszuges ein
    im Alten Orient weit verbreiteter Brauch sei und keinen »Heiligen Krieg« meine
    (Würthwein, Das erste Buch der Könige, 2. Auflage, S. 99). Von den Kriterien, die
    Soggin für den »Heiligen Krieg« bestimmt (Soggin, Krieg, S. 20), trifft - bis auf die
    implizierte Gottesbefragung - keine für V.44f zu. Mit Noth ist festzuhalten, daß dieser
    Abschnitt reichlich unbestimmt ist (Noth, 1 Könige 1-16, S. 189) und man besser
    nicht von einem »Heiligen Krieg« ausgehen solle.
162 Šanda, Das erste Buch der Könige, S. 233f
163 Rehm, Das erste Buch der Könige, S. 97
164 Ebenda

Sowohl das »Gebet in Richtung des Landes, der Stadt und des Tempels«, statt am Tempel (wie in V.31-43), als auch die Bezeichnung Israels als Erbbesitz Jahwes, statt der Bezeichnung des Landes als Erbbesitz Israels (V.31-43), läßt sich durch die Situationsangabe der Diaspora außerhalb des Landes erklären.

Die Störung der rhetorischen Klimax "der vorhergehenden Rede, deren Höhepunkt schon v. 43 erreicht ist", kann ebenfalls kein überzeugendes Argument sein[165], da es einerseits ja gerade darum geht, den rhetorischen Höhepunkt von V.30-51 zu ermitteln und die Bestimmung von V.43 als rhetorischer Höhepunkt andererseits subjektiv ist.

Schließlich spricht für die ursprüngliche Zusammengehörigkeit der Verse 30-51 die Beziehung zu Dtn 28: Die Beziehungen von Dtn 28,15-68, die Burney in seinem Kommentar übersichtlich dargestellt hat, beziehen sich überwiegend auf Verse des Fluchkatalogs, die nach Rose *einer* spätdeuteronomistischen Schicht zuzuweisen sind (siehe dazu die Ausführungen unter Punkt 5.3.3.2.2). Die Beziehungen nach Burney sind wie folgt[166]: 1 Kön 8,31-51 (52-53) und Dtn 28 enthalten beide folgende gemeinsame Themen: Die Niederlage vor dem Feind (1 Kön 8,33 - Dtn 28,25); Regenlosigkeit und Dürre (1 Kön 8,35 - Dtn 28,23-24); einzelne Plagen wie Pest, Verderben der Ernte, Krankheit, Belagerung etc. (1 Kön 8,37 - Dtn 28,21.22.27.35. 38.52.59-61); Exil und Diaspora (1 Kön 8,(33).46[167] - Dtn 28, 36.37.64-68).

Damit ist auch für 1 Kön 8,30-51 die Annahme *eines* Verfasser die wahrscheinlichste Lösung. Zuletzt ist auf die 7-Zahl der Gebetsfälle in 1 Kön 8,31-53 hinzuweisen, die zwar theoretisch auch redaktionell hergestellt sein könnte, angesichts der genannten Argumente gegen eine Scheidung aber nun für die These der Einheitlichkeit herangezogen werden kann (Siehe auch Punkt 5.3.3.6 zur 7-Zahl und Lev 26H)

5.3.3.2.1.2 Vers 47 als Zusatz zu V.46.48-51?

Rehm nimmt an, daß der Gebetsfall in V.46-51 nochmals überarbeitet worden sei, da V.48 den V.47 inhaltlich wiederholt: "In V.48 kehren die drei Themen des V.47 (Gefangenschaft, Bekehrung des Herzens, Gebet) wieder, so daß einer der beiden Verse (wahrscheinlich V.47) Nachtrag sein dürfte"[168].

---

165 Šanda, Das erste Buch der Könige, S. 233f
166 Burney, Kings, S. 112ff
167 Vers 33 fehlt bei Burney.
168 Rehm, Das erste Buch der Könige, S. 91

Allerdings ist dabei zu beachten, daß sich V.47 vor allem dem Inhalt des Um-
kehrgebetes widmet, während V.48 eher die Richtung des Gebetes betont.
Beide Aspekte, rechter Inhalt des Gebetes und rechte Gebetsrichtung, werden
parallelisiert, wobei es sich nicht um eine Wiederholung im eigentlichen Sinn
handelt, sondern jeder der beiden Verse - ähnlich zu der Behandlung des Themas Krieg in V.33-34; V.44-45 und 46-51 - einen Aspekt des Themas Umkehr
beleuchtet.

Für die Zugehörigkeit von V.47 zu V.44-46.48-51 spricht auch folgende
Beobachtung: Betrachtet man V.47 und V.48 genauer, dann fällt auf, daß in
V.48bα gemäß V.44bα das Gebet des Volkes in Richtung Stadt, Tempel, und
in Richtung des Landes verrichtet wird, während V.47bβ nur von einem Gebet
zu Jahwe die Rede ist. Während V.44-46.48-51 von der theologischen Aussage des Namens Jahwes geprägt sind, der am Tempel(platz) wohnt, setzt V.47
offenbar voraus, daß Jahwe seinem Volk nahe ist und es auch im fernen Land
hört.

Die Aussage von der Nähe Jahwes zu seinem Volk findet sich ebenfalls in
den Teilen V.52-53 und V.59-60. Nur scheinbar liegen hier Argumente für eine
literarkritische Scheidung vor. In Punkt 5.3.3.2.2 wird im Vergleich mit Dtn 4
gezeigt, daß in 1 Kön 8 ein DtrS-Verfasser/Redaktor tätig war, der unterschiedliche Vorstellungen und Aussagen von der Gegenwart Jahwes verbinden
konnte. So ist V.47 gleichzeitig eine Vorbereitung auf die Aussage von der
Nähe Jahwes in V.52-53 und 59-60. V.47 ist literarkritisch nicht als sekundär
zu bestimmen.

5.3.3.2.1.3 Zusammenfassung

Die Beobachtungen zu den Versen 44-51, die literarkritisch nicht aus ihrem
Kontext zu scheiden sind, haben ergeben, daß für 1 Kön 8,30-61* mit einem
(spätdtr) Verfasser zu rechnen ist, der einen komplexen literarischen Stil
pflegt. Ein Sachverhalt - so das Thema »Krieg« - wird aus unterschiedlichen
Gesichtspunkten behandelt. Gleichzeitig zeigen die Verse 47 und 48, wobei
V.48 zentrale Elemente aus V.47 wiederholt, daß ihr Verfasser derartige
»Wiederholungen« bzw. »Wiederaufnahmen« von Gesichtspunkten gebraucht,
um ein wichtiges Thema - hier das Gebet (in V.47 der Inhalt, in V.48 die Gebetsrichtung) - zu entwickeln.

5.3.3.2.2   Vers 52-53 und 59-60

5.3.3.2.2.1   Vers 52-53 und 59-60 als sekundärer Zusatz?

Noth hält es für wahrscheinlich, daß V.59-60 aus ihrem unmittelbaren Kontext V.54-61* als sekundär auszuscheiden sind, weil sie einen Wunsch der Gebetserhörung enthalten, "der in diesem Zusammenhang befremdet"[169]. V.61 knüpfe mit der Thematisierung des ungeteilten Herzens direkt an V.58 an, während in V.59-60 vom ",,Nahekommen" der Gebete zu Jahwe" die Rede ist[170]. Die V.(57.)58, die ebenfalls einen Wunsch an Jahwe darstellen, beläßt Noth als ursprünglich[171].

Georg Braulik hat die These aufgestellt, daß 1 Kön 8,52-53 *und* 59-60 ein jüngerer Zusatz zu V.44-51 sind, weil sich V.52-53 vor allem mit der Wendung »mitten aus dem Schmelzofen des Eisens« und dem Thema der Aussonderung Israels (בדל) nicht vollständig mit dem Vorhergehenden verbinden lassen und V.59-60 den Zusammenhang ihres engsten Kontextes V.58.61 zerreißen[172]. Sie stammen von demselben Verfasser wie Dtn 4,1-40[173]. In Dtn 4,7.36 dürfte nach Braulik wie in 1 Kön 8,52-53 und 59-60 der Versuch vorliegen, die bei Dtr noch vorhandene Verbindung von Jahwe bzw. seinem Namen und dem Tempel als Ort der Präsenz, an dem und in dessen Richtung das Volk betet, zu korrigieren. Dies geschehe nun dadurch, daß Jahwes Beziehung zu Israel vom Tempel gelöst und die unmittelbare Nähe Jahwes zu seinem Volk betont werde, weil er das Flehen seines Volkes hört, wo immer es ruft[174]. Braulik datiert diese späte Schicht in Dtn 4 und 1 Kön 8 in die Exilszeit. Ihr Anliegen sei es, die Zerstörung des Tempels zu überwinden[175].

Aus Brauliks These ergibt sich die Frage, ob in 1 Kön 8,30-61* tatsächlich verschiedene Vorstellungen von der Nähe Gottes literarkritisch geschieden werden können. Da Braulik auf Verse aus Dtn 4 verweist, die ebenfalls von der Nähe Jahwes zu seinem Volk sprechen, ist für eine Klärung der literarkriti-

---

169   Noth, 1 Könige 1-16, S. 190
170   Ebenda
171   Ebenda
172   Braulik, Neubearbeitung, S. 43ff
173   A.a.O., S. 39ff. Siehe vor allem S. 47ff als Zusammenfassung.
174   A.a.O., S. 51f. Nach Braulik bildet in Dtn 4,5-8 "offenbar *das in Jahwes Auftrag von Mose gelehrte Gesetz Gottes konkrete Nähe und Antwort auf das Rufen seines Volkes*" (Braulik, Kerygma, S. 78f). Allerdings übersieht er dabei, daß der Verfasser von Dtn 4 auch in V.10ff vor bzw. im Vollzug der Gesetzgebung die Nähe Jahwes zu Israel konstatiert.
175   Braulik, Kerygma, S. 77

schen Situation in 1 Kön 8,30-61* unbedingt Dtn 4 und Dtn 28 heranzuziehen[176].

Rose hat grundsätzlich überzeugende Analysen sowohl zu Dtn 28 als auch zu Dtn 4 vorgelegt. An dieser Stelle soll auf eine Wiederholung seiner exegetischen Beweisführung verzichtet und nur die Ergebnisse Roses in aller Knappheit dargestellt werden. Für das Buch Deuteronomium unterscheidet er insgesamt vier deuteronomisch- deuteronomistische Schichten[177]. Für die in dieser Arbeit zu untersuchenden Texte Dtn 4 und 28 sind vor allem Roses Schichten III und IV (die letzte Schicht) von Bedeutung, die er beide als deuteronomistisch bezeichnet. Der Einfachheit halber sollen im Blick auf 1 Kön 8 die Theologen der Schicht III mit DtrH, die Theologen der Schicht IV mit DtrS identifiziert werden, da Rose die Schicht III in die Zeit des Exils, Schicht IV hingegen in die nachexilische Zeit, genauer in die Zeit der Perserherrschaft, datiert[178].

Während nach Rose Dtn 4 (und 29,1-30,20) vollständig dieser letzten, deuteronomistischen Schicht der nachexilischen Zeit - also DtrS - zuzuweisen sind[179], ist die Sachlage für Dtn 28, genauer 27,11-28,69, etwas komplizierter: Die literarische Grundschicht von Dtn 28,1-69 ist auf den deuteronomistischen Verfasser der Schicht III (DtrH) zurückzuführen und erstreckt sich auf die Verse 2.3-6.7-9.15.16-19.20*.25*.[180] Die Verse 3-6 und 16-19 enthalten vorgeprägtes Material, das genauer als allgemeines "Liturgie-Formular" zu charakterisieren ist[181].

Die Theologen der Schicht IV (DtrS) haben die von DtrH geschaffene Schicht mit V.1.10-14.21-44.47-69 überarbeitet. Auf die Leistung von DtrS ist auch der Eintrag der Namen-Jahwe-Theologie zurückzuführen. Die spätdeuteronomistischen Redaktoren von Schicht IV haben gleichfalls Dtn 27,11-26 vorangestellt, wobei hier eine Nähe der enthaltenen Fluchreihen zu Material aus dem Buch Leviticus auffällt und nicht, wie zu erwarten, zum Kern (Kap. 12-26) des Buches Deuteronomium[182]. Gerade diese Beziehungen zum

---

176 Zur Verwendung des Verbums בדל in V.53 siehe Punkt 5.3.3.6.
177 Rose, 5. Mose. Teilband 1, S. 20ff
178 A.a.O., S. 23ff
179 Rose, 5. Mose. Teilband 2, S. 488ff und S. 548ff. Knapp will anders als Rose Dtn 4 in drei große Blöcke aufteilen, die von verschiedenen spätdtr *Händen* stammen: Block I: 4,1-4.9-14; Block II: 4,15-16a.19-28; Block III: V.29-35. Die Blöcke haben noch einige Erweiterungen erfahren mit V.5-8.34-40 (Siehe zusammenfassend Knapp, Deuteronomium 4, S. 112ff). Selbst wenn man eher der Analyse von Knapp statt der Analyse Roses folgt, zeigt die Annahme mehrerer *spätdtr Hände* nur, daß in der »Spätdeuteronomistik« u.a. über die Frage nach der Gegenwart Jahwes diskutiert wurde. Die Analyse von Knapp steht also nicht in einem Widerspruch zu meinen Ergebnissen zu 1 Kön 8* DtrS.
180 A.a.O., S. 533ff
181 A.a.O., S. 535
182 A.a.O., S. 545f:
     Dtn 27,20 => Lev 20,11
     Dtn 27,21 => Lev 18,23; 20,15f
     Dtn 27,22 => Lev 19,9; 20,17
     Dtn 27,23 => Lev 18,17; 20,14

Buch Leviticus bestätigen nach meiner Meinung die These, daß DtrS priesterliches Material in sich aufgenommen hat und in seine Theologie und Sprache einfließen lassen konnte. Rose unterscheidet also innerhalb seiner späten deuteronomistischen Schicht IV nicht zwischen zwei Verfassern mit unterschiedlichen Vorstellungen von der Gegenwart Jahwes, wobei der eine, ältere, eine יהוה שם - Theologie hinsichtlich des Tempels vertritt, während der andere diese korrigiert und von der unmittelbaren Nähe Jahwe ausgeht. In seiner das Kommentarwerk einleitenden Analyse zu Dtn 12,1-13,1 arbeitet Rose heraus, daß sich der letzte Redaktor der Schicht IV gerade auch durch den Gebrauch der יהוה שם - Theologie auszeichnet[183]. DtrH kennt ebenfalls die יהוה שם - Theologie und verwendet sie, wie seine Bearbeitungen zu Dtn 12 zeigen[184]. Von den Ergebnissen Roses zu Dtn 4 und Dtn 28 her wird eine literarische Scheidung der Verse 52-53 und 59-60 in 1 Kön 8, die von der Nähe Jahwes zu seinem Volk sprechen, in Frage gestellt.

Würthwein und Veijola sehen - unter Modifizierung der These Brauliks - in den Versen 52-53 und 29-30 eine Rahmung zu V.31-51[185]. Würthwein begründet dies damit, daß V.52-53 den Vers 29 wieder aufnimmt[186]. Veijola verweist auf die Wendung להיות עיניך פתחות אל hin, die V.52-53 und V.29 gemeinsam haben[187].

5.3.3.2.2.2 Argumente gegen eine Scheidung von V.52f und 59f

Gegen *Noths* These, daß V.59-60 den Zusammenhang zwischen V.58.61 unterbrechen, sind folgende Einwände zu machen: Zwar knüpft V.61 an V.58 mit der Thematisierung des ungeteilten Herzens an, doch ist kaum vorstellbar, daß V.61 direkt auf V.58 folgte, denn inhaltlich bietet V.61 im Vergleich zu V.58 nichts wesentlich Neues, sondern wiederholt V.58. Zwischen V.61 und V.58 müssen die Verse 59-60 gestanden haben. Weiterhin findet sich die Vorstellung von der Nähe der Worte Salomos zu Jahwe, die in einem gewissen Sinn auch eine Nähe Jahwes impliziert, in Dtn 4 wieder, einem Text, der in mannigfaltiger Beziehung zu 1 Kön 8 steht[188].

Dtn 27,24 => Lev 24,17
183 Siehe dazu auch die Analyse Roses zu Dtn 12,1-13,1, wo sich der letzte Redaktor aus Schicht IV gerade durch seine יהוה שם - Theologie auszeichnet: Rose, 5. Mose. Teilband 1, S. 9ff.
184 Rose, 5. Mose. Teilband 1, S. 20ff.
185 Würthwein, Das erste Buch der Könige, 2. Auflage, S. 95f; Veijola, Verheißung, S. 151
186 A.a.O., S. 95
187 Veijola, Verheißung, S. 151
188 - Israel soll Jahwe von ganzem Herzen und ganzer Seele suchen bzw. umkehren Dtn 4,29 / 1 Kön 8,58
- Israel soll Jahwe fürchten Dtn 4,10 / 1 Kön 8,40.43

Gegen die These *Brauliks*, daß V.52-53 und 59-60 ausgeschieden werden sollten, sprechen folgende Argumente: Rose führt das mit 1 Kön 8,52-53 *und* 59-60 verbundene Kapitel Dtn 4 und das mit 1 Kön 8,30-51 verbundene Kapitel Dtn 28 (in seiner Endgestalt) auf denselben spätdeuteronomistischen Verfasser zurück[189]. Auch Rose sieht in Dtn 4,7 eine Theologie von der Nähe Jahwes, allerdings steht diese nicht in Konkurrenz zur dtr יהוה שם - Theologie, wie sie etwa in Dtn 28 vorkommt. Neben V.52-53 *und* 59-60 weisen auch die anderen Verse in 1 Kön 8,30-61 intensive Beziehungen zu Dtn 4 und 28 auf, so daß die Isolierung einer Redaktionsschicht, die ohne die auf Jerusalem bezogene Namentheologie nur von der Nähe Jahwes spricht, unmöglich ist.

An dieser Stelle ist eine weitere Überlegung mit einzubeziehen: Das Deuteronomium fordert die Kultzentralisation, und zwar durch alle, von Rose ermittelten vier Schichten hindurch[190].

Ist es wirklich vorstellbar, daß eine deuteronomistische Redaktion[191] in 1 Kön 8,52-53.59-60 die lang »erkämpfte« Kultzentralisation aufgibt bzw. regelrecht »über Bord wirft« und durch die allgemeingültige Aussage von der Nähe Jahwes kontrastiert, vor allem, wenn 1 Kön 8* DtrS deutlich nachexilisch zu datieren ist und auf den zweiten Tempel hin gedeutet werden will (siehe unten?). Diese Überlegungen sprechen meiner Ansicht nach gegen eine Ausscheidung der Verse 52-53 *und* 59-60.

Problematisch an der von *Würthwein* und *Veijola* aufgestellten These einer *sekundären* Rahmung von V.30-51* durch V.29-30 und V.52-53 ist, daß die oben durchgeführte literarkritische Analyse ergeben hat, daß V.29 von DtrH, V.30 hingegen von DtrS stammt.

- Israel hat von Jahwe das Land als Erbbesitz erhalten Dtn 4,21 / 1 Kön 8,36
- Zugleich ist Israel das Volk des Erbbesitzes Dtn 4,20 / 1 Kön 8, 51.52
- Israel wird/soll zu seinem Gott umkehren Dtn 4,30 / 1 Kön 8,47
- Jahwe wird Israel bei seiner Umkehr gnädig begegnen (Dtn 4,29ff - 1 Kön 8,33f. 35f.37-40.46ff.47.48)
- Jahwe kommt Israel nahe, ließ seine Worte hören bzw. hört auf Israels Beten: Dtn 4,36 / 1 Kön 8,52.59
- Jahwe hat Israel aus Ägypten, aus dem Schmelzofen, geführt: Dtn 4,20; 1 Kön 8,51.

189 Rose, 5. Mose. Teilband 2, S. 488ff und 548ff
190 Rose, 5. Mose. Teilband 1, S. 20ff.
191 Sowohl aufgrund ihrer Beziehungen zu Dtn 4 als auch aufgrund ihrer dtr Terminolgie können die Verse 52-53.59-60 nicht als nachdtr bestimmt werden. Die Verse 52-53.59-60 enthalten folgende dtr Wendungen und Begriffe (nach der Liste von Weinfeld, Deuteronomy, S. 320ff):
V.52: עם נחלה / עם תנחלה Dtn 4,20; 9,26.29
V.60: וידעת / לדעת כי יהוה הוא האלהים Dtn 4,35.39; 7,9; Jos 2,11
V.60: (יהוה הוא האלהים) אין עוד Dtn 4,35.39

V.29 ist mit V.52 zwar durch עיניך פתחות verbunden, allerdings spricht V.29 davon, daß der Name Jahwes an der Tempelstätte sein wird. Die V.52f thematisieren den Namen Jahwes im Tempel überhaupt nicht. Weiterhin spricht V.29 *nur* davon, daß Jahwe auf seinen Knecht, den König[192] hören soll, während das Königtum in V.52-53 (und 59-60) nicht mehr thematisiert wird. Gerade die fehlende Wiederaufnahme der zentralen Elemente »Königtum« und »Jahwes Name im Tempel« aus V.29 in V.52-53 sprechen gegen die Annahme einer *sekundären, redaktionellen* Rahmung.

Die Beziehungen zwischen V.29 und V.30-53 lassen sich am besten dadurch erklären, daß der spätdtr Redaktor mit V.30 zu den Gebetsfällen des Volkes überleitet und mit V.(44-51)52-53, die an V.29 und 30 wieder anknüpfen, das Ende seiner Erweiterungen zum Gebet Salomos in V.22-29* markiert. Denn V.29 ist durch die Vorstellung vom שם יהוה, der im Tempel *wohnt*, mit V.48 verbunden. In den dazwischen liegenden Versen 33.35.41.42.43 wird der Name Jahwes nicht für das Wohnen Jahwes gebraucht. V.30 leitet in die folgenden Gebetsfälle des Volkes über, indem nicht nur von den Anliegen des Königs (עבד)[193] wie in V.22-29* die Rede ist, sondern auch von den Anliegen

---

192 In V.28bβ ist mit Knecht deutlich König Salomo gemeint.

193 Veijola will עבד in V.30 als Kollektivbezeichnung und das nachfolgende ו als »*Waw-explicativum*« im Sinne von »das Flehen deines Knechtes, und zwar dein Volk Israel« verstehen. Denn vor עמך fehle das Nomen regens und außerdem sei עבדך in V.30 ein "störender Zusatz, der den Gedankenfortschritt von 28 zu 29 nicht beachtet", wenn עבד Salomo meint (Veijola, Verheißung, S. 138, Fußnote 22. Veijola zitiert hier Noth, 1 Könige 1-16, S. 185, der aber עבד auf Salomo deutet und als Zusatz entfernt). Würthwein hingegen übersetzt den Passus so, als ob אל תחנת עבדך ועמך ישראל den seltenen Fall eines zweiten, durch ו koordinierten Genitivs darstellen würde: "*Höre auf das Flehen deines Knechtes und deines Volkes Israel*" (Würthwein, Das erste Buch der Könige, 2. Auflage, S. 92).
Gegen die Deutung von Veijola sprechen folgende Beobachtungen am Text: Die Bezeichnung des Volkes als עבד im Singular käme in 1 Kön 8 nur an dieser Stelle vor. V.52a, der im Gegensatz zu V.29 nicht von DtrH, sondern von DtrS stammt, ist gewissermaßen parallel zu V.29 formuliert, mit dem einzigen Unterschied, daß dort (statt אל תחנת עבדך ועמך ישראל) das nomen regens (אל תחנת עבדך ואל תחנת עמך ישראל) wiederholt wird. Von V.52 her ist V.29 - abgesehen von der unterschiedlichen literarischen Schichtenzugehörigkeit - nicht im Sinne einer Identifikation von עבד und Israel zu verstehen. Dieses Argument bekommt dadurch noch mehr Gewicht, daß gerade Veijola eine Rahmung durch die Verse 29-30 und 52-53 annimmt.
Neben der durchaus problematischen These eines waw-explicativums für ועמך ישראל sind zwei weitere Erklärungen vorstellbar, die eng miteinander verbunden sind: Am einfachsten ist es, für אל תחנת עבדך ועמך ישראל eine elliptische Redeweise anzunehmen, d.h. für ועמך ישראל wurde das תחנת nicht wiederholt. Denkbar ist auch, die Wendung אל תחנת עבדך ועמך ישראל als status constructus Verbindung aufzufassen. Dies ist zwar selten, aber nicht unmöglich (Siehe dazu Gesenius/Kautzsch, Grammatik, §128 oder

des Volkes Israel. Das einleitende ושמעת ist deutlich mit den beiden Gebeten in
V.44-53 verbunden. Zum Verhältnis zwischen V.29.30.44-53 folgendes Dia-
gramm:

V.14-21 DtrH <=V.29 (DtrH) שם יהוה   <=   V.44-53 (V.48)
          V.29 (DtrH) geöffnete Augen   <=   V.44-53 (V.52)
          V.29 (DtrH)   <= V.30 (DtrS) עבד
          V.30 (DtrS) ושמעת   <=> V.44-53 (V.44.46)

1 Kön 8,52-53 und 59-60 sind als ursprünglich in ihrem Kontext zu belassen.

5.3.3.2.2.3 Die Präsenzvorstellung Jahwes in Dtn 4 und 1 Kön 8

Die bisher ausgeführten Beobachtungen, daß DtrS in 1 Kön 8,30-61* mehrere Vorstellungen bzw. Termini für die Gegenwart Jahwes im Verhältnis zum
Tempel und zu Israel gebraucht, finden ihre weitere Bestätigung, wenn man
die Präsenzvorstellungen Jahwes in Dtn 4 mit denen von 1 Kön 8 vergleicht.

In Dtn 4 sind - abgesehen von der bereits behandelten »Nähe Jahwes« -
mehrere Vorstellungen enthalten: Einmal hält sich Jahwe im Himmel auf und
läßt von dort seine Stimme erschallen (V.36), dann wieder befindet sich Jahwe
mitten im Feuer (V.12). Gleichzeitig steht das Volk vor Jahwe, d.h. in der Präsenz Jahwes (V.10aα). Zwischen den beiden Vorstellungen, daß Jahwe einerseits im Feuer präsent ist, andererseits aber sich im Himmel aufhält, empfand
der DtrS-Autor von Dtn 4 offensichtlich keinen Widerspruch. Verknüpft wird
mit diesen Vorstellungen das Bilderverbot V.23. Jahwe kann also *gleichzeitig*,
in derselben literarischen DtrS-Schicht im Himmel und auf Erden gedacht
werden und bleibt dennoch unverfügbar.

Dieselben Beobachtungen lassen sich für 1 Kön 8,30-61* machen: Jahwe
ist im Himmel gedacht 1 Kön 8,30.32.34.36.39.43.45.49. Gleichzeitig aber
übernimmt der spätdtr Verfasser die durch DtrH vorgegebene Situation, daß
Salomo bei der Einweihung vor Jahwe betet (1 Kön 8,28bβ DtrH). Bei der
Überführung der Lade in den Tempel wird Jahwes Präsenz - ähnlich dem Feu-

z.B. die Verbindung מפי עוללים וינקים in Ps 8,3). Jedenfalls wird durch die Wendung
אל תחנת עבדך ועמך ישראל eine enge Verbindung von Volk und König ausgedrückt und
äußerst elegant zu den Gebetsanliegen des Volkes übergeleitet. Zusätzlich erinnert
diese enge Verbindung von Volk und König an den ebenfalls DtrS zuzuschreibenden
Text 1 Sam 12*, vor allem V.25, in dem die Verantwortung für das Schicksal bzw.
der Untergang Israels und des Königtums ganz in den Händen des Volkes liegt. Die
genannten Argumente machen die Deutung des עבד in V.30 auf Salomo m.E. wahrscheinlicher als die Deutung auf Israel.

er in Dtn 4 - durch den עמ und den כבוד sichtbar 1 Kön 8,10b.11. Unter Punkt
5.3.2.1.2 habe ich die These aufgestellt, daß diese priesterlich anmutenden
Stellen in 1 Kön 8 von DtrS stammen. Dabei fiel auf, daß DtrS sich einerseits
auf Ex 40,34f bezieht, andererseits aber כבוד und עמ gleichsetzt.

Diese Beobachtungen an Dtn 4 bestätigen noch einmal die These, daß mit
einer DtrS-Schicht zu rechnen ist, die nicht auf eine bestimmte Präsenzvorstellung Jahwes festzulegen ist, wie Braulik meint, sondern verschiedene Vorstellungen von der Gegenwart Jahwes kennt und zu einem *komplexen* Aussagesystem formt, wobei die Souveränität und Unantastbarkeit Jahwes immer gewährt bleibt (Siehe dazu Punkt 5.5.2).

5.3.3.2.3 Vers 42a.43b als sekundärer Einschub?

In der Forschung wurden V.42a und V.43b teilweise als Zusätze angese-
hen[194]. Dazu folgende Beobachtungen: V.41 und V.42b sprechen durchweg
von dem נכרי - dem Fremden - als Einzelfall, der zum Tempel reist. V.42a und
V.43b, aber auch V.60, sprechen hingegen von den עמים insgesamt in ihrer
Beziehung zu Jahwe. Während V.42a seinen engsten Kontext von V.41 und
V.42b als Glosse unterbricht und *störend* über den Einzelfall des נכרי hinaus-
führt[195], kann dies von V.43b nicht ausgesagt werden. Die Ausweitung vom
Fall des נכרי auf die Völker in V.43b liefert vielmehr die Begründung für die
Bitte um Erhörung des Gebetes des נכרי in V.43a und ist deshalb nicht als
Glosse auszuscheiden.

Nachdem in Jos 23 DtrS ebenfalls Aussagen zu »den« Völkern gemacht werden, ist kurz
auf das Verhältnis zwischen den Aussagen von 1 Kön 8,42-43* DtrS und Jos 23 DtrS einzugehen:
In Jos 23 ist von den גוים die Rede, die durchweg in negativer Weise gebraucht werden:
Sie sind Feinde Israels (Jos 23,1); Jahwe hat gegen sie Krieg geführt und ihr Land bereits
an Israel verlost (Jos 23,3.4.9); Jahwe wird sie weiterhin vertreiben (Jos 23,5); ein Teil dieser גוים blieb in dem von Jahwe Israel verheißenen Gebiet übrig (Jos 23,7-8); die übriggebliebenen גוים stellen eine potentielle Gefahr der Versuchung für Israel zum Abfall von
Jahwe dar (Jos 23,7-9.12-13); die Zukunft Israels und der Jahwebeziehung ist abhängig
von dem den Geboten Jahwes entsprechenden Verhalten Israels gegenüber den גוים
(Jos 23,12-13). Die angeführten Stellen lassen deutlich werden, daß DtrS im Zusammen-

---

194 Siehe z.B. Noth und Veijola, die V.42a für sekundär halten (Noth, 1 Könige 1-16,
     S. 188; Veijola, Verheißung, S. 151, Fußnote 33), oder Hentschel, der V.42a und
     V.43b als Redaktion versteht (Hentschel, 1 Könige, S. 61).
195 V.42a ist nicht mehr im Modus der Bitte an Jahwe formuliert und verläßt deutlich die
     Ebene der Fürbittsituation.

hang dieser Aussagen an bestimmte »Völker« denkt, d.h. diejenigen, die in dem von Jahwe verheißenen Land »leben«[196].

Anders verhält es sich mit den Aussage zu den Völkern in 1 Kön 8,42-43.(53).60: Im Unterschied zu Jos 23 ist hier nicht von den *übriggebliebenen* גוים die Rede, sondern sowohl von den einzelnen נכרי als auch von den עמי הארץ. Während עם vor allem in seiner negativen, d.h. für Israel gefährlichen Bedeutung durchaus »parallel« zu גוי gebraucht werden kann[197], ist der Terminus עמי הארץ im DtrG nur in Dtn 28,10; Jos 4,24 und 1 Kön 8,43.53.60 belegt und meint die Völker neben Israel im allgemeinen Sinn. An diesen Stellen werden sie zu Israel insofern in eine »positive« Beziehung gesetzt, als sie sowohl die heilvolle Verbindung zwischen Jahwe und Israel (Dtn 28,10; Jos 4,24), wobei Israel aus diesen Völkern ausgesondert wurde (1 Kön 8,53), als auch die Bedeutung des Tempels (1 Kön 8,43) bzw. Jahwe selbst als Gott sehen oder erkennen sollen. Wie nun aber Israel durch die Bitten Salomos in 1 Kön 8,30ff in eine positive Beziehung zu Jahwe gesetzt wird, so wird auch die Hoffnung auf eine positive Jahwebeziehung der עמי הארץ in 1 Kön 8 Gegenstand der Fürbitte: Sie sollen in ihrer Gesamtheit Jahwe fürchten, die Beziehung seines Namens zum Tempel erkennen (V.43b) und ihn als einzigen Gott anerkennen (V.60). So wird in 1 Kön 8,43b.60 die in Dtn 4,10 an Israel gerichtete Forderung, Jahwe zu fürchten, und die in Dtn 4,35 betonte Erkenntnis Israels, daß Jahwe alleiniger Gott ist, aber auch die Erfahrung der Macht Jahwes im Exoduseeignis Dtn 4,34 auf die Völker übertragen. Die Glosse in V.42a führt diese Aussagen der DtrS-Schicht fort.

Jos 23 DtrS und 1 Kön 8* DtrS haben allerdings neben den angeführten Unterschieden das zentrale theologische Anliegen, daß die *Götter der Völker* nicht angebetet werden dürfen, gemeinsam.

Die beobachteten Unterschiede in den Aussagen zu den Völkern zwischen 1 Kön 8* DtrS und Jos 23 DtrS lassen sich deshalb am besten mit der Annahme verschiedener spätdtr Hände erklären, wobei die spätdtr Hand von 1 Kön 8*, anders als die von Jos 23, offensichtlich bereit ist, sich damit abzufinden, daß Israel (zumindest für längere Zeit) unter den Völkern leben muß (siehe dazu auch unter Punkt 6.3.3).

Nach DtrS kommt dem (nachexilischen) Tempel in 1 Kön 8* nicht nur für Israel Heilsfunktion zu, sondern auch die Völker werden in die Hoffnung auf eine heilvolle Jahwebeziehung mit einbezogen.

5.3.3.2.4 Zur literarischen Einheitlichkeit von V.54.57-61

Unter Punkt 5.3.2.6 konnte für die Verse 55-56 bereits DtrH-Verfasserschaft plausibel gemacht werden. Nun stellt sich die Frage nach den restlichen Versen von V.54-61*.

---

196 So auch Hulst, גוי/עם, Sp. 321
197 Siehe z.B. Dtn 4,27ff. Vgl. auch Hulst, גוי/עם, Sp. 318.

5.3.3.2.4.1 Vers 54b als Glosse

Die Mitteilung, daß Salomo in V.54b zum Gebet vom Knien aufsteht, wird häufig zu Recht als Glosse verstanden, die "mit Rücksicht auf den jüngeren Brauch, während des Gebets zu knien, eingefügt worden" ist[198]. Der Verfasser von V.54b setzt diese Gebetshaltung in Spannung zu V.22, wo Salomo zum Gebet nicht kniet, sondern steht.

5.3.3.2.4.2 Zusammenfassung

Außer der kleinen Glosse V.54b hat sich V.54a.55.58-61 als einheitlicher Textabschnitt erwiesen, dessen spätdeuteronomistischer Charakter bereits in den stark nomistischen Formulierungen V.58.61 deutlich wird.

5.3.3.3 Die Zusammengehörigkeit von V.30-53* und V.54-61*

Viele Exegeten sehen zwischen den beiden Gebetsabschnitten in V.(30)31-43 und V.54-61* keine weiteren literarischen Spannungen, die ein Aufteilen in mehrere Schichten rechtfertigen würden[199].

Würthwein jedoch versteht den Segen Salomos in V.54a.55.58-61 als weitere redaktionelle Ergänzung zu den Versen 14-53*, weil in V.54.55 mit der Einleitung zu einem weiteren Gebet Salomos ein neuer Handlungsansatz gegeben ist und V.54-61* durch seinen paränetischen Charakter auffällt[200]. Hentschel schließt sich grundsätzlich Würthwein an, beläßt jedoch V.54b als ursprünglich in V.54-61[201].

Die Tatsache des paränetischen Charakters der Verse 54-61* ergibt jedoch kein hinreichendes literarkritisches Argument, um diese von V.30-53* zu trennen. In V.30-53* sind paränetische Mahnungen an das Volk gar nicht erst zu erwarten, weil Salomo zu Jahwe, nicht zum Volk spricht. Erst in V.54-61* ändert sich die Sprechrichtung zum Volk hin und ergibt sich damit als im Duktus des Textes geeigneter Ort für eine Paränese.

Der ursprüngliche, von DtrH geschaffene Zusammenhang von Rede und Gebet Salomos beinhaltete V.14-21.22-25a.26.28-29.55-56. Nachdem DtrS an V.22-25a.26.28-29 den langen Abschnitt 30-53 angehängt und das Ende die-

---

198 Würthwein, Das erste Buch der Könige, 2. Auflage, S. 100. Siehe z.B. auch Noth, 1 Könige 1-16, S. 189 oder Hentschel, 1 Könige, S. 63.

199 Siehe z.B. Burney, Kings, S. 104ff und Gray, Kings, S. 189ff.

200 Würthwein, Das erste Buch der Könige, 2. Auflage, S. 96

201 Hentschel, 1 Könige, S. 63

ses Abschnitts durch Rückverweise der Verse 44-53 auf V.29.30 gekennzeich-
net hat, ist es nicht als störend zu empfinden, wenn DtrS zu V.55-56 mit V.54a
eine neue Einleitung schafft und die V.57-61 anhängt. V.54a.55.58-61 stehen
in keiner echten literarischen Spannung zu V.31-53*.

5.3.3.4 Zusammenfassung zur literar- und redaktionskritischen Analyse

Die literarkritische Analyse hat ergeben, daß 1 Kön 8 auf eine DtrH-
Schicht und eine DtrS-Schicht zu verteilen ist. DtrH (inklusive dem alten
Material, das er aufgegriffen hat), sind die folgenden Verse zuzuweisen:
1 Kön 8,1a*.b.2a.3a.4aα*.5*.6*.7-9.14-21.22-25a.26.28-29.55-56.62.63b.
DtrH berichtet in den Rahmenversen 1a*.b.2a.3a.4aα*.5*.6*.7-9.62.63b von
der Überführung der Lade in den Tempel und den anschließenden Feierlichkeiten. Das Zentrum bildet jedoch die Rede und das Gebet Salomos in
V.14-21.22-25a.26.28-29.55-56, in dem Salomo - unter Bezugnahme auf
2 Sam 7,11.13 DtrH - über die Erfüllung der Verheißungen Jahwes an David
berichtet und um ihre weiten Bestand bittet. Bevor die Geschichte Israels mit
der Reichsteilung und den ungehorsamen Königen sich endgültig auf die Katastrophe der Zerstörung Jerusalems von 587 zubewegt, zeigt DtrH, wie sich
Jahwes Wort an David erfüllte, indem er sowohl einen Nachfolger bekam als
auch der Tempel für den Namen Jahwes in Jerusalem gebaut wurde. Die
Reichsteilung als geschichtlicher »Wendepunkt« wird durch die Bitte Salomos
um weiteren Bestand der Dynastiezusage in 1 Kön 8,26 bereits angedeutet.

DtrS hat die rahmenden Verse von DtrH durch 1 Kön 8,1a*.3b.
4aα*.4aβ.b.5aα*.6a*.10-13.25b.30-41.42b-54a.57-61.63a.64.65*.66 überarbeitet[202]. Anders als DtrH, der nur den Namen Jahwes im Tempel wohnen lassen wollte, geht DtrS unter Verwendung priesterlicher Begriffe und altem
Material (V.12-13) davon aus, daß Jahwe bei der Einweihung des Tempels in
gewisser Hinsicht manifest präsent war. Die Verse 30-61* sind, bis auf die
Glosse in V.42a, vollständig auf DtrS zurückzuführen. Die für DtrH wichtige
Verheißung einer beständigen Dynastie an David wird bereits im Tempelweihgebet mit V.25b bedingt formuliert. Weiterhin wird die Geschichte des Volkes
bzw. bereits die exilisch/nachexilische Situation »Israels« in den Blick genommen (V.31-53*) und Israel zum neuen Gesetzesgehorsam ermahnt bzw. ge-
segnet (V.54-61*). In diesen Versen führt DtrS das Verhältnis zwischen
Jahwe, Tempel und Israel über die יהוה שם - Theologie von DtrH hinaus (Siehe
dazu Punkt 5.5.2).

---

202 Zu V.62-66* siehe Punkt 5.3.2.7.3.

5.3.3.5 Nachweis der spätdeuteronomistischen Verfasserschaft

Bisher wurde erfolgreich mit der These gearbeitet, daß der Verfasser der Verse 1 Kön 8,1a*.3b.4aα*.4aβ.b.5aα*.6a*.10-11.12-13.25b.30-41.42b-53. 54a.57-61.63a.64.65*.66 der Spätdeuteronomistik zuzuordnen ist. Im folgenden ist dazu der Nachweis zu liefern. Sowohl die mannigfaltigen Beziehungen zu Dtn 4 und Dtn 28 als auch die vorgenommene Datierung legen spätdeuteronomistische Verfasserschaft nahe. Es läßt sich noch eine Vielzahl an weiteren Argumenten anführen, auf die - wegen des Platzmangels - nur knapp eingegangen werden kann:

- Die bedingte Form der Dynastieverheißung an David in V.25b[203].
- Die Tendenz, mit עבד bzw. עבדים - "eine fromme Selbstbezeichnung und ein Ehrenprädikat verdienter Gottesknechte" - das Volk zu bezeichnen V.32.36[204].
- Das radikale Sündenverständnis in V.46aβ-γ »denn es gibt niemand, der nicht sündigt«, das an die Aussage von der Unfähigkeit des Volkes, Jahwe zu dienen »ihr vermögt nicht, Jahwe zu dienen« in Jos 24,19 DtrS denken läßt.
- Die stark »nomistischen« Aussagen der Verse 58.61, die an Jos 1,7f DtrS und Jos 23 DtrS erinnern.
- Das Element der Fürbitte, das Jahwes Zorn und Unheil von Israel abwendet bzw. fernhält 1 Kön 8,30ff*; 1 Sam 12,19ff; (Jos 24,19ff*)DtrS.

5.3.3.6 Die Abhängigkeit von priesterlichen Begriffen und Vorstellungen

Die spätdeuteronomistische Redaktion der Verse 1-13* zeichnet sich auch durch die Aufnahme von priesterlichen Begriffen und Vorstellungen aus. Ähnliche Beobachtungen lassen sich auch für den DtrS-Verfasser der Verse 1 Kön 8,30-61* machen: So wird in V.53 das Verb בדל hifil für das Abgesondertsein Israels durch Jahwe gebraucht[205]. Generell gehört בדל vor allem in den priesterlichen Sprachbereich und bezieht sich in der Regel auf sakrale Verhältnisse (z.B. Ex 26,33; Lev 10,10; 11,47)[206]. Als terminus technicus für die Absonderung Israels ist es nur noch in Lev 20,24.26 belegt. Nach Otzen

---

203 Siehe dazu Veijola, Dynastie, S. 142, allerdings ist V.25b nach der obigen Analyse gegen Veijola als sekundär zu bestimmen.

204 Veijola, Verheißung, S. 138

205 Ansonsten ist בדל nur noch fünfmal im DtrG belegt, sämtliche Belege in Dtn 10,8; 29,20; 19,2.7; 4,41. Dort bezeichnet es nicht die Absonderung Israels durch Jahwe, sondern das Aussondern von Zufluchtsstädten Dtn 4,41; 19,2.7, die Aussonderung Levis Dtn 10,8 oder eines Israeliten zur Verfluchung durch Jahwe Dtn 29,20.

206 Otzen, בדל, Sp. 519f

entwickelte sich diese Bedeutung aus der priesterlichen Verwendung für die Unterscheidung zwischen rein und unrein, allerdings erst in nachexilischer Zeit[207].

Nicht nur das Verb בדל hifil steht für Beziehungen zwischen 1 Kön 8 und dem Buch Leviticus, sondern auch die sieben paradigmatischen Gebetsfälle V.31-53*, die neben ihrer Beziehung zu Dtn 28 auch auf Lev 26H hinweisen. Leviticus 26 ist in seiner Endgestalt sicherlich ein später, mindestens aber exilischer Text[208]. Thiel konnte nachweisen, daß Berührungen zur deuteronomistischen Literatur, darunter Dtn 28 und 1 Kön 8, vorliegen[209]. Lev 26,18-39H enthält fünf Fluch- bzw. Strafabschnitte für den Ungehorsam Israels: I. Niederlage vor Feinden V.14-17; II. Ertraglosigkeit bzw. Unfruchtbarkeit V.18-21; III. Wilde Tiere V.21-22; IV. Belagerung V.23-26; V. Verwüstung und Diaspora V.27-39. Dort, in der Diaspora wird die Umkehr zu Jahwe eingeleitet V.40-46. Abgesehen von Strafabschnitt Nr. III (wilde Tiere), finden sich die anderen vier Strafen in ihrer *Thematik* auch in 1 Kön 8 wieder, wobei gerade ihre Abfolge beibehalten wird:
- Lev 26,14-17 Niederlage vor Feinden (I.) => 1 Kön 8,33f (II.)
- Lev 26,18-21 Ertraglosigkeit / Unfruchtbarkeit (II.) => 1 Kön 8,35-36 (III.)
- Lev 26,23-26 Belagerung (IV.) => 1 Kön 8,37-39 (IV.)
- Lev 26,27-39 Diaspora (V.) => 1 Kön 8,46-53.
Diese vier Themengruppen, die 1 Kön 8,31-53* mit Lev 26 gemein hat, finden sich zwar auch in Dtn 28, allerdings nicht in dieser klaren Ordnung und Reihenfolge, sondern als auf Dtn 28 verteilte Elemente der Flüche. Es fallen aber noch weitere Beziehungen zwischen 1 Kön 8,31-53* und Lev 26 auf: In 1 Kön 8,50 bittet Salomo um Erbarmen der Diaspora vor ihren Siegern *und* vor Jahwe. Der genaue Inhalt dieser Bitte wird in 1 Kön 8 nicht näher erläutert. Sowohl in Dtn 28,65-68 als auch Lev 26,37-39 wird die Existenz der Diaspora in Furcht und Schrecken beschrieben. Von diesen beiden Stellen her wird die Bitte um Erbarmen der Siegermächte verständlich. Nur Lev 26,40-46 kennt jedoch die Wende, die wie in 1 Kön 8,46ff aus Sündenbekenntnis Israels bzw. der Diaspora und einem Hinweis auf das Heilshandeln Jahwes bei der Vätergeneration besteht. Wie in 1 Kön 8,46ff wird auch in Lev 26,40-46 - wie Thiel betont hat[210] - an eine Änderung der Diaspora-Situation nicht gedacht.

---

207 A.a.O., Sp. 519f
208 Thiel, Erwägungen, S. 66. Siehe auch Elliger, Leviticus, S. 360ff.
209 Thiel, Erwägungen, S. 62ff. Siehe auch Kornfeld, Levitikus, S. 104ff.
210 Thiel, Erwägungen, S. 67. Allerdings will Thiel darin das »Noch nicht« einer Hoffnung auf Änderung erkennen und somit diese Stellen exilisch datieren. Wie aber die

Somit zeigt sich, daß der Verfasser von 1 Kön 8* DtrS nicht nur Dtn 28* DtrS kannte bzw. mit ihm identisch ist, sondern auch mit der Endgestalt von Lev 26 vertraut war. Eventuell läßt sich aus der dargelegten Beziehung von 1 Kön 8 zu Lev 26H eine Erklärung für die Siebenzahl der paradigmatischen Gebetsfälle in 1 Kön 8,31-53* finden - abgesehen davon, daß die 7 eine "runde Zahl" ist[211]: In Lev 26H taucht die stereotype Wendung der *siebenfältigen* Strafe Israels durch Jahwe auf (Lev 26,18.21.24.28). Die Siebenzahl der paradigmatischen Gebetsanlässe läßt sich durchaus als Entsprechung zu der siebenfältigen Strafe Jahwes in Lev 26 verstehen. Daß der DtrS-Verfasser von 1 Kön 8,31-53* grundsätzlich daran interessiert ist, den Fluch bei Ungehorsam gegenüber den Geboten Jahwes in Segen zu verwandeln, wird dadurch bestätigt, daß die Formulierung der paradigmatischen Gebetsfälle an kasuistische Rechtssätze erinnert (siehe dazu Punkt 5.5.1)[212].

5.3.3.7 1 Kön 9,1-9 als redaktioneller Kontext von 1 Kön 8

Der Umgang der Exegese von 1 Kön 9,1-9 wird im wesentlichen von zwei Fragestellungen beherrscht, die nicht isoliert voneinander betrachtet werden können:
- Sind V.1-5 und 6-9 literarkritisch zu trennen?
- Sind V.1-5 DtrH oder DtrS zuzuweisen?

Noth, der allerdings nicht zwischen DtrH und DtrN unterscheidet, sowie Veijola und Särkiö plädieren für die Zusammengehörigkeit von V.1-5 und 6-9. Dabei meint Noth, daß V.1-5 als Gottesrede an Salomo nicht auf die Zusage in V.5 hinausgelaufen sein könne[213]. Weiterhin haben Veijola und Särkiö darauf hingewiesen, daß der Text in 1 Kön 9,1-9 der Gattung der Alternativpredigt folge, in der in V.4-5 die Alternative zum Guten, in V.6-7 die Alternative zum Bösen vorgestellt wird[214]. Sie weisen V.1-9 DtrN zu[215].

Datierung von 1 Kön 8* DtrS zeigt, ist vielmehr von einer etablierten Diaspora, d.h. von einer im gewissen Sinne freiwilligen Diaspora auszugehen.

211 Würthwein, Das erste Buch der Könige, 2. Auflage, S. 97
212 Liedke, Gestaltung, S. 25. Für einen knappen Überblick über kasuistische Rechtssätze siehe W.H. Schmidt, Einführung, S. 113ff.
213 Noth, 1 Könige 1-16, S. 196. So auch Särkiö, Weisheit, S. 99
214 Veijola, Verheißung, S. 157; Särkiö, Weisheit, S. 99. Nach Veijola, der 1 Kön 9,1-9 DtrN zuweist, finde sich die "Dichotomie" zwischen der Betonung der Dynastie und des Volkes auch in der von DtrN stammenden Schicht 1 Kön 8,22-26.28 (Salomo betet im Singular für die Dynastie) und V.55-58.61 (Salomo betet im Plural für das Volk): Veijola, Verheißung, S. 157. So auch Särkiö, Weisheit, S. 99, Fußnote 137. Einteilung der DtrN-Schicht nach Veijola. Diese Argumentation Veijolas ist insofern

Würthwein, O`Brien und Fritz hingegen sprechen sich mit folgenden Argumenten für eine Trennung aus: Der Übergang von der 2. Pers. sing. in V.3-5 auf die zweite Pers. plural in V.6-9 ist literarkritisch »zu hart«. Die Bedingung, die Salomo in V.4 auferlegt ist, wird auf ganz Israel ausgeweitet[216]. Diese Hypothese übernimmt auch Hentschel, ohne sie weiter zu begründen[217]. Sowohl Würthwein als auch Hentschel führen 1 Kön 9,1-5 auf DtrS zurück[218]. O`Brien[219] und Fritz[220] jedoch wollen für V.1-5 an der Zuweisung zu DtrH festhalten. Die Vertreter der DtrS-Verfasserschaft sehen in der konditionalen Form der Dynastieverheißung einen Beleg für DtrS, die Vertreter der DtrH-Verfasserschaft wiederum die theologische Begründung von DtrH für die Reichsteilung[221].

Einigkeit besteht in der Forschung jedoch darüber, daß 1 Kön 9,1-5 die Erhörung des Gebetes Salomos zu Jahwe aus 1 Kön 8,22-30* durch Jahwe enthält[222].

Kombiniert man die Argumente, die für eine literarkritische Trennung von 1 Kön 9,1-5 und 1 Kön 9,6-9 sprechen, mit den Ergebnissen der obigen Untersuchung, daß 1 Kön 8,22-29* DtrH zuzuweisen ist, dann läßt sich m.E. daraus nur folgern, daß auch 1 Kön 9,1-5 von DtrH stammen muß[223]. Die

---

problematisch, als die Verse 1 Kön 8,22-29* und 55-56 nicht DtrN, sondern DtrH zuzuweisen sind (siehe zur Argumentation gegen Veijolas These die Punkte 5.3.2.4 und 5.3.2.6).

215   Veijola, Verheißung, S. 156ff; Särkiö, Weisheit, S. 99ff

216   Würthwein, Das erste Buch der Könige, 2. Auflage, S. 104. Vgl. O´Brien, Hypothesis, S: 160; Fritz, Das erste Buch der Könige, S. 99f.

217   Hentschel, 1 Könige, S. 65

218   Würthwein, Das erste Buch der Könige, 2. Auflage, S. 104f; Hentschel, 1 Könige, S. 65

219   O`Brien, Hypothesis, S. 159f

220   Fritz, Das erste Buch der Könige, S. 99f

221   O`Brien, Hypothesis, S. 159 und Fritz, Das erste Buch der Könige, S. 99f

222   Siehe z.B. O`Brien, Hypothesis, S. 159 oder Würthwein, Das erste Buch der Könige, 2. Auflage, S.104.

223   Die Argumentation Smends, daß 1 Kön 9,1-9 kompositionell "auf die Tempelweihe wie Josuas Abschiedsrede (Jos 23) auf die Verteilung des Landes und Samuels Abschiedsrede (1 Sam 12) auf die Einrichtung des Königtums" (Smend, Entstehung, S. 121) folgt, wobei das Geschehen in 1 Kön 9,1-5 ebenso unlokalisiert ist wie Jos 23 DtrS, das der in Sichem lokalisierten und von DtrH geschaffenen Grundschicht von Jos 24*DtrH vorangestellt wurde, oder die unlokalisierte Abschiedsrede Samuels in 1 Sam 12* DtrS, ist angesichts der literarkritischen Befunde zu schwach, um 1 Kön 9,1-5 DtrS zuzuweisen.

Verse 6-9 können übereinstimmend mit der Forschung DtrS zugewiesen werden[224].

Allerdings ist auch für den DtrH-Grundbestand in 1 Kön 9,1-5 mit Ergänzungen in V.3b und 4b zu rechnen: Veijola versteht V.3b zu Recht als einen späten Zusatz, der "einen nachträglichen Rückbezug auf 1 Kön 8,29.52 (DtrN[2]) herzustellen versucht"[225]. Särkiö entfernt V.3b, weil in ihm mehr als nur der Name Jahwes in den Tempel gelegt wird[226]. Hentschel versteht V.3b zwar als ursprünglich, merkt aber an, daß "von einer direkten Anwesenheit der Augen und des Herzens Jahwes im Tempel nicht die Rede" war[227]. Nachdem DtrS in 1 Kön 8,30-61* ebenfalls über die dtr Namen-Jahwe-Theologie hinaus weitere Aussagen zur Präsenz Jahwes im Tempel machen kann, legt es sich nahe, 1 Kön 9,3b ebenfalls DtrS zuzuweisen[228].

In diesem Zusammenhang ist noch auf einen weiteren spätdeuteronomistischen Text hinzuweisen, 1 Kön 6,11-13: Janowski hat für 1 Kön 6,11-13 die plausible These aufgestellt, daß es sich um einen spätdeuteronomistischen Text handelt, der priesterliche Vorstellungen vom Wohnen Gottes שׁכן unter den Israeliten aufgenommen hat[229]: "»Was dieses Haus betrifft, das du gerade baust« - wie in Ez 43,7.9 begegnet auch in 1 Kön 6,13 die Verheißung vom *Wohnen Jahwes »inmitten der Israeliten«* in einem Kontext, der auf den *zukünftigen Tempel* bezogen ist"[230]. Die These, daß DtrS in 1 Kön 8* und in 1 Kön 9,3b über die Präsenz Jahwes im Tempel reflektiert, erfährt von 1 Kön 6,11-13 her eine Bestätigung.

V.4b verstärkt die in V.4 gemachte Bedingung des rechten Lebenswandels Salomos, indem nun »echt nomistisch« von חקי ומשפטי gesprochen wird. Besonders auffällig ist hier nachfolgende Position von תשמר. V.4b ist spätdtr Glosse[231].

---

224 Die Mahnungen in 1 Kön 9,6-9 DtrS klingen wie eine Antwort auf das Gebet und die Mahnungen Salomos in 1 Kön 8,58-61 DtrS. Der Gebrauch von אדמה für den von Gott gegebenen Landbesitz Israels in 1 Kön 9,7 DtrS findet sich so in 1 Kön 8,34 DtrS.

225 Veijola, Verheißung, S. 157, Fußnote 60.

226 Särkiö, Weisheit, S. 100

227 Hentschel, 1 Könige, S. 65

228 Siehe dazu auch Fußnote 96.

229 Janowski, Schekina- Theologie, S. 134ff

230 A.a.O., S. 137. Problematisch an Janowskis These ist, daß er die Spätdeuteronomistik kurz vor Exilsende datieren will, S. 136.

231 Vgl. dazu O`Brien, Hypothesis, S. 159, Fußnote 106.

Nachdem sich in 1 Kön 9,1-5 DtrH - im Gegensatz zu 1 Kön 8,25* DtrH - eine bedingte Formulierung der Dynastieverheißung befindet, ist kurz auf die Problematik der bedingten Dynastieverheißung einzugehen:

Bedingte Formulierungen der Dynastieverheißung finden sich in 1 Kön 2,1-4, 1 Kön 8,22-26 und 1 Kön 9,1-5. Eine derartige Bedingung fehlt in 2 Sam 7 DtrH.

Während Veijola[232], Würthwein[233] und Hentschel[234] die bedingte Formulierung der Dynastiezusage - im Gegensatz zur unbedingten Form in 2 Sam 7* DtrH - als Charakteristikum von DtrN bzw. DtrS bestimmen, will O`Brien vor allem die bedingte Formulierung in 1 Kön 8,25, die über 1 Kön 9,1-5 hinaus die Söhne Davids mit einschließt, als wesentliches Element der DtrH- Theologie verstehen, da dieser damit die »Reichsteilung« aufgrund des Ungehorsams Salomos theologisch begründen will[235].

Würthwein reduziert den Umfang des von DtrG geschaffenen Geschichtswerkes stark: In 1 Kön 1-12 stammen von DtrG 1 Kön 4,1.3.5.6.7a*.8.9.10-19; 6,1*.37.38; 7,1; 8,1*.2*.3a.4a*.6*.12-13; 9,15.17b.18.19a*.23.26*.27.28; 10,16-17.18-20a.28-29; 11,26. [27-28]. 40.41-43; 12,2.20a*.25.26-30a[236]. Der von Würthwein rekonstruierte DtrG wollte vor allem Interesse an der Geschichte wecken: "Die Erinnerung an diese Vergangenheit sollte zur Wahrung der Identität im erzwungenen Zusammenleben mit und unter anderen Völkern beitragen. DtrG war so ein nationales Werk, in dem aber durch die dtr Beurteilungen der Könige der unüberhörbare Hinweis darauf eingeschlossen war, wie fundamental für das Gedeihen des Volkes es war (und ist!), zu tun, „was recht ist in den Augen Jahwes"."[237]. In der von Würthwein ermittelten DtrG-Schicht fehlt jegliche theologische Begründung der Reichsteilung. Diese Aufgabe komme, so Würthwein, erst DtrN zu[238].

Anders O`Brien, der für DtrH davon ausgeht, daß dieser seinen Adressaten verdeutlichen will, daß das von Mose entworfene, ideale Leben im Land Israel Dtn 12,10-11 unter Salomo realisiert wurde und erst anschließend verlorenging[239]. Der Bau und die Weihe des Tempels sind nach O`Brien der Schlußschritt bei DtrH, um das Ideal des von Dtn entworfenen, idealen Lebens im Land zu erreichen[240]. Die bedingte Formulierung der Dynastieverheißung in 1 Kön 2,1-4* DtrH, 1 Kön 8,25 DtrH und 1 Kön 9,1-5 DtrH hat im Modell O`Briens vor allem die Aufgabe, die Reichsteilung auf den Ungehorsam Salomos zurückzuführen 1 Kön 11,1-7*[241]. Zur Idealvorstellung, die DtrH mit der Zeit Salomos vor dessen Abfall verbindet, gehören nach O`Brien zu Recht auch die Verse 1 Kön 8,55-56, die auf 1 Kön 8,29 DtrH zurückverweisen und sowohl die Ruhe, die Gott seinem Volk gegeben hat, als auch die Erfüllung des guten Wortes Moses konstatieren[242].

---

232 Veijola, Verheißung, S. 152
233 Würthwein, Das erste Buch der Könige, 2. Auflage, S. 95
234 Hentschel, 1 Könige, S. 59f
235 O`Brien, Hypothesis, S. 155f
236 Würthwein, Die Bücher der Könige, S. 505ff
237 A.a.O., S. 496
238 Würthwein, Das erste Buch der Könige, 2. Auflage, S. 149
239 O`Brien, Hypothesis, S. 15
240 A.a.O., S. 3
241 A.a.O., S. 288ff
242 A.a.O., S. 37 und 158

Die starke Reduktion der DtrG-Schicht und das Fehlen jeglicher theologischen Begründung der Reichsteilung bei Würthwein verursacht große Bedenken[243]. Gegen Würthwein ist, wie die Untersuchungen zu 1 Kön 9,1-5 bestätigt haben, zu Recht davon auszugehen, daß sich bereits in der Darstellung von DtrH eine theologische Begründung der Reichsteilung aufgrund des Ungehorsams Salomos befinden mußte, da diese für die folgende Zeit der getrennten Reiche unabdingbar ist. Bei der Analyse O`Briens ist andererseits problematisch, daß zumindest die bedingt formulierte Dynastieverheißung in 1 Kön 8,25 DtrH nicht zugewiesen werden kann[244]. Für 1 Kön 2,1-4 kann die These der DtrH-Verfasserschaft der bedingt formulierten Dynastiezusage ebenfalls nicht aufrecht erhalten werden:

Der kurze Abschnitt 1 Kön 2,1-4 ist in sich nicht einheitlich. Veijola und O`Brien (!) stimmen trotz unterschiedlicher Grundansätze darin überein, daß V.3 aufgrund der typisch nomistischen Terminologie DtrN zuzuweisen ist[245]. Veijola weist darauf hin, daß V.3 außerdem V.2b erläutert[246]. Die These des erläuternden Charakters wird durch die folgenden Beobachtungen noch bestätigt, daß in V.3 die beiden Schlüsselbegriffe von V.2a הלך und דרך wiederholt werden, nun aber in Bezug auf Salomo. Veijola und O`Brien stimmen ebenfalls darin überein, daß V.4aβ sekundär ist, weil in V.4 zweimal לאמר steht, wobei das zweite לאמר in V.4b durch das erste in 4aβ syntaktisch unmotiviert ist[247]. Während Veijola V.4aβ ebenfalls DtrN zuweist, meint O`Brien, daß V.4aβ wohl von 1 Kön 8,25 und 1 Kön 9,4 hier eingedrungen sei. Eine genauere Antwort bleibt er schuldig. Vor allem leuchtet nicht ein, warum V.4aβ nicht DtrN zugewiesen werden sollte. Somit bleibt als DtrH-Grundschicht V.1.2.4aαb übrig[248]. Der Nachweis für die DtrH-Verfasserschaft von 1 Kön 2,1.2.4aα b.5-9 läßt sich durch die mit Jos 1,1-6* DtrH gemeinsame Struktur zeigen[249]. Der sterbende König David ermahnt seinen Sohn Salomo, zu einem Mann und stark zu werden, damit Jahwe sein Wort von der unbedingten Dynastieverheißung (V.4b) erfüllt. In einem gewissen Sinn muß Salomo bei DtrH erst zum Mann werden, damit Jahwe seine Verheißung erfüllt. Von einem ganz konkreten Gehorsam gegenüber den Geboten Jahwes V.3b DtrN/DtrS ist bei DtrH nicht die Rede. 1 Kön 2,1-4* DtrH enthält demnach keine bedingt formulierte Aufnahme der Dynastieverheißung aus 2 Sam 7,11bff* DtrH (inkl. vordtr Material).

Für 1 Kön 2,1-4 und 1 Kön 8,25b wurde deutlich, daß die Bedingung der Dynastiezusage auf DtrS zurückzuführen ist. In 1 Kön 9,1-5 DtrH hingegen stellt Jahwe *selbst* die Verheißung einer »ewigen Dynastie« unter die Bedingung des Gehorsams Salomos. So erfährt die Reichsteilung nach Salomo in der Gesamtdarstellung von DtrH ihre theologische Legitimation.

In diesem Zusammenhang ist der Begriff כסא ישראל von Bedeutung. Er findet sich nur in 1 Kön 2,4b; 1 Kön 8,20.25; 9,5; 10,9; 2 Kön 10,30; 15,12. Während er in 2 Kön 10,30;

---

243 Zu Würthweins Reduktionsmodell siehe das 1. Kapitel.
244 In diesem Zusammenhang kommt O`Briens These zum Tragen, daß die Grundschicht des DtrG in der Zeit Josias geschaffen wurde.
245 Veijola, Dynastie, S. 22; O`Brien, Hypothesis, S. 141
246 Veijola, Dynastie, S. 22
247 Veijola, Dynastie, S. 22; O`Brien, Hypothesis, S. 141
248 Siehe Veijola, Dynastie, S. 28.
249 Siehe dazu unter Punkt 2.4.1.

15,12 deutlich die Herrschaft über das Nordreich meint, stellt er in 1 Kön 2,4b; 1 Kön 8,20.25; 9,5; 10,9 die Herrschaft über das Gesamtreich dar. Nur in 1 Kön 2,4b; 1 Kön 8,25; 9,5 findet sich כסא ישראל in Verbindung mit לא יכרת לך איש. Unabhängig davon, ob 1 Kön 10,1-10.13 nun DtrH oder einem späteren Ergänzer zuzuweisen ist[250], der Terminus כסא ישראל in Verbindung mit לא יכרת לך איש wird bei DtrH im Zusammenhang der Herrschaft Salomos über Gesamtisrael zum Schlüsselbegriff für die theologische Legitimation der Reichsteilung, denn durch seinen Ungehorsam verliert Salomo bzw. sein Nachfolger eben diese *Gesamtherrschaft*.

Bei der Betrachtung der redaktionellen Bezüge von 1 Kön 8,30-61* DtrS und 1 Kön 9,6-9 DtrS fällt auf, daß 1 Kön 8,30-61* DtrS von einer Wende des katastrophalen Geschicks des Volkes Israel spricht, während 1 Kön 9,6-9 den Untergang des Volkes bei Ungehorsam androht. So stellt sich die Frage, ob die positive »Zukunftsschau« bzw. die Hoffnung, die durch V.31-53* geweckt wird, in 1 Kön 9,1-9 (vor allem V.6-9) zurückgenommen wird.

Die Beachtung der »Zeitsituation« schenkt Klärung: Salomo bittet in 1 Kön 8,31-53* für die Zukunft. Das Exil ist Wirklichkeit geworden und wird damit vorausgesetzt. In 1 Kön 9,6-9 wird jedoch ähnlich zu Jos 23,11-13.15-16 DtrS; Jos 24,19-24 DtrS; 1 Sam 12,25 DtrS das Ereignis Exil - abgesehen von der motivierenden Funktion zu neuem Gesetzesgehorsam - als Folge des Ungehorsams vor Jahwe begründet. Die Aussagen von 1 Kön 8 DtrS und 1 Kön 9,6-9 DtrS treffen sich jedoch darin, daß auch ein Neuanfang Israels unter der Gnade Jahwes gleichzeitig eine neue Zuwendung zu Gesetz und Gehorsam gegenüber Jahwes Geboten bedeutet 1 Kön 8,61.

5.3.3.8 Datierung von DtrS

Im folgenden will ich zeigen, daß der spätdtr Verfasser von 1 Kön 8,1a*.3b.4aα*.4aβ.b.5aα*.6a*.10-13.25b.30-41.42b-54a.57-61.63a.64. 65*.66 DtrS in spätnachexilische Zeit zu datieren ist und den zweiten Tempel voraussetzt. Für die Datierung der DtrS-Schicht sollen folgende kurze Überlegungen genügen: Der exilisch/nachexilische Zeitbezug der Verse 46-51 (52-53) ist evident: V.33-34 und V.46-53 gehen beide von der Existenz einer Golah aus. In V.46-53 ist das Ziel des Gebetes nicht mehr die Rückkehr in das

---

250 Würthwein will die jetzige Gestalt der Erzählung von der »Königin von Saba« in 1 Kön 10,1-10.13 auf einem jüngeren Ergänzer zurückführen: Das erste Buch der Könige, S. 115ff. Hentschel spricht nur von einem dtr Redaktor, erkennt aber richtig, daß »Thron Israels« neben 2 Kön 10,30 und 15,12 auf 1 Kön 2,4b und 8,20.25 verweist (1 Kön 9,5 fehlt bei Hentschel): 1 Könige, S. 69. O'Brien geht auf die Verfasserschaft von 1 Kön 10,1-10.13 nicht näher ein: Hypothesis, S. 160.

Land, sondern das Erbarmen vor den »Feinden« V.50-53. Israel ist - unter den Völkern wohnend - Erbbesitz Jahwes. Diese Bitte um Erbarmen vor den Feinden, nicht um Rückkehr, läßt sich m.E. nur auf eine fest eingerichtete Golah/ Diaspora deuten, die nicht mehr an Rückkehr denkt, sich aber am Tempel in Jerusalem orientiert[251]. Der Tempel wird hier als intakte Größe vorausgesetzt. Damit kann aber nur der zweite Tempel gemeint sein, da der erste ja 587 v. Chr. zerstört wurde. Der zweite Tempel wurde im Jahr 515 v. Chr. eingeweiht[252]. Der Tempel und - wie ich noch zeigen will - die Reflexionen über die Präsenz Jahwes in den paradigmatischen Gebetsfällen spielen eine derart zentrale Rolle in 1 Kön 8, daß ihnen kaum, wie Veijola vermutet, fiktive Funktion zukommt. Sowohl die Existenz einer etablierten Diaspora als auch die theologisch äußerst durchdachte Reflexion über das Verhältnis der Präsenz Jahwes zu Israel und dem wiedererbauten Tempel, die ja einen funktionierenden Tempelkult voraussetzt, spricht für eine Datierung in spätnachexilische Zeit, d.h. ab dem fünften Jahrhundert v. Chr.

---

251 So auch Würthwein, Das erste Buch der Könige, 2. Auflage, S. 98ff
252 Siehe z.B. Fohrer, Geschichte Israels, S. 204.

5.4 Die Intention von 1 Kön 8* DtrH

5.4.1 Die von DtrH verwendeten Formelemente

Hurowitz zeigt auf, daß sowohl der Bericht von der Überführung der Lade nach Jerusalem 2 Sam 6,1-4.13.17-19 als auch der Bericht der Tempelweihe 1 Kön 8,1.3.5-6.62.64.66 in wichtigen Elementen übereinstimmen und von ihrer Form her mit der gemeinsamen Grundstruktur der mesopotamischen Tempel- und Palastweihberichte verwandt sind[253]. Hauptelemente des altorientalischen Tempelweihberichtes in 1 Kön 8 sind nach Hurowitz: Das Überführen der Lade in den Tempel bzw. das Betreten Jahwes des Tempels V.1-11 / Die Gebete des Königs V.12-61 / Die Volksfeier im Tempelhof V.62-66. Zur Tempelweihe gehört ebenfalls sowohl das Gebet des Königs für eine beständige Dynastie als auch für erfolgreiche Kriegszüge, Wohlstand etc[254]. Weitere Elemente sind: Die Teilnahme von zusätzlichen Würdenträgern 1 Kön 8,1-4 / Der Ort der Feier vor dem Tempelgebäude 1 Kön 8,62-66 / Die Dauer der Feier über mehrere Tage 1 Kön 8,65 / Die Angabe zahlloser Opfer 1 Kön 8,5 und die Entlassung des Volkes 1 Kön 8,66[255].

Auf DtrH sind nach meiner Analyse die Verse 1 Kön 8,1a*.b.2a.3a. 4aα*.5*.6*.7-9.14-21.22-25a.26.28-29.55-56.62.63b zurückzuführen. Zwar fehlt bei Hurowitz eine gründliche literarkritische Analyse, dennoch treffen genügend der von ihm angeführten Bestandteile eines altorientalischen Tempel- bzw. Palastweihberichts auf die DtrH-Schicht von 1 Kön 8 zu[256]. Eine

---

253 Hurowitz, Temple building, S. 269f. Im Unterschied zu den Tempelweihberichten fehlt den Palastweihberichten das Element, daß die Gottheit dauerhaft in den Tempel einzieht: Hurowitz, Temple building, S. 272. Neuerdings versuchte auch Schäfer-Lichtenberger ganz 1 Kön 8 als Einweihungszeremonie bzw. als Tempeleinweihungsliturgie zu verstehen (Josua, S. 297 und 321). Die einzelnen Elemente dieser vermuteten Zeremonie exakt darzulegen und Belegtexte anzuführen unterläßt sie jedoch bis auf kurze Hinweise zu V.22-28. Statt dessen teilt sie 1 Kön 8,14-61 in Unterabschnitte auf und bezeichnet 1 Kön 8,14-21 als »Inaugurationsrede Salomos«, 1 Kön 8,22-28 als »Bittgebet Salomos«, 1 Kön 8,29-30 als »Übergangspassage«, 1 Kön 8,31-51 als "Schilderung von paradigmatischen Gebetsanlässen...weitgehend in Form von Fürbitten" und 1 Kön 8,54-61 als »hymnischer Lobpreis« und »Paränese« (S. 299f). Inwieweit nun 1 Kön 8 und seine Unterabschnitte von der postulierten »Tempeleinweihungsliturgie« abhängig bzw. geprägt sind, bleibt Schäfer-Lichtenberger schuldig zu klären.

254 A.a.O., S. 294ff. Parallelen finden sich z.B. in den Inschriften von Sargon und Asarhaddon (S. 273).

255 Hurowitz, Temple building, S. 274ff

256 Das Überführen der Lade in den Tempel bzw. Betreten Jahwes des Tempels V.1-11* / (Rede und) Gebet des Königs V.(14-21).22-29*.55-56 / Das Gebet des Königs für eine

Beziehung zwischen 1 Kön 8* DtrH und altorientalischen Weiheberichten kann demnach kaum geleugnet werden.

Wenn DtrH aber auf Strukturen dieser literarischen Gattungen zurückgreift, dann fällt folgende Abweichung besonders auf: Im Gegensatz zu altorientalischen Weiheberichten, bei denen der Einzug der Gottheit in den Tempel bzw. das Wohnen der Gottheit eine zentrale Rolle spielt[257], wird dies von DtrH durch die יהוה שם - Theologie (siehe unter Punkt 5.3.3.1.1.4) relativiert: Vielmehr wohnt »nur« der Name Jahwes im Tempel. Von Jahwe selbst wird diese Präsenz nicht bzw. nur bedingt ausgesagt. Weiterhin zeigte Hurowitz auf, daß der König in Mesopotamien sich mit dem Bau eines Tempels die Gunst der Gottheit verdient und davon profitiert. In 1 Kön 8,19-20 erwähnt DtrH jedoch ausdrücklich, unter Bezug auf 2 Sam 7,13 DtrH, daß Jahwe den Bau des Tempels durch den Nachfolger Davids initiiert hat. Durch den Bau des Tempels wird Salomo nach DtrH nicht in die Gunst Jahwes gesetzt, in der Jahwe zuletzt in »Abhängigkeit« zu Salomo geraten würde: "By building the Temple, the king of Israel has in fact done nothing beneficial for God, and he cannot therefore expect to be rewarded - in marked contrast to his Mesopotamian colleagues"[258].

5.4.2 Die Beschreibung der Intention von DtrH

Wie die Beziehungen zu den altorientalischen Tempel- und Palastweiheberichten zeigen, reflektiert DtrH mit 1 Kön 8,1a*.b.2a.3a.4aα*.5*.6*.7-9. 14-21.22-25a.26.28-29.55-56.62.63b folgendermaßen über den Tempel:

Der Segen Salomos in V.14-21 berichtet von der Erfüllung der Verheißungen einer ewigen Dynastie an David und der Zusage Jahwes, daß der Sohn Davids (Salomo) Jahwe einen Tempel bauen wird. Sowohl die davidische Dynastie als auch der Tempel Salomos werden somit von DtrH als Setzung Jahwes verstanden (V.15). Durch diese Setzung Jahwes sind beide miteinander verbunden. Indem Salomo nach DtrH die Lade des Bundes (V.21) in den Tempel überführen läßt, wird dieser zum sichtbaren Garant des Bundes[259]. Der Tempel und die davidische Dynastie sind Heilssetzungen Jahwes, die dem

---

beständige Dynastie V.22-29* / Die Volksfeier im Tempelhof V.62-63* / Die Angabe zahlloser Opfer 1 Kön 8,5 / Der Ort der Feier vor dem Tempelgebäude 1 Kön 8,62-62*. Die anderen Elemente sind auf DtrS zurückzuführen.

257 Hurowitz, Temple building, S. 298
258 A.a.O., S. 299
259 Fritz, Das erste Buch der Könige, S. 94

Exodusereignis gleichkommen (V.16). Wie Israel nach der DtrH-Vorstellung
bei der gelungenen Einnahme des Landes seßhaft geworden ist, so »paßt« sich
Jahwe dieser Tatsache insofern an, als er nun seinen Namen an einem festen
Ort wohnen läßt, an dem er nun sicher anrufbar ist (V.16ff). (Vollständiger)
Landbesitz (Jos 1; 24* DtrH), davidische Dynastie und Tempel (2 Sam 7*
DtrH und 1 Kön 8* DtrH) sind nach DtrH heilvolle Setzungen Jahwes, die
den guten Willen Jahwes für Israel bezeugen und somit die Josuazeit und die
Zeit der Herrschaft Davids bis zum Abfall Salomos 1 Kön 11* DtrH als
»goldene Zeitalter bzw. Epochen« darstellen. Die Zusammengehörigkeit der
Heilssetzung des Tempels und der Gabe des Landes durch Jahwe wird vor allem durch auffallend parallele Formulierungen zwischen Jos 21,43-45 DtrH
und 1 Kön 8,55-56 DtrH deutlich: So hat Jahwe, analog zu der Ruhe nach der
Eroberung des Landes, nun seinem Volk mit dem Tempel »Ruhe« verschafft
(siehe auch unter Punkt 6.2.1.3). Beide Setzungen, die des Tempels und die
des Landes, beruhen letztlich auf dem guten Wort Jahwes und seiner Verheißung.

Der Bau des Tempels wird auf Initiative Jahwes zurückgeführt. Er hat seinen Grund in einer Verheißung an David. Er ist gerade nicht - wie in der Umwelt Israels - ein Abhängigmachen der Gottheit vom Erbauer. Für die weitere
»Zukunft« Israels nach 1 Kön 8 bedeutet dies, daß der Tempel - bei aller kulti-
scher Verirrung und bei allem kultischen Mißbrauch vorerst Setzung Jahwes
bleibt. Der Tempel mit seinem Gottesdienst ist an sich nicht schlecht oder
verwerflich, sondern - wie die Einnahme des Landes unter Josua - Setzung
Jahwes.

Dadurch verliert der Tempel seine Bedeutung für Israel auch vorerst dann
nicht, wenn sich Salomo von Jahwe abwendet: Das Gebet Salomos um Bestand der Dynastie in 1 Kön 8,22-29* wird in 1 Kön 9,1-5 DtrH unter die
Bedingung des rechten Lebenswandels Salomos (und seiner Nachfolger) gestellt. Dadurch bereitet DtrH die theologische Begründung der Reichsteilung
in 1 Kön 11* vor. Dennoch bleibt der Tempel Aufbewahrungsraum der Lade
des »Bundes« und Ort, wo der שם Jahwes wohnt - zumindest so lange, bis
Jahwe selbst den Tempel bei der Eroberung Jerusalems zerstören läßt.

Der Tempel ist wie das Land und seine nach DtrH erfolgreiche Eroberung
Gabe Jahwes und damit Zeichen der Güte Jahwes gegenüber Israel, dem Volk
des »Bundes«. Gleichzeitig reflektiert DtrH, daß - obwohl Jahwe den Tempel
gegeben hat - er nicht mit dem Tempel identifiziert werden kann. Es ist »nur«
sein Name, der dort wohnt. Wird der Tempel als Strafe Jahwes für den Ungehorsam der Könige und des Volkes zerstört, so wird die Göttlichkeit Jahwes

nicht depotenziert. DtrH versucht durch Verwendung der שם יהוה - Theologie, sowohl die Transzendenz Jahwes als auch die Bedeutung des (ersten) Tempels für Israel zu betonen. Wie die Josuazeit bei DtrH ein goldenes Zeitalter darstellt, so genießen die Dynastieverheißung und der Tempel als Setzung Jahwes ähnlichen positiven Charakter. In dieser Hinsicht ist DtrH rückwärtsgewandt, d.h. er zeigt auf, wie heilvoll die Geschichte Israels mit Jahwe hätte verlaufen können und was Israel verloren hat. Denkbar ist, daß DtrH durch Einsatz der שם יהוה - Theologie für die »Stunde Null«, d.h. für die Zeit nach 587, insofern den Weg zu einem Neuanfang mit Gott frei macht, als Jahwes Souveränität durch die Zerstörung Jerusalems und des Tempels nicht angegriffen wird. Echte, d.h. klar formulierte Zukunftshoffnung wie bei DtrS, findet sich nicht in 1 Kön 8* DtrH (Vgl. Punkt 6.2.3).

DtrH kann mit 1 Kön 8* zeigen, daß Israel das Eine bleibt in der Situation des Exils: Das Gott-Sein Jahwes. Jahwe ist weiterhin Gott, auch bei Verlust aller seiner Gaben für Israel. Auch wenn keine explizite Umkehrhoffnung bei DtrH ersichtlich ist, so macht er dennoch den Weg frei zu einem Neuanfang mit Gott, der auch in der Katastrophe Gott Israels bleibt. DtrH legt gewissermaßen die theologischen Voraussetzungen für die Arbeit von DtrS.

5.5 Die Intention von 1 Kön 8* DtrS

5.5.1 Die von DtrS verwendeten Formelemente

1 Kön 8,30-61* DtrS weist deutlich eine doppelte Sprechrichtung auf, in der die Gebete Salomos einerseits an Gott gerichtet werden, andererseits aber der Inhalt der »Gebete« programmatischen Charakter für die Hörer von DtrS hat[260]. Reventlow machte dazu folgende Beobachtungen: 1 Kön 8,23-53* stellt bereits in seiner Urform, die Reventlow in den Versen 23-26.28.30 erkennen will, ein literarisches Produkt dar, das ein theologisches Programm der Deuteronomisten wiedergibt[261]. 1 Kön 8,(23-29).30-53* ist wie Neh 1,5-11; Esra 9,6-15; Neh 9,5-37 und Dan 9,4-19 ein Text der Spätzeit des AT. Die Beobachtungen Reventlows treffen auch dann zu, wenn, wie in obiger Analyse geschehen, V.22-29* DtrH zugesprochen wird.

Das Schema der Gebetsfälle mit "Verfehlung des Volkes, daraufhin eintretende Niederlage oder andere Plage, Umkehr zu Jahwe und (Schuld-) Bekenntnis, Empfang der Vergebung und neue Hilfe Gottes entspricht dem System, das am deutlichsten in der deuteronomistischen Deutung der Richterzeit in Ri 2,6ff. auftritt"[262]. Gleichzeitig stehen zumindest die drei - nach Reventlow - zentralen Fallbeispiele V.33f.35f.37-39 insofern in einer gewissen Beziehung zur Volksklage[263], als die deuteronomistischen Verfasser im Gegensatz zur prophetischen Unheilsbotschaft damit lehren wollen, "daß man in jeder Notsituation Buße tun kann, und wenn man nur in der vorgeschriebenen Weise und am vorgeschriebenen Ort, d.h. in oder beim Tempel von Jerusalem, sein Bekenntnis zu Jahwe vorbringt, kann man auch darauf hoffen, daß Jahwe die Bitte um Hilfe erhören wird"[264]. Die Gebete in 1 Kön 8,31ff unterscheiden sich jedoch von der älteren Volksklage dadurch, daß das Volk nicht unschuldig an der Notsituation ist, sondern sich diese selbst durch eigene Schuld zugezogen hat. "In der Form eines Gebetes wird hier erstmals eine Theorie des Gebetes geliefert"[265]. Gleichzeitig ist jedoch zu kritisieren, daß die Herausarbeitung einzelner Elemente des Gebetes oder der Klage bei Reventlow fehlt. Unklar

---

260 Vgl. Noths Hinweis, daß 1 Kön 8,14ff "eine ausführliche Rede in der Form eines Gebetes an Gott" darstellen: Noth, Studien I., S. 47.
261 Reventlow, Gebet, S. 271.
262 A.a.O., S. 273
263 Reventlow unterläßt es jedoch, die Beziehungen zur Volksklage - anders als in seinen Ausführungen zu Dan 9 (S. 281) - in ihren Elementen näher zu erläutern.
264 A.a.O., S. 274
265 Ebenda

bleibt m.E. damit auch, wie das Verhältnis von 1 Kön 8,(22-29)30-52, das ein Gebet über *zukünftige Volksklagen* darstellt, zur Gattung der (Volks-) Klage exakt definiert werden kann.

Zu ähnlichen Ergebnissen wie Reventlow gelangt Weinfeld: "The prayer of Solomon in 1 Kgs. 8,15ff is in fact not a prayer but a discourse on the function of prayer in Yahwe`s chosen place"[266]. Obwohl Reventlow z.T. von anderen literarkritischen Ergebnissen ausgeht als obige Untersuchung, sind seine Beobachtungen prinzipiell richtig. Im folgenden ist genauer zu untersuchen, welche Formelemente DtrS zur Darstellung seiner Aussageabsicht verwendet hat und welche Rückschlüsse sich für seine Intention ziehen lassen.

Die Verse 1 Kön 8,30-53* sind als Gebet formuliert. Durch den einleitenden V.30 DtrS werden sie mit dem von DtrH formulierten Gebet in V.22-29* verknüpft. Der Abschnitt V.54-61* ist von seinen einleitenden Versen V.54* her als Segen gestaltet. DtrS »hängt« sich an die von DtrH gewählte Form des Tempelweihberichtes an[267].

V.30 leitet zu den Gebetsfällen in V.31-53* über, die zu Gebeten über die Funktion von Gebet werden. Bereits diese Tatsache zeigt, daß es DtrS nicht darum ging, mit 1 Kön 8,30-61* einen Bericht über ein historisches Gebet zu formulieren. DtrS beabsichtigt folgendes zu zeigen: Wenn zu seiner Zeit derartige Gebete gesprochen werden, dann ist ihre Erhörung auf die in der Vergangenheit liegenden Fürbitten Salomos (und anderer Männer wie Samuel

---

266 Weinfeld, Deuteronomy, S. 37. Reventlows These des literarischen Charakters von 1 Kön 8 wird von den Untersuchungen Weinfelds unterstützt: 1 Kön 8 ist wie Dtn 6,3-10.15; 2 Kön 19,15-19 und Jer 23,17-23 als »liturgische Rede« zu bestimmen. Diese wurden von den Deuteronomisten großen Nationalhelden wie Moses, David, Salomo, Hiskia und Jeremia in den Mund gelegt (Weinfeld, Deuteronomy, S. 40). Diese »liturgischen Reden« enthalten zwar liturgische Elemente, die auf einen kultischen Hintergrund verweisen, stellen selbst aber Reden mit programmatischem Charakter dar (siehe z.B. S. 34). Sie sind "literary programmatic creations and do not convey the actual content of speeches once delivered in concrete circumstances" (S. 51). Für den liturgischen Charakter von 1 Kön 8,(22-29.)30-62 führt Weinfeld folgende Elemente an: V.23 eröffnet das Gebet Salomos mit der Proklamation der Einzigartigkeit Gottes und dem Gedanken der Vergeltung. Die Wurzel dazu liegt in Dtn 7,9. In V.27 findet sich השמים ושמי השמים als Ausdruck von Gottes Hoheit. Die Wendung erscheint ähnlich in Neh 9,6 (S. 41). Weiterhin ist der Ausdruck עמך ישראל charakteristisch für deuteronomistisch formulierte Reden (S. 44, Fußnote 1). Er findet sich in 1 Kön 8,30. 33.34.36.41.43.52 und abgewandelt in »sein Volk Israel« in V.59 bzw. in »dein Volk« in V.44 und V.50-52.

267 Siehe dazu auch die unter Punkt 5.4.1 angeführten Elemente, von denen einige auf DtrS zurückzuführen sind, z.B. die Teilnahme von weiteren Würdenträgern in 1 Kön 8,1-4* oder der *ausführliche* Bericht der Feierlichkeiten im Tempelhof V.63-66*.

(siehe Punkt 6.3.2.1)) und der Zusage der Erhörung durch Jahwe 1 Kön 9,3a DtrH bzw. 1 Kön 9,3b DtrS zurückzuführen.

Die Verse 31-53* enthalten paradigmatische Gebetsfälle, die - bis auf V.31-32 und V.41-43* - für die Gemeinschaft lebensbedrohliche Situationen beschreiben[268]. Veijola weist auf die homogene Struktur dieser Gebete hin. Ihr Aufbau besteht aus den drei Gliedern Gebetsanlaß - Hinwendung zu Jahwe -

---

268 An dieser Stelle ist kurz auf diejenigen Gebetsfälle einzugehen, die im Verlauf der Untersuchungen noch nicht inhaltlich behandelt wurden:
V.31-32 Das durch Selbstverfluchung gewirkte Gottesurteil: Die Verse 31-32 behandeln einen Rechtsstreit. Mit אלה (Scharbert, אלה, Sp. 280) ist hier ein Fluch gemeint, den "ein Ankläger gegen den zu Unrecht angeklagten Mitmenschen ausspricht, um ein Gottesurteil zu erzwingen" (Sp. 281). Der Fluch wirkt, so Scharbert, nicht zwangsläufig/magisch, sondern Gott muß in einer Anrufung gebeten werden, den Fluch in Kraft zu setzen und Schuldfragen zu klären (Sp. 284) (siehe z.B. Num 5,21-28). Mit צדיק und רשע sind zwei Parteien in einem Rechtsstreit gemeint (Johnson, צדיק, Sp. 920). Gott soll den Weg des Frevlers auf dessen Haupt zurückbringen. Dahinter steht die Vorstellung des Tat-Ergehen-Zusammenhangs, wie sie häufig in der älteren Spruchweisheit Spr 10-29 vorkommt. Wie die Tat auf den Täter zurückkehrt ist in der Forschung umstritten und muß hier ungeklärt bleiben (Siehe den Aufsatz: Janowski, Offene Fragen, S. 247-271). Wichtig ist, daß das Geschehen des Gottesurteils in den Tempel verlegt wird, und daß der Gerichtsfall inhaltlich nicht näher beschrieben wird. Er bleibt bewußt unkonkret. Es geht ihm weniger um eine allzu konkrete Situation, sondern eher um einen »Pauschalfall«. So auch in den folgenden Gebeten.
V.35f Regen auf das Land des bußwilligen Volkes: Mit Regen ist der Regen im Winterhalbjahr gemeint (Hentschel, 1 Könige, S. 60f). Dürre ist Strafe Jahwes (Jer 14,1-9; Am 4,7f u.a.). Gott ist Herr über die Natur und Gaben des Kulturlandes. Das Land ist von Jahwe gegeben, zugleich aber der Besitz des Landes ein vor Gott zu verantwortendes Gut. Fruchtbarkeit ist allein Gabe Gottes (Zimmerli, Grundriß, S. 53ff). In Joel 2 werden Bußtage beschrieben, die dazu dienen, von Jahwe wieder Fruchtbarkeit und Segen für das Land zu erlangen. Eine ähnliche Vorstellung ist hinter 1 Kön 8,35f zu vermuten.
V.37-40 Befreiung von allen Arten von Leiden: V.37 bietet eine ganze Aufzählung von Notsituationen für das Volk. Als Beispiel soll דבר »Pest« dienen: Sie ist von Gott gesandte Strafe für Ungehorsam und kommt literarisch immer als Glied in einer Reihe vor. Es gibt Langreihen Ez 38,33; Am 4,6-11; Dtn 28,21ff (u.ö.) und Dreierreihen, die eine Auswahl aus den Langreihen mit Schwert, Hunger und Pest Jer 14,12; 26.6.7.9; Ez 6,11; 2 Sam 24,13.15 bieten. Die Dreierreihe umschreibt den Untergang Judas von 587 v.Chr. durch die Babylonier (Mayer, דבר, Sp. 133ff). Schwert (Feinde) und Hunger (Hungersnot) kommen ebenfalls in 1 Kön 8,37 vor. In V.38 geht die Beschreibung über in Plagen des Einzelnen und seines Herzens. Nach Fabry ist mit V.38 »wobei jeder die Plage seines Herzens kennt« ein Gewissensbiß gemeint (Fabry, לב, Sp. 439). Der לב ist Sitz für die deuteronomische Forderung nach Gottesliebe und Gottesdienst von ganzem Herzen und ganzer Seele Dtn 6,5, und zugleich Sitz der Gottesfurcht. Die Deuteronomistik siedelt allgemein die Umkehr שוב im לב an (Sp. 446).

Erhörung[269]. Das Thema der Gebete ist meist, mit Ausnahme V.31-32.41-43*, eine nationale Notlage. Das zweite Glied, die Hinwendung zu Jahwe, besteht aus verschiedenen Äußerungen der Buße. Am häufigsten ist die Hinwendung durch Gebet und Flehen[270]. Seine These ist, daß die Verfasser von V.31-43* und V.44-51 aufgrund der festgeprägten Form und des Inhalts von der Gattung der Volksklagefeier abhängig sind, wie sie z.B. auch den Psalm 89 geprägt hat[271]. Der Sitz im Leben dieser Gattung ist die öffentliche Klagefeier[272]. Nach Sach 7,2f; 8,18ff kam öffentlichen Klagefeiern in der Exilszeit eine gesteigerte Aktualität zu[273]. Aus Untersuchungen zu 1 Sam 7,2ff; Ri 2,1-5 und Ri 1,1-2 sowie Ri 20-21 meint Veijola zeigen zu können, daß zur Zeit des Exils Volksklagefeiern in Mizpa und Bethel abgehalten wurden[274].

Abgesehen davon, daß V.31-32 und V.41-43* keine nationale Notlage beinhalten, ist vor allem die von DtrS intendierte doppelte Sprechrichtung der Gebetsfälle in V.31-51* zu beachten: Denn in der jetzigen Gestalt von 1 Kön 8 stellen sie ja nicht (nur) Gebete dar, sondern vielmehr werden hier zukünftige Gebete des Volkes in ein Gebet Salomos zur Tempeleinweihung gekleidet.

Grundsätzliches Anliegen der paradigmatischen Gebetsfälle ist es, die beschriebenen bedrohlichen Situationen durch Fürbitte und Jahwes Erbarmen »aufzufangen« bzw. in »Segen« umzuwandeln. Unter Punkt 5.3.3.2.1.1.2 wurde darauf hingewiesen, daß die beschriebenen Unheilssituationen in V.31-53* sich auf die in Dtn 28 beschriebenen Flüche Jahwes über sein Volk beziehen. Diese These wird durch die Beobachtung Liedkes zur Form der Situationsbeschreibung der paradigmatischen Gebetsfälle in 1 Kön 8 gestützt, die als kasuistischer Rechtssatz aufgebaut sind: Er hat darauf hingewiesen, daß die sieben Gebetsfälle in 1 Kön 8,31-51* jeweils als kasuistischer Rechtssatz aufgebaut sind[275], wo es sich hierbei um "Nachahmungen oder Zitate ka-

269 Veijola, Verheißung, S. 180ff

270 Hinter ענה in V.35 sieht Veijola den terminus technicus für ein Erhörungsorakel (vgl. 1 Sam, 7,9): Veijola, Verheißung, S. 204.

271 Veijola, Verheißung, S. 182; Züge von Klagefeiern finden sich auch in den deuteronomistischen Texten 1 Sam 7,2ff (mit Sündenbekenntnis V.6, siehe 1 Kön 8,33.35.47, und militärischer Notlage V.2, siehe 1 Kön 8,33-34.37.), Ri 2,1-5 mit Ri 1,1f sowie Ri 20,18 (S. 183ff).

272 A.a.O., S. 177

273 Ebenda

274 A.a.O., S. 183ff. Ähnlich wie Veijola urteilt auch Gray, der ebenfalls eine Verbindung von 1 Kön 8,22-54 zu Volksklagefeiern bzw. zu Fastenliturgien sieht (Gray, Kings, S. 200. Gray verweist auf Texte wie Joel 1,1-2,27 und 1 Kön 3,37).

275 Liedke, Gestaltung, S. 25. Für einen knappen Überblick über kasuistische Rechtssätze siehe W.H. Schmidt, Einführung, S. 113ff.

suistischer Rechtssätze" handelt[276]: Die sieben kasuistischen Fälle in
1 Kön 8,31-51* weichen von der Standardformulierung kasuistischer Rechtssätze mit כי als Einleitung für den Hauptfall und אם für den Unterfall insofern
ab, als der Vordersatz der Fälle in V.31-32 und V.41-43 relativisch, in V.35-36
mit ב + infinitiv constructus und V.37-40 mit nachgestelltem כי konstruiert
ist[277]. Der »Fluch« bei Ungehorsam gegenüber dem Gesetz, wie er in Dtn 28
ausgedrückt ist, soll in 1 Kön 8,30-53* in »Segen« für Israel umgewandelt
werden. Die positive Thematisierung derjenigen Völker עמים in V.41-43*, die
Jahwes Plänen mit Israel nicht entgegenstehen wie die גוים in Jos 23, zeugen
von einer Hoffnung der spätdtr Kreise auf eine Ausdehnung der heilvollen
Beziehung zwischen Jahwe und Israel auf diese Völker.

Die Verse V.54-61* sind äußerlich als Segen gestaltet und haben zum Teil
mahnend-programmatischen Charakter zum rechtem Wandel vor Jahwe. Salomo verläßt die Sprechrichtung zu Jahwe und wendet sich an das Volk. Die
Umwandlung des Fluches des Gesetzes in Segen kann nur mit neuem Gehorsam zu Jahwe einhergehen. Die Verse 57-61 haben aber nicht nur appellativen
Charakter an das Volk, sondern sie sind auch als Wunsch an Jahwe formuliert.
Die Bitte in 1 Kön 8,57, daß Jahwe sein Volk nicht aufgeben möge, bezieht
sich auf 1 Sam 12,22 DtrS zurück, wo dies als Zusage an das Volk formuliert
wurde. Der neue Gehorsam zu Jahwe, und damit in gewissem Sinn auch die
Umkehr zu Jahwe, kann nur von Jahwe selbst ausgehen V.58-61. Diese Aussagen stimmen einerseits mit Jos 24* DtrS überein, wo Josua dem Volk sagt,
daß es aus eigener Kraft Jahwe nicht dienen kann (V.19-24), andererseits mit
Jos 1,7-9 DtrS, wo die unauflösliche Verbindung von Forderung des Toragehorsams und Verheißung des Mitseins Jahwes betont wird. Diese theologische
»Struktur« der Verbindung von Gnade Jahwes *und* Forderung Jahwes fand
sich so auch in 1 Sam 12* DtrS (Punkt 4.4.2). In den Themen Umkehr des
Volkes, neuer Toragehorsam, Güte Jahwes und Fürbitte, die alle mit dem
zweiten Tempel verbunden werden, liegt der wahre Grund für den Neuaufbau
der nachexilischen Gemeinde und ihrer Beziehung zu Jahwe.

Die Betrachtung der verwendeten Formelemente hat ergeben, daß DtrS in
1 Kön 8* »Fürbitte für Israel«, »Überwindung des Fluches des Gesetzes« und

---

276 Liedke, Gestaltung, S. 31. An dieser Stelle sind noch einmal die Arbeiten von Burney
     (Kings, S. 112ff) und Gray (Kings, S. 199f) zu erwähnen, die beide die These vertre-
     ten haben, daß 1 Kön 8,31-51 nach den Gesetzen von Dtn 28 gebildet worden ist, oh-
     ne dabei allerdings Konsequenzen für die Gattung abzuleiten.
277 A.a.O., S. 25. Siehe auch S. 31ff.

die »Gestalt neuen Lebens für Israel nach dem Exil« zum Thema hat, wobei dem nachexilischen Tempel hier zentrale Bedeutung zukommt.

5.5.2 Die Beschreibung der Intention von DtrS

DtrS wurden innerhalb von 1 Kön 8 folgende Verse zugewiesen: 1 Kön 8,1a*.3b.4aα*.4aβ.b.5aα*.6a*.10-11.12-13.25b.30-41.42b-53.54a. 57-61.63a.64.65*.66. Da DtrS in nachexilische Zeit zu datieren ist, wobei V.44-53 von der Existenz des zweiten Tempels ausgehen, legt sich der Schluß nahe, daß DtrS in 1 Kön 8 nicht nur den bereits zerstörten Tempel Salomos vor Augen hat, sondern vor allem an den zweiten Tempel denkt. Für die spätdtr Ergänzungen zu den Versen 1-13* wurde gezeigt, daß DtrS, über die שם יהוה - Theologie von DtrH hinaus, durch Aufnahme priesterlicher Vorstellungen von einer tatsächlichen Präsenz Jahwes bei der Tempelweihe Salomos ausgeht. Die ebenfalls DtrS zuzuweisenden Verse 30-61* enthalten weitere Vorstellungen von der Präsenz Jahwes im Verhältnis zum (2.) Tempel und Israel, wobei diese zunächst einmal *isoliert* betrachtet werden sollen:

I. Jahwe ist bei der Einweihung des Tempels präsent V.10-11. In diesen Zusammenhang passen auch die Verse 12-13, die - altes Material enthaltend - aufgrund der Vorstellung von einer massiven Präsenz Jahwes nur von DtrS an dieser Stelle eingefügt worden sein können.

II. Jahwe wohnt im Himmel, hört aber die Gebete, die am Tempel gesprochen werden V.30.u.ö.

III. Jahwes Name wohnt im Tempel V. 44 u.ö.

IV. Jahwe ist aber auch seinem Volk in der Diaspora nahe und hört auf Israel, wenn sie in Richtung des Tempels beten V.46ff.

Die letzten drei Vorstellungen häufen sich auffälligerweise in den V.44-53, für die bereits aufgrund ihrer Endstellung eine besondere Aussageabsicht von DtrS vermutet wurde. Auf sie ist nach der Behandlung der Präsenzvorstellungen einzugehen. Für das Verhältnis zwischen Jahwe, Israel und dem Tempel fällt folgende Beobachtung auf: DtrS kann über die Namen-Jahwe-Theologie des DtrH hinaus die Präsenz Jahwes »an sich« behaupten V.10-11 und V.12-13. Ähnliche Aussagen finden sich in dem spätdtr Zusatz 1 Kön 9,3b und 1 Kön 6,11-13 (siehe oben unter Punkt 5.3.3.7).

In 1 Kön 8,30-66* wird in singulärer Art und Weise die heilvolle Bedeutung des Tempels für Israel entwickelt. Verbindendes Element aller Präsenzvorstellungen ist der Tempel: Jahwe wohnt im Himmel, hört aber die Gebete am Tempel; sein Name wohnt dort und die Diaspora darf der Erhörung der

Gebete, die Jahwe nahe sind, gewiß sein, wenn sie in Richtung des Tempels beten. An dieser Stelle, wo in intensiver Weise über die Bedeutung des Tempels für Israel reflektiert wird, betont DtrS die Transzendenz Jahwes - analog zur שם יהוה - Theologie von DtrH.

So kann DtrS, über die mit DtrH gemeinsame שם יהוה - Theologie hinaus, eine manifeste Präsenz Jahwes im Stil von P (V.10-11) vertreten sowie eine alte »Wohnvorstellung« (V.12-13) aufnehmen und in die rahmenden Verse des Tempelweihberichtes einfügen: Jahwe zieht tatsächlich in den Tempel ein. Gleichzeitig aber wird diese manifeste Präsenzvorstellung durch die שם יהוה - Theologie, durch die Aussage vom Wohnen Jahwes im Himmel und durch die Aussage der generellen Nähe Jahwes zu seinem Volk korrigiert.

In diesem Zusammenhang ist zu beachten, daß die Aussagen von einer manifesten Präsenz Jahwes innerhalb von 1 Kön 8 - als dem zentralen Text über die Funktion des Tempels innerhalb des AT - nur in V.1-13*, d.h. im berichtenden Teil der Tempelweihe getroffen werden. In den Versen 30-61*, in denen die konkrete Bedeutung des Tempels für Israel festgehalten wird, werden Aussagen über die manifeste Präsenz Jahwes vermieden. Dadurch gelingt es DtrS, die besondere Bedeutung des (zweiten) Tempels als (ein) Ort der Präsenz Jahwes und des neuen Lebens Israels zu reflektieren, ohne Jahwe dabei an den Tempel zu binden und ohne Jahwe für Israel verfügbar zu machen. Der Tempel als Ort des Gebetes bzw. Ziel der Gebetsrichtung ist es, den die unterschiedlichen Anliegen von Deportierten (V.46-53 »Erbarmen in der Diaspora«) und im Land Gebliebenen (V.33-34 »Rückkehr der Deportierten«) gemeinsam haben. Der neue Tempel in Jerusalem hat für beide Gruppen einheitsstiftende Funktion. Gerade die betonte Endstellung von V.46-53, in denen die Diaspora thematisiert wird, zeigt, daß DtrS die Beziehung zwischen der Golah und »Jerusalem« durch gemeinsame Beziehung zum Tempel stärken will. Das Interesse von DtrS am zweiten Tempel und seinem Kult wird darüber hinaus durch die Verwendung gewisser liturgischer Elemente deutlich[278].

Der Tempel ist aber nicht nur das einheitsstiftende Band zwischen Diaspora und »Jerusalem«, sondern Kern des neuen Lebens Israels und zentrales Element der Hoffnung auf eine Hinwendung der Völker zu Jahwe: Die Verse 31-53* und 54-61* beschreiben, wie es zu neuem Leben Israels nach der Katastrophe kommt. Theologische Basis dafür ist die bereits von DtrH herausgearbeitete, bleibende Souveränität Gottes.

---

278 Siehe dazu Weinfelds Beobachtungen in Fußnote 266.

Folgende Elemente spielen neben dem Tempel eine zentrale Rolle für das neue Leben Israels:

- Jahwes Erbarmen, das dem Volk bei Umkehr verheißen ist V.33ff.44ff.

- Die Fürbitte Salomos: Salomo ist vor Jahwe betend für den Fall eingetreten, daß das Volk nach Bestrafung durch Jahwe sich von seiner Schuld abwendet und neu an Jahwe orientiert. Dann möge Jahwe Erbarmen haben. Aufgrund der Fürbitte Salomos bekommt das Erbarmen Jahwes den Charakter einer Verheißung: Wenn Israel umkehrt, dann wird Jahwe gnädig sein. Ähnliche Beobachtungen konnten zur Fürbitte und Gestalt Samuels als Fürbitter (unter Punkt 4.4.2) und - in gewisser Hinsicht - zu Josua (unter Punkt 3.10) gemacht werden. Siehe dazu auch Punkt 6.3.2.1.

- Die Umkehr des Volkes: Ohne das Bekenntnis von Schuld und ohne neue Hinwendung zu Jahwe ist kein Neuanfang möglich (vgl. 1 Sam 12 Punkt 4.4.1.8).

- Hoffnung auf neuen Gesetzesgehorsam V.54-61*: Der neue Gehorsam stellt neben dem Tempel den zweiten Mittelpunkt Israels dar. Ein neues Verständnis von Tempel und ein neuer Gesetzesgehorsam, den Jahwe schaffen wird, sind tragende Elemente für den Neuanfang Israels nach dem Exil. Dazu gehört nicht mehr das Königtum: In den Versen 31-53* wird die Zukunft des Volkes Israel ohne Erwähnung des Königtums thematisiert. In anderen DtrS Texten (Jos 23; 24*; 1 Sam 12*) wird die Zukunft des Volkes ebenfalls unter die Bedingung des Gehorsams gestellt. In 1 Kön 8,31-53* soll der »Fluch« des Ungehorsams jedoch überwunden werden (Punkt 5.5.1). Auch in den Versen 54-61* spielt das Königtum keine tragende Rolle mehr. Ähnlich 1 Sam 12* DtrS liegt das Interesse hier ganz auf dem Volk Israel.

- Hoffnung auf Hineinnahme der Völker in die Jahwebeziehung: Echte Zukunftshoffnung des spätdeuteronomistischen Verfassers von 1 Kön 8* stellt die Erwartung dar, daß die Völker, die bisher eine Gefahr für die religiöse Identität Israels darstellten, in die Jahwebeziehung mit hineingenommen werden V.43b.60 (Punkt 5.3.3.2.3).

6. Kapitel: Synthese

6.1 Überblick der literarkritischen Ergebnisse

Unter diesem Punkt sollen die literarkritischen Ergebnisse zusammenfassend dargestellt werden. Dabei werden auch diejenigen Texte genannt, die für die Frage nach kontextuellen Bezügen der Reden eine wichtige Rolle gespielt haben.

Auf DtrH (einschließlich vordtr Material in 2 Sam 7* und 1 Kön 8,1-13*) sind folgende Texte zurückzuführen:

Dtn 28,2.3-6.7-9.15.16-19.20*.25*

Jos 1,1-2.5-6.10-11.16-18; **21**,43-45; **24**,1a.bβ.2a*.3-4.5aβγ.b.6aβ.7aεζ.b. 8.11a*.b.13-14a.16aα.17a*.b.18b*.25a.26bαβ.27-28.29-31

Ri 10,6a*.7b*.8*.10a*

2 Sam 7,1a.2-9a.11b.12-21.27aβ-29 (inkl. vordtr Material)

1 Kön 2,1.2.4aαb; **8**,1a*.b.2a.3a.4aα*.5a*.b.6a*.b.7-9.14-21.22-25a.26. 28-29.55-56.62.63b; **9**,1-2.3a.4a.5

Von DtrS stammen:

Dtn 4; **28**,1.10-14.21-44.47-69.

Jos 1,3-4.7-9.12-15; **22**,1-8; **23**; **24**,1bα.2aγ*.b.5aα.6aα.b.7aα-δ.9-10. 11aγ*.12a*.14b.15.16aβ.b.17a*.18a*.bα*.19-24.26a.32-33

Ri 1,1-2,5; **2**,6-9; **6**,7-10; **10**,6a*.b.7a.10b.12-16

1 Sam 7,(2*)3-4; **12***[ohne: »und seinem Gesalbten« in V.3aα, »und Zeuge ist sein Gesalbter« in V.5aγ, V.13aγ und V.21]

2 Sam 7,1b.9b-11a.22-27aα

1 Kön 2,3.4aβ; **6**,11-13; **8**,1a*.3b.4aα*.4aβ.b.5aα*.6a*.10-11.12-13.25b. 30-41.42b.43-53.54a.57-61.63a.64.65*.66; **9**,3b.4b.6-9

6.2 Intention und theologische Aussagen von DtrH

Jos 1* DtrH, Jos 21,43-45 DtrH, Jos 24* DtrH; 2 Sam 7* DtrH und 1 Kön 8* DtrH haben gemeinsam, daß DtrH hier über die Heilssetzungen Jahwes reflektiert, die sich unter den Stichworten »Land«, »davidisches Königtum« und »Tempel« zusammenfassen lassen. Anhand dieser drei Heilssetzungen will ich im folgenden die theologischen Aussagen von DtrH darstellen.

6.2.1 Die Heilssetzungen Jahwes

6.2.1.1 Das Land als Heilssetzung Jahwes

Die Gabe des Landes durch Jahwe ist untrennbar mit Josua und seiner Generation verbunden. DtrH zeichnet durchweg ein positives Bild der Landnahme, so daß man von einem »goldenen Zeitalter« der Epoche unter Josua sprechen kann. Textbasis hierzu liefern Jos 1,1-2.5-6.10-11.16-18; Jos 21,43-45 und Josua 24,1a.bβ.2a*.3-4.5aβγ.b.6aβ.7aεζ.b.8.11a*.b.13-14a.16aα.17a*.b. 18b*.25a.26baβ.27-28.29-31. Während der Text Jos 1* den Beginn der DtrH-Landnahme darstellt, konstatieren die Verse Jos 21,43-45 den Erfolg der Einnahme des Landes und der Landverteilung. Jos 24,2-13* beschreibt die Landnahme als Höhepunkt einer Folge heilsgeschichtlicher Ereignisse unter dem Wirken Jahwes (Jos 24,2-13*). Sowohl die abschließenden Verse Jos 24,28-31 als auch die »fiktive Verpflichtungsszene« Jos 24* betonen noch einmal den rechten Wandel der Josuageneration vor Jahwe und zeigen den von DtrH intendierten idealen Charakter der Zeit der Landnahme.

Das Land - genauer das Westjordanland - ist Gabe Jahwes Jos 1,2.6; 24,11-13*. In Dtn 1,6-8* DtrH hat Jahwe Israel die Gabe des Landes verheißen[1]. Zugleich ist diese Gabe Aufgabe für Josua und Israel. So beginnt die DtrH-Darstellung der Landnahme mit einer Einsetzung Josuas durch Jahwe und mit der Beauftragung zur Einnahme des Landes bzw. seiner Verteilung. Jahwe hat das Land den Vätern zugeschworen Jos 1,6 und steht zu seinen Verheißungen. An Josua und seiner Generation liegt es, Gabe und Auftrag Jahwes umzusetzen und das Land einzunehmen. DtrH berichtet davon, daß die Landnahme unter Josua vollständig gelingt und alle Völker vertrieben

---

1   Die literarische Schichtung von Dtn 1,6-8 ist schwierig. Nach Rose stammt die Grundschicht der Verse 6-8 von DtrH. DtrS fügt mehrere Ergänzungen ein, darunter auch die explizite Nennung der Patriarchen Abraham, Isaak und Jakob in V.8: Rose, 5. Mose. Teilband 2, S. 375.

werden können Jos 11,23. Damit steht Israel unter dem Segen Jahwes Jos 21,43-45. Jos 21,43 betont, daß Jahwe seine in Dtn 1,6-8* DtrH ausgesprochene Verheißung, den Vätern das Land zu geben, erfüllt. Er verschafft Israel, wie in Dtn 12,10 versprochen, Ruhe vor seinen Feinden[2]. Jos 21,45 enthält eine weitere Steigerung der Aussagen, daß *kein* gutes Wort Jahwes an Israel dahinfiel. Die Landnahme der Josuageneration wird von DtrH somit als völlige Entsprechung des Willens Jahwes dargestellt. Das »goldene Zeitalter« unter Josua zeichnet sich dadurch aus, daß die Beziehung zwischen Jahwe und Israel (noch) ungetrübt ist. Um diesen Aspekt noch einmal zu betonen, läßt DtrH auf Jos 21,43-45 den Text Jos 24,1-13*.14a.16aα.17a*.b.18b*.25a. 26bαβ.27-28 folgen, in dem Israel seine Treue zu Jahwe vor Josua bestätigt.

Sowohl der Gehorsam des Volkes als auch Josuas recht ausgeführte, von Jahwe eingesetzte Führerschaft schufen unter der Josuageneration ein goldenes Zeitalter. Mit dem Hinweis in Jos 24,28-31, daß Israel Jahwe diente, solange Josua und die Ältesten seiner Epoche lebten, deutet DtrH bereits an, daß nun mit der Epoche der Richter sich das Verhältnis von Israel zu Jahwe verändern wird. Israel wird Jahwe nicht mehr uneingeschränkt Gehorsam erweisen, sondern von Jahwe abfallen.

6.2.1.2 Das davidische Königtum als Heilssetzung Jahwes

DtrH weist in 1 Sam 8-11* grundsätzlich ein ambivalentes Verhältnis zur Entstehung des Königtums auf (siehe dazu unter Punkt 4.4.2). Wichtig an der von DtrH geschaffenen Darstellung ist, daß mit der Einrichtung des Königtums das Schicksal des Volkes vom rechten Verhalten des Königs zu Jahwe abhängt.

Das Königtum Davids wird bei DtrH als positiv und vorbildhaft beschrieben[3]. Durch die Verheißung einer »ewigen« Dynastie Davids durch Jahwe in

---

2   Zur DtrH-Verfasserschaft siehe Rose, 5. Mose. Teilband 1, S. 9ff.

3   Der positive Charakter der Darstellung des davidischen Königtums bei DtrH wird auch durch die Batseba-Episode in 2 Sam 11-12 nicht getrübt. Obwohl dieser Abschnitt in der Forschung durchaus kontrovers diskutiert wird (siehe z.B. den Überblick bei Dietrich/Naumann, Samuelbücher, S. 229ff) scheint mir die These O'Briens durchaus plausibel zu sein: Er führt 2 Sam 11-12 auf DtrH zurück, der einen alten Bericht verarbeitet hat (O'Brien, Hypothesis, S. 140f). Für Verfasserschaft von DtrH spricht, daß es schwierig ist "to imagine that DTR would have omitted what was no doubt a well known account of a critical period in David's reign. One may reasonably suggest that DTR judged they could be comfortably included in the history without creating undue tension with its portrait of David" (S. 141).

2 Sam 7,1a.2-9a.11b.12-21.27aβ-29 DtrH[4] (vor allem V.13 DtrH), die in
1 Kön 8,14-29* reflektiert wird, ist mit dem von Jahwe eingesetzten Königtum über Israel zugleich die davidische Dynastie gegeben. Die Setzung des
davidischen Königtums ist nach DtrH unauflösbar mit der Gabe einer weiteren
Heilssetzung verbunden - der des Tempels 2 Sam 7,13 DtrH. Zu beachten ist,
daß in 1 Kön 9,1-5* DtrH die Dynastieverheißung an Salomo durch Jahwe
unter die Bedingung des Gehorsams gestellt wird (siehe unter Punkt 5.3.3.7).

6.2.1.3 Der Tempel als Heilssetzung Jahwes

Davidisches Königtum und Tempel als Heilssetzungen Jahwes sind bei
DtrH eng miteinander verbunden. In 1 Kön 8,1a*.b.2a.3a.4aα*.5a*.b.6a*.b.
7-9.14-21.22-25a.26.28-29.55-56.62.63b erfüllen sich sowohl die Verheißung
des Tempelbaus aus 2 Sam 7,13 DtrH als auch die Verheißung der »ewigen«
Dynastie an David in seinem Nachfolger, *Salomo*. Parallel zur erfolgreichen
Landnahme Israels unter Josua wird nun auch die Einweihung des Tempels
und der »glückliche« Anfang der davidischen Dynastie (Salomos Abfall wird
jedoch bereits mit 1 Kön 9,1-5* DtrH in den Blick genommen) zum Segen für
Israel: Gott hat Israel Ruhe gegeben und Israel steht unter dem
»Segensstrom« Jahwes, wobei sich all das gute Wort Jahwes erfüllt hat
1 Kön 8,55-56[5]. Die Krise der Richterzeit, die auf die Gabe des Landes folgt
(Jos 21,43-45), wurde durch Jahwes Gaben »davidisches Königtum« und
»Tempel« *vorerst* überwunden (1 Kön 8,55-56).

Der Tempel ist Ort der Lade des Bundes mit Jahwe. Jahwe ist in seinem
Tempel, der für seinen Namen gebaut wurde, anrufbar und in seiner heilsschaffenden Wirkung somit für Israel »gegenwärtig«.

Die Ruhevorstellung bei DtrH und DtrS:

Thesen der Forschung: Neben den von mir behandelten Texten Jos 1,13.15; 21,44; 22,4;
23,1; 2 Sam 7,1.11; 1 Kön 8,56 wird die dtr Ruhevorstellung mit נוח hifil oder dem Nomen
מנוחה noch in Dtn 3,20; 12,10; 25,19; 1 Kön 5,18 (נוח hifil) und Dtn 12,9[6] (מנוחה) behandelt.

---

4   Wobei DtrH hier älteres, vordeuteronomistisches Material aufgenommen hat.
5   Der Vergleich mit Jos 21,43-45 zeigt, daß das Motiv der Feinde fehlt, die vor Israel
    nicht standhalten können. Die Thematik der Feinde Israels ist jedoch gerade durch die
    Schaffung des davidischen Großreiches und der damit verbundenen Niederlage der
    Feinde Israels vor David in 1 Kön 8* DtrH fehl am Platz und kann als selbstverständlich vorausgesetzt werden.
6   Nach Angaben der Konkordanz findet sich noch in 2 Sam 14,17 der Begriff מנוחה,
    allerdings ist damit nicht die dtr-Ruhevorstellung der anderen Belegstellen gemeint,
    sondern die Beruhigung einer Person.

In der Forschung wurden folgende wichtige Thesen zur deuteronomistischen Ruhevorstellung aufgestellt:

Roth geht davon aus, daß es zwei deuteronomistische Konzeptionen der Ruhe gibt, die zu zwei verschiedenen dtr Redaktionsschichten gehören: DtrG (er bezeichnet damit DtrH) thematisiert die Ruhe vor den Feinden *im* Land, während DtrN die Ruhe als Ruhe zum Gehorsam versteht, wo immer sich Israel befindet[7]. Ausgangspunkt ist eine inhaltliche Spannung zwischen 1 Kön 5,17 und 2 Sam 7,1.11, bei der die Bemerkung in 1 Kön 5,17 nicht berücksichtigt, daß David bereits in 2 Sam 7,1.11 Ruhe zugesprochen wurde. Roth bestimmt die »Ruheformel« formal folgendermaßen: Subjekt ist immer Gott + נוח I hifil + indirektes Objekt (ל) (Israel, David, Salomo)[8]. Als eine Leistung der Deuteronomisten ist sie eine geprägte Wendung mit "Sitz in der Literatur (sic!)"[9]. In nächster Nähe dazu sieht Roth Dtn 12,9 und *1 Kön 8,56* mit מנוחה statt der Ruheformel. Der Gebrauch der Ruheformel verteilt sich nach Roth auf die beiden deuteronomistischen Schichten wie folgt:

- DtrN: An bestimmten Stellen wurde die Ruheformel redaktionell hinzugefügt: Jos 23; 2 Sam 7,1.11 und 1 Kön 5,17-19 (siehe oben)[10]. Die Intention von DtrN zeichnet sich dadurch aus, daß die göttliche Initiative zum Schaffen von Ruhe betont wird (vgl. 2 Sam 7,1.11 und 1 Kön 5,17-19). Er verdeutlicht dies an 1 Kön 5,18a DtrN (in 5,17a.19 DtrH eingefügt). DtrN verfolgt damit das Ziel, die rechte Antwort des Empfängers zu betonen: Weniger »Ruhe von etwas« als vielmehr »Ruhe zu etwas«[11]. Als zentralen Text dafür sieht er Dtn 12,9-10 an, wo die Gabe der Ruhe auf den rechten Gottesdienst im Land drängt. Ruhe und Erlangen des Erbes werden verbunden. Ähnlich die Verbindung von Ruhe und ewiger Feindschaft gegen Amalek in Dtn 25,17-19. Als Höhepunkt der DtrN Ruhetheologie versteht Roth *1 Kön 8,56-61*, wo die Ruhe von Gott verliehen wird, aber nicht an den Tempel gebunden ist. Sie bedeutet vielmehr, daß Gott immer zugänglich ist. Ruhe wird zum "relational term"[12].

- DtrH: Als Ruhe von Feinden stellt sich die DtrH Konzeption vor: Jos 21,43-45. Dazu rechnet Roth auch Dtn 3,20; Jos 1,13.15; 22,4. "They refer to the settlement of three groups (Reuben, Gad, Half-Manasseh) in *Trans*-jordan, and affirm that these Israelites are as properly settled there as their brothers in Canaan. They belong to Israel and their land is part of their inheritance. ...Evidently DtrG (= DtrH, Nentel) is at pains to equate the East Jordan Israelites with their West Jordan counterparts, their land with Canaan, their stakes in the land as identical with those set down in Canaan"![13]

So wichtig Roths Erkenntnis des Bedeutungsunterschieds zwischen »Ruhe von« und »Ruhe für« ist, die von ihm vorgenommene Verteilung auf zwei deuteronomistische Schichten läßt sich nicht aufrechterhalten (siehe unten).

---

7   Roth, Deuteronomic Rest Theology, S. 5
8   A.a.O., S. 6f
9   A.a.O., S. 7
10   Für Detailfragen siehe Roth, Deuteronomic Rest Theology, S. 8f.
11   A.a.O., S. 10
12   A.a.O., S. 12
13   A.a.O., S. 13

Braulik unterscheidet ähnlich Roth zwei deuteronomistische »Ruhesysteme«, bestimmt deren inhaltliche Aussage jedoch anders[14]. Weiterhin kann er - zumindest für die Endredaktion - vier Phasen der Ruhe feststellen, wobei eine exakte Schichtenteilung unterbleibt[15] : Textsystem 1: Ausgangspunkt ist Dtn 12,9-10. »Zur Ruhe kommen« (מנוחה) wird hier und in *1 Kön 8,56* auf das Jerusalemer Zentralheiligtum bezogen. Israel als Empfänger der מנוחה bleibt passiv. Anders bei נוח hifil, hier wird Israel mit einbezogen. Aus Untersuchungen zu Dtn 12,9f; Jos 21,43-45 und *1 Kön 8,56* zeigt Braulik, daß מנוחה letztlich den salomonischen Tempel bezeichnet. "Führt Dtn. xii 9 sie [die Ruhe, Nentel] im Rahmen der Opfergesetzgebung als noch fehlende Voraussetzung für die Beobachtung dieser Gesetze an, so preist Salomo sie am Ende der Tempelweihliturgie in 1 Kön. viii 56 als nun von Jahwe gegeben"[16]. Damit ist der eigentliche Höhepunkt der Verheißungsgeschichte Israels erreicht[17]. Sowohl 1 Kön 8,56 als auch Jos 21,43-45 beziehen sich auf Dtn 12,9-10 zurück und konstatieren die Erfüllung der dort gegebenen Ruheverheißung. An Jos 21,43-45 wird deutlich, daß die מנוחה eine Gnadengabe Jahwes darstellt[18]. Die Ruheaussagen begrenzen die Periode der Landnahme und die davidisch-salomonische Ära des Tempelbaus im Deuteronomistischen Geschichtswerk. Braulik rechnet dazu noch Texte, die an Dtn 12,9-10 zurückgebunden sind, und in denen Gott wegen der מנוחה in Dtn 12,9 David und Salomo Ruhe verschafft[19]: Nach 2 Sam 7,1ff unterscheidet sich die Ära Davids von der der Richter dadurch, daß er Ruhe vor all seinen Feinden ringsum hat. Ähnlich 1 Kön 5,17-19 Salomo. Beide Texte zielen auf die Ruhe in 1 Kön 8,56, in der sich Dtn 12,9 erfüllt.

---

14   Braulik, Konzeption, S. 219-230.
      Preuß greift grundsätzlich Brauliks These der dtr Ruhekonzeption auf, will sie jedoch stärker mit der Landvorstellung verbunden wissen und auf die Hoffnungen der Exilsgemeinde auf neue Landnahme hin deuten: Preuß, נוח, Sp. 297ff. Er versteht die dtr-Ruhekonzeption in Dtn 3,20; 12,10; Jos 1,13.15; 21,44; 22,4; 23,1; 2 Sam 7,1.11 und 1 Kön 5,18 als friedvolles Seßhaftsein im Lande. Ruhe "ist Korrelat des Weggedankens, der Führung (ins Land) und folglich mit der Landtheologie eng verbunden und zugleich noch auf die theologische Wertung des Tempels in Jerusalem bezogen" (vgl. Dtn 12,9; 1 Kön 8,56) (Sp. 301). Preuß will die vier Phasen der Ruhekonzeption noch deutlicher auf die Exilssituation der Angeredeten bezogen wissen. Hierher gehört auch die Verwendung des Nomens מנוחה Jos 21,44; 23,1; *1 Kön 8,56*). Der Ruhegedanke besagt Ruhe im Land, vor den Feinden und Ruhe am Heiligtum, "dem Ort der Ruhe JHWHs" (Sp. 304). Zeitlich nach Salomo wird im Deuteronomistischen Geschichtswerk nicht mehr von Ruhe gesprochen. Es war "die Zeit Josuas, die Ruhe vor allen Feinden im Land ringsum vermittelte, während die Zeit der Richter zwar diese Ruhe auch gewährte, sie aber in das Auf und Ab kriegerischer Bedrohungen geriet (Jos 1,13.15; 21,43-45; 22,4; 23,1; Ri 3,30; 8,28), und es waren dann die Zeiten Davids und vor allem Salomos, die volle Ruhe vermitteln konnten (2 Sam 7,1.11; vgl. 1 Sam 26,19; dann 1 Kön 5,18; 8,56)" (Sp. 305). Preuß sieht hinter dem Ruhegedanken die Hoffnung der Exilsgemeinde auf neue Landnahme.
15   Braulik, Konzeption, S. 219
16   A.a.O., S. 222
17   Ebenda
18   A.a.O., S. 222f
19   A.a.O., S. 223ff

Textsystem 2: Dtn 3,20; Jos 1,13.15; 22,4 stellen Reden dar, in denen sich Mose oder Josua an Ruben, Gad und Halbmanasse wenden. נו hifil geht stets der Inbesitznahme ירש des Landes, das Jahwe gibt נתן voraus. Jahwe gewährt "den westjordanischen Stämmen zunächst Ruhe und verleiht ihnen dann das Land, das sie in Besitz nehmen"[20]. "Es muß hier entweder heißen, "der Wanderexistenz ein Ende bereiten" oder "die Bedrohung durch Feinde beseitigen""[21]. Jedenfalls ist ein sachlicher Unterschied zu dem Gebrauch von נו hifil in Dtn 12,10 und Jos 21,44 aus Textsystem 1 vorhanden, da נו hifil dort "eine fundamentale Sicherheit gegenüber dem Ansturm der Feinde von außen, von dem dann das Richterbuch mehrfach erzählt", bedeutet[22]. Da der konkrete Hinweis auf den Feind wie in Textsystem 1 in System 2 aber fehlt, bedeutet Ruhe in Textsystem 2 eher die Beendigung einer Wanderexistenz. Braulik plädiert dafür, Textsystem 2 zu Lohfinks postuliertem DtrL zu rechnen und Textsystem 1 zu einer dtr-Redaktion[23]. Eine Verteilung der beiden Systeme auf zwei Schichten ist aber nach Braulik selbst nicht nötig. Weitere Anspielungen auf die Ruhetheologie finden sich in Jos 23,1 spätdtr; Ri 2,14; 8,34; 1 Sam 12,11; 1 Kön 5,5[24]. Für die Endredaktion können nach Braulik zumindest vier Phasen der deuteronomistischen Ruhekonzeption festgehalten werden[25]:
- Dtn 3,20; Jos 1,13.15; 22,4: נו meint die Beendigung der Wanderexistenz Israels, noch vor der Einnahme des Landes
- Dtn 12,10; 25,19, Jos 21,44; (23,1; Ri 2,14; 8,34; 1 Sam 12,11; 1 Kön 5,5): Ruhe nach der Besiedlung des Landes, נו als Sicherheit gegenüber Feinden von außen.
- 2 Sam 7,1.11; 1 Kön 5,18: Ruhe für David und Salomo durch Ausschaltung von Feinden und politischen Gegnern. נו hifil dient hier als Voraussetzung für die vierte Phase:
- Dtn 12,9; 1 Kön 8,56: Die Gabe der מנוחה als Gabe des Jerusalemer Tempels. Die Kultzentralisation des Dtn erlangt damit ihre Gültigkeit.
Ähnlich wie bei Roth kann Braulik wertvolle Beobachtungen zu verschiedenen Ruhevorstellungen innerhalb des DtrG machen. Problematisch sind jedoch seine Verteilung auf DtrL, die literarkritische Schichtung von 2 Sam 7,1.11 und 1 Kön 5,17 sowie das relative zeitliche Verhältnis der beiden Redaktionsschichten.

Folgerungen: Die Frage nach einer bzw. unterschiedlichen deuteronomistischen Ruhevorstellungen kann nur von den Texten und ihrer Verteilung auf DtrH und DtrS entschieden werden[26]. Bisher konnten Jos 1,13.14; 22,4; 23,1; und 2 Sam 7,1.11a DtrS, Jos 21,44;

---

20   A.a.O., S. 225
21   A.a.O., S. 226
22   Ebenda
23   Zur These von DtrL siehe unter Punkt 2.3.4.1.
24   Ri 2,14; 8,34; 1 Sam 12,11 und 1 Kön 5,5 thematisieren - wenn auch ohne dem Stichwort »Ruhe« - die Sicherheit Israels vor den Feinden.
25   Braulik, Konzeption, S. 228ff
26   Veijola z.B. nimmt folgende Verteilung der Ruheaussagen vor:
     Jos 23,1; 2 Sam 7,1b.11a und 1 Kön 5,18; 8,56 gehören zu DtrN, Dtn 3,20; 12,9; 25,19; Jos 1,13.15; 21,44; 22,4 zu DtrH. Während DtrH die Ruhe ein für alle mal mit der Landnahme als gegeben ansieht, stellt für DtrN 1 Kön 8,56 die endgültige Verwirklichung der Ruhe, in die Israel stufenweise eingetreten ist, der Tempelbau dar:

1 Kön 8,56 jedoch DtrH zugewiesen werden. Sicher DtrH zuzuordnen sind auch Dtn 12,9-10[27] und 25,19, das die Terminologie von 12,10 aufnimmt[28]. Dtn 3,20 ist gegen Rose DtrS zuzuweisen[29], da in Dtn 3,12f.18-22 wie in Jos 1,12-18 von den 2 ½ ostjordanischen Stämmen die Rede ist[30]. Ebenso ist 1 Kön 5,18 DtrS zuzuweisen[31].

Von DtrH stammen also Dtn 12,9-10; 25,29; Jos 21,43-45 und 1 Kön 8,56. Jahwes Ruhe für Israel, die in Dtn 12,9-10 verheißen wird, ist nach der Landnahme Jos 21,43-45 und nach dem Bau des Tempels, der eng mit dem Bestand der davidischen Dynastie verbunden ist, für Israel Wirklichkeit geworden. Sie ist Gabe Jahwes und beinhaltet das Ausschalten jeder militärischen Bedrohung (Jos 21,44), die Erfüllung aller Verheißungen Jahwes (Jos 21,45) und den Bau des Tempels - als Ort der Anrufung des Namens Jahwe - durch den Nachfolger Davids. Adressat ist hier immer Israel als Volk. Die Ruhevorstellung ist demnach mit den Heilssetzungen »Land«, »davidische Monarchie« und »Tempel« eng verbunden, wobei sie zugleich Folge der Verheißung und des entsprechenden menschlichen Gehorsams ist. Sie umschreibt das Leben Israels in den Heilssetzungen Jahwes.

Auf DtrS sind Dtn 3,20; Jos 1,13.14; 22,4; 23,1; 2 Sam 7,1b.11a und 1 Kön 5,18 zurückzuführen. Dtn 3,20; Jos 1,13.14 und 23,1 thematisieren den erst von DtrS geschaffenen Tatbestand, daß zuerst die 2 ½ ostjordanischen Stämme in die Ruhe Jahwes gekommen sind und unter deren Mithilfe auch die restlichen Stämme im Westjordanland Jos 22,4; 23,1. Weiterhin berichtet DtrS von einer besonderen Ruhe, die unter David (2 Sam 7,1b.11a) und Salomo - unabhängig vom Tempelbau - erreicht wurde. Als erstes fällt im Vergleich zu DtrH auf, daß DtrS die von Jahwe gegebene Ruhe nicht mehr primär auf das ganze Volk bezieht, sondern auf Gruppen (zuerst die 2 ½ ostjordanischen Stämme, dann die restlichen Stämme Israels) bzw. auf Einzelpersonen (David und Salomo). Erst durch DtrS wird das von Braulik beobachtete »4-Phasen-System« der Ruheaussagen geschaffen, wobei ich aus folgenden Gründen eine Modifikation der These Brauliks vorschlage:

Braulik hat unterschieden zwischen zwei Textsystemen, wobei das eine (System 1) die Ruhe mit den Feinden Israels verbindet, das andere (System 2) die Thematik der Feinde nicht erwähnt bzw. die Gabe der Ruhe der Eroberung des Landes vorordnet. Weil System 2 (Dtn 3,20; Jos 1,13.15 und 22,4) die Feinde Israels nicht thematisiert, will Braulik den Inhalt der מנוחה vor allem als das »Ende einer Wanderexistenz« verstehen. Nun hat die von mir herausgearbeitete Textverteilung auf DtrH und DtrS ergeben, daß die Texte, die Braulik System 2 zuordnet, auf DtrS zurückzuführen sind. Zu DtrS gehören allerdings auch Jos 23,1; 1 Kön 5,18 und 2 Sam 7,1b.11a. Vor allem in Jos 23,1 wird die Gabe der Ruhe, analog System 1 (vgl. Jos 21,43-45), mit der Sicherheit vor den Feinden verbunden. Man kann also nicht konsequent wie Braulik zwischen dem Ende einer »Wanderexistenz« einerseits und der »Beruhigung nach der Besiedelung« im Sinne einer Verteilung auf zwei

---

Veijola, Verheißung, S. 155. Problematisch ist hier ebenfalls die literarkritische Schichtung einiger Texte.

27 Rose, 5. Mose. Teilband 1, S. 17ff

28 A.a.O., S. 253

29 Rose, 5. Mose. Teilband 2, S. 409ff

30 Der Nachweis dazu findet sich bei Schorn, Ruben, S. 178.180.205.

31 Siehe dazu Würthwein, Das erste Buch der Könige, 2. Auflage, S. 51ff und Veijola, Verheißung, S. 155.

Schichten unterscheiden. Zumindest bei DtrS sind beide Bedeutungsnuancen vorhanden, während DtrH »Ruhe« als »Sicherheit von den Feinden« versteht. Das »Vier-Phasen-System« Brauliks ist für die Endgestalt der dtr Texte wie folgt zu modifizieren:

- Ruhe für die 2 ½ ostjordanischen Stämme Dtn 3,20; Jos 1,13.15, die für die restlichen Stämme noch aussteht (DtrS).

- Ruhe für Gesamtisrael Jos 21,43-45; 22,4; Jos 23,1, die Sicherheit vor den Feinden bedeutet (DtrH und DtrS).

- 2 Sam 7,1b.11a; 1 Kön 5,18: Ruhe für David und Salomo durch Ausschaltung von Feinden und politischen Gegnern (DtrS). נוח hifil dient hier als Voraussetzung für die vierte Phase:

- Dtn 12,9; 1 Kön 8,56: Die Gabe der מנוחה als Gabe des Jerusalemer Tempels. Die Kultzentralisation des Dtn erlangt damit ihre Gültigkeit (DtrH).

DtrS »weitet« die ihm von DtrH gegebene Geschichtsdarstellung mit zwei »Ruhe-Phasen« auf vier Phasen aus. DtrS will damit betonen, daß der Bau des Tempels und die in 1 Kön 8,56 DtrH folgende Ruhe eine politisch stabile Situation voraussetzen und Jahwe bereits bei David und Salomo Ruhe vor den Feinden gegeben hat. Geht man - wie in dieser Arbeit geschehen - davon aus, daß DtrS in nachexilischer Zeit tätig und am Aufbau der »israelitischen« Gemeinde interessiert war bzw. der zweite Tempel bereits existierte, dann kann das Anliegen von DtrS mit den vier Ruhephasen nur sein, zu demonstrieren, wie Jahwe sein Volk *planmäßig* und *schrittweise* in seine Ruhe, die nun wieder mit dem zweiten Tempel gegeben ist, geführt hat. Schorn hat darauf hingewiesen, daß bereits die nachexilische Redaktion P[S] ein verstärktes Interesse daran hat, die Zusammengehörigkeit "als Volk und kultisch-religiöse Gemeinschaft auf beiden Seiten des Jordan" zu betonen[32]. DtrS intensiviert dieses noch[33]. Die Ansprüche von P[S] und DtrS auf das Ostjordanland zeigen, daß das Ostjordanland als Ganzes verloren und heidnischen Einflüssen ausgesetzt war[34]. Wenn DtrS nun aus den Vorgaben des DtrH ein vierphasiges Ruhesystem schafft, das mit der Aussage beginnt, daß Jahwe den 2 ½ ostjordanischen Stämmen Ruhe gegeben hat, dann wird die Zugehörigkeit des Ostjordanlandes bzw. dort lebender Gemeinden in nachexilischer Zeit noch betont[35].

Die Untersuchungen zur Ruhevorstellung bei DtrH (und DtrS) bestätigen die wichtige Funktion, die DtrH den drei von Jahwe gegebenen Heilssetzungen Land - Königtum - Tempel zumißt.

6.2.2 Der Verlust dieser Heilssetzungen

Jahwe hat Israel mit den drei Heilssetzungen »Land«, »davidisches Königtum« und »Tempel«, d.h. Lebensraum, rechte Obrigkeit und rechter Gottes-

---

32 Schorn, Ruben, S. 218. Siehe vor allem die Analyse zu Jos 22, S. 203ff.
33 A.a.O., S. 233
34 A.a.O., S. 282
35 Siehe dazu Punkt 6.6.1.

dienst, alles gegeben, um seinem Volk ein Leben nach seinen Maßstäben zu ermöglichen. Die DtrH-Grundschicht des deuteronomistischen Geschichtswerkes bleibt jedoch nicht bei diesen Heilssetzungen stehen, sondern endet mit dem Gericht Jahwes über Israel und Juda[36]. Bereits 1 Kön 9,1-5* DtrH nimmt, in Verbindung mit 1 Kön 8,22-29* DtrH, die Reichsteilung in den Blick. Die letzte Notiz im von DtrH geschaffenem DtrG ist 2 Kön 25,27-30, ein Abschnitt, in dem von der Deportation, Begnadigung und Tod Jojachins berichtet wird, ohne daß noch von einer Hoffnung auf Wiederherstellung der davidischen Monarchie ausgegangen werden könnte[37]. Tempel, Land und davidische Dynastie sind offensichtlich verloren.

In einem folgenden Punkt ist zu fragen, welche Rückschlüsse aus den untersuchten Texten, vor allem Jos1*; 24*; 2 Sam 7* und 1 Kön 8* DtrH für die Intention von DtrH mit seinem Gesamtwerk zu ziehen sind.

6.2.3 Konsequenzen: Umfang und Gesamtintention von DtrH

Die vorliegende Untersuchung hat deutlich gemacht, daß - gegen Würthwein und Westermann[38] - sinnvoll von einer deuteronomistischen Grundschicht DtrH ausgegangen werden kann, die die Bücher Dtn bis 2 Kön 25 umfaßt. Dafür sprechen sowohl die einheitliche theologische Konzeption als auch die mannigfaltigen Bezüge und Querverbindungen, die aufgrund der Einheitlichkeit des Entwurfs unmöglich auf verschiedene Redaktionen zurückgeführt werden können. So z.B. die strukturellen Gemeinsamkeiten zwischen 1 Kön 2,1ff* DtrH und Jos 1,1-6* DtrH oder die Thematisierung des guten Jahwewortes, das sich erfüllt hat (Jos 21,45 DtrH; 1 Kön 8,56 DtrH).

Bis heute ist die Frage nach der Intention der Grundschicht (DtrH) des DtrG umstritten[39]. Die von mir untersuchten DtrH-Texte, vor allem Jos 1,1-2.5-6.10-11.16-18; Jos 21,43-45; Jos 24,1*.2-13*.14a.16-17*.18b*. 25a.26bαβ. 27-28.29-31; 2 Sam 7,1a.2-9a.11b-21.27aβ-29 (inkl. vordtr Material) und 1 Kön 8,1a*.b.2a.3a.4aα*.5a*.b.6a*.b.7-9.14-21.22-25a.26.28-29. 55-56.62.63b ließen keine *explizite* Zukunftshoffnung, wie sie etwa DtrS ver-

---

36 Siehe dazu unter Punkt 6.2.3..

37 Siehe dazu L. Schmidt, Deuteronomistisches Geschichtswerk, S. 139. Zur Frage nach dem Ende des von DtrH geschaffenen DtrG siehe unter Punkt 6.2.3.

38 Siehe dazu das 1. Kapitel.

39 Siehe dazu z.B. Noth, Studien I., S. 142; von Rad, Theologie des Alten Testaments. Bd. I, S. 355; L. Schmidt, Deuteronomistisches Geschichtswerk, S. 138ff oder Smend, Entstehung, S. 124.

tritt, erkennen. Andererseits ist darauf hinzuweisen, daß die Textbasis der von mir untersuchten DtrH-Texte angesichts der umstrittenen Forschungslage zu schmal ist. Eine Lösung der kontroversen Forschungsdiskussion zur Frage nach der Zukunftshoffnung von DtrH kann deshalb hier nicht geboten werden. Allerdings ist nach »Tendenzen« in den untersuchten DtrH-Texten zu fragen.

DtrH will mit seiner Geschichtsschau sicher zeigen, wie es zum Untergang Israels und Judas kam: Ausgelöst wurde dieser, weil die auf David folgenden Könige von der Forderung auf Alleinverehrung Jahwes und Kultzentralisation abgewichen sind[40]. Bereits in 1 Kön 8,22-29* und 1 Kön 9,1-5* bereitet DtrH die Reichsteilung vor, die durch den Ungehorsam Salomos ausgelöst wird.

Nicht Jahwe ist »schuld« am Untergang Israels und Judas, sondern sein Volk, das vor allem in Gestalt seiner Vertreter die Forderungen Jahwes verlassen hat und somit die Heilssetzungen Jahwes verspielte. Spätestens mit Manasse 2 Kön 21,11-15 (DtrH) kann das Gericht Jahwes über Israel selbst durch eine positive Königsgestalt wie Josia nicht mehr aufgehalten werden[41].

Vor allem die von DtrH als ideal dargestellte Zeit der Landnahme unter Josua dient zur Kontrastierung zwischen einem Leben Israels im Gehorsam zu Jahwe und einem Leben im Ungehorsam, das zur Zerstörung Jerusalems 587 v. Chr. führte. DtrH erklärt somit, wie es zur gerechten Verwerfung durch Jahwe kam und was Israel durch seinen wiederholten Ungehorsam verloren hat.

Wie der Gebrauch der Namen-Jahwe-Theologie in 1 Kön 8,1a*.b.2a.3a. 4aα*.5a*.b.6a*.b.7-9.14-21.22-25a.26.28-29.55-56.62.63b DtrH zeigt (unter Punkt 5.3.3.1.1.4), legt DtrH Wert auf die Feststellung, daß die Souveränität Jahwes durch die Zerstörung des Tempels nicht beeinträchtigt wird. Jahwe kann durch das Gericht von 587 nicht in seiner Macht depotenziert werden. DtrH betreibt damit sicher eine »rückwärtsgewandte« Theologie und Geschichtsschau. Die in der Forschung gängige Datierung von DtrH in die Exilszeit nach der Begnadigung Jojachins 561 v.Chr. findet von den untersuchten Texten Jos 1* DtrH; Jos 21,43-45 DtrH; Jos 24* DtrH; 2 Sam 7* DtrH und 1 Kön 8* DtrH ihre Bestätigung.

---

40 A.a.O., S. 121. Siehe dazu z.B. die negative Darstellung König Abijas von Juda 1 Kön 15,1-5, wobei die Grundschicht V.1-3 von DtrH stammen und V.4-5a.bα auf DtrS, V.5bβ auf einen noch späteren Ergänzer zurückzuführen sein dürfte. Die Bemerkung in V.3, daß das Herz Abijas nicht ungeteilt mit Jahwe war, stammt sicher von DtrH.

41 Vgl. L. Schmidt, Deuteronomistisches Geschichtswerk, S. 138f oder Fechter, Familie, S. 105.

Über das Gesagte hinaus ist jedoch denkbar, daß sowohl die Darstellung der Epoche der Landnahme als ideale Zeit in Jos 1*; 21,43-45 und Jos 24*[42] als auch die Thematisierung der Nicht-Depotenzierbarkeit Jahwes in der יהוה שם - Theologie 1 Kön 8* bei DtrH nicht nur im Zusammenhang einer die Situation des Exils begründenden Funktion zu verstehen sind, sondern durchaus Elemente im Rahmen des Gesamtwerkes darstellen, die Aussagen zu einer aktiven, hoffnungsvoll in die Zukunft blickenden Gestaltung der Exilssituation enthalten. So *könnte* z.B. gefragt werden, ob die Darstellung der idealen Führerfigur Josuas, die in der Darstellung einer »fiktiven Verpflichtungsszene« Jos 24* gipfelt, zeigen soll, wie für Israel wahre Leiterschaft auszusehen hat, um die Zukunft der exilischen und nachexilischen Gemeinde zu gestalten. Zu prüfen ist auch, ob nicht durch die Aussage von der bleibenden Souveränität Jahwes in der יהוה שם - Theologie u.a. in 1 Kön 8* das theologische »Fundament« für einen Neuanfang Israels gelegt wird, da trotz der Zerstörung des Tempels Jahwes Name weiterhin anrufbar bleibt. Eine sichere Antwort auf diese Fragen kann erst eine gründliche Analyse des gesamten deuteronomistischen Geschichtswerks liefern. M.E. wird an den Beobachtungen und Überlegungen jedoch deutlich, daß die »Stimme«, die aufzeigen will, daß Israel trotz des »goldenen Zeitalters« der Landnahme und trotz der Heilssetzungen Jahwes »Land«, »davidisches Königtum« und »Tempel« aufgrund des Ungehorsams »der« Könige und des Volkes zur Katastrophe durch die Ereignisse von 587 v. Chr. die Beziehung zu Jahwe und seine Heilssetzungen verlor, wesentlich »lauter« ist als die »Stimme« einer Zukunftshoffnung[43].

Somit kann festgehalten werden: Aus dem Blickwinkel des Gerichtes und einer vor allem »rückwärtsgewandten« Geschichtsschau verknüpft DtrH die ihm als zentral erscheinenden Topoi »gnädige Zuwendung Jahwes«, »Forderungen Jahwes« und »Schuld Israels« miteinander. Damit bildet DtrH die Basis für eine Neubearbeitung durch DtrS.

---

42 Zu der auch die Idealisierung der Führung unter Josua und die Gestaltung einer idealen »fiktiven prophetischen Verpflichtungsszene« in Jos 24* gehören.

43 Die spätdtr Redaktoren DtrS vertreten im Gegensatz zu DtrH eine deutlich profilierte Zukunftshoffnung. Dies kann m.E. durchaus als Hinweis darauf verstanden werden, daß diese bei DtrH nicht oder nur kaum ausgebildet war.

6.3 Intention und theologische Aussagen von DtrS

Bevor nun die Intention von DtrS anhand der soeben dargestellten, von DtrH vorgegebenen Topoi »gnädige Zuwendung Jahwes«, »Forderungen Jahwes« und »Schuld Israels« zusammenfassend beschrieben wird, ist kurz auf die Frage nach den spätdtr »Händen« einzugehen: Eine zweite spätdtr Hand fügte zu Jos 1,7 DtrS die Verse 8-9 ein. Die spätdtr Zusätze zu Jos 24* DtrH müssen später als Jos 23 DtrS sein. Mit mehreren DtrS-Händen kann auch für den Übergang zum Richterbuch gerechnet werden (vgl. Punkt 3.8.2). Aufgrund der Vorgaben dieser Arbeit konnte nicht untersucht werden, ob sich die *einzelnen* Hände konkret auch in anderen Texten verfolgen lassen.

Für Jos 24* DtrS; 1 Sam 12* DtrS und 1 Kön 8* DtrS ist es m.E. durchaus vorstellbar, daß sie aufgrund ihrer Betonung der Sündhaftigkeit Israels, der Gnade Jahwes und der Fürbitte bzw. des vorbildhaften Frommen durchaus von derselben spätdtr »Hand« stammen können. Im Gegensatz zu dem wahrscheinlich von einer älteren Hand stammenden Text Jos 23 DtrS findet sich in Jos 24* DtrS; 1 Sam 12* DtrS und 1 Kön 8* DtrS auch keine Aussagen mehr zur Vertreibung der Völker. Zumindest aber zeigen die gemachten Beobachtungen zu den spätdtr Händen, daß in der Spätdeuteronomistik über die zentralen Themen wie »Tora«, »Fürbitte«, »Sünde Israels«, »Gericht«, »Erbarmen Jahwes«, »Völker«, »Umkehr«, »Landbesitz und Landverheißung«, »Tempel« etc. eine lebhafte Diskussion stattfand (siehe Punkt 6.6.2).

Die folgende Darstellung der Intention von DtrS versucht deshalb nicht, zwischen verschiedenen Händen wesentlich zu unterscheiden, sondern bemüht sich, die theologischen Aussagen der Spätdeuteronomisten gewissermaßen »systematisch« und zusammenfassend zu beschreiben.

6.3.1 Die Sündhaftigkeit Israels

6.3.1.1 Die unvollständige Landnahme

Ein charakteristisches Merkmal der von DtrS vorgenommenen Ergänzung der DtrH-Darstellung der Landnahme bestand in der Aussage, daß die Landnahme unter Josua nicht vollständig gelungen ist (Jos 13,2-6; 23,4-5.13) und die übriggebliebenen Völker bzw. ihre Götter (Jos 24,15 DtrS) für Israel zur Gefahr werden. Bereits durch diesen Vorstellungskomplex legt sich ein »düsterer Schatten« auf das von DtrH geschaffene Bild des »goldenen Zeitalters« unter Josua.

6.3.1.2 Der Götzendienst Israels

Das DtrH-Bild einer Epoche des treuen Wandels vor Jahwe unter Josua wird endgültig durch Jos 24* DtrS zerstört: Die Josuageneration besteht nicht nur aus Jahweverehrern, sondern setzt sich auch aus Götzendienern zusammen, die erst dazu aufgerufen werden müssen, die Götzen abzulegen und Jahwe zu dienen (Jos 24,14ff*). Schlimmer noch, bereits Israels Väter stehen von Anfang an unter dem Bann des Götzendienstes Jos 24,2. Auch 1 Sam 12,10 DtrS thematisiert - neben Ri 10,6-16* DtrS und Ri 6,7-10 DtrS[44] - offen den Götzendienst Israels.

6.3.1.3 Die generelle Unfähigkeit Israels, Jahwe recht zu dienen

In engem Zusammenhang zu dem soeben beschriebenen Sachverhalt ist die Aussage Josuas zu verstehen, die dem Volk bescheinigt, daß es Jahwe überhaupt nicht recht dienen kann, selbst wenn es die Absicht dazu hat (Jos 24,19ff).

Die Thematisierung des Verhaftetseins Israels in Schuld und Sünde findet sich auch in den anderen von DtrS gestalteten oder ergänzten Texten 1 Sam 12* und 1 Kön 8* wieder. So wird in 1 Sam 12,19b DtrS das Königsbegehren des Volkes scharf verurteilt. Die Formulierung in V.19b »Denn wir fügten zu unseren Sünden all dieses Böse hinzu« macht deutlich, daß hier durchaus ein umfassenderes Verständnis von der Sündhaftigkeit Israels vorhanden ist, das nicht nur auf das Begehren nach einem König bezogen werden kann. Das Thema der Schuld Israels wird ebenso in 1 Kön 8* DtrS thematisiert. So setzen fünf der sieben paradigmatischen Gebetsfälle (1 Kön 8,31f.33f. 35f.37ff.46ff) Sünde »Israels« voraus. 1 Kön 8,46 spricht davon, daß niemand ohne Schuld ist. Im Gegensatz zu DtrH, der die Zeit der Landnahme als »goldenes Zeitalter« mit intakter Beziehung zu Jahwe beschreibt und vor allem erst nach David von dem großen, entscheidenden Abfall Israels ausgeht, betont DtrS die durchgängige Sündhaftigkeit Israels durch alle Epochen seiner Beziehung zu Jahwe (siehe weitere DtrS-Texte, die diesen Sachverhalt betonen unter Punkt 3.10). Im Zusammenhang der Darstellung der Sündhaftigkeit Israels fällt die Betonung des Götzendienstes auf. Da DtrS dem Aufriß der von DtrH geschaffenen Geschichtsdarstellung grundsätzlich folgt, bedeutet auch für ihn die Katastrophe der Eroberung und Zerstörung Jerusalems 587 v. Chr. das Gericht Jahwes über sein schuldiges Volk. Wie der folgende Punkt

---

44   Siehe unter Punkt 3.10.

zeigt, bleibt DtrS bei dieser Darstellung - im Gegensatz zu DtrH - jedoch nicht
stehen.

6.3.2 Die gnädige Zuwendung Jahwes

Für DtrH bestand die gnädige Zuwendung Jahwes in den drei genannten
Heilssetzungen »Land« - »davidisches Königtum« - »Tempel«, die mit dem
Abfall (vor allem vom Alleinverehrungsgebot Jahwes) der Könige von Israel
und Juda 587 v. Chr. endgültig verloren waren. Die über DtrH hinausragende
Betonung der Sündhaftigkeit Israels korrespondiert bei DtrS nun mit dem Reden von der Gnade Jahwes gegenüber seinem schuldig gewordenen Volk. Drei
wesentliche Faktoren lassen sich aus den von mir untersuchten Texten erkennen:

6.3.2.1 Fürbitte für das sündige Volk, Gebet und Gnade Jahwes

In 1 Sam 12* und 1 Kön 8* DtrS thematisiert der spätdeuteronomistische
Verfasser die Fürbitte für Israel und - zumindest in 1 Kön 8,30ff* - das Gebet
des Volkes zu Jahwe. So verspricht Samuel auf die Bitte des Volkes
1 Sam 12,19 in V.23, von der Fürbitte für Israel nicht *abzulassen*, da es ihm
sonst als *Sünde* angerechnet werden würde. 1 Kön 8,22-53 DtrS ist insgesamt
ein Fürbittgebet Salomos für die Vergebung der Sünden des Volkes. Durch die
Fürbitte Salomos wird das Gebet (vor allem) des Volkes zu Jahwe vorbereitet.
Ähnlich ist auch die für die Jahwebeziehung Israels positive Funktion von Josua und den Ältesten zu verstehen Jos 24,15; Ri 2,6-9 DtrS (siehe unter
Punkt 3.10). Die Thematisierung der Fürbitte für das sündige Israel findet sich
noch in weiteren spätdeuteronomistischen Texten.

Aurelius hat in seiner Monographie »Der Fürbitter Israels« eingehende Untersuchungen
zum Bild Moses als Fürbitter Israels vorgenommen. Gegenstand seiner Analyse sind vor
allem die Texte Dtn 9-10; Ex 5,3-6,1; 17,1-7; 32-34; Num 11,4-35. An dieser Stelle will ich
mich auf die Darstellung der spätdeuteronomistischen Fürbittervorstellung konzentrieren[45].
Aurelius geht für die Geschichte vom goldenen Kalb in Dtn 9-10 von einer frühnachexi-
lischen Grundschicht aus, die in etwa (einschließlich des engeren Kontexts) folgenden
Umfang hat: Dtn 7,17-19.21.23f; 8,7-11a.12-18a; 9,1-7a (ohne 4b).13f.26a*.27(f); 10,11.
Das zentrale Anliegen dieser Schicht ist die Betonung des rechten Herzens Israels vor

---

45   Traditionsgeschichtlich leitet Aurelius das Bild von Mose als Fürbitter von Amos her:
     Fürbitter, S. 79ff.

Jahwe[46]. In der Fürbitte des Mose Dtn 9,26-29*, in der er für die Verschonung Israels vor der Vernichtung durch Jahwe bittet, wird Israel als gottloses und halsstarriges Volk beschrieben, das nur aufgrund der Verheißung an die Väter (Abraham, Isaak und Jakob) und dem möglichen Spott der Völker verschont werden soll. In ihrer gegenwärtigen Kontextstellung will die Grundschicht als hermeneutischer Schlüssel zur Gesetzessammlung dienen und Ruf zum neuen Anfang sein, "zur wahren Gottes- und Selbsterkenntnis nach dem vollzogenen Gericht"[47]. Aurelius setzt diese frühnachexilische Schicht nach der Grundschicht Dtn 1,9-46 (DtrH) und vor DtrN an[48]. Nur die Fürbitte Moses und Jahwes Treue gegenüber seinen Verheißungen können das Unheil von Israel abwenden. Nach Abfassen der Grundschicht in Dtn 9-11* wird - entstehungsgeschichtlich - Ex 32,7f.10-14 als "selbständige und kontextbezogene Bearbeitung der Grundschicht von Dtn 9f" verfaßt[49]. Die erste spätdeuteronomistische Erweiterung der Grundschicht in Dtn 9-10*[50] zeichnet sich durch eine Generalisierung der Sünde Israels aus, wobei die Fürbitte Moses und die Antwort Gottes nun die ganze kommende, von Jos bis 2 Kön reichende und für den Verfasser bereits abgeschlossene Geschichte Israels abdecken soll. "Der קהל Israels ist nicht mehr ein Volk in Waffen, zum Streit versammelt, sondern ein Volk in Andacht, zum Hören des Gotteswortes versammelt"[51]. Die spätdtr Intention läßt sich wie folgt beschreiben: "Trotz seiner ganzen Geschichte von Unglaube und Ungehorsam und nach dem unvermeidlichen Ende, dem Untergang der beiden Reiche, darf dieses Volk immer noch Gottes Volk sein"[52].

Eine ebenfalls spätdeuteronomistische Ergänzung zu dem aus dem 7. Jahrhundert stammenden Grundbestand von Ex 32*[53] bilden die Verse Ex 32,7-14, die als »Lesebrille« für die Geschichte vom goldenen Kalb dienen sollen: Jahwe hat sein Volk trotz Israels Schuld nicht verworfen. Der Einschub bietet somit einerseits die Erklärung, warum das Volk nach dem Abfall am Sinai bis 587 v. Chr. Bestand hatte, andererseits soll nach dem Untergang auf den noch offenen und gangbaren Weg verwiesen werden, der helfen kann, Gottes Zorn abzuwenden, nämlich durch Klagen und Gebet[54]. Wieder kann Mose durch Berufung auf den Väterschwur an die Patriarchen Abraham, Isaak und Jakob Ex 32,13 das Unheil abwenden. Nach Aurelius wird in Ex 32,13 das Wesentliche aller Väterverheißun-

---

46   A.a.O., S. 27
47   A.a.O., S. 39
48   A.a.O., S. 33-40. Das Argument von Aurelius für eine Datierung vor DtrN besteht darin, daß in Dtn 9,6 Israel bereits in der Wüste ein halsstarriges Volk ist, während es in Jos 23,8f zumindest bis zur Abschiedsrede Josuas als fromm beschrieben wird, da es einige der Völker bei der Landnahme vertreiben konnte (S. 33-35). Die Aussagen über die Sündhaftigkeit Israels auch in der Grundschicht von Dtn 9-10 stehen in enger Beziehung zu 1 Sam 12* und 1 Kön 8* DtrS, die wohl etwas jünger als die Betonung des Toragehorsams in Jos 1,7 DtrS und Jos 23 DtrS sein muß. Offensichtlich handelt es sich hier um verschiedene Hände der spätdeuteronomistischen Bewegung.
49   A.a.O., S. 43
50   A.a.O., S. 48. Ihr Umfang beträgt einschließlich Grundschicht Dtn 9,1-7a.(8).9. 11-17.21.26-29; 10,11.
51   A.a.O., S. 51
52   A.a.O., S. 56
53   A.a.O., S. 57ff
54   A.a.O., S. 97

gen zusammengefaßt. Ex 32,7-14 setzt dabei Gen 22,15-18 voraus, ein Text, in dem ebenfalls eine Zusammenfassung der Verheißungen an die Väter geboten wird. Nach Aurelius gehört auch Gen 22,15-18 (neben Ex 19,3b-8; 24,3 und 20,23) zu den (spät)deuteronomistischen Bearbeitungen der Vätergeschichte und der Sinaiperikope[55]. In Gen 22,15-18 "wird es aber ganz klar gemacht, daß Abraham die Bedingung von Ex 19,5 erfüllt hat: Gehorsam"[56]. "Wenn Mose Jahwe den Eid vorhält, den dieser bei sich selbst geschworen hat nach dem beispiellosen Beweis von Abrahams Gehorsam, dann läßt sich Jahwe das Böse gegen den treulosen Samen gereuen"[57]. Mose soll nach Aurelius zum Vorbild des Hiskia gemacht werden, "der durch sein bußfertiges Eingreifen die Reue Gottes bewirkt und das Gottesvolk für eine Zeit gerettet hat; das Ende Judas mit der Ursünde am Sinai zu verbinden; den Erfolg der Fürbitte, die (zeitweilige) Bewahrung des Volkes, mit den im Gehorsam Abrahams begründeten Väterverheißungen zu verbinden; und das alles als ein Wort in die gegenwärtige Not zu richten, als Hinweis darauf, wie die Not zu bewältigen sei: durch Klagen und Beten, unter Berufung auf Abraham, nach dem Vorbild Moses"[58].

Ebenfalls aus spätdeuteronomistischer Feder stammt der Text Ex 33,12-17, der die Frage aufwirft, wie ein heiliger Gott mit einem sündigen Volk Umgang haben kann[59]. Dabei zeigt Aurelius auf, daß Ex 33* DtrS literarisch von 2 Sam 7* DtrS abhängt. Beide Texte gehören zu einer Gruppe "spätdeuteronomistischer, liturgisch geprägter (und wohl liturgisch verwurzelter) Texte mit dem gemeinsamen Thema »Jahwes Einzigartigkeit als Gott und Israels Sonderstellung als Jahwes Volk«"[60]. Die Identität Israels, die im Mit-Gehen Jahwes besteht, wird nicht wie in 2 Sam 7,23 gerühmt, sondern mit der Schuld Israels konfrontiert und Gegenstand der Fürbitte. Die Sonderstellung des Mose vor Gott und Israel besteht darin, daß er vor Gottes Augen Gnade gefunden hat und Gott ihn bei Namen kennt[61].

Als planmäßige, spätdeuteronomistische Komposition ist in diesem Zusammenhang auch Ex 34 zu verstehen: Die Frage aus Ex 33, wie Gott mit einem unheiligen Volk umgehen kann, findet in Ex 34 ihre Lösung: "Die Gottesgemeinschaft wird wiederhergestellt, aber nicht auf der Ebene der Heiligkeit, sondern auf Ebene der Sünde Israels. ... Der neue Sinaibund von Ex 34 enthält somit Verheißung (v 10) und Verpflichtung (v 27), aber beruht auf Vergebung und wird mit einem nach wie vor als »halsstarrig« bezeichneten Volk geschlossen"[62]. Eine ähnliche Aussage findet sich in dem spätdeuteronomistischen, nachexilischen Text Num 14,11-25: Bereits die Vorgeschichte Israels war "eine Geschichte von Verfehlungen und hat mit einem Strafgericht geendet, genau wie die nachfolgende größere, im D-Werk dargestellte ‚eigentliche' Geschichte Israels"[63]. Das nachexilische Israel soll erkennen, daß Israels Geschichte mit Jahwe, trotz des Gerichtes Jahwes über die Wüstenge-

---

55   A.a.O., S. 100
56   A.a.O., S. 98
57   A.a.O., S. 99
58   A.a.O., S. 100
59   A.a.O., S. 109
60   A.a.O., S. 111
61   A.a.O., S. 116
62   A.a.O., S. 125f
63   A.a.O., S. 139

neration, nicht zu Ende war, weil Jahwe durch die Fürbitte des Mose gnädig ist[64]. In diesem grundsätzlichen Verständnis von Israels Schuld und Jahwes Gnade mit Israel stehen auch die spätnachexilischen Texte Num 11,1-3; 21,4-9, in denen die Boshaftigkeit Israels gegenüber Jahwe und Jahwes Vergebung aufgrund der Fürbitte des Mose betont wird[65]. Ich schließe mich den Auffassungen von Aurelius grundsätzlich an, wobei die Richtigkeit mancher Einzelheiten in der Arbeit von Aurelius an dieser Stelle nicht diskutiert werden kann.

Zusammenfassend läßt sich also sagen, daß die Entfaltung des Mosebildes als Fürbitter in die exilisch/nachexilische Zeit gehört und vor allem auf (spät)deuteronomistische Kreise zurückzuführen ist. In den genannten Texten werden die Themen Sünde Israels, Gericht Jahwes und Barmherzigkeit Jahwes zusammengedacht. Die Beziehung zu Jahwe wurde seit dem Auszug aus Ägypten - dem entscheidenden Heilsereignis - von der Sünde Israels gegenüber Jahwe geprägt. Jahwes Gnade und die Fürbitte des Mose, die Jahwe an seine Verheißungen an die Patriarchen erinnert, wobei der Gehorsam Abrahams Gen 22,15-18 eine besondere Rolle spielt, verhindern - im geschichtlichen Ablauf der Bücher Ex - 2 Kön gesehen - immer wieder das vernichtende Gericht, bis die Katastrophe von 587 stattfindet. Für die exilisch-nachexilische Generation bedeuteten diese Texte die Möglichkeit zu einem Neuanfang, da Jahwe auch im Gericht Gnade walten ließ, und sie zeigen, wie das Gericht bewältigt werden kann: durch Fürbitte und Berufung auf die Verheißungen an die Väter.

Zu ähnlichen Ergebnissen wie Aurelius kam H.-C. Schmitt im Zusammenhang mehrerer Aufsätze zur (spätdeuteronomistischen) Endredaktion des Pentateuch[66]. H.-C. Schmitt kann plausibel machen, daß der Gedanke des stellvertretenden Gehorsams eines vorbildlichen Frommen bei DtrS neben der Gestalt Abrahams Gen 22 - wie Aurelius gezeigt hat - auch in der spätdeuteronomistischen Schicht der Königsbücher auf David angewandt wird. So wird David in 1 Kön 11,6 als »vollkommen in der Nachfolge Jahwes bezeichnet« (יהוה אחרי (piel) מלא), wobei die Verheißung an die Nachkommen Davids ergeht, daß "sie trotz ihrer Sünde einen Stamm behalten dürfen (1 Reg. xi 12-13, 32, 34bβ, 36, xv 4-5; 2 Reg. viii 19, xix 34, xx 6) "um Davids willen"[67]. Dies entspricht genau der Verheißung in

---

64 A.a.O., S. 140

65 A.a.O., S. 141ff

66 Dabei finden sich noch weitere von DtrS geschaffene Texte, die das Thema des Gebetes und des damit verbundenen Glaubens an Jahwes Verheißungen thematisieren (H.-C. Schmitt, Redaktion). Zur Verdeutlichung sollen zwei Texte angeführt werden: In der sekundär eingefügten, (spätdeuteronomistischen) Lehrerzählung Ex 17,8-16* wird der Sieg Israels gegen die Amalekiter auf das Gebet Moses und die Erhörung durch Jahwe zurückgeführt (ders., Lehrerzählung, S. 340ff). Das Ziel der Erzählung ist, das Vertrauen in die Macht des unablässigen Betens zu stärken. So will auch die spätdeuteronomistische Überarbeitung von Num 16* DtrS (ders., Identität, S. 270ff) den Gauben an die Macht Jahwes wecken und sieht im "Glauben an die Verheißung Gottes" die rechte Haltung Israels vor Jahwe an (Identität, S. 271). Schmitt greift dabei die Analyse von Aurelius zu Num 16 auf, modifiziert dabei allerdings - zu Recht - die zeitliche Zuordnung der einzelnen Schichten (Identität, S. 268f). Diese Aussageabsicht findet sich auch in Ex 19,3b-9a DtrS wieder (S. 271f).

67 למען דוד

Gen xxvi 24, in der davon gesprochen wird, daß die Verheißung an Abrahams Nachkommen "um Abrahams willen" geschieht"[68].

Bereits ein erster Blick auf die von Aurelius und H.-C. Schmitt angestellten
Beobachtungen zeigt, daß sich diese mit den theologischen Aussagen hinter
den Fürbitten Samuels in 1 Sam 12* DtrS und Salomos 1 Kön 8* DtrS in
Deckung bringen lassen: Sowohl die Mosezeit als auch die Epochenübergänge
von der Richterzeit zum Königtum, der Bau des Tempels und der Übergang
zur Geschichte der getrennten Reiche wird von DtrS mit der Thematik der
Fürbitte für das sündige Volk und der Erhörung der Gebete des Volkes
»ausgestattet«.

Für die Zeit der Landnahme (des Westjordanlandes) fehlt auffallenderweise
die Thematisierung des Themas Fürbitte für Israel. Dieser Umstand erklärt
sich wohl aus der von DtrH geschaffenen Geschichtsdarstellung: Da die Zeit
der Landnahme bei DtrH als »goldenes Zeitalter« zu bewerten ist, genügte es
DtrS offensichtlich, vor allem am Ende dieser Epoche, sozusagen zusammenfassend, mit Jos 23 und 24 das Thema »Sünde Israels« nachzutragen.

In 1 Sam 12* ermöglicht erst Jahwes Eingreifen durch Donner und Regen
(1 Sam 12,17ff) - neben einer Rede Samuels - für Israel die Erkenntnis der
eigenen Schuld. Das Sündenbekenntnis Israels und die Bitte um weitere Fürbitte durch Samuel wird - so verstanden - von Gott initiiert. DtrS stellt auf
diese Weise plastisch Israels Sündhaftigkeit und Verlorenheit vor Augen, aber
auch Jahwes Gnade, der dieser Umkehr mit Vergebung begegnet. Ausgelöst
wurde dies durch die Bitte Samuels zu Jahwe 1 Sam 12,17. Die Themen
»Sünde Israels«, »Fürbitte« und »Gnade Jahwes« kehren, wie die obigen
Ausführungen zum Bild des Fürbitters Mose gezeigt haben, in für DtrS typischer Weise wieder.

In 1 Kön 8* DtrS werden in den einzelnen Fürbittgebeten Salomos für Israel neben der »nackten« Bitte um Erbarmen folgende Gründe für eine Erhörung durch Jahwe angegeben:

Der Verweis auf die Heilsgabe des Landes an die Väter V.34.40 und die
Gabe des Landes als Erbbesitz V.36.

Jahwes (prinzipielle) Bereitschaft, seinem Volk den guten, gangbaren Weg
zu lehren V.36.

Die aus der Erhörung resultierende Furcht Jahwes, die eine innigere Gottesbeziehung zur Folge hat V.40.

---

68   H.-C. Schmitt, Geschichtswerk, S. 276

Der Verweis auf das Heilsereignis der Herausführung aus Ägypten und Israels Status als Erbbesitz Jahwes.

Die Umkehr des Volkes: Mit שוב V.33.35.47, ohne שוב, aber der Sache nach V.37-40. Siehe dazu Punkt 6.3.2.2

Die Kombination dieser beiden Motive *Exodusereignis* und *Israel als Erbbesitz Jahwes* verweisen deutlich auf die Fürbitte des Mose in Ex 34 DtrS zurück (siehe oben), wo Mose in Ex 34,9 Jahwe bittet, daß Jahwe Gemeinschaft mit seinem Volk haben und Israels Schuld vergeben möge, auch wenn Israel ein halsstarriges Volk ist. Jahwe möge es zu seinem Erbe machen ונחלתנו. Die Gottesgemeinschaft Israels wird auf der Ebene der Sünde Israels wiederhergestellt[69]. Ähnlich verhält es sich mit Ex 32,7-14* DtrS[70]. Die von Ex 34 DtrS geschaffene »hermeneutische Brille« für den Sinaibund läßt sich wie folgt beschreiben: "Der neue Sinaibund von Ex 34 enthält somit Verheißung (v 10) und Verpflichtung (v 27), aber beruht auf Vergebung und wird mit einem nach wie vor als »halsstarrig« bezeichnetem Volk geschlossen"[71]. Dieselben theologischen Strukturen kehren in der Fürbitte des Salomo 1 Kön 8,31ff wieder, ohne daß der *Sinaibund* explizit erwähnt wird. Durch den Terminus סלח sind Ex 34,7-14* DtrS und 1 Kön 8,30ff* DtrS eng aufeinader bezogen. Innerhalb der Bücher Gen - 2 Kön kommt die *Bitte an Jahwe um Vergebung* סלח nur in Ex 34,9 DtrS; Num 14,19 DtrS und 1 Kön 8,30.34.36.39.50 DtrS vor[72]. Wegen der Fürbitte des Mose machte Jahwe sein Volk in Ex 34 - obwohl es bleibend sündig ist - zu seinem Erbbesitz. Aufgrund der Tatsache des Exodusereignisses und des »Status« des Volkes Israel als Erbbesitz Jahwes kann Salomo nun seine Fürbitten an Jahwe richten, die die Krise des Exils überwinden sollen.

Hier stellt sich die Frage, ob die in 1 Kön 8,31-53 betonte Umkehr, die in Ex 32,7-14* DtrS und Ex 34 DtrS fehlt, den bisherigen Ergebnissen widerspricht und der Befund nicht derart zu deuten ist, daß Ex 32,7-14* und Ex 34 einerseits und 1 Kön 8* andererseits auf verschiedene Verfasser zurückgeführt werden müssen. Bei genauerer Betrachtung der Texte zeigt sich jedoch, daß sie dieselbe Intention besitzen: Eine der zentralen theologischen Aussagen von Ex 32,7-14*DtrS und Ex 34 DtrS ist die, daß der Zorn Jahwes durch Klage und Gebet abgewendet werden kann[73]. In 1 Kön 8* DtrS wird diese neue Hinwendung zu Jahwe explizit Umkehr genannt. Ansonsten besitzen sie dieselbe theologische Aussageabsicht.

---

69 Aurelius, Fürbitter, S. 125
70 A.a.O., S. 57ff.97
71 A.a.O., S. 125f
72 Zur DtrS-Verfasserschaft von Ex 34,9 und Num 14,19 siehe Aurelius, Fürbitter, S. 109ff.
73 Vgl. Aurelius, Fürbitter, S. 97.

Auf die Frage nach den Verpflichtungen des Bundes und der Beziehung zur Gnade Jahwes ist in Punkt 6.3.3 einzugehen.

Die Tatsache, daß 1 Kön 8* DtrS zumindest in V.31-53 als Fürbittgebet Salomos gestaltet ist und von DtrS in die Zeit des ersten Tempels »zurückverlegt« wird, ist für die Glaubens- und Gebetsthematik nicht ohne Bedeutung. So wird das Hilferufen zu Jahwe um Rettung und Erbarmen in die vorexilische Zeit zurückverlegt, als die Setzungen Jahwes »davidische Dynastie« und »Tempel« ihren geschichtlichen Höhepunkt erreicht haben. Die Fürbitte Salomos hat in nachexilischer Zeit die Aufgabe, die Gemeinde zum Gebet zu Jahwe in verschiedenen, die Gemeinde bedrohenden Situationen zu ermutigen, da bereits Salomo - der weiseste aller Könige - die Erhörung dieser Gebete durch seine Fürbitte vorbereitet hat.

Bis jetzt wurde davon ausgegangen, daß Fürbitte, die in den untersuchten Texten von herausragenden Gestalten wie *Mose, Samuel oder Salomo* gehalten wurde, auch für die nachexilische Zeit, in der DtrS lebt, zentrale Bedeutung hat, obwohl in den biblischen Texten die Fürbitte nicht von den jeweiligen, spezifischen Betern abgelöst wird. Hier gilt es jedoch zu bedenken, daß die Fürbitte eines Mose, Samuel oder Salomo fester Bestandteil der alttestamentlichen *Tradition* ist, die es zu verinnerlichen und zu befolgen gilt[74]. In den untersuchten Texten haben sich vor allem Josua und Samuel als exemplarische Jahwefromme erwiesen, die Vorbildfunktion für das Volk haben. M.E. legt es sich nahe, hier Ideale der spätdtr Kreise zu sehen, die es nachzuahmen gilt.

Die Stellung Abrahams und Davids vor Jahwe, die nach Aurelius und H.-C. Schmitt (siehe oben) mit dem Glaubensbegriff bzw. der Vollkommenheit der Nachfolge vor Jahwe umschrieben wird, findet sich für Samuel und Salomo nicht. Auch werden nicht, wie bei David oder Abraham, um Samuels oder Salomos willen (למען) heilvolle Konsequenzen für Israel oder andere Personengruppen gezogen. Für Salomo kann eine derartige Qualifizierung gar nicht in Frage kommen, da er 1 Kön 11 von Jahwe abfällt. Samuel wird jedoch in Jer 15,1 - einer ebenfalls deuteronomistischen Stelle[75] - mit dem Fürbitter Mose auf eine Stufe gestellt. Nachdem ausführlich spätdeuteronomistische Fürbittvorstellungen behandelt wurden, ist zu prüfen, ob und in welcher Weise das Thema der Fürbitte in Jos - 2 Kön auch bei DtrH vorkommt.

---

74   In Ps 106,23 wird Mose, in Jer 15,1 werden Mose und Samuel als Fürbitter dargestellt. In Ps 99,6 ist davon die Rede, daß Jahwe auf das Rufen Mose und Samuels (und Aarons) hörte.

75   Thiel, Redaktion, S. 189-191

Für die Gestalt Josuas findet sich allein in Jos 7,7-10 ein kurzes Gebet Josuas mit der Antwort Jahwes in V.11-15, das auf dem Hintergrund der Geschichte von Achans Diebstahl gesprochen wird. Nach Fechter stammen V.1b[ohne: Sohn des Sabdi, Sohn des Serach vom Stamm Juda].2-5.6aα [ohne ארון].7.10.11aα.b.12-14.15a.bβ.16f.18[ohne: Sohn des Sabdi, Sohn des Serach vom Stamm Juda] von DtrH[76]. Auf »DtrN« sind V.1a.bα[Sohn des Sabdi, Sohn des Serach vom Stamm Juda].11aβγ.15bα.18b[dieselben Worte wie in 1bα].25bα. 26aα zurückzuführen. Die Verse V.8-9 könnten eventuell von einem späteren dtr Redaktor als »DtrN« stammen[77]. ארון א in V.6aα sowie V.6aβ.b und V.25bγ sind nicht näher bestimmbare Zusätze. Auffallenderweise handelt es sich bei dem Gebet Josuas in V.7-15* DtrH mehr um eine Klage als um eine reine Fürbitte. Auch die spätdtr Ergänzungen, vor allem in V.8-9, stellen eher eine Frage an Jahwe dar als eine ausführliche Fürbitte für die Schuld Israels.

Für Samuel kommt neben 1 Sam 12* DtrS nur noch 1 Sam 7,2-13 und 15,11 in Frage. In 1 Sam 7,2-13 werden gerne die V.(2*.)3-4 als redaktioneller Einschub betrachtet, da die Aufforderung Samuels, zu Gott umzukehren (! שוב) und die fremden Götter abzutun, vor der Versammlung und dem Sündenbekenntnis des Volkes V.5f »zu früh« kommt und Sprache und Inhalt für DtrN bzw. DtrS sprechen[78]. Weiterhin beziehen sich V.3-4 auf den ebenfalls in DtrH sekundären Verse Ri 10,16 zurück. Die restlichen Verse V.2-14* werden dann in der Forschung vorwiegend auf DtrH zurückgeführt, wobei umstritten ist, ob und in welchem Umfang DtrH vordeuteronomistisches Material aufgenommen hat[79].

H.-C. Schmitt hat aufgezeigt, daß 1 Sam 7,2-13 mehrere Gemeinsamkeiten mit Ex 17,8-16* aufweist[80]: "In beiden Erzählungen wird von einem von Jahwe gewirkten Sieg Israels gesprochen, der primär auf den Einsatz des religiösen Führers des Volkes zurückgeht"[81]. So entspricht dem unablässigen Schreien Samuels zu Gott 1 Sam 7,7ff das unablässige Erheben der Hände des Mose in Ex 17,8ff, das am besten als Gebetshaltung zu verstehen ist[82]. Beide Texte schließen damit, "daß Samuel bzw. Mose eine Gedenkstätte errichtet, deren Name die Rettung durch Jahwe zum Ausdruck bringt" Ex 17,15f; 1 Sam 7,12[83]. Die von H.-C. Schmitt herausgearbeiteten gemeinsamen Grundzüge zwischen 1 Sam 7,2-13 und Ex 17,8-16* beziehen sich bereits auf die Grundschicht in 1 Sam 7,2-13*, die in der Forschung DtrH zugewiesen wird. Beide Texte haben gemeinsam, daß Jahwes Eingreifen besonders betont wird und wollen zeigen, daß "die Macht Israels nicht in seiner militäri-

---

76 Fechter, Familie, S. 74 (Zusammenfassung)
77 Ebenda
78 So z.B. O`Brien, Hypothesis, S. 106, vor allem Fußnote 87. Veijola, Verheißung, S. 206, Fußnote 34. Zum sekundären Charakter von V.3-4 siehe auch Mommer, Samuel, S. 32, obwohl Mommer V.3-4 unpassenderweise DtrH zuschreiben muß, weil er mit einem vordtr Grundbestand in 1 Sam 7 rechnet (S. 33). Zur Analyse von 1 Sam 7,3-4 siehe auch unter Punkt 3.10.
79 Zur Diskussion siehe z.B. O`Brien, Hypothesis, S. 100ff und Mommer, Samuel, S. 31ff. Veijola weist 1 Sam 7,5ff DtrH zu: Verheißung, S. 199.
80 H.-C. Schmitt, Lehrerzählung, S. 341f; in Ex 17,8-16 sind V.14.9bβ sowie die Lokalisierung »in Rephidim« V.8b sicher sekundär S. 338f.
81 A.a.O., S. 340
82 A.a.O., S. 341
83 A.a.O., S. 340

284   6. Kapitel: Synthese

schen Stärke begründet ist, sondern in der Macht des ihm von Gott zur Verfügung gestellten Gebets"[84].

Für 1 Sam 7,2-13* DtrH ist dabei jedoch zu beachten, daß dieser Text im engeren Kontext der DtrH-Darstellung von der Entstehung des Königtums 1 Sam 8-11* steht. Die Funktion, die 1 Sam 7,2-13* *in diesem Zusammenhang* zukommt, ist die, zu zeigen, daß *Jahwe selbst* für die äußere Sicherheit Israels sorgt. Das Verlangen des Volkes, einen König zu haben, der für Israel Krieg führt (1 Sam 8,20 DtrH), bedeutet Ablehnen der Fürsorge Jahwes[85]. Es kommt DtrH demnach in 1 Sam 7,2-13* nicht so sehr darauf an, eine theologische Lehre von der Macht des Gebetes zu entwickeln, sondern Israels schuldhaftes Verhalten gegenüber Jahwe aufzuweisen.

1 Sam 15,11 enthält den Bericht über ein Gebet Samuels zu Jahwe, nachdem Jahwe Saul verworfen hat. Während Mommer V.11b - die Erwähnung der Fürbitte Samuels - zusammen mit 1 Sam 15,1-23*.30-35 auf prophetische Kreise "des 9./8. Jh., die vermutlich im Nordreich ihre Heimat haben"[86], zurückführen will, kann Donner für 1 Sam 15 nachexilische Verfasserschaft plausibel machen[87]. Er zeigt auf, daß 1 Sam 15 "Wort- und Sachbeziehungen zu folgenden alttestamentlichen Textgruppen unterhält"[88]: Gen 25,18; Num 14,22-24; Ri 1,16; 1 Sam 8-11; 13; 14; 22; 23; 30 und 1 Kön 11. Donner weist darauf hin, daß mit den Bezügen zu Gen 25,18 die Priesterschrift bereits vorausgesetzt ist. Eine Bestimmung der Tradentenkreise ist nach seiner Ansicht nicht möglich.[89] Jedenfalls stammt 1 Sam 15,11 nicht von DtrH.

In den Königsbüchern findet sich noch die Fürbitte des Hiskia in 2 Kön 19,15*-19[90]: Rehm hat auf Verbindungen zwischen 2 Kön 19,15*-19 und 1 Kön 8 aufmerksam gemacht: So die Bitte um Jahwes Aufmerksamkeit (2 Kön 19,16; 1 Kön 8,29) und die Bitte bzw. das Ziel der Gebetserhörung, daß die Königreiche der Erde erkennen sollen, daß Jahwe allein Gott ist (2 Kön 19,19; 1 Kön 8,60)[91]. Hentschel weist darauf hin, daß 2 Kön 19,18 aus (dem spätdtr Text) Dtn 4,28 zitiert[92]. Diese Beziehungen auf spätdtr-Passagen in 1 Kön 8 und Dtn 4 sprechen dafür, daß 2 Kön 19,15*-19 ebenfalls von DtrS stammen muß.

---

84   A.a.O., S. 344
85   Zum Unfang der DtrH-Darstellung von der Entstehung des Königtums siehe unter Punkt 4.4.2.
86   Mommer, Samuel, S. 159
87   Donner, Verwerfung, S. 145ff
88   A.a.O., S. 152. Einzelheiten siehe S. 148ff.
89   A.a.O., S. 153. Aufgrund der Bezüge zu P bzw. nachpriesterlichen Zusätzen wie Gen 25,18, der Bezüge zu Num 14; 22-24 (vgl. unter Punkt 3.7.3.2.6) und gewisser dtr Anteile ist zu überlegen, ob 1 Sam 15 nicht auf DtrS zurückzuführen ist. Allerdings würde dies Aufgabe und Ziel dieser Arbeit sprengen.
90   Das Gebet Davids in 2 Sam 7,18-29 wurde bereits unter Punkt 5.3.2.3.1 exegetisch behandelt. Während David in der von DtrH geschaffenen Schicht Vers 18-21. 27aβ[einschließlich »folgendermaßen« V.27aα]-29 die Dynastieverheißung aufgreift und im Gebet vor Jahwe bringt, bezieht DtrS mit V.22-27aα[ohne: folgendermaßen] das Volk Israel mit ein. Allerdings betet David hier nicht für das Volk, sondern in beiden Schichten für den Tempel und die Dynastie.
91   Rehm, Das zweite Buch der Könige, S. 185
92   Hentschel, 2 Könige, S. 93

Zusammenfassend läßt sich also sagen, daß das Bild Samuels als Fürbitter und die Thematisierung von Fürbitte keine reine »Erfindung« von DtrS ist (vgl. auch Aurelius unter Punkt 6.3.2.1). Bereits in der von DtrH geschaffenen Erzählung 1 Sam 7,2-13* »schreit« Samuel für das bedrängte Volk zu Jahwe.

Im Gegensatz zu DtrS ist die Fürbitte bzw. das Gebet zu Jahwe bei DtrH kein entscheidender Faktor zur Bewältigung der Krisensituation der exilisch/nachexilischen Zeit (vgl. 1 Kön 8* DtrS). Die »punktuelle« Verwendung des Topos »Fürbitte« für das Volk in 1 Sam 7,2-13* hat bei DtrH eher die Funktion, zu zeigen, wie sehr Jahwe seinem Volk in Bedrängnis geholfen hat und wie schwer der Abfall Israels bzw. seiner Könige nun von Jahwe wiegt. Bei DtrS sind Fürbitte und Gebet zu Jahwe wichtige »Einrichtungen«, sowohl Gottes Zorn, der zum Gericht von 587 v. Chr. führte, als auch die permanente Sündhaftigkeit Israels zu bewältigen. Auch bei dem Thema Fürbitte lassen sich also die beiden theologischen »Perspektiven« von DtrH und DtrS unterscheiden: DtrH will erklären, wie es zum Gericht kam, DtrS will zeigen, wie die Katastrophe theologisch bewältigt und Neuaufbau geleistet werden kann.

6.3.2.2 Umkehr und Vergebung

Mit dem Thema der Fürbitte ist das Thema der Umkehr und Vergebung eng verbunden. Bereits in Jos 24 DtrS* wurde die Radikalität der Aussage Josuas, daß Israel Jahwe nicht recht dienen kann, selbst wenn es will (Jos 24,19), beobachtet. Eine »Lösung« für diese Problematik fand sich in der vorbildhaften Funktion Josuas (und der Ältesten) in Jos 24,15; Ri 2,6-9 DtrS (wobei die Vorgabe von Jos 24,28-31 bewußt übernommen wurde), die das Volk offensichtlich von einem Abfall abhalten konnten. Für die Struktur von 1 Sam 12* DtrS wurde festgestellt, daß Jahwe - auf Bitte Samuels - das Volk zum Eingeständnis seiner Schuld und Bitte um Fürbitte und Gnade vor Jahwe führt. In 1 Kön 8* DtrS ist das Verhältnis zwischen Umkehr Israels שוב, Fürbitte Salomos und Jahwes Gnade durchaus komplexer gestaltet.

Die Umkehrhoffnung im DtrG:

H. W. Wolff untersuchte in seinem Aufsatz »Das Kerygma des Deuteronomistischen Geschichtswerks« das DtrG nach seiner Aussageintention. Die exegetische Ausgangsbasis seiner Analyse ist das Modell Noths mit einem Dtr-Verfasser, der etwa um 550 v. Chr. gewirkt hat[93] und die Diskussion zwischen Noth und von Rad über die Intention des DtrG im Gesamtentwurf[94]. Wolff setzt also das Göttinger Schichtenmodell bzw. die Aufteilung zwischen DtrH und DtrS noch nicht voraus. Das Thema Umkehr mit dem terminus technicus שוב findet sich an allen bedeutenden Stellen des DtrG (1 Sam 7,3; 2 Kön 17,25 u.a.) und "demonstriert damit an verschiedenartigen Exempeln, was Israel im Gericht des Exils zu

---

93   Wolff, Kerygma, S. 309
94   A.a.O., S. 309ff

hören und zu tun hat"[95]. Nach Wolff ist die deuteronomistische Geschichtsdarstellung in drei Phasen unterteilt (Landnahme, Richter- und Königszeit), wobei gerade das Tempel- weihgebet Salomos 1 Kön 8,22-61 das Kopfstück der dritten Hauptphase der Geschichte Israels darstellt. Einerseits geht es um den Tempel, andererseits um die Situation des Ge- richts. Umkehr wird in V.33.35.46-53 thematisiert. Israel soll seine Schuld bekennen und die Gerechtigkeit Jahwes anerkennen. Dies ist die Wende zu einer neuen, vierten Phase der Heilsgeschichte[96]. Einer zweiten Hand des deuteronomistischen Kreises schreibt er Dtn 4,29-31 und 30,1-10 zu, die ebenfalls Umkehr betonen und auf diese Weise das Dtn zur entscheidenden Moserede für die Exilsgeneration umgestalten[97]. Umkehr beinhaltet nach Wolff:

1. Ausschließliche Hinwendung zu Jahwe (Ri 2,16 in Verbindung mit Ri 3,9; 1 Sam 12,9 und 1 Kön 8,47), die Schuldbekenntnis, Bitte um Errettung und Willigkeit zu neuem Gehorsam beinhaltet.

2. Hören auf die "Stimme Jahwes, deines Gottes, entsprechend der Weisung des Mose (2 Kön 23,25 und 2 Kön 17,13).

3. Akultisches Interesse, Abwehr von Fremdkulten und mangelndes Interesse am Voll- zug bestimmter Jahwekulte. Der Tempel ist nur noch Gebetsstätte. Es geht um Gebets- und Wortgottesdienste.

4. Aus Dtn 4,29ff und Dtn 30,1-10 folgt, daß Umkehr eine Frucht des Gerichts ist, bzw. nach Dtn 4,29 und 30,8 Umkehr eine Verheißung ist.

Daraus folgt: Die Intention des DtrG ist die dringliche Einladung zur Umkehr[98]. Gleichzeitig rechnet das DtrG mit einer neuen Setzung Jahwes. Nach Wolff denkt der Ver- fasser von 1 Kön 8,49f nur an Erbarmen des Feindes, nicht an eine Rückkehr. Heimkehr wird nur in Dtn 30,4 angesprochen. Das Tempelweihgebet drückt nicht die Hoffnung nach einem neuen König aus. Vielmehr soll Israel in der Völkerwelt ein neues Zeugenamt über- nehmen (1 Kön 8,41-43). Von einem Hoffnungs*programm* sollte man aber nicht sprechen. Israel soll ganz auf Gott hören, damit es ganz Gottes Eigentum in der Völkerwelt werde[99].

Wolffs zweifelsohne richtigen Textbeobachtungen werden von seinen exegetischen Grundvoraussetzungen *eines* Dtr-Verfassers bestimmt. Die Texte, auf die sich Wolff für eine Umkehrtheologie von Dtr bezieht (außer Dtn 4 und Dtn 30, die von einer zweiten Hand stammen), werden inzwischen als spätdeuteronomistisch bzw. nicht als von DtrH verfaßt verstanden[100].

Eine Ausnahme bildet die bei Wolff mitbehandelte dtr Darstellung der Richterzeit[101]. Während 1 Sam 7,3 eindeutig DtrS zuzuweisen ist[102], stammt das Grundgerüst der Darstel- lung der Richterzeit, wozu auch Ri 2,16 und Ri 3,9 gehören, von DtrH. In dieser DtrH- Darstellung der Richterzeit fehlt grundsätzlich der technische »Umkehrterminus« שוב.

---

95   A.a.O., S. 315
96   A.a.O., S. 316f
97   A.a.O., S. 319ff
98   A.a.O., S. 322
99   A.a.O., S. 324
100   Siehe dazu auch L. Schmidt, Deuteronomistisches Geschichtswerk, S. 138f und
      Smend, Entstehung, S. 124.
101   Wolff, Kerygma, S. 312f
102   Siehe unter Punkt 3.10.

Vielmehr ist von einem Schreien זעק Israels zu Jahwe die Rede, der aus Erbarmen die Richter- und Rettergestalten für Israel erstehen läßt. Der Abfall Israels und das erbarmende Eingreifen Jahwes ist im Geschichtsverlauf bis zum Ende der Richterzeit 1 Sam 7* DtrH mehr oder weniger »zyklisch« strukturiert. In den Darstellungen von DtrH[103] wird deutlich, daß das Schreien zu Jahwe durch eine Notsituation, d.h. durch die Bedrängnis durch äußere Feinde ausgelöst wird. Die Gnade Jahwes besteht bei DtrH *während der Richterzeit* im Helfen Israels. Für die Frage nach einer Umkehrhoffnung im Gesamtwerk des DtrH ist jedoch festzustellen: "DtrH deutet nirgends an, daß jetzt noch die Chance zur Umkehr besteht. Wichtig ist dabei seine Darstellung Joschijas. Obwohl dieser König ganz zu Jahwe umgekehrt ist (2 Kön 23,25), erreicht er damit nur, daß das Gericht nicht zu seinen Lebzeiten kommt. Im Unterschied zur Richterzeit gibt es nach der Herrschaft Manasses keine Möglichkeit mehr, das Gericht zu verhindern. Die Umkehr bietet bei DtrH nicht zu jeder Zeit die Chance zu überleben"[104].

Weiterhin sind aufgrund der von mir vorgenommenen Analysen einige Ergebnisse Wolffs zu modifizieren. So stammen Dtn 4 und Dtn 30 nicht unbedingt von einer anderen Hand wie 1 Kön 8,46ff. Vor allem aber ist DtrS in die nachexilische Zeit - nicht mehr wie bei Wolff in die exilische - anzusetzen. Umkehr steht also nicht nur bevor und ist nicht nur Gebot der Stunde, sondern Umkehr ist *zum Teil* bereits erfolgt.

Das Thema Umkehr שוב hat sich somit als ein zentrales Anliegen spätdeuteronomistischer Theologie erwiesen. Umkehr Israels und Gnade Jahwes stellen das theologische »Herzstück« der Bewältigung der exilischen Krise und des Aufbaus der Gemeinde in nachexilischer Zeit dar. Nun ist zu fragen, wie Jahwes Erbarmen, Fürbitte und Umkehr einander zugeordnet sind. In Dtn 30 DtrS[105] und 1 Kön 8,33.35.37-40.47 DtrS ist Umkehr eine Voraussetzung für das erbarmende Eingreifen Jahwes. In 1 Kön 8,31-53 DtrS kommt noch das Element der Fürbitte hinzu. Ähnlich auch 1 Sam 12,23 DtrS, wo Samuel dem Volk verspricht, mit seiner Fürbitte nicht aufzuhören. In Num 21,4-9 DtrS[106] findet sich ebenfalls die Zuordnung von Sündenbekenntnis und Fürbitte: Das Volk bittet Mose, nachdem es seine Sünde eingestanden hat, um Fürbitte vor Jahwe[107]. Dem Erbarmen Jahwes gehen also Umkehr bzw. Sündenbekenntnis und Fürbitte voraus. Die Ergebnisse zur Intention von DtrS in 1 Sam 12,7-19 widersprechen diesem Befund nur scheinbar: Die Verse 1 Sam 12,13-15 zeigen die Bereitschaft Jahwes, Israel einen neuen Weg des Lebens in Verantwortung vor Jahwe zu eröffnen. Zwar folgt das Sündenbekenntnis Israels erst in

---

103 Siehe das Richterschema bei DtrH unter Punkt 3.10.
104 L. Schmidt, Deuteronomistisches Geschichtswerk, S. 139
105 Zum spätdtr Charakter von Dtn 30 siehe Rose, 5. Mose, Teilband 2, S. 548ff.
106 Für die Möglichkeit der Zuweisung von Num 21,4-9 zu DtrS vgl. Aurelius, Fürbitter, S. 141ff. Siehe dazu auch seine Ausführungen zu Num 14,11-25: Fürbitter, S. 139f.
107 Aurelius, Fürbitter, S. 141ff und 186f

V.16-19, doch wird daraus analog zu Num 21,4-9 DtrS; Dtn 30 DtrS und
1 Kön 8,31-54* DtrS nur deutlich, daß Jahwes Erbarmen nur »greifen« kann,
wenn Israel seine Schuld eingesteht. Da diese Texte auf der biblischen Erzähl-
ebene für DtrS der Vergangenheit angehören, bekommen sie die Funktion zugewiesen, zu zeigen, daß Umkehr, Fürbitte und Gebet des Volkes zu Jahwe
die Verheißung der Gnade Jahwes besitzen. Israel soll zur Umkehr, Fürbitte
und Glaube an das Erbarmen Jahwes »gereizt« werden. In diesem *sekundären*
Sinne kann deshalb die Aussage getroffen werden, daß auch die Umkehr,
wenn sie denn erfolgt, nicht einfach eine religiöse Eigenleistung Israels ist,
sondern auf Jahwes Strafen *und* Erbarmen bzw. auf Fürbitte zurückzuführen
ist[108].

DtrS schafft mit den Aussagen über Israels Sündhaftigkeit und die von
Jahwe eingeleitete Umkehr - abgesehen von den DtrS-Texten im Pentateuch -
von Jos 24* DtrS über 1 Sam 12* DtrS bis 1 Kön 8* DtrS für das Leben Israels im Land einen Spannungsbogen, der seinen Höhepunkt in 1 Kön 8* DtrS
und der von Jahwe eingeleiteten Umkehr findet.

Neben Umkehr, Fürbitte und Erbarmen Jahwes existieren bei DtrS jedoch
noch weitere Elemente, die die bleibende Beziehung zwischen Jahwe und seinem Volk begründen sollen: Hier ist nun kurz auf die Funktion der »Väter«
bzw. Patriarchen einzugehen. Unter Punkt 6.3.1 wurde dargestellt, daß DtrS
für die Darstellung der Sündhaftigkeit Israels auf die Zeit der Patriarchen zurückgreift. Doch begründet DtrS auch die Tatsache des Neuanfangs durch
Verweis auf die »Väter«.

In Jos 1,6; 24,2a* und 1 Kön 8,21 DtrH ist von den Vätern die Rede, wobei in Jos 24,3
konkret Abraham als Vater genannt wird. Isaak und Jakob (sowie Esau) werden ohne Patriarchentitel angeführt. DtrS hingegen spricht in Jos 24,6-7a*.14b.15.17a*; 1 Sam 12,6.7.
8ff.15 und 1 Kön 8,34.40.48.53.58 von den Vätern. Darüber hinaus werden in Jos 24,2
DtrS Abraham, Terach und Nahor, und in 1 Sam 12,8 DtrS Jakob ohne die Bezeichnung
»Vater« erwähnt. Somit stellt sich die Frage, ob sich DtrH und DtrS im »Gebrauch« der
Väter grundsätzlich unterscheiden.

Römer hat für die Väterbelege im Deuteronomium die These aufgestellt, daß Dtr(H) mit
den »Vätern« vor allem die Exodusgeneration im Blick hat. So ist z.B. der Väterschwur ein
dtr Theologoumenon, "mit welchem der Anfang von Yhwhs Heilshandeln in Ägypten

---

108 Der zentrale Charakter der Gnade Jahwes wird z.B. in 1 Kön 8* DtrS noch dadurch
     betont, daß das Gebet von Salomo gesprochen wird, der in 1 Kön 11 von Jahwe ab-
     fällt. Israel kann sich bei Salomo nicht auf dessen insgesamt tadellosen Wandel vor
     Jahwe berufen, so daß die Erhörung der Gebete Salomos nicht letztlich in dessen
     rechten (bzw. falschen) Wandel begründet ist, sondern in der Gnade Jahwes.

markiert wird"[109]. Die an einigen Stellen im Dtn vorgenommene Verbindung und Identifikation mit den *Erzvätern* ist nach Römer auf die Endredaktion des Pentateuch zurückzuführen: "Durch die Gleichsetzung der אבות mit den Erzvätern an "strategisch" wichtigen Stellen wurde ein konstanter Eingriff in die Väterschwurtexte unnötig, da sich nun eine Identifikation mit den Patriarchen von selbst nahelegt"[110]. Eine ähnliche These verfolgt Rose in
seinem Kommentarwerk zum Deuteronomium: Sämtliche Patriarchenbelege im Dtn weist
Rose seiner Schicht IV (= DtrS) zu[111]. Die Intention, die DtrS damit beabsichtigt, kann
nach Rose am Beispiel von Dtn 7,12 DtrS - einem redaktionellen Vers, der in eine von
DtrH geschaffene Grundschicht eingefügt wurde[112]- wie folgt beschrieben werden: "Wenn
in Zukunft überhaupt noch von einem Gottes-Bund geredet werden kann, besteht seine
Grundlage nicht in einem «gesetzlichen» Vertragsverhältnis, sondern primär in einer gnädigen und treuen Zuwendung *Gottes*", wobei die Form des Gottesbundes gemeint ist, wie sie
mit den Patriarchen geschlossen wurde[113]. Aufgrund seiner Ergebnisse zu den Väterbelegen
im Deuteronomium folgert Römer, daß Jos 24, der die Geschichte Israels nicht in Ägypten,
sondern mit den Vätern jenseits des Stromes beginnen läßt, ein sehr später, nachexilischer
Text sein muß[114]. Da in 1 Sam 12* Jakob - aber nicht Abraham - erwähnt wird, muß
1 Sam 12* etwas älter als Jos 24 sein[115]. 1 Kön 8 hingegen enthält nach Römer typisch
deuteronomistische Vätertheologie[116].

Die Thesen von Römer und Rose mit ihrem redaktionskritischen Lösungsansatz blieben
jedoch nicht unwidersprochen. So konnte L. Schmidt nachweisen, daß z.B. "die Landverheißung als Schwur an die Väter in Num 14,23; Dtn 1,35; 6,23; Ex 13,5.11 eindeutig nicht
auf die Zusage Jahwes an die Israeliten in Ägypten zu beziehen [ist, Nentel], sondern auf
eine Verheißung an die Erzväter"[117]. Gleiches kann für Jos 1,6 und Dtn 31,7 DtrH gefolgt
werden[118]. Gegen Römers und Roses These sprechen weiterhin die oben gemachten Beobachtungen zu Jos 24* DtrH: Dort wird in Jos 24,2-4* DtrH neben der allgemeinen Erwähnung der »Väter jenseits des Stromes« konkret Abraham als Vater bezeichnet, Jakob, Isaak
und Esau werden ohne Patriarchentitel genannt. Die Väterbelege im DtrG sind somit nicht
erst von DtrS auf die Patriarchen bezogen worden, sondern sie waren bereits durch DtrH
vorgegeben. Der Gebrauch der Väter bzw. Patriarchen allein genügt nicht als literarkritisches Argument.

---

109 Römer, Israels Väter, S. 269
110 Ebenda
111 Rose, 5. Mose. Teilband 1, Seiten 146f.308, und Teilband 2, Seiten 339.346f.357.
     359f.375.442-444.446f.451f.459.465.468.472.479.484.492.495.501.502.512.525.536.
     553.557.577.585
112 Rose, 5. Mose. Teilband 2, S. 450ff
113 A.a.O., S. 451
114 Römer, Israels Väter, S. 320ff
115 A.a.O., S. 330ff
116 A.a.O., S. 372ff
117 L. Schmidt, Väterverheißungen, S. 133
118 Ebenda

DtrS intendiert in Jos 24 und 1 Sam 12 durch Erwähnung von Patriarchen eine deutliche Rückanbindung an den Pentateuch. In beiden Texten wird ein »heilsgeschichtlicher Rückblick« gegeben, der vor das Exodusereignis zurückreicht. Jahwes Geschichte mit Israel beginnt für DtrS (wie bei DtrH) außerhalb des gelobten Landes. Die Verwendung der Väter in Dtn 4,31 DtrS hat offensichtlich auch die Funktion, zu zeigen, daß die Gottesbeziehung Israels mit dem Exil und dem Verlust des Landes nicht zu Ende und somit ein Neuanfang mit Jahwe möglich war[119].

6.3.2.3 Von Gott geschenkte Veränderung

Bisher wurde der Spannungsbogen mit dem Thema »Sündhaftigkeit Israels und Jahwes Gnade«, der von Jos 24* DtrS bis 1 Kön 8* DtrS reicht, beschrieben. Auf die von DtrS betonten Aussagen »Sündhaftigkeit Israels« und »Jahwes Gnade« wurde ausführlich hingewiesen. Ein wichtiger theologischer »Baustein« fehlt allerdings innerhalb dieser für DtrS so wichtigen Thematik: Die Hoffnung auf von Gott geschenkte Veränderung.

Jos 24* DtrS und 1 Sam 12* DtrS thematisieren vor allem die Sünde Israels bzw. Israels Sünde und Jahwes Erbarmen. 1 Kön 8,57 DtrS knüpft mit der Bitte, daß Jahwe sein Volk nicht aufgeben möge, direkt an 1 Sam 12,22 an[120], »überbietet« diesen Kontext jedoch noch mit folgenden Aussagen: 1 Kön 8,58 DtrS führt V.57 mit der Bitte des Mit-Seins Jahwes dahingehend fort, daß Jahwe das Herz Israels zu ihm neige und Jahwe es veranlasse, daß Israel recht vor Jahwe, d.h. gemäß Jahwes Forderungen, vor Jahwe lebe. V.59 und 61 drücken diesen Sachverhalt erneut in anderen Worten aus: Wenn Jahwe die Worte Salomos, d.h. seine Gebete und Fürbitten aus 1 Kön 8* DtrS erhört, d.h. sich erbarmend Israel zuwendet und Israel trotz seiner Sündhaftigkeit (er)trägt, dann wird Israel in rechter Jahwebeziehung leben. Indem diese Aussagen als Bitte bzw. Segen formuliert sind, wird ihre Erfüllung in Jahwes Hand gestellt. Er nur kann Israel in die rechte Beziehung zu sich selbst setzen und Israels Sündhaftigkeit in andauernden Gehorsam ändern. Das Stichwort »Herz« לב in 1 Kön 8,58 und der soeben dargestellte Sachverhalt verweisen

---

119 Allerdings sollte dieser Befund nicht überbewertet werden, denn in Jos 23 DtrS kann die Väterthematik ganz fehlen. In 1 Kön 8 wird ebenfalls kein offensichtlicher Rückbezug in die Zeit vor dem Exodusereignis wie in Jos 24* DtrS und 1 Sam 12* DtrS vorgenommen.

120 Siehe dazu unter Punkt 5.3.2.6.

auf Jer 31,31-34, die Verheißung des neuen Bundes[121]. Eine Herzensänderung Israels ist nur von Gott her möglich. Für den spätdtr Verfasser, der in 1 Kön 8,46 feststellt, daß es niemand gibt, der nicht sündigt, bleibt dies Zukunftshoffnung.

6.3.3 Die Forderungen Jahwes

Auf der von DtrH vorgegebenen Grundlage wurden bis jetzt die Themen »Sündhaftigkeit Israels« und »gnädige Zuwendung Jahwes« behandelt sowie und ihre - im Gegensatz zu DtrH - vertiefte inhaltliche Dimension dargelegt. Die Themen der Sünde Israels und Gnade Jahwes sind nun zu dem dritten Themenkomplex, den der »Forderungen Jahwes«, in Beziehung zu setzen. Es stellt sich dabei vor allem die Frage, wie sich die Gnade Jahwes zu den Forderungen seiner Tora verhält.

In Jos 1,7-9 DtrS wird der Erfolg der Landnahme deutlich vom Toragehorsam Josuas abhängig gemacht. Wenn Josua ganz auf die Tora Jahwes achtet, dann gelingt ihm die Landnahme. Für Jos 1,9 DtrS hingegen wurde beobachtet, daß das Mitsein Jahwes zugesagt wird (Siehe Punkt 2.5). Die Forderung nach Beobachtung der Tora und Zusage des Mitseins Jahwes können nicht voneinander getrennt werden. Bereits an dieser Stelle wird deutlich, daß für DtrS nicht von einem »Nomismus« in dem Sinn gesprochen werden kann, daß die Gottesbeziehung ausschließlich durch Gesetzesbeobachtung definiert wird.

In Jos 23 DtrS wird konstatiert, daß noch Völker übriggeblieben sind und der weitere Erfolg der Landnahme, aber auch das zukünftige Geschick Israels, vor allem von Israels Haltung zu den Völkern *und* ihren Göttern abhängig gemacht wird. DtrS bewirkt damit zweierlei: Einerseits zeigt er - analog zu DtrH - auf, wie es zur Katastrophe kommen konnte und daß die Voraussetzungen dafür bereits zur Zeit Josuas gelegt wurden. Andererseits wurde bei der Bestimmung der Intention von Jos 23 dargelegt, daß DtrS über DtrH hinaus zu neuem Gesetzesgehorsam auffordert: Wenn Israel sich wieder der Tora Jahwes zuwendet, dann wird Jahwe auch in der exilisch/nachexilischen Zeit die Völker von Israels Land vertreiben. Dies macht allerdings nur Sinn, wenn Israel wieder im Land lebt. Der Ausgangspunkt der Aufforderung zum rechten Jahwedienst ist das geschichtsmächtige Handeln Jahwes, das Israel »bisher« durchaus positiv erlebt hat.

---

121 Eine ähnliche Beziehung zu Jer 31,31ff hat Aurelius für Ex 34,9 DtrS festgestellt: Fürbitter, S. 117ff.

Jos 24* DtrS enthält eine Aufforderung Josuas zur Wahl zwischen Jahwe
und den Göttern. Die fremden Götter sollen entfernt bzw. ihnen nicht gedient
werden. Nachdem sich Israel jedoch entschieden hat (entgegen der Warnung
Josuas), bekommt es von Josua Gebote und Satzungen auferlegt, und »diese
Worte«, d.h. zumindest die Entscheidung Israels, Jahwe zu dienen, werden
aufgezeichnet in das Buch des Gesetzes Gottes. Israel wird also in Jos 24 gegen die Verehrung anderer Götter ganz auf Jahwe verpflichtet. Durch die
Vorbildfunktion des jahwetreuen Josua erhält das Volk gleichzeitig eine Hilfe,
trotz eigener Sündhaftigkeit Jahwe recht zu dienen (Jos 24,15; Ri 2,6-9). Dies
erinnert an Jos 1,7-9 DtrS, wo Toraobservanz und Zusage des Mitseins
Jahwes ähnlich miteinander verknüpft sind.

1 Sam 12* thematisiert analog zu Jos 23 DtrS und (teilweise) Jos 24* DtrS
den Aufruf zur Alleinverehrung Jahwes. Wie zum Abschluß der Landnahme ist
am Ende der Richterzeit und zum Beginn des Königtums erneut die Aufforderung an Israel nötig, Jahwe allein zu verehren (1 Sam 12,20.22). Durchaus
parallel zu Jos 23 wird in 1 Sam 12* das Gebot der Alleinverehrung Jahwes
aus der gnädigen Zuwendung Jahwes an Israel begründet V.22 (Vgl.
Jos 23,3ff). Jahwe hatte Gefallen daran, Israel zu seinem Volk zu machen, und
wird es um seines großen Namens willen nicht verwerfen. *Deshalb* soll Israel
sich ganz ihm zuwenden. Außerdem kann Israel mit Samuels Fürbitte rechnen
1 Sam 12,23.

1 Kön 8* DtrS enthält keine direkten Mahnungen oder Warnungen an Israel wie Jos 1,7-9 (Josua), Jos 23 und 1 Sam 12* und berichtet nicht von der
erfolgten Verpflichtung Israels auf Jahwe Jos 24* DtrS. Das Einhalten der Gebote Jahwes und des rechten Wandels wird hier vielmehr zum Gegenstand der
Fürbitte und damit der Hoffnung 1 Kön 8,54-61* DtrS. Dennoch wird implizit
das Gebot der Alleinverehrung Jahwes und das Fremdgötterverbot behandelt,
und zwar im Zusammenhang der Thematisierung der Völker. Während die
Völker bzw. ihre Götter in Jos 23 DtrS; 24* DtrS und 1 Sam 12* DtrS die
entscheidende Gefahr für Israels Beziehung zu Jahwe und damit Israels Fort-
bestand überhaupt angesehen werden, wird die Aufnahme der Völker in die
Jahwegemeinschaft in 1 Kön 8,43b.60 zum Gegenstand der Fürbitte. An
Jahwe liegt es, die Völker in seine Gemeinschaft mit aufzunehmen. Die Gefahr, die von den Völkern und ihren Göttern/Götzen ausgeht, findet ihre endgültige Lösung darin, daß die Völker Jahwe als Gott fürchten und anerkennen.

An dieser Stelle ist noch einmal darauf aufmerksam zu machen, daß in Jos 23 DtrS einerseits und Jos 24* DtrS, 1 Sam 12* DtrS und 1 Kön 8* DtrS andererseits sehr wahrscheinlich verschiedene spätdtr Hände am Werk waren. Nach Jos 23 DtrS sind die *im Land*

übriggebliebenen Völker einer *Gefahr*, da sie Israel zum Götzendienst verlocken. Jos 24*
DtrS, 1 Sam 12* DtrS und 1 Kön 8* DtrS gehen auf *übriggebliebene Völker* nicht ein.
Die Gefahr geht in Jos 24* DtrS und 1 Sam 12,10 DtrS von den Götzen selbst aus.
1 Kön 8,43b.60 kann sogar die positive Hoffnung hegen, daß andere Völker in die Jahwe-
gemeinschaft mit aufgenommen werden. Die spätdtr Hand, die Jos 24* DtrS, 1 Sam 12*
DtrS und 1 Kön 8* DtrS geschaffen hat - wenn hier nicht auch noch zwischen mehreren
Händen unterschieden werden muß - findet sich offensichtlich damit ab, daß Israel (noch
für längere Zeit) unter der Völkern leben muß. mit Jos 23 DtrS teilt sie jedoch das zentrale
Anliegen, daß die *Götter der Völker* nicht angebetet werden dürfen. Diese Beobachtungen
lassen m.E. den Schluß zu, daß in spätdtr Kreisen über die Gestaltung des Lebens Israels
unter den Völkern lebhaft diskutiert wurde.

Die Aussagen von DtrS zur Beobachtung der Tora lassen mehrere Intentionen ihrer Verfasser erkennen. Durch die starke Betonung des Gehorsams
gegenüber Jahwe wird - analog zu DtrH - in der Geschichte Israels begründet,
warum Israel das Gericht Gottes 587 v. Chr. erfahren mußte. Wie bei DtrH
spielt das Alleinverehrungsgebot Jahwes dabei eine zentrale Rolle, wobei über
DtrH hinaus der Abfall Israels durch ein vertieftes Sündenbewußtsein (siehe
Punkt 6.3.1) u.a. bereits in die Zeit der Landnahme vorverlegt wird.

Anders als DtrH blickt DtrS mit seinen betonten Forderungen zum Toragehorsam aber nicht nur zurück, sondern will die Situation des nachexilischen
Israels bewältigen: Die Aufgabe Israels - will es seine Beziehung zu Jahwe
nicht erneut verspielen - kann nur die der radikalen Abgrenzung von anderen
Völkern bzw. ihren Göttern und religiösen Bräuchen sein[122]. Die alleinige Verehrung Jahwes und das Ausrichten an seine Geboten ist ein zentraler Inhalt der
spätdeuteronomistischen Verkündigung. Dabei sind sich die spätdtr Verfasser
durchaus bewußt, daß Israel aus eigener Kraft nicht in der Lage ist, den Forderungen Jahwes ganz zu gehorchen, sondern auf die Zusage von Jahwes Mitsein Jos 1,(8).9 DtrS, das durch die Tora erfolgt, die Gestalt eines vorbildlichen Jahwefrommen Jos 24,15 DtrS oder Fürbitte 1 Sam 12* DtrS; 1 Kön 8*
DtrS angewiesen ist. In 1 Kön 8,57ff wird in letzter Konsequenz von Jahwe
eine Veränderung des Herzens erbeten und erhofft. Damit verbunden ist - zumindest in bestimmten Kreisen der spätdtr Bewegung - auch die Erwartung,
daß Jahwe die Gefahr, die von den Völkern und ihren Göttern ausgeht, dahingehend beseitigen wird, daß diese Völker ihn als Gott anerkennen und ihn wie
Israel fürchten werden, wobei die Völker so in seine Gemeinschaft aufgenommen werden 1 Kön 8,43b.60.

---

122 Zu diesem Ergebnis kommt auch Rose für seine Schicht IV (entspricht DtrS). Siehe
     dazu seine Analyse von Dtn 4: Rose, 5. Mose. Teilband 2, S. 500.

Erst durch die dialektische Verbindung von Toraforderung, Hilfe Jahwes, Umkehr, Fürbitte, Vergebung und Gnade Jahwes gelangt DtrS zu einer überaus komplexen Theologie, in der die einzelnen Topoi aufeinander bezogen sind, ohne ihr theologisches Eigengewicht zu verlieren. Fürbitte, Jahwes Erbarmen und Forderung seiner Tora dürfen nicht gegeneinander ausgespielt werden. Israel bleibt in seiner Verantwortung vor Gott behaftet, darf aber bei Versagen mit Gnade rechnen. Erst die erbetene und erhoffte »Veränderung des Herzens« wird Israel aus dem Dialektik von gefordertem Toragehorsam, Versagen und Erbarmen Jahwes befreien.

Nachdem die für DtrS zentralen Themen »Sündhaftigkeit Israels«, »gnädige Zuwendung Jahwes« und »Forderungen Jahwes« expliziert wurden, ist die Frage zu stellen, wie sich dieses Aussagesystem zu den bereits durch die Tätigkeit von DtrH vorgegebenen Heilssetzungen »Land«, »davidisches Königtum« und »Tempel« verhalten.

6.3.4 Die Frage nach den drei Heilssetzungen »Land« - »davidisches Königtum« - »Tempel« bei DtrS

6.3.4.1 Das Land

DtrS teilt mit DtrH den Ausgangspunkt, daß Israel durch die Katastrophe von 587 v.Chr. das Land verloren hat. Während DtrH noch von einer vollständigen Landnahme ausgeht (siehe oben Punkt 6.2.1.1), bleibt - zumindest für die spätdtr Hände von Jos 23 und Ri 1,1-2,5 - ein Teil der Völker übrig. Jahwe wird diese Völker vertreiben, wenn Israel recht vor ihm wandelt Jos 23,11ff. In 1 Kön 8,33-34 DtrS wird die Rückkehr in das Land aus dem Exil auf Umkehr und die Gnade Jahwes zurückgeführt. Für DtrS, der in der nachexilischen Zeit lebt, ist die Rückkehr - zumindest eines Teiles der Bevölkerung - Realität geworden. Dennoch bestehen die »Verheißungen« aus Jos 23 DtrS, daß Jahwe bei rechtem Gehorsam die restlichen Völker vertreiben wird, weiter. Vom rechten Betragen Israels gegenüber Jahwe hängt Größe und Macht des Volkes in der nachexilischen Zeit ab. Wird Israel Jahwe folgen und sich recht von den anderen Völkern und Religionen abgrenzen, dann besteht die Verheißung Jahwes, daß er Israels Landbesitz ausweiten wird. Eventuell sind hier in bestimmten spätdtr Kreisen regelrechte Hoffnungen auf eine Ausdehnung (teilweise) analog zum davidischen Großreich vorhanden, zumindest, wenn Jos 1,3-4 auf DtrS zurückzuführen ist[123]. Zumindest geben diese Verse das »Verheißungspotential« des Landbesitzes an.

6.3.4.2 Das davidische Königtum

Ähnlich zu DtrH weist DtrS zur Entstehung des Königtums eine ambivalente Haltung auf, vertieft diese jedoch: In den von DtrS überarbeiteten Texten "wird der Gegensatz zwischen der von Jahwe bisher erwiesenen Hilfe und dem Königswunsch verschärft. Aber auch hier stimmt Jahwe der Einsetzung eines Königs zu"[124]. Während bereits bei DtrH 1 Kön 9,1-5* zur theologischen Begründung der Reichtsteilung eine bedingte Form der Dynastiezusage enthielt, fügt DtrS diese in 1 Kön 2,1-4* und 1 Kön 8,22-26* ein[125]. 1 Sam 12,25 DtrS zeigt deutlich, daß das Königtum als Staatsform für DtrS keine tragende Rolle mehr spielt: Anders als bei DtrH, der das Geschick des Volkes vom Wandel der Könige vor Jahwe abhängig macht (siehe die Königsbeurteilungen unter Punkt 4.4.2), wird nun auch das Verhalten des Volkes ausdrücklich bestimmend für das Geschick des Königs. Diese »Gewichtsverlagerung«, verbunden mit den Beobachtungen zur bedingten Formulierung der davidischen Dynastieverheißung, zeigen, daß dem Königtum als Staatsform für DtrS keine tragende Rolle mehr zukommt. In den Gebetsfällen 1 Kön 8,33-34 und 46-53, die sich deutlich auf exilisch/nachexilische Verhältnisse beziehen, fehlen demzufolge jegliche Hinweise auf das Königtum. Dennoch kann DtrS ähnlich DtrH von König David ein positives Bild zeichnen: H.-C. Schmitt hat darauf hingewiesen, daß David bei DtrS als vorbildlicher Frommer verstanden und mit einem späten Abrahambild parallelisiert wird[126]. So kann David in 1 Kön 11,6 DtrS als »vollkommen in der Nachfolge Jahwes« charakterisiert werden[127]. In den Königsbüchern findet sich in folgenden spättdr Stellen die Verheißung "an die Nachkommen Davids, daß sie trotz ihrer Sünde einen Stamm behalten dürfen" »um Davids willen« 1 Kön 11,12-13.32.34bβ.36; 15,4-5; 2 Kön 8,19; 24,34; 20,6.[128]

Daß DtrS zu Fragen der Führerschaft nicht schweigt, zeigen auch die Ergänzungen zu Jos 1* DtrH: Bei *DtrH* wurde Josua als gehorsamer Führer dargestellt, der von Jahwe zur Landeroberung und Verteilung eingesetzt wur-

---

123 Siehe unter Punkt 2.3.4.2..

124 L. Schmidt, Deuternomistisches Geschichtswerk, S. 137

125 Siehe dazu auch unter Punkt 5.3.2.4.2 und Punkt 5.3.3.7.1.

126 H.-C. Schmitt, Geschichtswerk, S. 276

127 Ebenda. Zur DtrS-Verfasserschaft siehe auch unter Punkt 6.3.2.1.

128 Ebenda. Zur DtrS-Verfasserschaft siehe auch unter Punkt 6.3.2.1.

de. Bei DtrS hingegen haben die Ergänzungen Jos 1,7-9 unter anderem auch den Zweck, die Führerschaft Josuas und den Erfolg der Landnahme betont an die Tora zu binden. Natürlich ist Josuas Erfolg auch bei DtrH vom rechten Gehorsam gegenüber Jahwe abhängig. Allerdings fällt diese Betonung des Toragehorsams durch DtrS auf. Dadurch wird Josuas Führerschaft von der Tora abhängig gemacht. Führerschaft für DtrS konstituiert sich also durch Bindung an die Tora, wodurch diese u.a. für jedermann nachvollziehbar und in dem Bemühen, Jahwe recht zu dienen, kontrollierbar wird[129].

6.3.4.3 Der Tempel

Für DtrH ist der Jerusalemer Tempel Heilssetzung Jahwes, an dem Jahwes Name anrufbar ist (1 Kön 8,16.29 DtrH)[130]. Das Reden vom Namen Jahwes erlaubt es DtrH, einerseits die Bedeutung des Tempels - Jahwe ist anrufbar - andererseits die Souveränität Jahwes - sie kann durch die Zerstörung des Tempels nicht angegriffen werden - festzuhalten. Die Beziehung Jahwes zu Israel und seine Gegenwart ist für DtrH durch das Gericht von 587 v. Chr. und die Zerstörung des Tempels in Frage gestellt.

DtrS greift diese von DtrH geschaffene Vorgabe auf und vertieft sie: Wie 1 Kön 8,33-34 und 46-53 DtrS zeigen, ist für die Zeitsituation von DtrS bereits die Existenz des zweiten Tempels vorauszusetzen. Die Gemeinschaft mit Gott ist wiederhergestellt (siehe dazu auch oben Punkt 6.3.4.1 und Punkt 6.6.1)[131]. So reflektiert DtrS in verstärktem Maß über die Gegenwart Jahwes in Israel und im Tempel. Dabei greift er zwar die von DtrH vorgegebene Namenstheologie auf, doch kombiniert er sie mit modifizierten priesterlichen Vorstellungen des כבוד und des ענ, wobei er gleichzeitig darum bemüht ist, die Anrufbarkeit Jahwes durch Orientierung der Gebetsrichtung am Tempel für die Diaspora festzuhalten. Die Untersuchungen zu כבוד und ענ bei DtrS haben ergeben, daß DtrS den Begriff ענ gebraucht, um die Gegenwart Jahwes im Heiligtum während der Tempelweihe auszusagen. Die zusätzliche Erwähnung

---

129 Denkbar ist, daß dahinter Bestrebungen stehen, Leitungsämter innerhalb der nachexilischen Gemeinde an die Tora zu binden. Die Führergestalt Josuas weist in den untersuchten Texten keine spezifisch priesterlichen Funktionen auf.

130 Vgl. auch Dtn 12,11 DtrH. Siehe dazu Rose, 5. Mose. Teilband 1, S. 17ff.

131 Vgl. dazu Aurelius, der in seiner unter Punkt 6.3.2.1 dargelegten Untersuchung darauf hingewiesen hat, daß die spätdeuteronomistische Überarbeitung und Komposition von Ex 32-34 DtrS Antwort auf die Frage gibt, wie Gott mit einem unheiligen Volk Umgang haben kann: "Die Gottesgemeinschaft wird wiederhergestellt, aber nicht auf der Ebene der Heiligkeit, sondern auf der Ebene der Sünde Israels" (ders., Fürbitter, S. 125).

des כבוד und die Identifizierung bzw. Parallelisierung mit dem ענן in
1 Kön 8,10-11 zeigen, daß DtrS in 1 Kön 8,10-11 die Absicht verfolgt, auf
Ex 40,34f zurückzuverweisen: Der Tempel löst dabei die heilsgeschichtliche
Setzung der Stiftshütte ab, er darf in seiner heilvollen Bedeutung nicht weniger sein als jene. Die Reflexionen von DtrS über die Bedeutung des Tempels
und der Präsenz Jahwes gehen in 1 Kön 8,22-61* aber noch weiter: Jahwe
wohnt einerseits im Himmel, hört aber die Gebete am Tempel. Jahwes Name
wohnt im Tempel, aber auch die Diaspora darf der Erhörung der Gebete, die
Jahwe nahe sind, gewiß sein, wenn sie in Richtung des Tempels beten. DtrS
vergißt allerdings bei allen Aussagen zur Präsenz Jahwes nicht[132], die Transzendenz und Souveränität Jahwes - analog zur שם יהוה - Theologie von DtrH -
zu betonen[133]. Der Tempel wird somit zum geistlichen Mittelpunkt des Lebens
Israels.

Während in der von DtrH gegebenen und von DtrS übernommenen geschichtlichen Darstellung der Königsbücher nach dem Bau des salomonischen
Tempels die Einheit des davidischen Reiches und damit des Volkes Gottes
verlorengeht, bekommt der zweite Tempel die Aufgabe des einheitsstiftenden
Bandes zwischen den im Land Lebenden und der Diaspora zugewiesen
(1 Kön 8,33-34.46-53): Unter Aufnahme der Zentralisationsforderung von
Dtn 12* DtrH[134] ist auch für die nachexilische Zeit nur ein Heiligtum denkbar,
an dem sich auch die Diaspora in ihrer Gebetsrichtung zu orientieren hat. Der
Tempel ist wieder Ort der Präsenz Jahwes, wobei ein »Mißbrauch« der Aussage vom Wohnen Jahwes im Tempel, und somit unter seinem Volk, durch die

---

132 Siehe dazu auch die Hinweise zu anderen DtrS Texten Punkt 5.3.3.2.2.3 und unter
     Punkt 5.3.3.7.

133 Die Kombination verschiedener Vorstellungen, die durchaus unausgeglichen neben-
     einander stehen können ist kein Einzelfall im Zusammenhang der Spätdeuteronomi-
     stik. So hat H.-C. Schmitt in seiner Untersuchung der Plagenerzählung Ex 7,1-11,10
     gezeigt, daß der Textabschnitt auf eine P-Schicht, eine J-Schicht und eine spät-
     deuteronomistischen Endredaktor des Pentateuchs stammende Redaktionsschicht auf-
     zuteilen ist (ders. Plagenerzählung, S. 202ff), wobei DtrS die verschiedenen Verstok-
     kungsmodelle von J und P - bei J verstockt sich der Pharao selbst, bei P wird er von
     Jahwe verstockt - übernimmt und gleichrangig nebeneinanderstellt, um auf die
     "theologische Notwendigkeit beider Aussagen aufmerksam zu machen" (ders., Pla-
     generzählung, S. 215). Die dahinterstehende Intention der spätdeuteronomistischen
     Redaktion in Ex 7,1 - 11,10 kann dabei wie folgt umschrieben werden: Alles Gesche-
     hen ist somit "umschlossen vom Plan des allmächtigen Gottes, doch ist dies nie als
     Aufhebung der menschlichen Verantwortung zu verstehen" (Plagenerzählung,
     S. 215). Das angeführte Beispiel soll verdeutlichen, daß für die Zeit der spätdeutero-
     nomistischen Bewegung durchaus mit komplexen Aussagestrukturen zu rechnen ist.

134 Siehe dazu Rose, 5. Mose. Teilband 1, S. 17ff.

oben angeführten Reflexionen von DtrS ausgeschlossen scheint. Die Orientierung am Jerusalemer Tempel als Ort der »Präsenz« Jahwes und die »Forderungen Jahwes« - vor allem die Alleinverehrung Jahwes und das Fremdgötterverbot - (1 Kön 8,54-61* DtrS) haben für das Gottesvolk identitätsstiftenden Charakter in der spätdeuteronomistischen Theologie.

In 1 Kön 8,30-66* wird in singulärer Art und Weise die heilvolle Bedeutung des Tempels für Israel entwickelt.

So kann DtrS über die mit DtrH gemeinsame יהוה שם - Theologie hinaus eine manifeste Präsenz Jahwes im Stil von P (V.10-11) vertreten sowie eine alte »Wohnvorstellung« (V.12-13) aufnehmen und in die rahmenden Verse des Tempelweihberichtes einfügen: Jahwe zieht tatsächlich in den Tempel ein. Gleichzeitig aber wird diese manifeste Präsenzvorstellung durch die יהוה שם - Theologie, durch die Aussage vom Wohnen Jahwes im Himmel und durch die Aussage der generellen Nähe Jahwes zu seinem Volk korrigiert.

In diesem Zusammenhang ist zu beachten, daß die Aussagen von einer manifesten Präsenz Jahwes innerhalb von 1 Kön 8 - als dem zentralen Text über die Funktion des Tempels innerhalb des AT - nur in V.1-13*, d.h. im berichtenden Teil der Tempelweihe getroffen werden. In den Versen 30-61*, in denen die konkrete Bedeutung des Tempels für Israel festgehalten wird, werden Aussagen über die manifeste Präsenz Jahwes vermieden. Dadurch gelingt es DtrS, die besondere Bedeutung des (zweiten) Tempels als (ein) Ort der Präsenz Jahwes und des neuen Lebens Israels zu reflektieren, ohne Jahwe dabei an den Tempel zu binden und ohne Jahwe für Israel verfügbar zu machen. Der Tempel als Ort des Gebetes bzw. als Ziel der Gebetsrichtung ist es, den die unterschiedlichen Anliegen von Deportierten (V.46-53 »Erbarmen in der Diaspora«) und im Land Gebliebenen (V.33-34 »Rückkehr der Deportierten«) gemeinsam haben. Der neue Tempel in Jerusalem, an dem sich sowohl die im Land Gebliebenen als auch die Diaspora orientiert, hat für beide Gruppen einheitsstiftende Funktion. Gerade die betonte Endstellung von V.46-53, in denen die Diaspora thematisiert wird, zeigt, daß DtrS die Beziehung zwischen der Golah und »Jerusalem« durch gemeinsame Beziehung auf den Tempel stärken will.

Der Tempel ist aber nicht nur das einheitsstiftende Band zwischen Diaspora und »Jerusalem«, sondern Kern des neuen Lebens Israels und zentrales Element der Hoffnung auf eine Hinwendung der Völker zu Jahwe: Die Verse 31-53* und 54-61* beschreiben, wie es zu neuem Leben Israels nach der Katastrophe kommt.

6.3.4.4 Zusammenfassung zu den drei Heilssetzungen bei DtrS

Für DtrH waren die drei Heilssetzungen »Land«, »davidisches Königtum« und »Tempel« verloren. Israel hat durch den Ungehorsam seiner Könige, die Exponenten des Volkes sind, Jahwes Heilsgüter verloren und befindet sich nun in der Situation des Exils. DtrS betont, daß Jahwes Gnade Teile des Landes und den Tempel neu gegeben hat. Einzig das (davidische Königtum) hat seine endgültige Abschaffung durch den Tod Jojachins 561 v. Chr. erfahren. Für DtrS hat es keine tragende Gegenwartsbedeutung mehr.

6.4 Zusammenfassung zur Intention von DtrH und DtrS

Für die Untersuchung der fünf von mir ausgewählten »großen Reden« des
DtrG hat sich ergeben, daß DtrH die Texte Jos 1*, Jos 24* und 1 Kön 8* mit
den drei von Jahwe gegebenen Heilssetzungen »Land«, »davidisches Königtum« und »Tempel« verbindet und an diesen zentralen Stellen »Reden« ein-
schaltet. Das Ziel dieser Reden ist, zu zeigen, was Israel mit der Katastrophe
von 587 v. Chr. verloren hat, und das Gericht als gerechtes, von Gott herbei-
geführtes Gericht darzustellen. Somit kann die Theologie von DtrH als rückwärtsgewandte Theologie bezeichnet werden, d.h. er zeigt nur, wie es zur gegenwärtigen Situation des Exils kam, aber zeigt keinen Ausweg und Neuanfang.

DtrS setzt exakt dort an, wo DtrH aufhört zu reflektieren: DtrS will die
Situation der exilisch/nachexilischen Zeit bewältigen, ohne dabei die von DtrH
vorgegebene Ernsthaftigkeit des Gerichtes aufzugeben. Trotz der Sündhaftigkeit Israels ist Gott gnädig und schenkt Israel einen Neuanfang. Das dring-
lichste Gebot des nachexilischen Israels ist, umzukehren, Jahwe allein und
recht zu verehren, sich von den Völkern und ihren Religionen abzugrenzen
bzw. ihre Götter zu meiden sowie Jahwe an seine Verheißungen in Gebet und
Fürbitte zu erinnern. Dabei kann es sich nicht um einen einmalig zu vollzie-
henden Akt handeln, sondern um eine grundsätzliche Lebensweise Israels.
Hoffnung besteht darauf, daß Jahwe selbst das dauernde Verhaftetsein Israels
in Schuld und Halsstarrigkeit wegnehmen und Israel ein neues »Herz« geben
wird. Erhoffte Zukunft ist in einigen spätdtr Kreisen auch, daß die Völker ihre
Gefährlichkeit für Israel verlieren und in die Jahwegemeinschaft aufgenommen
werden. Andere spätdtr Kreise hoffen, daß Jahwe den Landbesitz Israel wieder ausdehen wird.

6.5 DtrH als Schöpfer des DtrG

6.5.1 Entstehungsort und Abfassungszeit

Auf eine übersichtliche Darstellung der Thesen zu Ort und Zeit der Tätigkeit von DtrH soll hier verzichtet werden. Lediglich auf die repräsentativen Argumentationen von Noth und Soggin ist einzugehen. Für die Frage nach Ort und Zeit der Entstehung des Geschichtswerks von DtrH ist natürlich die Frage nach dem Gesamtentwurf dieses Werkes von Bedeutung. Da in meinen Untersuchungen nur ein kleiner Teil dieses Werkes herangezogen wurde, ist an dieser Stelle eher zu fragen, welche These - exemplarisch an Noth und Soggin dargestellt - am ehesten von Untersuchungsergebnissen dieser Arbeit bestätigt wird.

Noth ging in seinen »Überlieferungsgeschichtlichen Studien« davon aus, daß Dtr sein Werk etwa um 550 v. Chr. geschrieben hat, weil in 2 Kön 25,27ff noch die Begnadigung Jojachins 561 v. Chr. erwähnt wird, die Eroberung Babylons durch Kyros 539 v. Chr. aber keine Reflexion findet[135]. Als Ort kommt vor allem Palästina in Frage, da sich nur hier die Verwendung der zahlreichen literarischen Quellen und des alten Materials durch Dtr erklären läßt[136]. Gegen die exilische Datierung von Dtr(H) wurde (abgesehen von der Modifikation dieser These vor allem in der angelsächsischen Exegese durch Annahme von Dtr1 aus der Josiazeit und Dtr2 aus der Exilszeit und der Bestreitung der Existenz eines dtr Geschichtswerks überhaupt[137]) kaum Einspruch erhoben. Gegenstand der Diskussion ist jedoch der Ort der Tätigkeit von Dtr(H).

Soggin wendet gegen Noths These ein, daß als Adressaten des DtrG vor allem die Deportierten in der Diaspora in Frage kommen, denn - so Soggin - die Wucht der Katastrophe traf sowohl in wirtschaftlicher als auch theologischer Hinsicht die Exilierten, nicht die im Land Zurückgebliebenen[138]. Weiterhin sieht er in Jos 23; 1 Kön 8,46-51; 1 Kön 9,7-9; 2 Kön 17,14ff und 2 Kön 21,10-15 Themen wie die »Vertreibung aus dem Land« und »Umkehr in der Diaspora«, für die als Adressaten vor allem die Gemeinden der Golah in Frage komme[139]. Zumindest für den von ihm angenommenen exilischen Re-

---

135 Noth, Studien I., S. 54.133.
136 A.a.O., S. 152, Fußnote 1. Siehe dazu z.B. das alte Material in 1 Kön 8,1-13 Punkt 5.3.2 oder der vordtr Bestand von 2 Sam 7 unter Punkt 5.3.2.3.1.
137 Siehe das 1. Kapitel. Weiterhin dazu den knappen Überblick bei Smend, Entstehung, S. 113.
138 Soggin, Entstehungsort, Sp. 4f
139 A.a.O., Sp. 5f

daktor möchte Soggin diese These vertreten. Römer schließt sich Soggins These mit der Begründung an, daß bereits die "Fiktion des Dtn", das "an ein *außerhalb* des Landes situiertes Publikum" adressiert ist, für das Exil als Ort von Dtr spreche[140]. Gegen Soggins und Römers These sind folgende Argumente anzuführen: Selbst wenn vor allem die Golah *Adressat* des DtrG ist, bedeutet das noch lange nicht, daß der bzw. die Verfasser auch Teil der Diasporagemeinde sind. Die Verwendung alten Materials läßt sich immer noch am besten durch Tätigkeit von DtrH in Palästina erklären[141]. Gegen Soggin ist weiterhin anzuführen, daß die von ihm genannten Texte, zumindest Jos 23; 1 Kön 9,7-9 und 1 Kön 8,46-51 von DtrS - also dem spätdeuteronomistischen, nachexilischen Verfasser - stammen[142]. Aus Jos 1* DtrH; Jos 24* DtrH und 1 Kön 8* DtrH läßt sich für Ort und Tätigkeit des Verfassers nichts entnehmen, so daß die These Noths m.E. weiterhin die plausibelste ist. Allerdings ist Soggins Anmerkung zu Jos 23; 1 Kön 8,46-51 und 1 Kön 9,7-9 (DtrS) für die Frage nach Ort und Zeit von DtrS aufzugreifen (Punkt 6.6.1). Die These Noths, daß DtrH um 550 die Grundlage des DtrG verfaßte und in Palästina schrieb, fand in der Analyse von Jos 1* DtrH; Jos 24* DtrH und 1 Kön 8* DtrH durchaus ihre Bestätigung.

Die Intention von DtrH, zu zeigen, wie es zum gerechten Gericht Gottes kam, ist deutlich auf eine gesamtisraelitische »Hörerschaft« ausgerichtet. Der Verlust des Tempels als Ort der »Gegenwart Jahwes« und seiner Anrufbarkeit - einen Punkt, den Soggin übersieht - betrifft schließlich sowohl Diaspora als auch die im Land Gebliebenen.

6.5.2 Die Verfasserschaft von DtrH

Die These Noths, daß Dtr(H) im wesentlichen ein Verfasser, d.h. eine Person ist, fand auch von der Analyse der Texte Jos 1* DtrH; Jos 24* DtrH und 1 Kön 8* DtrH ihre Bestätigung. Die von mir untersuchten Texte lassen sich gut als Fortsetzung lesen. Die Landnahme, in Jos 1* begonnen, wird in Jos 21,43-45 und Jos 24* beendet. Die Verheißung des Tempelbaus und der davidischen Dynastie 2 Sam 7* findet in 1 Kön 8* ihre Erfüllung, wobei die beiden Texte durch die »Ruhetheologie« und die »Erfüllung des guten Wortes

---

140 Römer, Israels Väter, (beide Zitate) S. 393
141 So auch L. Schmidt, Deuteronomistisches Geschichtswerk, S. 130 oder Smend, Entstehung, S. 124f
142 Mit H.-C. Schmitt und anderen ist auch der Abschnitt 2 Kön 17,7-20 DtrS zuzuweisen: H.-C. Schmitt, Geschichtswerk, S. 267f

Jahwes« 1 Kön 8,56 mit dem Komplex der Landnahme, vor allem dem Abschluß in Jos 21,43-45 verbunden sind. Diese Verbindungen und gegenseitigen
Beziehungen sind »aus einem Guß«, wobei die Annahme eines Verfassers die
plausibelste Lösung darstellt (siehe auch unter Punkt 6.2.3). Die Frage, in
welchem soziologischen Zusammenhang Dtr(H) zu einer »deuteronomischen
Bewegung« steht, muß hier, angesichts der zu schmalen Textbasis, außer acht
gelassen werden. Zumindest ist DtrH (kreativer) Erbe der ihm vorgegeben
deuteronomischen Traditionen und theologischen Inhalte[143]. Das Verwenden
von verschiedenen Formelementen für Jos 1* DtrH, Jos 24* DtrH und
1 Kön 8* DtrH verdeutlicht sowohl sein rein literarisches Interesse als auch
seinen Anspruch, die vergangene Geschichte Israels theologisch zu deuten.

Zumindest für DtrH haben die folgenden Schlußfolgerungen Noths nach
wie vor Gültigkeit: "Sein Werk trägt keinerlei offiziellen Charakter; weder ist
es aus der geistigen Sphäre des Priestertums heraus geboren - die Interesselo-
sigkeit am eigentlichen kultischen Wesen erwies sich als ein besonders bemerkenswerter Zug - noch wurzelt es im Gedankenbereich des offiziellen Staatslebens.... Wir haben es also wohl mit der aus eigener Initiative unternommenen
Arbeit eines Mannes zu tun, in dem die geschichtlichen Katastrophen, die er
miterlebt hatte, die Frage nach dem Sinn dieses Geschehens geweckt hatten
und der nun an der Hand der ihm verfügbaren Überlieferungen zur Geschichte
seines Volkes in einer umfassenden und geschlossenen Geschichtsdarstellung
eine Antwort auf diese Frage zu geben suchte"[144].

---

143 Zur weiteren Beschreibung der schriftstellerischen Leistung von DtrH siehe die Aus-
     führungen von Noth, die bis heute von ihrer Aktualität nichts eingebüßt haben: Noth,
     Studien I., S. 129ff. Smend modifiziert unter Aufnahme der These einer DtrN und
     DtrP Redaktion die Darstellung Noths von der schriftstellerischen Leistung des DtrH:
     Smend, Entstehung, S. 110ff.
144 Noth, Studien I., S. 151f

6.6 Die Trägerschaft von DtrS

6.6.1 Entstehungsort und Abfassungszeit

Unter Punkt 6.5.1 wurde Soggins These dargestellt, daß der Verfasser bzw. der exilische Redaktor zur Diasporagemeinde zu rechnen ist. Dabei wies Soggin vor allem auf Jos 23; 1 Kön 8,46-51 und 1 Kön 9,7-9 hin, Texte, die in der hier angestellten Untersuchung dem nachexilischen DtrS zugewiesen wurden. Somit stellt sich nun die Frage nach Ort und Zeit für DtrS neu.

Folgende Überlegungen sprechen für eine Lokalisierung der spätdeuteronomistischen Bewegung im Palästina der nachexilischen Zeit: In 1 Kön 8* DtrS wird die Bedeutung des zweiten Tempels hervorgehoben. Das Gebet am Tempel bzw. die Gebetsrichtung zum Tempel hin haben einheitsstiftende Funktion für Diaspora und im Land Gebliebene. Gleichzeitig ist der Tempel der zentrale Ort der Gegenwart Jahwes. Im Zusammenhang der Bestimmung der Intention von Jos 23 wurde gezeigt, daß bestimmte spätdtr Kreise die Hoffnung vermitteln wollen, daß Jahwe bei rechtem Gehorsam Israels den Landbesitz Israels vergrößern wird. Diese beiden »Faktoren«, die Betonung der Bedeutung des Tempels und die ausdrückliche Hoffnung auf Erweiterung des Landbesitzes, lassen m.E. nur den Schluß zu, daß DtrS in Palästina, vermutlich sogar in Jerusalem als Stadt des Tempels und Ort der Gegenwart Gottes tätig war. Aus dem Gesagten kann bereits gefolgert werden, daß DtrS hinsichtlich seiner Hörerschaft (oder Leserschaft?) ebenso wie DtrH eine gesamtisraelitische Perspektive hat. Dabei versucht er - und das scheint mir neu zu sein gegenüber DtrH, der über die Tatsache des Exils als Gericht nicht hinausdenkt - zwischen den im Land Gebliebenen und der Diaspora Einheit zu stiften: Für beide ist der Tempel als Ort der Gegenwart Jahwes religiöser Bezugspunkt (siehe oben Punkt 6.3.4.3), beide haben die Aufgabe, sich von ihrer fremdreligiösen Umwelt abzugrenzen.

Während DtrH in der Zeit des Exils, also etwa um 550 anzusetzen ist, muß für DtrS von einem späteren Zeitraum ausgegangen werden. Vor allem aus der Existenz des zweiten Tempels und der Voraussetzung einer etablierten Golah 1 Kön 8,33-34.46-53 DtrS, ist die Haupttätigkeit von DtrS im fünften Jahrhundert oder später anzusetzen (siehe auch Punkt 5.3.3.8). Sowohl der Vorschlag von Weinfeld, die Entstehung des DtrG auf etwa 650-550 zu datieren[145], als auch die These von Albertz, daß der Hauptteil des Geschichtswer-

---

145 Weinfeld, Deuteronomy, S. 158ff. Siehe auch Kapitel 1.

kes zwischen 561 und 515 entstanden ist[146], sind an dieser Stelle dementsprechend zu korrigieren. Eine Modifizierung bedarf auch die von Veijola vorgenommene Datierung von DtrN in die *spätexilische* Zeit, da zumindest ein Teil der DtrN bzw. DtrS zuzuweisenden Texte, wie z.B. 1 Kön 8,22ff, auf dessen »Linie« auch Jos 24* DtrS und 1 Sam 12* DtrS liegen, *deutlich* nachexilisch anzusetzen ist[147].

6.6.2 Die Verfasserschaft von DtrS

Im Gegensatz zu DtrH kann für das Siglum DtrS nicht mehr von einem einzelnen Verfasser ausgegangen werden. Bereits für Jos 1,7-9 DtrS ergab sich, daß V.8-9 von einem zweiten spätdeuteronomistischen Verfasser eingefügt wurde, der sowohl den Gehorsam gegenüber Mose durch Erwähnung des »Buches des Gesetzes« verstärkt als auch das Mitsein Jahwes betont. Weiterhin ergab die Analyse zu Jos 23 DtrS und Jos 24* DtrS, daß Jos 24 DtrS später als Jos 23 DtrS eingefügt wurde und auch der spätdeuteronomistische Übergang zum Richterbuch Ri 1,1-2,5 ein gewisses Wachstum erfahren hat. Allerdings kann man hier nur von spätdeuteronomistischen »Händen« sprechen, nicht von verschiedenen Redaktionsschichten mit unterschiedlichen theologischen Aussagen[148].

Bevor nun das soziologische Profil der spätdeuteronomistischen Redaktion näher bestimmt werden soll, ist auf die Frage nach dem Umfang spätdeuteronomistischer Tätigkeit, d.h. auf die Frage nach der Endredaktion des Pentateuch, einzugehen.

6.6.2.1 Das Verhältnis zu P

H.-C. Schmitt hat in einer Vielzahl an Aufsätzen die These aufgestellt, daß DtrS als Endredaktion den Tetrateuch und das DtrG miteinander verbinden will[149]: "Zusammenfassend läßt sich somit feststellen, daß sich in den Büchern Genesis - 2 Könige eine Reihe von Tetrateuch und deuteronomistisches Geschichtswerk übergreifende Vorstellungen finden, die sich am einfachsten durch die Annahme eines durch eine spätdeu-

---

146 Albertz, Intentionen, S. 47. Siehe auch Kapitel 1.
147 Veijola, Verheißung, S. 173f (Zsfg.)
148 Siehe dazu auch die Schichtungen in der Analyse von Aurelius Punkt 6.3.2.1.
149 Auf Einzelargumentation soll aufgrund der Fülle an Material an dieser Stelle verzichtet, dafür aber die einzelnen Aufsätze angegeben werden: H.-C. Schmitt, Geschichtswerk; ders., Meerwundererzählung; ders., Prophetie; ders., Redaktion; ders., Lehrerzählung; ders., Mantiker; ders., Plagenerzählung; ders. Identität; ders. Josephsgeschichte.

teronomistische Redaktion geschaffenen Geschichtswerks von Gen. i-2 Reg. xxv erklären lassen"[150]. Ein wichtiges »Merkmal« der spätdeuteronomistischen Redaktion ist, daß sie priesterschriftliche und deuteronomistische Vorstellungen verbindet[151]. Gegen die in der alttestamentlichen Forschung auf breiter Ebene akzeptierte These Wellhausens, daß der alttestamentliche Glaube in der nachexilischen Zeit nur durch Rückzug auf theokratische Institutionen und durch die Verwandlung Israels in eine Kultgemeinde[152] überleben konnte, entsteht somit ein anderes Bild der nachexilischen Zeit und der den Pentateuch und DtrG übergreifenden Strukturen: "Es war nicht die priesterliche Theokratie des Jerusalemer Tempelstaates, die der nachexilischen israelitischen Gemeinde Einheit und Identität gab, sondern es waren die schriftgelehrten deuteronomistischen Kreise, die angesichts der Konflikte zwischen theokratischen und prophetischen Gruppen des nachexilischen Israel sich für eine Orientierung an dem Urpropheten Mose einsetzten und damit von einer ursprünglichen Zusammengehörigkeit von "Tora" und "Nebiim", von Gesetz und Propheten ausgingen"[153]. Die spätdtr-Endredaktion des Pentateuch und des DtrG zeichnet sich vor allem dadurch aus, daß sie nicht als "Kompilation unantastbar gewordener traditioneller Heilsgeschichtsdarstellungen" zu sehen ist, "sondern als lebendiger Aktualisierungsprozeß, dem es darum geht, unter relativ freier Verwendung traditioneller Quellen das Gottes- und Menschenverständnis der Schriftprophetie in die Darstellung der grundlegenden heilsgeschichtlichen Setzungen einzubringen"[154]. Die Existenz einer spätdeuteronomistischen Schicht im Zusammenhang der ostjordanischen Landnahme in Num 32; Jos 13 und Jos 22, die sich auf die Priesterschrift einschließlich priesterlicher Erweiterungen zurückbezieht, konnte zuletzt von Schorn nachgewiesen werden (siehe dazu unter Punkt 2.3.4.2)[155].

Kennzeichen der spätdeuteronomistischen Verfasser- bzw. Redaktionstätigkeit ist demnach, daß sie sowohl priesterliche Vorstellungen und Begriffe verarbeitet, als auch den Tetrateuch mit dem DtrG verbinden will. Priesterliche Vorstellungen fanden sich auch in einigen der von mir untersuchten Texte, et-

---

150 H.-C. Schmitt, Geschichtswerk, S. 274. Siehe auch S. 278.
151 A.a.O., S. 277
152 Wellhausen, Geschichte, S. 166ff: "Die Theokratie ist Hierokratie geworden und bedeutet die Herrschaft des Heiligen in der Gemeinde. Um den Ort, wo der Heilige wohnt, bildet die Gemeinde ein Lager in konzentrischen Kreisen von abgestufter Heiligkeit; zuerst kommen die Priester, dann die Leviten, dann die Laien. Die Aufgabe der Priester ist, durch den großen Kultus des Opferdienstes die Funktion der Theokratie in Gang zu halten..." (S.168). "Der Priesterkodex zieht die Summe aus der Entwicklung, welche die Volksreligion unter dem Einfluß der Verhältnisse und der Propheten seit der Zerstörung Samariens und seit Jesaias durchgemacht hatte. Er ist das Resultat der prophetischen Regulierung des Kultus, die unter Hizkia und Josias begann, durch das Exil mächtig gefördert wurde, und nach dem Exil zum Siege gelangte. Er geht über Ezechiel auf das Deuteronomium zurück, er tut den letzten Schritt, jenes den ersten" (S. 170).
153 H.-C. Schmitt, Geschichtswerk, S. 278f
154 H.-C. Schmitt, Redaktion, S. 188
155 Schorn, Ruben, S. 132ff (Num 32), 166ff (Jos 13) und 203ff (Jos 22)

wa im Zusammenhang der DtrS-Redaktion von 1 Kön 8,1-13 mit עדה und עם
(siehe Punkt 6.3.4.3 und 5.3.3.1.1), in der priesterliche Vorstellungen von
der Präsenz Jahwes im Heiligtum aufgegriffen und modifiziert werden.
Aus priesterlichem Hintergrund stammt ebenfalls der Aussonderungsgedanke
(בדל hifil) in 1 Kön 8,53 DtrS und die Erwähnung von Aaron in Jos 24,5aα
DtrS und 1 Sam 12,6.8 DtrS. Priesterliche Bezüge sind auch in Jos 24,6-7a*
und Jos 24,32-33 enthalten. Gerade die Aufnahme priesterlicher Vorstellungen
zu den Präsenzaussagen Jahwes in 1 Kön 8,1-13* DtrS machen deutlich, daß
DtrS sein »deuteronomistisches Profil« dabei nicht aufgibt. Analog zur שם יהוה
- Theologie von DtrH, die von DtrS aufgegriffen wird, werden die priesterli-
chen Aussagen zur Herrlichkeit Jahwes und zur Wolke, die bei DtrS beide den
Tempel erfüllen, so modifiziert, daß das Anliegen von DtrH, die Souveränität
Jahwes gegenüber einer Bindung an den Tempel, gewahrt bleibt.

Mannigfache Beziehungen zum Tetrateuch wurden - wie bereits erwähnt -
vor allem in Jos 24 - so etwa für den Geschichtsrückblick in V.2-13, dem Ab-
tun fremder Götter V.19-24 (Gen 35) und dem Josefsgrab Jos 24,32 - festgestellt. Aber auch das Thema der Fürbitte und der Gnade Jahwes gehört in einen Tetrateuch und DtrG übergreifenden Zusammenhang. Die hinter dem
Siglum DtrS stehenden spätdeuteronomistischen Verfasser können aufgrund
ihrer Tetrateuch und DtrG verknüpfenden Tätigkeit nur mit schriftgelehrten
Kreisen identifiziert werden. Diese Folgerung wird durch die in Jos 23; 24*;
1 Sam 12* und 1 Kön 8* verwendeten Formelemente bestätigt[156].

Die Bedingungen für die Produktion eines literarischen Geschichtswerks:
    Lohfink vertritt die These, daß im antiken Israel Texte nicht wie heute publiziert wur-
den. Die Schriftrollen der Dtr-Bewegung waren bis in das dritte und zweite Jahrhundert
v. Chr. hinein kein allgemein verbreitetes Lesegut[157]. Von vielen Büchern gab es vermutlich
nur ein Exemplar, das abgeschrieben wurde. Öffentlichkeit bedeutet im wesentlichen lese-
fähige Oberschicht[158]. Erst durch die Existenz einer babylonischen Golah, die zu einem großen Teil aus Intellektuellen bestand, ändern sich die Verhältnisse. Für sie ist mit Familien
zu rechnen, die eigene Rollen besaßen und pflegten. Eine Art Musterbibliothek ist - abgese-

---

156 Der Einschub in Jos 1* DtrH ist keiner bestimmten Gattung zuzuordnen und deshalb
     außer acht zu lassen.
157 Lohfink, deuteronomistische Bewegung, S. 101. Weinfelds These einer vorexilischen
     literarischen Renaissance unter Hiskia und Josia kann unberücksichtigt bleiben, da
     meine Untersuchungen die These bekräftigt haben, daß DtrH - und damit die Grund-
     schicht des DtrG - in exilische Zeit anzusetzen ist. Weinfelds Überlegungen können
     somit höchsten für Teile des Deuteronomiums zutreffen und sind demnach hier ohne
     Belang.
158 A.a.O., S. 103

hen von schulischen Zentren in der Diaspora[159] - nur für das Jerusalem der persischen Zeit anzunehmen, wobei die Initiative dazu - nach Lohfink - von heimkehrenden deportierten Intellektuellen kam[160]. Nur in Jerusalem ist von einem einzigen archivarischen, intellektuellen und schulischen Zentrum auszugehen, das pluralistische Züge trägt[161]: "Ich möchte kleinere Rollenbestände bei reichen Familien nicht ausschließen. Aber vermutlich hat fortschreibende Weiterarbeit an alten Texten eher in der zentralen Institution stattgefunden, wo Gelehrte verschiedenen theologischen und literarischen Stils und verschiedener familiärer und parteilicher Zuordnung tätig gewesen sein dürften"[162]. Zwei Ereignisse bewirken in Israel ein breiteres Lesepublikum: Die Kanonisierung biblischer Bücher und der griechische Kultureinfluß. "Das persönliche Lesen und das gottesdienstliche Anhören von Verlesenem gehörte zumindest in Teilen des Judentums zu den religiösen Pflichtübungen".[163] Zwischenglied für die Situation zu Beginn des Exils und der Entstehung einer Bibliothek wie in Qumran war die Kanonisierung heiliger Schriften[164]. Mit einem festen Wortlaut von Schriften ist erst ab der Existenz von Synagogen und Schulen zu rechnen, in denen heilige Schriften gebraucht wurden. Von einer literarischen Öffentlichkeit ist somit nur im Schulbetrieb zu sprechen. Lohfink weist darauf hin, daß während der persischen Zeit damit zu rechnen ist, daß in der Tempelbibliothek der Grundkanon deuteronomistischer Schriften als Bildungsgut diente[165]. Die Gebildeten dieser Zeit erlernten die Sprache dieser dtr Texte und wurden von ihr geprägt.

Die von Lohfink angeführten Voraussetzungen zur literarischen Produktion eines Großwerkes im antiken Israel bestätigen die Ergebnisse meiner Untersuchungen. So kann für die persische Epoche Israels durchaus mit der Existenz einer Schule in Jerusalem gerechnet werden, die pluralistische Züge aufweist. Für die Lokalisierung in Jerusalem wurden bereits oben (Punkt 6.6.1) gewichtige Gründe angeführt. So ist in erster Linie davon auszugehen, daß das von DtrS geschaffene Geschichtswerk Gen - 2 Kön 25 zuallererst ein Schultext war, an dem studiert und gelernt wurde. Nur so lassen sich derartig intensive und weit »zurückgreifende« Querverweise, z.B. von Jos 24 zum Pentateuch, erklären. Das Geschichtswerk Gen - 2 Kön 25 wollte also gelesen werden. Gleichzeitig aber fällt auf, daß die textinternen Adressaten Jos 23; 24*; 1 Sam 12*; 1 Kön 8* DtrS immer ganz Israel bzw. das Volk sind. Die Perspektive von DtrS ist demnach, ganz Israel mit seiner theologischen Intention zu erreichen, wobei es durchaus vorstellbar ist, daß die spätdtr Kreise für sich ähnliche Vorbildfunktionen in Anspruch nehmen, wie sie z.B. den exem-

---

159 Ebenda
160 A.a.O., S. 91ff
161 A.a.O., S. 127
162 Ebenda
163 A.a.O., S. 99
164 Ebenda
165 A.a.O., S. 130

plarischen Jahwefrommen Josua oder Samuel in den oben untersuchten biblischen Texten zugewiesen wurden[166].

6.6.2.2 Die verwendeten Formelemente

Bereits bei den von DtrH verwendeten Formelementen wurde deutlich, daß
dieser mit Jos 1*; Jos 24* und 1 Kön 8* literarische Kunstwerke schuf, die
nicht auf eine mündliche Überlieferungsstufe zurückverfolgt werden können.
Dieselben Beobachtungen konnten auch für DtrS gemacht werden: Sowohl
für die Gattung »Abschiedsrede« in Jos 23 und 1 Sam 12*, als auch für die
aus verschiedenen Formelementen zusammengesetzten Texte Jos 24* DtrS
und 1 Kön 8 konnte gezeigt werden, daß diese Texte künstliche literarische
Gebilde darstellen. Vor allem in 1 Sam 12*, wobei dieser Text in seiner Gesamtstruktur am ehesten einer »Abschiedsrede« zuzuordnen ist, und 1 Kön 8*
wurde eine Vielzahl verschiedener Formelemente verwendet: Für 1 Sam 12*
konnten vor allem Beziehungen zu den Gattungen »Rechtsstreit« und
»Alternativpredigt« bestimmt werden. Für 1 Kön 8 wurden Beziehungen zu
einem kultisch-liturgischen Hintergrund, zu kasuistischen Rechtsformen als
auch zu Tempelweihberichten der altorientalischen Umwelt aufgezeigt. Sowohl DtrH als auch DtrS wollten »Literatur« schaffen. DtrS wird dabei zu einer Art »Sammelbecken« für die unterschiedlichsten Überlieferungen, wie die
folgenden Beispiele noch einmal verdeutlichen sollen: Während DtrS für seine
komplexe Tempeltheologie auf priesterliche Vorstellungen zurückgreifen kann,
übernimmt er in Jos 23 und für die Gesamtstruktur von 1 Sam 12* die urspr.
in der Weisheit beheimatete Gattung »Abschiedsrede«[167]. Er greift mit Themen
wie »Fürbitte« und »Sündhaftigkeit Israels« durchaus prophetische Vorstel-
lungskomplexe auf, wobei es unter dem deuteronomistischen »Überbau« von
DtrS zu einer komplexen Theologie und damit zu einem gewissen Ausgleich
kommt. Somit kann es sich bei den spätdeuteronomistischen Redaktoren demnach nur um Gelehrtenkreise, genauer um *Schrift*gelehrte handeln. Nur so läßt
sich die Dimension ihrer Tätigkeit recht verstehen. Die Verwendung von Ge-
schichtsrückblicken spiegelt ihr Interesse an der Vergangenheit *zur Deutung
der Gegenwart* wider. Dabei verstehen sie sich als die maßgebliche Autorität,
die überlieferten Traditionen für die gegenwärtige Generation und Israels Zukunft zu »deuten«, wobei Toragehorsam, Umkehr, Gnade Jahwes und Gebet

---

166 Siehe dazu auch unter Punkt 6.3.2.1.
167 Siehe Punkt 3.11.1.1.

sicher nicht nur Inhalt der Botschaft, sondern für das Leben der Kreise der Spätdeuteronomistik selbst eine wichtige Rolle gespielt haben.

Die starke Betonung, die Albertz in »Die Intentionen und die Träger des Deuteronomistischen Geschichtswerks« auf die davidische Monarchie als Hoffnungsträger der exilisch/nachexilischen Zeit legt, hat sich an den von mir untersuchten Texten nicht nachvollziehen lassen. DtrH und DtrS können kaum als Enkel einer national-religiösen Fraktion bezeichnet werden. Der Untergang des Südreiches ist weder bei DtrH noch bei DtrS eine "eng begrenzte Fehlentwicklung"[168]: Bei DtrH ist der Untergang endgültig. Bei DtrS wird Israel bereits in seiner Vorgeschichte bei den Vätern als halsstarriges und sündiges Volk bezeichnet, womit der Untergang Israels und Judas ebenso kaum eine »Fehlentwicklung« ist. Vor allem spielt die Monarchie im Sinne einer Anknüpfung an Jojachin bei DtrS überhaupt keine Rolle mehr.

DtrS ist jedoch nicht nur an einer Darstellung, wie es zur Katastrophe von 587 v. Chr. kam, interessiert, sondern will zur Bewältigung der Situation der nachexilischen Zeit beitragen. Dabei erweist er sich als Erbe der ihm vorgegebenen Teile des Pentateuch und des von DtrH geschaffenen Geschichtswerkes.

---

168 Albertz, Intentionen, S. 45. Siehe auch Kapitel 1.

Literaturverzeichnis

Ackroyd, P. R.: The first book of *Samuel*, Cambridge 1971 (CNEB)

Aejmelaus, A: What Can We Know About The Hebrew *Vorlage* Of The Septuagint?, in: ZAW 99, 1987, S. 58-89

Albertz, R.: *Israel*, I. Altes Testament, in: TRE 16, S. 369-379

ders.: Die *Intentionen* und die Träger des Deuteronomistischen Geschichtswerks, in: Schöpfung und Befreiung, Festschrift für Claus Westermann, Stuttgart 1989, S. 37-53

Auld, A. G.: *Joshua, Moses and the Land*. Tetrateuch - Pentateuch - Hexateuch in a Generation since 1938, Edinburgh 1980

ders., *Joshua*, Judges and Ruth, Edinburgh and Philadelphia (Pennsylvania), 1984 (The Daily Study Bible)

Aurelius, E.: Der *Fürbitter* Israels. Eine Studie zum Mosebild im Alten Testament, Stockholm 1988 (CB.OT 27)

Baltzer, K.: Das *Bundesformular*, Neukirchen 1964^2 (WMANT 4)

Bar-Efrat, S.: *Narrative Art* in the Bible, Sheffield 1989 (JSOT.S 70)

Beck, M.: *Elia* und die Monolatrie. Ein Beitrag zur religionsgeschichtlichen Rückfrage nach dem vorschriftprophetischen Jahwe-Glauben, Berlin und New York 1999 (BZAW 281)

Becker, J.: *Gottesfurcht* im Alten Testament, Rom 1965 (AnBib 25)

ders.: *1 Chronik*, Würzburg 1986 (NEB Lfg. 18)

ders.,: *2 Chronik*, Würzburg 1988, (NEB Lfg. 20)

ders.,: *Esra/Nehemia*, Würzburg 1990, (NEB Lfg. 25)

Becker, U.: *Richterzeit* und Königtum. Redaktionsgeschichtliche Studien zum Richterbuch, Berlin und New York 1980 (BZAW 192)

Beek, M.A.: *Jozua*, Nijkerk 1981 (De Prediking van het Oude Testament)

Begrich, J.: Das priesterliche Heilsorakel, in: Gesammelte Studien zum Alten Testament, hg. von W. Zimmerli, München 1964 (TB 21), S. 217-231

Bergman, J., Ringgren, H. und Seebaß, H.: Art. בחר, in: ThWAT 1, Sp. 592-608

Bergman, J., Haldar, A., Ringgren, H. und Koch, K.: Art. דרך, in: ThWAT 2, Sp. 288-312

Bergman, J., Ringgren, H. und Bernhardt, K.-H.: Art. היה, in: ThWAT 2, Sp. 393-408

Beuken, W.: Art. ראשׁI, I-VII, in: ThWAT 7, Sp. 271-282

Beyse, K.-M.: Art. רפה, in: ThWAT 7, Sp. 636-639

Biblia Hebraica Stuttgartensia, hg. von K. Elliger und W. Rudolph, Stuttgart 1987³

Bickert, R.: Die *Geschichte* und das Handeln Jahwes. Zur Eigenart einer deuteronomistischen Offenbarungsauffassung in den Samuelbüchern, in: Textgemäß. Aufsätze und Beiträge zur Hermeneutik des Alten Testaments; Festschrift für Ernst Würthwein zum 70. Geburtstag, hrsg. von A.H.J. Gunneweg und O. Kaiser, Göttingen 1979, S. 9-27

Bieberstein, K.: *Josua* - Jordan - Jericho. Archäologie, Geschichte und Theologie der Landnahmeerzählungen Josua 1-6, Freiburg (Schweiz) und Göttingen 1995 (OBO 143)

Blum, E.: Die Komposition der *Vätergeschichte*, Neukirchen-Vluyn 1984 (WMANT 57)

ders.: *Studien* zur Komposition des Pentateuch, Berlin und New York 1990 (BZAW 189)

ders.: Der kompositionelle Knoten am Übergang von Josua zu Richter. Ein *Entflechtungsvorschlag*, in: Deuteronomy and Deuteronomic Literature. Festschrift C.H.W. Brekelmans, hg. von M. Vervenne und J. Lust, Leuven 1997 (BEThL CXXXIII), S. 181-212

Boecker, H.J.: Die *Beurteilung* der Anfänge des Königtums in den deuteronomistischen Abschnitten des 1. Samuelbuches. Ein Beitrag zum Problem des "Deuteronomistischen Geschichtswerks", Neukirchen-Vluyn 1969 (WMANT 31)

ders.: §4 Die *Entstehung* des Königtums, in: Altes Testament, Neukirchen-Vluyn 1996⁵, S. 38-48

ders.: §5 Das *Großreich* Davids und Salomos, in: Altes Testament, Neukirchen-Vluyn 1996⁵, S. 48-58

ders.: *Redeformen* des Rechtslebens im Alten Testament, Neukirchen-Vluyn 1970² (WMANT 14)

Boling, R. G.: *Joshua*. A New Translation with Notes and Commentary, New York 1982 (AncB 6)

van den Born, A.: Zum *Tempelweihspruch* (1 Kg viii 12f), in: OTS 14, 1965, S. 235-244

Botterweck, G.J.: Art. זקן, I, in: ThWAT 2, Sp. 639-641

Botterweck., G.J. und Clements, R.E., Art. גוי, ThWAT 1, Sp. 965-973.

Braulik, G.: Spuren einer *Neubearbeitung* des deuteronomischen Geschichtswerkes in 1 Kön 8,52-53.59-60, in: Studien zur Theologie des Deuteronomiums, Stuttgart 1988 (SBAB 2), S. 39-52

ders.: *Gesetz* als Evangelium. Rechtfertigung und Begnadigung nach der deuteronomistischen Tora, in: Studien zur Theologie des Deuteronomiums, Stuttgart 1988 (SBAB 2), S. 123-160

ders.: Weisheit, Gottesnähe und Gesetz - Zum *Kerygma* von Deuteronomium 4,5-8, in: Studien zur Theologie des Deuteronomiums, Stuttgart 1988 (SBAB 2), S. 53-93

ders.: Zur deuteronomistischen *Konzeption* von Freiheit und Frieden, in: Studien zur Theologie des Deuteronomiums, Stuttgart 1988 (SBAB 2), S. 219-230

Brekelmans, C.: *Joshua XXIV*: Its Place and Function, in: VT.S XLIII, Leiden, New York, København und Köln 1991, S. 1-9

Bright, J. and Sizoo, J. R.: The Book of *Joshua*, New York 1953 (IntB 2)

Brueggemann, W.: *Isaiah 55* and Deuteronomic Theology, in: ZAW 80, 1968, S. 191-203

Buchholz, J.: Die *Ältesten Israels* im Deuteronomium, Göttingen 1988 (GTA 36)

Burney, C. F.: Notes on the Hebrew Text of the Book of *Kings*, Oxford 1903

ders.: The Book of *Judges*. With Introduction and Notes, London 1920[2]

Butler, T. C.: *Joshua*, Waco (Texas) 1983   (WBC 7)

Carlson, A. und Ringgren, H.: Art. דוד, in: ThWAT 2, Sp. 167-181

Cholewinski, A.: *Heiligkeitsgesetz* und Deuteronomium. Eine vergleichende Studie, Rom 1976 (AnBib 66)

Childs, B. S.: *Introduction* to the Old Testament as Scripture, Philadelphia 1979

ders.: Old Testament *Theology* in a Canonical Context, London 1985

Christie, M. F.: The Reign of *Solomon* in the Light of Biblical and Archeological Data, Dissertation, Vanderbilt 1952

Conrad, J.: Art. זקן, II-III, in: ThWAT 2, Sp. 641-650

ders.: Art. נכה, in: ThWAT 5, Sp. 445-454

Cortese, E.: Theories Concerning Dtr: A Possible *Rapprochement*, in: Pentateuchal and Deuteronomistic Studies, hg. von C. Brekelmans und J. Lust, Leuven 1989, (BEThL XCIV) S. 179-190

ders.: *Josua 13-21*. Ein priesterschriftlicher Abschnitt im Deuteronomistischen Geschichtswerk, Freiburg (Schweiz) und Göttingen 1990 (OBO 94)

Cross, F. M.: The *Themes* of the Book of Kings and the Structure of the Deuteronomistic History, in: Canaanite Myth and Hebrew Epic. Essays in the History of the Religion of Israel, Cambridge (Massachusetts) 1973, S. 274-289

Crüsemann, F.: Der *Widerstand* gegen das Königtum. Die antiköniglichen Texte des Alten Testaments und der Kampf um den frühen israelitischen Staat, Neukirchen-Vluyn 1978 (WMANT 49)

Dahmen, U.: Der *infinitivus absolutus* als Imperativ - ein redaktionskritisches Kriterium?, in: BN 76, München 1995, S. 62-81

Deissler, A.: Zwölf Propheten III. Zefanja, Haggai, Sacharja, Maleachi, Würzburg 1988 (NEB Lfg. 21)

Delcor, M. und Jenni, E.: שלם, in: THAT 2, München und Zürich 1984[3], Sp. 909-916

DeVries, S. J.: *1 Kings*, Waco (Texas) 1985 (WBC 12)

Diepold, P.: Israels *Land*, Stuttgart, Berlin, Köln und Mainz 1972 (BWANT 95)

Dietrich, W.: *Prophetie und Geschichte*. Eine redaktionsgeschichtliche Untersuchung zum deuteronomistischen Geschichtswerk, Göttingen 1972 (FRLANT 108)

ders.: *David*, Saul und die Propheten. Das Verhältnis von Religion und Politik nach den prophetischen Überlieferungen vom frühesten Königtum in Israel, Stuttgart, Berlin und Köln 1992[2] (BWANT 122)

Dietrich, W. und Naumann, Th.: Die *Samuelbücher*, Darmstadt 1995 (EdF 287)

Dillmann, A.: Numeri, Deuteronomium und Josua, Leipzig 1886[2] (KEH Lfg. 13)

Dohmen, Ch., Hossfeld, F.L. und Reuter, E.: Art.: ספר, in: ThWAT 5, Sp. 929-944

Dommershausen, W.: 1 Makkabäer. 2 Makkabäer, Würzburg 1985 (NEB Lfg. 12)

Donner, H.: *Geschichte* des Volkes Israel und seiner Nachbarn in Grundzügen. *Teil 2*. Von der Königszeit bis zu Alexander dem Großen, Göttingen 1986 (GAT 4/2)

ders.: Die *Verwerfung* des Königs Saul, in: Aufsätze zum alten Testament. Aus vier Jahrzehnten, Berlin und New York 1994 (BZAW 224)

Doorly, W. J.: Obsession with Justice. The Story of the Deuteronomists, New York und Mahwah (N.J.) 1994

Driver, S.R.: Notes on the Hebrew Text and the Topography of the Books of Samuel, Oxford 1913[2]

Edelman, D.: Are the kings of the Amorites "swept away" in Josh XXIV 12?, in: VT XLI, 1991, S. 279-286

Elliger, K.: Das Buch der zwölf kleinen Propheten. II: Die Propheten Nahum, Habakuk, Zephanja, Haggai, Sacharja, Maleachi, Göttingen 1964[5] (ATD 25)

ders.: *Deuterojesaja. 1. Teilband.* Jesaja 40,1-45,7, Neukirchen-Vluyn 1978 (BK XI,1)

ders.: *Leviticus*, Tübingen 1966 (HAT I/4)

Eissfeldt, O.: Die *Komposition* der Samuelisbücher, Leipzig 1931

ders: *Einleitung* in das Alte Testament, Tübingen 1964[3] (NTG)

Eslinger, L. M.: *Kingship* of God in Crisis. A Close Reading of 1 Samuel 1-12, Sheffield 1985 (BiLiSe 10 und JSOT.S 84)

ders.: Into the Hands of the Living God, Sheffield 1989 (BiLiSe 24)

Fabry, H.-J.: Art. לב, in: ThWAT 4, Sp. 413-451

ders.: Art. כסא, in: ThWAT 4, Sp. 247-272

ders.: Art. קהל, I-III in: ThWAT 6, Sp. 1204-1209

Fechter, Fr.: Die *Familie* in der Nachexilszeit. Untersuchungen zur Bedeutung der Verwandtschaft in ausgewählten Texten des Alten Testaments, Berlin und New York 1998 (BZAW 264)

Fichtner, J.: *Das erste Buch von den Königen.* Nach dem Tode des Verfassers herausgegeben von Fricke, K. D., Stuttgart 1964 (BAT 12/1)

Fohrer, G.: *Geschichte Israels.* Von den Anfängen bis zur Gegenwart, Heidelberg und Wiesbaden 1995[6] (UTB 708)

Fowler, M. D.: The meaning of *lipnê* YHWH in the Old Testament, in: ZAW 99, 1987, S. 384-390

Freedman, D.N. und O`Connor, P.: Art. כרוב, in: ThWAT 4, Sp. 322-334

Freedman, D.N. und Willoughby, B.E.: Art. ענן, in: ThWAT 6, Sp. 270-275

Fretheim, T. E.: *Deuteronomic History.* Interpreting Biblical Texts, Nashville (Tennessee) 1983

Fritz, V.: Das Buch *Josua*, Tübingen 1994 (HAT I/7)

ders.: Die Deutung des Königtums Sauls in den Überlieferungen von seiner Entstehung in 1. Sam 9-11, in: Studien zur Literatur und Geschichte des alten Israel, Stuttgart 1997 (SBAB 22), S. 205-225

ders.: *Das erste Buch der Könige*, Zürich 1996 (ZBK.AT 10.1) ders.: Die Entstehung Israels im 12. und 11. Jahrhundert v. Chr, Stuttgart, Berlin und Köln 1996 (BE 2)

Fuhs, H.F.: Art. ירא, in: ThWAT 3, Sp. 869-893

ders.: Art. עבר, in: ThWAT 5, Sp. 1015-1033

Garcia-Lopez, F.: Art.: צוה, in: ThWAT 6, Sp. 936-959

Gerstenberger,(Angabe des Vornamens einschließlich Gerstenberger selbst fehlt im Mitarbeiterverzeichnis des Bandes 5): Art. עזב, in: ThWAT 5, Sp. 1200-1208

Gerstenberger, E. S.: Das dritte Buch Mose. Leviticus, Göttingen 6., völlig neu bearbeitete Auflage 1993 (ATD 6)

Gesenius, W.: Hebräische *Grammatik*. Völlig umgearbeitet von E. Kautzsch, Leipzig 1909[28]

ders.: Hebräisches und Aramäisches *Handwörterbuch* über das Alte Testament. Bearbeitet von F. Buhl, unveränderter Neudruck der 1915 erschienenen 17. Auflage, Berlin/ Göttingen/ Heidelberg 1962

Giblin, C.H.: Structural *Patterns* in Jos 24,1-25, in: CBQ 26 1964, S. 50-69

Görg, M.: Art. ירדן, in: ThWAT 3, Sp. 901-909

ders.: *Josua*, Würzburg 1991 (NEB Lfg. 26)

ders.: Die *Gattung* des sogenannten Tempelweihspruchs (1 Kg 8,12f), in: Studien zur biblisch-ägyptischen Religionsgeschichte, Stuttgart 1992 (SBAB 14), S. 32-46

ders.: Richter, Würzburg 1993 (NEB Lfg. 31)

Gordon, R.P.: 1&2 *Samuel*, Sheffield 1984 (OTGu)

Gray, J.: *Joshua*, Judges and Ruth, London und Aberdeen 1967 (NCeB)

ders.: I & II *Kings*. A commentary, London 1970[2] (OTL)

Greenspoon, L. J.: Textual Studies In The Book Of Joshua, Chico (California) 1983 (HSM 28)

Greßmann, H.: Die Anfänge Israels. (Von 2. Mosis bis Richter und Ruth), Göttingen 1922[2] (SAT I.2)

Gutbrod, K.: Das Buch vom Lande Gottes. *Josua* und Richter, Stuttgart, neu bearbeitete Auflage 1985[4] (BAT 10)

Hamlin, E. J.: Inheriting the *Land*. A Commentary On The Book Of *Joshua*, Grand Rapids (Michigan) - Edinburgh 1983 (ITC)

Hausmann, J.: Art.: צלח, in: ThWAT 6, Sp. 1042 - 1046

Hentschel, G.: *1 Könige*, Würzburg 1984 (NEB Lfg. 10)

ders.: *2 Könige*, Würzburg 1985 (NEB Lfg. 11)

ders.: *1 Samuel*, Würzburg 1994 (NEB Lfg. 33)

ders.: *2 Samuel*, Würzburg 1994 (NEB Lfg. 34)

ders.: Gott, König und Tempel. *Beobachtungen* zu 2 Sam 7,1-17, Leipzig 1992 (EThS 22)

Hertzberg, H. W.: Die Bücher *Josua*, Richter, Ruth, Göttingen 1953 (ATD 9)

ders.: Die *Samuelbücher*, Göttingen 1956 (ATD 10)

Herrmann, S.: Art. *Geschichte Israels*, in: TRE 12, Berlin und New York 1984, S. 698-740

Hesse, F.: Art. חזק, in: ThWAT 2, Sp. 846-857

Hölscher, G.: Das Buch der *Könige*, seine Quellen und seine Redaktion, in: Eucharisterion. Studien zur Religion und Literatur des Alten und Neuen Testaments. Hermann Gunkel zum 60. Geburtstage, hg. von H. Schmidt, Göttingen 1923, S. 158-213

Holzinger, H.: Das Buch *Josua*, Tübingen und Leipzig 1901 (KHC 6)

Hoppe, L.: *Joshua*, Judges. With an Excursus on Charismatic Leadership in Israel, Wilmington (Delaware) 1982 (OTMes 5)

Horst, F.: Die Zwölf Kleinen *Propheten*. Nahum bis Maleachi, Tübingen 1954[2] (HAT I/14)

Hossfeld, F.-L. und Kindl, E.-M.: Art. קהל, IV, in: ThWAT 6, Sp. 1210-1219

Hulst, A.R.: Der *Jordan* in den alttestamentlichen Überlieferungen, in: OTS 14, 1965, S. 162-188

ders.: Art. עם / גוי 'am/ gōj Volk, in: THAT 2, München und Zürich 1984[3], Sp.290-325

Hurowitz, V.: I have built you an exalted house. *Temple Building* in the Bible in Light of Mesopotamian and Northwest Semitic Writings, Sheffield 1992 (JSOTS 115)

Janowski, B.: »Ich will in eurer Mitte wohnen«. Struktur und Genese der exilischen *Schekina-Theologie*, in: Gottes Gegenwart in Israel. Beiträge zur Theologie des Alten Testaments, Neukirchen-Vluyn 1993, S. 118-147

ders.: Die Tat kehrt zum Täter zurück. *Offene Fragen* im Umkreis des »Tun-Ergehen-Zusammenhangs«, in: ZThK 1994, S. 247-271

Jellicoe, S.: The Seputagint And Modern Study, Oxford 1968 K 5, 62

Jenni, E.: Lehrbuch der Hebräischen Sprache des Alten Testaments. Neubearbeitung des "Hebräischen Schulbuchs" von Hollenberg-Budde, Basel und Frankfurt a.M. 1981[2]

Jepsen, A.: Die *Quellen* des Königsbuches, Halle (Saale) 1953

ders.: Art. אמן, in: ThWAT 1, Sp. 313-348

Jeremias, J.: *Theophanie*. Die Geschichte einer alttestamentlichen Gattung, Neukirchen-Vluyn 1965 (WMANT 10)

Jericke, D.: *Josuas Tod* und Josuas Grab. Eine Redaktionsgeschichtliche Studie, in: ZAW 108, 1996, S. 347-361

Johnson, B.: Art. משפט, in: ThWAT 5, Sp. 93-107

ders., Art. צדק II.1-VII, in: ThWAT 6, Sp. 903-924

Kaiser, O.: Das Buch des Propheten *Jesaja*. Kapitel 1-12, Göttingen 1981[5] (ATD 17)

ders.: Grundriß der *Einleitung* in die kanonischen und deuterokanonischen Schriften des Alten Testaments. *Band 1*: Die erzählenden Werke, Gütersloh 1992

Keil, C. F.: Biblischer Commentar über die prophetischen Geschichtsbücher des Alten Testaments. Erster Band: *Josua*, Richter und Ruth, Leipzig 1874[2] (BC 2.1)

ders..: Biblischer Commentar über die prophetischen Geschichtsbücher des Alten Testaments. Zweiter Band: Die *Bücher Samuels*, Leipzig 1875[2] (BC Teil 2.2)

ders.: Biblischer Commentar über die prophetischen Geschichtsbücher des Alten Testaments. Dritter Band: *Die Bücher der Könige*, Leipzig 1876[2] (BC 2.3)

Kedar-Kopfstein, B.: Art. ערץ, in: ThWAT 6, Sp. 402-405

Keller, C. A.: Über einige alttestamentliche *Heiligtumslegenden* I, in: ZAW 67, 1955, S. 141-168

Keller, M.: *Untersuchungen* zur deuteronomisch-deuteronomistischen Namenstheologie, Weinheim 1996 (BBB 105)

Kellermann, D.: Art. לוי, in: ThWAT 4, Sp. 499-521

Kessler, R.: Die Querverweise im Pentateuch. Überlieferungsgeschichtliche Untersuchung der expliziten Querverbindungen innerhalb des vorpriesterlichen Pentateuchs, Diss. theol (masch.schr.) Heidelberg 1972

Kittel, R.: Die Bücher der *Könige*, Göttingen 1900 (HK I.5)

Klein, R. W.: *1 Samuel*, Waco (Texas) 1983 (WBC 10)

Knapp, D.: *Deuteronomium 4*. Literarische Analyse und theologische Interpretation, Göttingen 1987, (GTA 35)

Knobel, A.: Die Bücher Numeri, Deuteronomium und *Josua*, Leipzig 1861 (KEH Lfg. 13)

Knoppers, G. N.: *Prayer and Propaganda*: Solomon`s Dedication of the Temple and the Deuteronomist`s Program, in: CBQ 57, 1995, S. 229-254

Koch, K.: Art. אהל, in: ThWAT 1, Sp. 128-141

ders.: Art. חטא, in: ThWAT 2, Sp. 857-870

Koenen, K.: *Ethik* und Eschatologie im Tritojesajabuch. Eine literarkritische und redaktionsgeschichtliche Studie, Neukirchen-Vluyn 1990 (WMANT 62)

ders.: Art.: שכל, in: ThWAT 7, Sp. 781-795

Kornfeld, W.: *Levitikus*, Würzburg 1983 (NEB Lfg. 6)

ders.: Art. קדש I,1-II,1.IV, in ThWAT 6, Sp. 1179-1188 und 1201-1203

Kottsieper, I.: Art. שבע, in: ThWAT 7, Sp. 974-1000

Kreuzer, S.: Die Frühgeschichte Israels in Bekenntnis und Verkündigung des Alten Testaments, Berlin und New York 1989 (BZAW 178)

Kutsch, E.: Art. Bund I. Altes Testament, in: TRE 7, Berlin und New York 1981, S. 397-403

ders.: *Verheißung* und Gesetz. Untersuchungen zum sogenannten »Bund« im Alten Testament, Berlin und New York 1973 (BZAW 131)

Landersdorfer, S.: Die Bücher der *Könige*, Bonn 1927 (HSAT III.2)

Lang, B: Art. נכר I-IV, in ThWAT 5, Sp. 454-462

Levenson, J. D.: From Temple to Synagogue: *1 Kings 8*, in: Traditions in Transformation. Turning Points in Biblical Faith, Festschrift für F. M. Cross, hg. von B. Halpern und J.D. Levenson, Winona Lake (Indiana) 1980, S. 143-166

Levine, B.: Art. מצוה, in ThWAT 4, Sp. 1085-1095

Levin, C.: Die *Verheißung* des neuen Bundes. In ihrem theologiegeschichtlichen Zusammenhang ausgelegt, Göttingen 1985 (FRLANT 137)

L`Hour, J.: L` Alliance de *Sichem*, in: RV 1962 LXIX, S. 5-36

Liedke, G.: *Gestaltung* und Bezeichnung alttestamentlicher Rechtssätze. Eine formgeschichtliche-terminologische Studie, Neukirchen-Vluyn 1971 (WMANT 39)

Lipinski, E.: Art. נחל, in: ThWAT 5, Sp. 342-360

ders.: Art. נתן I.1-IV.3, in: ThWAT 5, Sp. 693-712

ders.: Art. עם, in: ThWAT 6, Sp. 177-194

Lisowsky, G.: Konkordanz zum Hebräischen Alten Testament, Stuttgart 1958[2]

Lohfink, N.: Art. ירש, in: ThWAT 3, Sp. 954-985

ders.: Die *Bedeutung* von hebräisch jrš qal und hif., in: BZ N.F. 1983, Jg. 27, S. 14-33 ders.: Bundestheologie im Alten Testament. Zum gleichnamigen Buch von Lothar Perlitt, in: Studien zum Deuteronomium und zur deuteronomistischen Literatur I, Stuttgart 1990 (SBAB 8), S. 325-361

ders.: Die deuteronomistische *Darstellung* des Übergangs der Führung Israels von Moses auf Josue. Ein Beitrag zur alttestamentlichen Theologie des Amtes, in: Studien zum Deuteronomium und zur deuteronomistischen Literatur I, Stuttgart 1990 (SBAB 8), S. 83-97

ders.: Verkündigung des Hauptgebots in der jüngsten Schicht des Deuteronomiums (Dt 4,1-40), in: Studien zum Deuteronomium und zur deuteronomistischen Literatur I, Stuttgart 1990 (SBAB 8) S. 167-191

ders.: Die huqqîm ûmišpatîm und ihre Neubegrenzung durch Dtn 12,1, in: Studien zum Deuteronomium und zur deuteronomistischen Literatur II, Stuttgart 1991 (SBAB 12), S. 229-256

ders.: *Kerygmata* des Deuteronomistischen Geschichtswerks, in: Studien zum Deuteronomium und zur deuteronomistischen Literatur II, Stuttgart 1991 (SBAB 12), S. 125-142

ders.: Gab es eine *deuteronomistische Bewegung?*, in: Studien zum Deuteronomium und zur deuteronomistischen Literatur, Bd. 3, Stuttgart 1995 (SBAB 20), S. 65-142

Maass, F.: Art. חתת, in: ThWAT 3, Sp. 296 - 302

Mandelkern, S.: Veteris Testamenti Concordantiae Hebraicae atque Chaldaicae. Bd. 1. Unveränderter Nachdruck der 1937 bei Schocken erschienenen Ausgabe, 1955 Graz

ders.: Veteris Testamenti Concordantiae Hebraicae atque Chaldaicae. Bd. 2. Unveränderter Nachdruck der 1937 bei Schocken erschienenen Ausgabe, Graz 1955

Martin-Achard, R.: Art. *Abraham I.* Im Alten Testament, in: TRE 1, Berlin und New York 1977, S. 364-372

Mayer, G.: Art. זכר, in: ThWAT 2, Sp. 133-135

Mayes, A.D.H.: The Story of Israel Between Settlement and Exile. A Redactional Study of the Deuteronomistic History, Dublin 1983

McBride, S. D. Jr.: Art. Deuteronomium/ Deuteronomistisches Geschichtswerk/ Deuteronomistische Schule, I. Deuteronomium, in: TRE 8, Berlin und New York 1981, S. 530-543

McCarter, P. K.: *1 Samuel*, New York 1980 (AncB 9)

McCarthy, D.: An *Installation* Genre?, in: JBL 90, 1971, S. 31-41 ders.: *Treaty* and Covenant. A Study in Form in the Ancient Oriental Documents and in the Old Testament, Rom 1978[2] (AnBiB 21A)

ders.: *Compact* and Kingship: Stimuli for Hebrew Covenant Thinking, in: Institution and Narrative. Collected Essays, hg. von L.A. Schökel, Rom 1985 (AnBiB 108), S. 74-91

ders.: The *Inauguration* of Monarchy in Israel. A Form-Critical Study of I Samuel 8-12, in: Institution and Narrative. Collected Essays, hg. von A.L. Schökel, Rom 1985 (AnBiB 108), S. 211-224

ders.: The Theology of Leadership in Joshua 1-9, in: Institution and Narrative. Collected Essays, hg. von A.L. Schökel, Rom 1985 (AnBiB 108), S. 193-203

McConville, J.G.: 1 Kings VIII 46-53 and the Deuteronomic Hope, in: VT XLII, 1992, S. 67-79

Merendino, R.P.: *Der Erste und der Letzte*. Eine Untersuchung von Jes 40-48, Leiden 1981 (VT.S XXXI)

Miller, J. M. und Tucker, G. M.: The Book of Joshua, London 1974 (CNEB)

Mölle, H.: Der sogenannte Landtag zu *Sichem*, Würzburg 1980 (fzb 42)

Moenikes, A.: Zur Redaktionsgeschichte des sogenannten Deuteronomistischen Geschichtswerks, in: ZAW 104, 1992, S. 333-348

Mommer, P.: *Samuel*: Geschichte und Überlieferung, Neukirchen-Vluyn 1991 (WMANT 65)

Montgomery, J. A.: A Critical and Exegetical Commentary on the Books of *Kings*, hg. von H. S. Gehman, Edinburgh 1951 (ICC)

Muilenburg, J.: The *Form and Structure* of the Covenantal Formulations, in: VT IX, 1959, S. 347-365

Negoita, A.: Art.: הגה, in: ThWAT 2, Sp. 343-347

Nelson, R.D.: The Double Redaction of the Deuteronomistic History, Sheffield 1981 (JSOT.S 18)

ders.: *Joshua*. A Commentary, Lousville (Kentucky) 1997 (OTL)

Niehr, H.: Art. שׁוע, in: ThWAT 5, Sp. 647-657

ders..: Die Samuelbücher, in: Einleitung in das Alte Testament, hg. von E. Zenger, Stuttgart, Berlin und Köln 1995, S. 151-157

Nielsen, E.: *Deuteronomium*, Tübingen 1995 (HAT I/6)

Noort, E.: Jos 24,28-31, Richter 2,6-9 und das Josuagrab. Gedanken zu einem Straßenschild, in: Biblische Welten. Festschrift für M. Metzger zu seinem 65. Geburtstag, hg. von W. Zwickel, Freiburg und Göttingen 1993 (OBO 123), S. 109-130 ders.: *Das Buch Josua*. Forschungsgeschichte und Problemfelder, Darmstadt 1998 (EdF 292)

ders.: Zu Stand und Perspektiven: Der Glaube Israels zwischen Religionsgeschichte und Theologie. *Der Fall Josua 24*, in: Perspectives in the Study of the Old Testament and early Judaism. A Symposium in Honour of A.S. van der Woude on the Occasion of his 70th Birthday, Leiden, Boston und Köln 1998 (VT.S LXXIII)

von Nordheim, E.: *Die Lehre der Alten. I*. Das Testament als Literaturgattung im Judentum der hellenistisch-römischen Zeit, Leiden 1980 (ALGHJ XIII)

ders.: *Die Lehre der Alten. II*. Das Testament als Literaturgattung im Alten Testament und im Alten Vorderen Orient, Leiden 1985 (ALGHJ XVIII)

Noth, M.: Das Buch Josua, Tübingen 1938 (HAT I/7)

ders.: Überlieferungsgeschichtliche *Studien I.*, Halle (Saale) 1943 (SKG.G Heft 2)

ders.: *Überlieferungsgeschichte* des Pentateuch, Stuttgart 1948

ders.: Das Buch *Josua*, Tübingen 1953[2] (HAT I/7)

ders.: Das dritte Buch Mose. Leviticus, Göttingen 1962 (ATD 6)

ders.: Das zweite Buch Mose. *Exodus*, Göttingen 1978[6] (ATD 5)

ders.: Das vierte Buch Mose. *Numeri*, Göttingen 1982[4] (ATD 7)

ders.: Könige. 1. Teilband. *1 Könige 1-16*, Neukirchen-Vluyn 1983[2] (BKAT 9)

ders.: *Geschichte Israels*, Göttingen 1969[7]

O'Brien, M.: The Deuteronomistic History *Hypothesis*: A Reassessment, Freiburg (Schweiz) und Göttingen 1989, (OBO 92)

Oettli, S.: Das Deuteronomium und die Bücher Josua und Richter, München 1893 (KK A.2)

Otto, E.: Deuteronomium 4: Die Pentateuchredaktion im Deuteronomiumsrahmen, in: Das Deuteronomium und seine Querbeziehungen, hg. von T. Veijola, Göttingen 1996 (SESJ 62), S. 198-222

Ottosson, M.: Art. ארץ I.2-II.5, in: ThWAT 1, Sp. 421-436

Otzen, B.: Art. בדל, in: ThWAT 1, Sp. 518-523

Owczarek, S.: Die Vorstellung vom "*Wohnen Gottes*" inmitten seines Volkes" in der Priesterschrift. Zur Heiligtumstheologie der priesterschriftlichen Grundschrift, Frankfurt a.M, Berlin, Bern u.a.1998 (EHS.T XXIII/ 625)

Parker, K. I.: Wisdom and Law in the Reign of Solomon, New York 1992

Perlitt, L: *Bundestheologie* im Alten Testament, Neukirchen-Vluyn 1969 (WMANT 36)

ders.: *Motive* und Schichten der Landtheologie im Deuteronomium, in: Das Land Israel in biblischer Zeit, hg. von G. Strecker, Göttingen 1983 (GTA 25), S. 46-58

Pisano, S.: Additions or Omissions in the Books of Samuel. The Significant Pluses and Minuses in the Masoretic, LXX and Qumran Texts, Göttingen 1984 (OBO 57)

Preuß, H. D: »...*ich will mit dir sein!*«, in: ZAW 80, 1968, S. 139-173

ders..: *Verspottung* fremder Religionen im Alten Testament, Stuttgart, Berlin, Köln und Mainz 1971 (BWANT 92)

ders.: *Deuterojesaja*. Eine Einführung in seine Botschaft, Neukirchen-Vluyn 1976

ders.: Art. מלחמה, in: ThWAT 4, Sp. 914-926

ders.: Art. נוח, in: ThWAT 5, Sp. 297-307

ders.: Zum deuteronomistischen Geschichtswerk, in: ThR, Jg. 58, 1993, S. 229-264.341-395

von Rad, G.: *Deuteronomium-Studien*, Göttingen 1947 (FRLANT 58)

ders.: *Theologie des Alten Testaments. Band I.* Die Theologie der geschichtlichen Überlieferungen Israels, München 1969[6] (EETh 1)

ders.: Das formgeschichtliche Problem des *Hexateuch*, in: Gesammelte Studien zum Alten Testament, München 1965[3] (TB 8)

ders.: Die deuteronomistische Geschichtstheologie in den Königsbüchern, in: Gesammelte Studien zum Alten Testament, München 1965[3] (TB 8), S. 189-204

ders.: Das erste Buch Mose. *Genesis*, Göttingen und Zürich 1987[12], (ATD 2-4)

Rehm, M.: *Das erste Buch der Könige*, Würzburg 1979

ders.: *Das zweite Buch der Könige*, Würzburg 1982

Rendtorff, R.: Väter, Könige, Propheten. Gestalten des Alten Testaments, Berlin 1967

ders.: Das Alte Testament. Eine *Einführung*, Neukirchen-Vluyn 1988[3]

ders.: Die Geburt des Retter. Beobachtungen zur Jugendgeschichte Samuels im Rahmen der literarischen Komposition, in: Kanon und Theologie. Vorarbeiten zu einer Theologie des Alten Testaments, Neukirchen-Vluyn 1991, S. 132-140 ders.: *Kontinuität* und Diskontinuität in der alttestamentlichen Prophetie, in: ZAW 109, 1997, S. 169-187

Reventlow, H. Graf: *Liturgie* und prophetisches Ich bei Jeremia, Gütersloh 1963

ders.: *Gebet* im Alten Testament, Stuttgart, Berlin, Köln und Mainz 1986

ders.: Die Propheten Haggai, Sacharja und Maleachi, Göttingen 1993[9], völlig neu bearbeitete Auflage (ATD 25,2)

Richter, W.: Die *Bearbeitung* des "Retterbuches" in der Deuteronomischen Epoche, Bonn 1964 (BBB 21)

Riesener, I.: Der Stamm עבד im Alten Testament. Eine Wortuntersuchung unter Berücksichtigung neuerer sprachwissenschaftlicher Methoden, Berlin und New York 1979 (BZAW 149)

Ringgren, H.: Art. אב, in: ThWAT 1, Sp. 1-19

ders.: Art. עבד, I,1-III,4; III,6-9; IV,1-VI in: ThWAT 5, Sp. 982-997. 999-1003. 1010-1012

ders.: Art. אלוהים, in: ThWAT 1, Sp. 285-305

ders.: Art. חקק, in: ThWAT 3, Sp. 149-157

ders.: Art. קדש II,2-III. IV, in TWAT Bd. 6, Sp. 1188-1201. 1203-1204

ders.: Art.: עשה, in: ThWAT 6, Sp. 413-432

ders.: Der Landtag in *Sichem*, in: Nachdenken über Israel, Bibel und Theologie. Festschrift für K.-D. Schunck zu seinem 65. Geburtstag, Frankfurt am Main, Berlin u.a. 1994 (BEAT 37), S. 89-91

Ringgren, H. und Johnson, B.: Art. צדק, in: ThWAT 6, Sp. 898-924

Römer, Th.: *Israels Väter.* Untersuchungen zur Väterthematik im Deuteronomium und in der Deuteronomistischen Tradition, Freiburg (Schweiz) und Göttingen 1990 (OBO 99)

Rösel, H. N.: Die *Überlieferung* vom Josua- ins Richterbuch, in: VT XXX, 1980, S. 342-350

ders.: *Erwägungen* zu Tradition und Geschichte in Jos 24 - ein Versuch -, in: BN Heft 22, 1983, S. 41-46

ders.: Von Josua bis Jojachin. Untersuchungen zu den deuteronomistischen Geschichtsbüchern des Alten Testaments, Leiden, Boston und Köln 1999 (VT.S LXXV)

Roloff, J.: Die *Apostelgeschichte*, Göttingen 1981[17] (NTD 5)

Rose, M.: Der *Ausschließlichkeitsanspruch* Jahwes. Deuteronomische Schultheologie und die Volksfrömmigkeit in der späten Königszeit, Stuttgart, Berlin, Köln und Mainz 1975 (BWANT 106)

ders.: *5. Mose. Teilband 1*: 5. Mose 12-25 Einführung und Gesetze, Zürich 1994 (ZBK.AT 5)

ders.: *5. Mose. Teilband 2*: 5. Mose 1-11 und 26-34 Rahmenstücke zum Gesetzeskorpus, Zürich 1994 (ZBK.AT 5)

Roth, W.: The *Deuteronomic Rest Theology*: A Redaction-Critical Study, in: BR XXI 1976, S. 5-14

ders.: Art. Deuteronomium/ Deuteronomistisches Geschichtswerk/ Deuteronomistische Schule, II. Deuteronomistisches Geschichtswerk/ Deuteronomistische Schule, in: TRE 8, Berlin und New York 1981, S. 543-552

Rüterswörden, U.: Art. עבד, III,5 in: ThWAT 5, Sp. 997-999

Särkiö, P.: Die *Weisheit* und Macht Salomos in der israelitischen Historiographie. Eine traditions- und redaktionskritische Untersuchung über 1 Kön 3-5 und 9-11, Göttingen 1994 (SESJ 60)

Šanda, A.: Die Bücher der Könige. Erster Halbband. *Das erste Buch der Könige*, Münster 1911 (EHAT 9)

Sauer, G.: Art.: שמר, in: THAT 2, München und Zürich 1984[3], Sp. 982-987

Schäfer-Lichtenberger, C.: >Josua< und >Elischa< - eine biblische Argumentation zur Begründung der Autorität und Legitimität des Nachfolgers, in: ZAW 101, 1989, S. 198-222

dies.: Göttliche und menschliche Autorität im Deuteronomium, in: Pentateuchal and Deuteronomistic Studies. Papers read at the XIIIth IOSOT Congress, Leuven 1990 (BEThL XCIV), S. 125-142

dies.: *Josua* und Salomo. Eine Studie zur Autorität und Legitimität des Nachfolgers im Alten Testament, Leiden, New York und Köln 1995 (VT.S LVIII)

Scharbert, J.: *Heilsmittler* im Alten Testament und im Alten Orient, Freiburg, Basel und Wien 1964 (QD 23/24)

ders.: Art. אלה, in: ThWAT 1, Sp. 279-285

ders.: *Exodus*, Würzburg 1989, (NEB Lfg. 24)

ders.: Art. קלל, in: ThWAT 7, Sp. 40-49

Schmidt, J.M.: §6 Die Zeit des Exils, in: Altes Testament, hg. von Boecker, Hans Jochen u.a., Neukirchen-Vluyn 1996[5], S. 58-74

ders.: §7 Rückkehr und Neuaufbau: die persische Zeit, in: Altes Testament, hg. von Boecker, Hans Jochen u.a., Neukirchen-Vluyn 1996[5], S. 74-87

Schmidt, L.: Menschlicher Erfolg und *Jahwes Initiative*. Studien zur Tradition, Interpretation und Historie in Überlieferungen von Gideon, Saul und David, Neukirchen-Vluyn 1970 (WMANT 38)

ders.: »De Deo«. Studien zur Literarkritik und Theologie des Buches Jona, des Gespräches zwischen Abraham und Jahwe in Gen 18,22ff und von Hi 1, Berlin und New York 1976 (BZAW 143)

ders.: Studien zur *Priesterschrift*, Berlin und New York 1993 (BZAW 214)

ders.: §10 *Deuteronomistisches Geschichtswerk*, in: Altes Testament, Neukirchen-Vluyn 1996⁵, S. 127-141

ders.: Die alttestamentliche *Bileamüberlieferung*, in: Gesammelte Aufsätze zum Pentateuch, Berlin und New York 1998 (BZAW 263), S. 57-84

ders.: *Väterverheißungen* und Pentateuchfrage, in: Gesammelte Aufsätze zum Pentateuch, Berlin und New York 1998, (BZAW 263), S. 110-136

ders.: El und die *Landverheißung* in Bet-El. Die Erzählung von Jakob in Bet-El: Gen 28,11-22, in: Gesammelte Aufsätze zum Pentateuch, Berlin und New York 1998 (BZAW 263), S. 137-149

Schmidt, W. H.: Alttestamentlicher Glaube in seiner Geschichte, Neukirchen - Vluyn 1996⁸

ders.: *Einführung* in das Alte Testament, Berlin und New York, 1995⁵

ders.: *Vielfalt* und Einheit alttestamentlichen Glaubens. Bd.1. Hermeneutik und Methodik, Pentateuch und Prophetie, Neukirchen-Vluyn 1995

Schmitt, G.: Der Landtag von *Sichem*, Stuttgart 1964 (AzTh Reihe 1, Heft 15)

Schmitt, H.-C.: "Priesterliches" und "prophetisches" Geschichtsverständnis in der *Meerwundererzählung* Ex 13,17-14,31. Beobachtungen zur Endredaktion des Pentateuch, in: Textgemäß. Aufsätze und Beiträge zur Hermeneutik des Alten Testaments. Festschrift für E. Würthwein zum 70. Geburtstag, hg. von A.H.J. Gunneweg und O. Kaiser, Göttingen 1979, S. 139-155

ders.: *Prophetie* und Schultheologie im Deuterojesajabuch, in: ZAW 91, 1979, S. 43-61

ders.: *Redaktion* des Pentateuch im Geiste der Prophetie. Beobachtungen zur Bedeutung der "Glaubens"-Thematik innerhalb der Theologie des Pentateuch, in: VT 32, 1982, S. 170-189

ders.: Die Geschichte vom Sieg über die Amalekiter Ex 17,8-16 als theologische *Lehrerzählung*, in: ZAW 102, 1990, S. 335-344

ders.: Der heidnische *Mantiker* als eschatologischer Jahweprophet. Zum Verständnis Bileams in der Endgestalt von Num 22-24, in: »Wer ist wie du, HERR, unter den Göttern?«. Studien zur Theologie und Religionsgeschichte Israels. Für O. Kaiser zum 70. Geburtstag, hg. von I. Kottsieper, J. van Oorschot, D. Römheld und H.M. Wahl, Göttingen 1994, S. 180-198 ders.: Tradition der Prophetenbücher in den Schichten der *Plagenerzählung* Ex 7,1-11,10, in: Prophet und Prophetenbuch. Festschrift für O. Kaiser zum 65. Geburtstag, hg. von V. Fritz, K.-F. Pohlmann und H.-C. Schmitt, Berlin und New York 1989 (BZAW 195)

ders.: *Erlösung und Gericht.* Jes 43,1-7 und sein literarischer und theologischer Kontext, in: Alttestamentlicher Glaube und Biblische Theologie, Festschrift für H.D. Preuß, Stuttgart, Berlin und Köln 1992

ders.: Die Suche nach der *Identität* des Jahweglaubens im nachexilischen Israel. Bemerkungen zur theologischen Intention der Endredaktion des Pentateuch, in: Pluralismus und Identität, hg. von J. Mehlhausen, Gütersloh 1995 (Veröffentlichungen der wissenschaftlichen Gesellschaft für Theologie Bd. 8), S. 259-278

ders.: *Religionsgeschichte* Israels oder Theologie des Alten Testaments?, in: Von Gott reden. Beiträge zur Theologie und Exegese des Alten Testaments. Festschrift für S. Wagner zum 65. Geburtstag, hg. von D. Vieweger und E.-J. Waschke, Neukirchen-Vluyn 1995, S. 45-64

ders.: Das spätdeuteronomistische *Geschichtswerk* Gen. i - 2 Reg. xxv und seine theologische Intention, in: Congress Volume Cambridge 1995, Leiden 1997 (VT.S LXVI), S. 261-279

ders.: Die *Josephsgeschichte* und das deuteronomistische Geschichtswerk Genesis 38 und 48-50, in: Deuteronomy and Deuteronomic Literature. Festschrift C.H.W. Brekelmans, hg. von M. Vervenne und J. Lust, Leuven 1997 (BEThL CXXXIII), S. 391-405

ders.: Der *Kampf Jakobs* mit Gott in Hos 12,3ff. und in Gen 32,23ff. Zum Verständnis der Verborgenheit Gottes im Hoseabuch und im Elohistischen Geschichtswerk, in: Ich bewirke das Heil und erschaffe das Unheil (Jes 45,7). Studien zur Botschaft der Propheten, hg. von Fr. Diedrich und B. Willmes, Festschrift für L. Ruppert zum 65. Geburtstag, Würzburg 1998 (FzB), S. 397-430

Schorn, U.: *Ruben* und das System der zwölf Stämme Israels. Redaktionsgeschichtliche Untersuchungen zur Bedeutung des Erstgeborenen Jakobs, Berlin und New York 1997 (BZAW 248)

Schreiner, J.: Art. אמץ, in: ThWAT 1, Sp. 348 - 352

ders.: Jeremia 1-25,14, Würzburg 1985[2] (NEB 3)

Schult, H.: Art. שמע, in: THAT 2, München und Zürich 1984[3], Sp. 974-982

Schulz, A.: Das Buch *Josua*, Bonn 1924 (HSAT II.3)

Seebaß, H.: *Traditionsgeschichte* von 1 Sam 8,10 17ff. und 12, in: ZAW 77, 1965, S. 286-296 ders.: Art. Eid.II. Altes Testament, in: TRE 9, Berlin und New York 1982, S. 376-377

Sellin, E. und Fohrer, G.: Einleitung in das Alte Testament, begründet von Ernst Sellin, neubearbeitet von G. Fohrer, Heidelberg 1969[11]

Simian-Yofre, H.: Art. עבד, III,10 in: ThWAT 5, Sp.1003-1010.

Smend, R.: Das *Gesetz* und die Völker. Ein Beitrag zur deuteronomistischen Redaktionsgeschichte, in: Die Mitte des Alten Testaments. Gesammelte Studien Bd.1, München 1986 (BEvTh 99), S. 124-137

ders.: Das uneroberte *Land*, in: Zur ältesten Geschichte Israels. Gesammelte Studien Bd.2, München 1987 (BEvTh 100), S. 217-228

ders.: Zur Frage der altisraelitischen Amphiktyonie, in: Zur ältesten Geschichte Israels. Gesammelte Studien Bd.2, München 1987 (BEvTh 100), S. 210-216

ders.: Die Entstehung des Alten Testaments, Stuttgart, Berlin, Köln und Mainz 1989[4]

Smith, H. P.: A Critical and Exegetical Commentary on the Books of Samuel, Edinburgh 1951[4] (ICC)

Snijders, L. A.: Art.: סור, in: ThWAT 5, Sp. 803-810

Soggin, J. A.: *Joshua*. A Commentary, London 1972 (OTL)

ders.: Der *Entstehungsort* des Deuteronomistischen Geschichtswerkes. Ein Beitrag zur Geschichte desselben, in: ThLZ Jg. 100, 1975, Nr. 1, Sp. 3-8

ders.: Judges. A Commentary, London 1987[2] (OTL)

ders.: Introduction to the Old Testament. From its Origins to the closing of the Alexandrian Canon, London, revised edition 1980 (OTL)

ders.: Art. שמים, in: THAT 2, München und Zürich 1984[3], Sp. 965-970

ders.: Art. *Krieg*, II. Altes Testament, in: TRE 20, Berlin und New York 1990, S. 19-25

Sperling, D. S.: *Joshua 24* Re-examined, in: HUCA LVIII, 1987, S. 119-136

Steck, O. H.: Exegese des Alten Testaments: Leitfaden der Methodik; ein Arbeitsbuch für Proseminare, Seminare und Vorlesungen, Neukirchen-Vluyn 1989[12]

Steuernagel, C.: Das Buch *Josua*, Göttingen 1923[2] (HK I.3.2)

Stolz, F.: Das erste und zweite Buch Samuel, Zürich 1981 (ZBK.AT 9)

Struppe, U.: Die *Herrlichkeit Jahwes* in der Priesterschrift. Eine semantische Studie zu kᵉbôd YHWH, Klosterneuburg 1988 (ÖBS 9)

Stuhlmacher, P.: Der Brief an die *Römer*, Göttingen und Zürich 1989 (NTD 6)

Talshir, Z.: Linguistic Development and the Evaluation of Translation Technique in the Septuagint, in: Studies in Bible, hg. von S. Jahphet, Jerusalem 1986 (ScrHie XXXI), S. 301-320

Talstra, E.: Solomons Prayer. Synchrony and Diachrony in the Composition of 1 Kings 8, 14-61, Kampen 1993 (Contributions to Biblical Exegesis and Theology 3)

Thenius, O.: Die Bücher der *Könige*, Leipzig 1873[2] (KEH Lfg. 9)

ders.: Die Bücher Samuels, Leipzig 1898[3] (KEH Lfg. 4)

Thiel, W.: *Erwägungen* zum Alter des Heiligkeitsgesetzes, in: ZAW 81, 1969, S. 40-73

ders.: Die deuteronomistische *Redaktion* von Jeremia 1-25, Neukirchen-Vluyn 1973 (WMANT 41)

Tov, E.: The growth of the book of Joshua in the light of the evidence of the LXX translation, in: Studies in Bible, hg. von S. Jahphet, Jerusalem 1986 (ScrHie XXXI), S. 321-339

Van Leeuwen, C.: Art. רשע, in: THAT 2, München und Zürich 1984[3], Sp. 813-818

Van Seters, J.: The Life of Moses. The Yahwist as Historian in Exodus-Numbers, Kampen 1994 (Contributions to Biblical Exegesis and Theology 10)

ders.: *Joshua 24* and the problem of tradition in the Old Testament, in: In the Shelter of Elyon. Essays on Ancient Palestinian Life and Literature. In Honor of G.W. Ahlström, JSOTS 31, 1984, S. 139-158

Van der Woude, A.S.: Art. שם, in: THAT 2, München und Zürich 1984[3], Sp. 935-963

Veijola, T.: Das *Königtum* in der Beurteilung der deuteronomistischen Historiographie. Eine redaktionsgeschichtliche Untersuchung, Helsinki 1977 (AASF B.198)

ders.: Die ewige *Dynastie*. David und die Entstehung seiner Dynastie nach der deuteronomistischen Darstellung, Helsinki 1979 (AASF B.193)

ders.: *Verheißung* in der Krise. Studien zur Literatur und Theologie der Exilszeit anhand des 89. Psalms, Helsinki 1982 (AASF B.220)

Vriezen, Th. C.: Die Erwählung Israels nach dem Alten Testament, Zürich 1953

Wagner, S.: Art. בנה, in: ThWAT 1, Sp. 689-706

Watson, W. G. E.: The Unnoticed Word Pair »eye(s)« // »heart«, in: ZAW 101, 1989, S. 398-408

Weinfeld, M.: The Extent of the Promised Land - the Status of Transjordan, in: Das Land Israel in biblischer Zeit, hg. von G. Strecker, Göttingen 1981 (GTA 25), S. 59-75

ders.: *Deuteronomy* and the Deuteronomic School, Oxford 1972

ders.: Art. ברית, in: ThWAT 1, Sp. 781-807

ders.: Art. כבוד, in: ThWAT 4, Sp. 23-40

ders.: The Promise of the *Land*. The Inheritance of the Land of Canaan by the Israelites, Berkeley (Los Angeles) und Oxford 1993 (The Taubmann Lectures in Jewish Studies)

Weippert, H.: *Das deuteronomistische Geschichtswerk*. Sein Ziel und Ende in der neueren Forschung, in: ThR, Jg. 50, 1985, S. 213-249

Weiser, A.: *Samuel*. Seine geschichtliche Aufgabe und religiöse Bedeutung. Traditionsgeschichtliche Untersuchungen zu 1. Samuel 7-12, Göttingen 1962 (FRLANT 81)

ders.: *Einleitung* in das Alte Testament, Göttingen 1966[6]

Wellhausen, J.: Die *Composition* des Hexateuchs und der historischen Bücher des Alten Testaments, Berlin 1899[3]

ders.: Israelitische und jüdische *Geschichte*, Berlin 1914[7]

Westermann, C.: Das Buch *Jesaja. Kapitel 40-66*, Göttingen 1966 (ATD 19)

ders., Die *Geschichtsbücher* des Alten Testaments. Gab es ein deuteronomistisches Geschichtswerk?, Gütersloh 1994 (TB 87)

Wolff, H.W.: Das *Kerygma* des Deuteronomistischen Geschichtswerks, in: Gesammelte Studien zum Alten Testament, München 1964 (TB 22), S. 308-34

Wonneberger, R.: Leitfaden zur Biblia Hebraica Stuttgartensia, Göttingen 1984

Woudstra, M. H.: The Book Of Joshua, Grand Rapids (Michigan) 1981 (NIC)

Würthwein, E.: *Die Bücher der Könige*. 1 Kön 17 - 2 Kön 25, Göttingen 1984 (ATD 11,2)

ders.: Das erste Buch der Könige. Kapitel 1-16, Göttingen 1977 (ATD 11,1)

ders.: *Das erste Buch der Könige*. Kapitel 1-16, Göttingen 1985[2] (ATD 11,1)

ders.: Der Text des Alten Testaments. Eine *Einführung* in die Biblia Hebraica, Stuttgart 1988[5] ders.: *Erwägungen* zum sog. deuteronomistischen Geschichtswerk. Eine Skizze, in: Studien zum Deuteronomistischen Geschichtswerk, Berlin und New York 1994 (BZAW 227), S. 1-11

Wüst, M.: Untersuchungen zu den siedlungsgeographischen Texten des Alten Testaments. I. Ostjordanland, Wiesbaden 1975 (BTAVO.B 9)

Zimmerli, W.: Erkenntnis Gottes nach dem Buche Ezechiel (1954), in: Gottes Offenbarung. Gesammelte Aufsätze zum Alten Testament, München 1963 (TB 19), S. 41-119

ders.: *Grundriß* der alttestamentlichen Theologie, Stuttgart, Berlin und Köln 1985⁵ (ThW 3,1)

Zobel, H.-J.: Art. ארון, in: ThWAT 1, Sp. 391-404

ders..: Art. חסד, in ThWAT 3, Sp. 48-71

ders.: Art. Josua/ Josuabuch, in: TRE 17, Berlin und New York 1988, S. 269-278

Stellenregister (in Auswahl)

PAUL HEGER

The Three Biblical Altar Laws

Developments in the Sacrificial Cult in Practice and Theology

Political and Economic Background

1999. 23 x 15,5 cm. XI, 463 pages.
Cloth. DM 198,–/öS 1445,–/sFr 176,–/approx. US$ 124.00
• ISBN 3-11-016474-4
(Beihefte zur Zeitschrift für die alttestamentliche Wissenschaft 279)

A study of the developmental stages of the Israelite sacrificial cult and its theological setting in light of the three contrasting biblical altar laws.

From the contents:

The Relationship between the Altar Laws in Ex. 20 and Deut. 27 with respect to the text - Mythological Vision and Historical Setting - The Correlation between Deut. 27: 5-6 and I Kings 5: 31-32, 6: 7, 7: 9-11 - The Law of the Bronze Altar and its Horns - Was the Bronze Altar Real or Fictional? - Josiah's Reform: Its Political and Economic Background - Changes in Theology and Cult Practice - Prayer as a Substitution for Sacrifice.

With this publication the author continues his research on the developments of the Israelite cult, following the publication of *The Developments of the Incense Cult in Israel,* in the same series.

Studie der Entwicklungsstadien des israelitischen Opferkults und seines theologischen Hintergrunds anhand der drei kontrastierenden Altargesetze in der Bibel.

Price is subject to change

WALTER DE GRUYTER GMBH & CO KG
Genthiner Straße 13 · D–10785 Berlin
Tel. +49 (0)30 2 60 05–0
Fax +49 (0)30 2 60 05–251
Internet: www.deGruyter.de

de Gruyter
Berlin · New York

JOËLLE FERRY

Illusions et salut dans la prédication prophétique de Jérémie

1999. 23 x 15,5 cm. XII, 427 pages. Relié.
DM 218,–/EUR 111,46/öS 1591,–/sFr 194,–/
approx. US$ 136.00
• ISBN 3-11-016239-3

(Beihefte zur Zeitschrift für die alttestamentliche Wissenschaft 269)

Etude littéraire, historique et théologique du terme *sheqer* (mensonge, illusion) dans le livre de Jérémie.

A partir de l'exégèse des textes du livre de Jérémie sur le temple, la loi et les idoles, on étudie l'histoire de la mentalité religieuse de Juda au VI siècle. Les institutions ne jouent plus leur rôle de médiation salvifique: elles sont devenues pour les Israélites des fausses sécurités, des refuges illusoires. Le pessimisme de Jérémie sur la nature humaine est si grand que le salut semble inaccessible. On voit alors, en examinant l'oracle de l'alliance nouvelle en Jr 31, que seule une action de Yhwh peut sauver le peuple en ouvrant un nouvel avenir.

L'auteur enseigne l'Ancien Testament à la Faculté de Théologie de l'Institut Catholique de Paris.

Preisänderung vorbehalten

WALTER DE GRUYTER GMBH & CO. KG
Genthiner Straße 13 · D–10785 Berlin
Tel. +49-(0)30-2 60 05–0
Fax +49-(0)30-2 60 05–251
Internet: www.deGruyter.de

de Gruyter
Berlin · New York